STUDIA POHL: SERIES MAIOR
DISSERTATIONES SCIENTIFICAE DE REBUS ORIENTIS ANTIQUI
14

E PONTIFICIO INSTITUTO BIBLICO
ROMAE

THEODORE KWASMAN

NEO-ASSYRIAN LEGAL DOCUMENTS
IN THE KOUYUNJIK COLLECTION
OF THE BRITISH MUSEUM

EDITRICE PONTIFICIO ISTITUTO BIBLICO
ROMA 1988

The Pontifical Biblical Institute dedicates this series to the memory of P. Alfred Pohl, founder of its Faculty of Ancient Near Eastern Studies. *Studia Pohl* reproduces in offset studies on Ancient Near Eastern history and philology, and is intended particularly to benefit younger scholars who wish to present the results of their doctoral studies to a wider public.

ISBN 88-7653-587-X

© 1988 - E.P.I.B. - ROMA

EDITRICE PONTIFICIA UNIVERSITÀ GREGORIANA
EDITRICE PONTIFICIO ISTITUTO BIBLICO
Piazza della Pilotta 35 - 00187 Roma, Italia

Preface

This volume of Neo-Assyrian legal documents is a revised edition of
the author's dissertation: <u>Neo-Assyrian Legal Documents from Ninua</u>, Heidelberg
1981. It includes all Neo-Assyrian legal tablets in the Kouyunjik Collection
of the British Museum which could be arranged according to archives. A
future volume will treat non-archive texts and will be accompanied with
indices of the personal and place names.

Permission to edit in transliteration previously unpublished texts has
been granted to me by the Trustees of the British Museum. I am indebted
to the entire staff of the Department of Western Asiatic Antiquities for
their cooperation. In particular, I would like to express my gratitude to
Mr. C.B.F. Walker for his continual assistance. Thanks are also due to
Mr. J. Reade, Dr. I. Finkel, Mr. K. Uprichard, and Mr. C. Gravett.

I wish to thank Professor S. Parpola, Helsinki, for advising and
helping me during the preparatory stages of this text edition. I would also
like to thank Father Werner Mayer for many helpful suggestions including
a number of detailed improvements. My gratitude goes to Ms. Mary Nebelsick
for her technical assistance with the preparation of the typescript for
publication. Thanks are also due to Ms. Suzanne Herbordt for measuring
a number of the tablets.

Financial assistance from the John's Memorial Fund, Cambridge University,
aided me in my studies at the British Museum.

Above all, I would like to thank my teacher and mentor, Professor
Karlheinz Deller, who trained me in Assyriology, for his guidance, advice,
patience, and support through many years of study.

Heidelberg   February, 1988

To

Wolf Leslau

Table of Contents

Abbreviations

The abbreviations in this book follow W. von Soden, <u>Akkadisches Hand-wörterbuch</u>, vol. III, (Wiesbaden 1981) pp.XI–XVI. Other abbreviations are listed below.

ABZ   R. Borger, <u>Assyrisch-babylonische Zeichenliste</u>, AOAT 33, Kevelaer/Neukirchen-Vluyn 1978.

ACF   <u>Annali di Ca Foscari</u>. <u>Serie orientale</u>.

AST   B. Menzel, <u>Assyrische Tempel</u>, vols. I–II, Rome 1981.

Assur 2/5   S. Parpola, "Collations to Neo-Assyrian Legal Texts from Niniveh", in: Assur 2/5 (1979).

BAB   P. Koschaker, <u>Babylonisch-assyrisches Bürgschaftsrecht</u>, Leipzig – Berlin 1911.

BaM   <u>Baghdader Mitteilungen</u>.

BCAT   C. Bezold, <u>Catalogue of the Cuneiform Tablets in the Kouyunjik Collection of the British Museum</u>,vols. I–V, London 1889–1899.

CTN III   S. Dalley – J.N. Postgate, <u>The Tablets from Fort Shalmaneser</u>, Cuneiform Texts from Nimrud III, Oxford 1984.

Deluge   E.A.W. Budge, <u>The Babylonian Story of the Deluge and the Epic of Gilgamesh</u>, London 1920.

EA   L. Delaporte, <u>Épigraphes araméens</u>, Paris 1912.

Fs Baumgartner   <u>Hebräische Wortforschung</u>, Festschrift zum 80.Geburtstag von Walter Baumgartner. Vetus Testamentum Supplement. Leiden 1967.

KB 4   F.E. Peiser, <u>Texte juristischen und geschäftlichen Inhalts</u>, Keilinschriftliche Bibliothek, vol. IV, Berlin 1896.

KCAT   L.W. King, <u>Catalogue of the Cuneiform Tablets in the Kouyunjik Collection of the British Museum</u>. Supplement. London 1914.

LAS II   S. Parpola, <u>Letters from Assyrian Scholars to the Kings Esarhaddon and Assurbanipal</u>, AOAT 5/2, Kevelaer/Neukirchen-Vluyn 1983.

NARGD   J.N. Postgate, <u>Neo-Assyrian Royal Grants and Decrees</u>, Rome 1969.

NAT   S. Parpola, <u>Neo-Assyrian Toponyms</u>, AOAT 6, Kevelaer/ Neukirchen-Vluyn 1970.

OLA   Orientalia Lovaniensia. Analecta.

Op   J. Oppert, J. Ménant, Documents juridiques de l'Assyrie
et de la Chaldée, Paris 1877.

Provinzeinteilung   E. Forrer, Die Provinzeinteilung des assyrischen Reiches,
Leipzig 1920.

R   H. Rawlinson, The Cuneiform Inscriptions of Western Asia.
vol. II, London 1866 = 2R; vol. III, London 1870 = 3R.

RIDA   Revue Internationale des Droits de l'Antiquité. 3e Série.

RSF   Rivista di Studi Fenici.

SAIO   E. Lipiński, Studies in Aramaic Inscriptions and Onomastics,
Leuven 1973.

SOEV   Studi in onore di Edoardo Volterra. Milan.

Streck, Asb.   M. Streck, Assurbanipal und die letzten assyrischen Könige,
vols. I-III, Leipzig 1916.

UTN   K. Kessler, Untersuchungen zur historischen Topographie
Nordmesopotamiens, Wiesbaden 1980.

W.Semites   R. Zadok, On West Semites in Babylonia during the Chaldean
and Achaemenian Periods. An Onomastic Study. Jerusalem 1977.

Other abbreviations

be	bottom edge
BT	siglum for tablets from Balawat
C	copy
Coll.	collations
DN	divine name
GN	geographical name
f.	female
le	left edge
MA	Middle-Assyrian
MB	Middle-Babylonian
NA	Neo-Assyrian
NB	Neo-Babylonian
No.	number of text in this book
OA	Old-Assyrian
obv.	obverse
PC	post-canonical
pl.	plate
PN	personal name
Q	quoted text passage
re	right edge
rev.	reverse
Suppl.	supplement
T	transliteration
TrE	translation in English
TrF	translation in French
TrG	translation in German
TrL	translation in Latin

Symbols

A. Transliteration

[ ]		restoration
⌐ ¬		partly damaged sign
x¬		sign damaged on right side
< >		scribal omission
<< >>		scribal error
x		undecifered signs
[x x]		estimated signs missing (etc).
*		graphic variant; see LAS I p.XX.
____		dividing line drawn by scribe
:		colon = ⪦.
⫶		colon = ⪦.

B. Translation

( )	restoration or explanation
..	one line missing etc.
...	passage missing
?	doubtful

INTRODUCTION

This volume is a critical edition of 426 Neo-Assyrian legal documents
from the Kouyunjik Collection of the British Museum. It does not include
the entire corpus of legal material in the Kouyunjik Collection, but only
those texts which have been identified as belonging to an individual (archive-
holder) and thus forming a dossier or archive.

The Neo-Assyrian legal documents in the British Museum were among the
first texts edited in Assyriology. As early as 1866, 11 documents were
published by Edwin Norris in H.C. Rawlinson's The Cuneiform Inscriptions
of Western Asia, vol. 2, (London 1866). Another 37 tablets were edited
by George Smith in Rawlinson's third volume. Additional documents were
published throughout the 19th century by Jules Oppert and Joachim Ménant,
Rudolph Ernst Brünnow, Charles Melchior de Vogüé, and Felix E. Peiser[1].
In 1898, Claude Herman Walter Johns published the first volume of his Assyrian
Deeds and Documents, vol. I, (Cambridge 1898). With the appearance of the
second volume in 1901, the majority of the Neo-Assyrian legal documents were
available in copy[2]. The texts of ADD were arranged according to their business
and legal contents, an arrangement that almost all editors of Neo-Assyrian
legal material have employed. Although a major contribution to Assyriology,
Johns' copies are, unfortunately, not reliable. The reason for many of the
inaccuracies is due to the manner in which Johns copied the texts. The
tablets were, obviously, transliterated first and from the transliteration
converted into standardized cuneiform signs[3]. In 1913, J. Kohler and
A. Ungnad published Assyrische Rechtsurkunden, (Leipzig 1913). The texts
were collated, transliterated, and translated into German. The documents
were arranged according to well defined legal categories. This treatment
is the standard edition of Neo-Assyrian legal texts in the Kouyunjik
Collection. Additional tablets were edited by J.N. Postgate in 1970[4].

These documents are mostly from the Thompson Collection and have little or
no relationship with the general corpus of legal material from the palaces
of Niniveh[5]. In 1976, J.N. Postgate published <u>Fifty Neo-Assyrian Legal</u>
<u>Documents</u> (Warminster 1976). This edition is a selection of Neo-Assyrian
legal texts, including material from various collections, and does not only
treat documents from the Kouyunjik Collection. In the edition, the material
is divided into business and legal categories. In fact, the only exceptions
to categorizing Neo-Assyrian documents according to their legal and business
contents are the works of James Henry Stevenson and Louis Delaporte[6]. These
editions deal exclusively with documents which have Aramaic captions.
Despite these works, the legal documents of the Kouyunjik Collection have
been, for the most part, a neglected area of research. The length of time
since the publication of <u>Assyrische Rechtsurkunden</u>, the unreliability of
Johns' copies, advances in Neo-Assyrian philology, and the German translation
of the texts have severely limited their usage. It has, therefore, been a
desideratum of Neo-Assyrian studies that a new edition of the legal material
of the Kouyunjik Collection be published.

Procedure

    In emphasizing the need for a new edition of the Neo-Assyrian legal
material, K. Deller outlined a procedure for up-dating and improving the
texts[7]. The program consisted of the following points: a listing of all
Neo-Assyrian legal documents in the British Museum, a search for unpublished
material, the joining of tablets, and the collating of edited texts. This
outlines the procedure employed in the present edition. A card catalogue
was compiled for the signatures of Neo-Assyrian legal tablets mentioned in
BCAT. Doubtful references were also included, as in cases where Bezold
mentions lists of professions or names which possibly could be part of a
witness list. All published texts were tranliterated and subsequently

collated at the British Museum. This resulted in identifying a number
of joins. After the material was collated and, as far as possible, joined,
the documents were divided into archives. When this was completed,
the documents were checked again for possible joins and new readings.

The Archives

The word archive is employed in this volume to refer to a collection
of documents concerning a particular individual. The present edition includes
all Neo-Assyrian legal documents which could be identified as belonging to
a person or archive-holder. The archive-holder is defined as the buyer in
conveyance texts and the lender in contracts[8]. Court documents are ascribed
to the injured party or in the case of murder to the murderer. In some
instances, where the seller in a conveyance text was identical with the
archive-holder, the texts were included in the archive; cf. No. 227
(archive: Ninurta-ilāya) and No. 296 (archive: Salmānu-imme). At the end
of the volume documents belonging to the šakintu and ša rēši professions are
included together with the so-called dedication texts. Documents which
could not be identified as belonging to an archive or one of the categories
of texts mentioned above will be edited in a future edition. The archives
are arranged in alphabetical order.

406 tablets are ascribed in this edition to 192 names. However, there
are instances where two or more persons bear the same name. This means that
there are, at least, 200 archive-holders. It is often difficult to determine
whether an archive encompasses the texts of one individual. Examples of
archive-holders with an identical name are: Aššur-šallim-aḫḫē Nos. 43 and 44;
Baḫiānu Nos. 50-68 (Nos. 50 and 65 are possibly another person); Dannāya
Nos. 86-90 and 91; Nabû'a Nos. 194,195, and 196; Nabû-šarru-uṣur Nos. 204 and
205; Rībāte Nos. 292-293 and 294; Šumma-ilāni Nos. 355-377 and 378.

The largest archive in the corpus is that of Rēmanni-Adad. It has

53 documents. It is followed by the archive of Šumma-ilāni with 23, Baḫiānu with 17/19, Kakkullānu with 17, and Silim-Aššur with 15 texts. The actual number of documents in these archives is much less due to the considerable amount of duplicates.

There is one aspect which warrants attention. This concerns loan documents which have been attributed to individuals on a formal basis without taking into consideration that the object being loaned belongs to a member of the royal family or a goddess. These texts could have been categorized or put into separate archives as it is evident that the individuals they are ascribed to are agents (so-called ša-persons). These documents deal with silver, food-stuffs, and objects belonging to Ištar of Arbail, Ištar of Niniveh, the Sibitti, the queen mother, and the crown prince[9].

There are two texts with double archive-holders: No. 392 belonging to Ubbuku and Muškēnu-lā-aḫi and No. 395 belonging to Ulūlāya and Apladad-na'id.

Types of Legal Documents

An analysis of the content of the Neo-Assyrian legal documents in the Kouyunjik Collection is published in the appendix to J. Kohler – A. Ungnad's Assyrische Rechtsurkunden (pp. 444-467). This accurate and concise treatment is still useful. A detailed and updated examination of the terminology, structure, and types of Neo-Assyrian legal texts can be found in J.N. Postgate's Fifty Neo-Assyrian Legal Documents, Part I.

The majority of documents edited in this book are conveyance texts and may be divided into two categories: the sale of immovable and the sale of movable property. Typical for the sale of immovable property are: land (fields), houses, orchards, etc. The temporary sale of immovable property or rental (so-called land lease) also belongs to this category. Combined sales of immovable and movable property (mixed sales) are attested in documents where the personnel of an estate are included in the transaction. The sale of movable property is almost exclusively represented in this edition by the sale of persons. Sales of objects, agricultural products, etc., are unattested except for one mixed sale where fowl are sold. In addition marriage documents are attested among the sale of persons texts. Listed separately are exchange, inheritance, redemption, and dedication texts There is also one example of property being transfered in the form of a gift.

The majority of contracts are loan documents. The largest group is silver loans followed by agricultural products, animals, and objects. A smaller category of contracts is represented by debt notes and various types of payment notes: default, receipts, and an account document. There is also one example of a work contract.

Juridical documents are quite rare among the Kouyunjuk texts. The majority are court decisions .

The conveyance texts compose 65/66% of the text corpus (279 texts) in this edition. This can be broken down into: sales of land: 28% (120 texts); sales of persons: 27% (113 texts); unknown sales: 7% (31 texts); miscellaneous: 4% (15 texts). The contracts compose 30% (128 texts) of the documents in this book of which the loans are 24% (101 texts) The juridical documents make up the remaining 4% (16 texts).

CHART I

I Conveyances

a) Sale of land

        Nos.5,17,32,38,77,78,110,132,135,165,167,168,
        196,204,206,212,224,225,226,227,228,229,232,252,270,
        286,289,291,293,297,319,320,323,331,343,350,353,354,
        379,396,423.

  threshing Floor: No.44.

  building plot: Nos.71,103,192,422.

  orchard: No.75,152,154(garden),239,257.

  vineyard (orchard with vines): No.121,152,153,257 = 258,259.

  building: No.118.

  house: Nos.93,99,107,122,123,134,156,245,283,333,348,373,416.

  house with barnyard: No.335.

  village: Nos.46,174,256.

  land,house,orchard: No.35.

  land,house,threshing floor,orchard,garden: No.263.

  building plot,orchard: No.100.

  land,threshing floor,orchard: No.127.

  land,house: Nos.175,183.

  land,house,threshing floor,orchard: No.207.

  land,orchards,water: No.271.

  land,gate,pool: No.285.

  land,house,building plot: No.421.

 Mixed:

  land,slaves: Nos.221,249,253,262.

  land,barnyard,slaves: No.248.

  orchard,,slaves,houses: No.265.

  land,slaves,orchard: Nos.274;275;276,358.

  land,houses,slaves: Nos. 279,370 = 371,405.

  land,slaves,fowl: No.386.

 Land lease: Nos.3,25,105,106,126,169,292,95a,b.

  village: No.173.

  (land,slaves): Nos.14,21?,27,28,37,114,119,145,260.

  field,house,threshing floor etc.: No.128.

  sale of inheritance: Nos.10,92.

CHART I

Pledge:

  land: Nos.16,387 (land lease).

  Mixed: Nos.15,90.

b) Sale of persons

  single:

    female: Nos.1,2,4,8,12,129,131,133,136,144,217,318,330,332,378,
        381,382,400,402,407,408.

    male: Nos.6,22,26,29,47,89,91,98,104,111,116,162,181,189,195,220,
        223,238,240,241,243,244,264,272,273,277,294,308,337,
        338 = 339,374,375,385,393,406,412.

  multiple:

    female: Nos.146.

    male: Nos.13,30,45,48,72,84,109,113,130,149,176,177,179,185,186,
        215,218,219,222,235,237,246,247,251,266,269,278,295,
        298 = 299,300,301,302,307,328,355,360,361,362,369,372,
        376,394,399,411,415.

    mixed: Nos.194,214,414.

    marriage: Nos.120,124,214,351,363 = 364,367.

d) Inheritance:

  House: Nos. 10,20.

e) Exchange:

  land: Nos.19,83.

  slaves: No.125.

f) Redemption: Nos.50,170,184,200,202.

g) Dedication: Nos.171,424,425,426.

h) Gift:

  house: No.69.

i) Unknown Sale

        Nos.24,41,43,74,76,82,115,117,157,161,178,187,188,
        190,191,208,209,261,267,268,280,281,284,296,321,325,
        342,344,359,380,420.

CHART I

II Contracts

a) Loans

    wheat: Nos.9,61.

    barley: Nos.39,49,54,55,56,57,59,60,62,64,65,66,68,198,383,384,417.

    grain: No.287.

    silver: Nos.23a,b,31,33,34,40a,b,85a,b,86,94,96a,b,97,102,137,
            138,139,140,141,142,147,150,160,166,180,182?,199a,b,
            201,213,233,250,290,311,312,313,314,326,327,339,345 =
            346,352a,b,357,365 = 366,377,388,389,390,391,395,398,
            403.

    copper: Nos.52,53,143a,b,151,158,329?.

    animals: Nos.87a,b,88,155,304,409?.

    wine: Nos.164a,b,309,310.

    oil: No.368.

    silver with pledge: Nos.70,80,81a,b,112,236,242,305 = 306,336,392,
            413.

    barley with pledge: No.73.

    copper with pledge: No.397.

    mixed:

    silver and barley: Nos.79,303.

    silver,animals: Nos.254 = 255.

    offering tables,bread,utensils,silver: No.203.

    sickles,animals: No.234.

    unknown: No.63.

b) Debt notes

    slave: No.101a,b.

    life long indenture: No.324.

    for land purchase: No.148.

    Debt-notes with pledge: Nos.7,18,230.

c) Default of payment: Nos.159,172,401.

d) Payment of loan: No.349.

e) work-contract: No.141.

f) Receipts: Nos.51,58,67,340,356(court protocol).

g) Account payment: No.231.

CHART I

III   Juridical Documents

Court decision: Nos.11,42,108,163,197,205,216,288,322,347,404,
         418; see default of payment.
Court order: No.193,341.
River Ordeal: No.317.
Murder Decree: No.334.

Professions of the Archive-holders

The professions of the archive-holders demonstrate that the legal documents belong to officials connected to the royal family as well as to the military and administrative sectors of the palace. The following chart indicates the professions according to the components of the palace sector[10].

CHART IIa

Royal Family

Daughter of the king

Domestic Staff

amtu ša šakintu
laḫḫinatu (uncertain)
rakasu ša rab ša rēši
šakintu
ša rēši
ṭupšarru
urdu ša mār šarri

Adminstrative & Military

mukīl appāte
mušarkisu
mutēr ṭēme
qurbūtu ša šēpē
qurbūtu ša [   ]
rab ālāni
rab ekalli
rab ḫanšē
rab kiṣir
rab ša rēši
šaknu
šaniu
ša šēpē
tamkāru
tašlīšu

Administrative & Military

GIŠ.GIGIR
SIMUG

High Officials

pāḫutu
AGRIG (abarakku/masennu)

Officials and functionaries of the king

rab kiṣir
mukīl appāte
ša rēši

Officials and functionaries of the queen

ša rēši
ṭupšarru

Officials and functionaries of the crown prince

pāḫutu
mutēr ṭēme
rab ālāni
rab kiṣir
rab kiṣir qurbūti
ša rēši
šaniu
tašlīšu
urdu

The following chart lists the archives according to the professions.

CHART IIb

A.BA (ṭupšarru)

Ištar-dūrī	LÚ.A.BA ša MÍ.AMA LUGAL	No. 114	(Esarhaddon)
Nabû-šarru-uṣur	LÚ.A.BA	No. 205	PC
Ṣilli-Aššur	LÚ*.A.BA Mu-ṣu-ra-a+a	No. 333	692 B.C.

AGRIG (abarakku/masennu)

Šumma-ilāni	AGRIG	No. 378	PC

The reading for the profession is uncertain. See CTN III p.116 and E. Forrer, Provinzeinteilung, pp.53,109, and 120.

DAM.QAR (tamkāru)

Erību-ilāni	LÚ*.⌈DAM⌉.QAR	No. 99	699 B.C.

EN.NAM (pāḫutu)

Bēl-dūrī	LÚ*.EN.NAM ša DUMU.MAN	No. 73	658 B.C.

See E. Forrer, Provinzeinteilung, p.122.

GAL URU.MEŠ (rab ālāni)

Mušallim-Ištar	LÚ.GAL URU.MEŠ ša GAL SAG	Nos. 189,191	
Se'-mādi	LÚ*.GAL URU.MEŠ ša DUMU.MAN	Nos. 300-301	683,681 B.C.

GAL É.GAL

Bēl-dūrī	LÚ.GAL ⌈É.GAL⌉	No. 75

GAL 50 (rab ḫanšē)

Gerḫa	GAL 50	No. 104	PC

GAL ki-ṣir

Aššur-šumu-ukīn	LÚ*.GAL ki-ṣir ša LU[GAL]	No. 45	
Kakkullānu	LÚ*.GAL ki-ṣir ša A.MAN	Nos.119-134	PC
Lūqu	LÚ*.GAL ki-ṣir ša A.[MAN]	No. 146	659 B.C.
Mannu-kī-Arbail	LÚ.GAL ki-ṣir	No. 152	680 B.C.

CHART IIb

GAL ki-ṣir qur-butu

| Kiṣir-Aššur | LÚ.GAL ki-ṣir qur-butu ša A.MAN | No. 136 | PC |

GÉME ša šakintu

| Sinqi-Ištar | GÉME ša MÍ.šá-kín-te | No. 324 | 654 B.C. |

The šakintu is from Kalzi; cf. No. 410.

labbinatu

| Indibî | | No. 112 | 693 B.C. |

The profession is not indicated in the document. See Iraq 16 (1954) 56 (ND 2309) and Sm 461 (which has the same date as this document).

mukīl appāte

Adad-[ ]	LÚ.mu-kil KUŠ.[PA.MEŠ]	No. 6	667 B.C.
Nabû-šumu-iškun	[LÚ.DIB KUŠ].PA.MEŠ šá 1.d.30-PAP.MEŠ-SU [MAN KUR.Aš+šur]	No. 210	(Sennacherib)
Rēmanni-Adad	mukīl appāte of Aššurbanipal	see archive Nos. 234–286	
Šumma-ilāni	LÚ.mu-kil KUŠ.PA.MEŠ ša x	No. 355	709 B.C.
	LÚ.mu-kil KUŠ.PA.MEŠ ša LÚ.ša UGU É-a-ni	No. 373	

mušarkisu

| Šumu-lēšir | LÚ*.mu-šar-ki-s[u] | No. 379 | 734 B.C. |

mutēr ṭēme

| Giru-[   ] | LÚ*.mu-⌜tir⌝ ṭè-me [ša] 1.d.⌜U+GUR-MU⌝-DÙ | No. 106 | (Sennacherib) |

See notes on No. 106.

qurbūtu ša šēpē

| Kabar-ili | LÚ*.qur-bu-u-ti ša ⌜GÍR.2⌝ | No. 116 |

qurbūtu ša [   ]

| Ḫusa-[   ] | [LÚ].⌜qur-bu⌝-ti ša [   ] | No. 109 | 700 B.C. |

CHART IIb

rakasu ša GAL SAG

Mannu-kī-Allāya	raka-ʿsu šáʾ LÚ*. GAL SAGʾ.MEŠ	No. 149	669 B.C.

SAG (ša rēši)

Aššur-da''inanni	LÚ.SAG MAN	No. 37	
Attar-ili	LÚ*.SAG ša DUMU.LUGAL URU.KÁ-ìl	No. 46	670 B.C.
Milki-nūrī	LÚ*.SAG ša MÍ.É.GAL	see Nos. 173–179	671,668 B.C.
Nabû-nādin-aḫḫē	LÚ*.SAG ša A.MAN	No. 200	
Ninuāya	LÚ.SAG MAN	No. 215	PC
[Ur]ad-Nergal	LÚ*.SAG ša MÍ.šá-ʿkinʾ-tú	No. 422	
[1.x-z]i-i	LÚ*.SAG LUGAL	No. 421	
	LÚ*.SAG	No. 423	727 B.C.

SIMUG

Tuqqunu-ēreš	LÚ*.ʿSIMUGʾ	No. 388	PC

šakintu

Addātî	MÍ.šá-kín-te	Nos. 7–8	694 B.C.
Aḫu-dalli	MÍ.ERIM É.GAL	see Nos. 12–17	687–681 B.C.
Zarpî	šá-kín-tú (of Kalḫu)	No. 402	668 B.C.
šakintu of Aššur		see Nos. 408	650 B.C.
šakintu of Kalzi		see Nos. 409–410	679 B.C.
šakintu of qabal āli		see Nos. 411–415	692,668 B.C.

šakintu

šakintu of unknown origin		see Nos. 416–420

šaknu

Sîn-šarru-uṣur	LÚ*.GAR-nu	No. 327	693 B.C.

The tablet was found at Nebi Yunus.

2-u (šaniu)

Taqūni	LÚ*.2-u	Nos. 383–384	682 B.C.

CHART IIb

ša šēpē

Ṣalmu-aḫḫē	LÚ.šá GÌR.2	No. 331	PC

ša [   ]

Silim-Aššur	LÚ.šá [ ]	No. 315
Šamaš-zēru-iqīša	LÚ*.šá [ ]	No. 344

tašlīšu

Aplāya	LÚ.3-šú ša 1.ÌR-d.NIN.LIL DUMU.MAN	No. 29	694 B.C.
Atueḫu	LÚ.3.U₅	No. 47	697 B.C.
Marduk-bēlu-uṣur	[LÚ.3].U₅ ša 1.Šá-d.PA-šu-u	No. 169	

urdu ša mār šarri

Ili-nāṣir	ÌR ša DUMU.LUGAL GN	No. 111	680 B.C.

Dates

The archives extend from the 8th century until post-canonical times. The 8th century texts are, in those cases in which the provenience can be established, all from outside of Niniveh. It is likely, although the evidence is inadequate, that before the reign of Sennacherib there are no legal documents which originate from Niniveh.

CHART III

Year	Archive	No.	Provenience	King
749	Šumma-Addi	354	Allî (Ḫulî)	Aššur-nērārī V
747	Aššur-šallim-(aḫḫē)	44	Du'ua(Kalḫu)	
742	Mušallim-Ištar	184	Til-Ninurta	Tiglat-pileser III
734	Šumu-lēšir	379,380		
729	Mušallim-Adad	181		
727	ša rēši	423		
717	Ninurta-ilāya	224	Kalḫu	Sargon
715	Ninurta-ilāya	226	(Kalḫu)	
713	Mušallim-Ištar	185	Kalḫu	
713	Ṭāb-šar-Aššur	390		
711	Zazî	403		
710	Madāya	148		
710	Ninurta-ilāya	227	Kalḫu	
709	Šumma-ilāni	355		
707	Gazilu	103	Bīt-Dagan (Kalḫu)	
704	Baḫiānu	49		Sennacherib
700	Baḫiānu	50		
700	Ḫusa-[ ]	109		
700	Šumma-ilāni	356	Maganuba	
699	Erību-ilāni	99		
699	Nabû-šarru-uṣur	204	Kiluḫte (Kār-Ištar)	
698	Aḫu-iababa	19	Arrapḫa	
698	Aplāya	27,28?	(Arrapḫa)	
698	Tarḫundapi	385		
697	Atueḫu	47		

CHART III

Year	Archive	No.	Provenience	King
696	Baḫiānu	51		Sennacherib
695	Baḫiānu	52		
695	Barsipītu	72	(Urakka)	
695	Šumma-ilāni	357	Samalla	
694	Addātî	7	(Urakka)	
694	Aplāya	29	(Arrapḫa)	
694	Aššur-ibni	39		
694	Šumma-ilāni	358,359	Ušḫiritu, ---	
694	šakintu	418,419		
693	Aplāya	30	(Arrapḫa)	
693	Baḫiānu	53		
693	Indibî	112		
693	Sîn-šarru-uṣur	327	Nebi-Yunus	
693	Urdâ	397		
692	Nabû-taklāk	211		
692	Ṣilli-Aššur	333	Ninua	
692	Tarība-Ištar	387	Šūra	
692	šakintu	411	Ninua	
691	Mušallim-Ištar	186		
690	Aplāya	31	(Arrapḫa)	
690	Aplāya	32	(Arrapḫa)	
688	Baḫiānu	54-56		
688	Dummuqâ	94		
688	Šumma-ilāni	360-362	Samalla	
687	Aḫu-dalli	12	Ninua	
687	Dilī[l]	93	Ninua	

CHART III

Year	Archive	No.	Provenience	King
				Sennacherib
687	Marduk-[ ]	170		
687	Mušēzib-Nabû	192		
687	Rībāte	292	Balawāt	
687	Mannu-kī-Arbail	150,151		
687	Šumma-ilāni	363=364	(Samalla)	
686	Aḫu-dalli	13	Ninua	
686	Aplāya	33	Arrapḫa	
686	Baḫiānu	57		
686	Bēl-lāmur	80		
686	Rībāte	293	Balawāt	
686	Tarḫundapi	386	(Kannu')	
685	Baḫiānu	58,59		
685	Kurrillāya	143a,b		
685	Mušallim-ili	182		
684	Baḫiānu	60,61		
684	Marduk-[ ]	171	Ninua	
684	Šumma-ilāni	365,366		
683	Aḫu-dalli	14	Ninua	
683	Aplāya	34	(Arrapḫa)	
683	Mannu-kī-Ninua	164a,b	Ninua	
683	Se'-mādi	300	Ninua	
683	Sîn-rēmēni	326		
683	Šamaš-dāru	339		
683	Šamaš-ilāya	340		
682	Baḫiānu	62-64		

CHART III

Year	Archive	No.	Provenience	King
682	Late'-[ ]	144	Ḫarrānu	Sennacherib
682	Nabû-rēmanni	201		
682	Šumma-ilāni	367	Samalla	
682	Taqūni	383	Aššur	
681	Aḫu-dalli	15	Daddi-Samalla (Talmusu)	
681	Se'-mādi	301	Ninua	
681	Šumma-ilāni	368	Samalla	
681	Tabni-Ištar	381	(Anatu)	
680	Ḫanî	108		Esarhaddon
680	Ilī-nāṣir	111		
680	Mannu-kī-Arbail	152	Urulli	
680	Mannu-kī-Arbail	153	Kipšuna	
680	Ēdu-šallim	95a,b	Kār-Apladad	
680	Se'-mādi	302		
680	Silim-Aššur	303,304		
680	Šangû-Ištar	345,346		
679	Mannu-kī-Arbail	154,155	Ninua	
679	Silim-Aššur	305,306	Ḫatâ	
679	Šangû-Ištar	347	(Kalḫu)	
679	šakintu	409	Kalzi	
676	Aḫu-milki	22		
676	Dannāya	86		
676	Mannu-kī-Arbail	156-159	(Arbail)	

CHART III

Year	Archive	No.	Provenience	King
676	Ṭāb-bīt-Ištar	389		Esarhaddon
675	Silim-Aššur	307–309		
674	Abi-rāmi	3	Šimu	
674	Dannāya	87a,b	Raṣappa	
674	Silim-Aššur	310		
674	Šamaš-šallim	343	Sairu	
673	Dannāya	88	Raṣappa	
673	Mannu-kī-Arbail	160		
672	Dannāya	89,90	Raṣappa	
672	Silim-Aššur	311		
671	Milki-nūrī	173	Laḫiru	
671	Nabû'a	194	Kalḫu	
671	Rēmanni-Adad	234–236		
671	Silim-Aššur	312	(Arbail)	
670	Adad-kapara	4	Šadikanni	
670	Attar-ili	46	Laḫiru	
670	Erība-Adad	97	(Arbail)	
670	Rēmanni-Adad	237,238	(Ninua)	
670	Silim-Aššur	313,314		
670	Šamaš-abu-uṣur	337,338	Kalzi	
669	Ēdu-šallim	96a,b		
669	Mannu-kī-Allāya	149		
669	Rēmanni-Adad	239–241		
668	Milki-nūrī	174	Laḫiru	Assurbanipal

CHART III

Year	Archive	No.	Provenience	King
668	Rēmanni-Adad	242		Assurbanipal
668	Zarpî	402	Kalḫu	
668	šakintu	412	Ninua	
667	Adad-[ ]	6		
667?	Baḫiānu	65	(Aššur)	
667	Buraqâ	85a,b		
667	Nergal-šarru-uṣur	213	Dūr-Šarrukin	
667	Rēmanni-Adad	243-244		
667	Urkittu-tašmanni	400	(Kalḫu)	
666	Rēmanni-Adad	245-249		
665	Nabû-durī	198	Maganiṣi	
665	Rēmanni-Adad	250,251		
664	Rēmanni-Adad	252-255		
663	Gabbu-qātē-ili	101a,b	Kār-Apladad	
663	Rēmanni-Adad	256		
661	Bēl-[ ]	82		
660	Aduniḫa	9	Ninua	
660	Rēmanni-Adad	257-259	Bīt-Ištar	
659	Lūqu	146	Ninua	
659	Nabû'a	195		
658	Aššur-rēš-iši	40a,b	Aššur	
658	Bēl-durī	73		
657	Ṣīrî	334	Samāna	
654	Sinqi-Ištar	324	Aššur	
653	Zēru-[ ]	404		
652	Nabû-šumu-iddina	208		
652	Zabdî	402	Ninua	

CHART III

Year	Archive	No.	Provenience	King
651	Šakilya	335		Assurbanipal
650	Nabû-šarru-ukīn	203	(Kalḫu)	
650	Rēmanni-ili	287	Argasu	
650	šakintu	406	Aššur	

The following lists the remaining texts which are dated according to the post-canonical eponyms.

The abbreviations follow M. Falkner, AfO 17 (1954/6) 100.

CHART III

Eponym	Archive	No.
A	Kakkullānu	121,126
	Kiṣir-Aššur	138,141
	Nīḫtiešarau	214
Adn	Rēmūt-ilāni	290
Adr	Bēl-lū-balaṭ	81a,b
	Girittu	105
Ag	Aššur-šallim	42
	Qidrî	233
	Dedication Text	424
Agn	Menaḫime	172
	Ninuāya	216
Ar	Kakkullānu	122
Asb?	Šulmu-šarri	353
Bel	Kiṣir-Aššur	139
Bēlšunu	Gerḫa	103
Bul	Ṣalmu-aḫḫē	331
	Dedication Text	425
D	Nabû-iqbi	199a,b
	Šumma-ilāni	378
Iddina-[aḫḫē]	Kakkullānu	132

CHART III

Eponym	Archive	No.	
M–A	Nabû-šarru-uṣur	205	
	Ninuāya	215	
	Rībāte	294	
Mkḫ	Tuqqunu-ēreš	388	
Mš	Abdūnu	1	
	Balteya-abate	69	
	Nabû-aḫḫē-iddina	197	
	Siniq-Ištar	322	
N	Mannu-kī-māt-Aššur	163	
Nabû-dān	Bani-aḫu'a	70	
Nabû-nādin-aḫi	Aḫu-dūrī	18	
Ndn	Ḫalašuri	107	
Nsp	Kiṣir-Aššur	137	
Nš₁	Kakkullānu	124	
Nsḫ	Amurrî	23a,b	
	Ubbuku	392	
Si	Kakkullānu	123	
	Urdāya	398	(uncertain)
Si₁	Kakkullānu	125,128	
	Nusku-šarru-uṣur	231	
Si₂	Kakkullānu	127	
Si₃	Kiṣir-Aššur	136	
Si₄	Aḫu-lâmašši	21	
Sîn-šumu-ibni	šakintu	413	
Ṣal	Kakkullānu	118–120	

CHART III

Eponym	Archive	No.
	Rēman[ni]	288
	Šēpē-Ištar	352a,b
Šdn	Gallulu	102
	Lūqu	147
Up	Apladad-bēl-aḫḫē	25
	Ninuāya	217
Za	Kiṣir-Aššur	140
	Nūr-Šamaš	230
	Dedication text	426

A new post-canonical eponym is Iddina-[aḫḫē]. The text (No. 132) is in the archive of Kakkullānu which is post-canonical.

There are 168 documents which are undated. The following table lists the chronological distribution of the texts:

Aššur-nērarī	2
Tiglat-pileser III	5
Sargon II	9
Sennacherib	83
Esarhaddon	55
Aššurbanipal	42
Post-canonical	60
Undated	168/170 (including two unjoined fragments of the same tablet)

Total	426

Provenience

The following chart lists the archives according to their geographical setting.

CHART IV

Adian

Tarḫundapi   No. 386:6 - 686 B.C.   See Ḫarrān Šarri.

Aḫusitu

Silim-Aššur   No. 310:2 -674 B.C.

This place name is possibly to be connected with Aḫusutu (Tall Billa?); see JCS 7 (1953) 140 No. 82:4,30.

Allî (Ḫulî)

Šumma-Addi   No. 354:2,3 - 749 B.C. (oldest document).
Urad-Ninurta   No. 396:25.

In both instances, the place name is indicated as being in the province of the turtānu.

Anatu

Silim-Aššur   No. 317:7.
Tabni-Ištar No. 382:4' (uncertain).

The reading of the place name is uncertain (<u>DIŠ-tú</u>).   See Ša-Ṣillāya.

Appūna

Kakkullānu No. 121:2' - PC.

Arbail

Erība-Adad   No. 97:2 - 670 B.C.
Mannu-kī-Arbail   No. 158:2 - 676 B.C.; No. 162:21.
Musallim-Ištar   Nos. 189:17,190:13'.

CHART IV

Nūr-Šamaš No. 230:2 - PC.
Remūt-Adad No. 289:5'.
Silim-Aššur No. 312:3 - 671 B.C.; No. 314:2 - 670 B.C..
Sîn-aplu-uṣur No. 319:23.
Sîn-[   ] No. 329:2.

These documents do not necessarily originate in Arbail. Their identification
is based on the penalty and ša clauses of Ištar of Arbail. The clauses were
employed throughout the Assyrian Empire. See AST T 199f.

Argasu

Remanni-ili No. 287:4 - 650 B.C.

Arpadda

Nusku-šarru-uṣur No. 231 - PC (uncertain).

Arrapḫa

Aḫu-iababa No. 19:1 - 698 B.C..
Aplāya Nos. 27-35 - 698-683 B.C.. See the notes on these texts.
Remanni-Adad No. 271:6'.
Sîn-remanni No. 325:9'.

Aššur

Aššur-da''inanni No. 37:31'.
Aššur-reš-iši No. 40a:5,40b:2 - 658 B.C..
Aššur-šallim-aḫḫē No. 43:4'. See notes on this text.
Ninuāya No. 217 - PC (uncertain).
šakintu No. 406:6 - 650 B.C., No. 407:6.
Taqūni No. 383 - 682 B.C., No. 384. See R.E. Brünnow, ZA 3 (1888) 238-242.

Balawāt

Rībāte No. 292 - 687 B.C., No. 293 - 686 B.C.; see notes on these texts.

CHART IV

Barḫalzu

Rēmanni-Adad   No. 254:4,255:1 - 664 B.C. (uncertain).

Bīt-Abu-ilāya   See Sairu.

Bīt-Erība-ili

Rēmanni-Adad   No. 245:5 - 666 B.C..   The property is in the vicinity of Ṣabu-
                                        Adad.

Bīt-Dagan   See Kalḫu.

Bīt-Ištar

Rēmanni-Adad   Nos. 257-259:4 - 660 B.C..

Dadi-Samalla (Talmusu)

Aḫu-dalli   No. 15:10 - 681 B.C..   See Ninua, Nabulu, ḫarrān šarri.

Dannāya

Rēmanni-Adad   No. 252:5',253:7 - 664 B.C.; No. 256:11 -663 B.C..

Dariga (Zabban)

Rēmanni-Adad No. 270:3'.   See NAT 100.

Dayyān-Adad

Apladad-bēl-aḫḫē   No. 25:5 - PC.
Ṣalmu-aḫḫē   No. 331:3 - PC.

Diquqina   See Ḫarrānu.

Du'ūa   See Kalḫu.

CHART IV

Dunu   See Katkānu, Mera.

Dūr-Bēl

Kaddalānu No. 117:11'. See UTN 150 n.508, 151ff.

Dūr-Katlimmu See ḫarrān šarri, Qatna.

Dūr-Šarrukīn

Nergal-šarru-uṣur No. 213:4 - 667 B.C..

šakintu No. 417:5- This document is closely related to Nos. 358,359 (archive:
            Šumma-ilāni - 694 B.C.).

Šumma-ilāni Nos. 358,359 - 694 B.C.. The cities Maganūba and Ušḫiritu
            (No. 358:3,6) are in the area of Dūr-Šarrukīn; see NAT
            232-233.

Šarru-lū-dāri No. 348:14'.

Ḫabur   See Qatna.

Ḫame

Mannu-kī-[ ] No. 165:8.

Ḫanuru

ša rēši No. 421:16'. Ḫanuru is located in the vicinity of Bīt-Tukulti-[x x x].
            The ḫarrān šarri and roads to the cities of Ṣalibišu
            and Til-Kurgarri are mentioned.

Harrān Šarri

Aḫu-dalli No. 17:11' (area uncertain).
Bēl-[ ] No. 83:5',19. Vicinity of Ḫarrānu.
Mannu-kī-Arbail No. 154:7. Ninua.
Rēmanni-Adad No. 263:7'. Dūr-Katlimmu.

CHART IV

Tarḫundapi No. 386:3. The <u>harrān šarri</u> is located between Maliati and Kannu'.
A road is mentioned which extends from Adian to an
unknown village. The river in the text is possibly
the Tigris. See F. Fales, CCENA p.105 n.85; UTN 227-
229.

ša rēsi No. 421:3'. See Ḫanuru.

Ḫarrānu

Bēl-[   ] No. 83:5',19'. See <u>harrān šarri</u>.
Late'-[   ] No. 144:17 - 682 B.C..
Nabû-šumu-iškun No. 209:9' (uncertain).
Rēmanni-Adad No. 268.4'.
Sîn-[   ]-ēreš No. 328:10' (uncertain).
Sē-iāte Nos. 298,299:13'.
Šumma-ilāni No. 378:21 - PC. The identification of Ḫi-ra-nu in this text with
Ḫarrānu is uncertain.
See E. Forrer, <u>Provinzeinteilung</u>, p. 108; F. Fales, CCENA p.105 n.85.

Ḫašanu See Sairu.

Ḫatâ

Silim-Aššur Nos. 305:5,306:5 - 679 B.C.,315:5. Ḫatâ is located in the region
of Šura; see UTN 57ff.; Šura.

Ḫazete See Šīmu.

Ḫiranu See Ḫarrānu.

Ḫubaba See Ḫurudu.

Ḫurudu

Aḫabūnu No. 11:9'. The text mentions Ḫubaba. See ADD 774:4 and Irbūaya.

Ilabbiašu (river)

CHART IV

Rēmanni-Adad No. 262:3',6'.

Irbūaya

Kakkullānu No. 119:4 - PC. The transaction probably took place in the vicinity
of Ḫubaba.

Ispallurē (Iṣalla)

Rēmanni-Adad No. 265:14.

Kalḫu

Adad-na'id No. 5:16'.
Aššur-šallim-aḫḫē No. 44:7 - 747 B.C.. The city Du'ūa is mentioned.
Gazilu No. 103:19 - 707 B.C.. The property in this text is located in the
                city of Bīt-Dagan which borders on the city of Adian
                and [Maškiri]tāya. See NAT 243.
Mannu-kī-Allāya No. 149:26 - 669 B.C..
Mannu-kī-Arbail No. 161:6'.
Mušallim-Ištar No. 185:15' - 713 B.C..
Nabû'a No. 194:20' - 671 B.C..
Nabû-šarru-ukīn No. 203 - 650 B.C.. See CTN III p.1 n.2.
Nabû-šumu-ibni No. 207 (uncertain).
Ninurta-ilāya Nos. 224-229. The texts are dated No. 224 - 717 B.C.,
                No. 226 - 715 B.C., No. 227 - 710 B.C..
Šamaš-zēru-iqīša No. 344 (uncertain).
Šangû-Ištar No. 347:15 - 679 B.C..
Šulmu-šarri No. 353:18 - 713 B.C..
Zarpî No. 402:16 - 668 B.C..
Dedication texts Nos. 424:6, 425:8, 426:7 - PC.

Kalzi

Sinqi-Ištar No. 324 - 654 B.C.. The text is closely related to No. 409.
šakintu No. 409:5 - 679 B.C..
Šamaš-abu-uṣur Nos. 337,338:17 - 670 B.C..

CHART IV

Kannu' See ḫarrān šarri.

Kār-Apladad

Ēdu-šallim No. 95a,b:2 – 680 B.C..
Gabbu-qātē-ili No. 101a,b – 663 B.C..

Katkānu

Girittu No. 105:2 – PC (uncertain).

Kiluḫte (Kār-Ištar)

Nabû-šarru-uṣur No. 204:16 – 699 B.C.. See CCENA No. 31:5.

Kipšuna

Mannu-kī-Arbail No. 153:5 – 680 B.C..

Ki-[   ]

Rēmūt-ili No. 291:3'.

Kurbail See Ša-Ṣillāya.

Laḫiru

Attar-ili No. 46 – 670 B.C..
Milki-nūri No. 173 – 671 B.C., No. 174 – 668 B.C., No. 175 .
See K. Deller, JESHO 30 (1987) 27f.

Maganūba See Dūr-Šarrukīn.

Maganiṣi

Aḫu-dūrī No. 18 – PC.
Nabû-dūrī No. 198:10 – 665 B.C..

CHART IV

Maliatu See Kannu'.

Mardiyānē See Sairu.

Mera

Aššur-aplu-uṣur No. 36:9'. The text mentions the city Dunu.
Ešrāya No. 100:9'.

Mezê

ša rēši No. 423:5 - 727 B.C.. The texts mentions the place name Ṣirina.
Mezê is otherwise attested in AfO Beih. 6 (1940) 29 No. 35:11.

Mušena See Nērebu (Arpadda)

Nabulu

Aḫu-dalli No. 14:9 - 683 B.C. See K. Kessler AfO 26 (1978) 99ff.

Naṣībina

Urad-Nergal No. 422:4.

Nebi Yunus

Sîn-šarru-uṣur No. 327 - 693 B.C.. See notes on this text.

Nēmed-Ištar

Rēmanni-Adad No. 283:5'. See UTN p.143 n.490.

Nērebu (Arpadda)

Amurrî No. 23a,b:15,23b - PC (uncertain).

CHART IV

Rēmanni-Adad   No. 260:13'.   The property in this text is located in the
                               city of Musina(š) which borders on the city of
                               Bīt-Ṣilli-[   ] and Nērebu in the province of
                               Arpadda.

Province of the Nāgir Ekalli

Bēl-dūrī   No. 75:2'.

Ninua

Abdūnu   No. i:21 – PC.

Abi-rāmi   No. 2:18.

Aduniḫa   No. 9:7 – 660 B.C..
Adunu-nādin-apli   No. 10:2'.

Aḫu-dalli   No. 12 – 687 B.C., No. 13 – 686 B.C..

Aḫu-iddina   No. 20:9 – PC.

Balteya-abate   No. 69:3 – PC.

Bardî   No. 71:17'.

Bēl-dūrī   No. 76:11'.

Bēl-lū-balaṭ   Nos. 81a:2,81b:3 – PC.

Dilī[1   ]   No. 93:5 – 687 B.C..

Ištar-dūrī   No. 115:10'.

Kabar-ili   No. 116:11'.

Kakkullānu   Nos. 118:6,122:7',123:7,130:17 – PC.

Lūqu   No. 146:25 – 659 B.C..

Mannu-kī-Arbail   No. 154:3 – 679 B.C..

Mannu-kī-māt-Aššur   No. 163:4 – PC.

Mannu-kī-Ninua   No. 164a,b:7 – 683 B.C..

Marduk-[   ]   No. 171 – 684 B.C..

Nabû-nādin-aḫḫē   No. 200:19'.
Ninuāya   No. 222:22' – PC.

Putāya   No. 232:26 (uncertain).

Rēmanni-Adad   Nos. 238:21 – 670 B.C.,243:13' – 667 B.C.,244:3' – 667 B.C.,
                   251:16 – 665 B.C.,264:15',269:17',281:8',285.

CHART IV

Se'-mādi Nos. 300:6 - 683 B.C.,301:18 - 681 B.C..
Silim-Aššur Nos. 304:7 - 680 B.C.,307:15 - 675 B.C.,309:7 - 675 B.C..
Sîn-na'id No. 323:11'.
Suḫāya No. 330:15'.
Ṣilli-Aššur No. 333:8 - 692 B.C..
Šumma-ilāni No. 369:15.
šakintu ša qabal āli Nos. 411:7 - 692 B.C.,412:6 - 668 B.C.,413:8,414:7',
                  415:2',416:4'(uncertain).
Zabdî No. 401:17' - 652 B.C..
Daughter of Sennacherib No. 405:16'.

Qurrubu

Kakkullānu No. 128:5 - PC.

Qudaru

Bulṭāya No. 84:28.

Province of the Rab Šāqê

Rēmanni-Adad Nos. 274,275,276:63'.

Raṣappa

Dannāya Nos. 87a:5',87b:8 - 674 B.C.,88:1 - 673 B.C.,90:2 - 672 B.C..

Sairu

Kakkullānu Nos. 126,127 - PC. See Nos. 126,127 and Appendix I. In No. 126
                            the location of the property is mentioned:
                            Bīt-Abu-ilāya. No. 127 mentions Ḫašanu/Ḫašuanu.
Šamaš-šallim No. 343:5 - 674 B.C..

Samāna

Ṣīrî No. 334:11 - 657 B.C..

CHART IV

Sāmirīna

Aššur-šumu-ukīn   No. 45:8'.

Singara   See Bīt-Ištar.

Province of the Sukkallu

Šumu-lēšir   Nos. 379,380 - 734 B.C..   See E. Forrer, <u>Provinzeinteilung</u>, p.120.

Ṣabu-Adad   See Bīt-Erība-ili.

Ṣalibišu   See Ḫanuru.

Ša-Ṣillāya

Nabû-šāpik-zēri   No. 202:25'.
Šadikanni

Adad-kapara   No. 4:2 - 670 B.C..

Šiddi-asika

Kiṣir-Aššur   No. 137:2,9 - PC.
Šimu

Abi-rāmi   No. 3:8' - 674 B.C..   The city of Baruri is mentioned.

Šūra

Tarība-Ištar   No. 387:4 - 692 B.C..   The city Dannanu occurs in l.5.

Talmusu   See Dadi-Samalla.

Tarbusiba   (Til-Barsib)

Rēmanni-Adad   No. 246:2 = 247:2 - 666 B.C..

CHART IV

Tarbiṣu (Sherif Ḫan)

Šār-Nergal-allak   No. 351. See Iraq 44 (1982) 87ff.

Ti'i

Šumma-ilāni   No. 370:7,371:2'.

Til-Kurgarra   See Ḫanuru.

Til-Naḫiri

Rēmanni-Adad   No. 248:3' = 249:5 – 666 B.C..

Til-Ninurta (Kalḫu)

Mušallim-Ištar   No. 184:29 – 742 B.C..

Urakka

Barsipītu   No. 72:19 – 695 B.C. (uncertain).

Urulli

Mannu-kī-Arbail   No. 152:3 – 680 B.C..   The text mentions a road leading to
                                                                  Kipšūna.

Urzunapi

Dayyān-Kurbail   No. 92:3'.

Zidada

Mannu-kī-Arbail   No. 156:4 – 676 B.C. (uncertain).

The above chart is not intended to be complete or indicate the exact locations or proveniences of the archives. Often, it just gives the geographical setting of a text. There are many difficulties in determining the origin of a tablet. One problem is the employment of penalty clauses in establishing the geographical context of a document. This is uncertain in so far as it is unknown to what extent certain deities were worshipped outside of their cult cities. In the case of Ištar of Arbail, it seems that she was widely worshipped in the western parts of the Assyrian Empire[11]. Another point is that legal documents have a fixed structure and a scribe may write particular clauses and phrases routinely. This is the reason that a feminine subject sometimes occurs with a masculine verb[12]. Thus the type of penalty clause may, in some instances, be the result of scribal convention. Besides this, the deity in a penalty clause may be connected in someway with one of the parties mentioned in a conveyance text. All in all, the usage of penalty clauses in determining the provenience of a text is subject to doubt.

The most striking feature is the many transactions which are located outside of Niniveh. This is due partly to the affairs of the officials and functionaries of the palace which involved business dealings in outlying regions of the Assyrian Empire. In addition, it appears that the archives from the 8th century were not originally from Niniveh but originate in Kalḫu; see Chart III. That some tablets were not excavated at Kouyunjik is evident from the information written on them together with the museum signature[13].

Although it may be assumed, despite the lack of archaeological evidence, that the archives are from the palaces of Niniveh, it is probable that some documents were found in private homes. These documents are sales texts concerning the purchase of houses in Niniveh. The following archives belong to this category:

Adunu-nādin-apli No. 10 – PC.
Aḫu-iddina No. 20 – PC.

Balteya-abate No. 69 - PC.

Bardî No. 71.

Dilī[l   ] No. 93 - 687 B.C..

Kakkullānu Nos. 122,123 - PC.

Mannu-kī-Arbail No. 154 - 679 B.C. (orchard).

Nabû-nādin-ahhē No. 200 (redemption of a house).

Şilli-Aššur No. 333 - 692 B.C..

Remarks

    The archives do not form a unified corpus. It is evident that they
represent only a part of the legal documents of the palaces of Niniveh.
The large number of single documents reflects the situation. More important
is the fact that a considerable portion of the texts were composed outside
of Niniveh. Thus the excavation site of a text is not a guarantee for the
provenience of an archive. This has ramifications for the treatment of
the material. Grammatical and lexical aspects as well as the typological
and legal character of these texts can only be understood in the context
of their geography. Many problems in Neo-Assyrian philology are due to
the fractured picture of the provenience of the sources[14].

1   J. Oppert - J. Ménant, Documents juridiques de l'Assyrie et de la
Chaldée, Paris 1877; R.E. Brünnow, ZA 3 (1888) 238; C.M. de Vogüé, CIS 2/I
p.13ff.; F.E. Peiser, Texte juristischen und geschäftlichen Inhalts, KB 4,
Berlin 1896. An additional text is to be found in J.A. Craig, ABRT II 20.

2   Other copies were published posthumously in AJSL 42 (1925/6) 170ff. and
228ff. These texts were edited by G.R. Driver and belong mostly to the King
Collection. The copies are ridden with mistakes.

3   Examples are listed by S. Parpola in Aššur 2/5 p.3.

4   J.N. Postgate, "More 'Assyrian Deeds and Documents'", Iraq 32 (1970)
129-164.

5   The subject needs further investigation. The history of the collections
is very important in clarifying the relationship of the documents, their
dating and possible origins. The studies of J.E. Reade are a significant
contribution; see E. Leichty, Catalogue of the Babylonian Tablets in the
British Museum, vol. VI, London 1986, p.xiiff.

6   J.H. Stevenson, Assyrian and Babylonian Contracts, New York 1902;
L. Delaporte, Épigraphes araméens, Paris 1912.

7   K. Deller, Or 34 (1964) 277-280. The article is a book review of
V. Korošec, Keilschriftrecht, Leiden 1964.

8   No. 135 has been included in the corpus despite the fact that it is a
sales document and that the reading of the name is doubtful. The possibility
could not be excluded that the text belongs to the Kakkullānu archive.
No. 422 has been included among the ša rēši documents since the name of
the archive-holder is uncertain. No. 171 has been edited in the main
corpus and not with the dedication texts since it is most likely a Ninua
document.

9   See AST T 181ff.; J.N. Postgate, JSS 28 (1983) 155ff.

10   See J.N. Postgate, "The Economic Structure of the Assyrian Empire",
Mesopotamia 7 (1979) 200ff..

11   See P. Garelli, CRRA 30 (1983) 241ff.

12   This occurs often in texts belonging to female archive-holders; see Nos.
14:11,17:14',408:6',411:7.416:3'.

13   See Chart IV Nebi Yunus and Tarbişu. See A.H. Layard, <u>Discoveries
in the Ruins of Niniveh and Babylon</u>, London 1853, pp.345, 598–599.

14   There are numerous features in the legal documents which can only
be attributed to their provincial character. The author hopes to be able
to investigate these matters in future studies.

List of Archives

Name	Number	Name	Number
Abdūnu	1	Baḫiānu	49-68
ᶠAbi-rāmi	2-3	ᶠBalteya-abate	69
Adad-kapara	4	Bani-aḫū'a	70
Adad-na'id	5	Bardî	71
Adad-[x x x]	6	ᶠBarsipītu	72
ᶠAddātî	7-8	Bēl-dūrī	73-76
Aduniḫa	9	Bēl-Ḫarrān-bēlu-uṣur	77
Adunu-nādin-apli	10	Bēl-īmuranni	78
Aḫabū	11	Bēl-iqīša	79
ᶠAḫu-dalli	12-17	Bēl-lāmur	80
Aḫu-dūrī	18	Bēl-lū-balaṭ	81a,b
Aḫu-iababa	19	Bēl-[ ]	82
Aḫu-iddina	20	Bēl-[ ]	83
Aḫu-lâmašši	21	Bulṭaya	84
Aḫu-milki	22	Buraqâ	85a,b
Amurrî	23-24	Dannāya	86-91
Apladad-bēl-aḫḫē	25	Dayyān-Kurbail	92
Apladad-ilāya	26	Dilī[l-x x x]	93
Apladad-na'di/Ululāya	395	Dummuqâ	94
Aplāya	27-35	Ēdu-šallim	95a-96b
Aššur-aplu-uṣur	36	Erība-Adad	97
Aššur-da''inanni	37	Erība-ili	98
Aššur-dūru-uṣur	38	Erību-ilāni	99
Aššur-ibni	39	Ešraya	100
Aššur-rēš-iši	40-41	Gabbu-qātē-ili	101a,b
Aššur-šallim	42	Gallulu	102
Aššur-šallim-(aḫḫē)	43	Gazilu	103
Aššur-šallim-aḫḫē	44	Gerḫa	104
Aššur-šumu-ukīn	45	Girittu	105
Attar-ili	46	Giru-[ ]	106
Atueḫu	47	Ḫalašuri	107
Bābilāya	48	Ḫanî	108

Name	Number	Name	Number
Se'-mādi	300–302	Tabni-Ištar	381–382
Silim-Aššur	303–318	Taqūni	383–384
Sîn-aplu-iddina	319–320	Tarḫundapi	385–386
Sîn-ašarēd	321	Tarība-Ištar	387
Siniq-Ištar	322	Tuqqunu-ēreš	388
Sîn-na'id	323	Ṭāb-bīt-Ištar	389
fSinqi-Ištar	324	Ṭāb-šar-Aššur	390–391
Sîn-rēmanni	325	Ubbuku/Muškēnu-lā-aḫi	392
Sîn-rēmēni	326	Ubru-[ ]	393
Sîn-šarru-uṣur	327	Ulūlāya	394
Sîn-[ ]-ēreš	328	Ulūlāya/Apladad-na'di	395
Sîn-[ ]	329	Urad-Ninurta	396
Suḫāya	330	Urdâ	397
Ṣalmu-aḫḫē	331–332	Urdāya	398
Ṣilli-Aššur	333	Urdu	399
Ṣīrî	334	fUrkittu-tašmanni	400
Šakilya	335	Zabdî	401
Šamaš-abū'a	336	fZarpî	402
Šamaš-abu-uṣur	337–338	Zazî	403
Šamaš-dāru	339	Zēru-[ ]	404
Šamaš-ilāya	340	Daughter of Sanherib	405
Šamaš-kēnu-uṣur	341	Šakintu Texts	406–420
Šamaš-na'id	342	Ša-rēši Texts	421–423
Šamaš-šallim	343	Dedication Texts	424–426
Šamaš-zēru-iqīša	344		
Šangû-Ištar	345–347		
Šarru-lū-dāri	348–350		
Šār-Nergal-allak	351		
Šēpē-Ištar	352a,b		
Šulmu-šarri	353		
Šumma-Addi	354		
Šumma/mu-ilāni	355–378		
Šumu-lēšir	379–380		

K.3721		No.	1		Abdūnu
50 x 98 x 29		ADD	311		Sale:female
		AR	53	T,TrG	Ninua
		Aššur	2/5	Coll.	PC
		AST	T202	Q	

obv	1	NA₄.KIŠIB 1.d.PA-EN-PAP
	2	LÚ.ÌR šá 1.d.⌜UTU-MAN-a⌝-ni
	3	EN MÍ SUM-a-ni

3 Stamp Seals

	4	MÍ.NIN-AD-šá GÉME-šú
	5	ša 1.d.PA-EN-PAP
	6	4 ru-u-ṭu
	7	ú-piš-ma 1.⌜Ab-du-nu DUMU⌝ 1.Ku-ku-ul-[la]-a+⌜a⌝
	8	ina 1[ìb-bi] 2 1/2 GÍN [KÙ].BABBAR
	9	[il-qe] kas-pu gam-mur
	10	⌜ta-din⌝ MÍ su-a-tu za-ar-pat
	11	la-qe-at tu-a-ru de-e-nu
	12	DUG₄.⌜DUG₄⌝ la-áš-šú man-nu šá ina ur-kiš
	13	ina ma-[te-m]a i-za-qu-<<za>>-pa-ni
	14	⌜GIB-u⌝-ni lu-u 1.d.PA-EN-⌜PAP⌝
rev	15	lu-u DUMU.MEŠ-šú lu-u DUMU.DUMU.MEŠ-šú
	16	ša de-e-nu DUG₄.⌜DUG₄⌝
	17	ša TA* 1.⌜Ab⌝-du-nu DUMU.MEŠ-šú
	18	DUMU.DUMU.MEŠ-šú de-e-nu DUG₄.DUG₄
	19	ub-ta-na-u-ni 10 MA.NA KÙ.BABBAR
	20	LUḪ-⌜ú⌝ 2 MA.NA KÙ.GI sag-ru
	21	ina ⌜bur⌝-[ki d].Iš-tar a-ši-bat NINA.KI
	22	GAR-an kas-[p]u ina 10.MEŠ ina EN.MEŠ-šú GUR-ra
	23	ina de-ni-šú DUG₄.⌜DUG₄-ma⌝ NU TI

	24	IGI 1.Nar-g[i]-⌜i⌝
	25	IGI 1.Ta-ki-la-ti
	26	IGI 1.Aš+šur-AŠ-PAP
	27	IGI 1.Ḫata-mu-ú
	28	IGI 1.DINGIR-[Z]I-ÁG
	29	IGI 1.DINGIR-⌜AD⌝-SU
	30	IGI 1.SU-⌜PAP⌝.[M]EŠ
	31	IGI 1.Mu-qa-lil-⌜IDIM⌝
	32	IGI 1.TE-a+a IGI 1.R[ém]-mu-⌜ut-DINGIR.MEŠ⌝
be	33	IGI 1.30-I IGI 1.ITU.[KI]N-a+a
	34	IGI 1.Ki-⌜ṣir⌝-15 IGI 1.TI.LA-APIN-eš
	35	IGI 1.Lu-⌜qu⌝
	36	IGI 1.d.ŠÚ-SU A 1.Ur-di
le	37	IGI 1.ÌR-15 A 1.Ḫ[a-ri]-⌜ru-ri⌝ IGI 1.⌜x⌝[x]⌜x⌝-a-a-u
	38	IGI 1.Sin-qi A 1.GI[N]-i IGI [1.xx]x ITU.[x] UD 14 KAM
	39	IGI 1.Di-lil-15 A 1.Pu-a-di-saḫ-a-u 1[i-mu] 1.d.ŠÚ-M[AN]-PAP
re	40	[ ] IGI .ÌR-d.Al-la-a+a

Translation

Seal of Nabû-bēl-uṣur, servant of Šamaš-šarrani, owner of the woman
being sold. /3 Stamp Seals/ Aḫāt-abīša, the maid of Nabû-bēl-uṣur,

<height>: 4 half-cubits—Abdūnu son of Kukku[lā]ya contracted and bought her for 2 1/2 sheqels of silver. The money is paid completely. That woman is purchased and acquired. Any revocation, lawsuit or litigation is void. Whoever, at any time in the future, lodges a complaint or breaches the contract, whether Nabû-bēl-uṣur or his sons or his grandsons, whoever repeatedly seeks a lawsuit or litigation against Abdūnu, his sons (or) his grandsons, shall place 10 minas of pure silver and 2 minas of refined gold in the lap of Ištar residing in Ninua. He shall return the money tenfold to its owners. He shall contest in his lawsuit and not succeed. 22+ witnesses, date, eponym.

Notes

2: The reading of the name is uncertain and the original reading in ADD and AR: 1.d.10-rém-a-ni is possible.

7: ˹a˺ in 1.Ku-ku-ul-[la]-a+˹a˺ is written thus: 𒀀.

13: The scribal error i-za-qu-<<za>>-pa-ni occurs in No. 323:7'. (archive: Sîn-na'id). Otherwise, there is no relationship between the texts.

18: The scribe has repeated the phrase de-e-nu DUG₄.DUG₄.

19: The na in ub-ta-na-u-ni is not an erasure as suggested in AR. It indicates that the forms ub-ta-'u-u-ni/ub-ta-u-ni are Dtn present; cf. K. Deller, WZKM 57 (1961) 31 n.6 and FNAD p.189. Inter-vocalic n is often dropped or becomes '; cf. GAG §33c and GAG Erg. §24c. The emendation in AR 411:13 is no longer valid and the correct reading is: ub-ta-AN-u-ni with "Umkehrschreibung".

22: S. Parpola suggested that the MEŠ sign in EN.MEŠ designates the genetive singular; cf. LAS II 223 n.352. It should be noted that MEŠ is often used indiscriminately; cf. ABZ 533.

24: Nargî is attested as a witness in No. 147:14 (archive: Lūqu; see 1.35). Note that this text has an extraordinarily large number of witnesses. Perhaps the number of witnesses corresponds to the number of lines in the text; see RLA 5 526a.

25: Takilatî is a witness in No. 147:12 (archive Lūqu; see 1.35).

32: Sukkāya occurs in CTN III 52:r.6'. He is LÚ.GIGIR together with Erība-Adad (No. 97) in CTN III 12:11. In a silver loan belonging to Erība-Adad (No. 97), Sukkāya is attested as witness with Urad-Ištar (1.37). For the name see FNAD 32:1,5.

35: This witness has his own archive (Nos. 146–147) and is <u>rab kiṣri</u>
<u>mār šarri</u> in No. 146:7–8. He is attested in CTN III 59:3–4 and 63:3.

37: Urad-Ištar: see above note on 1.32. The traces at the end of the
line are thus: 𒀭𒌷.

39: 1.Pu-a-di-saḫ-a-u is an Egyptian name. The sign <u>saḫ</u> looks like
<u>má</u>: 𒈠.

81-2-4,152	No.	2		MÍ.Abi-rāmi
41 x 80 x 25	ABC	20	C,T,TrE	Sale:female
	ADD	245	C	Ninua
	AR	81	T,TrG	
	CIS	33	Q	
	Aššur	2/5	Coll.	
	AST	T204	Q	

obv	1	[N]A₄.KIŠIB 1.Mi-[na-ḫi-mi]
	2	E[N] M[Í]⸢x⸣ S[UM-ni]
		Cylinder Seal Impression
	3	MÍ.Ia-qar-PAP.MEŠ ⸢DUMU.MÍ⸣-sa 4
	4	MÍ.A-bi-ia-aḫ-ia
	5	PAP 3 ZI.MEŠ
	6	ša 1.Mi-na-ḫi-mi
	7	ú-piš-ma MÍ.AD-ra-mi
	8	NIN-sa ša MÍ.šá-kín-te
	9	ina ŠÀ MA.NA KÙ.BABBAR
	10	ina 1 MA.NA ša URU.Gar-ga-miš
be	11	il-qe kas-pu gam-mur
	12	ta-din UN.MEŠ
	13	zar-pu laq-qe-u
	14	tu-a-ru
rev	15	de-e-nu da-ba-bu
	16	la-a-šú man-nu šá GIB-u-ni
	17	10 MA.NA ⟨KÙ.BABBAR⟩ 1 MA.NA KÙ.GI
	18	ina bur-ki d.15 a-šib-⟨bat⟩ NINA.KI GAR-an
	19	kas-pu ana 10.MEŠ ana EN-šú GUR
	20	ina de-ni-šú DUG₄.DUG₄-ma NU TI
	21	IGI 1.Si-lim-DINGIR LÚ*.⸢SANGA⸣
	22	IGI 1.Di-di-⸢i⸣ [x x x]
	23	IGI 1.Mil-ki-⸢AD⸣ [x x]
	24	IGI 1.URU.Ú-[x x x]
	25	[IGI 1].⸢PAP-x⸣[x x x]
		2 lines broken away
te	26'	[LÚ*.GAR.K]UR KUR x[x x]
le	27'	1mnḫm

Translation

[S]eal of Mi[naḫimu], owner of the wo[men] x being sold. /Cylinder
Seal Impression/ Iaqar-aḫḫē, her daughter, ⟨height⟩: 4 ⟨half-cubits⟩, and
Abi-iaḫia, a total of 3 persons belonging to Minaḫimu—Abi-rāmi, the
sister of the šakintu, contracted and bought them for 2 minas of silver
according to the 1 mina ⟨standard⟩ of Gargamiš. The money is paid completely.
⟨Those⟩ people are purchased and acquired. Any revocation, lawsuit or
litigation is void. Whoever breaches the contract shall place 10 minas
⟨of silver⟩ in the lap of Ištar residing in Ninua. He shall return
the money tenfold to its owner. He shall contest in his lawsuit and
not succeed. 5+ witnesses. Caption: Concerning Mnḫm.

Notes

2: The traces after M[Í] are: 〔cuneiform〕.
4: 4 at the end of the line looks like: 〔cuneiform〕.
7: The incongruity of a masculine verb and a feminine subject is not uncommon
in legal documents; see Nos. 3, 12, 14, 17, 405, 408, and 411. In No. 416:4'
the šakintu profession is written: LÚ.šá-kín-te. The text has AD-ra-ḫi-i
which I prefer to read as AD-ra-mi or AD-ra-mi-i. It is probable that the
purchaser is identical with the person in No. 3:13' and that the signs
ḫi + i are an allograph for mi; cf. CTN III 145:5 and K. Deller, JESHO 30 (1987) 5.
17: The scribe has left out KÙ.BABBAR and has forgotten the sign bat in 1.18.
23: ⸢AD⸣ = 〔cuneiform〕 . This confirms the sign copied in ABC 20.
24: URU = 〔cuneiform〕.
26': x[x x] = 〔cuneiform〕.

80-7-19,51				Mí.Abi-rāmi
43 x (59) x 27	No.	3		Land lease
	ADD	70	C	Baruri
	AR	115	T,TrG	11.III.674 B.C.
	Aššur	2/5	Coll.	
	TCAE	176	Q	

obv 1   [NA₄.KIŠIB 1.x x] ina KUR.Ḫa-ze-te
     2   [DUMU 1.A-mu]r-ᴦDINGIR⌐
     3   [EN] ᴦA.Š[À] SUM-ni

       1 + [x] Stamp Seals

     4   É 3 ANŠE ᴦA⌐.[ŠÀ x x x]
     5   SUḪUR 1.PAP-ia-[x x x x]
     6   SUḪUR 1.DINGIR-ᴦia⌐-[x x x x x]
     7   [SUḪUR 1.DING]IR-ᴦa⌐-[x x x x]
       remainder missing
rev 8' URU.Ši-[mu] ᴦTA* A⌐.[ŠÀ]
     9' ina mu-le-ᴦe⌐ [x x x x]
   10' PAP É 8 ANŠE 2-BÁN ᴦA⌐.[ŠÀ]
   11' za-ku-te ·la ŠE.ši-ib-še 1[a ŠE.nu-sa-ḫi]
   12' ina URU.Bar-ú-ᴦri⌐ [x x x]
   13' ú-piš-ma Mí.AD-ra-mi
   14' NIN-sa ša AMA.LUGAL
   15' ku-um 1/2 MA.NA KÙ.BABBAR a-na šá-n[a-te GU₇]
   16' 3 kar-ab-ḫi 3 mi-re-še
   17' ᴦGU₇ KÙ.BABBAR⌐ ina UGU
   18' ŠE.ta-ra-mi GAR-an A.ŠÀ ú-še-ṣa

   19' IGI 1.Si-lim-DINGIR IGI 1.Di-ᴦdi⌐ A
   20' [1.Pal-ḫ]u-ú-še-zib
le 21' [IGI 1.x x x IG]I 1.PAP-KAM-eš IGI 1.d.PA-MAN-a-ni
   22' [IGI 1.x x x]-SU PAP 3 ᴦURU⌐.Bar-ᴦú-ri⌐
   23' [IGI 1.x x]-AŠ A.BA ᴦITU⌐.SIG₄ UD 11 KÁM
   24' [lim-mu 1.LUG]AL-nu-ri LÚ*.GAR.KUR KUR.ᴦBar-ḫal-zi⌐

Translation

[Seal of x x] from Ḫazat [son of Āmu]r-ili, [own]er of the lan[d]
being sold. /1+[x] Stamp Seals/ An area of 3 homers of lan[d x x x],
adjoining Aḫi-ia-[x x x x], adjoining Ili-ᴦia⌐-[x x x x adjoining Il]i-ᴦa⌐-
[x x x x] -remainder of obverse missing- (in the) city of Ši[mu] with lan[d]
on a hill [x x x x]. A total area of 8 homers and 2 sutus of tax-exempted
land, void of straw taxes (and) void of [corn taxes] in the city of
Baruri [x x x]⸺Abi-rāmi, sister of the queen mother, contracted it
and in lieu of 1/2 mina of silver [she shall have the usufruct (of the land)
for a number of] ye[ars] She shall have the usufruct (of the land) for
three fallow years (and) for three cultivated years. (If) he puts the silver
upon the corn-heaps, he shall redeem the land. 6 witnesses, scribe, date,
eponym.

Notes

1-2: The restorations in these lines are uncertain.

4: As noted by S. Parpola the ANŠE is written over 4BÁN.

6: ⌜ia⌝ = [cuneiform sign]

8': The line looks like: [cuneiform signs]; cf. NAT 336 for URU.Ši-[mu].

10': É = [cuneiform sign]

13': mi = [cuneiform sign]

15': The restoration follows a suggestion made by K. Deller; cf. No. 128:

21'-23'. The reading of the sign par! in Parpola's collations is unlikely; see FNAD §2.4.3 for land leases.

19': ADD considered this line to be the beginning of the text. The sign DINGIR is correct. ⌜di⌝ = [cuneiform sign]

20': ḫ]u = [cuneiform sign]

22':⌜ri⌝ = [cuneiform sign]

23': AŠ is uncertain: [cuneiform sign] .

K.14294 + 80-7-19,301	No.	4		Adad-kapara
(47) x (78) x 16	ADD	499 + 796	C	Sale:female
	AR	563 + 511	T,TrG	Šadikanni?
				[ ].I.670 B.C.

obv	1	NA₄.KIŠIB 1.SUḪUŠ-d.[x x]
	2	EN URU URU.Šá-di-kan-ni EN [MÍ SUM]

Cylinder Seal

	3	MÍ.Ra-ma-a-[x x GÉME]
	4	ša 1.SUḪUŠ-[d.x x x x]
	5	ú-piš-⌜ma⌝ [1.10-ka-pa-ra]
	6	ina lìb-bi 20+[x MA.NA KÙ.BABBAR il-qe]
	7	kas-pu ga-[mur ta-din]
	8	⌜GÉME⌝ su-a-[te za-ár-pat]
	9	[x x x] x [x x x x x x]
		remainder missing
rev	10'	⌜IGI 1.Li-i⌝-[x x x x x]
	11'	IGI 1.d.PA-[x x x x x]
	12'	IGI 1.SUḪUŠ-[x x x x x x]
	13'	IGI [1.x x]⌜x⌝[x x]
	14'	IGI 1.Ad-bur-⌜x⌝-[x x]
	15'	⌜IGI 1⌝.d.PA-GIŠ ⌜LÚ*⌝.[x x x]
	16'	IGI 1.Gi-mil-[x x x]
	17'	IGI 1.ÌR-d.AG ⌜LÚ*.k[i-ṣir]
	18'	IGI 1.Ḫa-na-na [x x x x x]
	19'	IGI 1.d.PA-MU-AŠ DUMU 1.⌜IM⌝-[x x x]
	20'	ITU.BÁRA lim-mu ša EGIR 1.ITU.AB-⌜a⌝+[x]
1e	21'	[x x x x]-⌜ia⌝-a ša a-na 1.10-ka-pa-ra SUM-u-ni

Translation

Seal of Ubru-[x x], city lord of Šadikanni, owner [of the woman being
sold]. /Cylinder Seal Impression/ Rama-[x x, maid] of Ubru-[x x x x——
Adad-kapara] contracted and [bought her] for 20+ [sheqels of silver].
The money is [paid] comple[tely]. That maid [is purchased and acquired].
-remainder of obverse missing- 10 witnesses, date, eponym. le: [x x x x]-
⌜ia⌝-a, who was sold to Adad-kapara.

Notes

1: There is an erasure after SUḪUŠ.

2: For Šadikanni [Tall ᶜAǧaǧa] see RGTC 5 241-2.

5: The restoration is according to 1.21'. The name is West Semitic;
see No. 211:17; CTN III 99 ii:9 and 108 iii:21. It is possible that
a name like 1.Ka-bar (GPA 93:5,13) should be read 1.Ka-pára. See R. Zadok,
W.Semites p.80-81 for *kbr.

20': This type of date has been discussed by M.T. Larsen, RA 68
(1974) 21-24. As pointed out by Larsen, the phrase limmu ša EGIR
occurs in legal documents which were written at the beginning of the
year (usually within the first three months). Important is the fact
that these texts originate outside of Ninua e.g. Gezer (cf. B. Becking,
JEOL 27 [1981-2] 81); Anatu: No. 381; Šadikanni: No.4; Kannu' VS 1:84 =
AR 504; VS 1:85 = AR 505.

21': The restoration is difficult. We would expect the name of the
woman being sold to appear here; cf. 1.3.

K.8528	No.	5		Adad-na'id
45 x (36) x 23	ADD	613	C	Sale:land
	AR	403	T,TrG	Kalḫu
	ABC	23	C,T,TrE	
	CIS II	27	C,T,TrL	
	AST	T217	Q	

beginning missing

obv	1'	⌐ú⌐-p[iš⌐-ma 1].⌐IM-I⌐ L[Ú*.x x]
	2'	ina ŠÀ 1/2 MA.NA KÙ.BABBAR 4 GÍN.MEŠ KÙ.BABBAR T[I]
	3'	kas-pu ga-mur ta-din
	4'	A.ŠÀ šu-a-tú zar₄-pu
	5'	la-qe-u tu-a-ru de-⌐e⌐-nu
	6'	DUG₄.DUG₄ la-áš-šú
be	7'	man-nu ša ina ur-kiš
	8'	ina ma-te-ma i-za-qu-pa-ni
	9'	i-GIB-u-ni lu-u
rev	10'	1.Ti-⌐ti⌐-i lu-u DUMU-šú
	11'	lu-u DUMU.DUMU-šú ša de-e-nu
	12'	DUG₄.DUG₄ TA* 1.IM-I DUMU-šú
	13'	⌐DUMU⌐.DUMU-šú ub-ta-u-ni
	14'	5 MA.NA KÙ.BABBAR LUḪ-ú
	15'	1 MA.NA KÙ.GI sag-r[u]
	16'	ina bur-ki d.MAŠ_[a-šib URU.Kal-ḫi]
	17'	[i]-šak-kan kas-[pu a-na 10.MEŠ-te]

remainder missing

le	18'	dnt.ḫql[']
	19'	⌐'⌐rq' zbn tt[ ]

Translation

Beginning missing– (a field)—Adad-na'id, the [x x], con[tracted and] bou[ght it] for 1/2 mina of silver and 4 sheqels of silver. The money is paid completely. That field is purchased and acquired. Any revocation, lawsuit or litigation is void. Whoever, at any time in the future, lodges a complaint or breaches the contract, whether Titî or his son or his grandson, whoever repeatedly seeks a lawsuit or litigation against Adad-na'id, his son or his grandson shall place 5 minas of pure silver and 1 mina of refined silver in the lap of Ninurta [residing in Kalḫu. He shall return] the mon[ey tenfold to its owner]. –remainder missing– Caption: deed of field, land sold by Titî [x x x x x].

Notes

1': The missing witness list makes it difficult to identify Adad-na'id. Perhaps he is the seller in No. 204 (note the name Gagî in that text).

4'-5': zar₄-pu la-qe-u is a scribal error for za-rip la-qe.

10': Titî is also attested in CCENA 21 I:21; cf. K. Deller, Or 34 (1965) 475.

16': The copies in ADD and ABC show d.15. In CIS II a horizontal was copied but restored as the beginning of MÙŠ. The sign MAŠ is collated.

83-1-18,356	No.	6		Adad-[x x x]
35 x 70 x 17	ADD	184	C	Sale:male
	AR	190	T,TrG	10.X11.667 B.C.
	RIDA 6	165		

obv	1	NA₄.KIŠIB ⌜1⌝.[x x x x]
		Blank Seal Space
	2	1.Ḫu-li-i ÌR-⌜sú⌝ [ša 1. x x x]
	3	ú-piš-ma 1.d.10-[x x_x]
	4	LÚ.mu-kil KUŠ.[PA.MEŠ ina lìb-bi]
	5	1/2 MA.NA KÙ.BABBAR ina šá [MAN TI]
	6	kas-pu gam-mur ta-a[d-din LÚ]
	7	šu-a-tú za-rip la[q-qe]
	8	tu-a-ru de-e-[nu]
	9	DUG₄.DUG₄ la-áš-šú
	10	man-nu šá ina ur-kiš ina ma-te-ma
	11	⌜i-zaq⌝-qup-an-ni GIB-u-ni
	12	[x MA.NA KÙ.BABBAR] ⌜SUM⌝-an LÚ ú-še-ṣa
	13	[IGI 1.x x x LÚ].DIB KUŠ.PA.MEŠ
	14	[IGI 1. x x x L]Ú :
	15	[IGI 1. x x x L]Ú :
rev	16	[IGI 1.x x x IGI 1.x x-D]Ù
	17	[IGI 1. x x x IG]I ⌜1⌝.A-ḫa-ta-a
	18	[IGI 1.x x x] LÚ.A.BA
		4 line space
	19	ITU.ŠE UD 10 KÁM lim-mu 1.Mar-la-[rim]

Translation

Seal of [x x x x]. /Blank Seal Space/ Ḫulî, the servant of [x x x]——Adad-[x x x], the rein-hol[der], contracted and [bought him for] 1/2 mina of silver according to the [mina (standard) of the king]. The money is paid completely. That [man] is purchased and acquired. Any revocation, lawsuit, or litigation is void. Whoever, at any time in the future, lodges a complaint or breaches the contract shall pay [x minas of silver]. He shall redeem the man. 7 witnesses, scribe, date, eponym.

Notes

1: The seal space was not indicated in ADD.

5: The restoration is unsure.

14: L]Ú = ⟨drawing⟩ .

15: L]Ú = ⟨drawing⟩ .

80-7-19,48	No.	7		MÍ.Addātî
50 x 30 x 28	ADD	58	C	Debt note with
horizontal-shaped	AR	150	T,TrG	pledge
				Aššur
				1.VIII.694 B.C.

obv	1	2 MA.NA [KÙ.BABBA]R SAG.DU
	2	ina 1 MA.[NA] ša URU.Gar-ga-miš
	3	ša MÍ.[Ad-da]-ti MÍ.šá-kín-te
	4	ina IGI 1.[x x x]-ˈxˈ-ia LÚ*.2-i LÚ*.GAL URU.MEŠ
	5	ku-um 2 ˈMA.NAˈ KÙ.BABBAR É 12 ANŠE
	6	A.ŠÀ.GA ina UGU EDIN URU.Aš+šur
	7	1.Qur-di-d.IM MÍ-šú 3 DUMU.MEŠ-šú
	8	1.Kan-dil-a-nu MÍ-šú
be	9	PAP 7 ZI.MEŠ 12 ANŠE a-na šá-par-ti
	10	ina IGI MÍ.Ad-da-ti šak-nu
	11	ina ŠÀ UD-me ša KÙ.BABBAR SUM-u-ni
rev	12	UN.MEŠ A.ŠÀ.GA ú-še-ṣa
	13	IGI 1.d.PA-MU-GIŠ LÚ*.A.BA DUMU URU.NINA
	14	IGI 1.Šu-ri-ḫa-DINGIR-a+a
	15	IGI 1.d.UTU-PAP-AŠ LÚ*.A.ZU
	16	IGI 1.Da-ri-EN IGI 1.Ṭa-bi-i LÚ*.NINDA
	17	IGI 1.Za-bi-nu LÚ*.ka-ṣir IGI 1.An-da-ra-nu
	18	IGI 1.d.UTU-PAP-PAP LÚ*.SIPA ḪU.MEŠ
	19	IGI 1.Sa-gíb-i LÚ*.NI.GAB
te	20	IGI 1.d.PA-šal-lim ITU.APIN UD 1 KAM
	21	lim-mu 1.DINGIR-KI-ia LÚ*.GAR.KUR URU.Di-maš-qa

Translation

2 minas [of silve]r capital according to the 1 mi[na] ⟨standard⟩ of
Gargamiš, belonging to [Addā]tî, the šakintu, at the disposal of [x x x]-ˈxˈ-ia,
the vice-rab-ālāni. In lieu of 2 minas of silver, an area of 12 homers
of land on the outskirts of Aššur, Qurdi-Adad, his wife, his 3 sons,
Kandilānu and his wife, a total of 7 persons (and) 12 homers are placed

as a pledge at the disposal of Addātî. On the day he pays the silver, he shall redeem the people (and) the field. 10 witnesses, date, eponym.

Notes

3: The restoration is according to 1.10. For the name cf. R. Zadok, W. Semites pp. 47, 163.

4: ⌈x⌉ = ///⚹.

6: For the opposition EDIN URU : qabsi URU see CAD Q 2a.

8: The line was erased after Kandilānu and MÍ-šú was added. The signs MÍ and šú are spaced out (MÍ is written under the 3 and šú under the šú of 1.7).

13: Nabû-šumu-lēšir is attested in No. 397:9' (archive: Urdâ – 693 B.C.) and in BT 125:36,37 (archive: Mamu-iqbi - 692 B.C.).

19-20: Sagibî and Nabû-šallim are witnesses in No. 72:36,37 (archive: f.Barsipītu - 695 B.C.).

Rm.2,165	No.	8		MÍ.Addātî
44 x (40) x 11	ADD	223	C	Sale:female
	AR	515	T,TrG	

		beginning missing
obv	1'	ina [SÀ x MA.NA KÙ.BABBAR ta-al-qe]
	2'	kas-pu [gam-mur ta-din]
	3'	MÍ šu-a-tú ⌈zar⌉-p[at la-qe-at]
	4'	tu-a-ru de-e-nu DUG₄.DUG₄ [la-áš-šú man-nu šá]
	5'	ina ur-kiš ina im-ma-te-m[a GIL-u-ni]
	6'	lu-u 1.AD-sa-lam lu-u DUMU.M[EŠ-šú]
	7'	lu-u ŠEŠ.MEŠ-šú lu-u DUMU.ME[Š.ŠEŠ.MEŠ]-šú
	8'	lu-u LÚ.šak-an-šú lu-⌈u⌉[x x x x]
	9'	lu-u qur-ub-šu ša ⌈de⌉-[e-nu DUG₄.DUG₄]
	10'	TA* MÍ.AD-⌈da⌉-[ti x x x]
	11'	⌈u⌉ EGIR-šú [x x x x x x x]
rev	12'	⌈x⌉[x x x x x x x x x x x]
		remainder effaced and missing

Translation

Beginning missing- (Addātî, the šakintu, contracted and bought her) for [x minas of silver]. The money is paid completely. That woman is

purch[ased and acquired]. Any revocation, lawsuit or litigation [is
void. Whoever], at any time in the futu[re, breaches the contract],
whether Abu-salām or [his] son[s] or his brothers or his neph[ews]
or his superior or [his x x x x] or his associate, whoever repeatedly
seeks a lawsu[it or litigation] against Addā[tî, the šakintu], and her
successor –remainder missing.

Notes

7': -šú at the end of the line is written on the edge of the tablet.
10': ⌜da⌝ = ▨▨.
11': ⌜ù⌝ = ▨▨. EGIR-šú is difficult to interpret. It is possible
that urki'u is intended, although this is unlikely in such a clause;
cf. FNAD p.27. Since the šakintu office is not inherited, EGIR has
been translated as successor. Note -šú for -šá.
12': ⌜x⌝ = ▨▨.

Bu.89-4-26,14	No.	9		Aduniḫa
34 x 22 x 17	ADD	148	C	Loan:Wheat
	AR	325	T,TrG	Ninua
	Aššur	2/5	Coll.	[ ].II.660 B.C.

obv	1	3 ANŠE ŠE.GIG
	2	ina GIŠ.BÁN ša KUR.Ia-ú-di
	3	ša 1.A-du-ni-iḫ-a
	4	ina IGI 1.A-tar-su-ri
be	5	ÌR ša 1.Pa-di-i
	6	ina ITU.KIN a-na SAG.DU-šá
rev	7	ina URU.Ni-nu-a SUM-an
	8	šúm-mu NU SUM-ni
	9	a-na 1 ANŠE 5BÁN GAL-a
	10	ITU.GU₄ <lim-mu> 1.Gi-ri-ṣa-pu-ni
	11	IGI 1.A-bi-um-me
te	12	IGI 1.15-ta-a-zi
le	13	IGI 1.Bir-d.Šá-maš
	14	2 LÚ.ŠE.KIN.TAR

Translation

3 homers of wheat according to the sūtu (standard) of Ya'udi belonging to
Aduniḫa are at the disposal of Attar-sūrī, servant of Padî. He shall pay
its capital in the month of Ulūlu in Ninua. If he does not pay, it shall
increase 5 sūtus per homer. Date, eponym, 3 witnesses. 2 harvesters.

Notes

1: The MEŠ sign indicated in ADD and AR at the end of the line is
not on the tablet.

2: For the identification of this place name as Ya'udi see ADD III 237.
Otherwise the place name is considered as Judah; see H. Tadmor,
Scripta Hierosolymitana 8 (1961) 236 n.13; E. Lipiński, RSF 3 (1975) 1–6.

3: The names in the text have been treated by E. Lipiński, ibid.

5: Collation shows ÌR and not ŠE.BÁN.

14: For the harvester clause see J.G. Lautner, Altbabylonische Personenmiete
und Erntearbeiterverträge, (Leiden 1936) 26–28; FNAD §3.5. In Iraq 19
(1957) 126, B. Parker made the observation that there is a direct
relationship between the number of homers and the number of harvesters.
If this is correct the text should have three harvesters; cf. SAIO I 90 n.4.

80-7-19,350 + 80-7-19,352	No.	10		Adunu-nādin-
(51) x (36) x (11)	ADD	346	C	apli
	AR	48	T,TrG	Sale of
				Inheritance
				Ninua

beginning missing

obv
1' ⸢1 x⸣[x x x x x x]
2' ina URU.Ni-n[u-a x x] ⸢x x⸣[x x]
3' SUḪUR É [1].⸢d⸣.PA-MU-PAP
4' SUḪUR su-⸢qa⸣-qi ú-piš-ma
5' 1.A-du-nu-AŠ-A TA* IGI LÚ.MEŠ
6' an-nu-te ḪA.LA É AD-šú-nu
7' ina ŠÀ 12 MA.NA KÙ.BABBAR ina 1 MA.NA-e
8' šá LUGAL ⸢TI⸣-qé kas-pu gam-mur
9' ⸢ta-din É⸣ šu-a-⸢tú za-rip⸣
remainder missing (no reverse)

Translation

Beginning missing- in Nin[ua x x x] ⸢x x⸣ [x x], adjoining the house
of Nabû-šumu-uṣur, adjoining the street—Adunu-nādin-apli contracted
and bought from those men a share of their father's house for
12 minas of silver according to the mina (standard) of the king. The money
is paid completely. That house is purchased -remainder missing.

Notes

4': For suqāqu in Ninua see No. 122:6' (archive: Kakkullānu - PC) and
No. 333:10 (archive: Ṣilli-Aššur - 692 B.C.).

5': A-du-nu-nādin-apli is possibly an Assyrianized Phoenician name;
cf. R. Zadok, BASOR 230 (1978) 59

6': See K. Deller - A.R. Millard, AfO 32 (1985) 42ff. for the most
recent publication of a Neo-Assyrian inheritance text.

Bu.91-5-9,114		No.	11		Aḫabū
47 x (19) x 20		ADD	171	C	Court decision
		AR	646	T,TrG	
		Aššur	2/5	Coll.	
		SOEV 6	644	Q	

beginning missing

obv	1'	[x x x x x x x x]⌈x⌉
	2'	⌈x x⌉ [š]a ⌈de⌉-ni 4 MA.NA KÙ.[BABBAR]
	3'	ša 1.PAP-bu-u-u≪nu≫
	4'	ina IGI 1.Aq-ri LÚ*.A.BA
	5'	ša LÚ*.sar-tene e-mi-du-u-ni
be	6'	ITU.NE KÙ.BABBAR SUM-an
	7'	BE-ma la SUM-ni a-na 4-ti-šú i-[GAL]-bi
rev	8'	IGI 1.A-ta-a LÚ*.EN URU
	9'	ša URU.Ḫu-ru-d[u] IGI 1.U.U-I
	10'	LÚ*.kala-pu ši-pi-ri-ti
	11'	IGI 1.A-ia ⌈LÚ*⌉.EN URU ša URU.Ḫu-⌈pa-pa⌉
	12'	[IGI 1.x x x L]Ú*.⌈kala⌉-pu ⌈ši⌉-[pi-ri-ti]
		remainder missing
le	13'	[x x x x-S]U-ba
	14'	[x x x L]Ú*.NIMGIR É.GAL

Translation

Beginning missing- judgment, 4 minas of sil[ver] belonging to Aḫabū are
at the disposal of Aqrî, the scribe, which the sartennu imposed. He shall
pay the silver in the month of Abu. If he does not pay, it shall increase
by a fourth. 4+ witnesses, (eponym).

Notes

1': ⌈x⌉ = ⫰ .
2': ⌈x x⌉ =

3': The sign at the end of the line has been partly erased.

5': sartennu is translated in CAD S 185b as "chief judge". However, see the comments of K. Deller in SOEV 6 (1973) 652 (quoted in LAS II 298:r.14').

6'-7': This court decision contains loan clauses; cf. K. Deller, ibid. 644.

9': See NAT 170 for the toponym. For the signs U.U see CTN III 36:24.

11': For Ḫupapa/Ḫubaba see NAT 165.

13': A possible restoration is [lim-mu 1.d.Za-ba₄-ba₄-S]U-ba.

DT 12		No.	12		MÍ.Aḫu-dalli
30 x 64 x 18		ADD	317	C	Sale:female
		AR	39	T,TrG	Ninua
					22.XI.687 B.C.

obv	1	NA₄.KIŠIB MÍ.Da-li-ia-a
	2	EN MÍ.TUR SUM-ni
		Blank Seal Space
	3	[M]Í.A-na-AD-da-la-ti
	4	[DUM]U.MÍ-sa 5 ru-ṭu
	5	⌈ú⌉-pis̆-ma MÍ.PAP-dal-li
	6	MÍ.ERIM É.GAL TA* IGI
	7	MÍ.Da-li-ia-a ina ŠÀ
	8	1/2 MA.NA KÙ.BABBAR il-qé
	9	kas-pu gam-mur ta-ad-din
	10	MÍ.TUR su-a-tú
	11	zar-pat laq-qé-at
	12	tu-a-ru de-e-nu DUG₄.DUG₄
	13	la-ás̆-s̆ú [man-nu] s̆á ina ur-kis̆
rev		4 lines effaced
	14'	[IG]I 1.d.[x x x x x x]
	15'	[IGI] 1.d.PA-PAP-[x x x x x]
		2 line space
	16'	[ITU].ZÍZ UD KÁM*
	17'	[lim]-mu 1.d.30-PAP.MEŠ-SU MAN KUR.As̆+s̆ur

Translation

Seal of Daliya, owner of the girl being sold. /Blank Seal Space/ Ana-abi-dalāti, her daughter, <height>: 5 half-cubits——Aḫu-dalli, the s̆akintu, contracted and bought her from Daliya for 1/2 mina of silver. The money is paid completely. That girl is purchased and acquired. Any revocation, lawsuit, or litigation is void. [Whoever], at any time -4 effaced lines. 2+ witnesses, date, eponym.

16

Notes

1: For this name see M. Fales, ACF 13/3 (1974) 185 and R. Zadok,
W. Semites, p.85.

5: For the reading of this name as f.Aḫi-ṭalli see R. Zadok, ibid., p.55,98.
-dalli supposes a connection with dallu; cf. APN 279b.

6: MÍ.ERIM É.GAL is rendered here as the equivalent of MÍ.GAR = šakintu.
The reading sekretu was formerly suggested by B. Landsberger in
Festschrift Baumgartner, (1967) 207. This proposal is open to doubt
and is indicated with a question mark in AHw 1036a and ABZ 393.
The following evidence supports the suggestion that the above
logogram stands for šakintu:

MÍ.ERIM É.GAL	No. 12:5–6	687 B.C.
MÍ.šá-kín-tú ša URU.MÚRU ⌜URU⌝	No. 13:6–7	686 B.C.
MÍ.šá-[kín-tú] šá URU.NINA.KI	No. 14:11–12	683 B.C.
MÍ.ERIM É.GAL	No. 15:11	681 B.C.
MÍ.šá-kín-te	No. 16:1	
MÍ.GAR-⌜te⌝ ša MÚR[U] ša URU.Ni-n[u-a]	No. 17:14'	

Besides the above, it should be noted that the signs MÍ.GAR and
MÍ.ERIM.É.GAL always exclude one another. Additional evidence is
found by comparing the administrative texts NWL No. 3 and ADD 950:

10: MÍ.ERIM É.GAL.MEŠ ša MÚRU URU   11: KIMIN ša É.GAL ma-šar-ti NWL No. 3
1: MÍ.GAR.MEŠ   2: MÚRU URU.Ni-nu-a   3: KUR   ma-šar-te NINA.KI
ADD 950

14': The four lines preceeding are effaced. The following traces
are preserved at the beginning of the lines: ⌜;⌝; ⌜;⌝; ⌜;⌝;⌜.

81-2-4,149	No.	13		MÍ.Aḫu-dalli
50 x 89 x 27	ADD	232	C	Sale:slaves
	AR	458	T,TrG	16.XII.686 B.C.
	Aššur	2/5	Coll.	

obv 1 NA₄.KIŠIB 1.MAN-a-ni
2 EN UN.MEŠ SUM-an

Cylinder Seal

3 1.IM.4-i ÌR-[šú x] 1.IM-AN.ŠÁR
4 MÍ.d.Ur-kit-DINGIR-a+a [x x x x]
5 É PAP 3 ZI.MEŠ-ˮeˮ [x x x x]
6 tu-piš-ma MÍ.PAP-ˮdaˮ-li
7 MÍ.šá-kìn-ti ša URU.MŮRU ˮURUˮ
8 ina ˮlìbˮ-bi 4 MA.NA KÙ.BABBAR ta-ˮalˮ-qe
9 kas-pu ga-mur ta-din
10 UN.MEŠ šu-a-te za-ar-pu
11 la-qe-u tu-a-ru
be 12 de-ni DUG₄.DUG₄ la-šú
rev 13 man-nu ša TA* MÍ.šá-kìn-ˮtiˮ
14 de-ni DUG.4.DUG₄.DUG₄ ub-ta-'u-u-ni
15 15 MA.NA KÙ.BABBAR SUM-an
16 ṣib-ti a-na 1 me UD-mu sa-ar-ti
17 a-na kala UD.MEŠ

18 IGI 1.PAP-GIN LÚ*.qur-butu
19 IGI 1.Na-bu-u-a :
20 IGI 1.10-KI-ia :
21 IGI 1.Šá-ma-'a LÚ*.A.BA
22 IGI 1.MAN-SIPA-u-a LÚ*.qur-butu
23 IGI 1.KÙ-KÁ-SU LÚ*.NI.GAB
24 IGI 1.d.MAŠ-kib-si-PAP :
25 IGI 1.E-zi-pa-ˮširˮ
26 IGI 1.BA-šá-a
27 ITU.ŠE UD 16 KAM
28 lim-mu 1.EN-IGI.LAL-a-ni LÚ*.tur-tan

Translation

Seal of Šarrani, owner of the people being sold. /Cylinder Seal Impression/
Amurrî, servant [of] Šar-Aššur, and Urkit-ilāya [x x x x]; a household
(with) a total of 3 persons [x x x x]——Aḫu-dalli, the šakintu of the inner-
city, contracted and bought them for 4 minas of silver. The money is
paid completely. Those people are purchased and acquired. Any revocation,
lawsuit or litigation is void. Whoever repeatedly seeks a lawsuit or
litigation against the šakintu shall pay 15 minas of silver. (The buyer
is guaranteed against) the ṣibtu disease for 100 days (and against) fraud
forever. 9 witnesses, date, eponym.

Notes

3: See FNAD No. 25:15 for IM.4 = Amurru.

4: The most likely restoration is: [MÍ-šú].

5: The reading 3 in ADD and AR is correct. Parpola collates 5.

16: The literature concerning the term sartu is quite extensive; cf. AR pp. 462–463; P. Koschaker, NKRA 31 n.3; K. Deller, Or 30 (1961) 255; FNAD §2.3.5 and p. 164. The most recent interpretation is "stolen property"; cf. CAD S 188a.

20: 10 = ⟨wedge⟩ . The smaller and not so well distinguished wedge is the reason ADD reads MAN. The MAN sign in 1.22 is written differently. Possibly U.U is intended.

25: For the reading of this name see CAD E 428a and R. Borger, BiOr 18 (1961) 154.

82-5-22,34				MÍ.Aḫu-dalli
43 x (87) x 19	No.	14		Sale:mixed
	ADD	447	C	Scribe:Bānî
	AR	61	T,TrG	Nabulu
	KB4	11	T,TrG	1.II.683 B.C.

obv	1	NA₄.KIŠIB 1.Mar-tu-u' LÚ.GAL URU.MEŠ šá MÍ.⟨É.GAL⟩
	2	NA₄.KIŠIB 1.Mar-di-i
	3	PAP 2 LÚ.MEŠ ÌR.MEŠ šá LÚ.EN.NAM
	4	šá KUR.Bar-ḫal-za EN UN.MEŠ SUM-ni

Blank Seal Space

	5	1.Rém-mut-DINGIR.MEŠ AMA-šú 3 PAP.MEŠ-šú PAP 5 ZI.⟨MEŠ⟩
	6	1.d.UTU-TI DUMU-šú 1.Sa-si-i 2 DUMU.MEŠ-šú
	7	MÍ-šú 1.d.PA-u-a 3 PAP.MEŠ-šú NIN-šú PAP 5 ZI.⟨MEŠ⟩
	8	1.Za-bi-nu LÚ.NU.GIŠ.KIRI₆ MÍ-šú GIŠ.KIRI₆
	9	šá za-mara PAP 17 ZI.MEŠ GIŠ.KIRI₆ ina URU.Na-bu-⌈lu⌉
	10	LÚ.ÌR.MEŠ šá 1.⌈Mar-tú⌉-u' šá 1.Mar-di-i
	11	ú-piš-m[a MÍ.PAP-da]1-li
	12	MÍ.šá-[kín-tú] šá URU.NINA.KI
	13	T[A* IGI LÚ.MEŠ an]-nu-tu
	14	[ina ŠÀ x MA.NA KÙ.BABBAR ša UR]U.Gar-ga-[miš]
	15	[il-qé kas-pu ga]-mur
	16	[ta-din UN.MEŠ GIŠ.K]IRI₆.MEŠ
	17	[šú-a-tú za-ár-pu TI]-⌈ú⌉ tu-a-ru di-i-[ni]
		1 line destroyed
rev	18'	[x x x x x x x x x x]
	19'	[x x x x x x] ma [x x x x]
	20'	[x x x x n]i di-i-n[i]

```
21'   ⌈DUG₄.DUG₄ TA*⌉ MÍ.ša-kín-te
22'   ub-ta-'u-u-ni kas-pu a-na 10.MEŠ
23'   a-na EN.MEŠ-šú GUR ina di-ni-šú DUG₄.DUG₄-ma
24'   la i-laq-qé
```

```
25'   IGI 1.d.PA-MU-AŠ LÚ.A.BA
26'   IGI 1.La-ḫi-ra-a+a
27'   IGI 1.Zer-15 LÚ.GAL UŠ.BAR.ME
28'   IGI 1.Na-⌈bu-ti-i⌉ LÚ.UŠ.BAR
29'   IGI 1.d.ŠÚ-AŠ LÚ.A.SIG
30'   IGI 1.MAN-IGI.LAL-an-ni
31'   IGI 1.d.PA-PAP-ir IGI 1.Ma-zu-gu
32'   IGI 1.Ba-ni-i LÚ.A.BA
33'   ITU.GU₄ UD 1 KÁM* MU 23 1.d.30-PAP.MEŠ-SU
34'   MAN KUR.Aš+šur.KI lim-me 1.Man-nu-ki-U.MAN
35'   [š]á URU.Ṣu-pi-te
```

Translation

Seal of Martu', rab-ālāni of the queen, seal of Mardî, a total of 2 men, subordinates of the governor of Barḫalza, owner(s) of the people being sold. /Blank Seal Space/ Rēmūt-ilāni, his mother and his 3 brothers, a total of 5 persons; Šamaš-balāssu and his son; Sasî, his 2 sons and his wife; Nabû'a, his 3 brothers and his sister, a total of 5 persons; Zabinu, the gardener, his wife, and a fruit orchard, a total of 17 persons and an orchard in the city of Nabulu, (all) servants of Martu' and Mardî—[Aḫu-da]lli, the ša[kintu] of Ninua, contracted and [bought them (and the orchard)] fr[om these men for x minas of silver according to the mina (standard) of] Garga[miš. The money is paid compl]etely. [Those people and the orcha]rd [are purchased and acquired]. Any revocation, lawsuit or lit[gation is void. Whoever, ...] repeatedly seeks a lawsuit or litigation against the šakintu, shall return the money tenfold to its owners. He shall litigate in his lawsuit and not succeed. 8 witnesses, scribe, date, eponym.

Notes

2: Mardî is the scribe of ABL 916; cf. LAS II 114 n. 205. M. Fales discussed this name in OA 16 (1977) 53 n.4 with a reference to BT 102:5.
9: za-mara cf. Or 31 (1962) 194. The reading Na-bu-⌈lu⌉ follows a suggestion from K. Deller; see K. Kessler, AfO 26 (1978) 99ff.
25': This scribe is attested in No. 157:12' together with Zēr-Ištar (1.27); cf. LAS II App. N 23.

27': That weavers are closely associated with the šakintu may be seen
from a text such as ADD 950:r.9-10.

28': See note on No. 15:19'-20'.

31': Nabû-nāṣir is attested in No. 99:19' as ša ginêšu š[a]
(archive: Erĩbu-ilãni - 699 B.C.).

32': Bānî is the scribe of No. 99. See note on 1. 31'.

34': U.MAN = 𝄪 ; this confirms Parpola's collation.

K.333	No.	15		MÍ.Aḫu-dalli
50 x (77) x 21	ADD	59	C	Pledge
	AR	123	T,TrG	Scribe:Nabû-
				rēmanni
	Aššur	2/5	Coll.	Dadi-Samalla
	AST	T217	Q	27.VI.681 B.C.

obv
1 NA₄.KIŠIB 1.Mil-ki-ia LÚ.EN.NAM
2 šá URU.Tal-mu-si EN A.ŠÀ É.MEŠ
3 GIŠ.KIRI₆.MEŠ UN.MEŠ ta-da-ni

Blank Seal Space

4 1.E-ḫi-ia-a MÍ-šú 3 DUMU.MEŠ-šú 2 DUMU.MÍ.MEŠ-šú
5 1.GIŠ.BAL-a MÍ-šú 2 DUMU.MEŠ-šú 1.DÙG.GA-ru-ḫi-ti MÍ-šú
6 DUMU-šú 1.Nab-te-e MÍ-šú AMA-šú PAP-šú 1.Dul-la-a+a-qa-nun
7 MÍ-šú AMA-šú DUMU-šú PAP-šú 1.Ú-ri-ia-a MÍ-šú AMA-šú
8 PAP-šú PAP 27 ZI.MEŠ a-di A.ŠÀ.MEŠ-šú-nu a-di É.MEŠ-šú-nu
9 a-di GIŠ.KIRI₆-šú-nu a-di GU₄.MEŠ-šú-nu a-di UDU.MEŠ-šú
                                                        nu
10 a-di qin-ni-šu-nu ina URU.Da-di-sam-al-la
11 ina EN.NAM URU.Tal-mu-si tu-piš-ma MÍ.ERIM É.GAL
12 ku-um 20 MA.NA KÙ.BABBAR ina 1 MA.NA-e šá URU.Gar-ga-miš
13 a-na šá-par-te šá-kin man-nu šá u[r-ki]š u ma-te-ma
14 lu-u 1.Mil-ki-iá EN.NAM lu-u LÚ.2-e-šú
15 lu-u LÚ.GAL URU.MEŠ-šú lu-u ḫa-za-nu URU-šú
16 [lu-u] DUMU-šú lu-u DUMU.DUMU-šú i-za-qu-[pa-ni]
17 [i-GIB-u-ni x MA.N]A KÙ.BABBAR ina ⌜bur⌝-k[i d.x GAR]
    remainder missing
18' IGI 1.Ú-r[i-ia-a x x x]
19' IGI 1.Am-ra-mu LÚ.TÚG.KA.KEŠDA šá É.GAL
20' IGI 1.Na-bu-ti-i GAL ki-ṣir šá UŠ.BAR.MEŠ
21' IGI 1.d.PA-rém-a-ni LÚ.A.BA ṣa-bit dan-né-te
22' ITU.KIN UD 27 KÁM* lim-mu 1.d.PA-PAP-KAM-eš
23'   LÚ.GAR.KUR URU.Sa-am-al-la

Translation

Seal of Milkiyā, governor of Talmusu, owner of the field, houses,
orchards, and people being sold. /Blank Seal Space/ Eḫiyā, his wife,
his 3 sons and his 2 daughters; Pilaqqa, his wife and his 2 sons;
Ṭāb-ruḫiti, his wife and his son; Nabte, his wife, his mother and his
brother; Dullāya-qanun, his wife, his mother, his son and his brother;
Uriyā, his wife, his mother and his brother, a total of 27 persons including
their fields, including their houses, including their orchards, including
their cattle, including their sheep and including their kinsmen (located)
in the city of Dadi-samalla in the province of Talmusu—the šakintu
contracted them (the field, houses, orchards, and people). In lieu of
20 minas of silver according to the 1 mina <standard> of Gargamiš a
pledge is placed. Whoever, at any time in the future, lodges a compl[aint
or breaches the contract], whether Milkia, the governor, or his viceroy
or his rab-ālāni or the mayor of his city [or] his sons or his grandsons,
[shall place x min]as of silver in the la[p of x x x x x x] —remainder
of obverse missing— 3+ witnesses, scribe, date, eponym.

Notes

2: For Talmusu see CCENA p.58; K. Kessler, ZA 69 (1980) 217; UTN 17 n.87;
CTN III p.143 n.17 and LAS II 309:22.

5: The name 1.GIŠ.BAL-a occurs in GPA 43:19 as 1.<GIŠ>.BA[L]-˹a+a˺.
A syllabic spelling is perhaps 1.Pi-la-qu in CCENA No. 28:11; cf. AHw 863a.
Note 1.GIŠ.BAL-li-pi-NUN-x-e in No. 155:3.

10: Parpola reads URU.Da-di-ú-al-la for the toponym. Note the spelling
URU.Sa-am-al-la in 1.23'.

18': r[i = 𝕸 and is uncertain.

21': The scribe is attested in No.16:17 and ADD 1164:18'. For
ṣabit dannete and its middle-Babylonian origin see O.R. Gurney, The
Middle Babylonian Legal and Economic Texts from Ur, (Oxford 1983) 27
n. rev. 17.

K.1337	No.	16		MÍ.Aḫu-dalli
57 x 28 x 20	ADD	62	C	Pledge
	AR	131	T,TrG	Scribe:Nabû-
				rēmanni
	TCAE	p303	T,TrE	
	Aššur	2/5	Coll.	
	AST	T210	Q	

te	1	A.ŠÀ ša MÍ.šá-kín-te
obv	2	A.ŠÀ ša 1.I-ni-bi-Aš+šur a-na šá-na-ti
	3	GU₇-u-ni LÚ*.A.KIN ša É EN.MEŠ-šú
	4	it-ta-laka A.ŠÀ É EN.MEŠ-šú
	5	ur-ta-me <ŠE>.še-e[b]-šú ŠE.nu-sa-ḫi ku-ᵓumᵓ
	6	KÙ.BABBAR-šú ú-sa-ni-lum A.ŠÀ É EN.<MEŠ>-šú
be	7	[x x x x x x 1].d.PA-sa-lim
	8	[x x x x x x x x x]-ḫi ur-ta-ᵓmeᵓ
	9	[x x x x x x x 1].PAP-SU
	10	[x x x x x x] x ᵓku-umᵓ ŠE.nu-sa-ḫi
rev	11	šá x[x x] ú-sa-ni-lum A.ŠÀ EN.<MEŠ>-šú
	12	man-nu ša GIL-u-ni 2 KUR.MEŠ BABBAR.MEŠ ina Aš+šur
	13	SUM-an 1 MA.NA KÙ.GI ina d.NIN.LÍL SU[M-an]
	14	a-de-e ša <LUGAL> ŠU.2-šú ú-ba-ᵓu
	15	IGI 1.Kab-lu-15 GAL GAG.MEŠ IGI 1.Pa-ᵓqi-iᵓ
te	16	IGI 1.Sa-na-an LÚ*.A.KIN ša GAL É
	17	IGI 1.d.PA-rém-a-ni A.BA

Translation

A field belonging to the šakintu. A field of which Inbi-Aššur has had the usufruct for a number of years. A messenger of the owners' household came. (Inbi-Aššur) relinquished the field (to) the owners' household. In lieu of his silver he shall continue to pay the corn and straw taxes. The field of the owners' household [x x x x x] Nabû-šallim [x x x x x x x x x] he relinquished [x x x x x] Aḫu-erība [x x x x x x] x In lieu of the straw tax ..x[x x] he shall continue to pay. The owners' field (is relinquished?). Whoever breaches the contract shall give 2 white horses to Aššur. He shall pay 1 mina of gold to Mullissu. The <royal> oath shall seek his custody. 3 witnesses, scribe.

Notes

2: The sign i-ni = 𒀭. The scribe may have left out a vertical intending to write in as Postgate suggests in TCAE p.303. The usufruct of a field is given in years; see FNAD p.30. If šapartu were intended the verb would be šakānu.

3: See the note on GPA 186:10 and TCAE p.303 for É EN.MEŠ-šú.

4: The ventive here is mandatory. See K. Deller, Or 31 (1962) 16 for
laka.

5: eqlu ramû means "to reliquish a field". The term usessa is employed
in redemption texts. It is Inbi-Assur who relinquishes a field. See
note on CTN III 28:4.

6: Postgate reads ú-sa-ZAL-lum and explains the form as Dtt,
3rd person plural of salāmu. This is unlikely because of the phonetics.
AHw 784b treats the word s.v. niālu Š. It is suggested that this
is the Dtn of salāmu, 3rd person plural for *ustanallumu.

8: As pointed out in TCAE p.304 n.8 the obvious restoration is nu-sa]-ḫi.

10-11: See TCAE p.304 n.10-11. In 1.11 x = ⟨sign⟩.

12-13: That Assur precedes Mullissu is unusual; cf. AST T 210.

14: See K. Deller, WZKM (1961) 29. The scribe has forgotten the
word sarri.

15: For the rab sikkati see CAD S 253b. A rab sikkati is attested
in the sakintu archive of Ft. Shalmeneser; cf. CTN III 36:14 and
39:12 (with the reading LÚ.GAL si-kur). The reading Kab-lu by
Parpola is correct. For the name Kablu-Ištar compare Kablu-Assur
in CTN III 122:rev.6' where the profession is perhaps to be read
as LÚ*.[GAL] ⌈GAG⌉. The reading 1.Pa-⌈qi-i⌉ is uncertain.

16: See APN 192a for this name. He is most likely the messenger in 1.3
and attested in Nos. 164a:10 and 164b:11 (archive: Mannu-kī-Ninua - 683 B.C.).

17: See No. 15:21'.

Bu.91-5-9,197	No.	17		MÍ.Aḫu-dalli
61 x (59) x 31	ADD	643	C	Sale:land
	AR	448	T,TrG	

beginning missing
[   ] 1+[x] Stamp Seals

obv 1' [x x x x x x x] x ri [x x x]
2' [SUḪUR KASKAL ša] a-na URU.Ba-na-[x x x]
3' [x x x x x]-šú ina lìb-bi URU il-l[a-ku-ni]
4' [x x x x x U]RU.ŠE ša 1.Ḫu-ni-[x x x x]
5' [x x x]-⌈ṣu⌉-'u ša 1.d.IM-PAP-[x]
6' [SUḪUR 1.d.U+G]UR-PAP-PAP ⌈SUḪUR⌉ 1.⌈d⌉.30-APIN-[eš]
be 7' [x x x x].MEŠ SUḪUR x [x x] x ḫu [x x x]
8' [x x x x] ša 1.PAP-la-[maš]-ši

```
         9'   [x x x x] LUGAL ia a x [x x] ⌜LÚ*⌝.[x x]
        10'   [x x a]d-ri.MEŠ É 3BÁN ˻x . x x x]
        11'   [SUḪUR] KASKAL MAN SUḪUR KAS[KAL x x]
rev     12'   [PA]P 20 <ANŠE> A.ŠÀ 3 É.MEŠ 3 ad-[ri.MEŠ GIŠ.KIRI₆ PÚ tab-
                                                         ri-'u]
        13'   [š]a LÚ.MEŠ-e an-[nu-te]
        14'   ú-piš-ma MÍ.A-ḫi-tar-li MÍ.GAR-⌜te⌝ ša MÚR[U URU]
        15'                     ša URU.Ni-n[u-a]
        16'   ina ba-la-ṭi ša LUGAL ina lìb-bi 6 MA.NA KÙ.BABBAR ⌜il⌝-[qe]
        17'   kas-pu ga-mur ta-din A.ŠÀ.MEŠ É.MEŠ ad-ri.MEŠ
        18'   GIŠ.KIRI₆ PÚ tab-ri-'u šu-a-tú za-rip-pu la-qe-'u
        19'   tu-a-ru de-e-nu DUG₄.DUG₄ la-áš-šú
        20'   man-nu ša ina ur-kiš-ši ina ma-te-ma lu-u LÚ.MEŠ an-nu-te
        21'   lu-u DUMU.MEŠ-šú-<nu> lu-u DUMU.DUMU.[MEŠ-šú-nu šá] de-[e-
                                                         nu] DUG₄.DUG₄
        22'   TA* MÍ.GAR-te ub-ta-['u-u]-ni
        23'   [kas-p]u a-na 10.MEŠ a-n[a EN.MEŠ-šú GUR]
              remainder missing
```

Translation

Beginning missing- /1 + [x] Stamp Seals/ [x x x x x x] x <u>ri</u> [x x x,
adjoining the road which] le[ads] to the city of Bana-[x x x x x x]-<u>šú</u>
into the city. [x x x vil]lage of Ḫuni-[x x x x x x]-<u>su</u>' of Adad-aḫu-[uṣur,
adjoining (the land) of Ner]gal-aḫu-uṣur, adjoining (the land) of Sîn-ēr[eš
x x x x], adjoining x [x x] x <u>ḫu</u> [x x x x x x] of Aḫu-lâ[maš]ši [x x x x]
the king <u>ia</u> <u>a</u> x [x x] x [x x x x threshing flo]ors, an area of 3 <u>sūtus</u> [(of
land) x x x x, adjoining] the king's road, adjoining the ro[ad x x, a to]tal
of 20 (homers) of land, 3 houses, 3 thres[hing floors, an orchard, a well
and <u>tabriu</u> be]longing to the[se] men——Aḫu-dalli, the <u>šakintu</u> of the in[ner-
city] of Nin[ua] during the life of the king, contracted and bou[ght] them
for 6 minas of silver. The money is paid completely. That land, houses,
threshing floors, orchard, well and <u>tabriu</u> are purchased and acquired. Any
revocation, lawsuit, or litigation is void. Whoever, at any time in the
future, whether these men or th[eir] sons or [their] grand[sons, whoever]
repeatedly seeks a lawsuit or litigation against the <u>šakintu</u> [shall return
the mon]ey tenfold [to its owners]. Remainder missing.

Notes

1': A possible restoration is: <u>[A.ŠÀ.MEŠ É.MEŠ a]d-ri.[MEŠ</u>.

9': x = 𒀀𒀀

11': The reading <u>KAS[KAL</u> is uncertain.

12': The line is restored following 11.17'-18'. For <u>tabriu</u> see AHw 1299b
and the note on GPA 45:4.

14': <u>tar</u> = ⼌⼂ .   This is either a poorly formed <u>dal</u> or a scribal error. On the <u>hiriq compaginis</u> in this name see R. Zadok, <u>W. Semites</u>, p.51-52.

16': <u>ina balāṭi ša LUGAL</u> was originally interpreted by Johns in ADD IV 156 as "for the welfare of the King". The correct translation is given in CAD B 51 b "while the King was still alive". The office of the <u>šakintu</u> was held by f.Aḫu-dalli during the reign of Sennacherib.

K.355	No.	18		Aḫu-dūrī
46 x 34 x 24	ADD	63	C	Pledge
envelope	AR	126	T,TrG	5.VI.PC
	Aššur	2/5	Coll.	

obv 1   [NA₄].KIŠIB 1.Man-nu-ki-ERIM
     2   [x x M]A.⌜NA⌝ KÙ.BABBAR ša 1.PAP-BÀD
     3   [ina] ⌜IGI⌝ 1.[Man-nu]-⌜ki⌝ LÚ*.ERIM

         Cylinder Seal Impression

     4   ⌜ku⌝-um KÙ.BABBAR 1.Man-nu-ki-ERIM
     5   [ina] šá-pár-ti šá-kin ina MU.[AN].⌜NA⌝.MEŠ
     6   [ina] UD-me ša KÙ.BABBAR
be   7   ⌜i⌝-da-nu-ni
     8   1.Man-nu-ki-ERIM ú-ṣa
rev 9   ÚŠ ḫal-qa ina UGU EN-šú
     10 ⌜ITU⌝.KIN UD 5 KAM
     11 ⌜lim⌝-mu 1.d.⌜PA⌝-AŠ-PAP
     12 IGI 1.DI-mu-PAP.MEŠ
     13 A 1.15-BÀD
     14 IGI 1.⌜Qúr-di⌝-i
     15 IGI 1.Ú-⌜gi-né⌝-e
     16 [IGI 1].⌜Ia⌝-ki-ti-e
     17 [IGI 1.x x x]-ka-a
     18 [IGI 1.La-t]e-gi-15
le   19 [IGI 1.d].⌜PA-PAP⌝-AŠ

<u>Translation</u>

[Se]al of Mannu-kī-ṣābe. [x m]inas of silver belonging to Aḫu-dūrī [at the] disposal of [Mannu]-kī-ṣābe. Cylinder Seal Impression- In lieu of the silver Mannu-kī-ṣābe is placed [as a] pledge for (a number) of years. On the day he pays the silver Mannu-kī-ṣābe shall be redeemed. (If) he dies or flees (it is) his owner's responsibility. Date, eponym, 7 witnesses.

Notes

4: The line begins with ⌜ku⌝.

8: Perhaps ú-⟨še⟩-ṣa should be read for ú-ṣa.

11: M. Falkner has suggested that this eponym should be Adad-nādin-aḫi; cf. AfO 17 (1954/6) 104 n.17 and 108. However, Nabû-nādin-aḫi is well attested; see RA 65 (1971) 85 No. 9; RA 68 (1974) 93 No. 6; BM 1329801 r. 21.

14: ⌜Qúr-di⌝ = 𒀸 𒀹.

16: ⌜Ia⌝ = 𒀸.

19: This witness is attested together with Aḫu-dūrī in No. 198:19 (archive: Nabû-dūrī - 665 B.C.).

K.1604	No.	19		Aḫu-iababa
56 x 96 x 27	ADD	468	C	Exchange of land
	AR	439	T,TrG	Arrapḫa
	Aššur	2/5	Coll.	15.IX.698 B.C.

---

te   2 Stamp Seals

obv   1   ⌜NA₄⌝.KIŠIB 1.⌜PAP⌝-ia-qar ⌜LÚ*⌝.2-ú ⌜šá URU.4*-ḫa⌝

---

1 Stamp Seal 1e Cylinder Seal Impression 1 Stamp Seal re

      2   [x x x x] 10 x-a-ni 1 GIŠ.KIRI₆ ⌜2 x x x⌝
      3   [x x x x] ⌜x x⌝ PAP 3 GIŠ.KIRI₆.MEŠ
      4   [e-nu ša A.ME]Š É LÚ*.NU.GIŠ.KIRI₆
      5   [x x x x] ú-piš-ma 1.PAP-ia-⌜ba⌝-ba
      6   [x x x x] ⌜me⌝ URUDU.MEŠ a-na ša-az-bu-⌜si⌝
      7   š[a x ḫ]u-ub-te ša LÚ*.⌜SUKKAL⌝ ina UGU
      8   GIŠ.MÁ DU-u-ni ina UGU LÚ*.2-ú SUM-ni
      9   kas-pu gam-mur ta-din GIŠ.KIRI₆.MEŠ
      10 e-nu ša A.MEŠ É LÚ*.NU.GIŠ.KIRI₆
      11 za-ar-pu la-qe-ú tu-a-ru
      12 [d]e-nu DUG₄.DUG₄-bu la-áš-šú
      13 [man-nu] ša ina EGIR UD-mu i-za-qu-[pa-ni]
be   14 [TA*] ⌜1.PAP⌝-ia-ba-ba : ⌜DUMU⌝.MEŠ-[šú]
rev   15 [lu-u DUMU.DUMU.MEŠ-šú] lu-u ⌜PAP.MEŠ-šú⌝
      16 [ša ina de]-⌜ni-šú⌝ DUG₄.DU[G₄ ub-ta-u-ni]
      17 [x x x x]⌜x⌝ lu qu x [x x x x]
      18 [kas-pu a-na 10.ME]Š ⌜a-na⌝ [E]N.MEŠ-šú G[UR-ra]

---

      19 [IGI 1.x x x d]a-a LÚ*.m[u-x x x]
      20 [IGI 1.x x x]-⌜ku⌝ LÚ*.šá [x x x x]
      21 [IGI 1.x x x]-a IGI 1.⌜Dan-ni-DINGIR⌝
      22 [IGI 1.x x x]-⌜APIN⌝-e[š] IGI 1.d.UTU-⌜x⌝
      23 [IGI 1.x x x]-⌜i⌝ LÚ*.⌜;⌝

24	[IGI 1.x x] ⌜x x⌝ LÚ*.A.BA ša ⌜x x⌝
25	[IGI 1.x x] ⌜x x x⌝ LÚ*.A.⌜BA⌝ [š]a [UR]U.4*-ḫa
26	[IGI 1.x x x]-⌜x⌝ GAL

2 Stamp Seal Impressions

27	ina ITU.GAN UD 15 KÁM
28	lim-[mu] 1.DI-mu-LUGAL
29	LÚ*.GAR.KUR [UR]U.Ḫal-zi-[ad-bar]

Translation

2 Stamp Seals– Seal of Aḫu-iaqar, the viceroy of the city of Arrapḫa.
/2 Stamp Seals – Cylinder Seal Impression/ [x x x x] 10– x-a-ni, 1 orchard,
2 x x]x x x x] x x, a total of 3 orchards, [a spri]ng, a house, and a
gardener [x x x x]——Aḫu-iababa contracted them and [in exchange for x] x
of copper (and) for the transportation o[f x pr]isoners which the sukkallu
brought upon a ship and gave to the viceroy. The money is paid completely.
The orchards, a spring, a house, and a gardener are purchased and acquired.
Any revocation, lawsuit, or litigation is void. [Whoever], at any time in the
future, [lodges] a complaint [against] Aḫu-iababa (or) [his] sons [or his
grandsons] or [his brothers, whoever repeatedly seeks a law]suit or litigat[ion
x x x x] x⌝ lu qu x [x x x x. He shall return the money tenfol]d to its owners.
10+ witnesses –2 Stamp Seals– date, eponym.

Notes

6: For šazbussu < zabālu Š see AHw 1206a. See note on No. 45:4'.

8: DU-u-ni for ušālikūni. However, GUB-u-ni = ušazzizūni is also possible.

13: ina EGIR UD-mu = ina arkīat ūmī is the Babylonian equivalent of
Neo-Assyrian ina ur-kiš. This usage is attested in Nuzi e.g. HSS 13 24:7.

29: For LÚ.GAR.KUR see R. Borger, AfO 23 (1970) 9 and K. Kessler, ZA 69
(1979) 217. Further literature can be found in ABZ p. 207.

Th.1905-4-9,356   No.   20   Aḫu-iddina
33 x 62 x (17)   ADD   1252   C   Inheritance
                         =AJSL 42 267-8
                         FNAD   19   T   Ninua
                         WZKM 57 34   Q   27.II.PC
                         BAM 15 230   Q

obv   1   [ḪA.LA É AD]
       2   [sá 1.NUMUN-G]IN
       3   [ib-ta-qu]-u-ni
       4   [a-na 1.PA]P-SUM-na PAP-šú
       5   [i-d]i-nu-u-ni

            2 Stamp Seals

       6   ḪA.LA É AD mu-ṣu-ú is-sa-ḫe-iš
       7   13 ina 1-te KÙŠ <ar>-ku-šu
       8   8 ru-ṭu DAGAL
       9   ina MÙRU URU ša NINA.KI
       10   GAB.DI 1.UD-20-KAM-a+a
be   11   GAB.DI 1.Ba-as-ni-i
       12   GAB.DI 1.NUMUN-GIN
       13   [GAB].DI É d.KUR.A
rev   14   1.NUMUN-GIN
       15   a-na <1>.PAP-SUM-na
       16   ib-ta-qa it-ti-din
       17   lu-u ḫa-a-mu lu-u ḫu-ṣab-bu
       18   ib-ta-qu
       19   DI-mu ina be[r-t]e-[šú]-nu
       20   man-nu šá i-bala-[ka]t-u-ni
       21   Aš+šur d.UTU EN ù d.PA
       22   [lu] EN de-e-ni-šú

       23   ITU.GU₄ [UD] 27 KÁM
       24   Iim-mu I.d.30-MAN-PAP
       25   [LÚ*.EN.NA]M UNUG.KI
       26   [IGI 1].ꜥd.UTUꜥ-AŠ-PAP
       27   [IGI 1.x x]-qi-i'
       28   [IGI 1.x x x x]-ꜥxꜥ-u
       29   [IGI 1.x x x x]-ꜥxꜥ-a
le   30   [IGI 1.x x x x x x]x-A IGI 1.Ba-as-ni-i
       31   [IGI 1.x x x x x]-ru IGI 1.PAP-la-maš-si
       32   [IGI 1.x]x-15 IGI 1.DI-mu-MAN

Translation

[A share of (his) father's house which Zēru-uk]īn [divid]ed and
[sol]d [to Aḫ]u-iddina, his brother. /2 Stamp Seals/ A share of
(his) father's house together with the right-of-way, 13 cubits long
and 8 half-cubits wide, in the inner-city of Ninua adjoining (the house) of Ešrāya,
adjoining (the house) of Basni, adjoining (the house) of Zēru-ukīn, and
adjoining the temple of KUR.A——Zēru-ukīn divided and sold it to Aḫu-iddina.

They even divided the chaff and a twig. Peace is between them. Whoever appeals Aššur, Šamaš, Bēl and Nabû [shall be] his prosecutor. Date, eponym, 10 witnesses.

Notes

4: As Postgate points out PAP-šú written at the end of 1.5 belongs at the end of 1.4.

7: The reading is based on the common description: x ina 1 KÙŠ GÍD.DA x ina 1 KÙŠ DAGAL; cf. CAD A II 72a.

13: d.KUR.A is attested in the name MÍ.GÉME-d.KUR.A No. 336:5 (archive: Šamaš-abū'a). Note the spelling d.KUR.RA.

16: ib-ta-qa for ibtatqa is ventive. An explanation of the form is given by K. Deller, BaM 15 (1984) 229-230.

17: lu-u ḫa-a-mu lu-u ḫu-ṣa-bu is normally ḫamū u ḫuṣābu and corresponds to Hittite ezan taru; cf. E. von Schuler, Or 52 (1983) 161-163.

Rm.62		No.	21		Aḫu-lâmašši
(35) x (64) x24		ADD	520	C	Sale:mixed?
		AR	411	T,TrG	Aššur
		Aššur	2/5	Coll.	
		AST	T199	Q	

<table>
<tr><td></td><td></td><td colspan="2" align="center">beginning missing</td></tr>
<tr><td>obv</td><td>1'</td><td colspan="2">[x x x x x x] qa 1-⌈BÁN⌉ URUDU</td></tr>
<tr><td></td><td>2'</td><td colspan="2">[x x x x x x x]-⌈ia⌉-u-tú</td></tr>
<tr><td></td><td></td><td colspan="2">1 line blank</td></tr>
<tr><td></td><td>3'</td><td colspan="2">[x x x SUḪUR A].ŠÀ ša 1.Aš+šur-NUMUN-DÙ</td></tr>
<tr><td></td><td>4'</td><td colspan="2">[x x x ú-piš-m]a 1.PAP-la-maš-ši LÚ*.GIŠ.GIGIR</td></tr>
<tr><td></td><td>5'</td><td colspan="2">[ša x x x x in]a lìb-bi 1 1/2 MA.NA 2 GÍN KÙ.BABBAR</td></tr>
<tr><td></td><td>6'</td><td colspan="2">[il-qe kas-pu gam-m]ur ta-din-ni</td></tr>
<tr><td></td><td>7'</td><td colspan="2">[x x x šu-a-tu zar-p]u la-qe-ú</td></tr>
<tr><td></td><td>8'</td><td colspan="2">[tu-a-ru de]-⌈e⌉-nu DUG₄.DUG₄</td></tr>
<tr><td></td><td>9'</td><td colspan="2">[la-áš-šú] man-nu ša GIL-u-ni</td></tr>
<tr><td></td><td>10'</td><td colspan="2">[lu-u 1.x x]-⌈x⌉-PAP.MEŠ lu-u DUMU.MEŠ-šú</td></tr>
<tr><td></td><td>11'</td><td colspan="2">[lu-u DUMU.Š]EŠ.MEŠ-šú</td></tr>
<tr><td>rev</td><td>12'</td><td colspan="2">[ša TA* 1.PAP-la-maš]-ši DUMU.MEŠ-šú</td></tr>
<tr><td></td><td>13'</td><td colspan="2">[de-e-nu DUG₄.DU]G₄ ub-ta-AN-u-n[i]</td></tr>
<tr><td></td><td>14'</td><td colspan="2">[x MA.NA KÙ.BABBAR x] MA.NA KÙ.GI a-na Aš+šur [i-da]n</td></tr>
<tr><td></td><td>15'</td><td colspan="2">[kas-pu a-na 10].⌈MEŠ-te a⌉-na EN.MEŠ-šú</td></tr>
<tr><td></td><td>16'</td><td colspan="2">[GUR-ra ina] de-e-ni-šú DUG₄.DUG₄-ma</td></tr>
<tr><td></td><td>17'</td><td colspan="2">[la i-laq]-qe</td></tr>
<tr><td></td><td>18'</td><td colspan="2">IGI [1.x x x x IGI] 1.Aš+šur-NUMUN-DÙ</td></tr>
<tr><td></td><td>19'</td><td colspan="2">IGI 1.[x x x x IGI 1].⌈d⌉.ŠÚ-ḪAL-a-ni</td></tr>
<tr><td></td><td>20'</td><td colspan="2">[IGI 1.x x x x x IGI 1.x]-⌈x⌉-na-a+a</td></tr>
<tr><td></td><td></td><td colspan="2">2 lines blank</td></tr>
<tr><td></td><td>21'</td><td colspan="2">[ITU.x UD x KAM lim-mu 1. x x (x)]-a+a</td></tr>
</table>

Translation

Beginning missing- [x x (according to the sūtu [standard] of 10)] qa (and)
1 sūtu of bronze [x x x x x x x]- iautu -1 blank line- [x x x x (adjoining)
the la]nd of Aššur-zēru-ibni, [the x x x]——Aḫu-lâmašši, the charioteer [of
x x x x contract]ed and [bought it f]or 1 1/2 minas and 2 shekels of silver.
[The money is] paid [complete]ly. [That land, people, etc. are purchas]ed and
acquired. [Any revocation, lawsu]it, or litigation [is void]. Whoever breaches
the contract, [whether x x]-˹x˺-aḫḫē or his sons [or his nep]hews, whoever
repeatedly seeks [against Aḫu-lâmaš]ši (or against) his sons [a lawsuit or
liti]gation [shall p]ay [x minas of silver (and) x] minas of gold to Aššur.
[He shall return the money ten]fold to its owners. He shall contest [in] his
lawsuit and [not suc]ceed. 6 witnesses.

Notes

1': A likely restoration is: [ina (ŠÀ) GIŠ.BÁN ša 10] qa; cf. GPA 17:3.
10': A possible restoration of the name is: 1.SU-b]a-PAP.MEŠ; b]a = 𒀸𒊏.
13': ub-ta-AN-u-n[i]: see note on No. 1:19.
17': There is no line before the witness list.
20': ˹x˺ = 𒑊 ; perhaps for 1].˹Na˺-na-a+a?

83-1-18,340	No.	22		Aḫu-milki
40 x (72) x 26	ADD	175	C	Sale:male
	AR	203	T,TrG	17.II.676 B.C.
	Aššur	2/5	Coll.	
	AST	T216	Q	

obv	1	NA₄.KIŠIB 1.Sa-a-ad
	2	EN LÚ* SUM-an-ni

2 Stamp Seals

	3	1.La-du-qi-i ÌR-šú
	4	ša 1.Sa-a-ad ú-piš-ma
	5	1.PAP-mil-ki ina lìb-bi 2 MA.NA ˹KÙ.BABBAR˺
	6	ina 1 MA.˹NA˺-e šá URU.Gar-ga-miš
	7	il-qe kas-pu ga-mur ta-ad-din
	8	˹LÚ˺ UR₅.MEŠ zar<<U₈>>-pu la-˹qe˺-[ú]
	9	t[u]-˹a˺-ri de-n[i DU]G₄.D[UG₄ la-šú]
	10	man-nu ša ina ur-[kiš ina ma-te-ma]
	11	i-za-qa-p[a-ni x x x x]
	12	˹x˺[x x x x x x x]
rev	13	˹x˺[x x x x x x x x]

```
        14      「DUMU.DUMU.MEŠ¬-[šú de-ni DUG₄.DUG₄ ub-ta-u-ni]
        15      20 MA.NA KÙ.BABBAR [x MA.NA KÙ.GI]
        16      ina bur-ki¬ d.15<<KÙ>> a¬-[ṣi-bat URU. x x]
        17      GAR-an KÙ.BABBAR a-na 10.MEŠ [a-na EN-šú GUR]
        18      ina la de-ni DUG₄.DUG₄ 「la TI¬
        19      IGI 1.「Qi¬-ti-DINGIR.MEŠ
        20      「IGI 1¬.Šá-la-ma-še<<šá>>-e LÚ*.ḫa-za-nu
        21      「IGI¬ 1.Mu-du-bi-ra-a+a
        22      IGI 1.Ṣa-du-ru IGI 1.d.UTU-še-zib
        23      PAP 4 IGI.MEŠ DUMU.URU-šú
        24      IGI 1.Li-qi-pu
        25      IGI 1.Bu-bu-u-tú
        26      IGI 1.SUḪUŠ-su-nu LÚ*.NINDA
        27      IGI 1.d.PA-PAP.MEŠ-AŠ LÚ*.NINDA
        28      IGI 1.EN-lu-dà-ri
te      29      「ITU¬.GU₄ UD 17 KAM
        30      lim-mu 1.Ban-ba-a
        31          LÚ*.SUKKAL LÚ*.2-「ú¬
```

Translation

Seal of Sād, owner of the man being sold. /2 Stamp Seals/ Laduqi, the servant
of Sād——Aḫu-milki contracted and bought him for 2 minas of silver according
to the 1 mina (standard) of Gargamiš. The money is paid completely. That
man is purchased and acquired. Any revocation, lawsu[it, or lit]igat[ion is
void. Whoever, at any time [in the future], lodges a compl[aint, whether
x x x] 「x¬[x x x x x x x], wh[oever repeatedly seeks against Aḫu-milki or
against his sons or against his] grandsons a lawsuit or litigation shall place
20 minas of silver (and) [x minas of gold] in the lap of Ištar resid[ing in
GN. He shall return] the money tenfold [to its owners]. He shall contest in
his non-lawsuit and not succeed. 10 witnesses, date, eponym.

Notes

1: The name is possibly Arabic ســَعد . Another explanation
is that the name should be read 1.Sa-a-AD for the deity d.Sa-a; cf. note on
Iraq (1970) 139 rev. 7'.

8: The zar sign is written like U₈: 𒑱. The verbs are plural for
a singular subject.

9: de-n[i DU]G₄.D[UG₄ la-šú] = 𒑱 ; -nu as collated
by Parpola is not on the tablet.

12: 「x¬ = 𒑱.

13: 「x¬ = 𒑱.

16: d.15 is written d.KÙ.

23: For IGI.MEŠ see note on GPA 15:42.

26: SUḪUŠ = 𒑱 ; UŠ is also possible.

				Amurrî
82-5-22,176b	No.	23a		
43 x (27) x 26	ADD	24	C	Loan:silver
envelope	AR	268	T,TrG	Scribe:Nabû-
				rēḫtu-uṣur
	ABC	10	C,T,TrE	9.IV.PC
	CIS	30	C,T,TrL	

obv
1 [NA]₄.KIŠIB 1.Za-bi-nu
2 ⌈LÚ*⌉.GIŠ.GIGIR GAL mu-gi
3 1 MA.NA KÙ.BABBAR
4 [in]a ša URU.Gúr-ga-miš

   3 Circular Stamp Seals

5 [š]a 1.IM.4-i
6 [ina I]GI ⌈1⌉.Za-bi-nu
7 [KÙ.BABBAR 4-tú-šú GAL]-bi
be 8 [ITU.ŠU UD 9* KÁM]
7 [lim-mu 1.d.PA-MAN-PAP.MEŠ-šú]
rev 10 [IGI 1.d.NUSKU-DINGIR-a+a LÚ*.S]AG
11 [IGI 1.15-BÀD IGI 1.In-du-u]
12   TA* URU.Ku-muḫu
13 [IGI 1.P]AP-li-i
14 [IGI 1].d.Na-áš-ḫu-a+a-li
15 [LÚ*.SUK]KAL.MEŠ ša Né-re-bi
16 [IG]I 1.KASKAL-a+a
17 [IG]I 1.d.PA-re-eḫ-tú-PAP A.BA
re 18 'grṭ ks⌈p⌉'
19 zy ᶜl zbn

				Amurrî
82-5-22,176a	No.	23b		
37 x 21 x 20	ADD	23	C	
inner-tablet	AR	267	T,TrG	
	ABC	10	C	

obv
1 1 MA.NA KÙ.BABBAR
2 ina ša URU.Gúr-ga-miš
3 ša 1.IM.4-i
4 ina IGI 1.Za-bi-nu
5 LÚ*.GIŠ.GIGIR LÚ*.GAL mu-gi
6 KÙ.BABBAR 4-tú-šú
be 7 GAL-bi
8 ITU.ŠU UD 9* KÁM
rev 9 lim-mu 1.d.PA-MAN-PAP.MEŠ-šú
10 IGI 1.15-BÀD
11 IGI 1.In-du-u
12 IGI 1.NUSKU-DINGIR-a+a LÚ*.ŠAG
13 IGI 1.Na-áš-ḫu-a+a-li
14 IGI 1.PAP-li-i
15 LÚ*.SUKKAL.MEŠ

Translation

envelope:

[Se]al of Zabinu, the charioteer of the rab-mugi. 1 mina of silver according to (the mina standard) of Gurgamiš -3 Circular Stamp Seals- belonging to Amurrî is [at the dis]posal of Zabinu. [The silver shall increase by a fourth. [Date, eponym], 5 witnesses, scribe. Caption: Contract of silver which is at the disposal of Zabinu.

inner-tablet:

1 mina of silver according to (the mina standard) of Gurgamiš belonging to Amurrî is at the disposal of Zabinu, the charioteer of the rab-mugi. The silver shall increase by a fourth. Date, eponym, 5 witnesses.

Notes

4: The sign gúr is unusual for this word; see NAT 137 for Gurgum (Gúr-gu-me).

5: See note on FNAD 25:15.

11: The name Indû is probably derived from nindû; cf. K. Deller - I.L. Finkel, ZA 74 (1984) 84 n.4.

17: In LAS II 247 n.408 the following statement is made: "... probably not identical with Nabû-rēḫtu-uṣur, the scribe (AR 268:16 and 379:12'), the former dated in the year 646, and by no means to be confused with the instigator of the rebellion against Aššur-etelli-ilāni (NARGD 13:14 and 14:10)...". Note, however, that besides Nabû-rēḫtu-uṣur, Nusku-ilāya and Aḫulî are attested in NARGD 14:r.18',19'.

18: See S. Kaufman, "An Assyro-Aramaic egertu ša šulmu" in: Essays on the Ancient Near East in Memory of Jacob Joel Finkelstein, Memoirs of the Conneticut Academy of Arts & Sciences, vol. 19, (Hamden, Conneticut 1977) 124 n.43.

K.458	No.	24		Amurrî
33 x (64) x 19	ADD	476	C	Sale
	AR	185	T,TrG	
	ABC	24	C,T,TrE	

beginning missing

obv
1' [x x x x x x kas]-pu
2' [gam-mur ta-din tu-a-ru]
3' [de-nu DUG₄.DU]G₄ la-aš-si
4' [man-nu šá i-GIB]-u-ni
5' [1]u-u [1].NUMUN-tú lu ⌜ŠEŠ.MEŠ-šú⌝
6' [1]u-u⌝ me-me-ni-šú
7' [T]A* 1.IM.4-i
be
8' ⌜de⌝-ni DUG₄.DUG₄
9' ub-ta-u-ni
rev
10' 10 MA.NA KÙ.BABBAR i-dan
11' a-de-e ša MAN lu EN de-ni-šú

12' IGI 1.MAN-lu-da-ri
13' IGI 1.Zaba-di-i LÚ*.mu-kil PA.MEŠ
14' [IGI] 1.Bir-am-ma-a LÚ*.3-si.
15' [IGI] 1.Man-nu-lu-u-PAP-u-a
16' [IGI] 1.10-gab-bé-e
17' IGI 1.MAN-ZÁLAG LÚ.*GAL URU.MEŠ
18' IGI 1.DINGIR-šúm-ki GAL [x x]
19' IGI 1.DINGIR-ma-lak [x x]
20' IGI 1.Na-suḫ-⌜ŠU⌝-[DIB x x]
21' IGI 1.x[x x x x]
22' ITU.⌜AB⌝ [UD x KAM lim-mu 1.x x]
23' ⌜ḫl⌝[x x] x n[x x x x]

Translation

Beginning missing– [x x x x x x. The mon]ey [is paid completely. Any revocation, lawsuit, or litiga]tion is void. [Whoever breaches the cont]ract, whether Zērutu or his brothers or anybody belonging to him, (whoever) repeatedly seeks [aga]inst Amurrî a lawsuit or litigation shall pay 10 minas of silver. May the oath of the king be his prosecutor. 10 witnesses, date. Aramaic Caption.

Notes

7': Amurrî may not be identical with the person in No. 23.

14': LÚ*.3-si occurs in No. 296:4' (archive: Salmānu-imme) and in No. 254:13, 22 = No. 255:17,24 and No. 263:30',32' (archive: Rēmanni-Adad) as LÚ.3-si-šú/ 3-si-šú. See note on FNAD 31:6-7. The witness is possibly attested in ADD 855:18'; see CTN III p.28 n.5.

23': The signs look like:

K.299	No.	25		Apladad-bēl-aḫḫē
40 x 67 x 21	ADD	628	C	Land lease
	AR	144	T,TrG	Scribe:Nabû-sakib
				Dayyān-Adad
				26.I.PC

obv	1	NA₄.KIŠIB 1.d.30-ku-ṣur-a-⌈ni⌉
	2	NA₄.KIŠIB 1.U.U-DINGIR-a+a
	3	EN A.ŠÀ SUM-ni

2 Stamp Seals

	4	É 2 ANŠE 3BÁN A.ŠA ina GIŠ.BÁN šá 9 qa
	5	ina ⌈URU.DI.KU₅⌉-[d.I]M
	6	GAB.DI ku-[da-r]i
	7	GAB.DI ga-ba-a'
	8	GAB.DI 1.[Ḫ]u-ma-ma-te-e
	9	GAB.DI ku-da-ri
	10	ú-piš-ma 1.A.U.[U-EN-PA]P.MEŠ
	11	ina lìb-bi 12 GÍN.MEŠ KÙ.⌈BABBAR⌉
	12	il-qe a-na MU.AN.NA.MEŠ GU₇
	13	ina UD-me ša KÙ.BABBAR ⌈i-dan⌉-nu-ni
be	14	⌈A.ŠÀ-šú ú⌉-še-ṣa
rev	15	IGI 1.DINGIR-ma-ZU
	16	IGI 1.Ab-di-i
	17	IGI 1.d.PA-MU-iš-kun
	18	LÚ*.mu-kil PA.MEŠ
	19	IGI 1.d.IM-MU-PAP
	20	<IGI> 1.Tar-te-ba
	21	IGI 1.IM-d.⌈15⌉
	22	IGI 1.AD-ul-⌈ZU⌉
	23	IGI 1.SUḪUŠ-PAP.MEŠ-šú
	24	IGI 1.d.PA-sa-kib A.BA
	25	ITU.BÁRA UD 26 KÁM*
	26	[lim]-me 1.Ú-pa-qa-ana-4*-ìl

Translation

Seal of Sîn-kuṣuranni, seal of Adad-ilāya, owner(s) of the land being sold.
/2 Stamp Seals/ An area of 2 homers and 3 sūtus of land according to the
sūtu (measure) of 9 qa in the city of Dayyān-Adad, adjoining a kudaru, adjoining
a gaba', adjoining (the land) of Ḫumamate, and adjoining a kudaru——Apl[adad-
bēl-aḫ]ḫē contracted and bought it for 12 shekels of silver. He shall have
the usufruct of it (for a number) of years. On the day that he pays the silver,
he shall redeem his land. 8 witnesses, scribe, date, eponym.

Notes

5: URU = 𒌷𒋾. This toponym occurs in No. 330:3 as URU.Da-a+a-nu-d.IM
(archive: Ṣalmu-aḫḫē); cf. LAS II 309 18.

6: ku-[da-r]i is a topographical feature in Dayyān-Adad. Note AMA šá ku-da-ri
in No. 331:5. An additional attestation is: É (x)] 15 ANŠE A.ŠÀ ina ku-da-ri
[ša LÚ.NAR] in GPA 35:7. The rab kuddari as read in NARGD 54:4' should perhaps
be emended to: LÚ.TÚG.UD x[x x].

7: ga-ba-a' is otherwise not attested. Perhaps this is a personal name
and should be restored: <1>.Ga-ba-a'.

10: For Apladad see E. Lipiński, Or 45 (1975) 53.

12-13: Cf. NKRA pp. 115 n.5, 116 n.3.

15: This witness is attested togehter with Abdî in No. 331:29,30 (archive:
Ṣalmu-aḫḫē).

17: This witness occurs in VAT 9995:11 (courtesy K. Deller).

K.1569	No.	26		Apladad-ilāya
(30) x (47) x 25	ADD	313	C	Sale:male
	AR	493	T,TrG	

beginning missing

obv	1'	1.Ba-bi-[la-a+a x x]
	2'	⌜4 ru-ú⌝-[ṭu ú-piš-ma]
	3'	1.DUMU.<UŠ>-U.U-DINGIR-[a+a x x x]
	4'	ša 1.Ez-b[u x x x x]
	5'	ina lìb-bi 1 MA.NA [KÙ.BABBAR]
	6'	TA* IGI LÚ*.MEŠ-[e an-nu-ti il-qe]
	7'	kas-pu gam-mur t[a-din]
	8'	LÚ* šu-a-tú [za-rip la-qe]
	9'	⌜tu⌝-a-ru d[e-e-nu DUG₄.DUG₄ la-áš-šú]
	10'	man-⌜nu⌝ [ša ina ur-kiš ina ma-te-ma]
		remainder missing
rev	11'	1[u-u LÚ.MEŠ-e an-nu-ti lu-u DUMU.MEŠ-šú-nu]
	12'	lu-u [DUMU.DUMU.MEŠ-šú-nu lu-u ŠEŠ.MEŠ-šú-nu]
	13'	ša TA* [1.DUMU.UŠ-U.U-DINGIR-a+a TA*]
	14'	DUMU.MEŠ-[šú TA* DUMU.DUMU.MEŠ-šú]
	15'	TA* ŠEŠ.[MEŠ-šú de-nu DUG₄.DUG₄ ub-ta-'u-ni]
	16'	10 MA.N[A KÙ.BABBAR SUM-an]
	17'	IGI 1.[x x x x x x]
	18'	[IGI] 1.[x x x x x x]
		remainder missing

Translation

Beginning missing- Babi[lāya x x], <his height>: 4 half-cubits——Apladad-
il[āya, the x x x] of Ezbu, [the x x x] contracted and [bought him] for 1
mina of [silver] from [these] men. The money is p[aid] completely. That man
[is purchased and acquired]. Any revocation, la[wsuit, or litigation is
void]. Whoever, [at any time in the future], -remainder of obverse missing-
o[r these men or their sons] or [their grandsons or their brothers, whoever
repeatedly seeks] against [Apladad-ilāya or against his] sons [or against his
grandsons] or against [his] brothers [a lawsuit or litigation shall pay] 10
min[as of silver]. 2+ witnesses.

Notes

3': A reading mār šarri or apil šarri with -ilāya is excluded; see
No. 130:26 (archive: Kakkullānu) and No. 387:13 (archive: Tarība-Ištar).
See also E. Lipiński, Or 45 (1976) 54 and the note on CTN III 38:12.
16': As pointed out in ADD, the sign 10 is written over a vertical
and looks like: 𒀹 .

83-1-18,331 + 378	No.	27		Aplāya
49 x 92 24	ADD	473	C	Sale:mixed
duplicate: No. 28	AR	96	C	Scribe:Bau-aḫḫē-
				eriba
	Aššur	2/5	Coll.	
	LAS 2 Ap.N22	Q		[ ].III.698 B.C.

obv 1   ku-um NA₄.KIŠIB-šú-nu 1.Ḫa-ru-ra-[a-nu]
     2   1.Sa-li-la-a-nu ṣu-pár-šú-nu iš-k[u]nu

11 Fingernail Impressions

     3   URU.i-si-tú bi-it 10 AN[ŠE A.ŠÀ.GA.MEŠ]
     4   ina lìb-bi ú-šal-li ina URU.[x x x x]
     5   1.Ab-di-ku-bu-bi MÍ-[šú 2 DUMU.MEŠ-šú]
     6   PAP 4 LÚ*.ZI.MEŠ ša 1.Ḫ[a-ru-ra-a-nu]
     7   ⸢ù⸣ [1.Sa-li-la-a-nu ú-piš]-ma 1.[DUMU.UŠ-a+a]
        1-2 lines effaced
     8' [URU.i-si-tú a-du A].⸢ŠÀ⸣.G[A.MEŠ]
     9' [x x 1.Ab-di-ku-bu]-⸢bi⸣ a-du U[N.MEŠ-šú]
   10' [šú-a-tú zar-pu T]I-qe-ú
   11' [tu-a-ru de-e-nu] DUG₄.DUG₄
   12' [la-áš-šú man-nu] ⸢ša⸣ ina ár-kat UD-me
   13' [ša e-la-a]n-ni : lu-u 1.Ḫa-ru-[ra-a-nu]
   14' [lu-u 1.Sa-l]i-la-a-nu
   15' [lu-u DUMU.ME]Š-šú-nu lu-u DUMU.DUMU.MEŠ-š[ú-nu]
   16' [lu-u PAP].MEŠ-šú-nu lu-u DUMU.MEŠ.ŠE[Š.MEŠ-šú-nu]
   17' [lu-u LÚ*.ḫ]a-za-na-šú-nu lu-u L[Ú*.x x x]
   18' [lu-u I]M.RI.A KIMIN KIMIN [x x x]
   19' [lu-u mám]+ma-šú-nu e-la-an-[ni]
   20' [TA* IGI 1].DUMU.UŠ-a+a [ù -DUMU.MEŠ-šú]
be 21' [de-nu] ⸢DUG₄.DUG₄ i⸣-[gar-ru-ni i-qab-bu-u-ni]
        rest of edge missing
        2-3 lines of reverse effaced
rev 22' [x x x x x x] x ku u [x x x x]
   23' [la zar]-pu la laq-⸢qe⸣-[u x x x]
   24' [x x x x]-mur ú-ma-a x [x x x]
   25' [kas-pu iḫ-ḫur a-na 12.A.TA.A]N a-na EN-šú [GUR-ra]
   26' [ina de-ni-šú] DUG₄.DUG₄ ⸢la⸣ [TI]

   27' [IGI 1.U+GUR]-⸢šal⸣-lim-an-ni LÚ*.GAL [x x x]
   28' [IGI 1.x x x] LÚ*.GAL ⸢x x⸣]x x x]
   29' [IGI 1.AN.GAL-me]-si LÚ*.⸢raka⸣-su [x x x]
   30' [IGI 1.d.IM-k]a-sir [x x x x]
   31' ⸢IGI⸣ [1].⸢d.AMAR⸣.[UTU-MU-AŠ LÚ*.x x x]
   32' ⸢IGI 1⸣.[x x x]⸢x⸣[x x x x x]
   33' IGI 1.⸢x⸣[x x x x x x x x x]
   34'   DUMU ⸢URU.x⸣]x x x]
   35' IGI 1.Ba-qu-[x x x x x]
   36' IGI 1.d.IM-tak-lak L[Ú*.x x x]
   37' IGI 1.DINGIR-PAP : IGI 1.Bal-t[i-x x x]
   38' IGI 1.d.Ba-ú-PAP.MEŠ-SU LÚ*.A.B[A]
   40' ṣa-bit ṭup-pi ITU.SIG₄ UD 10+[x KAM]
   41' lim-me 1.DI-mu-LUGAL
le 42' [x x x x x x x x x]⸢x⸣ i-ta-ṣu

Translation

In place of their seals Ḫarurā[nu] and Salilānu placed their fingernails.
/11 Fingernail Impressions/ A township (with) an area of 10 hom[ers
of fields] in the midst of a valley in the city of [x x x x]; Abdi-kububi,
[his] wife and [his 2 sons], a total of 4 persons belonging to Ḫ[arurānu]
and [Salilānu——Aplāya contracted] and   -1-2 lines effaced- [That township
including the fie]lds [and Abdi-kubu]bi including [his] peo[ple are
pur[chased and [acquired. Any revocation, lawsuit] or [litigation is
void. Whoever], in the near future, [raises a cla]im, whether Ḫaru[rānu
or Sali]lānu [or] their [sons] or t[heir] grandsons [or] their [brothers]
or [their] nephews [or] their mayor or [their x x x or] family, kin
and relative [x x x x or any]one belonging to them raises a claim, (whoever)
in[stitutes a lawsuit or] litigation [(and) says], "........... [That
township including the fields and Abdi-kububi including his people are
not purch]ased and are not acquir[ed." x x x x x x] . . . x[x x x.
He shall return the money he received twelvef]old to its owner. He
shall contest [in his lawsuit] and not [succeed]. 11 witnesses, scribe, date,
eponym. They took [x shekels of silver for their fingernails]?

Notes

3: URU.i-si-tú is interpreted as a variant of išittu "storehouse" in CAD A
II 333b. However, it is likely that this is the Assyrian word for AN.ZA.KÀR =
dimtu. Concerning the forms isītu/asītu see GAG §10f and K. Deller, Lautlehre
des Neuassyrischen, (Vienna 1959) §22g,r,zk.
9': Cf. AHw 12a for adu.
12': ina ár-kat UD-me is Babylonian for ina ur-kat UD-me; cf. GPA 31:12-13
and No. 380:21-22.
13': [ša e-la-a]n-ni is common in texts outside of Assyria; see No. 45:7'
(Samīrīna); No. 260:29' (Arpad); No. 263:22' (Qatna); No. 271:17' (Arrapḫa)
and No. 325:10' (Arrapḫa).
18': I]M.RI.A. KIMIN KIMIN is a Babylonian phrase used in legal contexts and
kudurrus. The thrice repeated IM.RI.A stands for kimtu, nišūtu, and salātu;
see CAD K 376a, CAD N II 298a 2' and CAD S 93a.
23'-24' A likely restoration is: [kaspu la tadin la gam]-mur. See AR 96:25.
25': a-na 12 A.TA.A]N: see No. 28:27' and M. San Nicolò - A. Ungnad, Neu-
babylonische Rechts- und Verwaltungsurkunden, (Leipzig 1933) 51. K. Deller points
out that numbers with A.TA.AN are common in Nuzi documents.

27': This witness occurs together with those in 11. 29', 30', and 31' in
No. 28:30'-33'.

28': ⌜x x⌝ = ⧸⧹⧸⧹ ⧸⧹ .

29: An-gal follows the reading given in ABZ 13; cf. R. Borger, BiOr 28 (1971)
19b and W. Lambert, ZA 59 (1969) 100-103. See also CTN III p.269 n.13.
Angal-mesi is attested with Adad-kāṣir (1.30') in No. 28:31'-32', No. 30:18'-
19', and No. 32:14'.

30': This witness is possibly the same person mentioned as rab kiṣir in
Arrapḫa; cf. CTN III 102 ii:8' and 112:2.

39': See LAS II App. N 22 and No. 351:16.

K.439 + 17997	No.	28		Aplāya
59 x (88) x 22	ADD	474	C	Sale:mixed
duplicate: No. 27	AR	96a	T,TrG	Arrapḫa
	Aššur	2/5	Coll.	
	AST	T197	Q	
	TCAE	67	Q	

---

beginning missing

obv 1' [x x x x x x 1.Ab-di-ku-b]u-[bi]
2' [MÍ-šú 2 DUMU.MEŠ-šú PAP 4 Z]I.ME[Š]
3' [šá 1.Ḫa-ru-ra-a-nu ù 1.Sa-1]i-la-a-[nu]
4' [x x x x x x x x] x TA* ŠU.2-šú-⌜nu⌝
5' [ina ŠÀ x MA.NA KÙ.BABBAR i]l-qé kas-pu ga[m-mur]
6' [ta-din URU].⌜i⌝-si-tú a-di A.Š[À.GA.MEŠ]
7' [x x x 1.Ab-di]-ku-bu-bi a-di UN.[MEŠ-šú]
8' [x x x] ⌜lu⌝ [x x x] ku tu-a-ru ⌜DUG₄⌝.DUG₄ [la-áš-šú]
9' [man-nu] šá ina KUR.NIM.MA ina ⌜EGIR⌝ [UD-me]
10' ⌜ša⌝ e-la-an-ni lu-u 1.Ḫa-ru-ra-a-⌜nu⌝
11' lu-u 1.Sa-li-la-a-nu lu-u šú-nu
12' lu-u DUMU.MEŠ-šú-nu lu-u DUMU.DUMU.MEŠ-šú-nu
13' lu-u PAP.MEŠ-šú-nu lu-u DUMU.ŠEŠ-šú-nu
14' lu-u LÚ.GAR-nu lu-u šá-pi-ru
15' lu-u mám+ma EN il-ki-šú-nu
16' šá e-la-a-ni de-e-nu DUG₄.DUG₄
17' TA* IGI 1.DUMU.UŠ-a+a ù DUMU.MEŠ-šú
18' i-gar-ru-u-ni i-qab-bu-u-ni
19' ma-a kas-pu la gam-mur la ta-ad-din
20' i-si-tu a-di A.[ŠÀ.GA.MEŠ 1.Ab-di-ku-bu-bi]

rev 21' a-di UN.MEŠ-[šú x x x x la zar-pu]
22' la laq-qé-u l[a x x x x x x x]
23' 1 MA.NA KUŠ.TAB.BA ⌜GU₇⌝ [am-mar]
24' DUG.a-gan-ni kur-ru ⌜NAG DUMU⌝.[UŠ-šú a-na d.30]
25' GÍBIL DUMU.MÍ-su GAL-tú TA* 3BÁN UŠ ⌜EREN⌝
26' a-na Be-lit-d.EDIN i-šar-rap
27' kas-pu iḫ-ḫur a-na 12.A.TA.AN

```
28'   a-na EN.MEŠ-šú GUR-ra ina de-ni-šú
29'   DUG₄.DUG₄-ma la i-laq-qé
```

```
30'   IGI 1.d.U+GUR-šal-lim-a-ni LÚ.GAL ⌜x⌝[x x]
31'   IGI 1.AN.GAL-me-si LÚ.raka-s[u]
32'   IGI 1.d.IM-ka-šir LÚ.[x x x x]
33'   IGI 1.AMAR.UTU-MU-AŠ LÚ.[x x x x]
34'   [x x x x x]ka bu[x x x x x x]
      remainder missing
```

Translation

Beginning missing— [x x x x x x Abdi-ku]bu[bi, his wife and 2 sons, a total
of 4 per]sons [belonging to Ḫarurānu and Sal]ilā[nu——Aplāya contracted
and bou]ght them from their hands [for x minas of silver]. The money [is paid]
comple[tely]. That township including the fie[lds and Abdi]-kububi
including [his] people [are purchased? and acquired?]. Any revocation or
litigation [is void. Whoever], at any time in the near [future], raises a
claim, whether Ḫarurānu or Salilānu or they or their sons or their grandsons
or their brothers or their nephews or a superior (officer) or a šapiru
or somebody responsible for their ilku duties, whoever raises a claim
and institutes a lawsuit or litigation against Aplāya and his sons and
says, "The money is not complete and is not paid. [That] township
including the fi[elds and Abdi-kububi] including [his] people [are not
purchased] and are not acquired and are not [x x x x x x x x x]", shall
eat 1 mina of oxhide (and) shall drink [the equivalent] of an
agannu-vessel of tanner's paste. He shall burn his first bo[rn son
before Sîn] and he shall burn his eldest daughter with 3 sūtus of
cedar balsam before Bēlet-ṣēri. He shall return the money he received
twelvefold to its owner. He shall contest in his lawsuit and not succeed.
4+ witnesses.

Notes

4: Possibly to be restored: [ú-piš-ma 1.DUMU.UŠ-a]-⌜a⌝.
9': KUR.NIM.MA is most likely to be read mat-tu₄/tum₈-ma and seems
to be a scribal play on the logogram. For such "puns" see the note
on CTN III 37:14. The phrase is Babylonian.
14': šá-pi-ru is rarely attested in Neo-Assyrian legal documents.
Besides the above text, it is found in GPA 31:18 and 60:5. The word
occurs in Middle-Babylonian curse formulae and AHw 1172b

translates the term as "Anweisunggebender". Although it is possible
that šāpiru is a synonym for qēpu (it occurs in the contravention
clauses in the same place), the lexical attestation: DI.KU₅ GAL =
šá-pi-ru in MSL 5 52:21 should not be overlooked. Note that GPA 31
contains Babylonian phrases and was either written by a Babylonian
scribe or comes from a place outside of Assyria.

23': KUŠ.TAB.BA is not to be associated with qerdu; cf. K. Deller,
Or (1985) 329.

24': kurru: for a discussion of this word see K. Deller, ibid. 327–330.

Bu.89-4-26,120	No.	29		Aplāya
44 x (63) x 19	ADD	201	C	Sale:male
	AR	38	T,TrG	12.VI.694 B.C.
	Aššur	2/5	Coll.	

obv 1 NA₄.KIŠIB 1.Zu-un-bu
2 EN DUMU-šú SUM-ni

Blank Seal Space

3 1.d.U+GUR-KAR-ir DUMU-šú
4 ú-piš-ma 1.A-iá LÚ.3-šú
5 ša 1.ÌR-d.NIN.LIL DUMU.MAN
6 TA* IGI 1.Zu-un-⌈bi⌉
7 ina ŠÀ 2 MA.NA KÙ.BABBAR ina 1 M[A.NA]
8 ša URU.Gar-ga-miš i-[zi-rip]
9 i-laq-qe kas-pu [gam-mur]
10 ta-din DUMU-šú za-[rip laq-qe]
11 [tu]-a-ru de-e-[nu DUG₄.DUG₄ la-áš-šú]
12 [ṣib-tú be-nu ana] 1 me UD.[MEŠ sar-tú ana kala MU.MEŠ]
remainder missing
rev 13' [IGI 1.x x x]-ba-a [x x x]
14' [IGI 1.x x x]-nu [x x x]
15' [IGI 1.x x x]⌈x⌉[x x x]
16' [IGI 1.x x]⌈x⌉[x x x]
17' [IGI 1.x x x]⌈x⌉[x x x]
18' [IGI 1.x x x x]⌈x⌉[x x]
19' [IGI 1.x x x]-i-ni [x x]
20' [IGI] 1.d.Iš-tar-BA-[šá]
3 1/2 lines blank
21' ITU.DUL UD 12 KÁM*
22' lim-mu 1.DINGIR-KI-a

Translation

Seal of Zunbu, owner of his son being sold. /Blank Seal Space/ Nergal-
ēṭir, his son——Aplāya, third charioteer of Urad-Mullissu, the crown prince,
contracted and boug[ht] him from Zunbu for 2 minas of silver according
to the 1 m[ina] (standard) of Gargamiš. The money [is] paid [completely].
His son is purchased and acquired. Any revocation, lawsu[it or litigation
is void. (The buyer is guaranteed against) the ṣibtu and bennu diseases
for] 100 da[ys (and against) fraud forever]. 8+ witnesses, date, eponym.

Notes

5: Cf. S. Parpola, CRRA 26 176 n.7 and 177 n.21.

13': a = 〔cuneiform sign〕.

17': ⌜x⌝ = 〔cuneiform sign〕.

18': ⌜x⌝ = 〔cuneiform sign〕.

Bu.91-5-9,59 + 98		No.	30		Aplāya
45 x 61 x 20		ADD	264	C	Sale:slaves
		AR	527	T,TrG	Arrapḫa ?
		Aššur	2/5	Coll.	[ ].693 B.C.

		beginning missing
obv	1'	[de-e]-nu DUG₄.⌜DUG₄⌝ [la-áš-šú]
	2'	[man]-nu šá ina ur-⌜kiš⌝ ina ma-te-e-me
	3'	i-qa-bu-u-ni ma-a UN.MEŠ
	4'	la-a ⌜ad⌝-din lu-u 1.I-qi-si
	5'	lu-u DUMU.MEŠ-šu lu-u DUMU.DUMU.MEŠ-šú
	6'	lu-u PAP.MEŠ-šú ša i-qab-bu-ni ma-a
	7'	⌜UN⌝.MEŠ la-a ad-din KÙ.BABBAR.MEŠ
	8'	a-na 10-a-te a-na EN.MEŠ-šú
	9'	ú-ta-ra
	10'	IGI 1.DINGIR-pi-qi[d]
	11'	IGI 1.EN-B[ÀD]
	12'	[1].Bar-ruq-[qu]
	13'	IGI 1.PA-še-[zib]
rev	14'	[IGI] 1.d.UTU-MU-SUM-na
	15'	[IG]I 1.d.PA-BA-šá-an-ni
	16'	IGI 1.PAP-ma-ma-a-⌜te⌝
	17'	IGI 1.d.EN
	18'	IGI 1.d.IM-ka-[šir]
	19'	⌜IGI⌝ 1.AN.⌜GAL⌝-me-⌜si⌝
		8-9 line space
	20'	[ITU x UD x KAM li]m-mu 1.AŠ-PAP.MEŠ
	21'	[LÚ*.GAR.KUR šá URU].BÀD-L[UGAL-GIN]

Translation

Beginning missing- (Any revocation), [lawsu]it, or litigation [is void.
Whoe]ver, at anytime in the future, says: "I did not sell the people";
whether Iqīsu or his sons or his grandsons or his brothers, (whoever)
says: " I did not sell the people"; shall return the silver tenfold
to its owners. 10 witnesses, eponym.

Notes

4': Iqīsu is attested as a witness together with Ḫumamate (1.16')
in No. 32:16',18'.

16': Ḫumamate is the scribe of No. 32 and appears in No. 394:27
(archive: Ulūlāya - 684 B.C.). An additional attestation of the name
is perhaps No. 25:8. See M. Fales, OA (1977) 49 and 52 n.8; E. Lipiński,
"Les Phéniciens à Ninive au temps des Sargonides: Ahoubasti, portier en chef" in:
Atti del I Congresso Internazionale di Studi Fenici e Punici, (Rome 1983) 127.

17': The line has not been completed by the scribe.

18'-19': See note on No. 27:29'.

K.911	No.	31		Aplāya
42 x 27 x 15	ADD	55	C	Loan:silver
	AR	247	T,TrG	[ ].VII.690 B.C.
	Aššur	2/5	Coll.	

obv	1	[x x x x x x x x]
	2	[ina 1 MA.NA] ⌜ša URU⌝.Gar-ga-miš
	3	[šá] 1.A-[ia] ina IGI
	4	[1].EN-A-⌜x⌝[x x]⌜x⌝
	5	ina ⌜IGI⌝ 1.[x x x]
	6	2 ⌜GÍN.MEŠ⌝ ina [MA].NA š[a IT]U-šú
be	7	i-r[a-a]b-bi
	8	ITU.DUL U[D x] KAM
rev	9	lim-[mu 1].d.PA-GIN-PAP
	10	IG[I 1.d.P]A-ḫa-na-ni
	11	IG[I 1.PAP-APIN-eš
	12	IGI 1.APIN-eš-[1]5
	13	[IGI] 1.⌜PA⌝-sa-[g]ab

Translation

[x shekels of silver according to the 1 mina (standard)] of Gargamiš [belonging
to] Apl[āya] are at the disposal of Bēl-apla-⌈x⌉[x x] and at the disposal of
[x x x]. It shall increase 2 shekels per mina per month. Date, eponym, 4
witnesses.

Notes

4: ⌈x⌉[x x]⌈x⌉ =

10: P]A = ; Parpola reads: [D]INGIR with AR.

13: ⌈PA⌉ = .

Ki.1904-10-9,13	No. 32		Aplāya
58 x (43) x 29	ADD 1152	C	Sale:land
	= AJSL 42 171		Scribe:Ḫumamate
			Arrapḫa ?
			8.XII.690 B.C.

---

obv 1 ku-um NA₄.KIŠIB-šú-nu ṣu-⌈pur-šú⌉-nu
      2 iš-kunu

---

         7 Fingernail Impressions

---

      3 ṣu-pur 1.d.Šá-maš-ia-da-a'
      4 ṣu-pur 1.Da-nu-ni-⌈i⌉
      5 EN A.ŠÀ ta-dan-a-ni
      6 É 30 ANŠE A.ŠÀ É a-na gi-mir-ti-šú
      7 [n]a-⌈ḫal PÚ É TÙR⌉ GIŠ.KIRI₆.MEŠ
      8 [x x x x x x x x x x 1].d.PA-ZÁLAG-ir
         remainder of obverse missing
rev 9' IGI 1.d.⌈x⌉[x x]⌈x⌉[x x]
     10' IGI 1.Ia-ḫu-u-⌈ṭu⌉ IGI 1.AD-⌈ul⌉-[ZU]
     11' IGI 1.Man-nu-ki-me-ti-i-na IGI 1.PAP-⌈x⌉-[x x]
     12' IGI 1.Ši-ma-a-nu IGI 1.Ḫa-bil-du-⌈tú⌉
     13' IGI 1.Lu-u-id-i (erasure) PAP 9 LÚ*.IGI.MEŠ-e
     14' IGI 1.AN.GAL-me-si IGI 1.d.IM-ka-šir
     15' IGI 1.GIM-a+a IGI 1.I-di-i
     16' IGI 1.I-qi-su IGI 1.d.UTU-MU-AŠ ŠEŠ-šú
     17' IGI 1.Ḫa-a-ri-PAP.MEŠ IGI 1.Ki-di-ni-Mar-duk
     18' IGI 1.Ḫu-ma-ma-a-ti LÚ*.A.BA
te 19' ṣa-bit ṭup-pi ina ITU.ŠE UD 8 KÁM
     20' lim-me 1.d.PA-GIN-PAP
le 21' [   ] ⌈x⌉ 1.A-du-ú-ri
     22' [   ]-⌈qa⌉-bu-za-'a LÚ*.DAM.QAR
     23' [x MA.NA KÙ.BABBAR ša ṣu-p]ur-šú-nu i-taḫ-ru

Translation

In place of their seals they placed their fingernails. /7 Fingernail
Impressions/ Fingernail of Šamaš-iada', fingernail of Danuni owner(s)
of the land being sold. An area of 30 homers of land, a house in its
entirety, [a bro]ok, a well, a house, a courtyard, orchards, [x x x x x
x x x x] Nabû-nammir —remainder of obverse missing— 19+ witnesses, scribe, date,
eponym. They received [x minas of silver? for] their [fingernails].

Notes

2: -kunu: cf. K. Deller Or (1962) 11.

7: [n]a-˹ḫal˺ = .

8: The signs are written on the edge of the tablet.

10': ˹ṭu˺ = ; ˹ul˺ = .

11': ˹x˺ = .

12': See SAIO I 110–111 for Ḫabildutu.

15': Idî is not the same person as the witness in the archives of Kakkullānu
and Ninuāya; see Nos. 118:44, 131:22', 217:20' (= 218:25'), 221:17'. Note the
spellings: Id-di-i No. 118:44 and A-di-i Nos. 131:22', 217:20' (=218:25'),
222:27'.

21': ˹x˺ = .

22': ˹qa˺ look like ˹tú˺: .

K.343	No.	33		Aplāya
37 x 22 x 15	ADD	22	C	Loan:silver
	AR	248	T,TrG	2.V.686 B.C.

obv	1	3 MA.NA KÙ.BABBAR ina ša URU.Gar-ga<<gar>>-miš
	2	ša 1.DUMU.UŠ-ia
	3	ina IGI 1.Su-ka-a+a
	4	6 GÍN.MEŠ ša ITU-šú
	5	GAL-bi ITU.NE UD 2 KÁ[M]
	6	lim-mu 1.EN-IGI.LAL-a-ni
	7	LÚ*.tur-tan
rev	8	IGI 1.d.PA-še-zib
	9	IGI 1.Ab-da-˹li˺
	10	IGI 1.d.15-BÀD
	11	IGI 1.A.10-ḫu-ut-ni
	12	IGI 1.ÌR-d.15

Translation

3 minas of silver according to (the mina [standard]) of Gargamiš belonging to Aplāya are at the disposal of Sukkāya. It shall increase 6 shekels per month. Date, eponym, 5 witnesses.

Notes

9: ⌜li⌝ = .

11: Cf. E. Lipiński, Or 45 (1976) 55, 58.

83-1-18,370	No.	34		Aplāya
49 x 31 x 18	ADD	51	C	Loan:silver
	AR	252	T,TrG	25.I.683 B.C.
	Aššur	2/5	Coll.	

obv	1	[N]A₄.KIŠIB 1.d.GAŠAN*-APIN-eš ki-ṣ[ir-ti]
	2	1/2 MA.NA KÙ.BABBAR SAG.DU ina 1 MA.NA-e šá ⌜Gar-ga⌝-[miš]

Blank Seal Space

	3	ša 1.DUMU.UŠ-a+a ina IGI 1.d.GAŠAN*-APIN-eš
	4	4 GÍN KÙ.BABBAR ša ITU-šú i-rab-bi
	5	IGI 1.d.MAŠ-rém-a-ni IGI 1.d.PA-GÁL-ši
	6	IGI 1.Kan-da-la-ni
rev	7	IGI 1.Sa-me-e' IGI 1.d.PA-PAP-⌜PAP⌝
	8	ITU.BÁRA UD 25 KÁM* lim-mu 1.Man-nu-⌜ki⌝-d.IM
	9	ša URU.Ṣu-pi-te IGI 1.Zu-zab-⌜x⌝

Translation

[S]eal of Bēlet-ēreš. An enve[lope (copy) concerning] 1/2 mina of silver, capital, according to the 1 mina (standard) of Gargamiš /Blank Seal Space/ belonging to Aplāya (and) at the disposal of Bēlet-ēreš. It shall increase 4 shekels of silver per month. 6 witnesses, date, eponym.

Notes

1: GAŠAN* = . For kiṣirtu see FNAD pp. 121-122 with reference to E. Ebeling in: Assyrische Rechtsurkunden (Zeitschrift für rechtsvergleichende Wissenschaft 44 [1929] 371).

2: ⌜Gar-ga⌝-[miš] is squeezed in at the end of the line.

9: ZU = ; the reading is uncertain. Parpola collates URU. ⌜x⌝ = .

K.1488
45 x (60) x 21

No.	35		Aplāya
ADD	436	C	Sale:mixed
AR	163	T,TrG	Arrapḫa
Aššur	2/5	Coll.	
AST	T197	Q	

beginning missing

obv
1' [x x x x x] ⌜x x⌝ [x x x x x]
2' [x x 1.Man-nu]-ki-i-Aš+[šur x x x x x]
3' [x x x x]-ri ú-p[iš-ma 1.A-a+a]
4' [x x x x]-šú-nu ina ŠÀ 2 ⌜MA.NA⌝ [KÙ.BABBAR TI]
5' [kas-pu gam-m]ur ta-ad-din ⌜A.ŠÀ⌝ [É GIŠ.KIRI₆]
6' [šu-a-tú] ⌜za⌝-rip laq-⌜qe tu-a-ru⌝
7' [de-e]-nu DUG₄.⌜DUG₄ la-aš⌝-šú
8' [man-nu šá ina] ⌜ma-te-e⌝-ma ina EGIR-kàt
9' [UD-me e]-la-an-ni lu-u 1.d.PA-BÀD-PAP
10' [lu-u 1.Man-nu]-ki-i-⌜Aš-šur⌝ lu-u <1>.Li-i'-ti-ru-u
11' [lu-u 1.x x]-ru-⌜ku⌝ [x x x] lu-u DUMU.MEŠ-šú-⌜nu⌝
12' [lu-u DUMU.DUMU].MEŠ-šú-⌜nu⌝ [lu-u PAP].MEŠ-šú-nu
13' 1[u-u DUMU.PAP].MEŠ-šú-nu 1[u-u mám]+ma
14' L[Ú*.EN] ⌜il⌝-ki-šú-nu šá e-la-⌜an-ni⌝

rev
15' ⌜de⌝-e-nu DUG₄.DUG₄ TA* 1.A-a+a
16' u ⌜DUMU.MEŠ-sú⌝ i-gar-ru-ú-ni
17' ⌜i-qab⌝-bu-u-ni ma-a kas-pu la gam-mur
18' 1[a] ta-din A.ŠÀ É GIŠ.KIRI₆ la a-pil
19' ⌜la⌝ za-rip la laq-qe 1 MA.NA KUŠ.ṬAB.BA
20' ⌜GU₇⌝ am-mar DUG.a-gan-ni <kur-ru> NAG
21' DUMU.UŠ-šú a-na d.30 GÍBIL DUMU.MÍ-su
22' GAL-⌜te⌝ 2-BÁN ÚŠ ERIN a-na Be-lit-d.EDIN
23' i-šar-rap kas-pu ⌜iḫ⌝-ḫur a-⌜na⌝ 10.TA-a+a
24' a-na ⌜EN⌝.MEŠ-sú GUR-ra ina [de-ni-šú]
25' DUG₄.DUG₄-ma la T[I]
_____

26' IGI 1.ITU.KIN-a+[a x x x x]
27' IGI 1.Ud-ḫa[r x x x x x]
28' IGI 1.⌜d⌝.[x x x x x x x x x]
29' IGI 1.[x x x x x x x x]
30' IGI [1.x x x x x x x]
remainder missing

Translation

Beginning missing- [x x x x x] x x⌝ [x x x x x x Mannu]-kī-Aš[šur x x

x x x]-ri——[Aplāya contr]acted [and bought] their [x x x x] for 2 minas

[of silver. The money is] paid [complete]ly. That land, [house,

and orchard] is purchased and acquired. Any revocation, [lawsuit, or

litig]ation is void. [Whoever, at] any time in the near [future, raises a

cl]aim, whether Nabû-dūru-uṣur [or Mannu]-kī-Aššur or Li'tiru [or x x]-ru-

⌜ku⌝-[x x x x] or their sons [or] their [grandsons or] their [brothers] or

their [nephews] or [somebody responsible for] their _ilku_ duties, whoever

raises a claim and institutes a lawsuit or litigation against Aplāya and

his sons and says, "The money is not complete and is not paid. The field,

house, and orchard are not paid off and **are** not cleared and are not bought"
shall eat 1 mina of oxhide (and) shall drink the equivalent of an agannu-
vessel of tanner's paste. He shall burn his first born son before Sîn and
he shall burn his eldest daughter with 3 _sūtus_ of cedar balsam before Bēlet-
ṣēri. He shall return the money he received tenfold to its owners. He
shall contest in [his lawsuit] and not suc[ceed]. 5+ witnesses.

Notes

1': ⌈x x⌉ = 〔cuneiform〕 .

2': ki = 〔cuneiform〕.

8': The –at collated by Parpola is a printing mistake for k̀at.

10': The "mister" sign has been left out by the scribe.

26': The witness is perhaps identical with the archive holder in No. 394.
A possible restoration is 1.ITU.KIN–a+[a LÚ.qur–bu–tú]; cf. AR 558:19'.

27': Parpola collates: 1.na.

Ki.1904-10-9,162	No.	36		Aššur-aplu-uṣur
(55) x (42) x 31	ADD	1180	C	Sale:land
	= AJSL 42	203		Dunu ?

obv 1   [NA₄.KIŠIB 1.x x x]-⸢ni⸣

      2   [EN A.ŠÀ.G]A ta-da-ni

5 Fingernail Impressions

      3   [É] 4 ANŠE A.ŠÀ.GA ina URU.Du-ni

      4   [x x]⸢x⸣ mi-šil pu-ri 5-su ša pu-ri

      5   [ú-pi]š-ma 1.Aš+šur-A-PAP ina lìb-bi

      6   [x MA.N]A K[Ù.BABBAR] ša LU[GAL TI]

          remainder missing

rev 7'   [IGI 1.d].UTU-⸢x-x⸣ [x x 1].ÌR-PAP.MEŠ-šú

      8'   [IG]I 1.⸢d.PA⸣-I 1.d.PA-PAP-ir LÚ*.ENGAR KUR

      9'   [x x x x]⸢x⸣ ina URU.Me-ra-a+a

     10' [x x x x x]⸢x⸣

     11' [x x x x x] GAR.KUR URU.4*-ìl

     12' [x x x x]⸢x⸣

Translation

[Seal of 1.x x x]- ni, [owner of the lan]d being sold. /5 Fingernail Impressions/ [An area of] 4 homers of land in the city of Dunu. [x x]⸢x⸣ 1/2 of a parcel of land; 1/5 of a parcel of land——Aššur-aplu-uṣur contracted and [bought it] for [x min]as of s[ilver] according to (the mina [standard]) of the king- remainder of obverse missing. 4+ witnesses, (eponym).

Notes

3: URU.Du-ni may also be read URU.Gub-ni; cf. ADD 924:4.

4: ⸢x⸣ = ⬜.

7': Urad-aḫḫešu and Nabû-nāṣir (1.8') are attested in ADD 1164:11',13'.

9': ⸢x⸣ = ⬜. The toponym occurs in No. 100:9' (archive: Ešrāya) and ADD 1164:15'.

10': ⸢x⸣ = ⬜.

12': ⸢x⸣ = ⬜.

K.1601	No.	37		Aššur-da''inanni
46 x (95) x 22	ADD	425	C	Sale:mixed
	AR	413	T,TrG	Scribe:Šangû-Ištar
	Aššur	2/5	Coll.	Aššur
				4.II.[ ]

beginning missing

Blank Seal Space

obv
1' É 2 ANŠE [A.ŠÀ] ⌜SUḪUR⌝ 1.Man-nu-ki-⌜i-4*-ìl⌝.K[I]
2' LÚ.GIŠ.⌜GIGIR⌝ [SUḪUR] ÍD 1 ANŠE 4BÁN
3' SUḪUR 1.PAP-q[a-mu] ⌜É⌝ 8BÁN SUḪUR 1.Man-⌜nu⌝-ki-PAP.M[EŠ]
4' SUḪUR ⌜É⌝ [1.x x]-ma-ti-te É 2BÁN
5' SUḪ[UR x x x x n]a-ḫal É 3BÁN SUḪUR
6' 1.[x x x x x x x]⌜x⌝
7' [SUḪUR É] ⌜2BÁN⌝ ANŠE ⌜A.ŠÀ⌝ [x x x x]
8' [É] 1 ANŠE 5BÁN : 1.PA-qa-⌜mu⌝ [x x x x x]
9' É 1 ANŠE 5BÁN A.ŠÀ šá MÍ.Sa-⌜x⌝-[x x x]
10' É 1 ANŠE ina MÚRU URU SUḪUR 1.Ḫa-a[n-x]-⌜ti⌝
11' É 7 ANŠE A.ŠÀ URU 1.d.EN.ZU-KAR-ir
12' É 2 ANŠE A.ŠÀ na-ḫal dan-nu 1.PAP-qa-bi
13' É 5 ANŠE A.ŠÀ 1.A-ba-ti 1.A-gi-nu
14' É 3BÁN SUḪUR 1.Lu-ba-áš-a-na-DINGIR
15' É 2BÁN SUḪUR 1.Ab-di-ḫi-mu-nu-u 1.PAP-qa-mu
16' 1.Man-ni-i É 3 ANŠE 5-BÁN : 1.Ka-⌜ki⌝-i
17' LÚ.SIMUG KÙ.GI É 3 ANŠE 5BÁN A.ŠÀ
18' 1.PAP-qa-mu 1.Ma-ad-⌜ki⌝-ri É 5 [ANŠE]
19' A.ŠÀ 1.PAP-qa-mu 1.A-du-ru É [x ANŠE]

be
20' A.ŠÀ un-zar₄-ḫe 1.Na-ni-i L[Ú.x x]
21' A.ŠÀ un-zar₄-ḫe URU.ŠE kal-da
22' ⌜PAP⌝ É 34 AŠE A.ŠÀ mu-1[e-e]

rev
23' PAP É 40 A.ŠÀ ⌜É x x x x⌝ [x x]
24' ⌜a-di UN.MEŠ⌝ [x x x x] nu ⌜x⌝ [x x x]
25' ina URU.[x x x x x x x] ⌜ú⌝-pi[š-ma]
26' 1.Aš+šur-⌜dan⌝-an-ni ⌜LÚ.SAG MAN⌝ ina 1[ìb-bi]
27' 10 MA.NA KÙ.BABBAR TI-qé kas-pu gam-⌜mur ta⌝-[din]
28' A.ŠÀ É šu-a-tú TI-qé tu-a-ru
29' de-e-nu DUG₄.DUG₄ man-nu šá ina ur-kiš
30' ina ma-te-ma GIB-ú-ni 1 GÚ.UN KÙ.BABBAR
31' 10 MA.NA KÙ.GI a-⌜na⌝ Aš+šur a-šib É.ŠÁR.RA
32' ⌜SUM-an⌝ kas-pu a-na 10.MEŠ-te a-na
33' [EN-š]ú GUR-ra ina de-ni-šú DUG₄.DUG₄-ma
34' la TI-qé

35' [IG]I 1.BE-ma-DINGIR LÚ.GAL ki-⌜sir⌝
36' [IG]I 1.Ḫa-ba-áš-t[i LÚ.GA]L NI.⌜GAB⌝.]MEŠ]
37' IGI 1.Man-nu-ka-da LÚ.3-šú šá A.[MAN]
38' IGI 1.Zar₄-ut-i LÚ.DIB KUŠ.⌜PA⌝.[MEŠ šá A.MAN]
39' IGI 1.Ni-iḫ-ra-mu LÚ.3-[šú šá A.MAN]
40' IGI 1.Tab-URU-a+a LÚ.: IGI 1.[x x x x]
41' IGI 1.PA-BA-šá LÚ.⌜x x[x x]
42' IGI 1.Man-nu-ki-i-AD LÚ.ḫa-za-[nu šá URU.x x x]
43' IGI 1.Lu-ba-áš-a-na-DINGIR IGI 1.PAP-q[a-mu]
44' IGI 1.La-qí-pu IGI 1.SANGA-d.1[5]
45' LÚ.A.BA ITU.GU₄ UD 1 KÁM* lim-mu [1.x x x x]
46' LÚ.GAR.KUR URU.BÀD-1.MAN-⌜uk⌝-[ku/kin]

Translation

Beginning missing- Blank Seal Space/ An area of 2 homers [of land] adjoining
(the land of) Mannu-kī-Arbail, the charioteer, [adjoining] a canal, 1 homer and 4 <u>sūtus</u>
(of land) adjoining (the land of) Aḫu-qāmu, an area of 8 <u>sūtus</u> adjoining (the land of)
Mannu-kī-aḫḫē (and) adjoining the house of [x x]-matite, an area of 2 <u>sūtus</u> adjoin[ing
x x x and a bro]ok, an area of 3 <u>sūtus</u> (of land) adjoining [x x x x x x x]ᵣxᵣ [and
adjoining an area of] ᵣ2 <u>sūtus</u>ᵣ (and a) homer of land [x x x x, an area of] 1 homer and
5 <u>sūtus</u> "ditto" (of land adjoining the land of) Aḫu-qamu [x x x x x], an area of 1 homer
and 5 <u>sūtus</u> of land belonging to Sà-ᵣxᵣ[x x x], an area of 1 homer (of land) in the
center of the city, adjoining (the land of) Ḫa[n-x]-ti, an area of 7 homers of land
<in> the city of Sîn-ēṭir, an area of 2 homers of land <next to> a large brook
(adjoining the land of) Aḫu-qāmu!, an area of 5 homers of land (adjoining the land of)
Abati and Aginu, an area of 3 <u>sūtus</u> (of land) adjoining (the land of) Lūbās-ana-ili,
an area of 2 <u>sūtus</u> (of land) adjoining (the land of) Abdi-ḫimunu, Aḫu-qāmu, and Mannî,
an area of 3 homers and 5 <u>sūtus</u> "ditto" (of land adjoining the land of) Kakî, the
goldsmith, an area of 3 homers and 5 <u>sūtus</u> of land [adjoining] (the land of) Aḫu-qāmu
and Mād-kiri, an area of 5 [homers] of land (adjoining the land of) Aḫu-qāmu and
Aduru, an area of [x homers] of an <u>unzarḫu</u> field adjoining (the land of) Nanî, the
[x x], and an <u>unzarḫu</u> field (adjoining) a Kaldean village; a total area of 34 homers
of hilly land, a total area of 40 homers (of land), an area of ᵣx x x x xᵣ [x x]
including people [x x x x] <u>nu</u> ᵣxᵣ[x x x x x] in the city [of x x x x x x]———Aššur-
da''inanni, the eunuch of the king, contracted and bought it f[or] 10 minas of silver.
The money is pa[id] completely. That land and house is purchased <and acquired>. Any
revocation, lawsuit, or litigation <is void>. Whoever, at any time in the future,
breaches the contract shall pay 1 talent of silver and 10 minas of gold to Aššur
residing in Ešarra. He shall return the money tenfold to it[s owner]. He shall
contest in his lawsuit and not succeed. 12 witnesses, scribe, date, eponym.

Notes

6': ᵣxᵣ = ∰.

9': ᵣxᵣ = ⧛ . Parpola collates ᵣ<u>ma</u>ᵣ.

10': a[n = ⧛.

12': The sign -<u>bi</u> is a scribal error for -<u>mu</u>.

20': On <u>unzarḫu</u> see K. Deller, ZA (1984) 235-239 (especially p.238).
See also LAS II 247 n.426.

21': The scribe has probably left out the sign -<u>a</u> (after -<u>da</u>) at the end of
the line. Note <u>AMA šá LÚ.Kal-da-a</u> in No. 226:8 (archive: Ninurta-ilāya -
715 B.C.).

23': ⌜x x x x⌝ = 𝍶𝍩 𝍪𝍧 .

28': <u>zarip</u> is missing in this line.

29': The scribe has left out <u>laššu</u>.

36': See E. Lipiński, "Les Phéniciens à Ninive au temps des Sargonides: Ahoubasti, portier en chef" in: <u>Atti del I Congresso Internazionale di Studi Fenici e Punici</u>, (Rome 1983) 125-134.

41': The traces at the end of the line look like: 𝍪𝍨 𝍩𝍯.

44': A scribe with the name Šangû-Ištar is attested in No. 103:32 (archive: Gazilu - 707 B.C.).

45': There are three possibilities for restoring the eponym: a) Iddin-aḫḫē - 693 B.C.; b) Nabû-bēlu-uṣur - 672 B.C.; c) Šarru-lū-dāri - 664 B.C.

46': For URU.BÀD-1.MAN-⌜uk⌝-[ku/kin] see LAS II 292 n.542.

Rm.2,493		No.	38		Aššur-dūru-uṣur
(39) x (30) x 29		ADD	496	C	Sale:land
		AR	350	T,TrG	

beginning missing

obv	1'	[ú-piš-ma 1.Aš+šur BÀ]D-PA[P]
	2'	[T]A* [IG]I 1.Réme-ni-DING]IR ina lìb-bi]
	3'	[x MA.NA KÙ.BABBAR il-q]e kas-pu ⌜ga⌝-[mur]
	4'	[ta-din]-ni qaq-qa-[ru pu-ṣe-e]
be	5'	[šú-a-tú za-ár-pu] ⌜laq⌝-qe-[ú tu-a-ru]
	6'	[de-e-nu] ⌜DUG₄.DUG₄⌝ 1[a-áš-šú]
	7'	[man-nu šá ina] ur-kiš i-[na ma-te-ma]
rev	8'	[i-za-qu-p]a-ni lu-u [1.Réme-ni-DINGIR]
	9'	[lu-u] ⌜DUMU.MEŠ⌝-šú ⌜DUMU⌝.DUMU.[MEŠ-šú]
	10'	[š]a TA* 1.Aš+šur-BÀD-PA[P]
	11'	⌜ù⌝ DUMU.MEŠ-šú ⌜ù⌝ [DUMU.DUMU.MEŠ-šú]
	12'	[de-e]-nu DUG₄.⌜DUG₄⌝ u[b-ta-u-ni]
	13'	[kas-pu a-n]a 10.MEŠ-⌜te⌝ [a-na EN.MEŠ-šú GUR]

remainder missing

Translation

Beginning missing- [Aššur-dū]ru-uṣ[ur contracted and bought it fr]om Rēmenni-il[i for x minas of silver]. The money is paid comple[tely]. That building pl[ot is purchased] and acqu[ired. Any revocation, lawsuit, or] litigation [is void. Whoever, at] any time i[n the future, lodges a comp]laint, whether [Rēmenni-ili or] his sons (or) grandsons, whoever repeat[edly seeks] against Aššur-dūru-uṣ[ur] and his sons and [his grandsons a lawsuit or litigation shall return the money] tenfold [to its owners]. Remainder missing.

Notes

1': The reading of the traces is uncertain:

10': [š]a =

K.1867	No.	39		Aššur-ibni
(39) x (34) x 28	ADD	140	C	Loan:barley
Fragment corn docket	AR	317	T,TrG	[ ].694 B.C.

obv	1	1 ANŠE ŠE.PAD.MEŠ S[AG.DU šá]
	2	1.Aš+šur-ib-n[i]
		Cylinder Seal Impression
		remainder missing
rev		Part of Cylinder Seal
	3'	lim-mu 1.DINGIR-KI-i[a]

Translation

1 homer of barley, cap[ital belonging to] Aššur-ibni. Cylinder Seal
Impression -remainder missing- Part of Cylinder Seal limmu: Ilu-issī[ya].

K.342a	No.	40a		Aššur-rēš-iši
51 x 36 x 29	ADD	48	C	Loan:silver
envelope	AR	298	T,TrG	Scribe:Zērî
	3R 48	6	C	Aššur
	Op	231-4	T,TrG/L	16.III.658 B.C.
	AST	T182	Q	

obv	1	NA₄.KIŠIB 1.NUMUN-u-ti GAL GEŠTIN
	2	NA₄.KIŠIB 1.ITU.KIN-a+a ⌜LÚ*⌝.2-⟨u⟩
	3	9 MA.NA 15 GÍN KÙ.BABBAR
		Cylinder Seal
	4	ina 1 MA.NA-e ša URU.Gar-ga-miš
	5	gi-nu-u ša Aš+šur
	6	ša 1.Aš+šur-SAG-i-ši
be	7	ina IGI 1.NUMUN-u-ti GAL GEŠTIN É.GIBIL
	8	ina IGI 1.ITU.KIN-a+a LÚ*.2-u
	9	ITU.SIG₄ UD 16 KAM
rev	10	lim-mu 1.Šá-d.PA-šu-u LÚ*.SAG
	11	[KÙ.BAB]BAR a-na 4-tú-šú GAL-bi
	12	IGI 1.d.PA-Še-zib-a-ni LÚ*.SAG
	13	LÚ*.SAG sá UGU É MAN.MEŠ-ni
		Cylinder Seal
	14	IGI 1.DINGIR-MU-ki-in LÚ*.A.SIG
	15	ša LÚ*.EN.NAM IGI 1.Ki-ṣir-Aš+šur
	16	IGI 1.⌜d⌝.AMAR.UTU-DÙ LÚ*.KAŠ.LUL
te	17	IGI 1.Mu-tak-kil-Aš+šur LÚNGA
	18	IGI 1.NUMUN-i
le	19	LÚ*.A.BA

K.342b	No.	40b		Aššur-reš-iši
41 x 27 x 17	ADD	49	C	
inner tablet	AR	297	T,TrG	
	KB4	140-1	T,TrG	
	AST	T182	Q	

obv 1 9 MA.NA 15 GÍN KÙ.BABBAR
2 gi-nu-u ša Aš+šur
3 ša 1.Aš+šur-SAG-iši
4 ina IGI 1.NUMUN-u-ti GAL GEŠTIN
5 ina IGI 1.ITU.KIN-a+a LÚ.2-u
6 ITU.SIG₄ UD 16 KAM
be 7 lim-mu 1.Šá-d.PA-šu-u
8 KÙ.BABBAR a-na 4-tú-šú
rev 9 IGI 1.d.PA-še-zib-a-ni
10 LÚ*.SAG šá UGU É LUGAL.MEŠ
11 IGI 1.DINGIR-MU-ki-in
12 LÚ*.A.SIG ša LÚ*.EN.NAM
13 IGI 1.Ki-ṣir-Aš+šur
14 IGI 1.d.ŠÚ-DÙ
15 IGI 1.d.PA-de-ni-a-mur
16 IGI 1.Mu-tak-kil-Aš+šur LÚNGA

Translation

envelope:

Seal of Zērutî, the wine master, seal of Ulūlāya, the viceroy. 9 minas and 15 shekels of silver -Cylinder Seal Impression- according to the 1 mina (standard) of Gargamiš, the ginû-due of Aššur, belonging to Aššur-reš-iši are at the disposal of Zērutî, the wine master of the New Palace, and are at the disposal of Ulūlāya, the viceroy. Date, eponym. [The silv]er shall increase by a fourth. 5 witnesses, scribe.

inner-tablet:

9 minas and 15 shekels of silver, the ginû-due of Aššur, belonging to Aššur-reš-iši are at the disposal of Zērutî, the wine master, and are at the disposal of Ulūlāya, the viceroy. Date, eponym. The silver shall increase by a fourth. 6 witnesses.

Notes

2: There are signs which have been erased at the end of the line.
5: On ginû ša Aššur see AST I 60-61.
12-13: LÚ.SAG has been written twice by the scribe. E. Ebeling's suggestion that É MAN.MEŠ MEŠ-tí is a royal crypt is correct. Note that this witness is followed by two persons with the profession LÚ.SAG É KI.M[AḪ] in No. 41:8'-9'. See the comments on AST II T22 and the note on CTN III 37:14.

K.3610 + 7330 + 13114	No.	41		Aššur-reš-iši
(57) x (73) x (10)	ADD 575 + 579 + 805		C	Aššur
	AR	161	T,TrG	

rev
1' [x x x]⌜x.MEŠ x⌝[x x x x DUMU.UŠ-šú]
2' [GAL-u a-n]a ḫa-am-ri d.[IM GÍBIL]
3' [kas-pu] a-na 10.MEŠ a-na EN.MEŠ-šú G[UR]
4' [ina d]i-in-šu DUG₄.DUG₄-ma la T[I]

5' IGI 1.Ab-da-a LÚ.SAG šá IGI É D[INGIR]
6' IGI 1.PAP-SU LÚ.GAL É.GA[L]
7' IGI 1.d.ŠÚ-šal-lim-PAP.MEŠ LÚ.A.BA É.DIN[GIR]
8' IGI 1.d.PA-še-zib-⌜a⌝-ni LÚ.<SAG> šá UGU É<<EN>> LUG[AL.MEŠ]
9' IGI 1.d.⌜PA⌝-ga-⌜mil⌝ LÚ.SAG É KI.M[AḪ]
10' IGI 1.DI-mu-LUGAL LÚ.SAG KIMIN
11' IGI 1.DI-mu-LUGAL LÚ.GAL GIŠ.⌜GAG⌝.MEŠ
12' [I]GI 1.Mu-tak-kil-Aš+šur LÚ.LÚNGA
13' ⌜IGI⌝ 1.ÌR-d.⌜Ná⌝-na-a LÚ.SANGA šá d.⌜UTU⌝
14' [IG]I 1.Aš+šur-KI-ia LÚ.SAG šá ⌜x⌝[x x x]
15' [IG]I 1.Ku-⌜na⌝-a+a LÚ.S[AG šá x x x]
16' [IGI] 1.d.É.⌜A⌝-MAN-⌜DÙ⌝ [LÚ.x x x x]
    remainder missing

Translation

Beginning missing- [x x x] .... [x x x x He shall burn his first born a]t
the holy precinct of [Adad. He shall re]turn [the money] tenfold to its
owners. He shall contest [in] his lawsuit and not succeed. 12+ witnesses.

Notes

1': ⌜x.MEŠ.x⌝ = 〔cuneiform signs〕.
5': This witness is attested along with Mutakkil-Aššur (1.12') and
Aššur-reš-iši in AR 628:11,13. For information concerning eunuchs see
LAS II 14 r6ff.
14': ⌜x⌝ = 〔cuneiform signs〕.

K.362					Assur-sallim
53 x 32 x 21	No.	42			Court decision
	ADD	163	C		[ ].IV.PC
	AR	182	T,TrG		
	Assur	2/5	Coll.		
	SOEV 6	640	Q		

obv	1	de-e-nu ša 1.As+šur-šal-lim
	2	TA* 1.Ṣal-mu-PAP.MEŠ
	3	ina UGÙ 1.DI-mu-KAM-eš
	4	ša 1.As+šur-šal-lim
		2 Circular Stamp Seals
	5	id-bu-bu-u-[n]i
be	6	ina IGI 1.GÌR.2-MAN LÙ.<sar>-tene
	7	iq-ṭar-bu 1 1/2 MA.NA KÙ.BABBAR
rev	8	LÙ.<sar>-tene ⌈e⌉-te-mì-di
	9	1 <1/2> MA.NA KÙ.BABBAR 1.Ṣal-mu-PAP.MEŠ
	10	a-na 1.As+šur-šal-lim it-<ti>-din
	11	⌈DI-mu⌉ ina ⌈bir⌉-tú-šú-nu <ša> GIB-u-ni
	12	As+šur d.UT[U] EN de-ni-šú 10 MA.NA KÙ.BABBAR SUM-an
	13	As+šur d.PA EN de-ni-šú
	14	ITU.ŠU lim-mu 1.As+šur-ŠU-GUR
	15	IGI 1.Li-pu-su
	16	IGI 1.d.PA-PAP-PAP
te	17	IGI 1.SUḪUŠ-d.PA 1.La-qi-pu
	18	IGI 1.Il-qi-su
le	19	1.d.PA-u-a

Translation

A court judgment of Assur-sallim against Ṣalmu-aḫḫē concerning Šulmu-ēreš, his slave, whom Assur-sallim sued. They came before Šēpē-sarri, the <sar>tennu. The <sar>tennu imposed (upon Ṣalmu-aḫḫē) 1 1/2 minas of silver. Ṣalmu-aḫḫē paid 1 <1/2> minas of silver to Assur-sallim. Peace is between them. <Whoever> breaches the contract, Assur (or) Šamaš shall be his prosecutor. He shall pay 10 minas of silver. Assur (or) Nabû shall be his prosecutor. Date, eponym, 6 witnesses.

Notes

6: IGI = [cuneiform sign]. For the emendation to <sar>-tene see K. Deller, SOEV 6 640 n.5, 648 c . Cf. CAD S 185b s.v. sartennu "chief judge".

15: pu = [cuneiform sign]; it is written over an u sign.

16: PAP at the end of the line has two verticals: [cuneiform sign].

K.10488	No.	43		Aššur-šallim-(aḫḫē)
fragment	ADD	487	C	
	AR	621	T,TrG	

```
obv    1'  [                 1.G]a-ʳruꟲ-[ṣu              ]
       2'  [                    ] EN sa ma [             ]
       3'  [      ] ʳxꟲ [      1.Ta-q]u-ú-ni [           ]
       4'  [ú]-piš-[m]a 1.Aš+šur-[ša]l-l[im-PAP.MEŠ]
       5'  TA* I[GI] 1.Ga-ru-[ṣu                        ]
       6'  [ina ŠÀ] 1* GÚ.UN 3 MA.N[A URUDU.MEŠ]
       7'  [TI kas]-pu gam-m[ur ta-din                  ]
```

Translation

Beginning missing– [G]arru[ṣu]...[Taq]ūni [   ] Aššur-
[ša]ll[im-aḫḫē con]tracted and [bought it] from Garru[ṣu for] 1 talent and
3 minas [of bronze?. The mon]ey [is paid] comple[tely.   ] Remainder
missing.

Notes

1': Garruṣu is attested in the archive of Baḫiānu (No. 51:2) and may be
associated with Aššur-šallim-aḫḫē (see below note 4') and Taqūni (Nos. 383–
384). He is not identical with the person in FNAD 28:15. Other attestations
of the name are ADD 584:r.2, 929:8 and App. I xi:5. Garruṣu < garāṣu is
a so-called quttulu name which indicates a bodily defect; see H. Holma,
Die assyrisch-babylonischen Personennamen der Form quttulu, (Helsinki 1914).
Cf. GAG §55n 22a.

3': ʳxꟲ = ⊓ . Taqūni is possibly the same person as attested in Nos. 383–384.

4': If the restoration is correct, Aššur-šallim-aḫḫē and Taqūni are well
attested in Aššur in corn dockets; see M. Lidzbarski, Altaramäische Urkunden
aus Aššur, WVDOG 38, (Leipzig 1921) 15ff; H. Donner – W. Röllig, KAI Nos.
234–236; SAIO I 83ff; CTN III p.46.

K.326	No.	44		Aššur-šallim-aḫḫē
54 x 84 x 26	ADD	412	C	Sale:threshing
				floor
	AR	334	T,TrG	Scribe:Šaulānu
	3R 48	1	C	Du'ūa (Kalḫu)
	KB4	100-1	T,TrG	4.II.747 B.C.
	Op	III	T,TrL/F	

obv	1	⌜ṣu-pur⌝ 1.Ṣa-bu-SIG₅
	2	ṣu-pur 1.Ab-zi-i̯
	3	ṣu-pur 1.SU-Aš+šur
	4	ṣu-pur 1.d.UTU-šal-lim
	5	ṣu-pur 1.Par-ši-du
	6	PAP 5 LÚ.MEŠ EN ad-ri ⟨SUM-ni⟩

6 Fingernail Impressions

	7	É 9 qa ad-ru ina URU.Du-'u-ú-a
	8	SUḪUR 1.d.IM-rém-a-ni
	9	SUḪUR LÚ*.ša UGU É
	10	ú-piš-ma 1.Aš+šur-⌜šal-lim⌝-PAP.MEŠ
	11	ad-ru GIŠ.K[IRI₆ x x x x]
	12	šu-nu-ti ina Š[À x MA.NA KÙ.BABBAR]
be	13	ina 1 MA.NA ša U[RU Gar-ga-miš]
	14	il-qe kas-pu [gam-mur]
	15	⌜ta-din⌝ ad-ru šu-⌜a⌝-[tú]
rev	16	za-ar-pat la-⌜qe⌝-[at]
	17	tu-a-ru DUG₄.DUG₄ [la-áš-šú]
	18	man-nu ša ⟨ina⟩ ur-⌜kiš⌝ [ina ma-te-ma]
	19	ša TA* 1.Aš+šur-⌜šal⌝-l[im-PAP.MEŠ]
	20	de-nu DUG₄.DUG₄ ub-[ta-u-ni]
	21	1 MA.NA KÙ.BABBAR ⌜SUM-an⌝
	22	IGI 1.Aš+šur-šal-lim-PAP.MEŠ [LÚ*.ḫa-za-nu]
	23	⌜ša⌝ URU.Du-'u-[ú-a]
	24	IGI 1.Šá-d.[x x]-ni
	25	IGI 1.Tàk-la[k]-⌜a⌝-na-EN-ia
	26	LÚ.ša UGU É ša 1.Šum-ma-DINGIR-a+a
	27	IGI 1.Su-ḫi-ra
	28	IGI 1.4*-il-a+a
	29	IGI 1.Mu-⌜šal-lim⌝-d.MAŠ
te	30	IGI 1.Ša-ú-la-a-nu
	31	LÚ*.A.BA ṣa-bit ṭup-pi
	32	ITU.GU₄ UD 4 KÁM*
le	33	lim-mu 1.d.30-šal-⟨lim⟩-a-ni
	34	LÚ*.GAR.KUR KUR.Ra-ṣa-pi

Translation

Fingernail of Ṣābu-dammiq, fingernail of Abzî, fingernail of Erība-Aššur, fingernail of Šamaš-šallim, fingernail of Paršidu, a total of 5 men, owner(s) of the threshing floor ⟨being sold⟩. /6 Fingernail Impressions/ An area of 9 qa, a threshing floor in Du'ūa adjoining (the land of) Adad-rēmanni and adjoining (the land of) the ša muḫḫi bīti——Aššur-šallim-aḫḫē contracted and bought a threshing floor (in) an orch[ard from] these [men] for [x minas of silver] according to the 1 mina (standard) of [Gargamiš]. The money is paid [completely]. That threshing floor is purchased and acqui[red]. Any revocation, lawsuit, or litigation [is void]. Whoever, at any time [in the future], repeatedly see[ks] against Aššur-šallim-aḫḫē a lawsuit or litigation shall pay 1 mina of silver. 6 witnesses, scribe, date, eponym.

Notes

7: Du'ūa is mentioned in GPA 17:5,41,43 (783 B.C.); see NAT 106.

9: The ša muḫḫi bīti is Taklāk-ana-bēliya mentioned in 1.25.

10: The buyer Aššur-šallim-aḫḫē is not identical with the person in No. 43.

11-12: It is likely that šu-nu-ti is an error for an!-nu-ti and the lines may be restored: ad-ru GIŠ.K[IRI₆ TA* IGI LÚ.MEŠ] an⟨⟨šu⟩⟩-nu-ti.

24: A possible restoration is: 1.Šá-d.[Aš+šur-a-né]-ni.

30: See R. Zadok, BiOr 38 (1976) 229 for this name.

81-2-4,154	No.	45		Aššur-šumu-ukīn
(55) x (64) x 21	ADD	252	C	Sale:slaves
	AR	633	T,TrG	Sāmirīna
	Aššur	2/5	Coll.	

beginning missing

2 Stamp Seals

	1'	[1].Ni-nu-a+a 1.d.U+GUR-PAP 1.Za-bi-nu
	2'	[PAP] 3 ÌR.MEŠ ⌜LÚ*⌝.TUR.MEŠ ša 1.d.PA-ia-li
	3'	[ú]-piš-ma 1.Aš+šur-MU-GIN LÚ*.GAL ki-ṣir ša LU[GAL]
	4'	[ina 1]ìb-bi 1 ANŠE.KUR.RA SIG₅ il-qe
	5'	[kas]-⌜pu⌝ ga-mur ta-din UN.MEŠ šu-a-ti zar₄-pu ⌜laq⌝-q[e-u]
	6'	[tu]-⌜a⌝-ru de-e-nu DUG₄.DUG₄ la-áš-šú
	7'	[man-nu š]a a-na ur-kiš a-na ma-te-ma e-⌜la-an⌝-[ni]
	8'	[lu]-u LÚ*.EN.NAM ša URU.Sa-mara-na
	9'	[lu]-u LÚ.MEŠ an-nu-ti lu-u DUMU.MEŠ-⌜šú⌝-[nu]
	10'	[TA* 1].⌜Aš+šur⌝-MU-GIN u DUMU.MEŠ-⌜šú⌝
	11'	[de-e-nu] ⌜DUG₄.DUG₄⌝ i-gar-ru-u-ni
		remainder missing
rev	12'	[x x x x x x x x x x x x]
	13'	[x MA.NA KÙ.GI sag-ru i]-na bur-k[i d.x a-šib URU.x x GAR]

14' [kas-pu a-na] 10.MEŠ-te [a-na] EN.MEŠ-šú GUR-r[a]
15' [ina de]-˹ni˺-[šú DUG₄].˹DUG₄-ma la il-laq˺-q[e]

16'-18' illegible traces
19' [IGI 1.x x x x] ˹LÚ*˺.mu-kil KUŠ.PA.[MEŠ]
20' [IGI 1.x x x x] LÚ*.DUMU.SIG
21' [IGI 1.x x x r]a ˹LÚ*˺.A.BA
22' [IGI 1.x x x x x x x x x]
23' [IGI 1.K[i-zi-i-[x x x x x x]
     remainder destroyed

Translation

Beginning missing- 2 Stamp Seals/ Ninuāya, Nergal-nāṣir, and Zabinu,
[a total] of 3 servants, boys, belonging to Nabû-iali——Aššur-šallim-ukīn,
the captain of the ki[ng con]tracted and bought them [for] 1 good horse.
[The mon]ey is paid completely. Those people are purchased and acqui[red.
Any rev]ocation, lawsuit or litigation is void. [Who]ever, at any time
in the future raises a claim, whether the governor of Sāmirīna or those men
or the[ir sons], (whoever) institutes a [lawsuit against] Aššur-šumu-ukīn
or his sons -remainder of obverse missing- [x x x x x x x, shall place x
minas of refined gold in] the lap of [x x residing in x x]. He shall
ret[urn the money] tenfold [to] its owners. He shall contest [in his
lawsu]it and not succeed. 5+ witnesses.

Notes

2': Parpola has collated ˹DUMU˺.DUMU.MEŠ. The first sign appears
to me to be more like LÚ*.
4': Exchange texts have been discussed in FNAD p.100-101. This text
is a so-called "split exchange" and this is probably the reason that
šapûssu is not employed. The following exchange texts are known:

Aḫi-iababa	No. 19	Arrapḫa	698 B.C.
Aššur-šumu-ukīn	No. 45	Sāmirīna	
Bēl-[ ]	No. 83	Ḫarrānu	
Kakkulānu	No. 125		PC
(Sîn-eṭir)	GPA 64	Kalḫu	
Sîn-eṭir	GPA 65	Kalḫu	
Gabbari	Iraq 32 (1970) 31-35 Tall al Rimah		777 B.C.

An additional text, Ass.Fd.Nr. 10005, is mentioned by K. Deller
in Or 33 (1964) 93.

Sm.3		No.	46		Attar-ili
53 x 95 x 27		ADD	625	C	Sale:village
		AR	176	T,TrG	Scribe:Nabû-šumu-
					iškun
		TCAE	176	Q	Laḫiru
		JNES 11	275	Q	1.II.670 B.C.

te   2 Stamp Seals

obv

1. NA₄.KIŠIB 1.d.U+GUR-DINGIR-a+a LÚ*.EN.NAM
2. ša KUR.La-ḫi-ri
3. NA₄.KIŠIB 1.d.30-MAN-PAP LÚ*.2-ú ⫶
4. ⫶ 1.Mu-ra-su-ú LÚ*.3-šú
5. ⫶ 1.Za-bi-nu LÚ*.mu-kil PA.MEŠ
6. PAP 4 LU.MEŠ-e EN URU ta-da-a-ni

    1 Stamp Seal 1e 3 Circular Stamp Seals 1 Stamp Seal re

7. URU.ŠE 1.Ba-ḫa-a+a a-di gi-mir-ti-šú
8. É 5 me A.ŠÀ a-di⟨⟨al⟩⟩ ŠE.NUMUN-šú ar-ši
9. SUḪUR URU.ŠE 1.Arrap-ḫa-a-tal ⌜x⌝
10. SUḪUR A.ŠÀ ša URU.ŠE 1.Ṣili-EN LÚ*.SIPA sa-kul-lata
11. SUḪUR A.ŠÀ ša URU.Pa-qu-tú ša URU ša MAN-GIN-a+a
12. SUḪUR A.ŠÀ ša URU.ŠE 1.PAP-ia-qar u URU.ŠE 1.Ṣili-EN
13. ú-piš-ma 1.A-tar-DINGIR LÚ*.SAG
14.   ša DUMU.LUGAL URU.KÁ.DINGIR
15. TA* pa-an LU.MEŠ-e an-nu-ti
16. [i-n]a lìb-bi 14 MA.NA KÙ.BABBAR
17. ⌜i-na⌝ [1 MA.NA]-e ša LUGAL
18. [i-na x MU.A]N.NA GU₇

rev

19. [x x x x x x x] ŠE.NUMUN
20. [x me-re-še x]+1 kar-ab-ḫi
21. [x x x]⌜x⌝ MU.AN.NA KÙ.BABBAR ina UGU
22. [ta-r]a-me i-šá-kan A.ŠÀ-šú
23. ú-še-ṣa A.ŠÀ šú-a-tú ŠE.nu-sa-ḫi-šú
24. la i-na-su-ḫu ŠE.IN.NU-šú
25. la i-šá-ba-áš

26. IGI 1.30-EN-PAP LÚ*.GAL ki-ṣir ša KUR
27. IGI 1.Ra-pi-i' LÚ*.3-šú
28. erasure ša É.GAL
29. IGI 1.EN-I LÚ*.AGRIG ša DUMU.⌜MAN⌝
30. IGI 1.Man-nu-ki-ŠÀ.URU LÚ*.A.BA
31. IGI 1.d.AMAR.UTU-MAN-a-ni LÚ*.GAL GAG.MEŠ
32. IGI 1.Gi-na-a+a KUR.ELAM.MA-a+a
33. IGI 1.d.PA-MU-GAR LÚ*.A.BA
    3 1/2 line space
34. ITU.GU₄ UD 1 KÁM
35. lim-mu 1.DI-mu-EN-la-áš-me
36.   GAR.KUR De-ri

le

37. SUḪUR A.ŠÀ ša URU.Š[E x x x x x]
38.   ša la [x x x x x x x]

Translation

Seal of Nergal-ilāya, the governor of Laḫiru, seal of Sîn-šarru-uṣur, the viceroy "ditto" (of the governor of Laḫiru), "ditto" (seal of) Murašsû, the third charioteer, "ditto" (seal of Zabinu), the rein-holder, a total of 4 men, owners of the city being sold. /5 Stamp Seals/ The village of Bahāya in its entirety, an area of 500 (homers) of land including its sown seed adjoining the village of Arraphatal, adjoining the land of the village of Ṣilli-Bēl, the herdsman, adjoining the land of the city of Paqutu (and) the city of Šarru-ukīn, and adjoining the land of the village of Aḫi-iaqar and the village of Ṣilli-Bēl——Attar-ili, the eunuch of the crown prince of Babylon, contracted and has the usufruct of (the land) [for x (number) of ye]ars from these men [for] 14 minas of silver according to the [mi]na (standard) of the king. [An area of 500 homers of land including the (sown)?] seed; (he shall have the usufruct of the land for) [x crop-years and x] + 1 fallow-years, [a total of x] years. (If) he places the silver upon [the cor]n-heaps, he shall redeem his field. The land shall not be taxed for corn or straw. 6 witnesses, scribe, date, eponym

Notes

1-2: See H. Lewy, JNES 11 (1952) 265.
4: ra =⬚, also written the same way in 1.27.
6: URU is for URU.ŠE.
7: URU.ŠE 1.Ba-ḫa-a+a is attested in No. 173:3 and No. 174:6 (archive: Milki-nūrī).
8: di<<al>> =⬚.
9: The reading 1.Arrap-ḫa-tal has been suggested by K. Deller; cf. NPN 24a.
13: Attar-ili is the eunuch of Šamaš-šumu-ukīn; cf. LAS II 280 10f. and n.152. The property being leased here was sold by Attar-ili to Milki-nūrī six weeks previously; cf. No. 171. Note that Milki-nūrī is not mentioned in this text. This supports the suggestion that these texts are not private contracts; cf. J.N. Postgate Iraq 32 (1970) 35. Attar-ili was the predecessor of Nergal-ilāya (1.1-2) as provincial governor of Laḫiru. He was also eponym for the year 673 B.C.:

1.A-tar-DINGIR.MEŠ	No. 88
1.A-tar-DINGIR LÚ.GAR.KUR URU.La-ḫi-ru	VAT 3826
1.A-tar-DINGIR LÚ.EN.NAM KUR.La-ḫi-ra	No. 160

1.A-tar-DINGIR LÚ.EN.NAM šá KUR.La-ḫi-ra   1929-10-12:1

1.[I]t-ri-DINGIR L[Ú.GAR.K]UR URU La-[ḫi-r]a   ADD 431 = AR 98

1.At-ri-DINGIR   ADD 53 = AR 258

It is quite clear that LÚ EN.NAM and LÚ.GAR.KUR are the same; see
J.N. Postgate AnSt 30 (1980) 69 and GPA p.8 n.21. Attar-ili is attested
as LÚ*.GAL ú-rata in No. 173:1.

26: An identification of this witness with CTN III 74:13 and ADD 276:7 =
AR 532:7 has been proposed by S. Dalley. For the ša-rēši texts see Nos. 421-423.

K.300	No.	47		Atueḫu
49 x 69 x 26	ADD	179	C	Sale:male
	AR	473	T,TrG	Scribe:Bēl-iddina
	Aššur	2/5	Coll.	Date:7.IX.697 B.C.

obv	1	ku-um NA₄.KIŠIB-šú ṣu-⸢pur⸣-[šú]
	2	iš-kun ṣu-pur
	3	1.Ḫa-ak-ku-bu EN LÚ* SUM-an

12 Fingernail Impressions

	4	1.d.UTU-SU LÚ*.ÌR-šú
	5	ú-piš-ma 1.A-tu-e-ḫu
	6	LÚ*.3.U.5.TA* IGI 1.Ḫa-ak-ku-bu
	7	ina ŠÀ 30 GÍN KÙ.BABBAR.MEŠ il-qe
	8	kas-pu ga-mur ta-ad-din
	9	LÚ* su-a-ti za-rip laq-qe
	10	[tu-a]-⸢ru de⸣-ni da-ba-bu
	11	[la-áš-šú man]-nu ša ina ur-kiš
	12	[i-za-qu-pa-an-ni i-GIL-u-n]i
		remainder broken away
rev	13'	[IGI 1.x x x LÚ*].DAM.QAR
	14'	IGI 1.⸢A-ba⸣-gu-ú LÚ*.A.BA
	15'	KUR LÚ*.Ara-ma-a+a
	16'	IGI 1.Ab-du-d.A-gu-u-ni
	17'	LÚ*.3.U.5 2-i
	18'	lim-mu 1.d.PA-BÀD-PAP
	19'	ITU.AB UD 7 KAM
	20'	LÚ*.A.BA 1.EN-AŠ
	21'	1 MA.NA URUDU.MEŠ ša ṣu-pur-šú
	22'	IGI 1.At-ta-'a-⸢ni⸣

Translation

In place of his seal he placed [his] fingernail. Fingernail of Ḫakkubu,
owner of the man being sold. /9 Fingernail Impressions/ Šamaš-erība, his

slave——Atueḫu, the third charioteer, contracted and bought him from Ḫakkubu
for 30 shekels of silver. The money is paid completely. That man is
purchased and acquired. [Any revoc]ation, lawsuit, or litigation [is void.
Who]ever, in the future, [lodges a complaint or breaches the contr]act
—remainder missing. 4+ witnesses, eponym, date, scribe. 1 mina of copper for his
fingernail.

Notes

3: Each of the four groups of fingernail impressions indicated by
Parpola contain three nail marks.

5: The sign -ri collated by Parpola is -ḫu.

6: U₅ = ; also 1.17'.

8-9: These lines were omitted in ADD.

16': du =

20': Another example where the scribe places his profession before
his name is No. 53:8 (archive: Baḫiānu - 693 B.C.).

K.460	No.	48		Bābilāya
53 x (79) x 29	ADD	296	C	Sale:slaves
	AR	79	T,TrG	
	Aššur	2/5	Coll.	

		beginning missing
obv	1'	[EN] UN.M[EŠ ta-da-ni]

Cylinder Seal and 2 Stamp Seals

	2'	1.Ḫal-mu-su LÚ*.TÚG.KA.KEŠDA MÍ-šú
	3'	1.˹Ab-ú˺-ḫu-la-a+a 1.Ma-ri-li-ḫi
	4'	[1.x x x]-˹ x ˺-a 1.Aš+šur-MU-GIN-˹in˺
	5'	[PAP 6 Z]I.MEŠ ÌR.MEŠ ša 1.˹Mar˺-[x x x]
	6'	[ú-piš-m]a 1.KÁ-DINGIR-a+[a ina ŠÀ]
	7'	[x GÍN].MEŠ [KÙ.BABBAR x x]
		remainder missing
rev	8'	[IGI 1.x a]l-˹la-a˺+[a x x x x]
	9'	IGI 1.Su-˹ba˺-a+a [x x x x]
	10'	IGI 1.A+a-am-me-[x x x x]
	11'	IGI 1.10-UMUN-˹DÙ˺ [x x x x]
	12'	IGI 1.˹Tu-im˺-mu-[x x x x]
	13'	IGI 1.d.[x x]-še-zib L[Ú*.x x x]
	14'	IGI 1.10-rém-a-ni L[Ú*.x x x]
		6 lines blank
	15'	[ITU] x [UD x KAM] ˹lim˺-[mu 1.x x x x]

Translation

Beginning missing— [owner] of the peo[ple being sold]. /Cylinder Seal
and 2 Stamp Seals/ Ḫalmusu, the carpet-maker, and his wife, Abu-ḫulāya,
Mariliḫi, [x x x]-⌈x⌉-a, and Aššur-šumu-ukīn, [a total of 6 per]sons, servants
of Mar-[x x x]——Bābilāya [contr]acted and [bought them for x shek]els
[of silver]-remainder of obverse missing. 7 witnesses, date, eponym.

Notes

4': ⌈x⌉ = .

15': x = .

K.325		No.	49	C	Baḫiānu
45 x 60 x 25		ADD	141		Loan:barley
		AR	304	T,TrG	[ ].I.704 B.C.

obv	1	3 ANŠE ŠE.PAD.MEŠ SAG.D[U]
	2	1.d.UTU-PAP-PAP
	3	TA* IGI 1.Ba-ḫi-a-ni

3 Fingernail Impressions

	4	ina pu-u-ḫi it-ti-ši
rev	5	ITU.BÁRA UD [ ] KÁM

3 Fingernail Impressions

	6	lim-me 1.d.PA-de-e-nu-DÙ-uš

Translation

3 homers of barley, capital. Šamaš-aḫu-uṣur -3 Fingernail Impressions-
took it as a loan from Baḫiānu. Month: Nissanu, the [ ] day. 3 Fingernail
Impressions Eponym.

K.304 + 7490 + 9804	No. 50	Baḫiānu
49 x 93 x 27	ADD 176 + 323 C	Redemption:slave
	AR 630 + 469 T,TrG	Scribe:Nabû-nādin-aḫḫe
	Aššur 2/5 Coll.	5.V.700 B.C.
	RIDA 6 169	

obv 1 　⌈ku⌉-[um NA₄.KIŠIB-šú-nu] ⌈ṣu⌉-pur-šú-nu GAR-⌈nu⌉
    2 　ṣu-p[ur 1.Za-ku-r]i ṣu-⌈pur⌉ 1.Du-kur-DINGIR
    3 　EN LÚ ta-⌈da⌉-ni

    4 Fingernail Impressions

    4 　1.Man-nu-ki-URU.4*-ìl DUMU-šú ša 1.PAP-ia-u
    5 　ú-piš-ma 1.Ba-ḫi-a-nu
    6 　[TA*] ⌈pa⌉-an 1.Za-ku-ri TA* IGI 1.Du-kur-DINGIR
    7 　[ina lìb-b]i 30 MA.NA URUDU.MEŠ ip-ta-ṭar
    8 　[kas-pu] ga-mur ta-din LÚ šú-a-[tú]
    9 　[za-rip] laq-qe tu-a-ru de-⌈e⌉-[nu]
   10 　[DUG₄].DUG₄ la-áš-šú man-nu ša ina u[r-kiš]
   11 　[ina ma]-te-ma i-za-qu-pa-[ni]
   12 　[x MA].⌈NA⌉ KÙ.BABBAR SUM-an LÚ ⌈ú⌉-[še-ṣa]
   13 　[ṣib-tú] be-en-nu ina 1 me UD-me
   14 　[s]a-ar-tú ina kàla UD.MEŠ

rev 15 　[IGI 1.E]N-BÀD LÚ*.GAL URU.MEŠ-ni
   16 　[IGI] 1.⌈Du⌉-su-su
   17 　IGI 1.M[i]l-⌈ki⌉-DINGIR IGI 1.EN-IGI-a-ni
   18 　IGI 1.d.UTU-še-zib
   19 　[IGI] 1.A-ta-ra
   20 　[IGI] 1.DINGIR-[m]u-še-zib
   21 　[ITU.N]E ⌈UD⌉ 5 KÁM
   22 　[ITU.A]-bu-u
   23 　lim-mu 1.Mi-⌈tu⌉-nu
   24 　LÚ*.GAR.KUR U[RU].⌈I⌉-sa-na
   25 　[IGI 1.d.A]G-SUM-PAP.MEŠ
   26 　[LÚ*.A.BA ṣa]-bit dan-ni-ti
   27 　⌈2 MA.NA⌉ URUDU.MEŠ ša ṣu-pur-šú-nu

Translation

In pla[ce of their seal]s they placed their fingernails. Fingern[ail of
Zaku]rî, fingernail of Dukur-ili, owner(s) of the man being sold. / 14
Fingernail Impressions/ Mannu-kī-Arbail son of Aḫu-iau——Baḫiānu
contracted and has released him [fr]om Zakurî and from Dukur-ili [for]
30 minas of copper. [The money] is paid completely. That man [is
purchased] and acquired. Any revocation, lawsu[it, or litig]ation is
void. Whoever, at any [time in the fu]ture lodges a complaint shall
pay [x mi]nas of silver. The man is red[eemed]. [(The buyer is guaranteed
against) the sibtu] and bennu diseases for 100 days (and against) fraud
forever. 7 witnesses, date, eponym, scribe. 2 minas of copper for their
fingernails.

68

Notes

2: For the names in this line see R. Zadok, W. Semites, p.130.

3: There is a space of about 2 signs between EN and LÚ (for EN.[MEŠ]?).
Instead of tadāni we would expect šēsû; see,for example,Iraq 16 (1954)
39 = ND 2308:2.

6: TA* IGI as collated by Parpola is incorrect.

7: The verb is in the perfect instead of the preterite.

13: It is curious that this clause occurs in a redemption text;
see R. Yaron, RIDA 6 (1959) 169.

16: ⌈DU⌉ is uncertain.

Ki.1904-10-9,56	No. 51		Baḫiānu
41 x 68 x 23	ADD 1159	C	Receipt:barley
	= AJSL 42 180		18.V.696 B.C.

obv	1	4 ANŠE ⌈ŠE⌉.PAD.MEŠ
	2	⌈1⌉.Ga-ru-ṣu
		2 Stamp Seals
	3	TA* IGI 1.Ba-ḫi-a-ni
	4	ina pu-u-ḫi ÍL-ši
rev	5	ITU NE UD 18 KÁM
	6	lim-mu 1.DI-mu-EN

Translation

4 homers of barley. Garruṣu –2 Stamp Seals– took it as a loan from
Baḫiānu. Date, eponym.

Notes

2: See note on No. 43:1'.

K.290			No.	52		Baḫiānu
44 x 27 x 20			ADD	31	C	Loan:copper
			AR	280	T,TrG	Scribe:Nergal-ibni
						3.IX.695 B.C.

obv	1	NA₄.KIŠIB 1.EN-GIŠ
	2	10 MA.NA URUDU SAG.DU
	3	ša 1.Ba-ḫi-a-nu ina IGI-šú
		2 Stamp Seals
	4	ina ⌈ITU⌉.GAN UD 21 KÁM SUM-an
	5	šum-ma la i-dan
be	6	a-na mit-ḫar GAL-bi-u
	7	ITU.GAN UD 3 KÁM
rev	8	lim-mu 1.Aš+šur-UMUN-PAP
	9	IGI 1.d.PA-PAP-PAP
	10	IGI 1.Man-nu-ki-d.PA
		1 Stamp Seal
	11	IGI 1.U+GUR-DÙ-ni A.BA
	12	IGI 1.DÙG-EN ša UGU É
le		Stamp Seal

Translation

Seal of Bēl-lēšir. 10 minas of copper, capital, belonging to Baḫiānu are
at his disposal. 2 Stamp Seals He shall pay in the month of Kislīmu (on)
the 21st day. If he does not pay, it shall increase by the same amount.
Date, eponym, 4 witnesses.

Notes

4: GAN = 𒄑. APIN is also possible.

5: i-dan is a mistake for iddin.

7: See note on 1.4.

K.3501			No.	53		Baḫiānu
30 x 22 x 14			ADD	29	C	Loan:copper
			AR	279	T,TrG	Scribe:Nergal-
						šarru-uṣur
						[ ].693 B.C.

obv	1	7 MA.NA URUDU.MEŠ
	2	ša 1.Ba-ḫi-a-nu
	3	ina IGI 1.Kab-ti-DINGIR.MEŠ-ni
	4	a-na 1/2 MA.NA-šú-nu GAL-u
	5	IGI 1.A+a-né-'e-ri
rev	6	IGI 1.d.PA-NUMUN-⌈BA-šá⌉
		2 line space
	7	lim-me 1.AŠ-[PAP.MEŠ]
	8	A.BA MAŠ.[MA]Š-MAN-PAP

Translation

7 minas of copper belonging to Baḫiānu are at the disposal of Kabti-ilāni.
It shall increase 1/2 mina. 2 witnesses, eponym, scribe.

Notes

5: This type of name is treated by R. Zadok, WO 9 (1970) 47–49. See
also CTN III p.269 n.21.

6: ⌜BA-šá⌝ = 𐎹𐎹𐎹.

8: See No. 47:20' where a scribe writes his profession before his name.
The "mister" sign and the determinative have been left out (perhaps
intentionally because of a lack of space on the docket).

83-1-18,407	No.	54		Baḫiānu
49 x 67 x 23	ADD	133	C	Loan:barley
Photo:Deluge 10	AR	307	T,TrG	23.IV.688 B.C.
	Assur	2/5	Coll.	

obv	1	23 ANŠE ŠE.PAD.MEŠ
	2	ša 1.Ba-ḫi-a-ni
	3	[ina I]GI 1.d.PA-ú-u-a
		Cylinder Seal, 1 Stamp Seal
	4	ina ad-ri a-na SAG.DU-šá <SUM>
	5	šum-ma la SUM-ni
be	6	a-na ANŠE 5-BÁN-šá <GAL>
rev	7	ITU.ŠU <UD> 23
	8	lim-me 1.SUM-na-PAP.MEŠ
	9	LÚ*.GAR.KUR URU.Ṣi-me-ra

Translation

23 homers of barley belonging to Baḫiānu [are at the dis]posal of Nabû'a
Cylinder Seal, 1 Stamp Seal   <He shall pay> its capital at the threshing
floor. If he does not pay, <It shall increase> 5 sūtus per homer. Date, eponym.

Notes

The lines are written parallel to the length. The cylinder seal
on this tablet is identical with No. 55.

83-1-18,408	No.	55		Baḫiānu
27 x (53) x (12)	ADD	145	C	Loan:barley
	AR	331	T,TrG	23.IV.688 B.C.

rev 1' [x x x] ITU.ŠU UD 23
     2' [lim]-me 1.SUM-na-PAP.MEŠ LÚ*.GAR.KUR
     3'   URU.Ṣi-me-er

       Cylinder Seal

Notes

This fragment has been included in the archive of Baḫiānu on the
grounds that the cylinder seal and date are identical with No. 54.

Ki.1904-10-9,292+	No.	56		Baḫiānu
310 + 314 + 316	ADD 1213 + 1215-6		C	Loan:barley
37 x 59 x 18	= AJSL 42	254		6.[ ].688 B.C.

obv 1 10 ANŠE ⌜ŠE.PAD⌝.[MEŠ]
     2 ⌜ša⌝ 1.Ba-[ḫi-a-ni]
     3 [ina] IGI 1.PAP-[x x]⌜x⌝
     4 ina pu-u-ḫi [Í]L-ši
     5 IGI 1.Na-[x x]-⌜a⌝
     6 IGI 1.d.PA-u-a
     7 LÚ*.A.SIG
rev 8 IGI [1.x]⌜x⌝-'a-a+a
     9 [IGI 1.x x x]⌜x⌝

       2 line space

    10 [ITU.x UD] 6 KÁM
    11 [lim]-mu 1.AŠ-PAP.MEŠ
    12 LÚ*.GAR.KUR URU.Ṣi-me-⌜er⌝

Translation

10 homers of barley belonging to Baḫ[iānu are at the dis]posal of Aḫu-[x x].
Fingernail Impression He took it as a loan. 4 witnesses, date, eponym.

Notes

3: ⌜x⌝ = 𝍍.
8: ⌜x⌝ = 𝍍.
9: ⌜x⌝ = 𝍍.

83-1-18,406	No.	57		Baḫiānu
43 x 65 x 22	ADD	134	C	Loan:barley
Photo:Deluge 10	AR	308	T,TrG	29.VI.686 B.C.
docket				

---

obv   1   2 ANŠE ŠE.PAD.MEŠ
          2   1.d.PA-ZÁLAG-nam-mir
          3   1 ; 1.La-TÉŠ-a-ni-DINGIR
          4   1 ; 1.ERIM-ta-a-nu
          5   ša 1.Ba-ḫi-a-ni
          6   ina pa-ni-šú-nu
          7   ina pu-u-ḫi it-ta-ṣu
rev   8   ITU.KIN UD 29 KÁM

            Cylinder Seal

          9   lim-mu 1.EN-IGI-a-ni
        10   LÚ*.tur-tan-nu

Translation

2 homers of barley——Nabû-nūru-nammir, 1 "ditto" (homer)——Lā-tubaššanni-i[li], and 1 "ditto" (homer)——Ṣabutānu belonging to Baḫiānu are at their disposal. They took it as a loan. Date, eponym.

Notes

2: This person did not pay back his loan; cf. No. 58:6-7.

4: 1.ERIM-ta-a-nu is Ṣabutānu; cf. No. 58:1.

K.406	No.	58		Baḫiānu
49 x 24 x 14	ADD	135	C	Receipt
docket	AR	236	T,TrG	[ ].VII.685 B.C.
	Aššur	2/5	Coll.	

---

obv   1   1 ANŠE 1.Ṣa-bu-ta-a-nu
          2   1 ; 1.La-tu-ba-ša-a-ni-DING[IR]
          3   PAP 2 ; ŠE.PAD.MEŠ
          4   a-na 1.Ba-ḫi-a-ni
be   5   ú-sa-li-mu
rev   6   1.d.PA-ZÁLAG-nam-mir
          7   la ú-sal-lim
          8   ITU.DU₆
te   9   lim-mu 1.Aš+šur-KALAG-in-a-ni

Translation

1 homer——Ṣabutānu, 1 "ditto" (homer)——Lā-tubaššanni-[ili], a total of 2 "ditto" (homers) of barley, they paid in full to Baḫiānu. Nabû-nūru-nammir did not pay. Date, eponym.

K.340			No.	59		Baḫiānu
45 x 67 x 22			ADD	131	C	Loan:barley
docket			AR	323	T,TrG	25.I.685 B.C

obv	1	2 ANŠE ŠE.PAD.MEŠ
	2	ša 1.Ba-ḫi-a-ni
	3	ina IGI 1.As-ta-qu-um-me
		1 Stamp Seal
	4	ina pu-u-ḫi it-ti-ši
be	5	a-na 1 : 3-BÁN-a+a
	6	ta-rab-bi
rev	7	ITU.BÁRA UD 27 KÁM
		1 Stamp Seal
	8	lim-me 1.Aš+šur-KALAG-in-MAN

Translation

2 homers of barley belonging to Baḫiānu are at the disposal of Astaqumme
1 Stamp Seal   He took it as a loan.   It shall increase 3 sūtus per 1 "ditto"
(homer).   Date, eponym.

Notes

8: MAN does not have a value which fits the name.   Perhaps the scribe
intended to write EŠ for nàn; cf. ABZ p.259.

83-1-18,405			No.	60		Baḫiānu
42 x (46) x 21			ADD	142	C	Loan:barley
docket			AR	310	T,TrG	Scribe:Dand[aru]
						21.III.684 B.C.

obv	1	10 ANŠE ŠE.PAD.MEŠ
	2	ša 1.Ba-ḫi-a-ni
		Cylinder Seal
		remainder missing
rev		Cylinder Seal
	3'	ITU.SIG₄ UD 21 KÁM
	4'	lim-mu 1.Ma-za-ar-né-e
	5'	IGI 1.30-PAP-AŠ
	6'	IGI 1.Na-na-a+a
le	7'	[I]GI 1.Da-an-d[a-ru]
	8'	A.BA

Translation

10 homers of barley belonging to Baḫiānu —Cylinder Seal Impression— remainder
of obverse missing. Date, eponym, 2 witnesses, scribe.

Notes

7'-8': The left edge has been omitted in AR. The name is restored
according to CCENA No. 28:22: 1.Da-an-da-ru.

Rm.176			No.	61		Baḫiānu
35 x (48) x 22			ADD	149	C	Loan:wheat
docket			AR	309	T,TrG	[ ].IX.684 B.C.

obv	1	4 ANŠE ŠE.GIG.MEŠ
	2	ša 1.Ba-ḫi-a-ni
	3	ina IGI 1.La-a-maš-ši-EN
	4	ina pu-u-ḫi it-ti-ši
		1 Stamp Seal
	5	a-na 1 : 5-BÁN-a+a
	6	⌜i-rab-bi⌝
rev	7	ITU.GAN UD [x KÁM]
		1 line space
	8	lim-mu 1.Ma-an-za-né-e

Translation

4 homers of wheat belonging to Baḫiānu are at the disposal of Lámašši-Bēl.
He took it as a loan. 1 Stamp Seal It shall increase 5 sūtus per 1 "ditto"
(homer). Date, eponym.

K.373			No.	62		Baḫiānu
36 x 60 x 23			ADD	132	C	Loan:barley
docket			AR	311	T,TrG	21.I.682 B.C.
			KB4	150-1	T,TrG	

obv	1	1 ANŠE ŠE.PAD.MEŠ
	2	ša 1.Ba-ḫi-a-ni
		1 Stamp Seal
	3	ina IGI 1.Ga-bi-i
	4	ina pu-u-ḫi it-ti-ši
rev	5	a-na 1 : 5-BÁN-a+a
	6	ta-rab-bi
		1 Stamp Seal
	7	4 LÚ*.e-ṣi-di
	8	ITU.BÁRA UD 21 KÁM
	9	lim-mu 1.d.PA-MAN-<PAP>

Translation

4 homers of barley belonging to Baḫiānu -1 Stamp Seal- are at the disposal
of Gabî. He took it as a loan. It shall increase 5 <u>sūtus</u> per 1 "ditto" (homer).
1 Stamp Seal 4 harvesters, date, eponym.

Notes

1: Note that the number of homers and the number of harvesters (1.7)
is identical. See note on No. 9:14.

K.1858	No.	63		Baḫiānu
35 x (52) x 24	ADD	143	C	Loan
docket	AR	332	T,TrG	20.II.682 B.C.

		beginning missing	
obv	1'	[x x x x 1]A.10-AŠ
	2'	ša 1.Ba-ḫi-⌈a-ni⌉
	3'	ina IGI-šú-nu
	4'	ina pu-u-ḫi it-ta-ṣu
rev	5'	ITU.GU₄ UD 20 KÁM
		2 Stamp Seals
	6'	⌈lim⌉-mu 1.d.PA-MAN-PAP

Translation

Beginning missing- [x x x x x] Apladad belonging to Baḫiānu are at their
disposal. They took it as a loan. Date, eponym.

K.338	No.	64		Baḫiānu
37 x 54 x 20	ADD	136	C	Loan:barley
docket	AR	312	T,TrG	26.II.682 B.C.

		7 Fingernail Impressions	
obv	1	1 ANŠE 2-BÁN ŠE.PAD.MEŠ
	2	1.30-MAN-PA
	3	7BÁN 1.U+GUR-MAŠ
	4	7BÁN 1.Re-mut-ti-DINGIR
	5	7BÁN 1.DI.KU₅-Kur-ba-ìl
		7 Fingernial Impressions
	6	ša 1.Ba-ḫi-a-ni
	7	ina pa-ni-šú-nu
	8	ina pu-u-ḫi it-ta-ṣu
	9	ITU.GU₄ UD 26 [KÁM]
	10	lim-mu 1.d.PA-MAN-P[AP]

Translation

7 Fingernail Impressions 1 homer and 2 sūtus of barley———Sîn-šarru-uṣur,
7 sūtus———Nergal-ašarēd, 7 sūtus———Rēmūti-ili, and 7 sūtus———Dayyān-Kurbail
-7 Fingernail Impressions- belonging to Baḫiānu are at their disposal. They
took it as a loan. Date, eponym.

K.13146		No.	65		Baḫiānu
(20) x 17 x 12		ADD	139	C	Loan:barley
		AR	316	T,TrG	5.II.667 B.C. ?

te		[ ] 1 Stamp Seal
obv	1	[x ANŠE] ŠE.PAD.MEŠ
	2	[ša 1].Ba-ḫi-a-ni
	3	[ina IGI M]Í.NIN.DINGIR.RA
rev	4	[ITU.G]U₄ UD 5 KÁM
	5	[lim-m]u 1.Ga-ab-ᶠbaraᴵ

Translation

[   ] 1 Stamp Seal [x homers] of barley [belonging to] Baḫiānu [are at
the disposal of the pri]estess. Date, eponym.

Notes

The tablet is cylinder-shaped.
2: The creditor may not be identical with the Baḫiānu of the corn docket
loans. This depends on the reading of l.5. The year 667 B.C. is late
for the Baḫiānu archive.
3: The sign MAN as copied in ADD is not on this line. There is an erasure
under the DINGIR sign which looks like: . This is the only Neo-Assyrian
attestation of MÍ.NIN.DINGIR.RA. The reading is unknown; cf. AST I 286;
K. Deller - A. Fadhil, Mesopotamia 7 (1972) 193ff.
5: The signs are: The text has no witnesses.

K.9591	No.	66		Baḫiānu
(37) x (55) x (15)	ADD	720	C	Loan:barley
	AR	329	T,TrG	

obv   1'   [x AN]ŠE ŠE.[P]AD.M[EŠ]
            2'   [x] + 1 ; 1.A+a-⌜x⌝[x]
            3'   [x] + 1 ; 1.DI-mu-⌜x⌝[x x]
            4'   [x] + 1 ; 1.Mar-bi-i'-di
            5'   [x] + 1 ; 1.AŠ-A-DINGIR
            6'   [x] + 1 ; 1.10-EN-PAP
            7'   [P]AP 12 : ANŠE ŠE.PAD.MEŠ
            8'   ša 1.Ba-ḫi-a-ni
            9'   [ina p]a-ni-šú-nu
                 remainder missing

Translation

[x ho]mers of barl[ey, x] + 1 "ditto" (homers)————Aya-⌜x⌝[x, x] + 1 "ditto" (homers)————Šulmu-⌜x⌝[x x, x] + 1 "ditto" (homers)————Marbi'di, [x] + 1 "ditto" (homers)————Nādin-apli-ili, [x] + 1 "ditto" (homers)————Adad-bēlu-uṣur, [a to]tal of 12 "ditto" (homers) of barley belonging to Baḫiānu are at their disposal. Remainder missing.

Notes

2': ⌜x⌝ = ⫽⫽⫽⫽'.

3': ⌜x⌝ = ⫽⫽⫽⫼.

K.14288	No.	67		Baḫiānu
fragment	ADD	792	C	Receipt
	AR	238	T,TrG	

obv   1'   6 GÍN KÙ.BABBAR 1.Ba-ḫi-a-[nu]
            2'   [a]-na 1.Ḫa-le-e-ṣi
            3'   [i]t-ti-din 1.TA*-d.IM-⌜PAP⌝-[u-tú]
            4'   illegible traces
            5'   LÚ*.A.BA

Translation

6 shekels of silver. Baḫiānu paid to Ḫaleṣi. Illegible traces, scribe.

83-1-18,323	No.	68		Baḫiānu
35 x (65) x 23	ADD	138	C	Loan:barley
	AR	328	T,TrG	
	Aššur	2/5	Coll.	

beginning missing

obv	1'	1 [: 1.x x x x]
	2'	1 : [1.x x x x]
	3'	1 : 1.Še-⌜x⌝-[x x]
	4'	1 : 1.ÌR-⌜x⌝-[x x]
	5'	1 : 1.Ga-lu[lu]
	6'	5BÁN 1.SUḪUŠ-PAP.ME[Š]
	7'	5BÁN 1.d.UTU-PAP-ir
	8'	1 : 1.SU-DINGIR.MEŠ-ni
	9'	1 : 1.PAP-u-ni
rev		1 Stamp Seal
	10'	5BÁN 1.Qur-di-15
	11'	5BÁN 1.Kù-baba-PAP-AŠ
	12'	1 : 1.Kù-baba-DINGIR-⌜a+a⌝
	13'	šá 1.Ba-ḫi-a-n[i ina pa-ni-šú-nu]
	14'	ina pu-u-ḫi it-[ta-ṣu]
	15'	[ITU.BÁ]RA UD 10+[x KÁM]
		remainder missing
le	16'	[PAP x ANŠE x-BÁN ŠE.PAD.MEŠ n]a-as-ḫa-at

Translation

Beginning missing— 1 ["ditto" (homer——x x x x], 1 "ditto" (homer)——[x x x x], 1 "ditto" (homer)——Še⌜x⌝-[x x]. 1 "ditto" (homer)——Urad-⌜x⌝[x x], 1 "ditto" (homer)——Erība-ilāni, 1 "ditto" (homer)——Aḫūni -1 Stamp Seal- 5 sūtus——Qurdi-Ištar, 5 sūtus——Kubaba-aḫu-iddina, 1 "ditto" (homer)—— Kubaba-ilāya belonging to Baḫia[nu are at their disposal. They to]ok it as a loan. [A total of x homers and x sūtus of barley are with]drawn.

Notes

3': ⌜x⌝ = 𝌍 .

4': ⌜x⌝ = 𝌎 .

16': The restoration is uncertain since the phrase, appended to the text, is unique. The reading of ŠE.PAD.MEŠ is unknown; cf. RLA 3 310. It is always feminine singular (with MEŠ - for the genetive singular? see LAS II 232 n.352). The sum loaned is withdrawn (nashat) from an account.

K.386		No.	69		MÍ.Balteya-abate
51 x 102 x 26		ADD	619	C	Gift
		AR	47	T,TrG	Ninua
					14.XII.PC

obv
1 qi-ni-tú ša [1.EN-I]
2 a-na DUMU.MÍ-šú S[UM-ni]

___3 Stamp Seals___

3 É ina URU.NINA.KI ina ⌈IGI⌉
4 É KÁ.GAL d.Šá-maš
5 1.[x x]⌈x x⌉-a-te-qu-me LÚ*.NINDA
6 1.[La]-da-gil-DINGIR LÚ*.AZLAG
7 ⌈MÍ.x x x x⌉-ma-a GÉME-šú
8 1.d.15-BÀD-⌈qa⌉-li LÚ*.ša SAGŠU.MEŠ-šú
9 1.A+a-e-ḫu ⌈MÍ⌉.d.Ur-kit-tú-ZU-at
10 MÍ-šú 1.DI-mu-⌈EN⌉-la-mur LÚ*.NINDA
11 MÍ.d.Ur-kit-tú-⌈ri⌉-š[at]
12 MÍ.Man-nu-ki-AMA MÍ.Ḫa-te-⌈za-a+a-x⌉
13 MÍ.Mu-ra-ba-ta-áš
14 MÍ.Pa-ḫi-i PAP É 11 ZI.MEŠ
15 ša 1.EN-I a-na
16 MÍ.Ba-al-te-ia-a-ba-te
17 DUMU.MÍ-šú SUM-nu-u-ni
18 man-nu ša ina ur-kiš
19 ina ma-te-ma bi-lat LUGAL
rev
20 [T]A IGI MÍ.⌈Ba⌉-al-te-ia-a-ba-te
21 [i]-na-⌈šu⌉-u-ni
22 Aš+šur d.30 d.Šá-maš EN d.PA
23 DINGIR.MEŠ šá MAN ina ŠU.2-šú
24 lu-ba-'i-ú
25 ITU.ŠE UD 14 KÁM
26 lim-me 1.d.ŠÚ-MAN-PAP
27 šá KUR.Qu-u-⌈e⌉
28 IGI 1.Ki-ṣir-Aš+šur
29 IGI 1.Kak-kul-la-nu
30 IGI 1.MAN-MU-GIN-in
31 IGI 1.LUGAL-⌈BÀD⌉
32 IGI 1.KAM-eš-DINGIR
33 ⌈IGI 1.d⌉.15-I
34 IGI 1.EN-iq-bi
35 IGI 1.DUMU-d.15
36 IGI 1.Za-bi-nu

Translation

Property which [Bēl-na'id] g[ave] to his daughter. /3 Stamp Seals/
A house in Ninua facing the Šamaš-Gate house; [x x] ⌐x x⌐-atequme, the
baker, [Lā]-dāgil-ili, the fuller, and ⌐x x x x x⌐, his maid, Ištar-dūr-qayyali,
the hatter, Aya-eḫu, and Urkittu-lē'at, his wife, Šulmu-bēl-lāmur, the
baker, Urkittu-rīšat, Mannu-kī-ummi, Ḫateza-⌐x⌐, Murabataš, and Paḫi,
a total of a house and 11 persons which Bēl-na'id gave to Balteya-abate,
his daughter. Whoever, at any time in the future, collects the royal
talent (tax)- Aššur, Sîn, Šamaš, Bēl, Nabû, and the gods of the king
shall seek his custody. Date, eponym, 9 witnesses.

Notes

1: qinītu is a generic term. The acquisition in this text is a
gift. In VTE 273-274 qinītu occurs together with tidintu in a clause
protecting the gift Esarhaddon has given his sons against confiscation:
TA* lìb-bi ti-din-tú ša AD-šú-nu id-din-áš-šá-nu-u-ni / qi-ni-tú šá
šú-nu iq-nu-u-ni ta-na-áš-šá-a-ni "The gift which their father has given
them, the property which they acquired, you shall not take away". See
CAD Q 254.

5: ⌐x x⌐ = [cuneiform signs]

7: ⌐x x x x⌐ = [cuneiform signs]

8: The reading LÚ.šá SAGŠU.MEŠ-šú was suggested by J.N. Postgate
in AnSt 30 (1980) 76. It is confirmed by collation.

9: ḫu = [cuneiform sign]

12: ⌐x⌐ = [cuneiform sign]

18-21: The clause is unique. It is doubtful if bi-lat LUGAL is
correct since what would be taken away or confiscated from
f.Balteya-abate is the qinītu. Perhaps the scribe intended to write
ina balāṭi šarri "during the lifetime of the King" which would fit
the context.

22-24: See K. Deller, WZKM 57 (1961) 32; S. Kaufman, "An Assyro-Aramaic
egertu ša šulmu" in: Memoirs of the Connecticut Academy of Arts & Sciences,
Volume 19, 1977 p. 125 n.56.

28-29: These witnesses have their own archives.

83-1-18,354		No	70		Bani-aḫū'a
51 x 30 x 19		ADD	61	C	Pledge
		AR	127	T,TrG	5.II.PC

obv	1	40 MA.NA URUDU.MEŠ ⌈SAG⌉.[DU]
	2	ša 1.DÙ-PAP-u-a
	3	ina UGU 1.Tab-[a]lu-u-a
	4	⌈MÍ⌉.NIR.GÁL-URU.4*-ìl
	5	[a-na š]a-pár-ti kam-mu-sa-at
	6	[BE-ma] ÚŠ BE-ma ZÁḪ
	7	[MUŠ] GÍR.TAB ⌈Ì.MEŠ⌉ A.MEŠ
	8	[ina U]GU EN-šá
be	9	[ina] UD-me ša URUDU.⌈MEŠ⌉
	10	ú-še-rab-an-ni
rev	11	[M]Í ú-še-ṣa
	12	[I]GI 1.15-MU-AŠ
	13	[IG]I 1.d.PA-MU-PAP
	14	⌈IGI⌉ 1.DI-mu-15
	15	IGI 1.Rem-ut-EN
	16	IGI 1.d.PA-KAR-ir-an-ni
	17	IGI 1.Sa-ak-lu
	18	IGI 1.Ḫa-zi-a-nu
le	19	[ITU.G]U₄ UD 5
	20	[lim-mu] 1.d.PA-KALAG-an

Translation

40 minas of copper, capital, belonging to Bani-aḫū'a are at the disposal of
Tabalūa. Etel-Arbail is placed [as a pl]edge. [If] she dies (or) if she
flees——[by a snake], scorpion, oil, or water——[it is the responsibility of]
her owner. [On] the day that he brings the copper, he shall redeem [the
wom]an. 7 witnesses, date, eponym.

Notes

1: ⌈SAG⌉.[DU] may be restored: SAG.[ME]. Note URUDU.MEŠ SAG.[ME] in
VAT 8767:1-2 (courtesy K. Deller).

3: ina UGU is quite unusual since this is the Middle-Assyrian phrase
for Neo-Assyrian ina IGI; cf. FNAD §3.2.3. That this is not a
Babylonianism may be seem from the Middle-Assyrian spelling of the witness
in 1.18.

6-7: See K. Deller, Or 34 (1965) 169; Biblica 46 (1965) 349ff;
FNAD §3.7.3.

K.429	No.	71		Bardî
47 x (58) x 26	ADD	357	C	Sale:building plot
	AR	345	T,TrG	Ninua
	Aššur	2/5	Coll.	
	AST	T205	Q	

beginning missing

obv	1'	[ú-piš]-ma 1.⌈Bar-di-i⌉
	2'	[TA*] IGI 1.[EN-MAN]-PAP [ina 1]ìb-bi
	3'	5 1/2 ⌈MA.NA KÙ.BABBAR ina⌉ 1 MA.NA-e ša MAN
	4'	il-qe kas-pu gam-⌈mur⌉ ta-din
	5'	É qaq-qi-ri pu-ṣe-e šu-a-tú
	6'	zar-pu la-qe-u tu-a-ru
	7'	de-e-nu DUG₄.DUG₄ la-áš-šú
	8'	man-nu ša ina ur-kiš ina ma-te-ma
	9'	lu 1.EN-MAN-PAP lu DUMU.MEŠ-šú
be	10'	lu DUMU.DUMU.MEŠ-šú lu PAP.MEŠ-šú
	11'	lu DUMU.PAP.MEŠ-šú ša de-nu
	12'	DUG₄.DUG₄ TA* 1.Bar-di-i
	13'	DUMU.MEŠ-šú u DUMU.DUMU.MEŠ-šú
	14'	⌈ub⌉-ta-'u-u-ni
rev	15'	1 MA.NA KÙ.BABBAR LUḪ-ú 1 MA.NA
	16'	KÙ.GI sag-ru ina bur-ki d.Iš-tar
	17'	URU.NINA GAR-an kas-pu a-na 10.MEŠ-⌈te⌉
	18'	a-na EN.MEŠ-šú ú-ta-ra
	19'	ina de-ni-šú DUG₄.DUG₄-ma
	20'	la i-laq-qé

	21'	IGI 1.DI-mu-PAP.MEŠ LÚ*.LÙNGA
	22'	IGI 1.Ur-du LÚ*.UŠ.BAR
	23'	IGI 1.d.UTU-rém-a-ni ⁚
	24'	[IGI 1.R]a-ma-nu-u LÚ*.DAM.QAR Kisi-qa-a+a
	25'	[IGI 1.x x x]-a+a ⁚ ⁚
	26'	[IGI 1.x x x]-⌈šú⌉-NUMUN ⌈IGI⌉ 1.[x x x LÚ*.2]-u MÍ.É.GAL

remainder missing

Translation

Beginning missing– Bardî [contrac]ted and bought them [fr]om
[Bēl-šarru]-uṣur [f]or 5 1/2 minas of silver according to the 1 mina
(standard) of the king. The money is paid completely. That building plot
is purchased and acquired. Any revocation, lawsuit, or litigation is
void. Whoever, at any time in the future, whether Bēl-šarru-uṣur or his
sons or his grandsons or his brothers or his nephews, whoever repeatedly
seeks a lawsuit or litigation against Bardî, his sons, and his grandsons
shall place 1 mina of refined silver (and) 1 mina of pure gold in the
lap of Ištar residing in Ninua. He shall return the money tenfold
to its owners. He shall contest in his lawsuit and not succeed.
7+ witnesses.

Notes

3': NA in MA.NA-e is thus: .

17': ⸢te⸣ is very damaged; ⸢šú⸣ is unlikely.

24': R]A = . See NAT 209 for the place name which is to be read Kissiq.

80-7-19,49	No.	72		Mí.Barsipītu
54 x 101 x 29	ADD	244	C	Sale: slaves
	AR	159	T,TrG	Scribe:Ili-ibni
	Aššur	2/5	Coll.	[ ].III.695 B.C.
	AST	T197	Q	

te 1 [ku-um N]A₄.KIŠIB-šú ṣu-pur-šú iš-kun
    2 [ṣu]-⸢pur⸣ 1.KÁ-DINGIR-a+a EN UN.MEŠ SUM-ni

       4 Fingernail Impressions

obv 3 1.Ta*-ri-bi-d.15 ŠEŠ-šú Mí-šú DUMU.Mí-sa PAP 4 Z[I.MEŠ]
    4 LÚ*.ÌR.MEŠ-ni ša 1.KÁ-DINGIR-a+a
    5 tu-piš-ma Mí.Bár-síp.KI-i-tú
    6 TA* IGI 1.KÁ-DINGIR-a+a ina líb-bi 3 MA.NA KÙ.⸢BABBAR⸣
    7 ina 1 MA.NA-e ša LÚ*.DAM.QAR ta-al-qe
    8 kas-pu ga-mur ta-din· UN.MEŠ šu-a-tú
    9 za-ar-pu la-qe-ú tu-a-ru de-e-nu
   10 DUG₄.DUG₄ la-a-šú man-n[u] ša ina ur-kiš
   11 ina ma-te-ma i-GIB-u-ni lu-u 1.KÁ-DINGIR-a+a
   12 lu-u DUMU.MEŠ-šú lu-u DUMU.DUMU.MEŠ-šú lu-u ŠEŠ.MEŠ-šú
   13 lu-u DUMU.ŠEŠ.MEŠ-šú lu-u LÚ.GAR-nu-šú lu-u qur-ub-šú
   14 lu-u mám+ma-nu-šú ša de-ni DUG₄.DUG₄
   15 TA* Mí.Bár-síp.KI-i-tú ù EGIR-šú
   16 ub-ta-'u-u-ni 1 MA.NA SÍG.GÉR-du GU₇
   17 mar DUG.a-ga-nu kur-ru NAG 1 MA-NA ⸢KÙ⸣.BA[BBAR LUḪ-u]
   18 1 MA.NA KÙ.GI sag-ru ina bur-ki d.I[M]
   19 a-šib URU.Ú-rak-ka GAR-[an]
   20 kas-pu a-na 10.MEŠ-te a-na EN.M[EŠ-šú GUR]
   21 ina de-ni-šú DUG .DUG -ma la [i-laq-qe]
rev 22 I[GI 1.x x x x x x x x]
   23 IG]I 1.x x x x x x x x]
   24 IGI [1.x x x x x x x x]
   25 IGI 1.d.⸢x x x⸣-DINGIR ⸢LÚ*⸣.[SAG]
   26 PAP 6 IGI.MEŠ LÚ*.SAG.MEŠ
      1 line left blank
   27 IGI 1.URU.NINA-a+a LÚ*.ḫa-za-nu
   28 IGI 1.ÌR-d.30 ÌR ša LÚ*.SUKKAL
   29 IGI 1.Ḫa-am-bi-i LÚ*.GAL SIMUG KÙ.GI.ME
   30 IGI 1.Rém-a-ni-10 LÚ*.NAGAR
   31 IGI 1.DINGIR-PAP ÌR ša LÚ*.tur-ta-nu
   32 IGI 1.Aš+šur-PAP-AŠ LÚ*.Ì.SUR

```
33    IGI 1.PAP-DU-ka ÌR ša 1.d.30-⌈SU⌉
34    IGI 1.GIN-PAP ÌR ša LÚ*.AGRIG
35    IGI 1.Ḫal-di-KAR-ir LÚ*.UŠ.BAR
36    IGI 1.PA-šal-lim LÚ*.A.BA
37    IGI ⌈1⌉.Sa-gi-bi-i   LÚ*.NI.GAB
38    IGI 1.[D]INGIR-ib-ni [LÚ*].A.B[A] ⌈ṣa-bit⌉ [ṭup-pi]
      1 1/2 lines blank
39    ⌈ITU⌉.SIG₄ [UD x KAM lim-mu]
40    [1].Aš+šur-[EN-PAP LÚ*.GAR.KUR]
41          U[RU.Šá-ḫu-up-pa]
```

Translation

[In place of] his seal he placed his fingernail. [Fing]ernail of Bābilāya,
owner of the people being sold. /4 Fingernail Impressions/ Tarībi- Ištar,
his brother, his wife, and his daughter, a total of 4 per[sons], servants
of Bābilāya——Barsipītu contracted and bought them from Bābilāya for
3 minas of silver according to the (standard) of the merchant. The money
is paid completely. Those people are purchased and acquired. Any
revocation, lawsuit, or litigation is void. Whoever, at any time in the
future, breaches the contract, whether Bābilāya or his sons or his
grandsons or his brothers or his nephews or his superior or a relative of his
or anyone else belonging to him, whoever repeatedly seeks a lawsuit
or litigation against Bārsipitu and her successor shall eat 1 mina of
plucked wool (and) shall drink 1 mina of an _agannu_-vessel of the tanner's
paste. He shall pla[ce] 1 mina of [refined] sil[ver] (and) 1 mina of
pure gold in the lap of A[dad] residing in the city of Urakka. [He shall
return] the money tenfold to its own[er]. He shall contest in his lawsuit
and not [succeed]. 17 witnesses, scribe, date, eponym.

Notes

7: Cf. FNAD §6.2.2.

16: The collation _qer_ for GÉR by Parpola is incorrect; cf. CAD Q 227a.

17: _mar_ for _ammar_ occurs in No. 330:13' (archive: Suḫāya). See K. Deller,
Or 54 (1985) 329 for this clause.

19: On Urakka see UTN 221-226.

25: ⌈x x x⌉ = 𒆠𒄯𒁕.

36-37: These witnesses are atttested in No. 7:19-20 (archive: f.Addātî
- 694 B.C.).

41: See A.R. Millard, AfO 24 (1973) 72.

Rm.190	No.	73		Bēl-dūrī
50 x 34 x 20	ADD	152	C	Loan with pledge
	AR	653	T,TrG	18.VI.658 B.C.
	Aššur	2/5	Coll.	

obv. 1 「32ꜞ ANŠE 5BÁN ŠE.PAD.MEŠ
2 1 GU₄.NÍTA ša GIŠ.ta-lak-te
3 ša DUMU.MAN ša ŠU.2 1.EN-BÀD
4 LÚ*.EN.NAM ša DUMU.MAN
5 ina IGI 1.Nar-gi-i ša URU.TI.LA.MEŠ
6 ku-um ŠE.PAD.MEŠ ku-um GU₄.NÍTA
7 a-na 1.EN-BÀD i-pa-làḫ-šú
be 8 ša-niš ša ŠE.BÁN GU₄.MEŠ
9 ú-še-rab-a-ni
10 LÚ ú-še-ṣa
rev 11 IGI 1.d.PA-MAN-PAP LÚ*.qur<<ša>>-butu
12 URU.Ba-laṭ-a+a
13 IGI 1.Aš+šur-ZU 1.Aš+šur-SIPA-šú-nu
14 URU.Ba-laṭ-a+a IGI 1.ÌR-15
15 IGI 1.EN-AD-PAP IGI 1.Ki-ma-ma
16 ša URU.Na-ṣa-pi-na-a IGI 1.EN-KASKAL-AD-PAP
17 URU.Ba-laṭ-a+a IGI 1.d.PA-rém-a-ni
18 ša NA₄.pu-li-šú ITU.KIN
te 19 UD 18 lim-mu 1.Šá-d.PA-šú-u

Translation

32 homers and 5 sūtus of barley (and) 1 wagon-ox belonging to the crown
prince, under the control of Bēl-dūrī, governor of the crown prince, are
at the disposal of Nargî of Balāṭu. In lieu of the barley (and) in lieu
of the ox, he shall serve Bēl-dūrī. Whenever someone brings the barley
(and) the ox, he shall redeem the man. 8 witnesses, date, eponym.

Notes

2: For GIŠ.tallaktu see TCAE pp.329 and 378; K. Deller - I.L. Finkel,
ZA 74 (1984) 85 n.14.

3: Bēl-dūrī is attested in No. 335:1,6,13 (archive: Šakilya - 651 B.C.)
and Iraq 12 (1950) 188 (ND 206).

5: URU.TI.LA.MEŠ is a logographic play on Balāṭu; cf. NAT 65.
The signs are thus: ; the first vertical excludes reading
TIL.LA.MEŠ.

18: ša NA₄.pu-li-šú is attested in ADD 1076 ii:2. It has been incorrectly
interpreted in CAD B 316b(317a) as "an official concerned with cattle".
This is an official concerned with the pūlu stone (limestone?); see
AHw 864a s.v. pīlu. Note that the tallaktu is used to transport limestones;
cf. AHw 864a.

K.4774	No.	74		Bēl-dūrī
54 x (47) x 19	ADD	485	C	Sale
	AR	177	T,TrG	Assur
	Assur	T200	Coll.	

beginning missing

obv	1'	[x x x x] ⌜x x⌝.MEŠ
	2'	[x x x EN] il-ki-šú
	3'	[ša de-nu DUG₄.D]UG₄ TA* 1.d.EN*-BÀD
	4'	[DUMU.MEŠ-šú DUM]U.DUMU.MEŠ-šú ub-ta-'u-u-ni
	5'	⌜x⌝[x MA.NA KÙ.BABBAR x M]A.NA KÙ.GI a-⌜na⌝
	6'	⌜d.⌝[15 a-ši]-bat URU.4*.íl ⌜GAR-an⌝
	7'	ANŠE.KUR.MEŠ BABBAR.MEŠ ina G[ÌR.2 Aš+šur i-rak-kas]
rev	8'	4 ANŠE.KUR.MEŠ ḫar-bak-kan-ni ina GÌR.2 d.⌜MAŠ.MAŠ⌝
	9'	⌜ú⌝-še-rab kas-pu a-na 10.MEŠ-te
	10'	[a-na EN]-⌜šú⌝ GUR-ṛa ina de-ni-šú
	11'	[DUG₄.DUG₄-m]a la i-laq-qé
	12'	[IGI 1.x x x x]⌜x⌝ LÚ.GAL kal-lapa
	13'	[IGI 1.x x x x]⌜x⌝ LÚ.DIŠ+U KUR
	14'	[IGI 1.x x x x]⌜A⌝ 1.Gi-mil-lu
	15'	[IGI 1.x x x x]⌜x⌝ LÚ.SANGA 2-u
	16'	[IGI 1.x x x x]⌜x⌝ LÚ.qur-butu
	17'	[IGI 1.x x x x]-⌜a⌝ LÚ.[x x x]
	18'	[IGI 1.x x x x x] ⌜LÚ⌝.⌜x x x⌝

remainder missing

Translation

Beginning missing— [x x x x] ⌜x x⌝ [x x x or anyone responsible] for his
ilku-duties, [whoever] repeatedly seeks [a lawsuit or litiga]tion against
Bēl-dūrī [(or) his sons (or)] his [grand]sons shall place x [minas of
silver (and) x mi]nas of gold before [Ištar resid]ing in Arbail. [He
shall tie] white horses at the fe[et of Aššur]. He shall bring 4
harbakkanu horses to the feet of Nergal. He shall return the money
tenfold [to] its [owner. He shall contest] in his lawsuit and not succeed.
7+ witnesses.

Notes

1': ⌜x x⌝ = 𒀀𒀀 ; probably to be read KÙ.BABBAR.

5': ⌜x⌝ = 𒀀.

7': There is no numeral before ANŠE.KUR.MEŠ.

12': ⌜x⌝ = 𒀀.

13': ⌜x⌝ = 𒀀.

15': ⌜x⌝ = 𒀀. See note on LAS II 309:24 p.320 for the šangû šaniu.
The profession is attested only in Aššur.

16': ⌜x⌝ = 𒀀.

K.9740	No.	75		Bēl-dūrī
(66) x (54) x 29	ADD	467	C	Sale:orchard
	AR	383	T,TrG	
	Aššur	2/5	Coll.	

```
                       beginning missing
obs    1'   [x x x x x]-ʳriʳ ʳx x x xʳ[x x x]
       2'   [x x x x]-ʳxʳ-e ina KUR LÚ.NIMG[IR É.GAL]
       3'   ʳSUḪURʳ [GIŠ].KIRI₆ ša 1.Par-ši-[du]
       4'   SUḪUR [GIŠ].KIRI₆ ša 1.Kan-nun-ʳaʳ+[a]
       5'   SUḪUR [GIŠ].KIRI₆ ša 1.d.UTU-PAP-ʳxʳ
       6'   [SUḪUR GIŠ.KI]RI₆ ša 1.Da-ʳnaʳ-'a-[a]
       7'   [x x x ú]-piš-ma 1.EN-BÀD LÚ.GAL ʳÉ.GALʳ
       8'   [ina lib-bi x G]Ú.UN UD.KA.BAR.MEŠ
       9'   [x x x x x].MEŠ i-zi-rip i-se-q[e]
      10'   [kas-pu gam-mur t]a-din GIŠ.KIRI₆ šu-a-t[u₄]
      11'   [za-rip TI tu]-ʳaʳ-ru DUG₄.DUG₄ la-[áš-šú]
      12'   [man-nu šá ina ur-kiš ina] ma-te-[ma]
                       remainder missing
rev   13'   IGI 1.ʳxʳ[x x x x]ʳxʳ[x x x]
      14'   IGI 1.Mu-ʳLALʳ-Aš+ʳšurʳ [x x]ʳx xʳ[x x]
      15'   IGI 1.Še-lu-bu [x x x]ʳx xʳ[x x x]
      16'   ʳIGIʳ 1.ʳMuʳ-ʳLALʳ-Aš+šur [x b]u su [x x x x]
      17'   [IGI1.d.x].GAL-MU-SUM-na [x x x]
      18'   [IGI 1.x x]-ba-ʳaʳ-nu LÚ.ʳxʳ[x x x x]
```

Translation

Beginning missing— [x x x x x]-ri ʳx x x xʳ[x x x x x x x x]-ʳxʳ-e in the land
of the [palace hera]ld adjoining the orchard of Parši[du], adjoining the
orchard of Kannunāya, adjoining the orchard of Šamaš-aḫu-ʳxʳ, [and adjoining the
orchard of Danā', [x x x]——Bēl-dūrī, the rab-ekalli, contracted, has acquired,
and has bought [for x t]alents of bronze [x x x x x. The money is] paid
[completely]. That orchard [is purchased and acquired. Any re]vocation
or litigation is vo[id. Whoever, at any time in] the future, —remainder missing.
6+ witnesses.

Notes

1': The signs in this line look like: .

2': ʳxʳ = . Parpola reads r]e. NIMG[IR= .

4': -nun = .

13': 1.ʳxʳ = ʳxʳ = .

14': ʳx xʳ = .

15': ʳx xʳ = .

18': ʳxʳ = .

Rm.560 + 562	No.	76		Bēl-dūrī
52 x 61 x 30	ADD	495	C	Sale
	AR	417	T,TrG	
	AST	T203	Q	

beginning missing

obv
1' [x x] ⌈ša x x x x x x za⌉-[ar-pu]
2' [la]-qe-ú tu-a-ru de-e-⌈nu⌉
3' ⌈DUG₄⌉.DUG₄ la-áš-šú man-nu ša ina ur-kiš
4' [ina m]a-te-ma i-za-<qu>-pa-an-ni GIL-u-ni
5' [lu]-u 1.Bé-⌈e⌉-si-i lu-u LÚ.GAR-nu-šú
6' [lu]-u LÚ*.E[N.NA]M-su lu-u mám+ma-mu-šú
7' [l]u-u ḫ[a-za-n]u URU-šú TA* 1.EN-BÀD
8' DUM[U.MEŠ-šú DUMU.DUMU.MEŠ]-šú de-e-nu

rev
9' DUG₄.DUG₄ ub-ta-u-ni [1 G]Ú.UN KÙ.BABBAR
10' [LUḪ]-u 1 MA.NA KÙ.GI s[ag]-ru ina bur-ki
11' [ša d.Iš-t]ar a-ši-bat [URU].NINA.KI
12' [GAR-an kas-p]u ⌈a⌉-[na 10.ME]Š-te
13' [a-na EN.MEŠ-šú GUR-ra ina de-ni-šú DU]G₄.⌈DUG₄⌉
remainder missing

Translation

Beginning missing- [x x] ⌈ša x x x x x⌉ are pur[chased and acq]uired. Any revocation, lawsuit, or litigation is void. Whoever, at any time in the future, lodges a complaint or breaches the contract, [wheth]er Besi or his superior [o]r his governor or anyone belonging to him [o]r the m[ayo]r of his city, (whoever) repeatedly seeks against Bēl-dūrī (or) [his sons (or)] his [grandsons a lawsuit or litigation shall place 1 ta]lent of [refi]ned silver (and) 1 talent of pure gold in the lap [of Iš]tar residing in Ninua. [He shall return the mone]y [tenfo]ld [to its owners. He shall con]test [in his lawsuit] -remainder missing.

Notes

1': The signs in this line look thus:

Ki.1904-10-9,163+247	No.	77	Bēl-Ḫarrān-bēlu-uṣur
53 x 91 x (25)	ADD 1181 C = AJSL 42 204		Sale:field

```
obv    1    ku-um NA₄.KIŠIB-šú [ṣu-pur-šú iš-kun]
       2    ṣu-pur 1.10-EN-P[AP]

            2+[x] Fingernail Impressions

       3    É 30 ANŠE [A.ŠÀ x x x]
       4    ša 1.d.I[M-EN-PAP ú-piš-ma]
       5    1.EN-KASK[AL-EN-PAP x x x]
       6    ša [x x x ina ŠÀ x MA.NA KÙ.BABBAR]
       7    ⌜il⌝-[qe] ⌜kas-pu ga⌝-[mur ta-din]
       8    [A].ŠÀ šu-a-tú za-rip la[q-qe]
       9    tu-a-ru de-e-nu DUG₄.D[UG₄]
      10    la-a-šú man-nu šá ina ur-kiš
      11    ina ma-te-ma i-za-qu-pa-ni
      12    lu 1.10-[EN-PAP] lu-u DUMU.MEŠ-šú
      13    lu-u ŠEŠ.[MEŠ]-šú lu mám-ma-nu-šú
      14    lu LÚ*.GAR-šú lu EN il-ki-šú
      15    ša de-e-nu da-ba-bu
      16    TA* 1.EN-KASKA1-EN-PAP [x x x]⌜x⌝
      17    ub-ta-u-[ni x x]
be    18    illegible traces
            reverse obliterated
```

Translation

In place of his seal [he placed his fingernail]. Fingernail of Adad-bēlu-u[ṣur]. /2 + [x] Fingernail Impressions/ An area of 30 homers [of land x x x] belonging to A[dad-bēlu-uṣur——Bēl-Ḫarr[ān-bēlu-uṣur contracted and] bou[ght it for x minas of silver]. The money is [paid] compl[etely]. That field is purchased and acquir[ed]. Any revocation, lawsuit, or litigation is void. Whoever, at any time in the future, lodges a complaint, whether Adad-[bēlu-uṣur] or his sons or his brothe[rs] or anyone belonging to him or his superior or anyone responsible for his ilku-duties, whoever repeatedly se[eks] a lawsuit or litigation against Bēl-Ḫarrān-bēlu-uṣur [(or) his x x]⌜x⌝ -remainder obliterated.

Notes

16: ⌜x⌝ = ⊬⊞ .

K.10745	No.	78		Bēl-īmuranni
(50) x (28) x 27	ADD	407	C	Sale:field
	AR	416	T,TrG	

beginning missing

obv	1'	[ka]s-pu ga-⌈mur⌉ t[a-din]
	2'	[A].ŠÀ šú-a-tú za-rip l[aq-qe]
	3'	[d]e-e-nu DUG₄.DUG₄ la-áš-šu
	4'	[man]-⌈nu⌉ ša ina ur-kiš ina ma-ti-<ma>
be	5'	[lu-u] ⌈LÚ⌉.MEŠ-e an-nu-ti
	6'	[lu-u] ⌈DUMU.MEŠ⌉-šú-<nu> lu-u DUMU.DUMU.MEŠ-⌈šú⌉-<nu>
	7'	[ša de]-⌈e⌉-nu DUG₄.DUG₄
	8'	[TA* 1.E]N-IGI.LAL-a-ni
rev	9'	[u DUMU.M]EŠ-šú u DUMU.DUMU.MEŠ-šú
	10'	[u]b-ta-'u-u-ni
	11'	[x] ⌈MA⌉.NA KÙ.BABBAR ⌈20 MA.NA⌉ KÙ.GI

remainder missing

Translation

Beginning missing- [The mon]ey is pa[id] completely. That field is purchased and ac[quired. Any la]wsuit or litigation is void. [Who]ever, at any time in the future, [whether] these men [or] their sons or their grandsons, [whoever] repeatedly seeks a lawsuit or litigation [against Bē]l-īmuranni [and] his [son]s and his grandsons [shall place x] minas of silver (and) 20 minas of gold -remainder missing.

K.1421	No.	79		Bēl-iqīša
(24) x (23) x 19	ADD	114	C	Loan:mixed
horizontal	AR	326	T,TrG	Scribe:Nabû-šadūni

obv	1	30 GÍN.MEŠ KÙ.BABBA[R x x]
	2	10 ANŠE ŠE.PAD.MEŠ in[a GIŠ.BÁN]
	3	ša 9 1/2 qa [x x]
	4	ša 1.EN-B[A-šá]
	5	ina IGI 1.AŠ-⌈PAP⌉-[x x]
	6	a-na pu-⌈u⌉-[ḫi it-ti-ši]

beginning of reverse missing

rev	7'	⌈ITU⌉.[x UD x KAM]
	8'	lim-mu 1.⌈x⌉[x x x]
	9'	IGI 1.d.ŠÚ-⌈x⌉[x x x]
	10'	IGI 1.d.URAŠ-S[U x x x]
	11'	⌈IGI⌉ 1.15-⌈ia⌉-[x x x]
	12'	⌈IGI⌉ 1.Man-[nu x x x x]
te	13'	IGI 1.PAP-SU IGI ⌈1⌉.[x x x x]
	14'	IGI 1.MAN-IGI.LAL-[a-ni]
le	15'	[IGI 1].d.PA-KUR-u-ni
	16'	A.BA

Translation

30 shekels of sil[ver x x] and 10 homers of barley accord[ing to the sūtu (standard) of 9 1/2 qa [x x] belonging to Bēl-iq[īsa] are at the disposal of Nādin-aḫu-[x x. He took it] as a loa[n]. Beginning of reverse missing. Date, eponym, 6 witnesses, scribe.

Notes

8': ⌜x⌝ = .

9': ⌜x⌝ = .

79-7-8,189		No.	80		Bēl-lāmur
42 x 30 x 19		ADD	9	C	Loan:silver
		AR	249	R,TrG	20.VIII.686 B.C.
		BCAT	1715	C	

obv	1	1 1/2 MA.NA KÙ.BABBAR ina 1 ma-né-e šá MAN
	2	ša 1.EN-la-mur
	3	ina pa-an 1.Suk-ku-a+a
	4	ina ITU.AB KÙ.BABBAR i-dan
	5	šum-ma la i-din a-na 4*-tú-šú
	6	KÙ.BABBAR i-rab-bi
be	7	IGI 1.A-zi-i
	8	IGI 1.EN-KASKAL-BÀD
rev	9	IGI 1.d.U+GUR-DÙ
	10	IGI 1.DI-mu-EN-la-áš-me
	11	IGI 1.d.NUSKU-DINGIR-a+a
	12	IGI 1.d.PA-SU
	13	IGI 1.d.PA-EN-MU.MEŠ LÚ*.NI.GAB
		1 line space
	14	ina ITU.APIN UD 20 KÁM
	15	lim-mu 1.EN-IGI-a-ni

Translation

1 1/2 minas of silver according to the 1 mina (standard) belonging to Bēl-lāmur are at the disposal of Sukkuāya. He shall pay in the month of Ṭebet. If he does not pay, the silver shall increase by a fourth. 7 witnesses, date, eponym.

Notes

10: This witness and Nabû-erība (1.12) are attested as LU*.MU [x x x] and LU*.A.BA respectively in ADD 453 = AR 187:20,24 (686 B.C.).

K.318b		No.	81a		Bēl-lū-balaṭ
53 x 35 x 27		ADD	39	C	Loan:silver
envelope		AR	299	T,TrG	3.II.PC
		3R	49/8	C	
		CIS 2/1	20	C,T,TrL	
		ABC	16	C,T,TrE	
		Op	34	T,TrL/F	
		AST	T189	Q	

obv	1	10 GÍN.MEŠ ⌜KÙ.BABBAR SAG.DU⌝
	2	SAG.MEŠ ša d.15 [ša] ⌜NINA⌝.KI
	3	ša 1.EN-lu-ba-[laṭ]
	4	ina IGI 1.MAN-nu-ki-i-⌜4*⌝-[ìl]
		4 Circular Stamp Seals
	5	a-na pu-u-ḫi it-ti-ši
	6	KÙ.BABBAR a-na 4-ti-šú GAL-bi
be	7	⌜ina UD⌝ 3 KÁM* šá ITU.ZÍZ KÙ.BABBAR SUM-an
	8	I[TU.Z]ÍZ UD 3 KÁM* lim-mu
	9	1.10-rém-a-ni
rev	10	IGI 1.Ḫa-at-pi-mu-nu
	11	IGI 1.Ra-'u-ú
	12	IGI 1.NUMUN-GIN-in
	13	IGI 1.U+GUR-MAN-PAP
	14	IGI 1.⌜ÌR⌝-d.PA LÚ*.še-lap-pa-a+a
	15	IGI 1.Mu-še-zib-Aš+šur ⦂
	16	IGI 1.d.PA-DI-šú-nu ⦂
	17	IGI 1.Ḫa-an-ni-i
	18	IGI 1.EN-KUR-DINGIR
le	19	lmng'rbl
	20	z[y] qdm byt
	21	x[x x x]'

K.318a		No.	81b		Bēl-lū-balaṭ
42 x 26 x 18		ADD	38	C	
inner tablet		AR	300	T,TrG	
		ABC	16	C	
		AST	T189	Q	

obv	1	10 GÍN.MEŠ KÙ.BABBAR
	2	SAG.DU SAG.MEŠ
	3	⌜ša⌝ d.15 šá NINA.KI
	4	ša 1.EN-lu-ba-laṭ
	5	ina IGI 1.Man-u-ki-i-4*-ìl
	6	ina pu-u-ḫi it-ti-ši
be	7	KÙ.BABBAR a-na 4-ti-šú
	8	i-rab-bi
rev	9	ina UD 3 KÁM* šá ITU.ZÍZ
	10	SUM-an ITU-ZÍZ UD 3 KÁM*
	11	lim-mu 1.10-rém-a-ni
	12	IGI 1.Ḫa-at-pi-mu-nu
	13	IGI 1.Ra-'u-u
	14	IGI 1.ÌR-d.PA še-lap-pa-a+a
te	15	IGI 1.Mu-še-zib-Aš+šur ⦂
	16	IGI 1.d.PA-DI-šú-nu [⦂]
le	17	1.NUMUN-GIN
	18	1.U+GUR-MAN-PAP
	19	1.Ḫa-an-ni-i

Translation

envelope:

10 shekels of silver, capital, rešāte of Ištar [of] Ninua, belonging to
Bēl-lū-ba[laṭ] are at the disposal of Mannu-kī-Arba[il]. 4 Circular
Stamp Seals He took it as a loan. The silver shall increase by a fourth.
He shall pay the silver on the third day of the month of Šabaṭu. Date, eponym.
9 witnesses. Caption: Concerning Mannu-kī-Arbail, the household administrator ,
x [x x x]'.

inner-tablet:

10 shekels of silver, capital, rešāte of Ištar [of] Ninua, belonging to Bēl-
lū-balaṭ are at the disposal of Mannu-kī-Arbail. He took it as a loan.
The silver shall increase by a fourth. He shall pay on the third day of the
month of Šabaṭu. Date, eponym. 8 witnesses.

Notes

envelope:

2: J.N. Postgate has proposed reading SAG.MEŠ as rešāte "'(offerings of)
first-fruits' to the temples "; see JSS 28 (1983) 155–159 and TCAE p.281.
SAG.MEŠ is thus translated in CTN III 39:2 as "rešāti-money of DN". See
E. Lipiński, OLA 6 (1979) 572–574 and AST II n.155.

10–11: These witnesses are Egyptian.

16–17: Nabû-šallim-šunu and Ḫannî are attested together in the Kannu'
texts; cf. AR 179–181. Nabû-šallim-šunu is the buyer in AR 505:6.

18: See K. Deller, Or 34 (1965) 264–265.

19–21: The reading of the profession follows DISO 252 e).

Rm.127	No.	82		Bēl-[ ]
(36) x (69) x 24	ADD	586	C	Sale
	AR	566	T,TrG	1.II.661 B.C.

beginning effaced

1+[x] Stamp Seals

obv	1'	[x x x x x]ᴦxᴨ[x x x x]
	2'	[x x x x x]ᴦxᴨ É [x x x x x]
	3'	[ú-piš]-ma 1.EN-[x x x x]
	4'	[ina ŠÀ x] ᴦGÍNᴨ [KÙ.BABBAR TI-qe]
	5'	[T]A* IGI 1.[x x x x x]
	6'	[x]ᴦx xᴨ [x x x x x x]
		remainder missing
rev	7'	[IGI 1. xx]-MAN-PAP
	8'	[IGI 1.x x]-DINGIR-ḫi LÚ*.[x x x x x]
	9'	[IGI 1.A]-ᴦdaᴨ-lal LÚ*.[x x x x]
	10'	[IGI] 1.A-a'-ᴦlaᴨ-[x x x x x]
	11'	[IGI] 1.Man-ᴦnuᴨ-ki-PAP.MEŠ LÚ*.[x x x]
	12'	ᴦIGIᴨ 1.Za-bi-nu
	13'	[IGI] ᴦ1ᴨ.Ki-ma-ma [x x x x x]
	14'	[IGI 1].Ḫa-nu-nu [x x x x x]
	15'	[IGI 1.d].10-EN-PAP [x x x x x]
	16'	[ITU.G]U₄ UD 1 [KÁM]
	17'	[lim-mu 1].URU.4*-ìl-⌊a+a]
be	18'	[IGI 1].EN-KASKAL-[x x x x x]

Translation

Beginning effaced- .... An area of [x x x x x]——Bēl-[x x x x contrac]ted and [bought it for x] shekels [of silver] from [x x x x x].... Remainder of obverse missing. 10+ witnesses, date, eponym.

Notes

2': ᴦxᴨ =

6': ᴦx xᴨ =

81-7-27,68	No.	83		Bēl-[ ]
72 x (59) x 30	ADD	389	C	Exchange of field
	AR	170	T,TrG	Scribe:Dādî
	Aššur	2/5	Coll.	Ḫarrānu
	AST	T208	Q	
	UTN	186	Q	

```
                        beginning missing
obv   1'  [x x x x x x] x an [x x x x]
      2'  [x x x x ina lìb]-bi GIŠ.BÁN ša 「10」 [qa]
      3'  [x x x x A.ŠÀ.G]A a-na ša-pu-s[i]
      4'  [x x x x SUḪUR KASKA]L.2 「ša」 [a-na] URU.ŠE Bir-[x x]
      5'  「DU」-[u-ni x x x] SUḪUR KASKAL.2 LUGAL ṣa 「URU」.[KASKAL]
      6'  ú-[piš-ma 1.EN-x x]「x」 TA* IGI LÚ*.MEŠ-「e」
      7'  šú-a-tú i[1-q]e [ka]s-pu ga-「mur」 [ta-din]
be    8'  「A.ŠÀ」 šu-a-「tú」 za-rip 「la」-qe
      9'  tu-a-ru de-nu DUG₄.DUG₄ 1[a-áš-šú]
     10'  [m]an-「nu」 ša ina ur-kiš ina ma-「te」-[ma]
rev  11'  [lu]-u LÚ.ME[Š-e an]-nu-[te]
     12'  [lu-u] DUMU.ME[Š-šú-nu lu]-u DUMU.DUMU.ME[Š-šú-nu]
     13'  [lu-u].PAP.MEŠ-šú-nu lu-u mám+ma-n[u-šú-nu]
     14'  [ša d]e-nu DUG₄.「DUG₄」 TA* 1.EN-[x x]
     15'  「ù」 UN.MEŠ-šú ub-ta-u-[ni]
     16'  1 MA.NA KÙ.[BABB]AR LUḪ-u 「12」 MA.NA KÙ.「GI」 sa[g-ru]
     17'  [i]-na bur-「ki」 d.[N]IN.GAL [GAR-an]
     18'  「2」 ANŠE.KUR.RA.MEŠ BABBAR.MEŠ ina [GÌR.2 d.30]
     19'  [a]-šib 「URU」.KASKAL 「i」-[rak-kas]
     20'  [kas]-pu a-na 10.MEŠ [a-na EN-šú GUR-ra]
     21'  [in]a de-e-ni-[šú DUG₄.DUG₄-ma la TI]
                 remainder of reverse missing
le   22'  IGI 1.Da-di-i L[Ú.A.BA]
     23'  ṣa-bit ṭup-pi 「ITU」.[x UD x KAM lim-mu 1.x x x]
     24'  LÚ*.GAR.KUR URU.[x x x]
```

Translation

Beginning missing- .... [x x x x according t]o the sūtu (standard) of 10
[qa x x x lan]d in exchange [for x x x x adjoining the ro]ad which le[ads
to the] village of Bir-[x x x x x], adjoining the king's road [of Ḫarrānu——
Bēl-x x] con[tracted and] bought it from those men. [Th]e money is <paid>
completely. That land is purchased and acquired. Any revocation, lawsuit,
or litigation is [void. Wh]oever, at any time in the futu[re, wheth]er [th]ese
me[n or their] son[s or their] grandso[ns or] their brothers or anyone belonging
[to them, whoever] repeatedly seeks a lawsuit or litigation against Bēl-
[x x] and his people [shall place] 1 mina of refined [sil]ver (and) 12
minas of pu[re] gold in the lap of Ningal. [He shall t]ie 2 white horses
to the [feet of Sîn re]siding in Ḫarrānu. [He shall return the mon]ey
tenfold [to its owner. He shall contest i]n his lawsuit [and not succeed].
Remainder of reverse missing. le: scribe.

Notes

1': ẍ ≐ ⫽⫽⫽.

3': See note on No. 45:4'.

6': ⌜x⌝ = ⫽⊢ .

K.1513 + 82-5-22,30 +	No.	84		Bulṭāya
Bu.89-4-26,123	ADD	241	C	Sale:slaves
61 x 109 x 29	AR	73	T,TrG	
	Aššur	2/5	Coll.	

obv 1   [NA₄.KIŠIB 1].I-DINGIR LÚ*.2-⌜ú⌝
     2   [EN UN].MEŠ SUM-ni

Cylinder Seal Impression 1 Stamp Seal re

     3   [1.x x x x]-⌜MAŠ⌝ 2 DUMU.MEŠ-šú DUMU.⌜MÍ⌝-[su]
     4   [PAP 4 1.d].⌜PA⌝-[x x x x 2] DUMU.MEŠ-⌜šú⌝ DUMU.MÍ-<su> 2
                                          GÉME<<MU>>-<šú>
     5   PAP 6 1.GIŠ.MI-E[N-x x] ⌜x x⌝-šú [x x x]
     6   PAP 6 1.Aš+šur-EN-PA[P.MEŠ]-šú PAP [1]
     7   PAP 17 LÚ*.ZI.[M]EŠ ÌR.MEŠ ša 1.[I-DINGIR]
     8   ú-piš-ma 1.⌜Bul⌝-ṭa-ia TA* IGI
     9   1.I-DINGIR ina Š[À] 6 1/2 MA.NA KÙ.BABBAR
   10   ina MA.NA-e š[a MA]N il-qé
   11   kas-pu ga-m[ur ta]-din UN.MEŠ
   12   ⌜UR₅⌝-tú za-a[r-p]u TI-⌜ú⌝
   13   tu-a-ru de-[e-nu] DUG₄.DU[G₄ la-áš-šú]
   14   man-nu ša in[a ur-ki]š ina ma-[te-nma]
   15   i-GIB-⌜ú⌝-ni
   16   kas-[pu a-na 10].⌜MEŠ-te⌝ [a-na EN.MEŠ-šú]
be   17   ⌜GU[R ina de-n]i-šú DU[G₄.DUG₄-ma]
   18   [la] ⌜i⌝-laq-[qé]
rev   19   IGI 1.⌜Ga-x⌝-[x x x]
   20   IGI 1.Ta-⌜x⌝[x x] LÚ*.[x x]
   21   IGI 1.d.P[A]-⌜ka⌝-in-MAN LÚ*.⌜x⌝[x x x]
   22   IGI 1.Hal-⌜x⌝-pa-a ⌜LÚ*⌝. :
   23   IGI 1.⌜Ba-DU₈⌝-DU₈ LÚ*. :
   24   IGI 1.⌜ITU.AB⌝-a+a LÚ*.mu-⌜kil⌝ ap.MEŠ
   25   IGI 1.Hal-[d]i-⌜ŠEŠ⌝-PAP LÚ*.mu-GUR UMUŠ
   27   IGI 1.4*-[il]-⌜a⌝+a LÚ*.GAL NI.GAB.MEŠ
   27   IGI 1.SUHU[Š x x x x] LÚ*.NI.GAB
   28   IGI 1.SU[HUŠ-x x x LÚ*].⌜ha⌝-za-nu š[a] ⌜URU⌝.Qu-da-ru
   29   IGI 1.Da-[x x x LÚ*.x š]a ⌜DUMU⌝.MAN
   30   ⌜IGI 1.d⌝.3[O-TI-s]u-⌜E LÚ*⌝.[A].SIG₅
             7-8 line space
   31   [ITU.x UD] 17 ⌜KÁM⌝
   32   [lim-mu 1.x x x]-EN

Translation

[Seal of] Na'id-ili, the viceroy, [owner of the people] being sold.
/Cylinder Seal Impression 1 Stamp Seal re/ [x x x x]-ašarēd, his 2
sons, and [his] daughter, [a total of 4]; Nabû-[x x x x x] his [2] sons,
<his> daughter, and 2 maids, a total of 6; Ṣilli-B[ēl x x], his ⌜x x⌝,
[and his x x], a total of 6; Aššur-bēlu-uṣur, a total of [1], a total
of 17 persons, servants of [Nai'd-ili]——Bulṭāya contracted and bought them
f[or] 6 1/2 minas of silver according to the mina (standard) o[f the ki]ng.
The money is [pa]id complete[ly]. Those men are pur[chased] and acquired.
Any revocation, law[suit], or litiga[tion is void]. Whoever, at [any ti]me
in the fu[ture], breaches the contract shall ret[urn the] mon[ey ten]fold
[to its owners]. He shall cont[est in] his [lawsuit and not] succeed.
12 witnesses, date, eponym.

Notes

5-6: The signs at the beginning of these lines look like: .

19: ⌜x⌝ = .

20: ⌜x⌝ = .

21: ⌜x⌝ = .

22: ⌜x⌝ = . Parpola collates [d]i.

29: Da is written thus: .

Ki.1904-10-9,179	No.	85a		Buraqâ
47 x 32 x 24	ADD	1187	C	Loan:silver
envelope	= AJSL 42 233-4			20.VII.667 B.C.
Photo:KCAT Suppl. Pl.II [212]				

obv   1   ⌜NA₄⌝.KIŠIB 1.PAP-AD-u LÚ*.qur-bu-te
        2   1 MA.NA 4 1/2 GÍN KÙ.BABBAR SAG.DU
        3   ša 1.Bu-ra-qa-a ina IGI 1.PAP-AD-u

          Cylinder Seal Impression

        4   ⌜UD⌝ 30 KÁM šá ITU.DU₆ KÙ.BABBAR SAG.DU [SUM]
        5   šúm-mu la i-din 4 GÍN KÙ.BABBAR šá I[TU]-⌜šú⌝ GAL-bi
        6   1.d.PA-PAP-AŠ EN ŠU.2 šá KÙ.BABBAR
        7   ITU.DU₆ UD 20 KÁM* lim-me 1.Gab-ba-ri
rev   8   IGI 1.Na-ni-i <IGI> 1.d.PA.BÍL.SAG-⌜x⌝
        9   [I]GI 1.Man-nu-⌜ka-Si-i'⌝ LÚ*.[SIMU]G KÙ.GI
       10   I[GI] ⌜1.Sak⌝-li-i

          Cylinder Seal Impression

Ki.1904-10-9,178   No.   85b   Buraqâ
35 x 24 x 18   ADD   1186   C
inner tablet   = AJSL 42 233-4
Photo:KCAT Suppl. Pl.II [212]

obv   1   1 MA.NA 4 GÍN KÙ.BABBAR SAG.DU
       2   ša 1.Bu-ra-qa-a
       3   ina IGI 1.PAP-AD-u
       4   LÚ*.mu qur-bu-te
       5   UD 30 KÁM ša ITU.DU₆ KÙ.BABBAR SUM
       6   šum-mu la ⌈i-din⌉
       7   ⌈4⌉ GÍN KÙ.BABBAR šá ⌈ITU⌉-šú
be   8   GAL-⌈bi 1.d⌉.PA-PAP-AŠ
       9   EN ŠU.2.MEŠ šá KÙ.BABBAR
rev   10   ITU.DUL UD 20 KAM lim-mu
      11   1.Gab-ba-ri
      12   IGI 1.Na-ni-i
      13   IGI 1.d.PA.BÍL-SAG-⌈x⌉
      14   IGI 1.Man-nu-ka-Si-i'
      15   LÚ*.SIMUG KÙ.GI

Translation

envelope:

Seal of Aḫabū, the qurbūtu. 1 mina and 4 1/2 shekels of silver, capital,

belonging to Buraqâ are at the disposal of Aḫabū. /Cylinder Seal Impression/

He shall pay the silver, capital, on the 30th day of the month of Tašrītu.

If he does not pay, it shall increase 4 shekels of silver per month. Nabû-

aḫu-iddina is the guarantor of the silver. Date, eponym, 4 witnesses. /Cylinder

Seal Impression.

inner-tablet:

1 mina and 4 shekels of silver, capital, belonging to Buraqâ are at the

disposal of Aḫabū, the qurbūtu. He shall pay the silver on the 30th day of

the month of Tašrītu. If he does not pay, it shall increase 4 shekels per

month. Nabû-aḫu-iddina is the guarantor of the silver. Date, eponym. 4

witnesses.

Notes

inner-tablet:

4: CAD Q 327 reads LÚ*.MU qur-bu-te. It is more likely that the

scribe had originally intended to write LÚ*.mu-GUR ṭēme.

K.1397	No.	86		Dannāya
35 x 23 x 15	ADD	11	C	Loan:silver
	AR	256	T,TrG	4.III.676 B.C.

obv	1	[3]8 GÍN KÙ.BABBAR
	2	[ša] 1.Dan-na-a+a
	3	⌜ina IGI⌝ 1.La-qi-pi
	4	ina UD 20 KÁM ša ITU-šu
	5	SUM-an šúm-ma
be	6	la <id>-din a-na 4-tú-šú
	7	GAL-bi
	8	IGI d.UTU IGI U+GUR
rev	9	IGI 1.Man-nu-iq-bi
	10	IGI 1.Mi-i-su
	11	⌜IGI⌝ 1.DUMU-duk
	12	[IGI 1].d.PA-nat-kil LÚ*.qur-bu-<te>
	13	[IGI 1.d].MAŠ-KAR-ir
te	14	[ITU.S]IG₄ UD 4 KÁM
	15	[lim-mu 1].Ban-ba-a

Translation

[3]8 shekels of silver [belonging to] Dannāya are at the disposal of Lā-qīpu.
He shall pay on the 20th day of the month of Du'ūzu. If he does not pay,
it shall increase by a fourth. 6 witnesses, date, eponym.

Notes

6: It is also possible to read la-din.
8: This line was probably written after the tablet was completed.

K.14313(83-1-18)	No.	87a		Dannāya
envelope	ADD	800	C	Loan:animals
	AR	225	Q	Ruṣapa
				14.VII.674 B.C.

obv	1'	[in]a ⌜IGI 1.Ia-ḫu-ṭu⌝
	2'	ina IGI 1.DINGIR-GIN-PAP a x[x x x]
	3'	ina IGI 1.10-A-AŠ LÚ*.3.⌜U₅⌝
	4'	ina UD 1 KAM ša ITU APIN
	5'	[ina] KUR.Ru-ṣa-pa id-du-nu
	6'	[šúm-m]u ⌜la⌝ [id-di-nu]
		remainder missing

K.377	No.	87b		Dannāya
40 x 27 x 17	ADD	117	C	
inner tablet	AR	225	T,TrG	
	FNAD	38	T	

obv	1	2 ANŠE A.A.AB.BA
	2	ša 2-a za-kar-ru-u-ni
	3	ša 1.Dan-na-ia
	4	ina IGI 1.Ia-ḫu-ṭu
	5	ina IGI 1.DINGIR-GIN-[PAP]
be	6	ina IGI 1.10-A-[AŠ]
	7	ina UD 1 KAM š[a ITU.APIN ina]
rev	8	⌜KUR.Ru⌝-⟨ṣa-pa⟩ id-⌜du⌝-[nu]
	9	šúm-mu la id-din-nu ⌜6 MA.NA⌝
	10	KÙ.BABBAR id-du-nu ITU.DUL UD 14 KAM
	11	lim-mu 1.MAN-nu-ri
	12	IGI 1.Si-qi-d.15 IGI 1.DI-MAN
	13	IGI 1.10-KALAG-an
le	14	[šú]m-mu KÙ.BABBAR NU SUM
	15	[x]+2 GÍN a-na 1 MA.NA
	16	i-GAL-bi

Translation

envelope:

Beginning missing- [are at the] disposal of Iaḫuṭu, at the disposal of Ilu-kēnu-uṣur, and at the disposal of Adad-aplu-iddina, the third charioteer. They shall pay on the first day of the month of Araḫsamna [in] Ruṣappa. [I]f [they] do not [pay] -remainder missing.

inner-tablet:

2 camels, which are called double-(humped), belonging to Dannāya, are at the disposal of Iaḫuṭu, at the disposal of Ilu-kēnu-[uṣur], and at the disposal of Adad-aplu-[iddina]. They shall pay on the first of [the month of Araḫsamna in] Ruṣa[ppa]. If they do not pay, they shall pay 6 minas of silver. Date, eponym, 3 witnesses. [I]f they do not pay, it shall increase by [x] + 2 shekels per mina.

Notes

1: The additional A was omitted in FNAD.

3: The DAN sign is clear: ⟨sign⟩.

4-7: The lenders are attested in No. 88:5-7.

8: KUR.Ru-⟨ṣa-pa⟩ has been restored here according to the envelope. It is uncertain. See NAT 296 for Ruṣapu. Note that Iaḫuṭu (1.4) is šaniû of Raṣappa in No. 88:1. The former reading gam-mal is not excluded. Ru = ⟨sign⟩.

11: MAN = ⟨sign⟩.

K.376	No.	88		Dannāya
49 x 28 x 18	ADD	118	C	Loan:animals
	AR	315	T,TrG	Scribe:Aplāya
	KB4	128-9	T,TrG	7.II.673 B.C.
	Assur	2/5	Coll.	

```
obv   1   NA₄.KIŠIB 1.Ia-ḫu-ṭi LÚ.2-u KUR.Ra-ṣ[ap-pa]
      2   2 me UDU.U₈.MEŠ 1 me 50 UDU.ÙZ.MEŠ
      3   2 me 30 DUMU MU.AN.NA PAP 5 me 80<<50>> UDU.[MEŠ]

          Blank Seal Space

      4   ša 1.Dan-na-a LÚ.[x x x]
      5   ina IGI 1.Ia-ḫu-ṭi [LÚ.2-u]
      6   ina IGI 1.d.DINGIR-GIN-P[AP x x x x]
      7   ina IGI [1.10-A-AŠ LÚ.3.U₅]
      8   ina ITU.[x x SUM šúm-ma]
      9   la [SUM x MA.NA KÙ.BABBAR SUM]
be   10   IGI [1.x x x x x x]
rev  11   IGI 1.Ba-ṭu-ṭa LÚ.A.[BA]
     12   IGI 1.10-PAP-ir LÚ.[x x x]
     13   IGI 1.PAP-ZÁLAG IGI 1.DUMU.UŠ-[a]+a
     14                   LÚ.A.BA
          3-4 line space
     15   ITU.GU₄    UD 7 KÁM*
     16   lim-mu 1.A-tar-DINGIR.MEŠ
     17   IGI 1.d.30-SUM-na-PAP.MEŠ
     18   IGI 1.Aš+šur-DINGIR-a+a
```

Translation

Seal of Iaḫuṭu, the viceroy of Raṣ[appa]. 200 ewes, 150 goats, and 230
one-year-olds, a total of 580 <<550>> she[ep] -Blank Seal Space-
belonging to Dannāya, the [x x x], are at the disposal of Iaḫuṭu, [the viceroy],
at the disposal of Ilu-kēnu-u[ṣur, the x x x x], and at the disposal of [Adad-
aplu-iddina, the third charioteer. They shall pay] in the month [of x x.
If they] do not [pay, they shall pay x minas of silver]. 6 witnesses, scribe,
date, eponym.

K.334	No.	89		Dannāya
41 x 67 x 22	ADD	178	C	Sale:male
	AR	486	T,TrG	Scribe:Urad-Ninurta
	3R 49	5	C	5.VI.672 B.C.
	KB4	128-31	T,TrG	
	Op	4	T,TrL/F	

obv	1	NA₄.KIŠIB 1.Ḫa-ta-a+a
	2	EN LÚ SUM-a-ni

Blank Seal Space

	3	1.Lu-PAP.MEŠ ÌR-šú
	4	ú-⌜pis⌝-ma <1>.Dan-na-a+a
	5	TA* IGI 1.Ḫa-ta-a+a
	6	ina ŠÀ 20 GÍN KÙ.BABBAR il-qe
	7	kas-pu ga-mur ta-din
	8	LÚ šu-a-te za-rip laq-qe
	9	tu-a-ru de-e-nu DUG₄.DUG₄ la-áš-šú
	10	⌜man⌝-nu ša i-GIL-u-ni
	11	[x MA.N]A KÙ.[BABBAR x MA.NA KÙ.G]I
rev	12	[SUM ina d]e-n[i-šú DUG₄.DUG₄-ma la i-laq-qe]

	13	IGI 1.d.⌜Šá-maš⌝-[DINGIR]-⌜a+a⌝
	14	⌜IGI⌝ 1.Ḫi-ma-ri-i
	15	IGI 1.Za-ab-da-a LÚ*.mu-kil PA.MEŠ šá MAN
	16	IGI 1.Ḫa-ra-U.U
	17	IGI 1.Man-nu-<ki>-PAP.MEŠ
	18	LÚ*.ša ḫu-ṭa-ri
	19	IGI 1.ÌR-d.MAŠ LÚ*.NAGAR
	20	ITU.KIN UD 5 KAM
	21	lim-me 1.d.PA-EN-PAP<<AŠ>>
	22	IGI 1.ÌR-d.MAŠ LÚ*.A.BA

Translation

Seal of Ḫataya, owner of the man being sold. /Blank Seal Space/ Lū-aḫḫē,
his servant——Dannāya contracted and bought him from Ḫataya for 20 shekels
of silver. The money is paid completely. That man is purchased and acquired.
Any revocation, lawsuit, or litigation is void. Whoever breaches the contract
[shall pay x min]as of sil[ver (and) x minas of go]ld. [He shall contest
in his l]awsu[it and not succeed]. 6 witnesses, scribe, date, eponym.

K.349	No.	90		Dannāya
54 x 96 x 28	ADD	64	C	Pledge
	AR	152	T,TrG	Raṣappa
	Aššur	2/5	Coll.	4.XII.672 B.C.

obv   1   [NA₄.KIŠIB 1.x]-ˈx-DÙG.GAˈ LÚ*.2-ˈiˈ

        3 Stamp Seals

     2   [š]a URU.Ra-ṣa-pa
     3   [EN] UN.MEŠ A.ŠÀ.GA ta-ˈdaˈ-an
     4   ˈÉˈ 2 me A.ŠÀ.GA
     5   ˈURUˈ.Qu-ba-ˈa-teˈ
     6   [SUḪ]UR URU.Be-ra-ḫa-ia-te
     7   [S]UḪUR URU.É-d.Ra-man-nu
     8   SUḪUR URU.É-LÚ*.šá UGU-ḫi URU
     9   ˈSUḪURˈ URU.BÀD-d.Na-na-a
    10   1.DÙG.GA-ri-gi-ma-tú-d.IM
    11   MÍ-šú 2 MÍ.TUR.MEŠ-šú
    12   1.d.PA-MAN-DINGIR.MEŠ MÍ-šú
    13   2 GU₄.NÍTA 10 ANŠE ŠE.NUMUN.MEŠ a-ar-šú
be 14   ina ku-ˈmuˈ 15 MA.NA ˈKÙ.BABBARˈ
    15   ina 1 MA.[NA KÙ.BABBAR] ˈša URUˈ.Gar-ga-[miš]
rev 16   ina IGI 1.KALAG-an-na-a-iá
    17   a-na si-par-ti
    18   ša-ki-an man-nu
    19   š[a GU₄ ŠE.NUMUN.ME]Š ú-še-ra-ba-'a-ni
    20   [UN.MEŠ A.Š]À.GA
    21   ˈú-šeˈ-ṣa
    22   [IG]I 1.d.PA-še-zib
    23   [IG]I 1.Da-ru-ra-a
    24   [IG]I 1.Ḫa-ra-MAN
    25   [IG]I 1.Man-nu-ki-PAP.MEŠ
    26   IGI 1.Ḫa-ba-a-se-te-ˈmaˈ
    27   ˈIGIˈ 1.Za-ib-da-a-ni
    28   ITU.ŠE UD 4 KÁM
    29   lim-ˈmeˈ 1.d.PA-UMUN-PAP
    30   ki-ṣir 1.d.Aš+šur-PAP.MEŠ-AŠ
te 31   [MAN] ˈKURˈ.Aš+šur

Translation

[Seal of x]-ˈx-ṭābˈ, the viceroy -3 Stamp Seals- of Raṣappa, [owner]
of the people and land being sold. An area of 200 (homers) of land
<in the> city of Qubbāte, [adjoin]ing the city of Beraḫayate, [ad]joining
the city of Bīt-Ramannu, adjoining the city of Bīt-ša-muḫḫi-āli, and adjoining
the city of Dūr-Nanâ; Ṭāb-rigimātu-Adad, his wife, and his 2 girls; Nabû-
šarru-ilāni, his wife, and 2 oxen; 10 homers of sown seed in lieu
of 15 minas of silver according to the 1 mi[na (standard)] of Garga[miš],
at the disposal of Dannāya (and) placed as a pledge. Whoeve[r] shall
bring [the oxen (and) the see]d, he redeems the [people (and) the lan]d.
6 witnesses, date, eponym.

Notes

1: ⌜x⌝ =〰⧘ . We would expect the name Ia-ḫu-ṭi since he is attested
in this archive as šaniu of Raṣappa; cf. No. 88:1 and 90:1-2. The text
has a number of erasures and perhaps the name is written incorrectly.
However, it is possible that this is another šaniu.

5: Qubbāte = Qumbāte; see note on Appendix I:5. ⌜a-te⌝ is written over an erasure.

7: There is an erasure at the end of the line.

16: iá = 〰 . Parpola reads -a-a .

19: ʾa is certain.

26: ⌜ma⌝ has been erased.

29: Parpola has collated lim 0!. -⌜me⌝ is on the tablet.

30: MEŠ has been omitted by Parpola.

81-2-4,158	No.	91		Dannāya
42 x (61) x 20	ADD	251	C	Sale:male
	AR	490	T,TrG	

beginning missing

Seal Space ⌜ [   ]

obv   1'   1.Ak-ba-ru š[u x x x x]
          2'   1.Man-nu-ki-i-PAP.MEŠ [ÌR-šú]
          3'   ša 1.d.PA-PAP-[AŠ]
          4'   ú-piš-ma 1.Dan-⌜na⌝-[a]
          5'   ina ŠÀ 1/2 MA.NA KÙ.BABBAR i[l-qe]
          6'   kas-pu gam-mur ta-din [LÚ šu-a-tú]
          7'   za-rip laq-qe tú-a-⌜ru de⌝-[e-nu]
          8'   DUG₄.DUG₄ la-áš-šú man-nu ša ina ⌜ur-kiš⌝
          9'   ina ma-te-ma i-zaq-qup-an-⌜ni⌝
        10'   lu-u 1.⌜d.PA-PAP-AŠ⌝ lu-u ⌜DUMU⌝.MEŠ-šú
        11'   lu-u DU[MU.DUMU.MEŠ-šú T]A* 1.Dan-na-a
        12'   u DU[MU.MEŠ-šú de-e-nu ⌜DUG₄.DUG₄⌝
        13'   u[b-ta-ʾu-u]-ni
        14'   [kas-pu a-na 10.MEŠ-te a-na E]N.MEŠ-šú
        15'   [GUR ina de-ni-šú DUG₄.DUG₄-ma la i-laq-q]e
               remainder missing

rev   16'   ⌜IGI 1.PAP⌝-i-qa-m[u LÚ].⌜DAM.QAR⌝
        17'   ki-ṣir MAN
        18'   IGI 1.PAP-ia-qar ⌜LÚ.[x x]
        19'   IGI 1.Ṣal-m[u x x x]⌜x⌝
        20'   IGI 1.d.P[A-x x x LÚ.A.B]A
               remainder missing

Translation

Beginning missing- Seal Space/ Akbaru [x x x x x]. Mannu-kī-aḫḫē, [the servant] of Nabû-aḫu-[iddina]——Dannā[ya] acquired and bo[ught] him for 1/2 mina of silver. The money is paid completely. [That man] is purchased and acquired. Whoever, at any time in the future, lodges a complaint, whether Nabû-aḫu-iddina or his sons or [his] gran[dsons, (whoever)] repea[tedly seeks agai]nst Dannāya and (against) [his] so[ns a lawsuit] or litigation [shall return the money tenfold to] its [own]ers. He shall litigate in his lawsuit and not suce]ed. 4+ witnesses.

Notes

1': The restoration of this line should indicate that Akbaru is related to Mannu-kī-aḫḫē. One suggestion is to read D[UMU] although the trace shows a sign that looks like the beginning of šu.
2': Mannu-kī-aḫḫē is possibly the same person as in Nos. 89:17 (LÚ*.ša ḫu-ta-ri) and 90:25.
19': ⌜x⌝ =⫫ .

K.442	No.	92		Dayyān-Kurbail
50 x (75) x 29	ADD	386	C	Sale:Inheritance
	AR	171	T,TrG	
	Aššur	2/5	Coll.	
	AST	T202	Q	
	TCAE	64	Q	

beginning missing

[   ]_____

obv	1'	[É x x ANŠE A.ŠÀ.G]A ina GIŠ.BÁN ša 10 [qa]
	2'	[x x x x] ⌈ŠÀ⌉ IGI.2.MEŠ ad-ru
	3'	[x x A.ŠÀ.G]A ša URU.⌈Ur⌉-zu-na-pi
	4'	[x x A.ŠÀ.G]A ša 1.PAP-lim-me
	5'	[x x A.ŠÀ].GA ša 1.Lu-DI-me
	6'	[x x x x Š]À IGI.2.MEŠ pu-ṣe-e É ⌈ši-qi⌉
	7'	[ú-pi]š-ma 1.DI.KU₅-Kur-ba-il
	8'	[ina lìb]-bi 30 GÍN.MEŠ ša 1 MA.NA 1/2 KÙ.BABBAR
	9'	il-qe kas-pu ga-mur ta-din-ni
	10'	A.ŠÀ.GA za-ri-bi la-a-qe
	11'	tu-a-ru de-e-nu DUG₄.DUG₄
	12'	la-a-šu man-nu ⟨ša⟩ ina ur-kiš ina ma-a-[t]e-⟨ma⟩
	13'	lu-u 1.A-bi-ti-i lu-u ⌈DUMU⌉.MEŠ-šú
	14'	lu-u PAP.MEŠ-šú lu-u DU[MU.PAP].MEŠ-⌈šú⌉
	15'	ša de-e-nu DUG₄.DUG₄
	16'	TA 1.DI.KU₅-Kur-ba-il
	17'	ub-ta-ú-ni ma-a A.ŠA.G[A]
	18'	ša AD-ni šu⟨⟨na⟩⟩-u
rev	19'	1 MA.⌈NA⌉ KÙ.BABBAR 1 MA.NA [KÙ.GI]
	20'	[x x x x]⌈x⌉ a bi ad na [x x]
	21'	2 ANŠE KUR.RA BABBAR.MEŠ ina GÌR.2 Aš+šur
	22'	i-ra-ka-sa
	23'	kas-pu a-na 10.MEŠ-a-te a-na EN-šú [GUR]
	24'	ina de-ni-šú i-da-⌈bu⌉-bu la-a-qe

	25'	IGI 1.Ab-di-U.U LÚ*.GAL sa-kul-la-a-te
	26'	IGI 1.d.PA-MAN-PAP LÚ*.SAG
	27'	⌈IGI⌉ 1.Ga-la-gu-su SIPA
	28'	[IGI 1.Ḫ]al-la-[b]a-a ⌈x x⌉
	29'	[IGI 1].⌈d⌉.PA-⌈rém⌉-a-ni :
	30'	[IGI 1.K]u-ma-a+a LÚ*.SAG
	31'	[IGI 1.d.P]A-kil-la-a-ni :
	32'	[IGI 1.x x]⌈x⌉-I
	33'	[IGI 1.x x x]-a+a
	34'	[x x x x x] ⌈x x⌉
	35'	[x x x x x x]⌈x⌉
le	36'	man-nu ša UGU il-ki ⌈i⌉-[ ]
	37'	kas-pu a-na 10.MEŠ-a-[te SUM]

Translation

Beginning missing— / [An area of x homers of lan]d according to the
sūtu (standard) of 10 [qa adjoining x x x] with springs, and a threshing
floor, [adjoining the lan]d of the city of Urzunapi, [adjoining the lan]d
of Aḫu-limme, [adjoining the la]nd of Lū-šulme, [adjoining a x x x w]ith
springs, a building plot, and an irrigated area——Dayyān-Kurbail [con]tracted
and bought it [fo]r 30 shekels according to the 1 mina (standard which is)
1/2 (mina) of silver. The money is paid completely. That land is purchased
and acquired. Any revocation, lawsuit, or litigation is void. Whoever, at
any time in the future, whether Abiti or his sons or his brothers or
his nep[hews], whoever repeatedly seeks a lawsuit or litigation against
Dayyān-Kurbail and says, "This is the land of our father" [shall pay] 1
mina of silver (and) 1 mina of [gold x x x x]ᴿxᴸ a bi ad na [x x]. He shall
tie two white horses to the feet of Aššur. [He shall return] the money
tenfold to its owner. He shall contest in his lawsuit and not succeed.
9+ witnesses. le: Whoever [contests] about the ilku-duties [shall pay]
the money tenfold.

Notes

6': IGI.2.MEŠ is certainly a mistake for KI.MEŠ. This is possibly
due to 1.2.

7': Dayyān-Kurbail is the seller of a house in Ninua (see the following
text). He is also attested as LÚ.kal-la-pu in the witness list of
Ili-nāṣir; cf. No. 111:27-28.

8': The writing of the price is unusual.

17'-18': This clause is attested in Aššur: a)]ma-a É AD-ni šú-tú
VAT 9842:r.3; b) ᴿma-aᴸ A.ŠÀ ša É AD-ni šu-u VAT 9763:21 (courtesy K. Deller).

20': See AST T202:180-186.

24': la-a-qe is a mistake for lā ilaqqe.

27': See M. Fales, ACF 13/3 181 5.

28': ᴿx xᴸ– these signs are illegible.

30': This witness is a neighbor of Dayyān-Kurbail; cf. No. 93:8.

32': ᴿxᴸ = 𝍸.

34': ᴿxᴸ = 𝍺.

35': ᴿxᴸ = 𝍸.

36'-37': Postgate restores i[?-da-bu-bu (?)] at the end of 1.36'; cf.
TCAE 64 1.7. Another restoration possibility is ᴿiᴸ-[šá-kan] or
ᴿiᴸ-[GAR]. In 1.37' an alternative reading is 10.MEŠ-a-[te GUR].

K.405	No.	93		Dilī[1-x x x]
46 x (76) x 25	ADD	335	C	Sale:house
	AR	337	T,TrG	Ninua
	3R 46	10	C	22.V.687 B.C.
	CIS II	16	C,T,TrL	
	ABC	1	C,T,TrE	
	Op	178	T,TrL/F	
	KB4	118-9	T,TrG	
	Aššur	2/5	Coll.	

obv	1	[NA₄.KIŠIB 1.DI.KU₅-Kur-ba-ìl]
	2	⌜EN É SUM⌝-ni

1 Circular Stamp Seal

	3	3 É ⌜ŠU.2.MEŠ TÙR⌝
	4	1 GIŠ.IG ina lìb-bi
	5	ina URU.NINA.KI
	6	GAB.DI 1.Na-ḫa-ra-ú
	7	GAB.DI 1.d.PA-u-a
be	8	GAB.DI 1.Ku-ma-a+a
	9	ú-piš-ma 1.Di-li[1-d.x x]
rev	10	TA* IGI 1.DI.KU₅-Kur-ba-⌜ìl⌝
	11	ina ŠÀ 30 ⌜GÍN⌝.MEŠ KÙ.BABBAR
	12	il-qe kas-pu gam-mur
	13	ta-SUM-ni É su-a-te
	14	⌜za⌝-ar-pi la-qe
	15	tú-a-ru ⌜de-e⌝-[nu]
	16	DUG₄.DUG₄ la-⌜áš⌝-[šú]
	17	man-nu šá i-GIL-u-ni
	18	10 MA.NA KÙ.BABBAR i-⌜dan⌝

	19	IGI 1.ÌR-⌜d⌝.[x x]-tin-ni
	20	[IG]I 1.DÙG-[IM-x x x x]
		remainder missing
le	21	IGI 1.Lu-šá-kin IGI 1.d.UTU-⌜x⌝[x x]
	22	IGI 1.d.PA-PAP-AŠ ⌜IGI⌝ 1.[B]E-ma-DINGIR.MEŠ ITU.N[E]
	23	UD 22 lim-mu 1.d.30-PAP.MEŠ-SU LU[GAL KUR.Aš+šur.KI]
re	24	dyn krb⌜'⌝[l]

Translation

[Seal of Dayyān-Kurbail], owner of the house being sold. /1 Circular Stamp
Seal/ 3 (building) wings, a courtyard, and an inner-door in the city of Ninua
adjoining (the land of) Naḫarau, adjoining (the land of) Nabû'a, and adjoining
(the land of) Kumaya——Dilī[1-DN] contracted and bought it from Dayyān-Kurbail
for 30 shekels of silver. The money is paid completely. That house is purchased
and acquired. Any revocation, lawsu[it], or litigation is voi[d]. Whoever
breaches the contract shall pay 10 minas of silver. 6+ witnesses, date, eponym.
Caption: Dayyān-Kurba⌜'i⌝[l].

Notes

1: See note on No. 92:7'.

6: The name is attested in No. 235:15 (archive: Rēmanni-Adad - 671 B.C.).

8: See No. 92:30'.

9: The buyer's name is possibly to be restored to Dilīl-Ištar, who is the scribe of No. 111 (archive: Ili-nāṣir - 680 B.C.).

21: ⌜x⌝ = .

Bu.91-5-9,4	No.	94		Dummuqâ
49 x 29 x 18	ADD	17	C	Loan:silver
horizontal	AR	246	T,TrG	25.XII.688 B.C.

obv	1	5 MA.NA 1/2 MA.NA KÙ.BABBAR šá 1.Du-mu-qa-a
	2	ina IGI 1.Ba-la-su LÚ.qe-e-pi
	3	ina IGI 1.Ṣi-la-a ina IGI 1.AD.GI-⌜DINGIR⌝
	4	ina IGI 1.d.PA-še-zib ina IGI 1.Ud-di-DINGIR
	5	ina IGI 1.Ia-a-ke-e ina ITU.A[PIN i]d-du-nu
	6	šum-ma la id-din-u-ni 1 M[A.N]A 5 GÍN.MEŠ
	7	ša ITU-šu i-ra-ab-bi
	8	IGI 1.Bar-ruq-qu
	9	IGI 1.PAP-SI.⌜SÁ⌝
rev	10	IGI 1.DI-mu-LUGAL
	11	IGI 1.Ad-di-id-ri
	12	IGI 1.Man-nu-ki-i-4*-ìl.KI
	13	ITU.ŠE 25 KÁM* lim-mu 1.SUM-na-⌜PAP⌝.MEŠ

Translation

5 minas and 1/2 mina of silver belonging to Dummuqâ are at the disposal of Balassu, the qēpu-official, at the disposal of Ṣillâ, at the disposal of Mālik-ili, at the disposal of Nabû-šēzib, at the disposal of Uddi-ili, and at the disposal of Iākê. They shall pay in the month of Araḫ[samna]. If they do not pay, it shall increase 1 m[ina] 5 shekels per month. 5 witnesses, date, eponym.

Notes

2: For the qēpu see TCAE p. 194-195 and CAD Q 268.

K.3789b	No.	95a		Ēdu-šallim
48 x 37 x 27	ADD	74	C	Debt-note
envelope	AR	138	T,TrG	Kār-Apladad
	Op	154-155	T,TrL/F	16.II.680 B.C.
	Aššur	2/5	Coll.	
	Or	45/56	Q	

obv 1 ⌜5⌝ ANŠE A.ŠÀ ⟨ša⟩ 1.E-du-šal-lim
2 [ina UR]U.⌜Kar⌝-A.10 1.Mu-še-zib
3 [1 1/2] ⌜MA.NA⌝ KÙ.BABBAR a-na 1.E-⌜du-šal⌝-lim

Cylinder Seal Impression

4 ⌜i⌝-ti-din 5/6 MA.NA ša A.ŠÀ 1.Mu-še-zib
5 TA* 1.E-du-šal-lim kal-e
be 6 ina UD-me ša 1 1/2 MA.NA KÙ.BABBAR
7 1.E-du-šal-lim a-na 1.Mu-še-zib
rev 8 SUM-nu-u-ni A.ŠÀ-šú u-še-ṣa
9 IGI 1.Il-tap-pa IGI 1.d.PA-SIG-DINGIR.MEŠ
10 IGI 1.A-bi-da-nu IGI 1.EN-APIN-eš
11 IGI 1.UTU-tak-lak
12 IGI 1.NUMUN-15 IGI 1.Kù-baba-APIN-eš
13 IGI 1.Lu-u-ba-laṭ IGI 1.La-tú-TÈŠ-ni-DINGIR
14 ITU.GU₄ UD 16 KÁM*
te 15 lim-mu 1.Da-na-a-nu
16 ša KUR.Man-ṣu-a-te
le 17 EGIR da-r[a]-ri
18 U[D x x x x x]
19 a [x x x x x]

K.3789a	No.	95b		Ēdu-šallim
40 x 27 x 18	ADD	73	C	
inner tablet	AR	137	T,TrG	
	Aššur	2/5	Coll.	

obv 1 5 ANŠE A.ŠÀ ša 1.E-du-š[al-lim]
2 ina URU.KAR-A.10
3 1.Mu-še-zi-bu 1 1/2 ⟨MA⟩.NA KÙ.BABBAR
4 a-na 1.E-du-šal-lim i-ti-din
5 5/6 MA.NA ša A.ŠÀ 1.Mu-še-zib
6 i-se-sú e-kal
be 7 ina UD-me ša KÙ.BABBAR SUM-u-[ni]
rev 8 A.ŠÀ-šú u-še-ṣa
9 IGI 1.d.PA-SIG₅-DINGIR.MEŠ
10 IGI 1.Il-tap-pa
11 IGI 1.A-bi-da-a-nu
12 IGI 1.EN-[API]N-eš
13 IGI 1.Lu-u-ba-laṭ IGI 1.La-tú-⌜ba⌝-⟨ša-ni-DINGIR⟩
te 14 IGI 1.Kù-baba-[API]N-eš
15 IGI 1.NUMUN-[d].15
le 16 ša EGIR ⟨da-ra-ri⟩
17 ⌜ITU⌝.⟨GU₄⟩ UD 16⟨⟨6⟩⟩ KAM

Translation

envelope:

5 homers of land <belonging> to Ēdu-šallim [in the ci]ty of Kār-Apladad.
Mušēzib(u) has paid [1 1/2] minas of silver to Ēdu-šallim. Cylinder Seal Impression
Mušēzib(u) shall have the usufruct of 5/6 minas (worth of the produce) of
the land with Ēdu-šallim. On the day that Edu-šallim pays 1 1/2 minas of
silver to Mušēzib(u), he shall redeem his land. 9 witnesses, date, eponym.
After the remission of debts (is placed, he shall see his silver?).

inner-tablet:

5 homers of land belonging to Ēdu-š[allim] in the city of Kār-Apladad.
Mušēzibu has paid 1 1/2 [mi]nas of silver to Ēdu-šallim. Mušēzib(u) shall have
the usufruct of 5/6 minas (worth of the produce) of the land with him.
On the day that [he] pays the silver, he shall redeem his land. 8 witnesses.
After (the remission of debts is placed, he shall see his silver?).

Notes

3: 1 1/2 is written so: 〈〉 .
6: Note that on the envelope (1.5) the signs e and kal are transposed.
17: The line is squeezed in. The restoration of lines 18-19
on the envelope is difficult. A suggestion is to restore: U[D.MEŠ GE₆.MEŠ /
A.[MEŠ ut-ru-te NAG].

K.363b	No.	96a		Ēdu-šallim
(7) x 30 x 17	ADD	104	C	Loan:silver
envelope (fragment)	AR	241	Q	23.VII.669 B.C.

obv	1'	10 [GÍN KÙ.BABBAR SAG.DU]
	2'	⌈ša⌉ [1.AŠ-šal-lim ina IGI 1.SU-d.IM]
		Cylinder Seal Impression
	3'	š[a URU.Su-pu-re-e-de-te]
		bottom edge and reverse missing
te	4'	IG[I 1.x x x x x x]
	5'	IG[I 1.x x x x x x]
le	6'	[IT]U.DU₆ UD 23 K[ÁM]
	7'	[li]m-mu 1.d.UTU-KUR-a+a-bi
	8'	[IG]I 1.d.AMAR.UTU-AD-PAP

K.363a	No.	96b		Ēdu-šallim
41 x 25 x 18	ADD	103	C	
inner tablet	AR	241	T,TrG	
	KB4	132-3	T,TrG	
	Aššur	2/5	Coll.	

obv	1	10 GÍN KÙ.BABBAR SAG.DU
	2	[š]a 1.AŠ-⌈šal⌉-lim
	3	⌈ina⌉ IGI 1.SU-d.IM
	4	ša URU.⌈Su⌉-pu-re-e-de-te
	5	[M]Í.NIN-[s]u-nu M[Í.(x)]-su
be	6	ina ITU.SIG₄ [KÙ.BABBAR] ⌈i-dan⌉
	7	[šú]m-mu MÍ.x[x]x-su
rev	8	la i-di-na
	9	KÙ.BABBAR a-na 1/2 GÍN-šú
	10	ú-ra-ba i-dan-an
	11	[šú]m-mu i-ti-din
	12	[x x] ⌈x x⌉-bu-ma ⌈x x⌉
te	13	I[TU.DU₆ UD] 23 KÁM
	14	[lim-mu] 1.d.UTU-KUR-a+a-bi
	15	IGI 1.Man-nu-ki-ŠÀ.⌈ÚR⌉
le	16	[ ]⌈x⌉-nu

Translation

envelope:

10 [shekels of silver, capital], belonging [to Ēdu-šallim are at the disposal
of Erība-Adad] –Cylinder Seal Impression– o[f the city of Supur-ēdete].
Bottom edge and reverse missing– 3+ witnesses, date, eponym.

inner-tablet:

10 shekels of silver, capital, [be]loning to Ēdu-šallim are at the disposal of
Erība-Adad of the city of Supur-ēdete. Aḫāt-[x]x-nu, his [daughter?], shall
pay the [silver] in the month of Simanu. [I]f his [daughter?] does not
pay, the silver shall increase (until) 1/2 shekel (and) he shall pay it.
If he pays it, [x x] ⌈x x⌉-bu-ma ⌈x x⌉. Date, eponym, 1+ witnesses.

Notes

2: Ēdu-šallim is attested outside of this archive in the following texts:
Nos. 164a:12 and 164b:13 (archive: Mannu-kī-Ninua – 683 B.C.); Nos. 101a:1,3
and 101b:2 (archive: Gabbu-qātē-ili – 663 B.C.). It is probable that this
text was written in Kār-Apladad; cf. E. Lipiński, Or 45 (1976) 56.
4: The place name is only attested here.
5: MÍ.(x)]-su: Parpola reads MÍ.[TUR]-su. There is not enough space on the
tablet for the restoration of the sign TUR. If the reading were correct, the

suffix should be -šu for expected ṣeḫertušu / ṣaḫartušu. For the same reason, the reading GÉ[ME]-su is excluded.

7: Although the traces would suggest reading MÍ.T[U]R-su, this is doubtful for the reasons given in n.5. K. Deller suggests reading MÍ.⟨KAL⟩.T[U]R-su for batussu.

12: We expect the redemption clause in this line. ⌜x x⌝ = [cuneiform signs]. The two last signs look like: [cuneiform signs]. Possibly to be read ⌜ú-še⌝-⟨ṣa⟩.

15: ÚR = [cuneiform sign] . Note that in ADD the sign is copied UR, which shows that Johns did not copy the signs from the tablet. The sign is probably a scribal error for URU.

16: ⌜x⌝ = [cuneiform sign].

K.977		No.	97		Erība-Adad
40 x 28 x 22		ADD	42	C	Loan:silver
		AR	296	T,TrG	[ ].670 B.C.
		KB4	130-1	T,TrG	
		AST	T185	Q	

te	1	1/2 MA.NA KÙ.BABBAR SAG.DU ⟨SAG.MEŠ⟩
	2	ša d.15 ša URU.4*-ìl
obv	3	ša 1.SU-d.IM
	4	ina I[GI 1.Man-nu]-⌜ki-d.IM⌝
	5	a-na 4-[ut-ti-šú i-ra]b-bi
	6	ITU.[x UD x] KÁM
	7	lim-[mu 1.DI-m]u-EN-la-áš-me
be	8	IGI 1.TE-a+a
	9	IGI 1.ÌR-d.15
rev	10	IGI 1.Ta--qi-su
	11	IGI 1.A-ka-lu
	12	IGI 1.U+GUR-DÙ
	13	IGI 1.Aš+šur-DI-a-mur
	14	IGI 1.d.PA-kib-si-⟨PAP⟩

Translation

1/2 mina of silver, capital, ⟨rešate⟩ belonging to Ištar of Arbail, belonging to Erība-Adad are at the di[sposal of Mannu]-kī-Adad. [It shall inc]rease by a fourth. Date, eponym, 7 witnesses.

Notes

4: The restoration of the name is uncertain. ADD has added
an additional line which is not on the tablet.

8-9: These witnesses are possibly attested in No. 1:32,37 (archive:
Abdūnu - PC).

11: lu = 𒌷𒌷. AR reads for this sign -ku-a with the comment "a wie
Zahlzeiten (printing mistake for Zahlzeichen) 2 geschrieben ; oder lies
lu statt ku-a?".

13: DI for dēnu is attested in the Middle-Assyrian name GÍD-DI-DINGIR/
Arik-dēn-ili. However, it is possible that the scribe omitted a sign
and we should emend the name to Aš+šur-de-<ni>-a-mur; cf. CAD A II 285b.

83-1-18,398		No.	98		Erība-ili
(24) x 45 x (13)		ADD	314	C	Sale:child
		AR	42	T,TrG	

obv	1	[NA₄].KIŠIB 1.GIŠ.MI-Aš+šur
	2	[EN] DUMU SUM-ni
		Blank Seal Space
	3	[1.d.U]+GUR-PAP-PAP DUMU-šú
	4	[x r]u-ṭu ú-piš-ma 1.SU-DINGIR
	5	[T]A* IGI 1.GIŠ.MI-Aš+šur
	6	[ina Š]À 16 GÍN.MEŠ KÙ.BABBAR
	7	[il]-qe kas-pu gam-mur
	8	[t]a-din LÚ šú-a-tú
	9	[za-rip] laq-qé
	10	[tu-a-ru d]e-e-nu DUG₄.DUG₄
rev	11	[la-áš-šú man-nu] šá GIB-u-ni
	12	[x MA.NA KÙ.BAB]BAR SUM-an
	13	[IGI 1.x x x x]-⌜PAP⌝.MEŠ
	14	[IGI 1.x x (x) n]i-di-di
	15	[IGI 1.x x x x]⌜x⌝-u
	16	[IGI 1.x x x x]⌜x⌝
	17	[IGI 1.x x x x]⌜x⌝
	18	[IGI 1.x x x x]⌜x⌝
	19	[IGI 1.x x x x i]š
	20	[IGI 1.x x x x]⌜x⌝
	21	[x x x x x x x x]
		1 line space
	22	[x x x x x xM]AN-PAP
	23	[x x x x x x x KA]M-eš
be	24	[IGI 1.x x x] ⌜LÚ⌝.A.BA

Translation

[Se]al of Şilli-Aššur, [owner] of the son being sold. /Blank Seal Space/
[Ne]rgal-aḫu-uṣur, his son [<height>: x half]-cubits——Erība-ili contracted
and [bou]ght him [fr]om Şilli-Aššur [f]or 16 shekels of silver. The money
[is p]aid completely. That man [is purchased] and acquired. [Any revocation,
law]suit, or litigation [is void. Whoever] breaches the contract shall
pay [x minas of silv]er. 9+ witnesses, scribe.

Notes

14: ⌈n]i⌉ = //⟨symbol⟩.

15: ⌈x⌉ = //⟨symbol⟩.

16: ⌈x⌉ = ⟨symbol⟩.

17: ⌈x⌉ = //⟨symbol⟩.

18: ⌈x⌉ = //⟨symbol⟩.

19 iš] = //⟨symbol⟩.

20: ⌈x⌉ = //⟨symbol⟩.

K.316		No.	99		Erību-ilāni
49 x 80 x 24		ADD	328	C	Sale:house
		AR	357	T,TrG	Scribe:Bānî
		3R 48	2	C	21.XII.699 B.C.
		KB4	114–5	T,TrG	
		Op XI	169f.	T,TrL/F	
		Aššur	2/5	Coll.	

obv	1	șu-pur 1.Man-nu-ki-PAP.MEŠ șu-pur 1.TA*-d.10-⌈PAP⌉-tú
	2	be-lí É SUM-ni mu-șu-ú a-di TÙR

5 Fingernail Impressions

	3	É ep-šú a-di GIŠ.ÙR.MEŠ 2 GIŠ.⌈IG⌉.MEŠ
	4	ina lìb-bi SUḪUR É 1.d.PA-BÀD-⌈PAP⌉
	5	SUḪUR É 1.d.UTU-MU-PAP SUḪUR É 1.ITU.⌈KIN⌉-a+a
	6	SUḪUR É 1.d.PA-PAP-ir SUḪUR 1.d.UTU-⌈x x x⌉
	7	ú-piš-ma 1.SU-DINGIR.MEŠ-ni LÚ*.⌈DAM⌉.QAR
	8	⌈TA*⌉ pa-an 1.Man-nu-ki-i-PAP.⌈MEŠ⌉
	9	[ina] ŠÀ 3 2/3 MA.NA KÙ.BABBAR ⌈il⌉-[qe]
	10	kas-pu gam-mur ta-din [É šú-a-tú]
	11	za-rip la-qe tu-⌈a⌉-[ru de-nu]
	12	DUG₄.DUG₄ la-áš-[šú man-nu šá ina ur-kiš]

```
        13    ina ma-te-ma lu-[u LÚ.MEŠ-e an-nu-te]
        14    lu-u DUMU.MEŠ-š[ú-nu lu-u DUMU.DMU.MEŠ-šú-nu]
        15    ša TA* 1.S[U-DINGIR.MEŠ-ni x x x x]
              remainder missing
rev     16'   ⌜kas⌝-pu [a-na EN.MEŠ-šú GUR]
        17'   ina de-ni-šú ⌜DUG₄⌝.[DUG₄-ma la TI]
```

```
        18'   IGI 1.Du-gul-IGI-DIN[GIR] L[Ú*.x x x x]
        19'   IGI 1.d.PA-PAP ša gi-né-šú s[a x x (x)]
        20'   IGI 1.SU-d.15 DUMU MÍ.Ḫi-[x x x x]
        21'   IGI 1.d.U+GUR-PAP-PAP LÚ*.GAL 50 ⌜ša 2-u⌝
        22'   IGI 1.Za-ḫa-ṭu-ṭu LÚ.ka-ṣir
        23'   IGI 1.SU-d.15  LÚ*.ka-ṣir
        24'   IGI 1.Ba-ba-a-nu LÚ*.NAGAR GIŠ.⌜UMBIN⌝.M[EŠ]
        25'   IGI 1.d.PA-PAP-PAP LÚ*.GAL ka-li-⌜e⌝
        26'   IGI 1.Za-ru-⌜ti⌝-i LÚ*.A.BA
        27'   IGI 1.ITU.⌜KIN⌝-a+a
              3-4 line space with erased Aramaic letters
        28'   IGI 1.Ba-ni-i LÚ*.A.BA ṣa-bit dan-ni-ti
        29'   ITU.ŠE UD 21 KÁM li-mu 1.d.EN*-MAN-a-ni
        30'   LÚ*.GAR.KUR URU.Kur-ba-ìl
le      31'   4 MA.NA URUDU.MEŠ ša ṣu-pur-šú
```

Translation

Fingernail of Mannu-kī-aḫḫē, fingernail of Issu-Adad-aḫḫūtu, owner(s) of
the house being sold. The right-of-way including the courtyard,/Fingernail
Impressions/ a built house including the beams (and) 2 inner-doors
adjoining the house of Nabû-dūru-uṣur, adjoining the house of Šamaš-šarru-
uṣur, adjoining the house of [Ulūl]āya, adjoining the house of Nabû-nāṣir,
adjoining <the house> of Šamaš-⌜x x x⌝- Erību-ilāni, the merchant, contracted and
bou[ght] it from Mannu-kī-aḫḫē [fo]r 3 2/3 minas of silver. The money
is paid completely. [That house] is purchased and acquired. Any revoc[ation,
lawsuit], or litigation is voi[d. Whoever, at any time] in the future,
wheth[er these men] or th[eir] sons [or their grandsons], whoever (repeatedly
seeks a lawsuit or litigation) against Erī[bu-ilāni x x x x] -remainder
of obverse missing- [He shall return] the money [to its owner]. He shall
cont[est] in his lawsuit and [not succeed]. 10 witnesses, scribe, date, eponym.
4 minas of copper for his fingernail.

Notes

1: Parpola collates d.ŠÚ for d.10. The signs are:〴〴 . ⌜PAP⌝-tú =〴〴,
6: ⌜x x x⌝ =〴〴〴 Parpola reads ⌜ú-bal-liṭ⌝.
19': This witness is attested in No. 14:31' (archive: f.Aḫu-dalli -

683 B.C.). The end of the line is possibly to be restored as:

ša gi-né-šú š[a É Aš+šur].

27': The Aramaic traces between this line and 1.28' have been erased.
The remaining signs look thus:⚯⚯⚯.

28': The scribe is attested in No. 14:32'.

29': li is on the tablet and Parpola's lim! is a mistake.

31': It is possible that <i-ti-ši> should be restored at the end of the
line; cf. No. 103:35.

K.1486	No.	100		Ešrāya
52 x (48) x 22	ADD	354	C	Sale:land
	AR	348	T,TrG	Mera
	Aššur	2/5	Coll.	

beginning missing

obv	1'	[x x x x].MEŠ [x x x x x x x x]
	2'	[x x x x] nu sa ⌜a⌝ [x x x x x]
	3'	[x ina] 1 KÙŠ GÍD.⌜DA ina⌝ [1 KÙŠ DAGAL]
	4'	[SUḪUR 1.Ki]-qi-li-i ⌜SUḪUR É⌝ [x x x]
	5'	[SUḪUR] 1.d.15-SUM-na-PAP.MEŠ mi-šil GIŠ.⌜KIRI₆⌝
	6'	[x] ⌜Ú⌝.SAR SUḪUR 1.Ú-qur-d.IM
	7'	[SUḪUR] 1.Ma-ḫe-te-e PAP-ma
	8'	⌜A.ŠÀ⌝ qaq-qi-ri pu-ṣe-e
	9'	mi-šil GIŠ.KIRI₆ ina URU.Me-⌜ra⌝
be	10'	ša 1.Aš+šur-EN-KALAG-an
	11'	⌜DUMU⌝ 1.d.PA-ṣal-li LÚ.GIŠ.GIGIR DU₈.MEŠ
		1 line space
rev	12'	⌜ú-piš⌝ 1.UD-20-KÁM-a+a GIŠ.GIGIR GÌR.2
	13'	[ina líb-b]i 32 GÍN.MEŠ KÙ.BABBAR
	14'	[TA* IG]I 1.Aš+šur-EN-KALAG-an
	15'	[il-qe kas]-pu ga-mur ta-din-ni
	16'	[A.ŠÀ qa]q-qi-ri pu-ṣe-e mi-šil GIŠ.KIRI₆
	17'	[šú]-a-te za-ár-pu ⌜la-qe-ú⌝
	18'	[tu]-a-ru de-nu D[UG₄.DUG₄ la-áš-šú]
	19'	[man-nu] ša ina ur-kiš [ina ma-te-ma]
	20'	[GI]B-u-ni lu-u [1.Aš+šur-EN-KALAG-an]
	21'	[lu-u] DUMU.⌜MEŠ-šú⌝ [lu-u DUMU.DUMU.MEŠ-šú]
		remainder missing
re	22'	1 GÍN
	23'	KÙ.BABBAR
	24'	ša NA₄.KIŠIB-[šú]
le	25'	⌜x⌝[
	26'	⌜x⌝[
	27'	⌜x⌝[
	28'	⌜x⌝[

Translation

Beginning missing– [x x x x].MEŠ [x x x x x x x x x x x x x] nu sa ⌜a⌝ [x x x x
x] (a right-of-way) 1 cubit long [and x cubits wide, adjoining (the land) of
Ki]qili, adjoining Bīt– [x x x, and adjoining (the land) of] Ištar-nādin-aḫḫē;
half of a vegetable garden adjoining (the land) of Uqur-Adad and [adjoining]
(the land) of Maḫete, a total of a field, a building plot, and a half of
an orchard in the city of Mera belonging to Aššur-bēl-dan son of Nabû-ṣalli,
the "armor" charioteer——Ešraya, the "procession" charioteer, contracted
(and) [bought it fo]r 32 shekels of silver [fro]m Aššur-bēl-dan. [The mon]ey
is paid completely. [Th]at [field, buil]ding plot, and half of an orchard
are purchased and acquired. [Any re]vocation, lawsuit, or li[tigation is
void. Whoever], at any time [in the future, breaches the] contract, whether
[Aššur-bēl-dan or] his sons [or his grandsons] –remainder missing. re: 1
shekel of silver for [his] fingernail.

Notes

9': The toponym is attested in No. 36:9' (archive: Aššur-aplu-uṣur)
and ADD 1164:15'.

12': Perhaps ⌜ú-pis⌝ should be emended to ⌜ú-<tap>-pis⌝.

25': ⌜x⌝ = ⫽⫽⫽ .

26': ⌜x⌝ = ⫽⫽ .

27': ⌜x⌝ = ⫽⫽ . Parpola collates ni!-[.

28': ⌜x⌝ = ⫽⫽ .

K.319b		No.	101a		Gabbu-qātē-ili
47 x 29 x 27		ADD	154	C	Debt note:slave
envelope		AR	227	T,TrG	Kār-Apladad
		Aššur	2/5	Coll.	26.II.663 B.C.

obv
1. NA₄.KIŠIB 1.AŠ-šal-lim [A 1.x]-⌈A⌉-PAP≪maš≫
2. ina UD 32 ⌈KAM⌉ ša ITU.GU₄
3. 1.AŠ-⌈šal-lim⌉   2   1.d.A.[10-kil-la-a]-⌈ni⌉
4. DUMU 1.⌈Re⌉-[ṣa] STAMP [ú-ba-la]
5. a-n[a]   SEALS 1.Gab-[bu]-ŠU.2-DINGIR
6. [SUM-an BE]-ma la na-ṣa la ⌈SUM-ni⌉
7. [ÌR] ša a-ki Ì[R]-i-šú
8. [SUM]-⌈an⌉ ITU.GU₄ UD [x KÁ]M
9. [lim-m]u 1.EN-I
10. [IGI 1.Bu]-⌈si⌉-DINGIR.MEŠ LÚ*.ša IGI de-[na]-a-ni
11. [IGI] 1.Ubu-ra-[ki]
12. [IGI 1].Mu-né-e-pu-uš-DINGIR
13. IGI 1.⌈La-bu⌉ [LÚ*].URU.KAR-A.10 EN ⌈SU⌉.<2>
14. [IG]I 1.d.PA-BÀ[D]-EN LÚ*.[x x x]
15. [IGI] 1.d.PA-u-a

K.319a		No.	101b	
39 x 23 x 20		ADD	153	T,TrG
inner tablet		AR	228	T,TrG
		KB4	136f.	T,TrG
		Aššur	2/5	Coll.

obv
1. a-na UD 22 KAM
2. ša ITU.GU₄ 1.AŠ-šal-lim
3. 1.d.A.10-kil-la-a-ni A 1.Re-ṣa ú-ba-⌈la⌉
4. a-na 1.Gab-bu-ŠU.2-⌈DINGIR⌉
5. SUM-an BE-ma la na-ṣa 1[a] SUM-ni
6. ÌR a-ki ÌR-i-šú SUM-an

be
7. ⌈ITU⌉.GU₄ UD 26 KAM
8. ⌈lim⌉-me 1.EN-I

rev
9. ⌈IGI⌉ 1.Bu-si-DINGIR.⌈MEŠ⌉
10. ša IGI ⌈de⌉-na-ni
11. IGI 1.Ú-bu-ra-ki
12. IGI 1.[Mu]-né-e-<pu>-uš-DINGIR
13. IGI 1.La-bu ⌈LÚ*⌉.Kar-A.10
14. IGI 1.d.PA-BÀD-EN

te
15. IGI 1.d.PA-u-a

Translation

envelope:

Seal of Ēdu-šallim [son of DN]-aplu-uṣur. Ēdu-šallim [shall bring] Apla[dad-killa]nni son of Re[ṣa] on the 22nd≪32≫ day of the month of Ayyaru. [He shall give him] to Gab[bu]-qātē-ili. 2 Stamp Seals [If] he is not brought or handed over, [he shall giv]e (Gabbu-qātē-ili) a [servant] equal to his own servant. Date, eponym, 6 witnesses.

inner-tablet:

Ēdu-šallim shall bring Apladad-killanni son of Reṣa on the 22nd day of the month of Ayyaru. He shall give him to Gabbu-qātē-ili. If he is not brought or handed over, he shall give (Gabbu-qātē-ili) a servant equal to his own servant. Date, eponym, 6 witnesses.

Notes

1: The envelope has 32 instead of 22 (1.2).

2: See note on No. 96b:2 for Ēdu-šallim.

13: La is uncertain: 彐. Perhaps the name should be read Šu-pu.

15: -u-a is written separately- collation Parpola.

K.1379		No.	102		Gallulu
29 x 25 x 17		ADD	57	C	Loan:silver
		AR	263	T,TrG	1.1.PC
		Aššur	2/5	Coll.	

obv	1	[x]ᵣx xᵢ KÙ.BABBAR
	2	[x x] ib ᵣxᵢ tú šá ᵣxᵢ
	3	[ša 1.G]a-lulu
	4	[ina IGI 1].ᵣGÌR.2ᵢ-15 LÚ*.MÁ.LAḪ₄
	5	[ina SA]G.DU DINGIR GIBIL
	6	[ša] ITU.DUL i-dan
	7	[šum-m]a la i-din
be	8	[a-na] 3-si-šú GAL-bi
rev	9	[ITU].BÁRA UD 1 KAM
	10	[lim-mu] 1.d.UTU-da-in-ᵣaᵢ-ni
	11	[IGI 1].ÚR-15
	12	[IGI 1].d.PAP-LAL-a-ni
	13	[IGI 1].d.PA-MU-AŠ
	14	[IGI 1].d.UTU-rém-a-ni
te	15	[IGI 1.x]-nu-ni-ia

Translation

[x minas/shek]els? of silver [x x] ..... [belonging to Ga]llulu are [at the disposal of] Šēpē-Ištar, the sailor. He shall pay [at the beg]inning of the new moon [of] the month of Tašrītu. [I]f he does not pay, it shall increase [by] a third. Date, eponym, 5 witnesses.

Notes

1: The traces at the beginning of the line look like: ▨ 𒈹𒑱. A suggestion is to restore: [k]u-um.

2: The signs in this line look thus: ///ᴇᴛᴀʟ ᵹᶠ ᶠᵀ ᴿᵂ₂.

3: See M. Fales, ACF 13/3 182 13. The following information is
noted: "Obverse, lines 1-3 are still covered with a piece of inscribed
clay, which formed part of the outer tablet,...."; see BCAT I 279; see
also ADD III 72.

83-1-18,335	No.	103		Gazilu
61 x 113 x 30	ADD	350	C	Sale:building plot
	AR	165	T,TrG	Scribe:Šangû-Ištar
	Aššur	2/5	Coll.	Bīt-Da[gan]
	AST	T212	Q	15.VI.707 B.C.

| obv | 1 | [ṣ]u-pur [1.SUḪUŠ-A-la-a+a] |
| | 2 | EN [qaq-qi-ri pu-ṣe-e SUM-ni] |

3 + [x] Fingernail Impressions

	3	qaq-qi-ri pu-[ṣe-e x x]⌈x⌉-i
	4	GIŠ.KIRI₆ É 1 ANŠE 6BÁN A.ŠÀ ina URU.É-Da-[gan]
	5	SUḪUR GIŠ.KIRI₆ ša 1.URU.4*-il-a+a
	6	SUḪUR 1.Qur-di-15 SUḪUR ḫi-ri-te
	7	ša URU.A-di-an SUḪUR 1.EN-tàk-lak
	8	ú-piš-ma 1.Ga-zi-lu
	9	ina lìb-bi 80 MA.NA URUDU.MEŠ i-zi-rip
	10	i-se-qe kas-pu ga-mur ta-din
	11	A.ŠÀ.GA šu-a-tú za-rip la-qe
	12	tu-a-⌈ru⌉ de-nu DUG₄.DUG₄ la-šú
	13	man-nu ša <ina> ur-kiš ina ma-te-ma i-za-qu-⌈pa⌉-ni
	14	lu-u 1.SUḪUŠ-A-la-a+a lu-u DUMU.MEŠ-šú
	15	lu-u ŠEŠ-šú lu-u mám+ma-nu-šú
	16	⌈TA⌉ 1.Ga-zi-lu ⌈ù DUMU.MEŠ-šú⌉
be	17	⌈de⌉-nu DUG₄.DUG₄ ub-ta-'u-[ni]
rev	18	10 MA.NA KÙ.BABBAR 5 MA.NA K[Ù.GI]
	19	a-na d.MAŠ a-šib URU.Kal-[ḫi SUM-an]
	20	2 ANŠE KUR.RA BABBAR.MEŠ ina GÌ[R.2 d.Aš+šur]
	21	i-ra-kas 4 ANŠE ḫar-b[a-kan-ni]
	22	ina GÌR.2 d.MAŠ.MAŠ ú-še-[rab 1 bi-lat]
	23	AN.NA a-na LÚ*.šak-⌈nu⌉ [URU-šú SUM--an]
	24	kas-pu a-na 1 me-e<<ni>> a-[na EN-šú]
	25	ú-tar ina de-ni-šú DU[G₄.DUG₄ la TI]
	26	IGI 1.I-DINGIR ⌈LÚ*.x⌉[x x x IGI 1.x x x (x)]-MAŠ
	27	IGI 1.ÌR-PAP.MEŠ-šú [x x x x x x]⌈x⌉
	28	PAP 4 IGI.MEŠ UR[U.Maš-ka-r]i-⌈ta⌉-a+a
	29	IGI 1.d.⌈U+GUR-DÙ⌉ <IGI> 1.d.IM-MU-PAP
	30	IGI 1.⌈Pu-u⌉-[lu] IGI 1.Ša-maš-⌈x⌉-da-a
	31	IGI 1.d.EN-KASKAL-[x x x x x x]
	32	IGI 1.⌈SANGA⌉-d.15 LÚ*.A.⌈BA⌉
	33	ITU.KIN UD 15 KÁM
	34	lim-mu 1.Ša-Aš+šur-[dub-bu]
le	35	4 MA.NA URUDU.MEŠ ša ṣu-pur-šú i-ti-ši

Translation

[Fin]gernail [of Ubru-Allāya], owner [of the building plot being sold].
/3 + [x] Fingernail Impressions/ A building pl[ot x x]⌐x⌐-i, an orchard,
an area of 1 homer and 6 sūtus of land in the city of Bīt-Da[gan],
adjoining the orchard of Arbailāya, adjoining (the land) of Qurdi-Ištar,
adjoining the ditches of the city of Adian, and adjoining (the land) of Bēl-
taklāk———Gazilu contracted, has purchased, and has acquired it for 80
minas of copper. That land is purchased and acquired. Any revocation,
lawsuit, or litigation is void. Whoever, at any time in the future, lodges
a complaint, whether Ubru-Allāya or his sons or his brothers or anyone belonging
to him, <whoever> repeatedly seeks a lawsuit or litigation against Gazilu or
his sons [shall pay] 10 minas of silver (and) 5 minas of go[ld] to Ninurta
residing in Kal[ḫu]. He shall tie 2 white horses to the f[eet of Aššur].
He shall bri[ng] 4 ḫarb[akkanu] horses to the feet of Nergal. [He shall pay
1 talent] of tin to the superior [of his city]. He shall return the money
hundredfold t[o its owner]. He shall con[test] in his lawsuit [and not
succeed]. 9 witnesses, scribe, date, eponym. He has collected 4 minas of copper
for his fingernail.

Notes

3: ⌐x⌐ = (sign).

26: ⌐x⌐ = (sign).

27: ⌐x⌐ = (sign).

28: For the restoration see Iraq 23 (1961) = ND. 2465:5; cf. NAT 243.

29: For Adad-šumu-uṣur see LAS II 166 n.297.

30: ⌐x⌐ = (sign).

32: Šangû-Ištar is probably identical with the scribe of No. 37:44' (archive: Aššur-da''inanni).

Rm.2,22	No.	104		Gerḫa
41 x (47) x 21	ADD	197	C	Sale:male
	AR	488	T,TrG	22.X.PC
	KB4	148-9	T,TrG	
	Aššur	2/5	Coll.	

obv 1 [N]A₄.KIŠIB 1.10-ra-⌈pa⌉-a LÚ*.DAM.QAR

2 EN LÚ ši-me ta-da-ni

2 Circular Stamp Seals

3 1.Ka-ma-ba-ni ⌈ÌR⌉-šú LÚ.Taba-la-a+a.
4 ⌈ú⌉-piš-ma 1.Gér-ḫa-a GAL 50
5 ina ŠÀ 1 MA.NA 7 GÍN.MEŠ KÙ.BABBAR
6 [il-q]e kas-pu ga-mur ta-din
7 [LÚ ši-mu šú-a-tú za]-⌈rip TI⌉-qé
remainder missing

rev 8' [IGI 1.x x]⌈x x x⌉[x x x]
9' IGI 1.Ḫa-ba-ni <IGI> 1.A-ba-⌈a-DINGIR⌉
10' ⌈IGI⌉ 1.Pi-si-ni-ši GAL 50
11' IGI 1.Rém-a-ni-DINGIR LÚ*.DAM.QAR
5 line space
12' ITU.AB UD 22 KÁM
13' lim-mu 1.EN-šú-nu

Translation

[S]eal of Adad-rapa, the merchant, owner of the purchased man being
sold. /2 Circular Stamp Seals / Kamabani, his servant, the Tabalean—
Gerḫa, the captain of 50, contracted and [boug]ht him for 1 mina
and 7 shekels of silver. The money is paid completely. [That purchased
man is pur]chased and acquired. Remainder of obverse missing. 5+
witnesses, date, eponym.

Notes

4: Gér may also be read Gíri ; cf. R. Zadok, W.Semites, p.67.
8': ⌈x x x⌉ = 𒀀𒉿𒁹𒈾.
10': Pi-si-ni-ši is attested as Pi-sa-ni-ši in No. 163:23 (archive:
Mannu-kī-māt-Aššur - PC) and Pi-sa-ni-še in CTN III 41:2 (archive: Nabû-
aḫu-uṣur - PC). It is uncertain whether this is the same person. The name
is Egyptian: P;-sn-(nj)-'s.t "The Brother of Isis"; cf. E. Edel, Neue
Deutungen keilschriftlicher Umschreibungen ägyptischer Wörter und
Personennamen, (Vienna 1980) 31-33.

K.313	No.	105		Girittu
75 x 48 x 23	ADD	622	C	Lease:land
	AR	119	T,TrG	9.VII.PC
	KB4	152–3	T,TrG	
	FNAD	6	T	
	TCAE	175–6	Q	

obv	1	NA₄.KIŠIB 1.ÌR-d.⌈15 DUMU 1.ÌR-Aš+šur⌉
	2	TA* ŠÀ URU.Ka-at-ka-nu EN A.ŠÀ a-na MU.AN.N[A.MEŠ]
	3	ta-da-a-ni É 1 ANŠE A.ŠÀ ina GIŠ.BÁN [ša] 8 qa
	4	ina ma-za-ru-u-ti SUḪUR A.ŠÀ 1.Su-⌈si⌉-i
	5	SUḪUR AMA ša URU.Du-un-ni SUḪUR 1.Aš+šur-bé-su-nu
		3 Stamp Seal Impressions
	6	ú-piš-ma 1.Gìri-tú ina ŠÀ 10 GÍN.MEŠ KÙ.BABBAR
	7	A.ŠÀ a-na MU.AN.NA.MEŠ GU₇
	8	3 ŠE.me-re-še 3 ŠE.ka-rab-ḫi
	9	PAP 6 MU.AN.NA.MEŠ A.ŠÀ e-kal
be	10	ŠE.šib-še-šú i-ša-bu-šú ŠE.nu-sa-ḫi-šú i-na-su-ḫu
rev	11	ITU.DUL UD 9 KÁM lim-me 1.10-rém-a-ni
	12	IGI 1.U+GUR-še-zib-a-ni
	13	IGI 1.Aš+šur-bé-su-nu
	14	IGI 1.Šá-qa-la-GUR-šú
	15	IGI 1.10-PAP-SUM-na
	16	IGI 1.Kur-ìl-a+a
	17	IGI 1.Pa-ši-i <IGI> 1.U.U-iq-bi
	18	IGI 1.Su-si-i
	19	IGI 1.ÌR-d.Na-na-a
te	20	IG[I] 1.⌈SUḪUŠ⌉-d.PA IGI 1.A-si-i
le	21	IGI 1.d.PA-MAN-PAP
	22	IGI 1.A-da-lal

Translation

Seal of Urad-Ištar son of Urad-Aššur from the city of Katkanu, owner of
the land being sold for a (number) of yea[rs]. An area of 1 homer of
land according to the sūtu (standard) [of] 8 qa in cultivation
adjoining the land of Susî, adjoining the road of the city of Dunni, and
adjoining Aššur-bēssunu——Stamp Seal Impressions Girittu contracted it
for 10 shekels of silver. He shall have the usufruct of the land
for a (number) of years. He shall have the usufruct of the land for
3 crop-years (and) 3 fallow-years, a total of 6 years. He shall pay
the straw taxes (and) he shall pay the corn taxes. Date, eponym,
13 witnesses.

Notes

2: -at- seems to be the correct reading of the sign; Postgate collates
na! and notes: "na! is written over an erasure and hence resembles at."
This could not be confirmed.

6: Girittu is possibly the LÚ*.NAGAR GIŠ.mu-gír-ri attested in No. 388:3 (archive: Tuqqunu-ēreš – PC). He appears in the archive of Kiṣir-Aššur together with Kurrillāya (1.16); see No. 137:17 and also No. 139:10. In No. 202:9 Girittu occurs in a loan document belonging to Nabû-šarru-ukīn. (650 B.C.).

11: The sign DUL is certain: 𒁹.

20: The reading ⸢SUḪUŠ⸣ appears to be correct; see FNAD 6 n.20. Note that the name is attested in No. 203:16.

81-7-27,26	No.	106		Giru-[ ]
46 x (63) x 23	ADD	463	C	Lease:land
	AR	193	T,TrG	
	Aššur	2/5	Coll.	

beginning missing

[x]+2 Circular Stamp Seals

obv	1'	[x x x GIŠ].KIRI₆ til-le-te
	2'	[x x x x] ⸢x x⸣ [x x x] ki
	3'	[x x x x x x x]⸢x⸣
	4'	[x x x x x x x]⸢x⸣
	5'	SU[ḪUR x x x x x x q]i
	6'	⸢SUḪUR⸣ [x x] ⸢x x x x⸣
	7'	ú-piš-ma 1.Gi-ru-[x]
	8'	LÚ*.mu-⸢tir⸣ ṭè-me
be	9'	[š]a 1.d.⸢U+GUR-MU⸣-DÙ
rev	10'	[ina 1]ìb-bi GÚ.U[N URUDU.MEŠ]
	11'	[TI x x x]⸢x⸣ 8 ANŠE GEŠ[TIN.MEŠ]
	12'	[x x x a-na šá-n]a-ti ⸢GU₇⸣[x x x]
	13'	[x x x x x]⸢x⸣ du u [x]
	14'	[x x x x x]⸢x⸣ GIŠ.KIRI₆
	15'	[ú-še]-ṣa
	16'	[IGI 1.x x x] URU.ŠE 1.Mil-ki-i-x[x]
	17'	[IGI 1.x x x x]-ma-ši-i
	18'	[IGI 1.x x x]-⸢x⸣-KUR-a+a
	19'	[1.x x x]⸢x⸣-a+a ša GÚ.UN
	20'	[URUDU.MEŠ] i-di-nu-ni
	21'	[IGI 1.Di]-⸢lil⸣-d.15
	22'	[ITU.x U]D 7 KAM
	23'	[lim-mu 1.x x x]-10
		remainder missing
le	24'	[IGI 1.d].PA-[x x x x x]
	25'	[IGI] 1.d.I[M x x x x x]

Translation

Beginning missing- /2 + [x] Circular Stamp Seals/ [x x x an orch]ard,
vineyards .... adjoi[ning x x x x x x q]i, and adjoining [x x]
˹x x x x x˺——Giru-[x], the agent [o]f Nergal-šumu-ibni, contracted and
[bought] it [f]or a total of a tale[nt of copper. x x x]˹x˺ 8 homers
of grape[vines]. He shall have the usufruct of it [for x number of ye]ars.
.... [Whenever he brings/pays x x x x x]˹x˺ [he shall red]eem the
orchard. 4 witnesses who paid a talent [of copper]. 3+ witnesses,
date, eponym.

Notes

2': See Parpola's collations. My notes show ˹x x˺ = [cuneiform sign].

3': ˹x˺ = [cuneiform sign].

4': ˹x˺ = [cuneiform sign].

9': ˹MU˺ = [cuneiform sign]. Nergal-šumu-ibni is a son of Sennacherib. He is also
attested in the archive of Šumma-ilāni; see Nos. 358:25, 360:21, 361:25,
362:16'. Perhaps he is the Nergilos mentioned by Abydenus; cf. M. Streck,
Asb. p.CCXXXIX-CCXLI.

11': ˹x˺ before 8 = [cuneiform sign] ; ˹x˺ at the end of the line = [cuneiform sign].

13': Parpola reads: [mannu ša .. U]D.MEŠ.DU-˹u˺-[ni].

14': ˹x˺ = [cuneiform sign].

18': ˹x˺ = [cuneiform sign].

19': ˹x˺ = [cuneiform sign].

K.314		No.	107		Ḫalašuri
38 x 68 x 26		ADD	329	C	Sale:house
		AR	359	T,TrG	Scribe:Nabû-aḫu-uṣur
		Aššur	2/5	Coll.	1.III.PC

obv	1	NA₄.KIŠIB 1.Bi-ir-A-tar
	2	EN É SUM-an

2 Stamp Seals

	3	É ep-šú a-di GIŠ.ÙR.MEŠ-šú
	4	1 GIŠ.IG.ME-šú É AN.TA
	5	mu-ṣu-ú is-sa-ḫe-si
	6	SUḪUR 1.PAP-bu-ú
	7	SUḪUR É 1.Su-na-a+a
	8	[SUḪUR] ⌈É⌉ 1.Ḫa-ba-ḫu-ru
	9	[ú]-⌈piš⌉-ma 1.Ḫa-la-šu-ri
	10	[ina lìb-bi x]+20 GÍN KÙ.BABBAR il-qe
	11	[kas-pu gam-m]ur ta-a-d-din
	12	[É šu-a-tú] za-rip laq-qe
be	13	[tu-a-ru de]-nu
	14	[DUG₄.DUG₄ la]-áš-šú
rev	15	[x x x man]-nu ⟨ša⟩ i-za-q[u-pa-ni]
	16	[x x x x x x x x SU]M-an
	17	[kas-pu a-na EN]-šú ú-⌈GUR⌉
	18	[ina de-ni-šú DUG₄.DUG₄ la] ⌈i⌉-laq-qe

	19	[IGI 1.x x x]-ṣi
	20	[IGI 1.x x x]⌈x⌉-⌈x⌉
	21	IGI 1.30-⌈x⌉-i
	22	IGI 1.Za-⌈bi⌉-nu
	23	IGI 1.15-BÀD
	24	IGI 1.PAP-ma-nu
	25	IGI 1.A-šu-i-si
	26	IGI 1.d.PA-PAP-PAP A.BA
		1 line space
	27	ITU.SIG₄ UD 1 ⌈KAM⌉ lim-mu
	28	1.d.PA-KALAG-NI-an-ni
	29	LÚ*.GAR.KUR URU.Qu-'e
le	30	1 ANŠE ŠE.PAD.MEŠ ša NA₄.KIŠIB-šú

Translation

Seal of Bir-Attar, owner of the house being sold. /2 Stamp Seals/ A built house including its beams, one of its doors, and an upper story together with the right-of-way adjoining Aḫabū, adjoining the house of Sunāya, [adjoining] the house of Ḫabaḫuru——Ḫalašuri contracted and bought it [for x] + 20 shekels of silver. [The money] is paid [complete]ly. [That house] is purchased and acquired. [Any revocation, law]suit, [or litigation is voi]d. [x x x Who]ever lodges a [complaint] shall p[ay x x x x x x x x]. He shall return [the money to] its [owner. He shall

contest in his lawsuit and not] succeed. 7 witnesses, date, eponym.
1 homer of barley for his seal.

Notes

1: See K. Deller, Or 34 (1965) 474 for this name.

8: -ba- = ⍓ ; Parpola collates -na!-.

9: The name may also be read ḪA.LA-šu-ri.

16: -šú is not on the tablet.

20: ⌜x⌝-⌜x⌝ = ⍓.

21: ⌜x⌝ = .

22: ⌜bi⌝ = .

24: PAP = ; identical with the PAP signs in 1.26.

27: ⌜KAM⌝ lim-mu = .

82-5-22,38	No.	108		Ḫanî
50 x 31 x 17	ADD	164	C	Court decision
	AR	658	T,TrG	27.XII.680 B.C.
	FNAD	44	T	

te	1	de-e-nu ša LÚ.sar-ten-nu
obv	2	a-na 1.Ḫa-ni-i e-mì-du-u-ni
	3	3 me UDU.MEŠ a-di sa-ár-ti-ši-na
	4	ša DUMU.MAN ina IGI 1.Ḫa-ni-i
	5	ÚŠ.MEŠ ša LÚ.SIPA 1-en LÚ 2 GÚ.UN URUDU.MEŠ
	6	sa-ár-tu-šú 1.Ḫa-ni-i
	7	a-di UN.MEŠ-šú a-di A.ŠÀ.MEŠ-šú
	8	ku-um 3 me UDU.MEŠ a-di sa-ár-ti-ši-na
	9	ku-⟨um⟩ ÚŠ.MEŠ ša LÚ.SIPA.MEŠ
be	10	na-ši-na
	11	man-nu ša ú-ba-'u-šú-u-ni
rev	12	lu-u LÚ.GAR-nu-šú lu-u LÚ.GAL ki-ṣir-⌜šú⌝
	13	lu-u mám+ma-nu-šú-nu u-ba-'u-u-šú-ni
	14	3 me UDU.MEŠ a-di sa-ár-ti-ši-na
	15	ÚŠ.MEŠ ša LÚ.SIPA 1 LÚ 2 GÚ.UN URUDU.MEŠ
	16	ša LÚ-ti i-da-nu-u-ni 1.Ḫa-ni-i
	17	ú-še-ṣa ḫur-sa-an i-ba-ra
	18	IGI 1.Tab-ni-i LÚ.A.BA
	19	IGI 1.Ṣal-mu-MAN-iq-bi
te	20	IGI 1.d.UTU-ZI-AŠ
	21	IGI 1.Am-si-i
le	22	ITU.ZÍZ UD 27
	23	lim-mu 1.Da-na-nu

Translation

A judgment which the sartennu imposed upon Ḫanî. 300 sheep including
their fine belonging to the crown prince are at the disposal of Ḫanî. (His
fine is): the blood money for a shepherd, 1 man, and 2 talents of copper.
In lieu of 300 sheep including their fine (and) in lieu of the blood money
for a shepherd, Ḫanî including his people (and) including his land are taken.
Whoever seeks (litigation), whether their superior or their captain or anyone
belonging to them, (whoever) seeks them out shall give the blood money for
a shepherd, 1 man, and 2 talents of copper for his fine. He shall redeem
Ḫanî and see the river ordeal (completed). 4 witnesses, date, eponym.

Notes

2: See note on FNAD 44:2 for this usage of a-na.

3: The feminine suffix -ši-na demonstrates that UDU.MEŠ is a
collective plural; see CAD I/J 134b.

9-10: This phrase is attested in an unpublished Aššur text:
ša ku-um ÚŠ.MEŠ ša PN / LÚ.NU.GIŠ.KIRI₆ GN / na-ši-ia-a-ni VAT 9685:4'-6'
(courtesy K. Deller). As Postgate points out, the form na-ši-na in
1.10 has been influenced by the -ši-na of 1.8.

12: See J.N. Postgate, AnSt 30 (1980) 74.

16: LÚ-ti is a scribal error for sa-ár-ti-⟨šú⟩ probably caused by
the LÚ signs in the preceding line. No. 216:16.

17: ba = 𒁀. Postgate emends the sign to tu for the reading i-tu!-ra.
The word ḫursan is never attested with tuāru and the clause which
Postgate refers does not occur at the end of the text. In this case
the conditions which regulate Ḫanî's release have been indicated and
this means that the the ḫursan ordeal has been completed. We should
expect a verb such as tarāṣu or parāsu. A possible solution is:
i-ba-ra-⟨as⟩ for iparras.

Rm.160		No.	109		Ḫusa-[ ]
(41) x (66) x 30		ADD	294	C	Sale:slaves
		AR	49	T,TrG	20.VI.700 B.C.
		Aššur	2/5	Coll.	

obv	1	[NA₄.KIŠIB 1.x x x x x x x x x]
	2	EN [UN.MEŠ SUM-ni]

2+[1] Circular Stamp Seals

	3	MÍ.Aš-qi-˹di˺-ra GÉM[E-šú]
	4	MÍ.Ba-ba-a+a DUMU-[ša]
	5	PAP 3 ZI.MEŠ ÌR.ME[Š-šú]
	6	ú-piš-ma 1.Ḫu-sa-[x x x]
	7	[LÚ] ˹qur-bu˺-ti ša [x x x x]
	8	[ina ŠÀ x M]A.NA KÙ.[BABBAR TI]
		remainder missing
rev	9'	[IGI 1.x]˹x x˺[x x x x]
	10'	[IGI 1].A+a-PAP.MEŠ LÚ*.EN[GAR x x]
	11'	[IGI] 1.EN-ZU LÚ*.ENGA[R x x]
	12'	IGI 1.Da-ri-EN LÚ*.ENGA[R x x x]
	13'	[IGI] 1.Na-bé-ra-mu LÚ*.ENGA[R x x x]
	14'	[IGI] 1.Ba-la-im-me Ì[R x x x x]
	15'	[IG]I 1.Za-ba-a+a KUR.Bar-[x x]
	16'	[IG]I 1.Šá-a-da URU.[x x x x]
	17'	[IG]I 1.A-me-qi URU.[x x x x]
	18'	[I]TU.KIN UD 20 [KÁM]
	19'	[li]m-mu 1.Mi-t[ú-nu]
te	20'	[IGI] 1.d.P[A x x x x x]

Translation

[Seal of x x x x x x x x x x] owner [of the people being sold].
/2 + [1] Circular Stamp Seals/ Ašqidira,[his ma]id, Babāya and [her]
daughter, a total of 3 persons [his ser]vants——Ḫusa-[x x x], the qurbūtu,
contracted [and bought them for x min]as of sil[ver]. Remainder of
obverse missing. 10+ witnesses, date, eponym.

Notes

3: GÉM[E is certain.
9': ˹x x˺ = ⟨cuneiform signs⟩.
13': Na-bé is written over an erasure. See R. Zadok, BiOr 33 (1980) 227a
for the name.
16': Šá = ⟨cuneiform sign⟩.
20': P[A = ⟨cuneiform sign⟩ (uncertain).

83-1-18,737		No.	110		Ḫu-[ ]
(28) x (34) x 24		ADD	523	C	Sale:land
		AR	406	T,TrG	

beginning missing

obv	1'	illegible traces
	2'	ša ⌜x⌝[x x x x x]
	3'	SUḪUR na-ḫal [x x x x x]
	4'	É 1 ANŠE A.[ŠÀ x x x x x]
	5'	SUḪUR É 1.d.⌜x⌝[x x x x]
	6'	ú-⌜piš⌝-[m]a 1.⌜Ḫu⌝-[x x x x]
	7'	ina lìb-bi 1 ⌜me⌝ G[Ú.UN URUDU.MEŠ TI-qe]
	8'	k[as]-pu ga-m[ur ta-din x x x x]
	9'	⌜šu⌝-a-⌜tú⌝ [x x x x x]
		remainder missing
rev	10'	⌜GÚ.UN AN.NA a⌝-n[a EN.NAM URU-šú SUM-an]
	11'	kas-pu a-na 10.M[EŠ a-na EN-šú GUR]
	12'	a-na de-ni-šú [DUG₄.DUG₄ la TI]

	13'	IGI 1.Aš+šur-LAL-a-ni
	14'	IGI 1.E-⌜zi⌝-p[a-šir]
	15'	IGI 1.d.[x x x x x]
	16'	IGI 1.[x x x x x x x x]
		remainder missing

Translation

Beginning missing- illegible traces ...... adjoining a brook [x x x x x],
an area of 1 homer of lan[d x x x x x], adjoining the house of⌜x⌝[x x x]—
Ḫu-[x x x x x] contracted and [bought it] for 100 ta[lents of copper].
The money [is paid completely]. That [land x x x x x is/are purchased and
acquired]. Remainder of obverse and beginning of obverse missing.
[He shall pay] a talent of tin t[o the governor of his city. He shall
return] the money tenf[old to its owner. He shall contest] in his lawsuit
[and not succeed]. 4+ witnesses.

Notes

2': ⌜x⌝ = [drawing].
5': ⌜x⌝ [drawing].
6': ⌜Ḫu⌝ is uncertain: [drawing].
14': See note on No. 13:25.

Ki.1904-10-9,189   No.   111   Ili-naṣir
48 x 87 x 25   ADD   1194   C   Sale:male
Photo:BCAT Sup. pl.II 221   = AJSL 42 240   Scribe:Dilīl-Ištar
                           FNAD   10   T   10.I.680 B.C.

obv	1	⌈NA₄.KIŠIB⌉ 1.d.PA-ṣal-li ŠEŠ-šú ša 1.Ḫa-za-ìl
	2	NA₄.KIŠIB MÍ.Ri-šá-AD-šá MÍ.NU.KÚŠ.Ù
	3	ša 1.Ḫa-za-ìl PAP 2 LÚ.MEŠ-e ÌR.MEŠ-ni
	4	ša GAŠAN* É ša DUMU.MAN EN LÚ SUM-ni

2 Circular Stamp Seals

	5	1.Mar-su-ri ÌR-šú-nu
	6	ša LÚ.MEŠ-e an-nu-te ú-piš-ma
	7	1.DINGIR-PAP ÌR ša DUMU.LUGAL URU.TA*-KUR-a+a
	8	TA* pa-an LÚ.MEŠ-e an-nu-te
	9	ina ŠÀ 1 MA.NA KÙ.BABBAR ina ma-né-e
	10	ša URU.Gar-ga-miš il-qé
	11	kas-pu ⌈gam⌉-mur ta-din LÚ šu-a-tú
	12	za-rip la-qé tu-a-ru de-e-nu
	13	DUG₄.DUG₄ la-áš-šú man-nu ša ina ur-kiš
	14	ina ma-ti-ma i-za-qu-pa-a-⌈ni⌉
	15	lu-u 1.d.PA-ṣal-li lu-u MÍ.R[i-šá A]D-šá
	16	lu-u DUMU.⌈MEŠ⌉-šú-nu lu-u P[AP.MEŠ-šú-nu]
	17	lu-u LÚ.GAR-nu-šú-nu lu-[u x x x x x]
be	18	lu-u EN il-ki-⌈šú⌉-nu 1[u-u x x x x x]
rev	19	⌈ša⌉ TA* 1.DINGIR-PAP ⌈u⌉ [D]U[MU.MEŠ-šú]
	20	de-nu DUG₄.DUG₄ ub-⌈ta⌉-[u-ni]
	21	2 MA.NA KÙ.BABBAR e-ṣip SUM-⌈an⌉
	22	LÚ ú-še-AŠ ina de-ni-šú
	23	DUG₄.DUG₄-ma la TI-qé

	24	IGI 1.ÌR-d.PA LÚ.MUŠEN DÙ
	25	IGI 1.AD-PAP LÚ.:
	26	IGI 1.Ṣal-mu-PAP.MEŠ LÚ.GIŠ.GIGIR
	27	IGI 1.DI.KU₅-Kur-ba-ìl
	28	LÚ.kal-la-pu
	29	IGI 1.Qu-qu-u-⌈a⌉ LÚ.kal-la-pu
	30	IGI 1.Da-ú-li-i LÚ.:
	31	IGI 1.Mi-nu-DÙ-DINGIR LÚ.GIŠ.GIGIR
	32	IGI 1.Di-lil-d.15 LÚ.A.BA
	33	DIB IM
	34	ITU.BÁRA UD 10 KÁM
	35	lim-mu 1.Da-na-nu LÚ.GAR.KUR URU.Man-ṣu.MEŠ
	36	ina tar-IṢ 1.Aš+šur-PAP-SUM-na LUGAL KUR.Aš+šur.KI
te	37	la-qé

Translation

Seal of Nabû-ṣalli, the brother of Ḫazail, seal of Rišá-abīša, the widow of Ḫazail. A total of 2 men, servants of the lady of the house of the crown prince, owner(s) of the man being sold. /2 Circular Stamp Seals/ Mār-sūri, the servant of these men——Ili-naṣir, servant of the crown prince of the city of TA*-KUR-āya, contracted and bought him from these men for 1 mina of silver according to the mina (standard) of Gargamiš. The money is paid completely.

That man is purchased and acquired. Any revocation, lawsuit, or litigation
is void. Whoever, at any time in the future, lodges a complaint, whether
Nabû-ṣalli or R[iša-a]bīša or their sons or their br[others] or their
superior or [their x x x x] or the person responsible for their ilku-duties
o[r x x x x x], whoever repeatedly se[eks] a lawsuit or litigation against
Ili-nāṣir and [his s]o[ns] shall pay 2 minas of silver double. He shall redeem
the man. He shall contest in his lawsuit and not succeed. 7 witnesses, scribe,
date, eponym.

Notes

4: GAŠAN* = 𒊩.

7: The reading of the place name is unknown. Postgate proposes: URU.dàk?-kur-
a-a. TA* = ⸢sign⸣. The sign is similar, but not identical to the TA* in 1.8.
TA* in 1.19 looks like: ⸢sign⸣.

27: See No. 92:7'.

32: See No. 93:9.

K.414	No.	112		Mí.Indibî
46 x 33 x 20	ADD	66	C	Loan:silver with pledge
	AR	124	T,TrG	9.V.693 B.C.
	FNAD	24	T	
	RIDA 6	166		

---

obv	1	17 MA.NA KÙ.BABBAR ina ma-né-e ša ⸢KÁ.DINGIR⸣
	2	ša Mí.In-di-bi-i
	3	ina IGI 1.Ar-ba-a+a
	4	ITU.DU₆ KÙ.BABBAR ina SAG.DU-šú SUM-an
	5	šum-ma la SUM-ni
	6	2 GÍN a-na ma-né-e ša ITU-šú
	7	GIŠ.KIRI₆ ša GIŠ.til-liti zaq-pu
be	8	ina URU.ŠE 1.EN-PAP.MEŠ SUHUR GIŠ.KIRI₆ šá
	9	1.Ha-ba-su SUHUR 1.Se-e'-ba-⸢rak-ku⸣
rev	10	SUHUR GIŠ.KIRI₆ LÚ.GAL A.BA
	11	1.Da-ri-EN Mí-šú 3 DUMU.MEŠ-šú
	12	2 DUMU.Mí.MEŠ-šú a-di qi-ni-ti-šú
	13	ha-am-šu hu-ṣa-bu 1.Hu-ul-li DUMU.Mí-šú
	14	a-na šá-par-ti šá-kin me-tu hal-qu
	15	ina UGU EN-šú-nu ina UD-me ša KÙ.BABBAR a-⸢di⸣
	16	ru-bé-e-šú ú-še-rab-a-ni
	17	GIŠ.KIRI₆ UN.MEŠ ú-še-ṣa ITU.NE UD 9⸢KÁM*⸣
	18	lim-mu 1.SUM-ni-PAP.MEŠ <IGI> 1.Man-nu-ki-i-d.[4*-ìl]
te	19	[IG]I 1.⸢d.ŠÚ⸣-NUMUN-DÙ IGI 1.PAP-u-a-nu
	20	[IG]I 1.Ma-ka-me-⸢e⸣ LÚ*.⸢ZADIM.BAN⸣.ME
le	21	IGI 1.Rém-a-ni-DINGIR
	22	IGI 1.UTU-PAP-PAP
	23	ša LÚ.⸢qur-ub⸣-te

Translation

17 minas of silver according to the mina (standard) of Babylon belonging
to Indibî are at the disposal of Arbāya. He shall pay the silver according
to its capital sum in Tašrītu. If he does not pay, (it shall increase)
2 shekels per mina per month. An orchard with vines is planted in the
village of Bēl-aḫḫē adjoining the orchard of Ḫabasu, adjoining the orchard
of Se'-barakku, and adjoining the orchard of the chief scribe; Dāri-Bēl,
his wife, his 3 sons, and his 2 daughters including his property, even the
chaff and a twig, are placed as a pledge. (If) they die or flee, the
responsibility is upon their owner. On the day that someone brings the
silver including its interest, he shall redeem the orchard and the people.
Date, eponym, 5 witnesses.

Notes

2: For the name In-di-bi-i < nindabû see K. Deller - I.L. Finkel,
ZA 74 (1984) 83–84 n.4.

9: See M. Fales, BSOAS 40 (1977) 598 for the name Se-e'-ba-⌜rak-ku⌝.

7: The wedges on the edge of the tablet indicated by Postgate
are the šá in 1.8.

13: šu is certain. ha-am-šu is a mistake for ḫa-am-mu.

14: šá-kín is a scribal error for šaknū.

18: Man-nu-ki-d.[4*-ìl] is restored according to AR 58:10.

21: This witness occurs in AR 58:12.

K.454	No.	113		Isanāya
(49) x (73) x 27	ADD	265	C	Sale:slaves
	AR	75	T,TrG	
	Aššur	2/5	Coll.	
	AST	T217	Q	

---

beginning missing

1+[x] Stamp Seals

---

obv	1'	[1.x x]-nu-lam-ši 1.EN-nu-r[i x x] ⌜ÌR.MEŠ-šú⌝
	2'	[1.d].UTU-SU ⌜MÍ.Bu-su-ku MÍ⌝-šú
	3'	[ú]-piš 1.I-⌜sa⌝-na-a+a

```
          4'    [TA* IGI] 1.Ki-ri-BI-tú-Aš+šur
          5'    [ina ŠÀ] ⌜50 URUDU⌝.MEŠ ina 1 ⌜MA⌝.NA-e
          6'    [ša x x x] i-zi-rip
          7'    [i-se-qe] kas-pu ga-mur
          8'    [ta-din UN].MEŠ šu-a-tu za-ar-pu
          9'    [laq-qe]-ú tú-a-ru de-nu
         10'    [DUG₄.DU]G₄ la-áš-šú
         11'    [man-nu ša ina u]r-kiš ina ma-te-ma
                remainder of obverse missing
rev      12'    [ina bur-ki d.x a]-šib
         13'    [URU.x x i]-šak-kan
         14'    [kas-pu a-na 10].MEŠ-a-te
         15'    [a-na EN].MEŠ-šú ú-ta-⌜ra⌝
         16'    [ina de]-⌜ni⌝-šú DUG₄.DUG₄ la TI
         17'    [man-nu š]a GIB-⌜ú⌝-ni
         18'    [i-ba]la-kàt-ú-ni
         19'    [x MA.N]A KÙ.BABBAR SUM-an
         ──────────────────────────────────────
         20'    [IGI 1.BÀ]D-Aš+šur IGI 1.Ì.GÁL-DINGIR.MEŠ
         21'    [IGI 1.x x]-⌜ú⌝-mal-ku-u-te
         22'    [IGI 1.x x x]-ḫu IGI 1.Ḫi-⌜li⌝-și
         23'    [IGI 1.x x x]⌜x x⌝[x x x x x]
                remainder missing
```

Translation

Beginning missing— 1 + [x] Stamp Seals/ [x x]-nu-lam-ši and Bēl-nūr[i x x],
his servants, Šamaš-erība and his wife Busuku——Isanāya [con]tracted, has
purchased, [and has acquired them from] Kiribtu-Aššur [for] 50 (shekels) of copper
according to the 1 mina (standard) [of x x x]. The money [is paid] completely.
Those [people] are purchased [and acquired]. Any revocation, lawsuit, or
[litig]ation is void. [Whoever, at any] time in the future, – remainder
of obverse missing— [sh]all place .... [in the lap of DN resi]ding
[in GN]. He shall return [the money ten]fold [to its ow]ners. He shall
contest [in] his lawsuit and not succeed. [Whoever] breaches the contract
[or ap]peals shall pay [x min]as of silver. 6+ witnesses.

Notes

3': [ú]-piš should possibly be emended to: [ú-tap]-piš or less likely
[ú]-piš-⟨ma⟩. ⌜ša⌝ = 𒊭.

22': Note the spelling Ḫal-li-și in AR 77:23.

K.453	No.	114		Ištar-dūrī
59 x (50) x 29	ADD	428	C	Sale:mixed
	AR	106	T,TrG	
	AST	T204	Q	

beginning missing

obv
1' ⌜x x x⌝[x x x x x x x x x]
2' 1.Šum-ma-d.I[M x x x x x x x]
3' 1.Gab-bu-a-mur [LÚ].⌜ENGAR⌝ [x x x x x]
4' 1.d.PA-AŠ-PAP.ME[Š] DUMU-šá ⌜x⌝[x x x x]
5' 1 MÍ 1 TUR 3 ⌜MÍ⌝ É 53 ANŠE A.ŠÀ.GA
6' 31 ZI.MEŠ GIŠ.KIRI₆ ša til-liti up-⌜piš⌝-ma
7' 1.d.MÙŠ*-BÀD LÚ.A.BA ša MÍ.AMA LUGAL
8' ina ŠÀ 1 1/2 MA.NA LAL ina 1 GÚ.UN KÙ.BABBAR ⌜TA*⌝ IGI
9' 1.Pa-ru-ṭi ⌜il⌝-qé KÙ.⌜BABBAR⌝ gam-mur ta-⌜din⌝
10' ⌜A.ŠÀ⌝ GIŠ.KIRI₆ [U]N.MEŠ ⌜šu⌝-a-tú zar₄-pu
11' laq-qé-'u tu-a-ru <de-nu> DUG₄.DUG₄ la-áš-šú
12' man-nu šá ina ur-kiš ù mat-⌜e⌝-ma

rev
13' [lu]-u 1.⌜Pa⌝-ru-ṭu lu-u DUMU.MEŠ-šú DUMU.DUMU.⌜MEŠ⌝-šú
14' [lu]-⌜u⌝ ŠEŠ.MEŠ-šú DUMU.PAP.MEŠ-šú i-zaq-qup-an-ni
15' [T]A* 1.d.MÙŠ*-BÀD ⌜DUMU⌝.MEŠ-šú de-e-nu
16' DUG₄.DUG₄ ub-ta-'u-u-ni
17' [x GÚ.U]N KÙ.BABBAR 10 MA.NA KÙ.GI ina bur-ki d.MÙŠ*
18' [šá] NINA GAR-an KÙ.BABBAR ina 10.A.TA.AN
19' [ana] EN.MEŠ-šú GUR ina de-ni-šú DUG₄.DUG₄-⌜ma⌝ NU TI

20' IGI 1.[x x x x] LÚ.3.U₅ AMA MAN
21' [IGI 1.x x x] ⌜LÚ⌝.GAL ki-ṣir :
22' [IGI 1.x x x]⌜x⌝ LÚ.A.BA :
23' [IGI 1.x x x LÚ].⌜qur⌝-bu-ti
24' [IGI 1.x x x x LÚ.šá]⌜GÌR⌝.2
remainder missing

Translation

Beginning missing- .... Šumma-Ad[ad x x x x x x x x], Gabbu-āmur, the farmer, [x x x x x], Nabû-nādin-aḫḫē, her son,⌜x⌝[x x x x], 1 woman, 1 boy, 3 gir<ls> and an area of 53 homers of land, <a total> of 31 persons and an orchard with vines——Ištar-dūrī, the scribe of the queen mother, contracted and bought them for 1 1/2 minas less than one talent of silver from Paruṭu. The silver is paid completely. That land, orchard, and [peo]ple are purchased and acquired. Any revocation or litigation is void. Whoever, at anytime and <in> the future, lodges a complaint, [whe]ther Paruṭu or his sons <or> his grandsons [o]r his brothers <or> his nephews, <whoever> repeatedly seeks a lawsuit or litigation [again]st Ištar-dūrī <or> his sons shall place [x tale]nts of silver (and) 10 minas of gold in the lap of Ištar [of] Ninua. He shall return the silver tenfold [to] its owners. He shall contest in his lawsuit and not succeed. 5+ witnesses.

Notes

1': ⌜x x x⌝ = 𝄶.

4': ⌜x⌝ = 𝄢.

5': 3 ⌜MÍ⌝ is possibly to be emended to 3 <DUMU>.⌜MÍ⌝. The sign ⌜LAL⌝
for ⌜MÍ⌝ is unlikely; see S. Parpola, OLZ 74 (1979) 34 997b.

8': The price is 58 1/2 talents of silver. The same phrase occurs
in an unpublished Aššur text: ina lìb-bi 1 1/2 GÍN LAL a-na 1 MA.NA KÙ.BABBAR
VAT 9778:6 (courtesy K. Deller).

22': ⌜x⌝ = 𝄜.

Bu.91-5-9,123	No.	115		Ištar-dūrī
48 x (36) x 17	ADD	507	C	Sale
	AR	611	T,TrG	
	AST	T206	Q	

beginning broken away

obv	1'	[tu-a-r]u de-[e-nu DUG₄.DUG₄]
	2'	la-áš-šú man-nu ⌜šá⌝ ina ur-[kiš]
	3'	ù ma-te-ma i-zaq-qup-[an-ni]
	4'	lu-u 1.Mar-di-i lu-u DUMU.[MEŠ-šú]
	5'	lu-u DUMU.DUMU.MEŠ-šú TA*<<É>> 1.d.15-⌜BÀD⌝
	6'	ù DUMU.MEŠ-šú ù DUMU.DUMU.MEŠ-šú
	7'	de-e-nu DUG₄.DUG₄
	8'	ub-ta-'u-u-ni
	9'	10 MA.NA KÙ.BABBAR 2 MA.NA KÙ.[GI]
	10'	a-na d.15 šá URU.NINA SUM-an
rev	11'	kas-pu a-na 10.MEŠ-te a-na EN.MEŠ-⌜šú GUR⌝
	12'	IGI 1.d.EN-URU.KASKAL-MAN-PAP LÚ.GAL ⌜É⌝.[x x x]
	13'	IGI 1.Mil-ki-id-ri LÚ.⌜x⌝[x x x]
	14'	IGI 1.d.U+GUR-PAP-PAP IG[I 1.x x x x x]
	15'	IGI 1.d.PA-NUMUN-⌜DÙ⌝ IG[I 1.x x x x x]
	16'	IGI 1.d.15-A[Š-A x x x x x x]
	17'	IGI 1.ÌR-d.[x x x x x x]
	18'	[IGI 1.d].⌜Di⌝-ma-[nu x x x x x x x]
		remainder missing

Translation

Beginning missing– [Any revoc]ation, lawsu[it or litigation] is void.
Whoever, at any [time] and <in> the future, [lod]ges a complaint whether
Mardî or [his] sons or his grandsons, <whoever> repeatedly seeks a lawsuit
or litigation against Ištar-dūrī and his sons and his grandsons shall pay
10 minas of silver (and) 2 minas of go[ld] to Ištar of Ninua. He shall
return the money tenfold to its owners. 7+ witnesses.

Notes

12' ⌈É⌉ = 𒂍 .

13': ⌈x⌉ = 𒌋 .

K.443		No.	116		Kabar-ili
51 x (74) x 30		ADD	177	C	Sale:slave
		AR	183	T,TrG	
		Aššur	2/5	Coll.	
		AST	T217	Q	

---

obv	1	⌈NA₄.KIŠIB⌉ 1.U+GUR-D[Ù]
	2	LÚ*.2-u ša URU.⌈x⌉[x x]
	3	EN LÚ t[a-da]-⌈a⌉-[ni]

3 Circular Stamp Seals

	4	1.[Bul]-luṭ-ṭu ÌR-šú
	5	ša 1.U+GUR-DÙ
	6	ú-piš-ma 1.Ka-bar-DINGIR
	7	LÚ*.qur-bu-u-ti ša ⌈GÌR.2⌉
	8	ina líb-bi 1 MA.NA KÙ.[BABBAR]
	9	[ina 1 M]A.⌈NA-e⌉ ša [x x x]
		remainder missing
rev	10'	10 ⌈MA.NA⌉ [KÙ.BABBAR 1 MA.NA KÙ.GI]
	11'	ina bur-ki d.1[5 šá URU.NINA.KI]
	12'	i-šak-kan ⌈x⌉[x x x]
	13'	⌈a-de⌉-e ša MA[N ina qa-t]i-šú
	14'	[ú-b]a-'u IT[U.x UD] 20 KÁM
	15'	[lim-mu 1.x x]-PAP LÚ*.GAL SAG

	16'	[IGI 1.x x]-⌈i⌉ LÚ*.qur-⌈bu⌉-u-ti
	17'	[IGI 1.x x x.M]EŠ LÚ*.mu-kil KUŠ.PA.MEŠ
	18'	[IGI 1.x x x]-⌈a⌉+a LÚ*.šá IGI de-na-n[i]
	19'	[IGI 1.x x x]-⌈DINGIR⌉-a+a LÚ*.SAG
	20'	IGI 1.Šá-⌈ni⌉-ia LÚ*.A.BA
	21'	IGI 1.d.15-mu-qe-ia
te	22'	IGI 1.U+GUR-MU-PAP
	23'	A 1.EN-GIŠ.TIR [x]
le	24'	[x x x x IG]I 1.Ú-šá-ni-⌈DINGIR⌉
	25'	[IGI 1.x x x] IGI 1.PAP-KAM-eš
	26'	[IGI 1.x x x IGI 1.Ta]r-di-ia LÚ*.GIŠ.GIGIR na-kan-ti

Translation

Seal of Nergal-ib[ni], the viceroy of the city of ⌈x⌉[x x], owner of the man be[ing sold]. /3 Circular Stamp Seals [Bul]luṭu, the servant of Nergal-ibni——Kabar-ili, the qurbūtu of the "procession" chariot, contracted [and bought him] for 1 mina of sil[ver according to the 1 mi]na (standard) of [x x x] -remainder of obverse missing- He shall place 10 minas [of silver (and) 1 mina of gold] in the lap of Iš[tar of Ninua]. ⌈x⌉[x x x]. The oath of the king [sha]ll seek his [custo]dy. Date, (eponym), 12+ witnesses.

Notes

2: ⌜x⌝ = 𝕞.

4: The dividing line from the seal is missing.

6-7: See CTN III p.39.

82-5-22,35	No.	117		Kaddalānu
47 x (45) x 22	ADD	500	C	Sale
	AR	615	T,TrG	Dūr-Bēl
	Aššur	2/5	Coll.	
	AST	T196	Q	
	UTN	150ff.		

beginning missing

obv	1'	[x x x x x x x x x x]⌜x x⌝
	2'	[x x x x x z]a-⌜rip⌝ TI-qé tu-a-⌜ru⌝
	3'	[de-e-nu DU]G₄.DUG₄ la-áš-šú man-nu šá
	4'	[ina ur-kiš ina ma]-te-e-ma lu-u LÚ.ERIM.MEŠ šú-nu-te
	5'	[lu-u DUMU.ME]Š-šú-nu lu-u DUMU.DUMU.<MEŠ>-šú-nu
	6'	[lu-u PAP.MEŠ-š]ú-nu lu-u EN il-ki-šú-nu
	7'	[ša de]-⌜e⌝-nu DUG₄.DUG₄ TA<<É>> 1.Ka-da-la-⌜ni⌝
	8'	[lu-u DUM]U.MEŠ-šú u DUMU.DUMU.MEŠ-šú PAP.MEŠ-šú
	9'	[de]-⌜e⌝-nu DUG₄.DUG₄ ub-ta-'u-u-ni
	10'	1 MA.NA KÙ.BABBAR LUH-ú 1 MA.NA KÙ.GI
	11'	sag-ru ina bur-ki d.IM a-šib URU.BÀD-d.BE
	12'	i-sak-kan 1 GÚ.UN AN.NA a-na
	13'	LÚ.GAL KAŠ.LUL SUM-an kas-pu a-na 10.MEŠ
	14'	a-na EN.MEŠ-šú GUR-ra ina de-ni-šú DUG₄DUG₄-ma la⌜TI⌝
rev	15'	IGI 1.DI-mu-EN IGI 1.Su-u-a URU.Kàl-ḫa
	16'	IGI 1.d.PA-u-a IGI 1.Man-nu-ki-i-d.NUSKU LÚ*.A.[BA]
	17'	3 IGI.MEŠ LÚ*.URU.Ni-nu-u IGI 1.I-lu-ki-⌜ia⌝
	18'	[IG]I 1.GIN-MAN-te-DINGIR IGI 1.Mil-⌜qi⌝-i
	19'	[IGI] 1.PAP-DU-ka ÌR šá LU.GAL SAG
	20'	[IGI] 1.ÌR-d.15 IGI 1.URU.Ni-nu-u-a
	21'	[IGI 1.x x]⌜x⌝-su-ur-⌜ri⌝ IGI 1.d.EN-DINGIR-a+a
	22'	[x x x]-⌜ni⌝ 2 URU.Šu-ra-a+a
	23'	[IGI 1.x-lim]-ṭu-⌜ru⌝ IGI 1.DÙ-IGI.LAL ⌜ÌR⌝.MEŠ
	24'	[IGI 1.x x-d].15 [I]GI 1.A-ga-bu-ru
	25'	[IGI 1.x x i]q-bi IGI 1.Aš+šur-PAP-PAP IGI 1.Ì.GÁL-DINGIR.MEŠ
	26'	[IGI 1.x x x b]a-ruk IGI 1.A-ra-ka-i
	27'	[IGI 1.x x]-i 2 URU.I-ni-KUR IGI [1].A-zi-ìl
	28'	[IGI 1.x x]-a+a URU.Ḫi-di-ni-ba
	29'	[IGI 1.x x x IG]I 1.Sa-i-ìl 2 URU.ŠE 1.d.UTU-GIN
	30'	[x x x x x x x]⌜x x x x⌝-u-nu
		remainder missing

Translation

Beginning missing- ......[That x is p]urchased and acquired. Any revocation,
[lawsuit, or li]tigation is void. Whoever, [at any time in the] future,
whether these men [or] their [son]s or their grandsons [or th]eir
[superior] or anyone responsible for their <u>ilku</u>-duties, [whoever] repeatedly
seeks [a law]suit or litigation against Kaddalānu [and] his [son]s and
his grandsons <and> his brothers ([(law)suit or litigation]) shall place
1 mina of refined silver (and) 1 mina of pure gold in the lap of Adad
residing in Dūr-Bēl. He shall pay 1 talent of tin to the chief cup-bearer.
He shall return the money tenfold to its owners. He shall contest in his
lawsuit and not succeed. 27+ witnesses.

Notes

1': ⌜x x⌝ = 𒌓.

11': See UTN 150 n.508 for <u>URU.BÀD-d.BE</u>. See also AST I 127.

16': <u>d.NUSKU</u> is certain. The reading of the profession is unsure.

18': <u>Mil</u> = 𒈪𒇺; ⌜qi⌝ = 𒆠.

21': ⌜x⌝ = 𒊩.

26': A possible restoration is [1.d.Se-e'-b]a-ruk.

30': ⌜x x x x⌝ = 𒌋𒌋𒈦𒌋𒌋.

K.282	No.	118		Kakkullānu
50 x 94 x 23	ADD	349	C	Sale:building
	AR	340	T,TrG	Sîn-aḫu-iddina
	AST	T204	Q	Ninua
				22.V.PC

obv 1 ⌜NA₄.KIŠIB⌝ 1.d.P[A x x x]
2 A 1.10-[x x x x]
3 : 1.A-di-i A 1.[x x x]
4 : 1.d.PA-šá-liṭ A [1.x x x]
5: EN É ša a-ku-li [SUM-ni]

---

3 Stamp Seals

---

6 É ša GIŠ.a-kul-li ina NINA.KI
7 PÚ ina lìb-bi 43 ina 1 KÙŠ GÍD.DA
8 25 ina 1 KÙŠ DAGAL-šú GAB.DI
9 É 1.Kul-ku-la-nu GAL ki-ṣir
10 GAB.DI É 1.DINGIR-ma-na-ni LÚ.GIGIR
11 GAB.DI SILA GAB.DI SILA-ma
12 ú-piš-ma 1.Ku-ku-la-nu
13 ina lìb-bi 3 MA.NA 30 GÍN KÙ.B[ABBAR]
14 TI kas-pu ga-mur ta-⌜din⌝
15 É ša GIŠ.a-kul-li šu-[a-tú]
16 zar₄-rip laq-qe tu-a-r[u]
17 de-e-nu DUG₄.DUG₄ la-[áš-šú]
18 man-nu šá ina ur-kiš ina mat-e-[ma]
19 e-za-qu-⌜pa⌝-ni e-GI[B-u-ni]
be 20 lu-u LÚ.MEŠ-e an-nu-[te]
21 lu-u DUMU.MEŠ-šú-nu DUMU.DUMU.[MEŠ-šú-nu]
22 ša de-e-nu DUG₄.D[UG₄]
23 TA* 1.Ku-ku-la-n[u]
rev 24 TA* DUMU.MEŠ-šú ub-ta-[u-ni]
25 10 MA.NA KÙ.BABBAR 1 MA.NA KÙ.[GI]
26 ina bur-ki d.Iš-tar a-ši-[bat]
27 NINA.KI GAR-an kas-pu ana 10.MEŠ-t[e]
28 a-na EN-šú GUR ina de-e-ni-[šú]
29 DUG₄.DUG₄-ma la TI

---

30 IGI 1.DI-mu-PAP.MEŠ qur-bute
31 IGI 1.d.PA-MAN-PAP GAL ki-ṣir
32 IGI 1.d.PA-TI-su-iq-bi :
33 IGI 1.Aš+šur-ki-la-a-ni :
34 IGI 1.U+GUR-MAŠ :
35 IGI 1.d.Šá-maš-rém-a-ni qur-bute
36 IGI 1.MAN-lu-da-ri :
37 IGI 1.d.PA-re-eḫ-tú-PAP :
38 IGI 1.ÌR-d.PA A.ZU
39 IGI 1.Ḫi-ri-ṣa-a+a
40 IGI 1.ÌR-d.PA IGI 1.EN-I
41 ITU.NE UD 22 [KÁM]
te 42 lim-mu 1.NU-MAN-⌜E⌝
43 IGI 1.EN-PAP.MEŠ LÚ*.⌜x⌝[x x x]
44 IGI 1.Id-di-i ⌜LÚ*⌝.[DAM.QAR]
le 45 IGI 1.⌜30-PAP-AŠ A⌝.BA

Translation

Seal of Nab[û-x x x] son of Adad-[x x x x], (seal) of Adî son of [x x x],
(and the seal) of Nabû-šaliṭ son [of x x x], owner(s) of the warehouse
[being sold]. /3 Stamp Seals/ A warehouse in Ninua (with) a cistern 43 cubits
long (and) 25 cubits wide adjoining the house of Kulkulānu, the captain,
adjoining the house of Ilu-mananni, the charioteer, adjoining the street
(on one side) and adjoining the street (on the other side)— Kukulānu
contracted and bought it for 3 minas and 30 shekels of silv[er]. The money
is paid completely. Th[at] warehouse is purchased and acquired. Any revocati[on],
lawsuit, or litigation is vo[id]. Whoever, at any time in the future,
lodges a complaint or breaches [the contract], whether the[se] men or their
sons <or> their grandsons, <whoever> repeatedly [seeks] a lawsuit or
liti[gation] against Kukulān[u] (or) against his sons shall place 10 minas
of silver (and) 1 mina of gol[d] in the lap of Ištar resi[ding] in Ninua.
He shall return the money tenfo[ld] to its owner. He shall contest in [his]
lawsuit and not succeed. 13 witnesses, date, eponym, scribe.

Notes

2: A is written over an erasure.

9: The spelling of the name is attested in this archive as follows:

Kul-ku-la-nu / Ku-ku-la-nu	Ninua	No. 118:9,12,23
Kul-ku-la-a-nu	Irbuāya	No. 119:11,25
Ka-ku-la-nu		No. 120:6,19
Ku-kul-la-ni/nu / Ku-ku-la-nu	Appūnu	No. 121:4',6',18'
Ku-kul-a+a	Ninua	No. 122,8',21'
Kak-kul-la-ni	Ninua	No. 123:8,10,21
Kak-kul-la-nu		No. 124:10
Kak-kul-la-nu/nu		No. 125:8,20
Kak-kul-la-ni/nu		No. 126:13,16
Kak-kul-la-nu		No. 127:7,13,15,20,27, 43,49
Kak-kul-la-nu	Qurrubi	No. 128:21'
Kak-kul-la-nu / Kak-kul-la-a-ni		No. 129:7,20
Kak-kul-la-nu/ni		No. 130:6,14
A-kul-la-nu		No. 131:4'
Ku-ku-la-nu/ni		No. 132:9',21'

Kak-kul-la-nu	No. 133:2'
Ka-ku-la-an-nu	No. 134:8'

10: See E. Lipiński, SAIO 122-123 for the name.

30: Šulmu-aḫḫē occurs in No. 136:27 as LÚ*.GIGIR. Note that the archive of Kiṣir-Aššur is closely related to Kakkullānu's texts.

33: Aššur-killanni is frequently attested. His profession varies. In No. 120:30 he is LÚ*.GIŠ.GIGIR MAN. Otherwise he is qurbūtu (Nos. 121:31', 123:31, 127:61, 140:29', 133:11') or rab kiṣir (Nos. 125:24, 128:29').

39: Ḫiriṣāya is LÚ*.NI.GAB ša É kid-mu-ri in No. 130:29. He appears in Nos. 120:32, 124:23', 133:14' as LÚ*.NI.GAB or without a title in Nos. 122:28', 123:38', 128:35'.

42: A discussion on the dating of Kakkullānu's archive is found in M. Falkner, AfO 17 (1954/56) 107-108.

43: ⌜x⌝ = 𐎐.

44: Id-di-i is attested in Kakkullānu's texts as: I-di-i LÚ*.DAM.QAR No. 120:31; I-di-i No. 123:37; I-di-i LÚ*.DAM.QAR No. 125:28; A-di-i LÚ*.DAM.QAR No. 127:63; I-di-i LÚ*.DAM.QAR No. 128:35'; A-di-i LÚ*.DAM.QAR No. 131:22'; I-di-i KUR.Kisi-q[a+a] No. 133:13'.

K.298	No.	119		Kakkullānu
47 x 97 x 32	ADD	446	C	Sale:mixed
	AR	376	T,TrG	Nabû-na'id
	Op	243-7	T,TrL/F	Irbūaya
	AST	T199	Q	18.XI.PC

obv	1	NA₄.KIŠIB 1.NUMUN-GIN A 1.EN-BÀD
	2	ša URU.Ir-bu-u-a+a
	3	EN GIŠ.KIRI₆ UN.MEŠ SUM-ni

3 Circular Stamp Seals

	4	GIŠ.KIRI₆ šal-mu ša GIŠ.til-liti URU.Ir-bu-u-a+a
	5	SUḪUR GIŠ.KIRI₆ ša 1.Ul-ka-a
	6	SUḪUR GIŠ.KIRI₆ ša 1.DÙ-PAP.MEŠ
	7	SUḪUR GIŠ.KIRI₆ ša 1.SUḪUŠ-DINGIR.MEŠ-ni
	8	SUḪUR GIŠ.KIRI₆ ša 1.GIN-i A 1.d.PA-BÀD-PAP
	9	1.Si-na-in-ni 1.Ku-⌜bába⌝-DINGIR-a+a
	10	PAP 2 ZI.MEŠ ÌR.MEŠ-šú
	11	ú-piš-ma 1.Kul-ku-la-a-nu LÚ*.GAL ki-ṣir
	12	TA* IGI 1.NUMUN-GIN A 1.EN-BÀD

	13	ina lìb-bi 3 MA.NA KÙ.BABBAR il-qe
	14	kas-pu gam-mur ta-din-ni
	15	GIŠ.KIRI₆ UN.MEŠ šu-a-te za-ar-pat TI
	16	tu-a-ru de-e-nu DUG₄.DUG₄
	17	la-áš-šú man-nu šá ina ur-kiš
	18	ina ma-te-ma i-za-qu-pa-a-ni
	19	GIB-u-ni lu-u 1.NUMUN-GIN
be	20	lu-u DUMU.MEŠ-šú : DUMU.DUMU.⌈MEŠ-šú⌉
	21	lu-u PAP.MEŠ-šú : A.PAP.MEŠ-šú
	22	lu-u GAR-nu-šú : GAL ki-ṣir-šú
rev	23	lu-u qur-bu-⌈šú⌉ : ḫa-za-nu URU-šú
	24	lu-u mám+ma-me-nu-šú : de-e-nu DUG₄.DUG₄
	25	TA* 1.Kul-ku-la-a-nu DUMU.MEŠ-šú
	26	DUMU.DUMU.MEŠ-šú mám+ma-me-mu-šú ub-ta-u-ni
	27	1 GÚ.UN KÙ.BABBAR 5 MA.NA KÙ.GI
	28	ina bur-ki d.Iš-tar a-ši-bat URU.4*-ìl GAR-an
	29	kas-pu a-na 10.MEŠ ina EN.MEŠ-šú GUR-ra
	30	ina de-e-ni-šú DUG₄.DUG₄-ma la il-laqa

	31	IGI 1.NIGIN-DINGIR A 1.Zi-zi-i
	32	IGI 1.Ì.GÁL-DINGIR.MEŠ A 1.U+GUR-DINGIR-a+a
	33	IGI 1.10-bal-liṭ LÚ*.DIŠ+U A 1.Gu-gi-i
	34	IGI 1.A-ši-re-e : A 1.PAP-u-a
	35	IGI 1.DÙ-PAP.MEŠ A 1.ITU.AB-a+a
	36	PAP 5 IGI.MEŠ URU.Ir-bu-u-a+a
	37	IGI 1.Ḫal-di-da-ia-a LÚ*.šá GÌR.2
	38	IGI 1.d.PA-PAP A 1.I-15 ÌR šá A.MAN
	39	IGI 1.d.PA-rém-a-ni PAP-šú : :
	40	IGI 1.10-AD-PAP A 1.BÀD-10
	41	IGI 1.KUR-AŠ-PAP LÚ*.DIŠ+U A 1.Ki-ma-ma
	42	IGI 1.10-KAM-eš A 1.10-KI-ia
	43	IGI 1.Ḫa-an-da-pi-i : A 1.Ḫu-un-zu-di-i
	44	IGI 1.30-MAN-PAP A 1.d.PA-PAP
	45	IGI 1.ÌR-15 A 1.Qutu-nu :
te	46	IGI 1.15-SUM-PAP.MEŠ šá GÌR.2
	47	PAP 10 IGI.MEŠ URU.Ḫu-bába-a+a
	48	IGI 1.d.PA-SU LÚ*.qur-bu-tú
le	49	ITU.ZÍZ UD 17 KAM lim-mu 1.NU-MAN-E LÚ*.tur-ta-a-nu URU.Ku-mu-ḫi
	50	1.d.PA-I A.BA IGI 1.PAP-SU A 1.KASKAL-a+a : 1.d.NUSKU-PAP-AŠ

Translation

Seal of Zēr-ukīn son of Bēl-durī of the city of Irbūaya owner of the orchard
(and) people being sold. /3 Circular Stamp Seals/ A complete orchard
with vines <in> the city of Irbūaya adjoining the orchard of Ulka, adjoining
the orchard of Bāni-aḫḫē, adjoining the orchard of Ubru-ilāni, and adjoining
the orchard of Kēnî son of Nabû-dūru-uṣur; Sinainni and Kubaba-ilāya, a total
of 2 persons, his servants—Kulkullānu the captain, contracted and bought
them from Zēr-ukīn son of Bēl-durī for 3 minas of silver. That orchard
(and) people are purchased and acquired. Any revocation, lawsuit, or litigation
is void. Whoever, at any time in the future, lodges a complaint or breaches

the contract, whether Zēr-ukīn or his sons (or) his grandsons or his brothers (or) his nephews or his superior (or) his captain or his relative (or) the mayor of his city or anyone belonging to him, <whoever> repeatedly seeks a lawsuit or litigation against Kulkullānu, his sons, his grandsons, (or) anyone belonging to him shall place 1 talent of silver (and) 5 minas of gold in the lap of Ištar residing in Arbail. He shall return the money tenfold to its owners. He shall contest in his lawsuit and not succeed. 18 witnesses, date, eponym, scribe.

Notes

3: UN = 𒂗; ni = 𒉌 .

24: nu is certain in mám+ma-me-nu-šú; mu in 1.26 is correct.

K.301		No.	120		Kakkullānu
57 x 89 x 27		ADD	308	C	Sale:marriage
		AR	57	T,TrG	20.II.PC
		Aššur	2/5	Coll.	

obv	1	[NA₄.KIŠIB 1.x x]⌈x⌉-ka-a-x<<erasure>>-a
	2	[NA₄.KIŠIB 1.PA]P-u-a-SU DUMU 1.A+⌈a-PAP⌉.MEŠ
	3	[EN M]Í ta-SUM-ni

3 Stamp Seals

	4	MÍ.Ṣa-le-en-tú ⌈GÉME⌉-šú-nu
	5	ša LÚ.MEŠ-e an-nu-u-ti
	6	ú-piš 1.Ka-ku-la-nu LÚ.GAL ṣir-ki
	7	ša A.MAN <ina ŠÀ> 1/2 MA.NA a-na 1.Tar-ḫu-na-zi ÌR-šú
	8	a-na MÍ-su-ti il-qe
	9	kas-pu gam-mur ta-din-ni
	10	MÍ šú-a-te za-pat là-TI
	11	tu-a-ru de-e-nu
	12	DUG.4.DUG.4.MEŠ la-áš-šú
	13	man-nu ša ina ur-kiš
	14	ina ma-te-ma i-za-qu-pa-a-ni
	15	GIB-u-ni lu-u LÚ.MEŠ-⌈e⌉
be	16	an-nu-u-te lu-u DUMU.MEŠ-⌈šú⌉-<nu>
	17	lu-u DUMU.DUMU.MEŠ-šú-<nu> lu-u

	18	ŠEŠ.MEŠ-šú-<nu> lu-u DUMU.<ŠEŠ>.MEŠ-šú-<nu>
rev	19	LÚ*.GAR-šú-nu ša TA* 1.Ka-ʿkuʾ-la-nu
	20	DUMU.MEŠ-<šú> DUMU.DUMU.MEŠ-<šú> de-e-nu
	21	DUG₄.DUG₄.MEŠ ub-ta-u-ni
	22	10 MA.NA KÙ.BABBAR SUM-an

	23	ITU.GU₄ UD 20 KAM
	24	lim-mu 1.NU-MAN-iq-bi
	25	LÚ*.tur-ta-nu GÙB
	26	IGI 1.Li-qi-pu LÚ*.GAL ki-ṣir
	27	IGI 1.Ba-la-si A 1.d.PA*-na-<at>-kil : ma
	28	IGI 1.d.PA-LAL-iṣ LÚ*.GIŠ.GIGIR MAN
	29	IGI 1.Zi-ze-e LÚ*.2-e ša GAL ki-ṣir
	30	IGI 1.Aš+šur-kil-la-ni LÚ*.GIŠ.GIGIR MAN
	31	ʿIGIʾ 1.I-di-i LÚ*.DAM.QAR
	32	[IGI 1.Ḫ]i-ri-ʿṣaʾ-a+a LÚ*.NI.GAB
	33	[IGI 1.x]ʿxʾ[x x x]-še-ri
te	34	[IGI 1.x]x-ma-PAP A.BA

Translation

[Seal of x x]ʿxʾ-ka, [seal of Aḫ]ū'a-erība son of Aya-aḫḫē, [owner(s) of the wom]an being sold. /3 Stamp Seals/ Ṣalentu, the maid of these men— Kakkullānu, the captain of the crown prince, contracted and bought her <for> 1/2 mina (of silver) for Tarḫunazi, his slave, for marriage. The money is paid completely. That woman is purchased and acquired. Any revocation, lawsuit, or litigation is void. Whoever, at any time in the future, lodges a complaint or breaches the contract, whether these men or th<eir> sons or th<eir> grandsons or th<eir> brothers or th<eir> nep<hews or> their superior, whoever repeatedly seeks against Kakkullānu, <his> sons, (or) <his> grandsons a lawsuit or litigation shall pay 10 minas of silver. Date, eponym, 8 witnesses, (scribe).

Notes

1: ʿxʾ = 𓏮.

6: ṣir-ki is a mistake for ki-ṣir.

10: za-pat: see note on GPA 22:11 and S. Parpola, StOr 55 (1984) 24 n.11.

27: See LAS II 37 for this witness. d.PA* = ⟨cuneiform sign⟩ . ma is written on the edge of the line and looks like: ⟨cuneiform sign⟩.

33: ʿxʾ = ⟨cuneiform sign⟩.

34: x]x = ⟨cuneiform sign⟩; Parpola collates U]TU-ma!. Perhaps this is to be read: Š]ú/Š]u-ma-PAP.

K.302		No.	121		Kakkullānu
53 x 78 x 24		ADD	361	C	Sale:vineyard
		AR	377	T,TrG	Appūna
		AST	T202	Q	6.XI.PC

beginning missing
2 Stamp Seals

obv	1'	[GIŠ].KIRI₆ zaq-pu ša GIŠ.til-liti
	2'	[ina] URU.ŠE qab-si URU.Ap-pu-ú-ni
	3'	SUḪUR ÍD SUḪUR GIŠ.KIRI₆ ša 1.Kal-da-a+a
	4'	SUḪUR GIŠ.KIRI₆ ša 1.Ku-kul-la-ni
	5'	SUḪUR su-qa-qi ú-piš-ma
	6'	1.Ku-ku-la-nu GAL ki-ṣir A.MAN
	7'	TA* IGI 1.Da-da-a
	8'	TA* IGI 1.Ri-ba-a-te A 1.Ša-lim-GIN
	9'	ina ŠÀ 1 1/2 MA.NA 6 GÍN.MEŠ KÙ.BABBAR TI
	10'	kas-pu ga-mur ta-din
	11'	GIŠ.KIRI₆ šu-a-te za-rip laq-qe
be	12'	tu-a-ru de-e-nu DUG₄.DUG₄ la-áš-šú
	13'	man-nu ša ina ur-kiš ina ma-te-ma
	14'	i-za-qu-pa-an-ni i-GIB-u-ni
	15'	lu-u 1.Da-da-a lu-u 1.SU-a-te
rev	16'	lu-u DUMU.MEŠ-šú-nu lu-u DUMU.DUMU.MEŠ-šú-nu
	17'	lu-u PAP.MEŠ-šú-nu lu-u DUMU.PAP.MEŠ-šú-nu
	18'	ša TA* 1.Ku-kul-la-nu TA* DUMU.MEŠ-šú
	19'	de-e-nu DUG₄.DUG₄ ub-ta-u-ni
	20'	10 MA.NA KÙ.BABBAR LUḪ-u 2 MA.NA KÙ.GI <sag-ru>
	21'	ina bur-ki d.15 a-ši-bat URU.NINA.KI GAR-an
	22'	kas-pu a-na 10.MEŠ ana EN-šú u-ta-ra
	23'	ina de-ni-šú DUG₄.DUG₄-ma NU TI
	24'	IGI 1.Ki-ṣir-Aš+šur LÚ.GAL ki-ṣir
	25'	IGI 1.Un-zar₄-ḫu-Aš+šur GAL ki-ṣir
	26'	IGI 1.SUḪUŠ-d.AG LÚ.;
	27'	IGI 1.DINGIR-ia-di-nu LÚ.;
	28'	IGI 1.Ba-la-si-i ;
	29'	IGI 1.Man-nu-ki-d.AG ;
	30'	IGI 1.d.MAŠ-ti-i ;
	31'	IGI 1.Aš+šur-kil-la-a-ni qur-bute
	32'	[IGI 1].˹Zi˺-zi-i LÚ*.2-e ša GAL ki-ṣir
		remainder missing
le	33'	ITU.ZÍZ UD 6 <KAM> lim-me 1.Aš+šur-KUR-LAL LÚ*.˹NAM˺.URU.
		[x x x x]

Translation

Beginning missing— 2 Stamp Seals/ A planted orchard with vines [in] the
village (from) in the center of the city of Appūna adjoining a canal,
adjoining the orchard of Kaldāya, adjoining the orchard of Kukkullānu, and
adjoining the street———Kukkullānu, the captain of the crown prince, contracted
and bought it from Dāda (and) from Rībāte son of Šalim-kēnu for 1 1/2
minas and 6 shekels of silver. The money is paid completely. That orchard
is purchased and acquired. Any revocation, lawsuit, or litigation is void.

Whoever, at any time in the future, lodges a complaint or breaches the contract, whether Dāda or Rībāte or their sons or their grandsons or their brothers or their nephews, whoever repeatedly seeks against Kukkullānu (or) against his sons a lawsuit or litigation shall place 10 minas of refined silver (and) 2 minas of ⟨pure⟩ gold in the lap of Ištar residing in Ninua. He shall return the money tenfold to its owner. He shall contest in his lawsuit and not succeed. 9+ witnesses, date, eponym.

Notes

2': See J.N. Postgate, AfO 24 (1973) 77 for URU.ŠE = kapru. Appūna is perhaps to be identified with the place name Ar-bu-na-a+a ADD 899 iii:14 (courtesy R. Zadok). See ADD 806:14.

8': For the name Rībāte see K. Deller, BaM 13 (1982) 151.

24': Kiṣir-Aššur is the archive-holder attested in Nos. 136-141. He occurs in Kakkullānu's texts in Nos. 125:6,27,28 and 126:12,14,23,24,33,55.

K.305	No.	122		Kakkullānu
53 x 69 x 31	ADD	327	C	Sale:house
	AR	358	T,TrG	Nabû-nādin-aḫi
	ABC	17	C,T,TrE	Ninua
	3R	46/9	C	10.II.PC
	CIS II	21	C,T,TrL	
	Op	328-31	T,TrL/F	
	Aššur	2/5	Coll.	

beginning missing

obv
1' É GIŠ.šá IG ⌜a⌝[x x x]
2' 1-et GIŠ.IG ina ⌜lìb-bi x x⌝[x x x]
3' SUḪUR É 1.Ṣili-d.PA
4' SUḪUR É 1.DÙG -IM-d.15
5' SUḪUR É 1.d.UTU-ZU
6' SUḪUR su-qa-qi
7' É ina SAG URU.NINA.KI
8' ú-piš-ma 1.Ku-kul-a+a
9' TA* IGI 1.Pa-qa-a-na-4*-ìl TA* IGI 1.IM-15
10' ina lìb-bi 1/2 MA.NA KÙ.BABBAR il-qe
11' kas-pu gam-mur ta-din É
12' šu-a-te za-rip laq-qe
13' tu-a-ru de-e-nu
14' DUG₄.DUG₄ la-áš-šú

be	15'	pqn'rb'l
	16'	sr'š
rev	17'	man-nu šá ina ur-kiš ina ma-te-ma
	18'	i-za-qup-pan-a-ni GIB-u-ni
	19'	lu-u 1.Pa-qa-a-na-4*-ìl
	20'	lu-u DUMU.MEŠ-šú DUMU.DUMU.MEŠ-šú
	21'	ša TA* 1.Ku-kul-la-a+a
	22'	DUMU.MEŠ-šú DUMU.DUMU.MEŠ-šú
	23'	de-e-nu DUG₄.DUG₄ ub-ta-u-ni
	24'	5 MA.NA KÙ.BABBAR SUM-an
	25'	IGI 1.SUHUŠ-d.PA LÚ.GAL ki-ṣir
	26'	IGI 1.Un-zar₄-ḫi-Aš+šur : :
	27'	IGI 1.NUMUN-15 : :
	28'	IGI 1.Ḫi-ri-ṣa-a+a
	29'	IGI 1.Su-nu-[x x x x]
	30'	IGI 1.[x x x x x]
		remainder missing
le	31'	ITU.GU₄ UD 10 KAM lim-me 1.Aš+šur-rém-a-n[i]
	32'	IGI 1.d.PA-AŠ-PAP LÚ*.A.BA

Translation

Beginning missing— a house, a door ... 1 inner-door ⌜x x⌝[x x x] adjoining
the house of Ṣilli-Nabû, adjoining the house of Ṭāb-šar-Ištar, adjoining
the house of Šamaš-lē'i, and adjoining the street; a house at the beginning
of the city of Ninua──Kukkulāya contracted and bought it from Pāqa-ana-Arbail
(and) from Šar-Ištar for 1/2 mina of silver. The money is paid completely.
That house is purchased and acquired. Any revocation, lawsuit, or litigation
is void. Caption: (Concerning) Pāqa-ana-Arbail (and) Šar-Iš(tar). Whoever,
at any time in the future, lodges a complaint or breaches the contract,
whether Pāqa-ana-Arbail or his sons or his grandsons, whoever repeatedly
seeks against Kukkulāya, his sons, (or) his grandsons a lawsuit or litigation
shall pay 5 minas of silver. 5+ witnesses, date, eponym, scribe.

Notes

1': ⌜IG a⌝ = 𒌍.

2': ⌜x x⌝ = 𒌍.

9': 1.IM-15: possibly to be restored as 1.<DÙG>-IM-15 and thus identical
with the person in 1.4'.

K.311	No.	123		Kakkullānu
54 x 105 x 28	ADD	325	C	Sale:house
	AR	341	T,TrG	Iqbi-Bēl
	AST	T204	Q	Ninua
				17.III.PC

obv	1	NA₄.KIŠIB 1.MAN-lu-da-ri A 1.PAP-u-a-SU
	2	LÚ.GIGIR ša LÚ.GAL šá A.MAN
	3	EN É SUM-ni

3 Circular Stamp Seals

	4	⌈É⌉ [e]p-šu a-du GIŠ.ÙR.MEŠ-šú
	5	6 GI[Š.I]G.MEŠ PÚ ina lìb-bi
	6	PAP ⌈É⌉ [r]i-pi-tú a-na gi-mir-te-šá
	7	ina URU.NINA SUḪUR 1.d.30-MAN-PAP
	8	SUḪUR 1.Kak-kul-la-ni
	9	SUḪUR 1.ITU.AB-a+a SUḪUR 1.Ṭu-si-i
	10	ú-piš-ma 1.Kak-kul-la-ni
	11	ina ŠÀ 2 MA.NA KÙ.BABBAR
	12	il-qe kás-pu gam-mur ta-din
	13	É šu-a-tú za-rip la-qe
	14	tú-a-ru de-e-nu DUG₄.DUG₄
	15	la-áš-šú man-nu šá ina ur-kiš
	16	⌈ina⌉ ma-te-ma i-za-qup-an-ni
	17	GIB-u-ni lu-u 1.MAN-lu-da-ri
be	18	lu-u DUMU.MEŠ-šú lu-u ŠEŠ.MEŠ-⌈šú⌉
	19	lu-u LÚ.GAR-nu-šu
	20	lu mám+ma-mu-nu-šú šá de-⌈e⌉-[nu]
	21	DUG₄.DUG₄ ⌈TA*⌉ 1.Kak-kul-la-⌈ni⌉
	22	[lu-u] DUMU.MEŠ-šú ⌈ub-ta⌉-u-⌈ni⌉
rev	23	[x GÚ].UN KÙ.BABBAR ⌈10⌉ MA.⌈NA⌉ KÙ.⌈GI⌉
	24	ina ⌈bur⌉-ki Iš-tar a-ši-bat NINA
	25	i-šak-kan kas-pu a-na 10.MEŠ
	26	a-na EN-šú ú-GUR ina la de-⌈ni⌉-šú
	27	DUG₄.DUG₄-ma la i-laq-qe

	28	IGI 1.Aš+šur-bal-liṭ LÚ.GAL ki-ṣir
	29	IGI 1.Ki-ṣir-Aš+šur LÚ*.:
	30	IGI 1.ITU.AB-a+a LÚ*.:
	31	IGI 1.Aš+šur-kil-la-an-ni LÚ*.qur-bute
	32	IGI 1.d.PA-I LÚ*.:
	33	IGI 1.Aš+šur-DI-PAP.MEŠ IGI 1.Aš+šur-bal-liṭ PAP-šú
	34	IGI 1.d.ŠÚ-MAN-PAP LÚ.3-šú KA.KEŠDA [LUG]AL
	35	IGI 1.Ba-la-si-i LÚ*.qur-bute
	36	IGI 1.La-bi-ga-a+a
	37	IGI 1.I-di-i IGI 1.d.PA-A-AŠ
	38	IGI 1.Ḫi-ri-ṣa-a+a
	39	IGI 1.Man-nu-ki-DINGIR <IGI> 1.Ḫu-su-ra-a+a
	40	IGI 1.Ur-du LÚ.GAL ki-ṣir
	41	IGI 1.SUḪUŠ-d.PA LÚ.GAL ki-ṣir
	42	IGI 1.Mu-še-zib-Aš+šur LÚ*.:
	43	IGI 1.d.PA-DI-PAP.MEŠ LÚ*.:
	44	IGI 1.d.ŠÚ-KAR-ir LÚ*.:
	45	[IGI] 1.10-ra-pa-a' A 1.d.PA-KAR-ir
	46	IGI 1.Šum-ma-DINGIR LÚ*.šá GÌR.2
	47	IGI 1.U+GUR-MAN-PAP 3-šú
le	48	ITU.SIG₄ UD 17 lim-mu 1.d.30-MAN-PAP
	49	IGI 1.Iq-bi-EN LÚ.A.BA

Translation

Seal of Šarru-lū-dāri son of Aḫu'a-erība, charioteer of the chief (administrator)
of the crown prince, owner of the house being sold. /3 Circular Stamp Seals/
A built house including its beams, 6 doors, and a well within, a total of
a house (together with) a barnyard in its entirety in the city of Ninua
adjoining (the house) of Sîn-šarru-uṣur, adjoining (the house) of Kakkullānu,
adjoining (the house) of Kannunāya, and adjoining (the house) of Ṭusi——
Kakkullānu contracted and bought it for 2 minas of silver. The money is paid
completely. Any revocation, lawsuit, or litigation is void. Whoever, at
any time in the future, lodges a complaint or breaches the contract, whether
Šarru-lū-dāri or his sons or his brothers or his superior or anyone belonging to
him, whoever repeatedly seeks a lawsu[it] or litigation against Kakkullānu
[or] his sons shall place [x tal]ents of silver (and) 10 minas of gold in the
lap of Ištar residing in Ninua. He shall return the money tenfold to its
owner. He shall contest in his lawsuit and not succeed. 23 witnesses, date,
epopnym, scribe.

K.320	No.	124		Kakkullānu
32 x (63) x 17	ADD	711	C	Sale:marriage
	AR	55	T,TrG	19.I.PC
	3R	46/2	C	
	CIS II	15	C,T,TrL	
	ABC	11	C,T,TrE	
	Op	147–150	T,TrL/F	

te	1	NA₄.KIŠIB 1.Mu-⌈tak⌉-kil-d.ŠÚ

te 1 NA₄.KIŠIB 1.Mu-⌈tak⌉-kil-d.ŠÚ
   2 NA₄.KIŠIB 1.Aš+šur-⌈mu⌉-šal-lim
   3 PAP 2 ŠEŠ.MEŠ-šá
   4 NA₄.KIŠIB 1.Aš+šur-AŠ-PAP
   5 NA₄.KIŠIB 1.SUHUŠ-Aš+šur PAP 2 DUMU.MEŠ-šá
   6 PAP 4 LÚ.MEŠ-e DUMU 1.Tar-ti-ba-15 4
   7 LÚ.SIMUG AN.BAR EN MÍ SUM-a-ni ni<erasure>

3 Stamp Seals

   8 MÍ.d.Gu-la-ri-šat GÉME-šú-nu
   9 ša LÚ.MEŠ-e an-nu-te
  10 ú-piš-ma 1.Kak-kul-la-nu
  11 [ina lìb-b]i 1/2 MA.NA KÙ.BABBAR
  12 [TI a-na 1.ÌR-d.PA] ÌR-šú it-ti-din
  13 [x x x x x x x x x x x x x]⌈x⌉-ma
     remainder missing

```
rev   14'   [kas-pu a-na 10.MEŠ-te] ˹a-na˺ EN.MEŠ-šú [GUR]
      15'   [ina de-ni]-˹šú˺ DUG₄.DUG₄-ma la i-laq-˹qe˺
      16'   [d.Aš+šur] d.UTU lu EN de-ni-šú
      17'   IGI 1.10-AD-PAP LÚ.3-šú A.MAN
      18'   IGI 1.Aš+šur-ŠU-su A 1.NUMUN-u-ti
      19'           LÚ.NI.GAB
      20'   IGI 1.A-ḫu-lam-ma ;
      21'   IGI 1.Zi-ta-a+a DUMU 1.Aš+šur-MU-GIN
      22'   IGI 1.SUHUŠ-d.PA
      23'   IGI 1.Ḫi-ri-ṣa-a+a LÚ.NI.GAB
      24'   IGI 1.A-ia LÚ.DAM.QAR
      25'   IGI 1.Aš+šur-MU-GIN LÚ.qur-bute
      26'   [IG]I 1.Buru-qa-a+a
            1 line space
      27'   [IT]U BÁRA UD 19 KAM
      28'   lim-mu 1.d.PA-MAN-PAP
      29'       A.BA KUR
te    30'   IGI 1.ÌR-d.PA LÚ.˹x˺[x x]
le    31'   [IGI] 1.15-DINGIR-a+a šá ˹x˺[x x x x x]
      32'   'št.ᶜbdnbw
```

Translation

Seal of Mutakkil-Marduk, seal of Aššur-mušallim, a total of 2 of her brothers;
seal of Aššur-nādin-aḫi, seal of Ubru-Aššur, a total of 2 of her sons; a total
of 4 men son(s) of Tartība-Ištar, 4 ironsmiths, owner(s) of the woman being
sold. /3 Stamp Seals/ Gula-rīšat, the maid of these men——Kakkullānu contracted
and [bought her for] 1/2 minas of silver. He has given [her to Abdi-Nabû]
his servant....... [He shall return the money tenfold] to its owners.
He shall contest [in] his [lawsuit] and not succeed. [Aššur] and Šamaš
shall be his prosecutor. 11 witnesses, date, eponym. Caption: (Concerning the)
wife of ᶜAbdi-Nabû.

Notes

6: 4 at the end of the line is written thus: ⬚ . This is different
than the 4 at the beginning of the line.

13: ˹x˺ = ⬚ .

20': See note on LAS II 15:r11.

30': ˹x˺ = ⬚ .

K.329	No.	125		Kakkullānu
44 x 84 x 21	ADD	318	C	Exchange of slaves
	AR	632	T,TrG	Scribe:Šumāya ?
	3R	46/3	C	20.II.PC
	CIS II	23	C,T,TrL	
	ABC	12	C,T,TrE	
	Op		T,TrL/F	
	FNAD	12	T	

obv 1 NA₄.KIŠIB 1.d.PA-PAP-PAP NA₄.KIŠIB 1.PAP-u-⌈ni⌉
2 PAP 2 DUMU.MEŠ DUMU 1.Nar-gi-i
3 NA₄.KIŠIB 1.PAP-ZÁLAG DUMU 1.Se-i-li
4 PAP 3 LÚ.MEŠ-e EN LÚ a-na šá-pu-si
5 ina ŠÀ MÍ SUM-a-ni

3 Stamp Seals (Egyptian scarabs)

6 1.d.15-BÀD-qa-a-li ÌR-šú-⌈nu⌉
7 ša LÚ.MEŠ-e an-nu-te
8 ú-piš-ma 1.Kak-kul-la-nu LÚ*.GAL ki-ṣir
9 ina lìb-bi MÍ.AD-li-iḫ-a ⌈GÉME⌉-šú
10 šá-pu-u-su TA* IGI LÚ.MEŠ-e
11 an-nu-te i-zi-rip
12 it-ti-ši tu-a-ru de-e-nu
13 DUG₄.DUG₄ la-áš-šú
14 man-nu ša ina ur-kiš ina ma-te-e-⌈ma⌉
be 15 i-za-qu-pa-⟨ni⟩ GIB-u-ni
16 lu-u 1.d.PA-PAP-PAP lu-u 1.PAP-u-ni
17 lu-u 1.PAP-ZÁLAG lu-u A.MEŠ-šú-nu
18 lu-u A.A.MEŠ-šú-nu lu-u PAP.MEŠ-šú-nu
rev 19 lu-u A.MEŠ.PAP.MEŠ-šú-nu lu-u mám+ma-šú-nu
20 ša TA* 1.Kak-kul-la-ni TA* DUMU.MEŠ-šú
21 TA* DUMU.DUMU.MEŠ-šú de-nu DUG₄.DUG₄-bu
22 ub-ta-u-ni Aš+šur d.UTU EN d.AG
23 lu-u EN de-ni-šú 10 MA.NA KÙ.BABBAR SUM-an

24 IGI 1.Aš+šur-kil-la-an-ni LÚ.GAL ki-ṣir
25 IGI 1.Li-qi-pu LÚ*.: :
26 IGI 1.Ba-la-si-i LÚ*.: :
27 IGI 1.Zi-zi-i LÚ*.2-ú ša LÚ*.: [:]
28 IGI 1.I-di-i LÚ*.DAM.QAR
29 IGI 1.Ḫi-ri-ṣa-a+a LÚ*.NI.GAB ša É kid-mu-ri
30 IGI 1.Ṣal-mu-te LÚ*.DAM.QAR
31 IGI 1.UTU-ik-ṣur LÚ*.da-a+a-lu
32 IGI 1.MU-a+a LÚ*.A.BA
33 IGI 1.DINGIR-gaba-ri LÚ*.ša GÌR.2
34 IGI 1.d.30-MAN-PAP LÚ*.qur-butu
   1 line space
35 ITU.GU₄ UD 20 KAM
36 lim-mu 1.30-MAN-PAP LÚ*.A.BA KUR
le 37 dnt [']šdrq'l

Translation

Seal of Nabû-aḫu-uṣur, seal of Aḫuni, a total of 2 sons, son(s) of Nargî;
seal of Aḫu-nūrī son of Se-ili, a total of 3 men owner(s) of the man to

be exchanged for the woman being sold. /3 Stamp Seals/ Ištar-dūr-qayyali, the servant of these men——Kakkullānu, the captain, contracted, purchased, and acquired him for Abī-liḫa, his maid, as an exchange from these men. Any revocation, lawsuit, or litigation is void. Whoever, at any time in the future, lodges a complaint or breaches the contract, whether Nabû-aḫu-uṣur or Aḫuni or Aḫu-nūrī or their sons or their grandsons or their brothers, or their nephews or anyone belonging to them, whoever repeatedly seeks against Kakkullānu (or) against his sons (or) against his grandsons a lawsuit or litigation Aššur, Šamaš, Bēl, and Nabû shall be his prosecutor. He shall pay 10 minas of silver. 11 witnesses, date, eponym. Caption: Deed of [I]š(tar)-dūr-qayyali.

Notes

2: The scribe has written <u>DUMU</u> by mistake; see No. 128:3.
4: See note on No. 45:4' for exchange texts.
31: <u>sur</u> = 𝈃 .
32: Šumāya is the scribe of No. 128.

K.330		No.	126		Kakkullānu
44 x 89 x 21		ADD	621	C	Land lease
		AR	118	T,TrG	Scribe:Nabû-
		3R	60/3	C	perḫi-lēšir
		KB4	152-5	T,TrG	Bīt-Abi-ilāya
		Op	217-220	T,TrL/F	7.X.PC
		FNAD	7	T	
		TCAE	176	Q	

obv 1 NA₄.KIŠIB 1.Rém-a-na-BE
2 DUMU 1.Ia-ta-na-e-li
3 TA* URU.É-1.AD-DINGIR-a+a
4 EN A.ŠÀ SUM-an-ni

Cylinder Seal Impression

5 É 2 ANŠE 3BÁN A.ŠÀ pu-u-ru
6 SUḪUR na-ḫala SUḪUR 1.Ki-ṣir-Aš+šur
7 SUḪUR ṣe-e-ri SUḪUR
8 A.ŠÀ ša 1.SUḪUŠ-d.PA
9 SUḪUR A.ŠÀ ša 1.Ki-ṣir-Aš+šur-ma
10 É 7BÁN A.ŠÀ SUḪUR KASKAL.2
11 ša a-na URU.Ḫa-šá-na DU-u-ni
12 SUḪUR A.ŠÀ ša 1.Gi-ra-a+a
13 SUḪUR A.ŠÀ ša 1.Kak-kul-la-ni
14 [PAP] ⌈3⌉ ANŠE A.ŠÀ ina GIŠ.BÁN 9 qa

```
        15   [ina] URU.É-1.AD-DINGIR-a+a
rev     16   ⌜ú⌝-piš-ma 1.Kak-kul-la-nu
        17   LÚ.GAL ki-ṣir ša DUMU.MAN
        18   TA* IGI 1.Rém-a-na-BE
        19   ina líb-bi 12 GÍN.MEŠ KÙ.BABBAR
        20   a-na MU.AN.NA.MEŠ il-qe
        21   3 mé-re-še 3 ka-rab-ḫi
        22   PAP 6 MU.MEŠ A.ŠÀ GU₇
        23   KÙ.BABBAR ina UGU ŠE.SU₇ i-šak-kan
        24   A.ŠÀ-šú u-še-ṣa
        25   A.ŠÀ  za-ku-u-te la ši-ib-še la nu-sa-ḫi

        26   ITU.AB UD 7 KÁM lim-me 1.Aš+šur-KUR-LAL
        27   IGI 1.Ki-ṣir-Aš+šur
        28     LÚ.GAL ki ša A.MAN
        29   IGI 1.SUḪUŠ-d.PA LÚ.⁝
        30   IGI 1.Un-zar₄-ḫu-Aš+šur ⁝
        31   IGI 1.Zi-zi-i LÚ*.2-1
        32     ša GAL ki qur-butu
        33   IGI 1.Gi-ra-a+a IGI 1.Pa-di-i
        34   IGI 1.ÌR-d.NIN.LÍL<<É>>
te      35   IGI 1.d.PA-pér-ḫi-GIŠ A.BA
        36     ṣa-bit dan-né-te
le      37   IGI 1.d.PA-LAL-iṣ
```

Transaltion

Seal of Rēmanna-Bēl son of Iatana-eli from the city of Bīt-Abi-ilāya, owner
of the land being sold. /Cylinder Seal Impression/ An area of 2 homers and
3 sūtus of land, a plot adjoining a brook, adjoining (the land of) Kiṣir-Aššur,
adjoining the steppeland, adjoining the land of Ubru-Nabû, and adjoining the
land of Kiṣir-Aššur, an area of 7 sūtus of land adjoining the crossroad which
goes to the city of Ḫašana, adjoining the land of Girāya, and adjoining the land of
Kakkullānu, [a total] of 3 homers of land according to the sūtu (standard) of
9 qa [in the] city of Bīt-Abi-ilāya——Kakkullānu, the captain of the crown prince,
contracted and bought it from Rēmanna-Bēl for 12 shekels of silver for (a number of)
years. He shall have the usufruct of the land for 3 crop-years (and) 3 fallow-
years, a total of 6 years. (If) he places the silver upon the corn-heaps, he shall
redeem his land. The land is exempted and is void of straw-taxes and void of
corn-taxes. Date, eponym, 6 witnesses, scribe.

Notes

11: Ḫašanu is identical with the Middle-Assyrian place name Ḫašuānu; see
RGTC 5 123. The geographical setting is to be compared with No. 127.

23: SU₇ = [sign] . This is somewhat different from the sign copied in FNAD 7.

28: ki is probably a scribal abbreviation for ki-ṣir (also 1.32) and not
to be emended: ki-<ṣir>.

K.420	No.	127		Kakkullānu
74 x 134 x 29	ADD	414	C	Sale:land
	AR	210	T,TrG	Scribe:Nabû-kabti-
	Op	204-209	T,TrL/F	aḫḫēšu
	FNAD	3	T	Bīt-Abi-ilāya
	AST	T202	Q	13.XI.PC

obv
1. NA₄.KIŠIB 1.Lu-lab-bir-MAN-us-su
2. DUMU 1.d.AMAR.UTU-MAN-PAP
3. EN A.ŠÀ ad-ri GIŠ.KIRI₆ SUM-ni

4 Stamp Seal Impressions

4. É 1BÁN LAL a-na 2 ANŠE A.ŠÀ GAB.DI A.ŠÀ šá 1.EN-DÙ
5. GAB.DI A.ŠÀ ša 1.Bal-ṭa-a+a
6. É 1 ANŠE A.ŠÀ GAB.DI A.ŠÀ ša 1.Aš+šur-DINGIR-a+a
7. GAB.DI A.ŠÀ ša 1.Kak-kul-la-nu
8. É 8BÁN A.ŠÀ GAB.DI AMA ša URU.Sa-i-ri
9. GAB.DI A.ŠÀ ša 1.EN-DÙ
10. É 9BÁN A.ŠÀ GAB.DI na-ḫal-li
11. GAB.DI NA₄ zaq-pu É ⌈5BÁN⌉ A.ŠÀ
12. GAB.DI A.ŠÀ ša 1.Ki-ṣir-Aš+šur
13. GAB.DI A.ŠÀ ša 1.Kak-kul-[1]a-nu
14. É 8BÁN A.ŠÀ GAB.DI A.ŠÀ ša 1.Ki-ṣir-Aš+šur-ma
15. GAB.DI A.ŠÀ ša 1.Kak-kul-la-nu
16. É 1 ANŠE A.ŠÀ GAB.DI ⌈KASKAL⌉ ša URU.Ḫa-šá-nu
17. [GA]B.DI na-ḫal-li É 1 A[NŠE 1BÁ]N A.ŠÀ
18. [GA]B.DI na-ḫal-li dan-nu GAB.DI A.ŠÀ ša 1.SUḪUŠ-d.PA
19. É 7BÁN A.ŠÀ GAB.DI A.ŠÀ ša 1.Aš+šur-KUR-LAL-in
20. [GA]B.DI A.ŠÀ ša 1.Kak-kul-la-nu É 3BÁN A.ŠÀ
21. [GAB.D]I A.ŠÀ ša 1.SUḪUŠ-d.PA GAB.DI na-ḫal-li an-ku-si
22. [É 6]BÁN ŠE A.ŠÀ GAB.DI KASKAL ša URU.Sa-i-ri
23. [GAB.D]I A.ŠÀ ša 1.Ki-ṣir-Aš+šur É 1 ANŠE A.ŠÀ
24. [GAB.DI KA]SKAL ša.URU.Sa-i-ri-ma GAB.DI 1.Ki-ṣir-Aš+šur-ma
25. [É x x x A.Š]À GAB.DI KASKAL ša URU.Sa-i-ri-ma GAB.DI É.DINGIR
26. [GAB.D]I na-ḫal-lu šá ina ŠÀ ia-ar-ḫu it-ta-la-ku-u-ni
27. [GAB.DI A.ŠÀ] ša 1.Kak-kul-la-nu
28. [É x x x A].ŠÀ GAB.DI KASKAL ša URU.Sa-i-ri
29. [x x x x š]a URU.Mar-di-ia-a-né-e
30. [É x A.ŠÀ GAB.DI] A.ŠÀ ša 1.ÌR-d.NIN.LÍL

rev
31. [x x x x UR]U.Mar-di-ia-a-né-e
32. [x x x x i]a-ar-ḫu GAB.DI 1.ÌR-d.NIN.LÍL
33. [x x x x GA]B.DI A.ŠÀ ša 1.Ki-ṣir-Aš+šur
34. [GAB.DI na-ḫa]l-li dan-nu É 3BÁN A.ŠÀ GAB.DI AMA šá URU.ŠE di-qa-ra-te
35. [GAB.DI A.ŠÀ š]a 1.SUḪUŠ-d.PA É 3BÁN A.ŠÀ GAB.DI 1.SUḪUŠ-d.PA-ma
36. [GAB.DI na]-ḫal-li an-ku-si É 8BÁN A.ŠÀ GAB.DI 1.SUḪUŠ-d.PA
37. [GAB.DI A.Š]À ša 1.Aš+šur-DINGIR-a+a É 2BÁN A.ŠÀ GAB.DI 1.Ar-bi-te-ḫi
38. [GAB.DI] KASKAL ša URU.Ḫa-šá-nu É 1 ANŠE A.ŠÀ GAB.DI KASKAL šá
URU.Ḫa-šá-ni-ma
39. [GAB.DI A.Š]À ša 1.EN-DÙ É 8BÁN A.ŠÀ GAB.DI 1.ÌR-d.NIN.LÍL
40. [GAB.DI] A.ŠÀ ša 1.Ar-bi-te-ḫi É 8BÁN A.ŠÀ GAB.DI AMA
41. [ša UR]U.ŠE di-qa-ra-te GAB.DI 1.Ar-bi-te-ḫi
42. ⌈PAP 20⌉ ANŠE A.ŠÀ ina URU.É-AD-DINGIR-a+a
43. ú-piš-ma 1.[Kak]-kul-la-nu LÚ*.GAL ki-ṣir
44. TA* IGI 1.Lu-la[b-bi]r-MAN-us-su
45. ina ŠÀ 3 MA.NA KÙ.BABBAR i[l-q]é kas-pu gam-mur ta-din
46. A.ŠÀ šu-a-te za-ar-PI laq-qé tu-a-ru de-e-nu

```
47   DUG₄.DUG₄ la-áš-šú man-nu šá ina ur-kiš ina im-ma-te-ma
48   i-za-qu-pa-an-ni GIB-u-ni lu-u 1.Lu-lab-bir-MAN-us-su
49   lu-u DUMU.MEŠ-šú lu-u DUMU.DUMU.MEŠ-šú TA* 1.Kak-kul-la-nu
50   TA* DUMU.MEŠ-šú TA* DUMU.DUMU.MEŠ-šú de-e-nu DUG₄.DUG₄ ub-ta-u-ni
51   10 MA.N[A] KÙ.BABBAR ⌜LUḪ⌝-u 1 MA.NA KÙ.GI sag-ru
52   [ina] bur-ki d.Iš-t[ar] ⌜a⌝-[ši]-bat URU.NINA.⌜KI⌝ GAR-an
53   kas-pu a-na 10.MEŠ-te a-na EN.MEŠ-šú GUR-ra
54   ina la de-⌜ni⌝-šú DUG₄.DUG₄-ma la i-laq-qé
```

```
55   IGI 1.Ki-ṣir-Aš+šur              LÚ*.GAL ki-ṣir
56   IGI 1.d.Sag-gíl-MAN-PAP          LÚ*.GAL ki-ṣir
57   IGI 1.d.PA-A.MAN-PAP             LÚ*.GAL ki-ṣir
58   IGI 1.Man-nu-ki-AD               LÚ*.GAL ki-ṣir
59   IGI 1.SUḪUŠ-d.PA                 LÚ*.GAL ki-ṣir
60   IGI 1.Ba-la-si-i                 LÚ*.qur-bu-tú
61   IGI 1.Aš+šur-kil-la-an-ni        LÚ*.qur-bu-tú
62   [IGI] 1.d.PA-I                   LÚ*.qur-bu-tú
te 63 IGI 1.LAL-KAM-eš IGI 1.A-di-i  LÚ*.DAM.QAR
64   ITU.ZÍZ UD 13 KAM lim-mu 1.d.30-MAN-PAP LÚ*.EGIR-u
65   IGI 1.d.PA-IDIM-PAP.MEŠ-šú LÚ.A.BA ṣa-bit IM
```

Translation

Seal of Lūlabbir-šarrussu son of Marduk-šarru-uṣur, owner of the land, threshing floor, and orchard being sold. /Stamp Seal Impressions/ An area of 1 sūtu less than 2 homers of land adjoining the land of Bēl-ibni and adjoining the land of Balṭāya, an area of 1 homer of land adjoining the land of Aššur-ilāya and adjoining the land of Kakkullānu, an area of 8 sūtus of land adjoining the road of the city of Sairu and adjoining the land of Bēl-ibni, an area of 9 sūtus of land adjoining a brook and adjoining a stone marker, an area of 5 sūtus of land adjoining the land of Kiṣir-Aššur and adjoining the land of Kakkullānu, an area of 8 sūtus of land adjoining the land of Kiṣir-Aššur and adjoining the land of Kakkullānu, an area of 1 homer of land adjoining the road of the city of Ḫasanu, [adjo]ining a brook, an area of 1 ho[mer and 1 sū]tu of land [adjoin]ing a large brook and adjoining the land of Ubru-Nabû, an area of 7 sūtus of land adjoining the land of Aššur-mātu-taqqin [and adjoini]ng the land of Kakkullānu, an area of 3 sūtus of land [adjoini]ing the land of Ubru-Nabû and adjoining a brook of x x x, [an area of 6] sūtus of land adjoining the road of the city of Sairu [and adjoin]ing the land of Kiṣir-Aššur, an area of 1 homer of land [adjoining the ro]ad of the city of Sairu and adjoining the land of Kiṣir-Aššur, [an area of x x x of lan]d adjoining the road of Sairu and adjoining a temple, [adjoin]ing a brook which leads into a pool, [adjoining the land] of Kakkullānu, [an area of x x x of lan]d adjoining the road of the city of Sairu [x x x x o]f the city of Mardiānê, [an area of x adjoining] the land of Urad-Mullissu [x x x x of

the ci]ty of Mardiānê, [x x x x a p]ool adjoining Urad-Mullissu [x x x x
adjoin]ing the land of Kiṣir-Aššur [and adjoining a] large [br]ook, an area
of 3 sūtus adjoining the road of the potter's village, [adjoining the land o]f
Ubru-Nabû, an area of 3 sūtus of land adjoining (the land) of Ubru-Nabû
[and adjoining a brook of x x x, an area of 8 sūtus of land adjoining (the land)
of Ubru-Nabû [and adjoining the la]nd of Aššur-ilāya, an area of 2 sūtus
of land adjoining the road of Ḫasanu [and adjoining the la]nd of Bēl-ibni,
an area of 8 sūtus of land adjoining (the land) of Urad-Mullissu [and adjoining]
the land of Arbi-teḫi, and an area of 8 sūtus adjoining the road [of] the
potter's [vil]lage and adjoining (the land) of Arbi-teḫi, a total of 20
(homers) of land in the city of Bīt-Abi-ilāya——[Kak]kullānu, the captain,
contracted and [boug]ht it from Lūla[bbi]r-šarrussu for 3 minas of silver.
The money is paid completely. That land is purchased and acquired. Any
revocation, lawsuit, or litigation is void. Whoever, at any time in the
future, lodges a complaint or breaches the contract, whether Lūlabbir-šarrusssu
or his sons or his grandsons, (whoever) repeatedly seeks against Kakkullānu
(or) against his sons (or) against his grandsons a lawsuit or litigation shall
place 10 minas of refined silver (and) 1 mina of pure gold [in] the lap of
Išt[ar] re[sid]ing in Ninua. He shall return the money tenfold to its
owners. He shall contest in his lawsuit and not succeed. 10 witnesses,
date, eponym, scribe.

Notes

11: NA₄.zaq-pu is probably a kudurru. Note [SU]ḪUR NA₄.⌜RÚ zaq⌝-pu
in an unpublished Aššur text (VAT 10430:9') with similar geographical features
(courtesy K. Deller).

21: an-ku-su: usually interpreted as d.Ku-si; see AR 210; FNAD 3; APN 2571;
R. Zadok, W.Semites, p.61. It is probable that an-ku-su is either a
geographical term of unknown meaning or a foreign word. It appears to
have the opposite meaning of naḫallu dannu 11.18 and 34.

26: [GAB.D]I is uncertain. la = 𝆑 ; the sign is similar to ba but is
not unlike la in 1.60.

34: See J.N. Postgate, AfO 24 (1973) 77.

64: See note on No. 4:20' for this type of date.

See Appendix I p. 489 for a previously unpublished Kakkullānu text. The document
is related to Nos. 126 and 127.

K.421	No.	128		Kakkullānu
47 x (71) x 22	ADD	623	C	Land lease
	AR	120	T,TrG	Scribe:Šumāya
	3R	46/4	C	Qurrubi
	CISII	24	C,T,TrL	3.X.PC
	ABC	13	C,T,TrE	
	Op	198-201	T,TrL/F	
	TCAE	176	Q	

obv 1 NA₄.KIŠIB 1.d.UTU-bal-liṭ-an-ni
2 NA₄.KIŠIB 1.ÌR-d.15
3 PAP 2 DUMU.MEŠ 1.AD-SU
4 TA* ŠÀ URU.Qu-ur-ú-bi
5 EN A.ŠÀ É ad-ru GIŠ.KIRI₆
6 tab-ri-ú PÚ a-na MU.AN.NA.MEŠ SUM-a-ni

3 Stamp Seals

7 É 2 ANŠE A.ŠÀ GAB.DI 1.Ur-di
8 GAB.DI 1.Lu-u-TI.LA É 9BÁN A.ŠÀ
9 GAB.DI 1.Ḫu-sa-a+a : 1.d.PA-TI-su-E
10 É 7+[x]BÁN A.ŠÀ [GAB].⌜DI⌝ 1.Lu-u-TI.LA
11 GAB.[DI x x x x x x]⌜x⌝
remainder missing

rev 12' ⌜GAB.DI⌝ 1.d.U+[GUR-MU-AŠ x x x x x x É]
13' 1 ANŠE 5BÁN A.ŠÀ GA[B.DI x x x x x]
14' GAB.DI 1.Lu-u-TI.LA ⌜x⌝[x x x x x]
15' ša il-qi-'u GAB.DI 1.U+GUR-⌜MU⌝-[AŠ É]
16' 5BÁN A.ŠÀ É it-ḫi-ṣi ina GÌR.2 DU₆«DUL»
17' GAB.DI 1.BE-ma-d.10 10BÁN ina ku-tala DU₆«DUL»
18' GAB.DI 1.d.UTU-SU 3 ANŠE ka-ba-ku
19' PAP 20 ANŠE A.ŠÀ ina GIŠ.BÁN ša 9 qa É
20' ad-ru GIŠ.KIRI₆ tab-ri-ú PÚ ina URU.Qur-ú-bi
21' ú-piš-ma 1.Kak-kul-la-nu LÚ*.GAL ki-ṣir
22' ina ku-um 1 MA.NA KÙ.BABBAR a-na MU.AN.NA.MEŠ GU₇
23' 3 me-re-še 3 ka-rab-ḫi 6 MU.AN.NA.MEŠ
24' A.ŠÀ GU₇ KÙ.BABBAR ina UGU ŠE.SU₇ i-šak-kan
25' A.ŠÀ ú-še-ṣa 10-tu ŠE.nu-sa-ḫi
26' 4-tu ŠE.<ši>-ib-ši ITU.AB UD 3 KÁM
27' lim-mu 1.d.30-MAN-PAP LÚ*.A.BA KUR
28' IGI 1.Ba-la-si-i LÚ*.GAL ki-ṣir A.MAN
29' IGI 1.Aš+šur-kil-la-an-ni LÚ*.: :
30' IGI 1.Zi-zi-i LÚ*.2-ú : :
te 31' IGI 1.d.UTU-SU IGI 1.BE-ma-10
32' IGI 1.Ur-du IGI 1.Lu-u-TI.LA
33' IGI 1.U+GUR-MU-AŠ PAP 5«6»
34' DUMU.MEŠ URU-š[ú]
le 35' IGI 1.I-di-i LÚ*.DAM.QAR IGI 1.Ḫi-ri-ṣa-a+[a]
36' IGI 1.MU-a+a LÚ*.A.BA
37' dnt.ḥql'

Translation

Seal of Šamaš-balliṭanni, seal of Urad-Ištar, a total of 2 sons of Abu-erība
from the city of Qurrubi owner(s) of the land, house, threshing floor,

orchard, tabriu, and well being leased for a (number) of years. /3 Stamp
Seals/ An area of 2 homers of land, adjoining (the land of) Urdu and adjoining
(the land of) Lū-balaṭ, an area of 9 sutus of land adjoining (the land of)
Ḫusāya (and adjoining the land of) Nabû-bullussu-iqbi, an area of 7 + [x]
sūtus of land [adjoin]ing (the land of) Lū-balaṭ and adjoi[ning x x x x x
x x x]⌈x⌉ ... adjoining (the land of) Ner[gal-šumu-iddina x x x x x x, an
area of] 1 homer and 5 sūtus of land adjoi[ning x x x x x] and adjoining
(the land of) Lū-balaṭ x [x x x x x] of ilq'u adjoining (the land of) Nergal-
šumu-[iddina, an area of] 5 sūtus of land, an itḫisu-field at the foot of a
hill adjoining (the land of) Šumma-Adad and 10 sūtus (of land) behind the hill
adjoining (the land of) Šamaš-erība and 3 homers of kabaku, a total of 20
homers of land according to the sūtu (standard) of 9 qa, a house, a house,
threshing floor, tabriu, and a well in the city of Qurrubu——Kakkullānu, the
captain, contracted it in lieu of 1 mina of silver. He shall have the usufruct
(of it) for a (number) of years. He shall have the usufruct of the land for
3 crop-years (and) 3 fallow-years. (If) he places the silver upon the corn-heap,
he shall redeem the land. (He shall pay) 1/10 of the corn-tax (and) 1/4 of
the straw-tax. Date, eponym, 10 witnesses, scribe. Caption: Deed of land.

Notes

11: ⌈x⌉ = ⫴.
14': ⌈x⌉ = ⫴ .
15': The meaning of il-qi-'u/i is unknown. It is hardly a form
of *lqḫ.
16': CAD I/J 296a interprets É it-ḫi-ṣi as a type of field.
18': ka-ba-ku is attested in KAV 186:r.6; see CAD K 2b.

K.424 + 1564	No.	129		Kakkullānu
48 x 89 x 25	ADD	211	C	Sale:female
	AR	217	T,TrG	Scribe:Iqbi-Bēl
	Aššur	2/5	Coll.	25.VII.[PC]

obv 1 [NA₄].⌈KIŠIB⌉ 1.Aš+šur-KUR-LAL
2 [N]A₄.KIŠIB 1.DÙ-a-mur
3 [PAP 2] ŠEŠ.MEŠ-e A 1.Bu-da-⌈nu-še⌉
4 [E]N MÍ ⌈SUM-ni⌉

2 Stamp Seals

5 MÍ.d.15-re-me-ni GÉME-šú-nu
6 ša LÚ.MEŠ-e an-nu-te

	7	ú-piš-ma 1.Kak-kul-la-nu
	8	LÚ.GAL ki-ṣir šá A.MAN
	9	ina ŠÀ 1/2 MA.NA KÙ.BABBAR
	10	il-qe kas-pu gam-mur ta-din
	11	MÍ su-a-tú za-ar-pat
	12	la-qe-at tú-a-ru de-nu
	13	DUG₄.DUG₄ la-áš-šu
be	14	man-nu šá ina ur-kiš ina ma-te-⌈ma⌉
	15	i-za-qup-an-ni GIB-u-ni
	16	lu-u LÚ.MEŠ-e an-nu-te
	17	lu-u DUMU.MEŠ-šú-nu lu-u PAP.MEŠ-[šú-nu]
rev	18	lu mám+ma-mu-nu-šu-nu
	19	ša de-e-nu DUG₄.DUG₄
	20	TA* 1.Kak-kul-la-a-ni
	21	TA* DUMU.MEŠ-šú ub-ta-u-ni
	22	10 MA.NA KÙ.BABBAR 1 MA.NA KÙ.GI
	23	SUM-an kas-pu ina <10.MEŠ> ana EN-šú ú-GUR-ru
	24	ina la de-ni-šú-nu DUG₄.DUG₄
	25	la i-laq-qe-u
	26	ṣib-ti be-ni a-na 1 me UD.MEŠ
	27	sa-ar-tú a-na kala MU.MEŠ
	28	[IGI 1].Ki-ṣir-Aš+šur LÚ*.GAL ki-ṣir šá qur-butu
	29	[IGI 1.x x x x x x] ⁝
	30	[IGI 1.x x x x x x] ⁝
	31	[IGI 1.x x x x x x x x]
	32	[IGI 1].DINGIR-DI-šú-nu [⁝]
	33	[IGI 1].Aš+šur-MAN-PAP ⁝
	34	[IGI 1].Zi-zi-i 2-u
	35	[IGI 1.d].PA-MAN-PAP
te	36	[LÚ.GAL] ki-ṣir šá MAN
	37	[IGI 1].d.PA-LAL-iṣ LÚ*.GIGIR A.MAN
	38	[IGI 1].Aš+šur-kil-la-an-ni
le	39	ITU.DUL UD 25 lim-mu 1.d.[x x x x x]
	40	IGI 1.Iq-bi-[EN LÚ*.A.BA]

Translation

[Se]al of Aššur-mātu-taqqin, [se]al of Gabbu-āmur, [a total of 2] brothers, son(s) of Budanuše [own]er(s) of the woman being sold. /2 + [1] Stamp Seals/ Ištar-rēmēni, the maid of these men——Kakkullānu, the captain of the crown prince, contracted and bought her for 1/2 mina of silver. The money is paid completely. That woman is purchased and acquired. Any revocation, lawsuit, or litigation is void. Whoever, at any time in the future, lodges a complaint or breaches the contract, whether these men or their sons or [their] brothers or anyone belonging to them, whoever repeatedly seeks a lawsuit or litigation against Kakkullānu (or) against his sons shall pay 10 minas of silver (and) 1 mina of silver. They shall return the money <tenfold> to its owner. They shall contest in their lawsuit and not succeed. (The buyer is guaranteed against) the ṣibtu and bennu diseases for 100 days (and against) fraud forever. 10 witnesses, date, (eponym), scribe.

Notes

40: The scribe Iqbi-Bēl is attested in No. 123:49. However, there
are orthographic differences between the texts:

No. 129	No. 123
7: Kak-kul-la-nu with title 1.8	10: Kak-kul-la-ni without title
10: kas-pu	12: kás-pu (kas-pu 1.25)
12: tú-a-ru de-nu	14: tú-a-ru de-e-nu
13: la-áš-šu	15: la-áš-šú
20: Kak-kul-la-a-ni	21: Kak-kul-la- ni⌉
23: ú-GUR-ru	26: ú-GUR

K.425		No.	130		Kakkullānu
52 x 78 x 24		ADD	235	C	Sale:slaves
		AR	231	T,TrG	Scribe:(Aššur-
		Aššur	2/5	Coll.	aḫḫēšu-ēriš)
		AST	T204	Q	[ ].PC

obv	1	[NA₄.KIŠIB 1].d.PA-MU-[GIŠ]
	2	[EN] UN.MEŠ [SUM-ni]

3 Stamp Seals

	3	1.Mar-di-i LÚ.NU.GIŠ.KIRI₆
	4	MÍ-šú DUMU.MÍ-šu PAP 3 ZI.MEŠ
	5	ÌR.MEŠ-ni ša 1.d.AG-MU-GIŠ
	6	ú-piš-ma 1.Kak-kul-la-nu LÚ.GA[L k]i-ṣir
	7	ina ŠÀ 1 MA.NA KÙ.BABBAR il-qé
	8	kas-pu gam-mur ta-din UN.MEŠ šú-a-te
	9	zar₄-pu TI-u tu-a-ru de-e-nu
	10	DUG₄.DUG₄ la-áš-šú man-nu šá ina ur-kiš
	11	ina ma-te-ma i-za-qu-pa-ni i-GIB-u-ni
	12	lu-u 1.d.PA-MU-GIŠ lu-u DUMU.MEŠ-šú
	13	lu-u DUMU.DUMU.MEŠ-šú
rev	14	[ša de]-⌈e⌉-nu DUG₄.⌈DUG₄⌉ TA* 1.Kak-kul-[la]-ni
	15	[TA* DUMU.MEŠ TA* DU]MU.DUMU.MEŠ ub-ta-u-ni
	16	10 MA.NA KÙ.BABBAR 1 MA.NA KÙ.GI ina bur-ki
	17	d.Iš-tar a-ši-bat URU.Ni-na-a GAR-an
	18	kas-pu ana 10.MEŠ ana EN.MEŠ-šú GUR-ra
	19	ina de-ni-šú DUG₄.DUG₄-ma la i-laq-⌈qé⌉
	20	šum-ma UN.MEŠ ina KUR-e la SUM-ni
	21	KÙ.BABBAR ú-rab-ba 1.d.PA-MU-GIŠ a-na 1.Kak-kul-la-ni S[UM-an]
	22	IGI 1.Ki-ṣir-Aš+šur ⌈LÚ*⌉.GAL ki-ṣir šá qur-butu šá A.MAN
	23	IGI 1.Mar-du-u ⌈LÚ*⌉.GAL ki-ṣir šá GÌR.2
	24	IGI 1.Li-qi-pu : :
	25	IGI 1.DINGIR-I : :
	26	IGI 1.A.U.U-DINGIR-a+a : :
	27	IGI 1.Ba-la-si-i : :
	28	IGI 1.Ḫu-⌈ba⌉-šá-a-te : :
	29	IGI 1.d.[x]-PAP-PAP : :
	30	[IGI 1.x x x x] : [:]
le	31	[IGI] 1.Aq-ru LÚ*.GAL ki-ṣir šá GÌR.2 IGI 1.SUḪUŠ-[d.PA]

Translation

[Seal of] Nabû-šumu-[lēšir, owner] of the people [being sold]. /3 Stamp Seals/
Mardî, the gardener, his wife, and his daughter, a total of 3 persons,
servants of Nabû-šumu-lēšir—Kakkullānu, the ca[pta]in, contracted and bought
them for 1 mina of silver. The money is paid completely. Those people are
purchased and bought. Any revocation, lawsuit, or litigation is void.
Whoever, at any time in the future, lodges a complaint or breaches the contract,
whether Nabû-šumu-lēšir or his sons or his grandsons, [whoever] repeatedly
seeks a lawsuit or litigation against Kakku[llā]nu [(or) against <his> sons
(or) against] <his> grandsons shall place 10 minas of silver (and) 1 mina of
gold in the lap of Ištar residing in Ninua. He shall return the money
tenfold to its owners. He shall contest in his lawsuit and not succeed.
If he does not give the people within the country, the silver shall increase.
Nabû-šumu-lēšir shall [pay] (the silver) to Kakkullānu. 11 witnesses.

Notes

20: See note on GPA 27:4 for KUR-e. Possibly to be located in the
Kalḫu region.

K.428	No.	131		Kakkullānu (Akkullānu)
46 x (61) x 22	ADD	312	C	Sale:female
	AR	467	T,TrG	[PC]
	Aššur	2/5	Coll.	

beginning missing

obv   1'   EN MÍ [ta-da]-⌜a⌝-ni

2 Stamp Seal Impressions

    2'   MÍ.AMA-i-i' GÉME-šú
    3'   3 ru-ṭu la-an-šá
    4'   ú-piš-ma 1.A-kul-la-nu GAL ki-ṣir šá A.MAN
    5'   TA* IGI 1.DINGIR-ia-a-u
    6'   ina ŠÀ 1/2 MA.NA 4 GÍN KÙ.BABBAR
    7'   il-qe kas-pu gam-mur ta-din
    8'   man-nu ša GIB-u-ni
    9'   [lu-u 1.DINGIR-ia]-a-u lu-u DUMU.MEŠ-šú
         remainder missing

rev   10'   d[e-n]u DUG₄.D[UG₄] ⌜ub⌝-ta-u-⌜ni⌝
   11'   5 MA.NA KÙ.BABBAR SUM-an
   12'   kas-pu a-na 10.MEŠ ina EN-šú GUR-ra
   13'   ṣib-tú be-en-nu a-na 1 me UD.MEŠ
   14'   sa-ar-tú ina kàla MU.AN.NA.MEŠ

   15'   IGI 1.MAN-IGI.LAL-a-ni LÚ*.3-šú
   16'   IGI 1.Un-za-ḫu-Aš+šur GAL ki-ṣir A.MAN
   17'   IGI 1.Man-nu-ki-d.PA GAL ⫶ ⫶
   18'   IGI 1.SUḪUŠ-d.PA GIŠ.GIGIR šá A.MAN
   19'   IGI 1.d.PA-LAL-iṣ LÚ*. ⫶ ⫶
   20'   IGI 1.URU.4*-ìl-a+a šá GÌR.2 ⫶
   21'   IGI 1.ÌR-d.GAŠAN LÚ*.šá GÌR.2   A.MAN⌉
   22'   IGI 1.A-di-i LÚ*.DAM.QAR
   23'   IGI 1.Ḫal-li-[i LÚ*].DAM.QAR
   24'   IGI 1.[x x x x x x x]
         remainder missing

Translation

Beginning missing— owner of the woman [being so]ld. /2 Stamp Seals/
Ummi', his maid, 3 half-cubits (is) her height——Akkullānu, the captain of
the crown prince, contracted and bought her from Iliyāu for 1/2 mina of silver
and 4 shekels. The money is paid completely. Whoever breaches the contract,
[whether Iliyā]u or his sons .... (whoever) repeatedly seeks (against:
Akullānu or his sons etc.) a l[awsui]t or liti[gation] shall pay 5 minas
of silver. He shall return the money tenfold to its owner. (The buyer
is guaranteed against) the ṣibtu and bennu diseases for 100 days (and against)
fraud forever. 10+ witnesses.

K.'441 + 1419	No.	132		Kakkullānu
46 x 86 x 26	ADD	400	C	Sale:land
	AR	396	T,TrG	15.II.PC
	Aššur	2/5	Coll.	

obv 1 NA₄.KIŠIB 1.d.Asar-lú-ḫi-rém-a-ni
2 NA₄.KIŠIB 1.Ḫi-da-ta-ni
3 [E]N A.ŠÀ SUM-ni

2 Stamp Seals

4 lines effaced
4' ⌈x⌉[   ]
5' ⌈x⌉[   ]
6' ⌈x⌉[   ]
7' ša [   ]⌈x⌉
8' GAB.D[I x x]⌈x⌉ URU.ŠE 1.DÙG.G[A-x x]
9' ⌈ú⌉-[pi]š-ma [1.K]u-[k]u-la-nu
10' ina lìb-bi 1/2 ⌈MA⌉.NA KÙ.BABBAR
11' il-qe kas-pu gam-mur
12' ta-ad-din A.ŠÀ ⌈šu⌉-a-tú
13' za-rip la-TI tu-a-ru
be 14' de-e-nu DUG₄.DUG₄
15' la-áš-šú man-nu
16' ša ina ur-kiš
rev 17' ina ma-te-ma i-za-qu-pa-ni
18' i-GIB-u-ni lu LÚ.MEŠ-e
19' an-nu-te lu-u DUMU.MEŠ-šú-nu
20' lu DUMU.DUMU.MEŠ-šú-nu ša de-e-nu
21' TA* 1.Ku-ku-la-ni DUMU.MEŠ-šú
22' DUMU.DUMU.MEŠ-šú ub-ta-u-ni
23' kas-pu ana 10.MEŠ-te a-na EN.MEŠ-šú
24' ú-GUR ina de-ni-šú DUG₄.DU[G₄-ma]
25'   la ⌈i⌉-la[q-qe]

26' ITU.GU₄ UD ⌈15⌉ lim-me 1.⌈SUM-na⌉-[PAP.MEŠ]
27'   ša URU.BÀD-1.MAN-GI[N]
28' IGI 1.d.PA-LAL-iṣ LÚ.šá GÌ[R.2]
29' IGI 1.Aš+šur-kil-la-ni LÚ*.qur-[butu]
30' IGI 1.Ba-la-si-i LÚ*.:
31' IGI 1.Man-nu-ki-d.PA LÚ*.ša GÌR.2
32' IGI 1.MAŠ-i LÚ*.:
33' IGI 1.URU.4*-ìl-a+a LÚ*.:
34' IGI 1.ÌR-DUMU.UŠ LÚ*.:
te 35' [IG]I 1.Qar-ḫa-a LÚ*.:
re 36' [   ]⌈x⌉

Translation

Seal of Asarluḫi-rēmanni, seal of Ḫidatāni, [own]er(s) of the land
being sold. /2 Stamp Seals/ .... adjoin[ing x x]⌈x⌉ village of
Ṭā[b-x x]——[K]u[kk]ullānu con[trac]ted and bought it for 1/2 minas of silver.
The money is paid completely. That field is purchased and acquired.
Any revocation, lawsuit, or litigation is void. Whoever, at any time in

the future, lodges a complaint or breaches the contract, whether these men or their sons or their grandsons, whoever repeatedly seeks a lawsuit against Kukkullānu (or) his sons (or) his grandsons shall return the money tenfold to its owners. He shall con[test] in his lawsuit and not suc[ceed]. Date, eponym, 8+ witnesses.

Notes

4': $\ulcorner x \urcorner$ = ⫤⧸.

5': $\ulcorner x \urcorner$ = ⫦⧸.

6': $\ulcorner x \urcorner$ = ⫥⧸.

26': If the restoration is correct, the eponym can not be identified with Iddin-aḫḫē of 688/693 B.C. The witnesses in this text belong to the archive of Kakkullānu and therefore the document is post-canonical.

34': The reading of this name is uncertain. Perhaps it is to be restored: ÌR-DUMU.UŠ.<10>.

36' $\ulcorner x \urcorner$ = ⫻.

K.1568	No.	133		Kakkullānu
46 x (37) x 21	ADD	309	C	Sale:female
	AR	56	T,TrG	
	Aššur	2/5	Coll.	

beginning missing

Seal Space mostly destroyed

obv	1'	MÍ.A-bi-da-l[a x x x x]
	2'	ú-piš-ma 1.Kak-kul-la-n[u]
	3'	ina lìb-bi 1/2 MA.NA KÙ.BABBAR
	4'	a-na 1.ITU.KIN-a+a LÚ*.ÌR-šú
	5'	a-na MÍ-u-te TA* IGI 1.TE-a+a
	6'	TA* IGI 2 DUMU.MEŠ-šú il-qe
	7'	⌜kas-pu gam⌝-[mur] SUM-ni ⌜MÍ⌝
		remainder missing
rev	8'	[IGI 1].d.⌜x x x x x x x⌝
	9'	IGI 1.Li-qi-pu LÚ*.!
	10'	IGI 1.Zi-zi-i LÚ*.2-u ša LÚ*.!
	11'	IGI 1.Aš+šur-kil-la-an-ni LÚ*.qur-butu
	12'	IGI 1.d.PA-LAL-iṣ LÚ*.GIŠ.GIGIR MAN
	13'	IGI 1.I-di-i KUR.Kisi-q[a-a+a]
	14'	[IGI] ⌜1.Ḫi⌝-ri-ṣa-a+a LÚ*.[NI.GAB]
	15'	[IGI 1.x x x]⌜x⌝[x x x]
		remainder missing
le	16'	[ITU.x UD x] KÁM lim-mu 1.⌜x⌝-[x x x]
		LÚ*.tur-ta-nu KUR.K[u-mu-ḫi]

Translation

Beginning missing— Seal Space/ Abi-dal[a x x x x]——Kakkullān[u] contracted
and bought her for 1/2 minas of silver for Ulūlāya, his servant, for
marriage from Sukkāya and from his 2 sons. The money is paid compl[etely].
(That) woman .... 8+ witnesses, (date, eponym).

Notes

13': Cf. note on 71:24'.

15': ⌜x⌝ = 𝕏.

16': ⌜x⌝ = 𝕏 .

K.12952		No.	134		Kakkullānu
(31) x (41) x (11)		ADD	348	C	Sale:house
		AR	367	T,TrG	
		Aššur	2/5	Coll.	

beginning missing

obv	1'	[x x x] ⌜qa⌝-an-ni [x x x]
	2'	[x x] 1.d.ŠÚ-EN-PAP LÚ*.[x x x]
	3'	[x x is]-sa-ḫe-iš e-ru-[bu ú-ṣu-u]
	4'	[GAB.D]I É 1.Lu-qu [x x x x]
	5'	[GAB].DI É 1.d.ŠÚ-EN-P[AP x x x]
	6'	[GAB.D]I É 1.d.Za-ba₄-[ba₄-x x x x]
	7'	[GAB.D]I É 1.EN-MAN-[PAP x x x x]
	8'	[ú-pis-ma 1.K]a-ku-la-a[n-nu LÚ*.GAL ki-ṣir]
		remainder missing

Translation

Beginning missing— [x x on the] border [of GN x x] Marduk-bēlu-uṣur,
the [x x x, a x tog]ether with an entr[ance and an exit adjoin]ing the house
of Lūqu [x x x x, adjoin]ing the house of Marduk-bēlu-uṣ[ur x x x, adjoin]ing
the house of Zaba[ba-x x x x, adjoin]ing the house of Bēl-šarru-[uṣur x x x x-
K]akkullā[nu, the captain, contracted it] —remainder missing.

Notes

3': Parpola's collation š[u is not on the tablet.

Sm.270	No.	135		Kak-x[x x x]
48 x (63) x (25)	ADD	401	C	Sale:land
	AR	435	T,TrG	13.VIII.[ ]

beginning missing

obv 1' [x x x]ᵣxˀ-PAP ᵣxˀ[x x x x]
2' [x] DU₆<<DUL>> [x x x]
3' ina ŠÀ 9* MA.NA URUDU.MEŠ
4' ú-piš-ma a-na 1.Kak-x[x x x]
5' i-ti-din kas-pu g[a-mur]
6' ta-din A.ŠÀ za-r[ip]
7' [1]aq-ge tu-a-ru D[UG₄.DUG₄]
8' [1]a-as-su

9' [x x x]ᵣx xˀ
remainder missing

rev 10' IGI 1.[x x x x x]
11' IGI 1.[x x x x x x]

2 line space

12' [IT]U.AP[IN] UD ᵣ13ˀ [KÁM]
13' [lim-mu 1.x] a ᵣx x xˀ[x x x]

Translation

Beginning missing- [x x x]ᵣxˀ-uṣur ᵣxˀ[x x x x x] a hill [x x x]-
for 9 minas of copper he contracted it and has paid (the copper) to
Kak-x[x x x]. The money is paid com[pletely]. The land is purc[hased
and ac]quired. Any revocation or li[tigation is] void. 3+ witnesses,
date, (eponym).

K.309a	No.	136		Kişir-Aššur
49 x 96 x 25	ADD	207	C	Sale:female
	AR	509	T,TrG	Scribe:Kişir-Nabû
	ADDIII	425	T,TrE	3.XI.PC
	2R	70/1	Cap.	
	3R	46/1	C	
	CISII	22	C,T,TrL	
	ABC	14	C,T,TrE	
	KB4	150-1	T,TrG	
	Op	201-204	T,TrL/F	
	EA	8	Cap	

obv	1	NA₄.KIŠIB 1.EN-PAP.MEŠ-šu
	2	DUMU 1.d.UTU-AD-u-a LÚ*.GIGIR GÌR.2
	3	EN MÍ SUM-ni

3 Stamp Seals

	4	MÍ.4*-ìl-šár-rat GÉME-šú
	5	ša 1.EN-PAP.MEŠ-šú up-piš-ma
	6	1.Ki-şir-Aš+šur LÚ.GAL ki-şir qur-butu
	7	ša A.MAN ina lìb-bi 1 1/2 MA.NA KÙ.BABBAR
	8	TA* IGI 1.EN-PAP.MEŠ-šú il-qe
	9	MÍ šu-a-tú up-pu-šat
	10	zar-pat laq-qe-at kas-pu
	11	gam-mur ta-a-din tu-a-ru
	12	DUG₄.DUG₄ la-áš-šú
	13	ina ma-te-me lu-u 1.EN-PAP.MEŠ-šú
	14	lu-u DUMU.MEŠ-šú DUMU.DUMU.MEŠ-šú
	15	ša de-e-nu da-ba-bu
be	16	TA* 1.Ki-şir-Aš+šur
	17	DUMU.MEŠ-šú ub-ta-u-ni
	18	kas-pu ana 10.MEŠ-te a-na EN-šú
rev	19	ú-tar ina de-ni-šú DUG₄.DUG₄-ma
	20	la i-laq-qe
	21	IGI 1.A-ta-su-ri A.BA
	22	IGI 1.d.UTU-SIPA-u-a GAR-nu
	23	IGI 1.Suk-a+a GAR-nu
	24	IGI 1.Am-ma-a+a A.BA Ára-ma-a+a
	25	IGI 1.d.PA-A-AŠ A.BA MÍ.É.GAL
	26	IGI 1.Qur-di-d.IM LÚ*.GIGIR
	27	IGI 1.DI-mu-PAP.MEŠ ∶
	28	IGI 1.NU-PAP.MEŠ ∶
	29	IGI 1.Ku-sa-a+a ∶
	30	IGI 1.EN-MAN-PAP :
	31	IGI 1.Aš+šur-MU-GIN :
	32	IGI 1.SUḪUŠ-É.kur-ri :
	33	IGI 1.MU-GIN LÚ*.GIGIR GÌR.2
	34	IGI 1.EN-KASKAL-MAN-PAP ∶
	35	IGI 1.4*-ìl-a+a ∶
	36	IGI 1.Ḫa-am-ba-qu :
	37	IGI 1.Man-nu-ki-4*-ìl ∶
te	38	ITU.ZÍZ UD 3 KÁM*
	39	lim-mu 1.30-MAN-PAP
	40	NAM Ḫi-in-dana
	41	IGI 1.Ki-şir-d.PA A.BA
le	42	dnt 'rblsr

Translation

Seal of Bēl-aḫḫēšu son of Šamaš-abū'a, the "procession" charioteer,
owner of the woman being sold. /3 Stamp Seals/ Arbail-šarrat, the maid
of Bēl-aḫḫēšu——Kiṣir-Aššur, the captain, a <u>qurbūtu</u> of the crown prince,
contracted and bought her for 1 1/2 minas of silver from Bēl-ahhēsu.
That woman is contracted, purchased, and acquired. The money is paid
completely. Any revocation or litigation is void. (Whoever) in the
future, whether Bēl-aḫḫēšu or his sons (or) his grandsons, whoever
repeatedly seeks a lawsuit or litigation against Kiṣir-Aššur (or) his sons
shall return the money tenfold to its owner. He shall contest in his
lawsuit and not succeed. 17 witnesses, date, eponym, scribe. Caption:
Deed of 'Arbail-sarrat.

Notes

6: See M. Falkner, AfO 17 (1954/56) 108.

K.367	No.	137		Kiṣir-Aššur
54 x 32 x 21	ADD	151	C	Loan:silver
envelope:unopened	AR	319	T,TrG	Scribe:Šamaš-zēru-uṣur
	3R	50/1	C	Šiddi-asika
	Op	224-226	T,TrL/F	15.I.PC
	FNAD	30	T	
	BAB	240-242	Q	

te	1	NA₄.KIŠIB 1.Ra-pa-a DUMU 1.Ab-di-li-me
obv	2	LÚ.NAR TA* URU.Šid-di-a-si-ka
	3	10 GÍN KÙ.BABBAR ša 1.Ki-ṣir-Aš+šur LÚ.GAL ki-ṣir
	4	ina IGI-šú ina ad-ri ŠE.IN.NU.MEŠ
		2 Circular Stamp Seals
	5	60 ma-qa-ru-tú ina IGI 1.Ra-pa-a
	6	20 ⁝　　　　ina IGI 1.PAP-ú-bi
be	7	20 ⁝　　　　ina IGI 1.Šá-aš-ma-a+a
	8	PAP 1 me ma-qar-rata.MEŠ šá ŠE.IN.[NU.MEŠ]
rev	9	ša 10 GÍN KÙ.BABBAR ina URU.Ši-di-a-si-ka
	10	SUM-nu BE-ma la SUM-nu ina mit-ḫar GAL
	11	1.Ra-pa-a EN ŠU.2.MEŠ šá ŠE.IN.NU.MEŠ
	12	ITU.BÁRA UD ⌈15⌉ lim-mu 1.d.PA-sa-kib
	13	IGI 1.MAN-MU-GIN LÚ*.DIB PA.MEŠ šá A.MAN
	14	IGI 1.MAN-IGI.LAL-a-ni ⁝ IGI 1.Aš+šur-ZI-ÁG LÚ*.GAL ki-ṣir
	15	IGI 1.Qur-di-10 GAL ú-ra-te
te	16	IGI 1.Si-lim-Aš+šur LÚ*.GIŠ.GIGIR
	17	IGI 1.Gíri-tú　IGI 1.Kur-ìl-a+a
le	18	IGI 1.d.UTU-NUMUN-PAP
	19	A.BA

Translation

Seal of Rapā son of Abdi-Līme, the singer, from the city of Šiddi-asika.
10 shekels of silver belonging to Kiṣir-Aššur, the captain, are at his
disposal. On the threshing floor of straw —2 Circular Stamp Seals—
(there are) 60 bales at the disposal of Rapā, 20 (bales) at the disposal
of Aḫūbu, and 20 (bales) at the disposal of Šašmāya, a total of 100
bales of st[raw] (worth) 10 shekels of silver. They shall pay (the said
amount) in the city of Šiddi-asika. If they do not pay, it shall increase
by the same amount. Rapa is the guarantor of the straw. Date, eponym, 7 witneses,
scribe.

Notes

6: Perhaps bi is a mistake for ṣur.

17: Girittu is attested together with Kurrillāya in No. 105:6,16.
Cf. Nos. 105:6 and 139:10.

18: NUMUN = ⊬≪ ; it is unlikely that this is mu since that sign is written
differently in lines 12 and 13.

K.368	No.	138		Kiṣir-Aššur
(33) x 18 x 18	ADD	23	C	Loan:silver
	AR	266	T,TrG	21.VII.PC

---

te	1	8 GÍN KÙ.BABBAR
obv	2	šá 1.Ki-ṣir-Aš+šur
	3	ina IGI 1.Nar-gi-i
	4	A 1.d.UTU-I
	5	TA* ⌜ŠÀ⌝ URU.Ana-tú
	6	ina 4-tú-šú GAL-bi
be	7	ITU.DUL UD 21
	8	lim-mu 1.Aš+šur-KUR-LAL
rev	9	IGI 1.EN-DINGIR.MEŠ-MAN-PAP
	10	IGI 1.DÙG-IM-4*-ìl
	11	IGI 1.Mu-ki-nu-Aš+šur
	12	[IG]I 1.Mi-nu-aḫ-ṭi-ana-DINGIR

Translation

8 shekels of silver belonging to Kiṣir-Aššur are at the disposal of Nargî
son of Šamaš-na'id from the city of Anatu. It shall increase by a fourth.
Date, eponym, 4 witnesses.

Notes

3: See note on No. 1:24.

5: The reading of the place name is uncertain.

6: 4 = 𒐀.

11: Aš+šur = 𒀸𒋩.

K.384		No.	139		Kişir-Aššur
(39) x 24 x 15		ADD	1	C	Loan:silver
		AR	287	T,TrG	11.I.PC

---

obv 1   16 GÍN.MEŠ KÙ.BAB[BAR.MEŠ]

     2   ša 1.Ki-şir-Aš+šur

     3   ina IGI 1.Ab-di-d.Šam-si

     4   ina pu-u-ḫi it-ti-ši

     5   ina UD 1 KÁM ša ITU.ŠU

     6   KÙ.BABBAR SUM-an šum-ma la SUM-[ni]

be 7   šum-ma la SUM-ni a-na 4-ut-tu-[šú]

rev 8   GAL-bi ITU.BÁRA UD ⌜11⌝ [KÁM]

     9   lim-me 1.EN-lu-da-ri

   10 IGI 1.Gi-rit-tú

   11 IGI 1.Nar-gi-i

   12 IGI 1.ÌR-d.Ba-⌜ni⌝-[tú]

Translation

16 shekels of sil[ver] belonging to Kişir-Aššur are at the disposal of Abdi-Šamsi. He took it as a loan. He shall pay the silver on the first day of the month of Du'ūzu. If he does not pa[y] (if he does not pay), it shall increase by a fourth. Date, eponym, 3 witnesses.

Notes

3: See M. Fales, ZA 73 (1983) 238.

6-7: Dittography.

10: rit = 𒊑.

K.3503		No.	140		Kiṣir-Aššur
24 x 22 x 18		ADD	46	C	Loan:silver
		AR	302	T,TrG	16.[ ].PC
		AST	T184	Q	

obv	1	[x GÍN KÙ].BABBAR SAG.MEŠ
	2	[šá d.1]5 šá 4*-ìl
	3	[šá 1.K]i-ṣir-Aš+šur
	4	[ina IGI 1].URU.Ḫu-ba-ba-a+a
	5	[a-na 4-ut-ti-šú GAL]-bi
be	6	[ITU.x UD] 16 KÁM*
	7	[lim-mu 1.Za]-bába-SU
rev	8	[IGI 1.Ki]-ṣir-Aš+šur
	9	[IGI 1.Aš]+šur-KUR-LAL
	10	[IGI 1.K]ù-bába-SU
	11	[IGI 1.Q]u-u-a
te	12	[IGI 1.d].PA-PAP.MEŠ-DI
	13	[IGI 1.R]a-pa-a

Translation

[x shekels of sil]ver, rēšāte [of Išt]ar of Arbail, [belonging to K]iṣir-
Aššur [are at the disposal of] Ḫubabāya. It sh[all increase by a fourth].
(Date), eponym, 6 witnesses.

Notes

7: For the name see note on LAS II 283 9.

13: Rapa is the borrower in No. 137:1,5.

Rm.2,319		No.	141		Kiṣir-Aššur
40 x 25 x 17		ADD	80	C	work contract
		AR	640	T,TrG	22.X.PC
		Aššur	2/5	Coll.	
		BAB	250		

obv	1	1 MA 30 GÍN.MEŠ KÙ.BA[BBAR]
	2	ša 1.Ki-sir-Aš+šur
	3	ina IGI 1.ŠU.2<<QÀL>>-Aššur-DIB DUMU 1.15-˹I˺
	4	ina IGI 1.Su-u-su A 1.Lu-GAR
	5	KUŠ.maš-kuru₄ ša 16 GÍD.DA
	6	e-pu-šú ina ku-me ina ITU.˹GU₄˺
be	7	SUM-nu BE-ma la SUM-nu
	8	ina 4-tú-šú GAL
rev	9	1.Ì.GÁL-DINGIR.MEŠ EN ŠU.2.[MEŠ]
	10	ITU.AB UD 22 lim-me 1.Aš+šur-[KUR-LAL]
	11	IGI 1.AD-GIŠ LÚ.[x x x]
	12	IGI 1.Mar-du-[u LÚ*.x x]
	13	IGI 1.A-bi-[x x x]
te	14	IGI 1.d.PA-u-a
le	15	IGI 1.DINGIR-PAP

Translation

1 mina and 30 shekels of sil[ver] belonging to Kiṣir-Aššur are at the disposal
of Qātē-Aššur-aṣbat son of Ištar-na'id and are at the disposal of Sūsu son
of Lū-šakin. In lieu (of the silver), the shall make a <u>quffa</u> 16 (cubits)
long. They shall pay in the month of Ayyaru. If they do not pay,
it shall increase by a fourth. Ibašši-ilāni is the guaran[tor]. Date, eponym,
5 witnesses.

Notes

1: <u>MA</u> = ⊨⊤.

83-1-18,368		No.	142		Kubaba-ēreš
37 x 27 x 19		ADD	13	C	Loan:silver
		AR	273	T,TrG	[ ].IX.[ ]

te	1	⌈10⌉ GÍN KÙ.BABBAR
obv	2	ša 1.Ku-ba-ba-APIN-eš
	3	ina IGI 1.15-ta-⌈ri-ba⌉
	4	ina IGI 1.Šum-mu-DINGIR
	5	ina IGI 1.Rém-ana-15 LÚ*.[x x x]
	6	ina UD 1 KÁM ša [IT]U.DU₆
	7	KÙ.BABBAR ina SAG.DU-šú i-du-[nu]
	8	šum-mu la id-di-nu
be	9	KÙ.BABBAR a-na 4-ut-ti-šú ⌈GAL⌉
rev	10	ša ITU.[GA]N ⌈li⌉-m[u]
	11	[x]⌈x⌉[x x x x x x x]
	12	1.Mu-ša-⌈x x⌉[x x x ẋ]
	13	⌈x x x x⌉[x x x x]
	14	šum-mu la i-<di>-in-nu
	15	1.Li-tú-⌈i⌉-[x x x x x]
	16	[IG]I 1.⌈x⌉[x x x x x x]
	17	[IGI] 1.⌈x⌉[x x x x x]
te	18	IGI 1.Mu-D[I-x x x]
le	19	[IG]I 1.d.[x x x x x]
	20	IGI 1.d.⌈x x⌉[x x x]

Translation

10 shekels of silver belonging to Kubaba-ēreš are at the disposal of Ištar-
tarība, at the disposal of Šummu-ili, and at the disposal of Rēmanna-Ištar,
the [x x x]. They shall [pay] the silver according to its capital sum on
the first day of the [mon]th of Tašrītu. If they do not pay, the silver
shall increase by a fourth. Date, eponym, 3 (guarantors?). If they do not
pay, Liti-[x x x x x]. 6 witnesses.

Notes

11-13: The traces in these lines are illegible.

16: ⸢x⸣ = .

17: ⸢x⸣ = .

20: ⸢x x⸣ = .

Ki.1904-10-9,183	No. 143a	Kurrillāya
(39) x (30) x (18)	ADD 1191 C	Loan:copper
envelope	=AJSL 42/237	16.II.685 B.C.

beginning missing

obv	1'	⸢a-na 3⸣-[s]i-⸢šú⸣-nu GAL-[u]
	2'	ITU.GU$_4$ UD 16 KÁM
be	3'	[l]im-me 1.Aš+šur-KALAG-in-an-ni
rev	4'	IGI 1.AD-ul-ZU
	5'	IGI 1.U.U-bu-nu
		Cylinder Seal Impression
	6'	[IG]I 1.Si-na-a
	7'	[IGI] 1.Ta-bal-a+[a]
	8'	[IGI 1].d.PA-rém-a-ni

Ki.1904-10-9,182	No. 143b
36 x 23 x 15	ADD 1190 C
inner tablet	=AJSL 42/237

obv	1	40 MA.NA URUDU.MEŠ
	2	ša 1.Kur-ìl-a+a
	3	ina IGI 1.Q̣í-bit-15
	4	a-na 3-si-šú-nu GAL-u
	5	ITU.GU$_4$ UD 16 KÁM
	6	lim-me 1.Aš+šur-KALAG-in-an-ni
be	7	IGI 1.AD-ul-ZU
rev	8	IGI 1.U.U-bu-nu
	9	IGI 1.Si-na-a
	10	IGI 1.Ta-bal-a+a

Translation

envelope:

Beginning missing- it shall increase by a third. Date, eponym, 5 witnesses.

inner-tablet:

40 minas of copper belonging to Kurrillāya are at the disposal of Qibīt-Ištar. It shall increase by a third. Date, eponym, 4 witnesses.

Notes

2: For the name Kurrillāya see M. Stolper, AfO 27 (1980) 85 and the
note on CTN III 44:21.

7: Possibly attested together with Tabalāya in BM 121064:13,14 (Iraq
32 (1970) 135).

80-7-19,353 + Bu.89-4-26,2	No.	144		MÍ.Late'[ ]
36 x 75 x 22	ADD	215	C	Sale:female
	AR	166	T,TrG	Ḫarrānu
	Aššur	2/5	Coll.	7.XI.682 B.C.
	AST	T208	Q	

obv	1	[N]A₄.KIŠIB 1.Se-e'-za-ba-di
	2	[EN] MÍ SUM-ni
		2 Circular Stamp Seals
	3	[M]Í.AD-ḫa-a'-li [GÉME-šú]
	4	ša 1.Se-e'-za-ba-[di]
	5	tu-piš-ma MÍ.La-te-e'-[x x x]
	6	TA* pa-an 1.Se-e'-za-b[a]-di
	7	ina lìb-bi 9 GÍN.MEŠ KÙ.BABBAR il-qé
	8	kas-pu gam-mur [ta]-ʾadʾ-din
	9	MÍ šu-a-ʾtu zar-pat laq-qeʾ-at
	10	tu-a-ru de-e-nu DUG₄.DUG₄ la-áš-šú
	11	man-nu ša ina ur-kiš u ma-[te]-ʾmeʾ
	12	i-za-qu-p[a-ni]
	13	ʾGILʾ.MEŠ-u-[ni]
rev	14	2 MA.NA KÙ.BABBAR 2 ʾMAʾ.[NA KÙ.GI]
	15	ina bur-ki d.NIN.GAL GAR-an
	16	4 ANŠE.KUR.RA BABBAR.MEŠ ina KI.TA
	17	d.30 a-šib URU.KASKAL i-rak-kas
	18	kas-pu ana 10.MEŠ-te ana EN-šu GUR-ra
	19	ina de-ni-šú DUG₄.DUG₄-ma la ʾTI-qeʾ
	20	IGI 1.Ḫa-an-di-i LÚ.ʾnaʾ-ši-i
	21	IGI 1.Ṣab-a-nu LÚ.NÍMGIR
	22	ʾIGIʾ 1.[Ḫ]a-su-si-i DUMU 1.Zib-di-i
	23	[IGI 1.x x]-AŠ-A LÚ.NÍMGI[R]
	24	[IGI 1.x x x]-ḫa-tú-ḫu-n[i]
	25	ʾITUʾ.ZÍZ UD 7 KÁM
	26	lim-mu 1.d.AG-MAN-PAP
	27	LÚ.GAR.KUR URU.Mar-qa-si

Translation

[Se]al of Se'-zabadi, [the owner] of the woman being sold. /2 + [x] Circular
Stamp Seals/ Abi-ḫayli, [the maid] of Se'-zaba[di]——Late'-[x x x] contracted
and bought her from Se'-zabadi for 9 shekels of silver. The money is [p]aid
completely. That woman is purchased and acquired. Any revocation, lawsuit,

or litigation is void. Whoever, at any time and (in) the fu[tur]e, lodges a co[mplaint] or breaches the con[tract] shall place 2 minas of silver (and) 2 mi[nas of gold] in the lap of Ningal. He shall tie 4 white horses to the feet of Sîn residing in Harrānu. He shall return the money tenfold to its owner. He shall contest in his lawsuit and not succeed. 5 witnesses, date, eponym.

Notes

5: This line is read incorrectly by Parpola. Neither the signs gi nor ꜣaꜣ are on the tablet.

16: TA in KI.TA is written so: ⟨sign⟩.

20: ꜣnaꜣ = ⟨sign⟩.

22: [Ḫ]a = ⟨sign⟩ is uncertain.

24: tú = ⟨sign⟩ ; Parpola reads ṣab.

K.13845	No.	145		Lū-balaṭ
(45) x (33) x 17	ADD	426	C	Sale:land,slaves
	AR	89	T,TrG	
	Aššur	2/5	Coll.	
	AST	T216	Q	

beginning missing

obv 1' [x x x x x x x x x x DUMU].MÍ-su ꜣxꜣ
2' [x x x x x x]ꜣxꜣ-DINGIR DUMU-šú GA
3' [x x x x x x]ꜣxꜣ-ra DUMU.MÍ-su 4 ru-ṭ[u]
4' [x x x x x]-ꜣaꜣ-te 1.ꜣdꜣ.AG-GIN-DADAG.GA
5' [x x MÍ.x x x]-kit-tú GÉME-šú 2 LÚ*.ÌR.MEŠ
6' [x x x AN]ŠE 8 1/2 qa A.ŠÀ É ad-ru
7' [ša 1.DÙG.GA-G]Ù-ꜣd.IMꜣ ú-piš-ma 1.Lu-TI.[LA]
be 8' [LÚ.2-u] ša 1.DI-d.MAŠ LÚ.EN.NAM ꜣxꜣ[x x x]
9' [x x x]-bar ina ŠÀ 1* GÚ.UN ꜣAN.NAꜣ [x x x x TI]
10' [kas-pu gam]-mur ta-din É A.ŠÀ GIŠ.[KIRI₆ UN.MEŠ šú-a-tú]
11' [zar₄-pu] la-qe-u ṭu-a-ru ꜣde-eꜣ-[nu DUG₄.DUG₄]
rev 12' [la-aš-šu m]an-nu ša ina ur-kiš ina ma-te-ma
13' [i-za-qup-pa-ni] GIL-u-ni lu-u 1.DÙG.GA-GÙ-d.[IM]
14' [lu-u] DUMU.MEŠ-šú lu-u ŠEŠ.MEŠ-šú lu-u DUMU.[PAP.MEŠ-šú]
15' [lu-u x x x lu-u] GAR-nu-šú lu-u LÚ*.ḫa-za-nu URU-šú
16' [ša TA* 1.Lu]-TI DUMU.MEŠ-šú LÚ*.DIB KUŠ.PA.MEŠ
17' [x x x x x de]-e-nu DUG₄.DUG₄ ub-ta-'u-u-ni
18' [x MA.NA KÙ.BABBAR LUḪ x MA.NA KÙ].GI sag-ru ina bur-ki d.Iš-tar
19' [a-ši-bat x x x x x GAR-an 1 b]i-ꜣlatꜣ NA₄.ZA.GÌN ḫi-ip KUR-šú
20' [x x x x x x x x x x x x x x x ANŠE.KUR.RA.MEŠ] BABBAR.MEŠ
remainder missing

Translation

Beginning missing- ... his [daug]hter, ⌜x⌝[x x x x x x]⌜x⌝-ili, his son,
an unweaned child, [x x x x x]⌜x⌝-ra, his daughter (height): 4 half-cub[its,
x x x x x]-ate, Nabû-kēnu-ubbib, [x x x x x]-kittu, his maid, 2 servants,
[an area of x hom]ers and 8 qa of land, a house, and a threshing floor
[belonging to Ṭāb-ri]gim-Adad——Lū-balaṭ, [the viceroy] of Šulmu-Ninurta,
the governor of ⌜x⌝[x x x x x x]-bar, contracted and [bought it] for 1 talent
of tin [x x x x. The money] is paid [compl]etely. [That] house, field,
orch[ard, and people are purchased] and acquired. Any revocation, lawsu[it,
or litigation is void. Wh]oever, at any time in the future, [lodges a
complaint] or breaches the contract, whether Ṭāb-rigim-[Adad or] his sons
or his brothers or [his] nep[hews or his x x x or] his superior or the mayor
of his city, [whoever] repeatedly seeks [against Lū]-balaṭ (or against)
his sons (or against) the rein-holder [(or against) x x x a la]wsuit or
litigation [shall place x minas of refined silver (and) x minas of] pure
[go]ld in the lap of Ištar [residing in GN. 1 tal]ent of lapis lazuli,
hewn-off from the quarry, [x x x x x x x x. (He shall tie) 2] white [horses
(to the feet of DN)] -remainder missing.

Notes

1': ⌜x⌝ = ⟨sign⟩.
2': ⌜x⌝ = ⟨sign⟩ . There is an erasure before GA.
3': ⌜x⌝ = ⟨sign⟩. ra is certain.
4': Nabû-kēnu-ubbib "Nabû-Makes-Clear-That-Which-is-Just"; see CAD E 7a.
The name is attested in ADD App. I IV:17f.
6': Parpola's 8BÁN is not on the tablet.
8': ⌜x⌝ = ⟨sign⟩.
19': KUR-šú = ⟨sign⟩. See A.L. Oppenheim, Glass and Glassmaking in Ancient
Mesopotamia, New York, 1970 p.12 for references.

K.281
47 x 85 x 23

No.	146		Lūqu
ADD	233	C	Sale:females
AR	208	T,TrG	Scribe:Aššur-šumu-uṣur
2R	70/6	Q	Ninua
3R	46/5	C	[ ].II.659 B.C.
CISII	19	C,T,TrL	
ABC	7	C,T,TrE	
KB4	138-141	T,TrG	
Op	195-198	T,TrL/F	
Assur	2/5	Coll.	
AST	T202	Q	
BCAT	73		

obv 1 NA₄.KIŠIB 1.[x x x x x x x]
2 NA₄.KIŠIB 1.「x˺[x x x x x x]
3 DUMU 1.Ḫa-zi-[x x x x]
4 EN MÍ.[MEŠ SUM-ni]

2 Stamp Seals

5 MÍ.Ḫa-am-bu-su GÉM[E-šú-n]u
6 DUMU.MÍ-「sa˺ ina UGU 「É˺[x x]
7 ú-piš-ma 1.Lu-q[u]
8 LÚ*.GAL ki-ṣir šá A.[MAN]
9 ina líb-bi 1 MA.「NA˺ 8 GÍN KÙ.BABBAR
10 il-qe kas-pu 「gam˺-mur
11 ta-din MÍ.MEŠ šu-a-tú
12 zar₄-pat ÌR laq-qe-e'
13 tu-a-ru de-nu DUG₄.DUG₄
14 la-áš-šú man-nu ša ina ur-kiš
15 ina ma-te-ma i-za-qu-pa-a-ni
16 GIB-u-ni lu-u LÚ.MEŠ-e
17 an-nu-te
rev 18 lu-u DUMU.MEŠ-šú-nu lu-u PAP.MEŠ-šú-nu
19 ša TA* 1.Lu-qu
20 ù DUMU.MEŠ-šú u PAP.MEŠ-šú
21 de-nu DUG₄.DUG₄ ub-ta-u-ni
22 10 MA.NA KÙ.BABBAR LUḪ-u
23 1 MA.NA KÙ.GI sag-ru
24 ina bur-ki d.Iš-tar a-ši-bat
25 URU.NINA.KI GAR-an kas-pu
26 a-na 10.MEŠ 「a-na˺ EN-šú GUR
27 ina la de-ni-šú DUG₄.DUG₄-ma
28 la i-laq-qe

29 IGI 1.Ia-man-nu-u
30 IGI 1.A-su-ú
31 IGI 1.Ma-lik-tú LÚ*.DAM.QAR
32 IGI 1.Ia-man-nu-u LÚ*.GAL 50
33 IGI 1.Am-maš-ki-ri
34 IGI 1.Aš+šur-MU-PAP LÚ*.A.BA
35 ITU.GU₄ 「lim-mu 1.Si-lim˺-Aš+šur
le 36 dnt 'mt' ḫbš   zy lqḫ
re 37 [']ḫzt [   ]mt 'ḫz x x x

Translations

Seal of [x x x x x x x], seal of ˹x˺[x x x x x x] son of Ḫazi-[x x x x],
owner(s) of the women [being sold]. /2 Stamp Seals/ Ḫambusu, [their] maid,
and her daughter, a household administrator? [x x]——Lūq[u], the captain of
the crown pri[nce], contracted and bought them for 1 mina and 8 shekels of silver.
The money is paid completely. Those women are purchased (as) servant(s) and are
acquired. Any revocation, lawsuit, or litigation is void. Whoever, at any time
in the future, lodges a complaint or breaches the contract, whether these men
or their sons or their brothers, whoever repeatedly seeks against Lūqu and
(against) his sons and (against) his brothers a lawsuit or litigation shall
place 10 minas of refined silver (and) 1 mina of pure gold in the lap of
Ištar residing in Ninua. He shall return the money tenfold to its owner.
He shall contest in his lawsuit and not succeed. 5 witnesses, scribe, date,
eponym. Caption: Deed of the maid Ḫambusu ..... who is purchased and
[acqu]ired. [   ]mt ʾḥz x x x

Notes

2: ˹x˺ = 𒉿.

5: See M. Fales, ACF 13/3 183 for the name.

6: ˹É˺ = 𒂍 ; kid or kal also possible.

7: For Lūqu see notes on No. 1.

12: The form should be zarpā. ÌR = 𒀴. Perhaps at was intended.

33: ri = 𒌷.

36-37: The reading of the caption is uncertain.

K.381	No.	147		Lūqu
39 x 24 x 17	ADD	4	C	Loan:silver
	AR	285	T,TrG	Scribe:Mušallim-Adad
	KB4	148-149	T,TrG	5.VI.PC

obv 1 10 GÍN.MEŠ KÙ.BABBAR
2 ša 1.Lu-u-qu
3 ina IGI 1.TE-a+a
4 ina IGI 1.Rém-ut-⌐DINGIR⌐.MEŠ-ni
5 ina pu-u-ḫi it-ta-ṣu
6 KÙ.BABBAR a-na 4-ut-ti-šú GAL-bi
7 ITU.KIN UD 5 KÁM
be 8 lim-mu 1.d.UTU-KALAG-in-a-ni
rev 9 IGI 1.Man-nu-ki-Aš+šur ša GÌR.2
10 IGI 1.Qur-di-U.U LÚ*.NINDA
11 IGI 1.Kur÷ìl-a+a DAM.QAR
12 [IGI] 1.Ta-ki-la-a-ti
13 IGI 1.Uq-qur-PAP.MEŠ
14 IGI 1.Nir-gi-i
15 IGI 1.Mu-DI-10 A.BA

Translation

10 shekels of silver belonging to Lūqu are at the disposal of Sukkāya and are at the disposal of Remūt-ilāni. They took it as a loan. The silver shall increase by a fourth. Date, eponym, 6 witnesses, scribe.

Notes

2: See notes on No. 1 for Sukkāya (1.3), Remūt-ilāni (1.4), Takilāti (1.12), and Nirgî (1.14).

14: The reading Nir-gi-i not Nàr-gi-i is based on the plene-spelling of the name in No. 420:15' (Ni-ir-gi-i).

Th.1905-4-9,49	No.	148		Madāya
38 x 25 x 17	ADD	1246	C	Debt-note
	=AJSL	42/263		17.X.710 B.C.
	FNAD	27	T	

obv	1	4-tú KÙ.BABBAR 47 MA.NA URUDU.MEŠ
	2	SAG.DU 1.SUḪUŠ-d.IM
	3	1.Ba-la-si-i 1.10-mu-še-ṣi
	4	1.Ez-bu 1.DINGIR-iq-bi
	5	1.Ṣe-ra-a-nu
be	6	TA IGI 1.Mad-a+a
	7	ina ŠÀ A.ŠÀ.GA
rev	8	it-ta-ṣu šum-mu A.ŠÀ.GA
	9	ina ŠÀ ú-šal-li É ú-kal-lim-⟨u⟩-šu-u-ni
	10	la-šu KÙ⟨⟨u⟩⟩.BABBAR URUDU.MEŠ a-na mit-ḫar
	11	i-rab-be-u IGI 1.30-I
	12	LÚ.ṣa-rip du₈-ši-e IGI 1.d.PA-NUMUN-GIŠ
	13	LÚ.A.BA IGI 1.Ì.GÁL-DINGIR-a+a
te	14	LÚ.ÌR ša LÚ.tur-tana ITU.AB
	15	UD 17 KAM lim-mu 1.d.UTU-EN-PAP
	16	ša KUR.Ur-zu-⌈ḫi⌉-na

Translation

A fourth (of a mina) of silver and 47 minas of copper, capital. Ubru-Adad,
Balāssî, Adad-mušeṣi, Ezbu, Ilu-iqbi, and Ṣerānu collected (the amount)
from Madāya in exchange for land. If the land in the meadow is not where
they indicated it, the silver and copper shall increase by the same amount.
3 witnesses, date, eponym.

K.1492 + 1605	No.	149		Mannu-kī-Allāya
58 x 110 x 30	ADD	310	C	Sale:slaves
	AR	158	T,TrG	Kalḫu
	Aššur	2/5	Coll.	3.[ ].669 B.C.
	AST	T202	Q	
	UF4	144	Q	

obv	1	[N]A₄.KIŠIB 1.d.IM-P[AP-AŠ]
	2	[EN] ⌈UN.MEŠ⌉ SUM-n[i]

2+[x] Stamp Seals

	3	[1].⌈d.U+GUR-KALAG⌉-an MÍ.⌈15-x⌉-[x MÍ-šú]
	4	[M]Í.Mar-ti-i : ma-ár-a-s[a]
	5	3 ru-u-ṭu [la-an-šá]
	6	PAP 3 ZI.[MEŠ ÌR.MEŠ š]a [1.d.IM-PAP-AŠ]

	7	ú-piš-ma [1.Man-nu-ki-i]-d.Al-l[a-a+a]
	8	raka-ʿsu šáˀ LÚ*.ʿGAL SAGˀ.MEŠ
	9	ina líb-bi 2 [MA].NA KÙ.BABBAR ina ma-[né-e]
	10	ša URU.Ga-ʿárˀ-sa-me-si TI
	11	ur-ki ʿda-raˀ-ri UN.MEŠ a-se-qe
	12	kas-pu ʿga-murˀ ta-din
	13	UN.MEŠ šu-[a-tú] za-ár-pu ⫶ TI
	14	tu-ʿaˀ-r[u de]-e-nu DUG₄.ʿDUG₄ˀ
	15	ʿla-ášˀ-[šú man-nu] ʿšaˀ ina ur-kiš
	16	[ina ma-te-ma] ʿluˀ-u 1.d.IM-PAP-AŠ
	17	[lu-u DUMU.MEŠ-šú lu]-u DUM]U.DUMU.MEŠ-šú
	18	[lu-u ŠEŠ.MEŠ-šú lu]-u DUMU.ŠEŠ.MEŠ-šú
be	19	[lu-u ša]k-nu-u'
	20	[i-za-q]u-pa-a-ni GIB-u-ni
rev	21	[TA* 1.Ma]n-nu-ki-d.Al-la-a+a
	22	[TA*] DUMU.MEŠ-šú ub-ta-u-ni
	23	[x MA.N]A KÙ.BABBAR LUḪ-ú 1 MA.NA ʿKÙ.GIˀ
	24	ʿsagˀ-ru ina bur-ki d.Iš-tar
	25	a-šib-<bat> URU.NINA ⫶ GAR-an GIŠ.PAN G[Ú.UN]
	26	URUDU.MEŠ a-na d.MAŠ a-šib URU.ʿKàl-ḫaˀ
	27	ú-še-la lu-u DUMU.UŠ-šú GAL-ʿuˀ
	28	lu-u DUMU.MÍ-su ra-bi-t[u]
	29	ʿTA*ˀ 1 ANŠE ri-qe-e DÙG.GA.MEŠ-ʿteˀ
	30	a-na Bé-la-tu-ṣe-e-ri ⫶ i-qa-[mu]
	31	[kas-p]u a-na 10.MEŠ a-na EN.MEŠ-šú u-ʿGURˀ
	32	[ina] de-nu-šú DUG₄.DUG₄-ma NU ʿTIˀ
	33	[be]-ʿeˀ-nu šib-tú a-na 1 me UD.MEŠ
	34	[sa-á]r-tú a-na <kala> MU.AN.NA.M[EŠ]

	35	[IGI 1.d].PA-MU-PAP.MEŠ IGI 1.DI-mu-LUGAL
	36	[IGI 1.Man-n]u-ki-URU.Ni-ʿnu-aˀ PAP 3 ʿIGI.MEŠˀ
	37	[x x x x]ʿx xˀ-'u-te
	38	[IGI 1.Ta-b]al-a+a IGI 1.Pu-ḫi-ʿiˀ
	39	[IGI 1.x x]-ʿruˀ-AD-PAP 1.10-PAP-ʿirˀ
	40	[IGI 1.E]z-bu IGI 1.Ta-li-[x x]
	41	[IGI 1.x x x]-ʿiaˀ IGI 1.Ki-[x x x]
		one line worn out
be	42'	[ITU.x] UD 3 K[ÁM]
	43'	[lim-mu 1].d.Ša-maš-KUR-a+a-[bi]
le	44'	[IGI 1].4*-ìl-a+a IGI 1.U+GUR-[x x x]
	45'	[IGI 1.x]-AŠ-PAP IGI 1.Da-di-[i]
	46'	IGI SUḪUŠ-d.[x]

Translation

[Se]al of Adad-a[ḫu-iddina, owner] of the people being sold. /2 + [x] Stamp
Seals/ Nergal-dan, Ištar-ʿxˀ-[x, his wife], Martî and her daughter, 3 half-
cubits [is her height], a total of 3 pers[ons, servants o]f [Adad-aḫu-iddina]——
[Mannu-kī]-All[āya], the rider of the chief eunuch, contracted and bought
them for 2 [mi]nas of silver according to the mi[na (standard)] of Garsamesi.
"After the remission of debts, I have bought the people". The money is paid
completely. Th[ose] people are purchased and acquired. Any revocati[on,
laws]uit, or litigation is vo[id. Whoever], at any time [in the future],

whether Adad-aḫu-iddina [or his sons or] his [grand]sons or his brothers
or] his nephews [or] his superior [lodges a] complaint or breaches the
contract, [(whoever)] repeatedly seeks (a lawsuit or litigation) [against
Ma]nnu-kī-Allāya [(or) against] his sons shall place [x min]as of refined silver
(and) 1 mina of gold in the lap of Ištar residing in Ninua. He shall dedicate
a bow (weighing) a ta[lent] of copper to Ninurta residing in Kalḫu. He
shall [burn] either his first born son or his eldest daughter with 1 homer
of fine incense for Bēlatu-ṣēri. He shall return [the mone]y tenfold to
its owners. He shall contest [in] his lawsuit and not succeed. (The buyer
is guaranteed against) the [be]nnu and ṣibtu diseases for 100 days (and against)
[fra]ud forever. 17+ witnesses, (dates), eponym.

Notes

3: ⌜x⌝ = 〰〰 .

4: After ! there is no MÍ.

12: kas = 〰 .

37: ⌜x x⌝ = 〰 .

83–1–18,364	No.	.150		Mannu-kī-Arbail
36 x 28 x 16	ADD	100	C	Loan:silver
	AR	636	T,TRG	17.VII.687 B.C.
	Aššur	2/5	Coll.	
	BAB	239	Q	

---

obv	1	1 MA.NA KÙ.BABBAR 30 GÍN.MEŠ
	2	ša 1.Man-nu-ki-4*-ìl
	3	ina IGI 1.ÌR-ia-ar-da-a
	4	1.Mu-na-bi-du
	5	a-du 5 UD.MEŠ ú-ba-la
	6	šum-ma la id-din
	7	1.ÌR-ia-ar-da-a
be	8	ú-sal-la-ma
rev	9	1.SU-d.IM EN ŠU.2.MEŠ
	10	IGI 1.I-DINGIR
	11	IGI 1.Bi-i'-šu
	12	IGI 1.La-tú-TÉŠ-ana-DINGIR
	13	IGI 1.AD-ul-ZU
	14	ITU.DUL UD 17 KAM
	15	lim-mu 1.30-PAP.MEŠ-SU
te	16	MAN KUR.Aš+šur
le	17	IGI 1.Si-par-a-nu

Translation

1 mina of silver and 30 shekels belonging to Mannu-kī-Arbail, is at the disposal
of Urad-iarda. Munabidu shall bring (the amount) within 5 days. If he does
not pay, Urad-iarda shall pay. Erība-Adad is guarantor. 5 witnesses, date,
eponym.

Notes

14: __17__ = 〈𒌋𒌋𒌋〉.

K.413	No.	151		Mannu-kī-[Arbail]
43 x 29 x 14	ADD	43	C	Loan:copper
	AR	281	T,TrG	20.VII.687 B.C.
	AST	T185	Q	

obv	1	[x]+11 MA.NA URUDU.MEŠ SAG.DU
	2	šá d.15 šá URU.4*-ìl
	3	1.GÌR.2-d.IM
	4	TA* IGI 1.Man-nu-ki-URU.[4*-ìl]
	5	ina pu-u-ḫi i-ˈtiˈ-[ši]
	6	ina UD 1 KÁM šá IT[U.x x]
be	7	i-da-[an]
	8	šum-mu 1[a SUM]
rev	9	a-na 3-s[i-šú]
	10	i-rab-b[i]
	11	IGI 1.DÙG.GA-IM-[x x]
	12	IGI 1.AD-la-rim
	13	IGI 1.Ia-da-du
	14	[IG]I 1.Bal-ṭa-a+a
	15	[IGI] 1.Qu-u-ía IGI 1.Za-[x x]
te	16	IGI 1.d.PA-PAP.MEŠ-SU
	17	ITU.DU₆ UD 20 KÁM
le	18	lim-me 1.30-PAP.MEŠ-[SU]

Translation

[x] + 11 minas of copper, capital, <rešāte> belonging to Ištar of Arbail.
Šēpē-Adad to[ok] it as a loan from Mannu-kī-[Arbail]. He shall pay on the
first day of the mon[th of x]. If he does n[ot pay], it shall increase by
a thi[rd]. 7 witnesses, date, eponym.

Notes

4: The restoration is based on the identification of the witness in 1.15.

13: da = ⊠.

15: Qu-u-ia is written Qu-u-a in No. 158:12; they are probably the same
person.

16: The witness is assumed by S. Parpola to be identical with the man
in No. 27:39'; cf. LAS II App.N 22. This is doubtful since there
is no evidence that this document has anything in common with the
Aplāya archive.

83-1-18,460		No.	152		Mannu-kī-Arbail
42 x 87 x 19		ADD	360	C	Sale
		AR	373	T,TrG	Scribe:Nabû-taqqinanni
		FNAD	4	T	Urulli
		AST	203	Q	28.II.680 B.C.

obv	1	[NA₄.KIŠIB 1.A]d-ri-iá EN GIŠ.KIRI₆ SUM-ni

Cylinder Seal Impression (destroyed)

	2	GIŠ.KIRI₆ zaq-pu šá GIŠ.til-liti
	3	ina URU.Ur-ul-li SUḪUR ad-ri
	4	SUḪUR qab-li SUḪUR KASKAL šá ina URU.Kip-šu-u-ni
	5	DU-u-ni SUḪUR šá a-na mu-še-bi-riti DU-ni
	6	SUḪUR GIŠ.KIRI₆ šá 1.d.IM-DÙ-ni
	7	ú-piš-ma 1.Man-nu-ki-i-URU.4*-ìl
	8	LÚ.GAL ki-ṣir TA* IGI
	9	1.Ad-ra-iá ina ŠÀ 31 GÍN.MEŠ KÙ.BABBAR
	10	TI-qé kas-pu gam-mur ta-ad-din
	11	GIŠ.KIRI₆ šu-a-tú za-rip laq-qé
	12	tú-a-ru ⌈de⌉-e-nu DUG₄.DUG₄
	13	la-áš-šú man-nu šá ina ur-kiš a-na ma-te-ma
	14	i-zaq-qup-an-ni lu-u 1.Ad-ri-iá
	15	lu-u DUMU.⌈MEŠ⌉-šú lu-u DUMU.DUMU.MEŠ-šú
	16	lu-u PAP.MEŠ-šú lu-u DUMU.PAP.MEŠ-šú
	17	šá de-e-nu DUG₄.DUG₄
	18	TA* 1.Man-nu-ki-i-URU.4*-ìl
	19	DUMU.MEŠ-šú u DUMU.DUMU.MEŠ-šú
	20	[u]b-ta-'u-u-ni 10 MA.NA KÙ.BABBAR LUḪ-u
	21	[x M]A.NA KÙ.GI sag-ru
rev	22	ina bur-ki d.Iš-tar a-ši-bat
	23	URU.NINA GAR-an kas-pu a-na 10.MEŠ-te
	24	a-na EN.MEŠ-šú GUR-ra ina de-ni-šú
	25	DUG₄.DUG₄-ma la TI-qé

	26	IGI 1.d.PA-PAP-AŠ LÚ.SANGA

```
27    IGI 1.A-i IGI 1.Du-sa-a
28    IGI 1.d.BU-ˈú-aˈ-ri LÚ.GAL še-lapa-ni
29    IGI 1.UD-7-KÁM*-DINGIR-a+a ÌR ša A.MAN
30    IGI 1.Ḫal-di-DINGIR-a+a LÚ.NU.GIŠ.KIRI₆
31    IGI 1.Aš+šur-MU-GIŠ
32    IGI 1.Ia-da-nu
33    IGI 1.d.PA-LAL-in-a-ni LÚ.A.BA

      4 1/2 line spaces

34    ITU.GU₄ UD 28 KÁM* lim-mu 1.Da-na-nu
35    ina tar-ṣi 1.Aš+šur-PAP-AŠ MAN KUR.Aš+šur.KI
36    2 UD-mu.MEŠ 2 GE₆.MEŠ
37    A.MEŠ ut-ru-te NAG
```

Translation

[Seal of A]driya, owner of the orchard being sold. /Cylinder Seal Impression
(destroyed)/ A planted orchard with vines in the city of Urulli adjoining
a threshing floor, adjoining a qablu, adjoining a road which goes through
Kipšūna, adjoining (a road) which leads to a ferry, adjoining the orchard
of Adad-ibni——Mannu-kī-Arbail, the captain, contracted and bought it fromı
Adriya for 31 shekels of silver. The money is paid completely. That orchard
is purchased and acquired. Any revocation, lawsuit, or litigation is void.
Whoever, at any time in the future, lodges a complaint, whether Adriya or
his sons or his grandsons or his brothers or his nephews, whoever repeatedly
seeks a lawsuit or litigation against Mannu-kī-Arbail (or) his sons and his
grandsons shall place 10 minas of refined silver (and) [x mi]nas of pure
gold in the lap of Ištar residing in Ninua. He shall return the money tenfold
to its owners. He shall contest in his lawsuit and not succeed. 7 witnesses,
scribe, date, eponym. He shall drink a surplus of water for 2 days and 2 nights.

Notes

4: See CAD Q 16a for qablu "grove?".

5: The form mu-še-bi-riti is genetive singular; cf. K. Deller - W.R. Mayer,
Or 53 (1984) 90 [263a/b].

28: ˈúˈ = ⟨cuneiform⟩. As noted in AR a+a is expected instead of ni.
Postgate reads for the profession: LÚ.GAL KUR dan-ni.

K.332	No.	153		Mannu-kī-Arbail
39 x 85 x 23	ADD	359	C	Sale:orchard
	AR	372	T,TrG	Kipšuna
	Aššur	2/5	Coll.	18.IV.680 B.C.
	AST	T205	Q	

obv	1	⌈NA₄.KIŠIB 1.Bal⌉-ṭa-a+a
	2	LÚ*.A. BA⌉ EN GIŠ.KIRI₆
	3	ša GIŠ.til-lit-⌈ti⌉ SUM-ni

Cylinder Seal Impression

	4	GIŠ.KIRI₆ ša GIŠ.til-lit-ti
	5	ina URU.Kip-šu-na
	6	SUḪUR GIŠ.KIRI₆ ša 1.PAP-⌈DU⌉-ka
	7	SUḪUR ÍD : ša 1.Ur-ba-⌈a⌉+a
	8	SUḪUR DU bur-ti
	9	[ú]-⌈piš⌉-ma 1.Man-nu-⌈ki-4*⌉-ìl
	10	TA IGI 1.Bal-ṭa-a+a
	11	[ina] ŠÀ 4 ⌈MA⌉.NA KÙ.BABBAR
	12	ša URU.Gar-ga-miš
	13	il-qe kas-pu gam-mur
	14	[SU]M-ni GIŠ.⌈KIRI₆⌉ šu-a-⌈te⌉
be	15	[za-ri]p laq-⌈qe⌉ tú-a-⌈ru⌉
	16	[de-nu] DUG₄.⌈DUG₄⌉ la-aš-šú
rev	17	[man-nu šá] in[a ur]-kiš
	18	[ina ma-t]e-ma ⌈i-za⌉-qu-pa-ni
	19	[GI]B-u-ni 11 1/2 MA.NA KÙ.BABBAR
	20	[x MA.N]A KÙ.GI a-na d.15
	21	[a-ši-bat ina] URU.Ni-nu-a SUM-an
	22	[kas-pu] ⌈a-na 10.MEŠ⌉-[te] ⌈a⌉-na EN.MEŠ-šú GUR
	23	[ina de-ni]-šú DUG₄.DUG₄-ma NU TI

	24	ITU.ŠU UD 18 KÁM
	25	lim-me 1.Dan-⌈na⌉-nu
	26	ša URU.Man-⌈su-a⌉-te
	27	IGI 1.d.Aš+šur-DINGIR-a+⌈a⌉
	28	⌈IGI⌉ 1.d.PA-KAR-ir-an-ni
	29	IGI 1.Sa-me-e'
	30	⌈IGI⌉ 1.Ú-su-na-a
	31	⌈IGI⌉ 1.La-ab-sa-re-e
	32	⌈IGI⌉ 1.Da-ia-a
	33	IGI 1.A-si-nu-u
le	34	[ina tar-ṣi 1.Aš+šur]-PAP-AŠ MAN KUR.Aš+šur GIŠ.KIRI₆ ⌈laq-qe⌉

Translation

Seal of Balṭāya, the scribe, owner of the orchard with vines being sold.
/Cylinder Seal Impression/ An orchard with vines in the city of Kipšuna
adjoining the orchard of Aḫu-illika, adjoining the canal "ditto" of Urbāya,
and adjoining the ? of a well——Mannu-kī-Arbail contracted and bought it from
Balṭāya [for] 4 minas of silver. The money [is pa]id completely. That

orchard [is purch]ased and acquired. Any revocation, [lawsuit], or litigation
is void. [Whoever], a[t any ti]me [in the fut]ure,lodges a complaint [or
breaches] the contract shall pay 11 1/2 minas of silver [(and) x min]as
of gold to Ištar [residing in] Ninua. He shall return [the money] tenfold
to its owners. He shall contest [in] his [lawsuit] and not succeed. Date,
eponym, 7 witnesses. le: [during the reign of Aššur]-aḫu-iddina, king of
the land of Aššur. The orchard is purchased.

Notes

8: SUḪUŠ = 𒐕𒐕𒐕.
30: Ú = 𒐕𒐕𒐕.

K.341	No.	154		Mannu-kī-Arbail
45 x 65 x 30	ADD	364	C	Sale:garden
	AR	374	T,TrG	Ninua
				13.VII.679 B.C.

| obv | 1 | NA₄.KIŠIB 1.Bi-bi-i EN GIŠ.GIGIR |
| | 2 | EN GIŠ.KIRI₆ SUM-ni |

Cylinder Seal Impression

	3	GIŠ.KIRI₆ ša Ú.SAR ina URU.Ni-nu-a
	4	ina IGI ti-tu-ri SUMUN
	5	SUḪUR GIŠ.KIRI₆ ša 1.d.PA-GIN-du-gul LÚ*.A.S[IG]
	6	SUḪUR GIŠ.KIRI₆ ša d.MAŠ.MAŠ
	7	SUḪUR KASKAL MAN SUḪUR ÍD
	8	ú-piš-ma 1.Man-nu-ki-4*-[ìl]
	9	[ina lìb-bi x MA.N]A K[Ù.BABBAR] ⌜il⌝-[qe]
		remainder missing
rev	10'	ina d[e-ni-šú DUG₄.DUG₄ la i-laq-qe]
	11'	IGI 1.d.PA-[x x x x x x]
	12'	IGI 1.Aš+šur-MU-G[IN x x x]
	13'	IGI 1.Qur-di-d.⌜15⌝ [x x x x]
	14'	IGI 1.Gi-ni-ia L[Ú.x x x x]
	15'	IGI 1.Da-ni-i L[Ú.x x x x]
	16'	IGI 1.d.IM-SUM-MU LÚ.⌜GAL ki-ṣir⌝
	17'	IGI 1.SUḪUŠ-KASKAL LÚ.! Gi-mir-a+a
	18'	IGI 1.PAP-DINGIR-a+a ša GÌR.2
	19'	IGI 1.DI-mu-EN-la-aš-me LÚ*.MU
	20'	IGI 1.Rém-a-ni-BE LÚ.SUM.NINDA
	21'	IGI 1.SUḪUŠ-d.IMIN.BI LÚ.DAM.QAR
le	22'	[ITU].DUL UD 13 KÁM* lim-mu 1.TA*-d.IM-a-né-⌜nu⌝

Translation

Seal of Bibî, the charioteer, owner of the garden being sold. /Cylinder
Seal Impression/ A vegetable garden in Ninua facing the old causeway, adjoining
the garden of Nabû-kēnu-dugul, the second charioteer, adjoining the garden
of the god Nergal, adjoining the king's road, and adjoining a canal——Mannu-
kī-Arbail contracted and bou[ght it for x mi]nas of sil[ver] -remainder of
obverse missing. [He shall contest] in [his lawsuit and not succeed]. 11
witnesses, date, eponym.

Notes

1: Bibî is probably the same person attested in CTN III 99 i:8 as Bi-bi-ia.
4: See the note on LAS II 291:5' for titurru.
13': Qurdi-Ištar occurs again in this archive together with Ginia (1.14')
in No. 161:9'. He also appears as LÚ.GAL KA.KEŠDA in Nos. 409:12
and 410:7' (archive: šakintu of Kalzi – 679 B.C.).
14': Gi-ni-ia is written Gi-in-na-a+a in No. 161:9'.

Bu.91-5-9,10	No.	155		Mannu-kī-Arbail
48 x 32 x 18	ADD	150	C	Loan:animals
	AR	222	T,TrG	15.XI.679
	BAB	239		

obv	1	[1] ANŠE.GÍR.NUN.NA SIG
	2	ša 1.Man-nu-GIM-URU.4*-ìl
	3	ina IGI 1.GIŠ.BAL-li-pi-NUN-x-e
	4	1.Ur-da-a EN.ŠU.2.MEŠ
	5	ina ITU.GU₄ SUM-an
	6	[šum-ma 1]a SUM-an
be	7	[x]+20 MA.NA KÙ.BABBAR
	8	a-na LUGAL SUM-an
rev	9	ITU.ZÍZ UD 15 ⌈KÁM⌉
	10	lim-mu 1.TA*-d.IM-a-né-nu
	11	IGI 1.Ar-zi-zu LÚ*.GAL ki-ṣir
	12	IGI 1.Ma-mì-i LÚ*.!
	13	[IGI 1].Ḫa-ba-sa-tú LÚ*.GAL NI.GAB.MEŠ
	14	[IGI 1.K]ù-ba-bu-DINGIR-a+a
te	15	[IGI] 1.A-⌈bi⌉-lu-re-e
	16	IGI 1.Aš+šur-DINGIR-a+a

Translation

[1] good mule belonging to Mannu-kī-Arbail is at the disposal of Pilaqqa-lippi-
NUN-x-e. Urdâ is the guarantor. He shall pay in the month of Ayyaru.
[If he does n]ot pay, he shall pay [x] + 20 minas of silver to the king.
Date, eponym, 6 witnesses.

Notes

1: GÍR = ⫯⧻ ; it is an error for GÌR.
3: See note on No. 15:5 for the name.
11-13: These witnesses appear in the archive of the šakintu of Kalzi;
see Nos. 409:11,13,14 and 410:8'. On Ḫa-ba-sa-tú see E. Lipiński, "Les
Phéniciens à Ninive au Temps des Sargonides: Ahoubasti, Portier en Chef"
in: Atti del Congresso Internazionale di Studi Fenici e Punici,(Rome
1983)125-134.

83-1-18,337	No.	156		Mannu-kī-Arbail
50 x 90 x 28	ADD	330	C	Sale:house
	AR	195	T,TrG	Scribe:Aššur-šarru-uṣur
	Aššur	2/5	Coll.	Zidada?
	AST	T200	Q	24.I.676 B.C.
	LASII	App.N 23a		

obv	1	NA₄.KIŠIB 1.Še-le-pe
	2	EN É ta-da-ni

Cylinder Seal Impression

	3	É ep-[šú a-di GIŠ.ÙR].MEŠ-šú a-di GIŠ.IG.MEŠ-šú
	4	mì-sil a[d-ru x x x x] A.GÀR URU.˹Zi-da˺-da
	5	TAG-pi-[x x x x ina g]i-mir-˹ti˺-šá
	6	SUḪUR É [1.NU-MA]N-iq-bi
	7	SUḪUR [É 1.x x x x]-mu-e-ri
	8	ú-[piš-ma 1.Man-n]u-ki-URU.4*-ìl
	9	[TA* IGI 1.Še]-le-pe
	10	[ina lìb-bi x MA.NA] KÙ.BABBAR
	11	[ina 1 MA.NA ša URU.x x il]-qe kas-pu
	12	[gam-mur ta-din] É za-rip
	13	[laq-qé tu-a-ru d]e-nu DUG₄.˹DUG₄˺
	14	[la-áš-šú man-nu šá ina] ˹ur˺-[kiš]
	15-16	completely destroyed
be	17	[TA*] 1.Man-nu-k[i-URU.4*-ìl]
	18	˹ú˺ DUMU.MEŠ-šú ub-t[a-u-ni]
	19	5 MA.NA KÙ.BABBAR 2 MA.[NA KÙ.GI]
rev	20	ina d.Iš-tar a-ši-bát URU.4*-ìl.K[I] S[UM-an]

```
21    kas-pu ina 10.MEŠ-te ina EN.MEŠ-šú ú-[GUR]
22    ina de-ni-šú DUG₄.DUG₄ la i-laq-qe
23    de-e-šú DI.KU₅.<MEŠ> la i-ša-mu-u
```

```
24    IGI 1.GÌR.2-15 LÚ*.A.BA
25    IGI 1.d.PA-MU-AŠ LÚ*.A.BA
26    IGI 1.Ki-ṣir-15 LÚ*.3.U₅
27         ša LÚ.GAL KAŠ.LUL
28    IGI 1.NUMUN-d.15
29    IGI 1.Man-nu-ki-PAP.MEŠ LÚ*.ra-ka-su
30    IGI 1.EN-BÀD
31    IGI 1.Aš+šur-MAN-PAP LÚ*.A.BA
32    IGI 1.d.ŠÚ-SU
33    IGI 1.Su-ḫu-ra-mu-u LÚ*.⌈DAM⌉.QAR ša ⌈DUMU.MAN⌉
34    IGI 1.Man-nu-k[i]-AD LÚ*.ra-ka-su ša LÚ*.GAL ⌈SAG⌉
35    ITU.BÁRA UD 24 KAM
36    lim-mu 1.Ba-an-ba-a LÚ*.SUKKAL 2-u
37    ina tar-ṣi 1.Aš+šur-PAP-AŠ MAN KUR.Aš+šur
```

Translation

Seal of Šelepu, owner of the house being sold. /Cylinder Seal Impression/
A bui[lt] house [including] its [beams] and including its doors, a half
of a thr[eshing floor x x x x], a field <in> the city of Zidada, a TAG-pi-[x
x x x in] its entirety, adjoining the house [of Ṣalmu-šar]ru-iqbi, and
adjoining [the house of x x x x]-mu-e-ri——[Mann]u-kī-Arbail con[tracted and
boug]ht it [from Šel]epu [for x minas] of silver [according to the 1 mina
(standard) of GN]. The money [is paid completely]. The house is purchased
[and acquired. Whoever, at] any [time]....... (whoever) repeatedly se[eks
(a lawsuit or litigation) against] Mannu-k[ī-Arbail] and his sons shall [pay]
5 minas of silver (and) 2 min[as of gold] to Ištar residing in Arbail. He
shall [return] the silver tenfold to its owners. He shall contest in his
lawsuit and not succeed. The judges shall not hear his case. 10 witnesses,
date, eponym.

Notes

4: ⌈Zi-da⌉-da is uncertain. ⌈Ig⌉ for ⌈ZI⌉ is also possible, ⌈Ga⌉ unlikely.
The sign looks like: ⱶⱶ⫻⧗.
24-28: See LAS II App.N 23a. As Parpola points out, Zēr-Ištar and
Nabû-šumu-iddina are probably identical with the witnesses in No. 14:25',27'
(archive: f.Aḫu-dalli - 683 B.C.). They also appear together in No. 157:11',12'
(archive: Mannu-kī-Ninua - 676 B.C.).
29: Mannu-kī-aḫḫē and Mannu-kī-abi (1.34) are attested in No. 157:8',9'.

83-1-18,269	No.	157		Mannu-kī-Arbail
(36) x (34) x 18	ADD	502	C	Sale
	AR	562	T,TrG	Scribe:Nabû-šumu-iddina
				25.I.676 B.C.

beginning missing

obv 1'   [x x] ⌜man⌝-n[u] ⌜šá⌝ [ina ur-kiš ina ma-te-ma]
     2'   [i-za-qu]p-an-ni lu-u 1.Ki-ṣ[ir x x x]
     3'   [lu-u DUM]U.MEŠ-šú lu-u mám+ma-nu-šu
     4'   [šá i-za-qu]p-an-ni TA* 1.Man-nu-ki-⌜4*⌝-[ìl]
     5'   [u DUMU.M]EŠ-šú de-e-nu DUG₄.DU[G₄]
     6'   [ub-ta]-'u-u-ni kas-pu 10.TA.AN
     7'   [a-na EN.MEŠ-šú GU]R-[r]a ina de-ni-šú
     8'   [DUG₄.DUG₄-ma 1]a i-laq-qé
rev 9'   ⌜IGI 1.Man-nu]-ki-i-PAP.MEŠ LÚ.⌜raka⌝-[su]
    10'   ⌜IGI 1.Man]-nu-ki-i-AD LÚ.⌜raka-su⌝
    11'   [IGI 1].NUMUN-d.15
    12'   [IGI 1.d].PA-MU-AŠ ṣa-bit IM
    13'   [ITU.BÁ]RA UD 25 KÁM* 5 MU.AN.N[A]
    14'   [1.d.Aš+šur-PA]P-SUM-na MAN KUR.AN.ŠA[R.KI]
    15'   [lim-mu] 1.Ban-b[a-a LÚ.SUKKAL 2-u]
         remainder missing

Translation

Beginning missing— [x x]. Whoever, [at any time in the future, lodges a com]plaint, whether Kiṣ[ir-x x x x or] his [so]ns or anyone belonging to him, [whoever lodges a comp]laint (or) [repeatedly] seeks against Mannu-kī-Ar[bail and] his [son]s [shall ret]ur[n the money tenfold to its owners. He shall contest] in his lawsuit and no]t succeed. 3 witnesses, scribe, date, eponym.

Notes

9'-12':   See notes on No. 156:24,28,29.

K.350	No.	158		Mannu-kī-Arbail
36 x 22 x 14	ADD	40	C	Loan:copper
	AR	293	T,TrG	11.III.676 B.C.
	3R	47/5	C	
	KB4	126-127	T,TrG	
	Op	187-188	T,TrL/F	
	AST	T184	Q	

obv 1 2 GÚ.UN URUDU.MEŠ SAG.MEŠ
     2 ša d.15 ša URU.4*-ìl
     3 ša 1.Man-nu-ki-4*-ìl
     4 ina IGI 1.d.UTU-PAP.MEŠ-e-DI
     5 ina ITU.NE id-dan-an
     6 šum-ma la-a id-di-ni
be   7 a-na 3-su-šu-nu
rev 8 i-rab-bi-u
     9 ITU.SIG₄ UD 11 KAM
   10 lim-mu 1.Ban-ba-a
   11 IGI 1.Ku-bába-KAM-eš
   12 IGI 1.Qu-u-a ⟨IGI⟩ 1.MAN-iq-bi
   13 IGI 1.SIG₅-INIM.MEŠ-LUGAL
te 14 IGI 1.d.PA-u-a

Translation

2 talents of copper, resate belonging to Ištar of Arbail (and) belonging to
Mannu-kī-Arbail, are at the disposal of Šamaš-ahhē-šallim. He shall pay in
the month of Abu. If he does not pay, it shall increase by a third. Date,
eponym, 5 witnesses.

Notes

12: Qu-u-a is probably identical with Qu-u-ia in No. 151:15 (archive:
Mannu-kī-Arbail - 687 B.C.).

83-1-18,366	No.	159		Mannu-kī-Arbail
38 x 28 x 20	ADD	167	C	Default of payment
Photo: BM Deluge 10 No. 2	AR	223	T,TrG	10.XI.676 B.C.
	Aššur	2/5	Coll.	
	BAB	244-245		

obv	1	BE-ma ina SAG.DU ITU
	2	1.EN-KAR-ir 1.Gab-bu-d.IM
	3	la-a na-ṣa a-na 1.Man-nu-ki-4*-ìl
	4	la-a i-⟨din⟩-nu-u sa-ar-ti
	5	⸢ša É⸣-šú ú-šal-⸢lam⸣
	6	ITU.ZÍZ UD 10 KAM
	7	lim-mu 1.Ban-ba-a
be	8	IGI 1.d.PA-KAR-ir-a-ni
	9	IGI 1.PAP-a-bu
rev	10	IGI 1.A-bu-nu
	11	IGI 1.⸢Mil⸣-ki-a+a
	12	IGI 1.Mu-sa-la-me
	13	IGI 1.Na-mu-u
	14	IGI 1.Ka-bar-DINGIR

Translation

If at the beginning of the month (of Addaru), Bēl-eṭir does not bring (the amount) ⟨to⟩ Gabbu-Adad (and if) they do not give it to Mannu-kī-Arbail, he shall pay a fine on his house. Date, eponym, 7 witnesses.

Notes

1: The text begins with this line contrary to Johns' statement: "At least one line destroyed at commencement".

4: i-din in AR is incorrect.

5: ⸢ša⸣ = 𒈪𒌋

8: This witness occurs in No. 160:10.

83-1-18,333	No.	160		Mannu-kī-Arbail
44 x 27 x (12)	ADD	8	C	Loan:silver
	AR	257	T,TrG	1.II.673 B.C.

obv	1	[NA₄].KIŠIB 1.A-ḫu-⸢ni⸣
	2	ša URU.Kar-d.NIN.LÍL 20 GÍN.MEŠ KÙ.BABBAR
	3	ša 1.Man-nu-ki-i-URU.4*-ìl
	4	ina IGI 1.A-ḫu-ni
	5	ina ITU.GU₄ ina lìb-bi ITU.GU₄ KÙ.BABBAR ina SA[G].⸢DU⸣-šú
	6	SUM-an BE-ma ⟨la⟩ SUM-ni ina 4-tú-šú GAL-bi
	7	ina ITU.GU₄ UD 1 KÁM* lim-mu 1.A-tar-DINGIR
	8	LÚ.EN.NAM KUR.La-ḫi-ra
	9	IGI 1.Me-li-za-za
rev	10	IGI 1.d.PA-KA[R-ir-a]n-[ni]
		remainder missing

Translation

[Se]al of Aḫūni of Kār-Mullissu. 20 shekels of silver belonging to Mannu-kī-
Arbail are at the disposal of Aḫūni. He shall pay in the month of Ayyaru,
in the middle of the month of Ayyaru, the silver with its capital sum. If
he does <not> pay, it shall increase by a fourth. Date, eponym, 2+ witnesses.

Notes

2: For the place name Kār-Mullissu see S. Dalley, RA 73 (1979) 177–178
and S. Parpola, CRRA 26 177–178 n.21.

Rm.470	No.	161	C	Mannu-kī-Arbail
41 x (55) x (11)	ADD	493	C	Sale
	AR	619	T,TrG	Kalḫu
	AST	T213	Q	

beginning missing

rev	1'	lu-[u 1.x x x lu-u DUMU.MEŠ-šú]
	2'	lu-u DUMU.DUMU.MEŠ-⸢šú⸣ lu-u [x x x]
	3'	ša TA* 1.Man-nu-ki-4*-ìl [ù DUMU.MEŠ-šú]
	4'	de-nu DUG₄.DUG₄ ub-ta-u-⸢ni⸣
	5'	2 MA.NA KÙ.BABBAR 1 MA.NA KÙ.GI
	6'	ina bur-ki d.MAŠ a-šib URU.Kàl-ḫi GAR-an
	7'	kas-pu a-na 10.MEŠ a-na EN.MEŠ-šú GUR
	8'	<ina> de-ni-šú DUG₄.DUG₄ la i-laq-qe
	9'	IGI 1.Qur-di-d.15 IGI 1.Gi-in-na-a+a
	10'	[IG]I 1.Ḫa-ba-as-ti
	11'	[IGI] 1.Ma-le-e-za-zi
	12'	[IGI] 1.PA-tàk-lak IGI 1.d.PA-⸢NUMUN⸣-[GIN]
	13'	[IGI] 1.PA-EN-GIN IGI 1.[x x x x]
	14'	[IGI 1.GÌ]R.2-⸢Aš+šur⸣ [x x x x x]
		remainder missing

Translation

Beginning missing– (Whoever, at any time in the future, lodges a complaint
or breaches the contract), whet[her x x x or his sons] or his grandsons or
[x x x], whoever repeatedly seeks against Mannu-kī-Arbail [and (against) his
sons] a lawsuit or litigation shall place 2 minas of silver (and) 1 mina
of gold in the lap of Ninurta residing in Kalḫu. He shall return the money
tenfold to its owner. He shall contest <in> his lawsuit and not succeed.
8+ witnesses.

Notes

There are traces on the edge of the obverse: ⌐⌐.

9': See notes on No. 154:13',14'.

10': See note on No. 155:11-13.

11': The name of the witness is spelled in the preceding text Me-li-za-za.

Ki.1904-10-9,44	No. 162	Mannu-kī-Arbail
46 x (52) x 29	ADD 1157 C	Sale:male
	=AJSL 42/177-178	

beginning missing

obv
1' [1.x x x]-li-ti ⌐ÌR⌐-šú
2' u-⌐piš⌐-ma 1.Man-nu-⌐ki⌐-URU.4*-ìl
3' TA [IGI] 1.NUMUN-i
4' a-na 1 1/2 MA.NA KÙ.BABBAR.MEŠ
5' a-na 1 ma-né-e ša KUR.Gar-ga-miš
6' i-zi-rip i-se-qe
7' kas-pu gam-mur ta-din-ni
8' [L]Ú šu-a-tu₄ za-ar-PI
9' laq-qe tu-a-ru de-nu
10' [D]UG₄.DUG₄ la-áš-šú
11' [be]-en-e-nu a-na 1 me UD-me
12' [sa-a]r-tú ina kala MU.AN.NA.MEŠ

rev
13' man-nu ša ina ur-kiš ina ma-ti-mu
14' lu-u 1.NUMUN-i lu-u DUMU.MEŠ-šú
15' lu-u DUMU.DUMU.MEŠ-šú lu-u ŠEŠ.MEŠ-šú
16' lu-u EN il-ki-šú ša de-nu
17' DUG₄.DUG₄ TA* 1.Man-⌐nu⌐-ki-⌐URU⌐.4*-ìl
18' u DUMU.MEŠ-šú u DUMU.DUMU.MEŠ-šú
19' ub-ta-'u-u-ni GÚ.UN MA.NA KÙ.BABBAR
20' 1 MA.NA KÙ.GI ina bur-ki d.Iš-tar
21' a-ši-bat URU.4*-⌐ìl⌐ i-šak-kan kas-⌐pu⌐
22' a-na 10.MEŠ-te ina EN.MEŠ-šú ⌐GUR⌐-ra
23' a-na de-ni-šú DUG₄.DUG₄-ma la i-laq-qe
24' di-in-šú d.15 ⌐x⌐ la i-šá-mu

25' ⌐IGI⌐ 1.[x x x x x x x x x]
remainder missing

le
26' IGI d.NU-⌐LUGAL⌐

Translation

Beginning missing— [x x x]-liti, his servant——Mannu-kī-Arbail contracted, has purchased, and has acquired him fr[om] Zērî for 1 1/2 minas of silver according to the 1 mina (standard) of Gargamiš. The money is paid completely. Any revocation, lawsuit, [or li]tigation is void. (The buyer is guaranteed against) [the bē]nenu disease for 100 days (and against) [fr]aud forever.

Whoever, at any time in the future, whether Zērî or his sons or his grandsons or his brothers or anyone responsible for his ilku-duties, whoever repeatedly seeks a lawsuit or litigation against Mannu-kī-Arbail and (against) his sons and (against) his grandsons shall place a talent of silver (and) 1 mina of gold in the lap of Ištar residing in Arbail. He shall return the money tenfold to its owners. He shall contest in his lawsuit and not succeed. Ištar ⌜x⌝ shall not listen to his case. Witness list destroyed. le: witness: Ṣalmu-šarri.

Notes

11': There is not enough space on the tablet to restore [ṣib-tu].

24': ⌜x⌝ = ⫲⫲.

26': The witness is a god. Note AST T 121 = 3R 66 VII:35': d.ALAM.MAN šá : (URU.4*-íl).

K.1361	No.	163		Mannu-kī-māt-Aššur
50 x 32 x 20	ADD	102	C	Court decision
	FNAD	45	T	Ninua
	Aššur	2/5	Coll.	1.III.PC

te	1	NA₄.[KI]ŠIB 1.d.PA-šal-lim-PAP.M[EŠ]
obv	2	A 1.IGI-d.PA-am-mar
	3	1.M[an]-nu-ki-KUR.Aš+šur
	4	ina q[a]b-si Ni-nu-u-a a-na 1.d.PA-šal-lim-PAP.MEŠ
	5	Circular I[G]I 1.d.PA-TI-su-E
	6	Stamp : 1.Ki-ṣir-Aš+šur
	7	Seal IGI 1.d.PA-SUM-PAP.MEŠ
	8	i-ṣa-bat ina UGU LÚ.ur-ki-i
	9	ša GÉME ⌜ša⌝ iq-b[u]-⌜u⌝-ni
be	10	ma-a LÚ.ur-ki-i i-ba-áš-š[i]
rev	11	ú-bal-la la ⌜na-ṣa⌝
	12	ú-ma-a 1.Man-nu-ki-KUR.Aš+⌜šur⌝
	13	1 1/2 GÍN KÙ.BABBAR a-na 1.d.PA-šal-lim-PAP.MEŠ
	14	la u-ma-ṭí ur-ta-meš-šu
	15	a-ki-ma i-ṣa-du-šu
	16	e-te-ṣi-di LÚ.ur-ki-i
	17	ú-ba-a ú-bal-la
	18	ITU.SIG₄ UD 1 KAM
te	19	lim-mu 1.d.[PA]-tap-pu-ti-DU
le	20	IGI 1.Pa-šá -nu
	21	: 1.ÌR-15
	22	: 1.Qu-ni-ḫu-ṭin
	23	: 1.Pi-sa-ni-ši

Translation

Se[a]l of Nabû-šallim-ah[hē] son of Nabû-ammār. Mannu-kī-māt-Aššur seized
Nabû-šallim-ahhē in the c[en]ter of Ninua. Circular Stamp Seal (The)
witn[es]s: Nabû-bullussu-iqbi, "ditto" (the witness). Kiṣir-Aššur, and the
witness: Nabû-nādin-ahhē——concerning the surety of the maid, he (Nabû-šallim-
ahhē) said (before the witnesses) the following: "I certainly shall bring my
surety." He has not brought him. Now Mannu-kī-māt-Aššur has not decreased
the 1 1/2 shekels of silver for Nabû-šallim-ahhē, (but) has released him.
As soon as he has harvested his harvest, he will seek out the surety and bring
him. Date, eponym, 4 witnesses.

Notes

10: LÚ is certain. Parpola collates LÚ*. áš = ; ši = .
Note Postgate's reading: ina ma-ⁿteⁿ.
14: meš not me (Parpola) is correct.
15: The traces indicated at the end of this line by Parpola belong
to the MEŠ sign of 1.4.
16: ṣi = .
22: tin is certain: .
23: ni = ; see note on No. 104:10' (archive: Gerha - PC).

K.361a	No.	164a		Mannu-kī-Ninua
47 x 33 x 27	ADD	123	C	Loan:wine
envelope	AR	219	T,TrG	Ninua
	FNAD	36A	T	25.X.683 B.C.

obv	1	NA₄.KIŠIB 1.Ut-t[a-a-ma]
	2	2 ANŠE 5BÁN GIŠ.GE[ŠTIN.MEŠ]
	3	ša 1.Man-nu-ki-NI[NA.KI]
		Cylinder Seal
	4	ina IGI 1.ⁿUtⁿ-ta-a-me
	5	ina ITU.GU₄ GIŠ.GEŠTIN.MEŠ ina NINA.KI SUM-an
	6	šum-mu la i-di-ni
be	7	ki ma-hi-ri ša URU.Ni-nu-a
rev	8	ⁿKÙ.BABBARⁿ SUM-an
	9	ⁿITU.ABⁿ UD 25 lim-me 1.Man-nu-ki-d.IM
	10	IGI 1.Sa-na-nu IGI 1.d.UTU-PAP-ir
	11	IGI 1.d.PA-tak-ⁿlakⁿ IGI 1.d.PA-n[a-SA-h]i-ra
	12	IGI 1.AŠ-šal-lim [IGI 1].Rém-ut-DINGIR
	13	IGI 1.[d].UTU-[tak-lak IGI 1.NUMUN-15]

K.361b	No.	164b	
39 x 24 x 19	ADD	122	C
inner tablet	AR	220	T,TrG
	FNAD	36B	T

```
obv  1   2 ANŠE 5BÁN GIŠ.GEŠTIN.MEŠ
     2   ša 1.Man-nu-ki-NINA.KI
     3   ina IGI 1.Ut-ta-a-ma
     4   [ina] ITU.GU₄ GIŠ.GEŠTIN.MEŠ
     5   [ina UR]U.Ni-nu-a SUM-an
     6   [šum-mu] ⌈NU i⌉-[d]i-ni
be   7   [ki ma-ḫ]i-ri ša NINA.KI
     8   [KÙ.BABBAR] SUM-an
rev  9   [ITU.AB UD] ⌈25⌉ KÁM
     10  [lim-me 1.Man]-nu-ki-d.IM
     11  [IGI 1].⌈Sa⌉-na-a-nu
     12  IGI 1.d.UTU-PAP-ir IGI 1.d.PA-na-SA-⌈ḫir⌉
     13  IGI 1.Rém-ut-DINGIR IGI 1.AŠ-šal-lim
     14  IGI 1.d.UTU-tak-lak IGI 1.NUMUN-15
te   15  IGI 1.d.PA-tak-lak
```

Translation

envelope:

Seal of Utt[āma]. 2 homers and 5 sūtus of wi[ne] belonging to Mannu-kī-Ni[nua],
-Cylinder Seal Impression- are at the disposal of Uttāma. He shall pay (for)
the wine in the month of Ayyaru in Ninua. If he does not pay, he shall pay
the silver according to the market-price of Ninua. Date, eponym, 8 witnesses.

inner-tablet:

2 homers and 5 sūtus of wine belonging to Mannu-kī-Ninua, are at the disposal of
Uttāma. He shall pay (for) the wine [in] the month of Ayyaru [in the cit]y
of Ninua. [If] he does not pay, he shall pay [the silver according to the
market]-price of Ninua. [Da]te, eponym, 8 witnesses.

Notes

11: Sa on the envelope is written like: ⬚. Perhaps this witness
is the same person as in No. 16:16.

Sm.921	No.	165		Mannu-kī-[ ]
(41) x 89 x 12	ADD	378	C	Sale:land
	AR	429	T,TrG	Ḫame
	CISII	28	C,T,Trl	[ ].XII.[ ]
	ABC	22	C,T,TrE	
	EA	11	Cap.	
	BASOR	192/25f.		
	Aššur	2/5	Coll.	
	AST	T218	Q	

obv 1   ku-um [NA₄.KIŠIB-šú ṣu-pur-šú iš-kun]

        2+[x] Fingernail Impressions

     2   ṣu-pur 1.⌜DINGIR⌝-[ma-la-ku]
     3   EN A.ŠÀ [SUM-ni]
     4   É 30 ANŠE A.Š[À x x x]
     5   ša A.MEŠ É 2 AN[ŠE x x x]
     6   ša ŠE.GIŠ.Ì : ina ⌜x⌝[x x]
     7   i na ra šu [x]
     8   ina URU.Ḫa-me-[e]
     9   SUḪUR ÍD SUḪUR [x x]
   10   SUḪUR sa-ḫa-ru [x x]
   11   ú-piš-ma 1.Man-⌜nu⌝-k[i x x]
   12   TA* IGI 1.DINGIR-ma-la-k[u]
   13   ina lìb-bi 11 GÍN.MEŠ ⌜KÙ.BABBAR⌝ [TI]
   14   kas-pu ⌜ga⌝-mur ⌜ta-din⌝
   15   ⌜A.ŠÀ⌝ [šu-a-tú za-rip laq-qe]
        remainder missing (2 lines)

be   16'   lu-u [x x x]⌜x x⌝[x x x x]
   17'   lu-u qur-u[b-šú x x x x]
   18'   lu-u [x x x x x x]
rev 19'   ša de-n[u DUG₄.DUG₄]
   20'   TA* 1.M[an-nu-ki-x x x]
   21'   ù DUM[U.MEŠ-šu ub-ta-u-ni]
   22'   6 MA.NA K[Ù.BABBAR LUḪ-u]
   23'   1 MA.NA KÙ.[GI sag-ru]
   24'   ina bur-ki ⌜d⌝.[x GAR-an]
   25'   ina de-ni-š[u DUG₄.DUG₄-ma]
   26'   la i-la[q-qe]

   27'   IGI 1.A-[x x x]
   28'   IGI 1.Man-[x x x]
   29'   IGI 1.⌜Li⌝-[x x x]
   30'   IGI 1.Man-[x x x]
   31'   A 1.[x x x x]
   32'   IGI ⌜1⌝.[x x x x x x]
   33'   IGI [1.x x x x x x]
   34'   ITU.ŠE [UD x KÁM lim-mu 1.x x x]
le   35'   dnt.'lmlk.zy 'rq.ḫm^C

Translation

In place of [his seal he placed his fingernail]. /2 + [x] Fingernail
Impressions/ Fingernail of Ilí-[malaku], owner of the land [being sold].
An area of 30 homers of lan[d, x x x] of water, an area of 2 hom[ers, x x x]
of sesame, "ditto" in ⌜x⌝[x x], ?? in the city of Ḫamē adjoining a canal,
adjoining [a x x], and adjoining a tower [x x]——Mannu-kī-[x x] contracted
and [bought it] from Ili-malaku for 11 shekels of silver. The money is paid
completely. [That] land [is purchased and acquired] ... or [his] rela[tive
x x x x] or [his x x x x x x], whoever [repeatedly seeks] a laws[uit or litigation]
against Ma[nnu-kī-x x x] and (against) [his] son[s shall place] 6 minas of
[refined] si[lver] (and) 1 mina of [pure] go[ld] in the lap of [DN. He shall
contest in h]is lawsuit and not suc[ceed]. 6 witnesses, date. Caption:
Deed of 'Ili-malaku of the land of Ḫamē⁻ᶜ.

Notes

6: ⌜x⌝ = [cuneiform sign].
7: na = [cuneiform sign]; qa is also possible.
16': ⌜x x⌝ = [cuneiform sign].
29': ⌜Li⌝ = [cuneiform sign]; Parpola reads tu!.

Rm.173		No.	166		Mannu-kī-[ ]
55 x 35 x 20		ADD	18	C	Loan:silver
		AR	269	T,TrG	Scribe:Nabû-eṭir-napšati
					3.VI.[ ]

obv	1	12 1/2 MA.NA 5 GÍN KÙ.[BABBAR]
	2	ša 1.Man-nu-ki-i-[x x x]
	3	ina IGI 1.Ṣili-EN-[x x]

Blank Seal Space

	4	[IT]U.DUL KÙ.BABBAR SUM-a[n]
	5	[šum]-ma la i-[din]
	6	⌜KÙ⌝.BABBAR i-ra-[bi]
be	7	ITU.KIN UD 3 KÁM lim-mu 1.U+[GUR x x]
rev	8	IGI 1.d.EN-[x x x]
	9	IGI 1.Man-nu-ki-i-[x x x]
	10	IGI 1.Man-nu-ki-i-[x x x]
	11	IGI 1.d.PA-PAP.MEŠ-[x x]
	12	IGI 1.d.PA-KAR-ZI.MEŠ
	13	LÚ*.A.BA

Translation

12 1/2 minas and 5 shekels of sil[ver] belonging to Mannu-kī-[x x x], are at
the disposal of Ṣilli-bēl-[x x]. /Blank Seal Space/ He shall pay the silver
[(in) the mo]nth of Tašrītu. [I]f he does not p[ay], the silver shall increase.
Date, (eponym), 4 witnesses, scribe.

Notes

3: Ṣili = 〽. .

4: SUM = ⧈.

12-13: This is the same scribe as in AR 32:13-14.

Rm.2,20	No.	167		Mannu-kī-[ ]
(33) x (64) x 22	ADD	375	C	Sale:land
	AR	426	T,TrG	

obv	1	[ku]-um NA₄.KIŠIB-˹šú˺ [ṣu-pur-šú iš-kun]
	2	ṣu-pur 1.Ḫa-sa-b[u x x x x]
	3	EN A.ŠÀ [SUM-ni]

3+[1] Fingernail Impressions

	4	˹É 20 ANŠE A.ŠÀ˺ ina URU.N[i-x x x]
	5	[SUḪU]R A.ŠÀ ša 1.[x x x x x]
	6	SUḪUR A.ŠÀ ša ˹x˺[x x x x x]
	7	ú-piš-ma 1.Man-nu-ki-[x x x x]
	8	TA* IGI 1.Ḫa-sa-˹bu˺-[x x x]
	9	il-qe kás-pu gam-[mur ta-din A.ŠÀ šú-a-tú]
	10	˹za-rip˺ la-qe tu-a-r[u de-e-nu DUG₄.DUG₄ la-áš-šú]
	11	[man-nu ša ina u]r-kiš [ina ma-te-ma]
	12	[i-za-qu-pa-ni] lu-u [1.Ḫa-sa-bu-x x x]
		remainder missing
rev	13'	˹IGI 1˺.D[i-x x x x x x x x x]
	14'	IGI 1.A-b[u x x x x x x x x]
	15'	IGI 1.Ḫa-[x x x x x]
	16'	IGI 1.Na-[x x x x x]
	17'	IGI 1.ZÁLAG-DINGIR [x x x]
		3 line spaces
	18'	IGI 1.d.˹PA-KAR˺-ir-[ZI.MEŠ]
	19'	ITU.G[U₄ UD x KAM]
	20'	lim-mu [1.x x x x x]
	21'	˹LÚ*.GAR.[KUR x x x x]

Translation

[In pl]ace of his seal [he placed his fingernail]. Fingernail of Ḫasab[u x
x x x], owner of the land [being sold]. /3 + [1] Fingernail Impressions/
An area of 20 homers of land in the city of N[inua?, adjoini]ng the field
of [x x x x x], and adjoining the field of ⌜x⌝[x x x x x]——Mannu-kī-[x x x]
contracted and bought it from Ḫasabu-[x x x]. The money [is paid] compl[etely.
That land] is purchased and acquired. Any revocati[on, lawsuit, or litigation
is void. Whoever, at any] time [in the future lodges a complaint], whether
[Ḫasabu-x x x] -remainder of obverse and beginning of reverse missing.
6+ witnesses.

Notes

6: ⌜x⌝ = .

Th.1905-4-9,43	No.	168		Mannu-kī-⌜x⌝[　　]
(33) x (43) x 24	ADD	1240	C	Sale:land
	=AJSL	42/258		21.II.[　]

---

beginning missing

obv	1'	[x x x]⌜x⌝[x x x x]
	2'	[x x] ⌜x x ku⌝ [x x x x]
	3'	[x x bu ga ⌜x x⌝ [x x x]
	4'	[x A].ŠÀ šu-a-te za-r[ip]
	5'	[la-q]e tu-a-ru d[e-nu]
	6'	[DU]G₄.DUG₄ la-áš-[šú]
ƀe	7'	[m]an-nu ša ina u[r]-⌜kiš⌝
	8'	lu-u 1.Si-i-ku
	9'	⌜lu⌝-u DUMU.MEŠ-šú
rev	10'	⌜ša⌝ de-e-nu DU[G₄.DUG₄]
	11'	TA* 1.Man-nu-ki-⌜x⌝[x x]
	12'	ub-ta-u-[ni]
	13'	10 MA.NA KÙ.B[ABBAR]
	14'	ina bur-ki d.[x x GAR]
	15'	ina de-ni-šú D[UG₄.DUG₄ la TI]

	16'	IGI 1.Si-⌜x⌝[x x x x]
	17'	[IGI] 1.[x x x x x x]

remainder missing

le	18'	ITU.GU₄ UD 21 K[ÁM lim-mu 1.x x x]
	19'	LÚ*.GA[L x x x]

Translation

Beginning missing- .... That [fi]eld is purch[ased and acq]uired. Any
revocation, la[wsuit, or liti]gation is voi[d. Who]ever in the fu[tu]re,
whether Siku or his sons, (whoever) repeatedly seeks a lawsuit or li[tigation]
against Mannu-kī-⌜x⌝[x x shall place] 10 minas of sil[ver] in the lap of
[DN]. He shall lit[igate] in his lawsuit [and not succeed]. 2+ witnesses,
date.

Notes

1': ⌜x⌝ = 𝕏.

2': ⌜x x⌝ = 𝕏.

11': ⌜x⌝ = 𝕏.

16': ⌜x⌝ = 𝕏.

19': GA[L is uncertain.

K.1420 (34) x (51) x 25	No. ADD AR	169 71 147	C T,TrG	Marduk-bēlu-uṣur Land:lease

beginning missing

obv   1'   [x x x x x x x x x]⌜x⌝[x x x]
       2'   [x x x x x x x x x]⌜x⌝ u ⌜x⌝
       3'   [x x x] ⌜i⌝-sa-ḫe-⌜iš⌝
       4'   [ú-pi]š-ma 1.d.AMAR.UTU-EN-⌜PAP⌝
       5'   [LÚ.3].⌜U₅⌝ ša 1.Ša-d.PA-šu-u
       6'   [TA* IG]I 1.Man-nu-ki-d.IM
be   7'   [ku-um] 50 GÍN.MEŠ KÙ.BABBAR
       8'   [a-na] ša-par-ti [ša-kin]
       9'   [a-na x] MU.AN.NA.MEŠ [GU₇]
rev   10'   [x x x]-⌜ri⌝ MU.AN.NA.MEŠ
      11'   [x x x x x] ú-šab
      12'   [x x x x MU].AN.NA.MEŠ-šú
      13'   [x x x x K]Ù.BABBAR ú-še-rab
      14'   [A.ŠÀ-šú ú-še]-ṣa

      15'   [x x x x x x] É
             remainder missing

Translation

Beginning missing- .... - Marduk-bēlu-uṣur, [the third] charioteer
of Ša-Nabû-šú, [cont]racted it [fro]m Mannu-kī-Adad. [In lieu] of 50 shekels

of silver, [it is placed as a] pledge. [He shall have the usufruct of it for
a number of] years........ [On the day] he brings the silver, he shall
red[eem his land]. Remainder missing.

Notes

1': ⌜x⌝ = [drawing].
2': ⌜x⌝ u ⌜x⌝ = [drawing].

K.419	No.	170		Marduk-[ ]
47 x (45) x 24	ADD	218	C	Redemption
	AR	188	T,TrG	16.IV.687 B.C.
	Aššur	2/5	Coll.	
	RIDA 6	165		

beginning missing

obv	1'	⌜x x x x⌝[x x x x x x]
	2'	ina lìb-bi bi-lat URUDU.[MEŠ]
	3'	il-qe kas-pu ga-m[ur ta-din]
	4'	tu-a-ru DUG₄.DUG₄ la-a-š[u]
	5'	man-nu ša ina ur-kiš lu-u ina ma-ti-[ma]
	6'	i-za-qu-ba-ni
	7'	ma-a MÍ a-paṭ-ṭar
	8'	1 MA.NA KÙ.BABBAR SUM-an i-paṭ-ṭar
	9'	ina ITU.ŠU UD 16 KÁM
be	10'	lim-mu 1.30-PAP.MEŠ-SU
	11'	MAN KUR.Aš+šur.KI
rev	12'	IGI 1.Man-nu-GIM-10 GAL [x x]
	13'	IGI 1.Ru-ra-di-di
	14'	LÚ*.SAG ša MÍ.šá-kín-te
	15'	IGI 1.Ga-lu-lu NI.GAB
	16'	IGI 1.Zi-zi-ia :
	17'	IGI 1.Mu-qa-[li]l-IDIM-tú :
	18'	[IGI] 1.d.PA-BÀD-PAP LÚ*.SAG
	19'	[IGI 1.Du]-un-qí-15
	20'	[IGI 1.x x x]-a+a
		remainder missing

Translation

Beginning missing-...... (Marduk-[   ] contracted and) bought her for
a talent of copper. The money [is paid] comple[tely]. Any revocation or
litigation is void. Whoever, at any time in the future, lodges a complaint
(and says) the following, "I am releasing the woman", shall pay 1 mina of silver.
He shall redeem (her). Date, eponym, 8+ witnesses.

Notes

1': ⌈x x x x⌉ = ⫶⫶ (drawing)

15'-17': These witnesses occur in No. 171:22',24',26'.

83-1-18,334	No.	171		Marduk-[ ]
69 x (82) x 32	ADD	255	C	Dedication
	AR	50	T,TrG	Scribe:Perḫaya
	CISII	32	C,T,TrL	Ninua
	ABC	19	C,T,TrE	14.XII².684 B.C.
	AST	T179-180	T	
	Aššur	2/5	Coll.	

obv 1   NA₄.KIŠIB 1.EN-AD-PAP E[N UN.MEŠ SUM-ni]

Cylinder Seal Impression

2   1.Ba-ra-a-ḫu a-di UN.M[EŠ-šú]
3   1.Ša-pu-ni a-di U[N.MEŠ-šú]
4   [1.S]i-ti-ir-ka-a-nu a-[di UN.MEŠ-šú]
5   [g]ab-bu a-na gi-m[ir-ti-šú-nu]
6   ú-pis-ma 1.d.MES-[x x x x x]
7   ša 1.d.30-PAP.ME[Š-SU MAN KUR.Aš+šur.KI]
8   i-na ŠÀ bi-⌈lat⌉ [URUDU.MEŠ]
9   [TA* I]GI 1.EN-A[D-PAP il-qe]
10   [kas-pu] ga-m[ur ta-din]
11   [x x x] x x [x x x x]
  remainder missing

rev 12'   IGI 1.d.PA-KAR-ir-a-[ni LÚ*.x x x x]
13'   IGI 1.d.PA-MU-SIG₅ LÚ*.[x x x x]
14'   IGI 1.KÁ-ti-nu-ra-a+a LÚ*.láḫ-ḫi-[nu]
15'   IGI 1.d.Ša-maš-MU-PAP LÚ*.SANGA šá d.[x x]
16'   IGI 1.PAP-la-mur LÚ*.SANGA šá d.[x x]
17'   IGI 1.Na-bu-u-a LÚ.SANGA šá d.[x x]
18'   IGI 1.Un-zar₄-ḫu LÚ*.SANGA šá d.KURNUN
19'   IGI 1.Mar-di-i LÚ*.SANGA šá d.GAŠAN*-KUR-ḫa
20'   IGI 1.d.ME.ME-NUMUN-DÙ LÚ*.SANGA šá d.ME.ME
21'   IGI 1.Aš+šur-ZU-a-ni LÚ*.NI.GAB šá É.GAL
22'   IGI 1.Zi-zi-ia LÚ*.NI.GAB šá É.GAL
23'   IGI 1.DINGIR-KAM-eš LÚ*.NI.GAB šá É.GAL
24'   IGI 1.Mu-qa-lil-IDIM LÚ*.꞉
25'   IGI 1.Ba-na-a+a LÚ*.꞉
26'   IGI 1.Ga-lulu LÚ*.꞉
27'   IGI 1.NUNUZ-a+a A.[BA]

be 28'   ITU.DIRI.ŠE UD 14 KAM lim-mu [1.Man-za-ár-né-e]
29'   LÚ*.GAR.KUR URU.Ku-l[a-ni-a]

le 30'   šrkn ṭ[   ]

Translation

Seal of Bēl-abu-uṣur, own[er of the people being sold]. Cylinder Seal
Impression Barāḫu including [his] people, Šapūni including [his] pe[ople,
and S]itir-kānu inclu[ding his people, a]ll (of them) in [their] enti[rety]——
Marduk-[x x, the x x] of Sîn-aḫ[ḫē-erība, king of the land of Aššur], contracted
[and bought them] for a talent of [copper fro]m Bēl-ab[u-uṣur. The money
is paid] comple[tely]...... 15 witnesses, scribe, date, (eponym). Caption:
The temple votary ṭ[   ].

Notes

3: Ša = ![sign]; it is the same ša sign as in 1.7.

14': ti = ![sign]. The name is attested as KÁ-NINDU-a+a in VAT 8955:13
(courtesy K. Deller).

22': Ziziya is attested with Muqallil-kabti (1.24') and Gallulu (1.26')
in the preceding text.

30': šrkn is interpreted by K. Deller as šerku; see AHw 1217a.

K.411	No.	172		Menaḫime
36 x 24 x 18	ADD	98	C	Default of payment
	AR	229	T,TrG	23.I.PC
	KB4	156–157	T,TrG	
	Aššur	2/5	Coll.	

te 1 [x x x] ꜔šá꜕ ITU.SIG₄
obv 2 [x x x] šá 1.Ú-qu-pu
    3 [TA* ŠU].2 1.Me-na-ḫi-me
    4 ú-še-ṣu-u-ni
    5 la ú-sa-ḫir
    6 la i-din
be 7 2 MA.NA KÙ.BABBAR
    8 a-di ru-bé-e-šú
rev 9 1.Ú-qu-pu
    10 a-na 1.Me-na-ḫi-me i-dan
    11 [IT]U.BÁRA UD 23 KAM
    12 [lim-mu] 1.Aš+šur-gar-ru-u-a-né-ri
    13 [IGI 1.d.A]G-MAN-PAP.MEŠ-šú
    14 [x x]꜔x꜕-at

Translation

[x x x] of the month of Simanu. [x x x] which Uqūpu released [from the
control] of Menahime. He neither returned nor paid it. Uqūpu shall pay
2 minas of silver including its interest to Menaḫime. Date, eponym, 2 witnesses.

Notes

4-5: See AHw 1007a. sahhuru + tadānu has the meaning "return,give back"; cf. also CAD S 49b.

14: ⌈x⌉ = ⫶⫶⫶.

Rm.179	No.	173		Milki-nūrī
53 x (74) x 28	ADD	627	C	Lease:village
	AR	99	T,TrG	Laḫiru
	TCAE	178	Q	19.XII.671 B.C.

obv 1   NA₄.KIŠIB 1.A-tar-DINGIR LÚ*.GAL ú-rata
2   EN URU.<ŠE>. ta-da-ni

Cylinder Seal

3   URU.ŠE 1.Ba-ha-a+a a-na gi-mir-ti-šú
4   a-di A.ŠÀ.MEŠ-šú 1 LÚ*.ENGAR a-di UN.MEŠ-šú ina ŠÀ
5   ⌈na⌉-gi-e KUR.La-ḫi-ra
6   [ú-piš-ma] 1.Mil-ki-ZÁLAG
7   [LÚ*.SAG ša] MÍ.É.GAL
8   [TA* IGI 1.A]-tar-DINGIR
9   [ina ŠÀ x MA.NA KÙ.BABBAR šá] ⌈URU⌉.Gar-ga-miš
10 [TI kas-pu gam-m]ur ta-din
11 [URU.ŠE šú-a-tú za-rip] laq-qe
12 [tu-a-ru de-e-nu] DUG₄.⌈DUG₄⌉
     remainder missing

rev 13' [IGI 1.x x x x x x]x
14' [IGI 1.x x x x LÚ*].GAL KA.KE[ŠDA]
15' [IGI 1.x x x]-PAP LÚ*.AGRIG
16' [IGI 1.x x x]-d.Al-la-tu₄ LÚ*.GAL ki-ṣir
17' IGI [1].⌈BÀD⌉-i LÚ*.3.U₅
18' IGI 1.DINGIR-ma-ZU LÚ*.GAL ki-ṣir
19' IGI 1.DI-mu-MAN LÚ*.qur-butu
20' IGI 1.10-la-din LÚ*.qur-butu
21' IGI 1.SUḪUŠ-KASKAL LÚ*.3.U₅
22' IGI 1.d.PA-MAN-PAP LÚ*.3.U₅
23' IGI 1.Eg-la-nu LÚ*.GAL URU.MEŠ

    3 line spaces

24' ITU.ŠE   UD 19 KÁM
25' ⌈lim-me⌉ 1.ITU.AB-a+a
le 26' [ša URU.ŠE šú-a-tú] ŠE.nu-sa-ḫi-šú
27' [la i-na-su-ḫu] ŠE.IN.NU-šú la i-šab-ba-áš

Translation

Seal of Attar-ili, the harness master, owner of the village ⟨⟨city⟩⟩ being sold. /Cylinder Seal Impression/ The village of Baḫāya in its entirety

including its fields and 1 gardener including his people in the province
of the land of Laḫiru——Milki-nūrī, [the eunuch of] the queen, [contracted
and bought it from Attar-ili [for x minas of silver (according to the mina
standard) of] Gargamiš. [The money] is paid [comple]tely. [That village
is purchased and] acquired. [Any revocation, lawsuit] or litigation (is
void) -remainder of obverse missing. 11+ witnesses, date, eponym. le:
[He shall not pay] the corn-taxes and straw-taxes [of that village].

Notes

1: See note on No. 46:9.

3: The place name occurs in No. 46:7 and in the next document No. 174:6.

6: Milki-nūrī is probably not the same person attested in CT 53 46:35;
see M. Fales, AfO 27 (1980) 145.

7: See H. Levy, JNES 11 (1952) 264-285 for the Queen Mother Naqī'a.

13': x = 𝄞.

16': A possible restoration is: [Man-nu-ki]-d.Al-la-tu₄. He is perhaps
the Mannu-kī-Allāya of No. 149.

Rm.171 (49) x 100 x 26	No. 174 ADD 472 C AR 101 T,TrG Aššur 2/5 Coll. AST T206 Q	Milki-nūrī Sale:village Scribe:Kēnî Laḫiru 19.VI.668 B.C.

obv
1 [NA₄.KIŠIB 1.x]-ki-ki LÚ*.[x x x]
2 [x x x x E]N URU.ŠE ta-da-n[i]

Cylinder Seal 1 Stamp Seal re

3 [URU.Š]E 1.d.PA-še-zib a-na gi-mir-te-šú
4 [a-di A].ŠÀ.MEŠ-šú a-d[i GI]Š.KIRI₆.MEŠ-šú
5 [a-di UN].MEŠ-šú ina ⌜qab⌝-si ⌜ša URU.Ak⌝-[x x x]
6 [SUḪUR UR]U.ŠE 1.Ba-ḫa-a+[a]
7 [SUḪUR UR]U.ŠE 1.Ta-ba-l[a-a+a]
8 [SUḪUR UR]U.ŠE 1.[x x]-⌜x⌝-u-te
9 [SUḪUR U]RU.ŠE 1.[d.P]A-UMUN-PAP.MEŠ
10 [SUḪUR URU.ŠE] 1.Da-ka-na-ni
11 [URU].ŠE 1.NUMUN-ti-i
12 [ú-piš-m]a 1.Mil-ki-ZÁLAG LÚ*.SAG ša ⌜MÍ.KUR⌝
13 [ina ŠÀ x] MA.NA KÙ.BABBAR il-q[é]

```
      14    [kas-pu gam]-mur ta-ad-din URU.⌐ŠE⌐
      15    [šú-a-tú za-rip] laq-qé tu-a-r[u]
      16    [de-e-nu DUG₄.DUG₄] la-aš-šú man-nu šá ina u[r-kiš]
      17    [ina ma-te-ma i]-za-qu-pa-a-[ni]
      18    [lu-u 1.x-ki]-⌐ki⌐ lu-u DUM[U.MEŠ-šú]
rev   19    [ša TA* 1.Mil-ki-ZÁLAG de]-nu DUG₄.DUG₄
      20    [ub-ta-'u-u-n]i [b]i-lat MA.NA KÙ.BABBAR
      21    [ina bur-k]i ša d.Iš-tar ša NINA.K[I]
      22    [GAR-a]n ⌐kas-pu⌐ a-na 10.MEŠ-te a-na EN.[MEŠ-šú]
      23    [GUR]-ra ina de-ni-šú DUG₄.DUG₄-ma NU TI-q[é]
```

```
      24    [IGI 1.K]Á -DINGIR.KI-[a+a LÚ*].3.U₅
      25    [IGI 1].Am-bu-[x x x]⌐x⌐
      26    [IGI 1.T]ab-ala-⌐a+a⌐ [IGI 1].EN-URU.KASKAL-PAP-PAP
      27    [IGI 1.d].IM-[x]x-a-ni [LÚ*.q]ur-butu
      28    [IGI 1].⌐x⌐-[x x x x x L]Ú*.EN GIŠ.GIGIR
      29    [IGI 1].⌐x⌐[ x x x x x L]Ú*.A.BA
      30    [IGI 1.x x x x x x x x]
      31    [IGI 1].NUMUN-tú URU.Ḫa-za-⌐x⌐-a+a
      32    [IGI 1.x]x-a LÚ*.[D]AM.QAR
      33    [IGI 1.d.P]A-SAG-iš-ši IGI 1.10-rém-a-ni LÚ*.NINA.KI
      34    [IGI 1.B]a-su-su LÚ*.ḫa-za-nu
      35    [UR]U.ŠE MÍ.É.GAL URU.La-ḫi-ra-a+a
      36    [IGI 1].PAP-la-maš-ši LÚ*.gu-gal
      37    [IGI 1.x]-AŠ IGI 1.d.10-I
      38    [IGI 1.G]IN-i LÚ.A.BA
      39    [ITU.KI]N UD 19 KÁM*
      40    [lim-me] 1.Mar-la-rim-me
      41    [LÚ.tu]r-tan URU.Ku-mu-ḫi
```

Translation

[Seal of x]-kiki, the [x x x x x x x, own]er of the village being sold.
/Cylinder Seal 1 Stamp Seal re/ [The villa]ge of Nabû-šēzib in its entirety
[including] its [fi]elds, inclu[ding] its orchards, [and including] its
[people] in the center of the city of Ak-[x x x adjoining the vill]age of
Baḫāy[a, adjoining the vill]age of Tabal[āya, adjoining the vill]age of
[x x]-⌐x⌐-ute, [adjoining the vill]age of [Na]bû-bēl-aḫḫē, [and adjoining
the village] of Dakanani and [the vil]lage of Zērutî——Milki-nūrī, the eunuch
of the queen, [contracted] and bou[ght it for x] minas of silver. [The
money] is paid [comple]ely. [That] village [is purchased] and acquired.
Any revocation, [lawsuit, or litigation] is void. Whoever, at any [time
in the future, lodges] a complai[nt, whether x-ki]ki or [his] so[ns,
whoever repeatedly se]eks [a law]suit or litigation [against Milki-nūrī
shall plac]e a talent and a mina of silver [in the la]p of Ištar of Ninua.
[He shall ret]urn the money tenfold to [its] owner[s]. He shall contest
in his lawsuit and not succeed. 15 witnesses, scribe, date, eponym.

Notes

6: The place name occurs in No. 46:7 and the preceding text No. 173:3.

8: ⌜x⌝ = //⫟.

10: ni = ///⤶; Parpola collates a.

13: Parpola's reading KUG.GI is a mistake.

28: ⌜x⌝ = ///⤶⫟.

31: ⌜x⌝ = ⫟.

32: x = //⤶.

34: The su signs are certain.

38: See note on LAS II 198:r6. Kēnî is also the scribe of No. 251
(archive: Rēmanni-Adad - 665 B.C.).

Sm.653	No.	175		Milki-nūrī
(34) x (38) x (32)	ADD	727	C	Sale:mixed
	AR	92	T,TrG	Laḫiru

beginning missing

obv 1' [x x x 1].U.U-DIN[GIR-a+a]
2' [x x x x]-⌜x⌝-a PAP 2 TUR.MEŠ
3' [x x x DU]MU.MÍ-su
4' [x x x P]AP 10 ZI.MEŠ
5' [ú-piš-ma 1.M]il-ki-nu-ri
be 6' [LÚ*.SAG šá] MÍ.É.GAL
rev 7' [ina ŠÀ x MA.N]A KÙ.BABBAR.MEŠ
8' [ina ša MAN i]1-qé KÙ.BABBAR
9' [gam-mur ta-din] É A.ŠÀ UN.MEŠ
10' [sú-a-tú za-ár-p]u TI
11' [tú-a-ru de-nu DUG₄.DUG₄] la-áš-⌜šú⌝
remainder missing

Translation

Beginning missing— [x x x] Adad-il[āya, x x x x]-⌜x⌝-a, a total of
2 boys, [x x x], her daughter, [x x x x, a to]tal of 10 persons——
[M]ilki-nūrī, [the eunuch of] the queen, [contracted and bo]ught them [for x min]a
of silver [according to the royal (standard)?]. The silver [is paid completely].
[That] house, land, and people are purcha]sed and acquired. [Any revocation,
lawsuit, or litigation] is void. Remainder missing.

Notes

2': ⌜x⌝ = //⤶.

Sm.1076	No.	176		Milki-nūrī
(37) x (36) x 19	ADD	452	C	Sale:slaves
	AR	556	T,TrG	Laḫiru

beginning missing

obv	1'	[x x x x]ʳxˉ MÍ-[šú]
	2'	[x x x x L]Ú*.NU.GIŠ.KIRI₆
	3'	[ú-piš-ma 1.Mil-ki]-ZÁLAG LÚ*.SAG
	4'	[ša MÍ.É.GA]L TA* IGI 1.I-Aš+šur
	5'	[TA* IGI] 1.DI-d.15-la-mur
	6'	[ina ŠÀ x MA.NA KÙ.BA]BBAR ina ša MAN
	7'	[TI kas-pu g]am-mur ta-din
rev	8'	[x x UN].MEŠ šú-a-tú za-rap-ʳpuˉ
	9'	[TI-ú] tu-a-ru de-nu DUG₄.DUG₄ la-šú
	10'	[man-nu ša ina u]r-kiš ina ma-te-ma i-za-qu-pa-ni
	11'	[lu LÚ.MEŠ an-n]u-te lu DUMU.MEŠ-šú-nu
	12'	[lu DUMU.DUMU.MEŠ-šú-nu lu] mám+ma-nu-šú-nu
	13'	[lu x x x x x x]ʳxˉ-šú-ʳnu luˉ[x x]
		remainder missing

Translation

Beginning missing- [x x x x]ʳxˉ, [his] wife, [x x x x, and a] gardener—— [Milki]-nūrī, the eunuch [of the que]en [contracted and bought them from] Šulmu-Ištar-lāmur [for x minas of sil]ver according to the royal (standard). [The money] is paid [com]pletely. Those [x x and people] are purchased [and acquired]. Any revocation or litigation is void. [Whoever, at any] time in the future, lodges a complaint, [whether the]se [men] or their sons [or their grandsons or] anyone belonging to them .... -remainder missing.

Notes

1': ʳxˉ = .

13': ʳxˉ = .

Rm.181	No.	177		Milki-nūrī
53 x (69) x (23)	ADD	287	C	Sale:slaves
	AR	95	T,TrG	

obv	1	ʳNA₄ˉ.KIŠIB 1.Na-bu-ti
	2	EN UN.MEŠ ta-ta-SUM-a-ni

2+[x] Circular Stamp Seals

	3	[1.x x-PA]P.MEŠ-TI MÍ-šú
	4	[1.x x]-DÙ 1.EN-MAN-DÙ
	5	[1.x x x]-ʳšiˉ PAP 5 ZI.MEŠ
	6	[ú-piš-ma] 1.Mil-ki-ZÁLAG
	7	[LÚ*.SA]G MÍ.ʳÉ.GALˉ
		remainder missing

Translation

Seal of Nābutu, owner of the people being sold. /2 + [x] Circular Stamp Seals/ [DN-aḫ]ḫē-balliṭ, his wife, [x x]-ibni, Bēl-šarru-ibni, [and x x x]-ši, a total of 5 persons——Milki-nūrī, [the eun]uch of the queen, [contracted and (bought them)] -remainder missing.

Notes

1: Nābutu is probably the same person attested in the archive of Aḫu-dalli Nos. 14:28' and 15:20'.

2: ADD omits one ta.

The reverse has traces on the right edge:

a) //⊨; b)/⫻; c)//⫻; d)///4; e)⫻⫻; f)//⊨ .

Rm.553	No.	178		Milki-nūrī
47 x (46) x 11	ADD	494	C	Sale
	AR	618	T,TrG	
	Aššur	2/5	Coll.	

---

obverse destroyed

```
rev   1   [šá d]e-e-nu ⌜DUG₄⌝.[DUG₄]
      2   [T]A* 1.Mil-ki-ZÁLAG DUMU.M[EŠ-šú]
      3   ub-ta-'u-u-n[i]
      4   kas-pu a-na 10.MEŠ-te a-na ⌜EN.MEŠ-šú⌝
      5   ú-ta-ra ina de-ni-šú
      6   DUG₄.DUG₄-ma la i-laq-qe
     _____
      7   [I]GI 1.ZU-DINGIR LÚ.GAL ki-ṣir
      8     ša LÚ*.A.SIG ša MÍ.É.GAL
      9   [IGI 1.x]⌜x⌝-'e-e-i LÚ.3.U₅-šú ša [x x x x]
     10   [IGI 1.Qur]-di-U+GUR LÚ*.GAL kal-la[p ši-pir-te]
          remainder missing
```

Translation

Beginning missing (obverse destroyed)——[whoever] repeatedly seeks [a la]wsuit or liti[gation aga]inst Milki-nūrī (or) [his] son[s] shall return the money tenfold to its owners. He shall contest in his lawsuit and not succeed. 3+ witnesses.

Notes

9: ⌜x⌝ = ⫻⫻ .

Rm.583		No.	179		Milki-nūrī
(47) x (54) x (19)		ADD	316	C	Sale:slaves
		AR	74	T,TrG	
		Aššur	2/5	Coll.	

beginning missing

[1]+2 Stamp Seals

obv	1'	[x x x x]ˊxˊ 1.d.UTU-DINGIR-a+a DUMU-šú 4 ˊru-uˊ-[ṭu]
	2'	[x x x x 1].Šam-si-a DUMU 3 ru-u-ṭu
	3'	[1.x x]-d.15 pir-su MÍ.Ba-a-as-si DUMU.M[Í-su]
	4'	[PAP x] ZI.MEŠ ÌR.MEŠ-ni
	5'	[ša] 1.d.ŠÚ-re-man-ni ú-piš-ma
	6'	[1.Mi]l-ki-ZÁLAG LÚ*.SAG ša MÍ.É.GAL
	7'	[T]A* 1.d.ŠÚ-<<man>>-re-man-n[i]
	8'	[ina lìb-bi] 2 MA.NA 10 ˊGÍN.MEŠˊ [KÙ.BABBAR TI]
		remainder missing

Translation

Beginning missing- [1] + 2 Stamp Seals/ [x x x x]ˊxˊ, Šamaš-ilāya,
his son <height>: 4 half-cu[bits], [x x x x] Šamsiya, <his> son <height>:
3 half-cubits, [x x]-Ištar, a weaned child, Bāssi, and [her] daughter,
[a total of x] persons, servants [of] Marduk-rēmanni——[Mi]lki-nūrī,
the eunuch of the queen, contracted and [bought them fr]om Marduk-rēmann[i
for] 2 minas and 10 shekels of [silver] -remainder missing.

Notes

1': ˊxˊ = 𝌆.

K.1378		No.	180		Mudabirāya
31 x 25 x 18		ADD	6	C	Loan:silver
		AR	289	T,TrG	18.III.[ ]

obv	1	ˊNA.4ˊ.KIŠIB 1.d.Se-e'-ˊid-riˊ
	2	[N]A.4.KIŠIB 1.Na-šuḫ-ˊxˊ[x]
	3	3 MA.NA KÙ.BABBAR LUḪ
	4	ša 1.Mu-ˊdaˊ-bir-a+a
	5	ina IGI-šú-nu a-na ˊpu-uˊ-ḫi
be	6	it-ta-ṣu
	7	KÙ.BABBAR a-na 8-su-šú
rev	8	i-ra-bi
	9	ITU.SIG₄ UD 18 KÁM
	10	IGI 1.Zu-bi-ṣi-id-qi
	11	IGI 1.TIN-ia
	12	IGI 1.Sa-ra-AN
	13	IGI 1.AN-[šu]ḫ-ˊxˊ-ia
	14	IGI 1.Al-AN-šuḫ-mil-ki

Translation

Seal of Se'-idri, [se]al of Nasuh-⌜x⌝[x]. 3 minas of refined silver
belonging to Mudabirāya are at their disposal. They took it as a loan.
The silver shall increase by an eighth. Date, 5 witnesses.

Notes

2: ⌜x⌝ = [cuneiform sign]

8: ra = [cuneiform sign]

13: ⌜x⌝ = [cuneiform sign]

Rm.187	No.	181		Mušallim-Adad
49 x (44) x 25	ADD	195	C	Sale:slave
	AR	485	T,TrG	3.III.729 B.C.
	KB4	106-107	T,TrG	

obv 1   ṣu-pur 1.30-I EN LÚ <SUM-ni>

4 Fingernail Impressions

    2   1.PAP-ú-qur ⌜LÚ*⌝.ÌR-šú
    3   ⌜ú⌝-piš-ma 1.Mu-DI-10
        remainder missing

rev 4' IGI 1.d.PA-[x x x x x]

1 1/2 line spaces

    5' ITU.SIG₄ UD 3 [KÁM]
    6' lim-me 1.Lip-hur-DINGIR
    7' LÚ*.GAR.KUR KUR.Kìr-ru-ri

Translation

Fingernail of Sîn-na'id, owner of the man <being sold>. /4 Fingernail
Impressions/ Ahu-uqur, his servant——Mušallim-Adad contracted and (bought
him)....1+ witnesses, date, eponym.

K.395	No.	182		Mušallim-ili
(39) x (24) x 18	ADD	36	C	Loan
	AR	242	T,TrG	8.[ ].685 B.C.
	Aššur	2/5	Coll.	

obv 1   [NA₄.KIŠIB] 1.Ia-a-di-DINGIR 4 MA.NA
     2   [KÙ.BABBAR SA]G.DU ša 1.Mu-šal-lim-DINGIR

Blank Seal Space
remainder missing

rev

3' [ITU x] 8 KÁM* lim-mu 1.Aš+šur-KALAG-a-ni

Translation

[Seal of] Iādi-ili. 4 minas of [silver, capi]tal belonging to Mušallim-ili.
/Blank Seal Space   Remainder missing except for the date and the eponym.

82-5-22,31	No.	183		Mušallim-ili
49 x (76) x 27	ADD	376	C	Sale:house,land
	AR	430	T,TrG	Arbail?
	Aššur	2/5	Coll.	
	AST	T200	Q	
	TCAE	178-179	Q	

beginning destroyed

Blank Seal Space

obv 1' É 5 ANŠE A.Š[À.GA x x x]⌈x-a⌉
     2' SUḪUR ḫa-⌈x⌉[x x x x]⌈kam⌉ [x x x x x]-mar
     3' SUḪUR na-ḫal-li ina a-[x x x]
     4' SUḪUR KASKAL ša [a-na] ⌈URU.x x-ú⌉-te
     5' DU-u-ni [x x] ⌈x x x x⌉ A.ŠÀ.GA
     6' SUḪUR É 1.Za-⌈ba-a⌉+a
     7' SUḪUR É 1.⌈Qi⌉-di-ni
     8' an-nu-te SUḪUR.MEŠ ša É
     9' ú-piš-ma 1.Mu-⌈šal⌉-lim-DINGIR
    10' [ina líb]-bi 20 MA.NA URUDU.MEŠ
    11' [ina] MA.NA-e ša KUR-e <TI>
rev 12' ⌈kas⌉-pu ga-mur ⌈ta-din⌉
    13' É A.ŠÀ.GA ⌈šu⌉-a-te za-⌈ri⌉-i[p]
    14' la-qe man-nu ša ur-kiš
    15' ina ma-a-te-ma i-bala-kat-u-ni
    16' lu-u 1.Za-ba-a+a u lu-u DUMU.MEŠ-šú
    17' 1 MA.NA KÙ.BABBAR ⌈2 MA.NA⌉ KÙ.GI
    18' ina bu-ur-ki d.[Iš-ta]r a-ši-bát
    19' URU.4*-ìl.KI i-š[ak-kan] kas-pu ina 10.MEŠ
    20' ina EN.MEŠ-šú ⌈GUR-ra⌉ ina de-⌈ni⌉-šú
    21' i-⌈da-bu⌉-[bu] la i-laq-qe
    22' ⌈de⌉-[en-šú DI.KU₅ la i]-šá-mu-u
    23' [IGI 1.x x x x x x]⌈x⌉
    24' [IGI 1.x x x x x x x]⌈x x⌉
    25' [IGI 1.x x x x x x x g]a
         remainder missing
le 26' 10-⌈tú⌉ nu-sa-ḫi ù [4-tú ši-ib-ši]

Translation

Beginning missing– Blank Seal Space/ An area of 5 homers of lan[d x x x]⌜x-a⌝, adjoining a ...., adjoining a brook in a̲-[x x x], adjoining the road which leads [to] the city of ⌜x x⌝-ute,....... of land adjoining the house of Zabāya, and adjoining the house of Qidini; these are the adjoining plots of the house——Mušallim-ili contracted and ⟨bought it⟩ [fo]r 20 minas of copper [according to] the mina (standard) of the land. The money is paid completely. That house (and) the land are purchased and acquired. Whoever, at any time in the future, appeals, whether Zabāya and or his sons shall [place] 1 mina of silver (and) 2 minas of gold in the lap of [Išta]r residing in Arbail. He shall return the money tenfold to its owners. He shall conte[st] in his lawsuit and not succeed. [The judges shall not h]ear his ca[se]. 3+ witnesses, date, eponym missing. le: [He shall pay] 1/10 of the corn-tax and [1/4 of the straw-tax].

Notes

1'   ⌜x⌝ = 〔sign〕

2': ⌜x⌝= 〔sign〕; the reading ⌜kam⌝ follows the sign copied by Parpola. The traces are: 〔signs〕.

4': ⌜x x⌝ = 〔signs〕.

5': ⌜x x x x⌝ = 〔signs〕.

23': ⌜x⌝ = 〔sign〕.

24': ⌜x x⌝ = 〔signs〕.

26': The line is restored according to No. 128:25'-26':

10-tu ŠE.nu-sa-ḫi / 4-tu ŠE.⟨ši⟩-ib-ši.

K.422	No.	184		Mušallim-Ištar
60 x 93 x 27	ADD	75	C	Redemption
	AR	652	T,TrG	Scribe:Nadî
	Aššur	2/5	Coll.	Til-Ninurta
				26.XI.742 B.C.

obv 1 [ku-um NA₄.KIŠIB-šú] ṣu-pár-šú [GAR-an]
2 [ṣu-pár 1.x x]-i [EN LÚ SUM]

[x] +1 + [x] Fingernail Impressions

3 [x x x x x x x x]⌐x x⌐[x x x]
4 [x x x x x x x x x] a a [x x]
5 [x x x x x x x] ⌐x x⌐ [x x] di
6 [x x x x x x x x]⌐x⌐ ḫa ⌐x⌐
7 [x x x x x x x x x t]ur-ta-ni
8 [x x x x x x x x x x]-ir-PAP
9 [x x x x x x x x x x x x]-15
10 [x x x x x x x x x x x] SAG
11 [x x x x x x x x x x x]-⌐ú⌐-ḫur
12 [x x x x x x x x x x x S]UM-in-šú
13 [x x x x x x x x x x x x x]
14 [x x x x x x x x x x x x]-šú
15 [x x x x x x x x x x x x]-ḫu
rev 16 [x x x x x x x x x x x x x x]⌐x⌐
17 [x x x x x x x x x x x x x x]⌐x⌐
18 ⌐x⌐[x x x x x x x x x x x x]
19 i-[x x x x x x x x x x x x]-ni
20 nu-[x x x x x x x x x x x x]-ni
21 la ú-ṣa man-nu ša [x M]A.NA KÙ.BABBAR
22 a-na 1.Mu-šal-lim-d.MÙŠ SUM-nu-ni
23 LÚ a-di UN.MEŠ-šú ú-še-ṣa

24 IGI 1.Si-pa-ra-nu LÚ.ṣa-rip duₐ-ši-e
25 [IGI] ⌐1.ŠÀ⌐.URU-a+a IGI 1.Aš+šur-DI-PAP.MEŠ
26 [LÚ*.m]u-kil KUŠ.PA.MEŠ IGI 1.d.30-AŠ LÚ.3.U₅
27 [IGI 1].Na-ṣi-i IGI 1.Bi-ḫi-i
28 [IGI 1.I]m-ma-ni-Aš+šur IGI 1.Ia-a+a
29 [PAP 8 IGI].MEŠ URU.DU₆<<DUL>>-d.MAŠ-a+a
30 [IGI 1.Aš]+šur-AŠ-PAP.MEŠ ša URU.LÚ.SAG.MEŠ
31 [PAP 9] IGI.MEŠ ÌR.MEŠ ša LÚ.[GAL] ⌐SAG⌐
32 [IGI 1].Na-di-i LÚ.A.BA ṣa-b[it IM]
33 [ITU.Z]ÍZ UD 26 KAM lim-m[u]
34 [1.d.P]A-KALAG-in-an-ni LÚ.tur-[ta-nu]
le 35 ⌐ina tar-ṣi⌐ 1.Tukul-ti-A-⌐É⌐.[šár-ra]
36 [LUGAL KUR.Aš+šur.KI]

Translation

[In place of his seal he placed] his fingernail. Fingernail of [x x]-i,
[owner of the man being sold]. /Fingernail Impressions/ ....
(text 11. 3–20 mostly destroyed). (If he does not pay), he shall not come
out. Whoever pays [x m]inas of silver to Mušallim-Ištar shall redeem
the man including his people. 9 witnesses, scribe, date, eponym.

Notes

3: ⌜x x⌝ = 𒑭 𒄑 .

5: ⌜x x⌝ = 𒀭 𒀸 .

6: ⌜x⌝ ḫa ⌜x⌝ = 𒅖 𒈾 𒉿 .

22: Mušallim-Ištar is possibly the same person as in GPA 64:10.

See the commentary in GPA p.100.

Rm.189	No.	185		Mušallim-Ištar
56 x (78) x 29	ADD	248	C	Sale:slaves
	AR	455	T,TrG	Kalḫu
	Aššur	2/5	Coll.	3.III.713 B.C.
	AST	T214	Q	
	GPA	p.91		

---

beginning missing
2 Fingernail Impressions

obv	1'	1.d.Ša-maš-im-me MÍ-šú DUMU-šú
	2'	4 DUMU.MÍ.MEŠ-šú PAP 7 ZI.MEŠ
	3'	LÚ*.ÌR.MEŠ ša 1.Gaba-ri
	4'	ú-piš-ma 1.Mu-šal-lim-d.15
	5'	ina ŠÀ 1 me 80 MA.NA URU[DU].MEŠ
	6'	TA* IGI 1.Gaba-⌜ri⌝
	7'	il-q[e ka]s-pu ga-mur
	8'	ta-din U[N.ME]Š šu-a-tú
	9'	za-ar-pu la-[q]e-⌜ú⌝
	10'	tu-a-ru de-⌜e⌝-[nu]
	11'	da-ba-bu la-áš-š[u]
	12'	man-nu ša ina ur-kiš
	13'	ina ma-ti-ma GIL-u-ni
rev	14'	10 MA.NA KÙ.BABBAR a-na d.MAŠ
	15'	a-šib URU.Kal-ḫi SUM-an
	16'	[1] GÚ.UN AN.NA a-na LÚ*.E[N.NA]M [U]RU-šú
	17'	⌜SUM⌝-an kas-pu a-na 10.M[EŠ-te]
	18'	a-na EN-šú ú-t[a-ra]
	19'	ina de-ni-š[ú DUG₄.DUG₄ la TI]
	20'	⌜be-en-nu⌝ [ṣib]-tú a-na 1 me UD-me
	21'	sa-ar-tú a-na kala UD.MEŠ-te

	22'	IGI 1.Ez-bu-SI.SÁ LÚ*.GÍR.LÁ
	23'	IGI 1.DINGIR-ma-lid-⌜x⌝ LÚ*.GÍR.LÁ
	24'	IGI 1.Sa-gi-il-bi-i'-di
	25'	LÚ*.ÌR ša LÚ*.SUKKAL
	26'	IGI 1.Aš+šur-AŠ DUMU ⌜x x x⌝
	27'	IGI 1.Si-lim-d.15 LÚ*.NI.G[AB]
	28'	LÚ*.ÌR ⌜ša⌝ LÚ*.EN.NAM ša [URU.Ka]l-ḫi
	29'	[IGI 1.x x x x] ⌜x x x⌝ [x x]
	30'	[x x x x x x x x x]⌜x⌝

remainder missing

le	31'	ITU.SIG₄ UD 3 KÁM lim-mu 1.Aš+šur-b[a-ni]
	32'	LÚ.GAR.KUR URU.Kal-[ḫi]
	33'	4 MA.NA URUDU.MEŠ ša ṣu-pur-[šú]

Translation

Beginning missing- Stamp Seal/ Šamaš-imme, his wife, his son, and his
4 daughters, a total of 7 persons, servants of Gabbaru──Mušallim-Ištar
contracted and bought them for 189 minas of copper from Gabbaru. [The mon]ey
is paid completely. Those pe[opl]e are purchased and acquired. Any revocation,
lawsuit, or litigation is vo[id]. Whoever, at any time in the future, breaches
the contract shall pay 10 minas of silver to Ninurta residing in Kalḫu.
He shall pay [1] talent of tin to the go[vern]or of his city. He shall
re[turn] the money ten[fold] to its owner. [He shall contest] in his
lawsuit [and not succeed]. (The buyer is guaranteed against) the bennu and
[ṣib]-tu diseases for 100 days (and against) fraud forever. 6+ witnesses,
date, eponym. le: 4 minas of copper for [his] fingernail.

Notes

22': See the note on GPA 53:14' for GÍR.LÁ.

23': lid-⌜x⌝ = ⌨; Parpola reads: LID-BAN!. Perhaps ⌜x⌝ is the
gul sign.

26': ⌜x x x⌝ = ⌨ .

29': ⌜x x x⌝ = ⌨; Parpola collates L]Ú*!-ma-k[i!-su]. The traces
are too uncertain in order to confirm this reading.

Sm.649 + 1407	No.	186		Mušallim-Ištar
72 x 53 x 24	ADD	320	C	Sale:slaves
	AR	529	T,TrG	9.II.691 B.C.
	Aššur	2/5	Coll.	

obv	1	[x x x x 1.U]r-du 1.A[m-x x x x]
	2	[x x x x]-a+a 1.Na-'i-[di x x]
		3 Fingernail Impressions
	3	1.⌜x⌝-tuk-la-a-tú-u-a 1.Mu-mar-DINGIR
	4	1.d.UTU-ZU MÍ.15-da≪di≫-'a-ni-ni
	5	MÍ.Mu-ki-na-at-d.MÙŠ* PAP 5 LÚ.ZI.MEŠ
	6	ú-piš-ma 1.Mu-šal-lim-d.MÙŠ*
be	7	ina ŠÀ 75 MA.NA URUDU.MEŠ i[1]-⌜qe⌝
rev	8	kas-pu ga-mur SUM-ni DI.KU₅ DUG₄.[DU]G₄ la-a-šú

```
 9    IGI 1.Qur-di-d.U+GUR <DUMU> 1.Ta-bu-su
10    IGI 1.Ur-di-i DUMU 1.Su-su-ú
11    IGI 1.Aš+šur-A-AŠ IGI 1.SUḪUŠ-i
12                LÚ*.Ì.ŠUR<<Aš+šur>>
13    [I]GI 1.Ni-nu-a+a LÚ*.[x x x x]
14    [IG]I 1.Qur-di-d.[              ]

      1/2 line space

15    ⌜ITU⌝.GU₄ UD 9 KÁ[M* lim-mu]
16    [1].EN-IGI.LAL-[an-ni]
```

Translation

[x x x x U]rdu, A[m x x x x], [x x x x]-a+a, and Na'i[di-x x]. /3
Fingernail Impressions/ ⌜x⌝-tuklātua, Mumār-ili, Šamaš-lē'i, Ištar-da''ininni,
and Mukinnat-Ištar, a total of 5 persons——Mušallim-Ištar contracted and
bought them for 75 minas of copper. The money is paid completely. Lawsuit
or litig[ati]on is void. 6 witnesses, date, eponym.

Notes

1: A[m is uncertain and looks like: ⌗ . AR reads Bi(?).

3: ⌜x⌝ = ⌗ ; Parpola reads URU!. The sign Mu is certain.

11: SUḪUŠ = ⌗ .

```
K.1495                    No.   187          Mušallim-Ištar
(49) x (50) x 30          ADD   480   C      Sale
                          AR    622   T,TrG
```

```
                    beginning missing
obv   1'   [kas-pu g]a-⌜mur⌝ [ta-din]
      2'   [x x x] su-a-tú za-⌜ar⌝-[pu laq-qe-u]
      3'   [tu]-⌜a⌝-ru de-nu DUG₄.DU[G₄ la-aš-šú]
      4'   m[an-n]u ša ina ur-kiš a-n[a ma-te-ma]
      5'   1[u-u] 1.TI.LA-APIN-eš 1[u-u DUMU.MEŠ-šú]
      6'   lu-⌜u⌝ ša de-nu D[UG₄.DUG₄]
      7'   TA* 1.Mu-DI-1[5 ub-ta-u-ni]
      8'   kas-pi a-⌜na⌝ 10.[MEŠ-te]
be    9'   ⌜a⌝-na EN.MEŠ-šú ú-[ta-ra]

           2 line spaces

rev  10'   a-na de-EN-šú i-DU[G₄.DUG₄-ma]
     11'   la i-la-q[e]

     12'   IGI 1.d.MÙŠ*-A-AŠ ⫶ A 1.[x x x x x]
     13'   IGI 1.E-bi-si-⌜x⌝[x x x]
     14'   LÚ*.⌜mu⌝-k[il KUŠ.PA.MEŠ]
     15'   I[GI 1.x x x x x]
           remainder missing
```

Translation

Beginning missing- [The money is paid com]pletely. Those [x x x] are purch[ased and acquired. Any rev]ocation, lawsuit, or litiga[tion is void]. Who[ev]er, at any time in [the future], whe[ther] Balāṭu-ēreš o[r his sons] or whoever [repeatedly seeks] a lawsuit or li[tigation] against Mušallim-Ištar shall [return] the money ten[fold] to its owners. He shall [contest] in his lawsuit and not succ[eed]. 3+ witnesses.

Notes

5': Balāṭu-ēreš is attested again in this archive in No. 189:2,5.

13': ⌜x⌝ = 𝍧.

K.9195		No.	188		Mušallim-Ištar
(49) x (52) x (17)		ADD	486	C	Sale
		AR	198	T,TrG	
		Aššur	2/5	Coll.	

beginning missing

obv	1'	[x x x x x x] laq-⌜qe-ú⌝
	2'	[tu]-⌜a⌝-ru de-nu DUG₄.DUG₄ la-áš-šú
	3'	[man-nu] ša ina ur-kiš ina ma-te-ma
	4'	[i-z]a-qu-pa-a-ni lu-u 1.ERIM.MEŠ-SIG
	5'	[lu]-u DUMU.MEŠ-šú TA* 1.Mu-DI-15
	6'	[de]-nu DUG₄.DUG₄ ub-ta-ú-n[i]
	7'	[kas]-pu a-na 10.MEŠ-te a-na [EN-šú]
	8'	[GUR-r]a a-na de-ni-šú [DUG₄.DUG₄-ma]
be	9'	[la] ⌜i⌝-l[aq-qe].

remainder missing

Translation

Beginning missing- [Those x x x x are purchased and] acquired. [Any] revocation, lawsuit, or litigation is void. [Whoever], at any time in the future, [lodges] a complaint, whether Ṣābu-damqu [o]r his sons, (whoever) repeatedly seeks against Mušallim-Ištar [a law]suit or litigation [shall ret]urn [the mon]ey tenfold to [its owner. He shall contest] in his lawsuit [and not] suc[ceed]. Remainder missing.

Sm.199 + 447 + 553	No.	189		Mušallim-Ištar
74 x 115 x 33	ADD	180	C	Sale:male
	AR	495	T,TrG	
	AST	T200	Q	

obv 1   [ku-u]m NA₄.KIŠIB-šú [ṣ]u-⌜pur⌝-šú GAR-un

5 Fingernail Impressions

2   ṣu-pur 1.TI.LA-AP[IN]-eš EN ⌜LÚ⌝
3   1.Ak-bar LÚ*.ÌR-šú
4   ú-piš-ma 1.Mu-DI-⌜15 GAL⌝ [URU.MEŠ-ni]
5   ša GAL SAG TA* IGI 1.TI.L[A-APIN-eš]
6   ina ŠÀ 1 me MA.NA URUDU.MEŠ il-qe
7   kas-pu ga-mur ta-din LÚ šú-a-⌜tú⌝
8   za-rip laq-qe ⌜tu-a-ru de⌝-nu
9   DUG₄.DUG₄ la-áš-šú man-nu ša ina ur-kiš
10   ina ma-te-ma i-za-qu-pa-a-ni
11   lu-u 1.TI.LA-APIN-eš
12   lu-u DUMU.MEŠ-šú lu-u DUMU.DUMU.MEŠ-šú
13   TA* 1.Mu-DI-15 de-nu DUG₄.DUG₄
14   ub-ta-ú-ni
15   10 MA.NA KÙ.BABBAR 1 MA.NA KÙ.GI

be 16   [ina] ⌜bur⌝-ki d.Iš-tar a-ši-bat
17   [UR]U.4*-ìl.KI i-šá-k[an]

rev 18   [kas-p]u a-na 10.[MEŠ-te]
19   [a-n]a EN.[MEŠ]-⌜šú⌝ G[UR-ra]
20   ina [d]e-⌜ni⌝-šú DUG₄.DU[G₄-ma]
21   la ⌜i⌝-laq-[qe]

22   [I]GI 1.d.MAŠ.MAŠ-mu-⌜še⌝-zib [x x x]
23   [IG]I 1.KAS-PI-[x x x x x]
24   [IG]I 1.d.UTU-P[AP x x x x x x]
25   [IGI 1.x x]x [x x x x x x x x]
26   I[GI 1.x x x x x x x x x]
27   IG[I 1.x x x x x x x x x x x]
28   I[GI 1.x x x x x x x x.x x x]
29   I[GI 1.x x x x x x x x x x x]
   remainder missing

Translation

[In plac]e of his seal he placed his fingernail. /5 Fingernail Impressions/
Fingernail of Balāṭu-ēreš, owner of the man (being sold). Akbar, his servant——
Mušallim-Ištar, the rab-[ālāni] of the chief eunuch, contracted and bought him
from Balā[ṭu-ēreš] for 100 minas of copper. The money is paid completely.
That man is purchased and acquired. Any revocation, lawsuit, or litigation
is void. Whoever, at any time in the future, lodges a complaint, whether
Balāṭu-ēreš or his sons or his grandsons, (whoever) repeatedly seeks against
Mušallim-Ištar a lawsuit or litigation shall pla[ce] 10 minas of silver (and)
1 mina of gold [in] the lap of Ištar residing in Arbail. He [shall return
the money] tenfold to its owners. He shall cont[est] in his lawsuit
and not succeed. 8+ witnesses.

Notes

2: Balāṭu-ēreš is attested in No. 187:5'.

3: šú is separated from the preceding sign.

14: ú-ni is spread out.

25: x = ////ζ ⧠.

Sm.1035	No.	190		Mušallim-Ištar
(72) x (93) x (16)	ADD	492	C	Sale
	AR	432	T,TrG	
	Aššur	2/5	Coll.	
	AST	T200	Q	

beginning missing

```
obv   1'   [x x x x]-nu [x]ᶦxᶦ[x x x]
      2'   [x x x x]-ᶦliᶦ ša URU.4*-i[l x x x]
      3'   [ú-piš]-ma 1.Mu-šal-lim-d.MÙŠ LÚ.[GAL URU.MEŠ]
      4'   [ina ŠÀ] 80 MA.NA URUDU.MEŠ 2 ANŠE ŠE.PAD.MEŠ a-ki 2BÁN ša [qa]
      5'   [iz-z]i-rip i-se-qe kas-pu ga-mur ta-di-ni
      6'   [x x x š]u-a-tú za-rip la-a-qe a-pil za-a-ku
      7'   [tu-a-r]u DI.KU₅ DUG₄.DUG₄ la-a-šú
      8'   [man-nu ša i-n]a ur-kiš a-na UD-me a-ṣa-ti
      9'   [lu 1.x x]ᶦxᶦ-ba-nu lu DUMU.MEŠ-šú
     10'   [lu DUMU.DUMU].MEŠ-šú EN il-ki-šú
     11'   [de-nu D]UG₄.DUG₄ TA* 1.Mu-šal-lim-MÙŠ
     12'   [ub-ta]-'u-u-ni 5 MA.NA KÙ.BABBAR 1 MA.NA KÙ.GI
     13'   [a-na d.15 ša] URU.4*-ìl SUM-an
     14'   [kas-pu a]-na 10.MEŠ-te a-na EN.MEŠ-šú GUR-ár
     15'   [ina D]I.KU₅-šú ᶦDUG₄ᶦ.DUG₄ la-a i-la-qe
           reverse missing
```

Translation

Beginning missing- .... [x x x x]-ᶦliᶦ of the city of Arba[il x x x]——
Mušallim-Ištar [contracted, purcha]sed, and bought it [for] 80 minas of copper and
2 homers of barley according to the 2 <u>sūtu</u> (standard) of [x qa]. The money
is paid completely. That [x x x] is purchased, acquired, paid off, and cleared.
[Any revoca]tion, lawsuit or litigation is void. [Whoever, in the] future
in far-off days, [whether x x]ᶦxᶦ-banu or his sons [or] his [grandsons] (or)
anyone responsible for his <u>ilku</u>-duties, [(whoever) repeatedly] seeks [a lawsuit
or lit]igation against Mušallim-Ištar shall pay 5 minas of silver (and) 1 mina
of gold [to Ištar] of Arbail. He shall return [the money] tenfold to its
owners. He shall contest [in] his lawsuit and not succeed. Remainder missing.

Notes

1'. ⌜x⌝ = 𒈦

2': Parpola's trace is the beginning of ì[l = 𒈦

4': A possible restoration at the end of the line is 2BÁN ša [1 GÍN].
Parpola's reading pa-ša-[ri] for this phrase is impossible.

6': See note on GPA 48:8'.

8': a-ṣa-ti < ana + ṣâti.

The sign ZU is on the edge of the reverse.

Rm.2,499	No.	191		Mušallim-Ištar
(44) x (41) x 27	ADD	497	C	Sale
	AR	616	T,TrG	

beginning missing

obv	1'	[x x x x.M]EŠ-šú ⌜x x⌝ [x x x x]
	2'	[x x x x] ša URU.4*-[ìl.KI ú-pis-ma]
	3'	[1.Mu-ša]l-lim-d.MÙŠ* LÚ.GAL URU.MEŠ-[ni]
	4'	[in]a lìb-bi 16 MA.NA K[Ù.BABBAR il-qe]
	5'	[ka]s-pu ga-mur ta-[din x x šu-a-tú]
	6'	[zar-pu] laq-qe-⌜ú⌝ [x x x x]
	7'	[ina de-ni-šú DUG₄.DU]G₄ [la i-laq-qe]
		remainder missing

Translation

Beginning missing— his [x x x x] ...... [x x x x] of Arba[il——Muša]llim-
Ištar, the rab-ālāni, [contracted and bought it fo]r 16 minas of sil[ver.
The mon]ey is pa[id] completely. [Those x x are purchased] and acquired.
[x x x x He shall cont]est [in his lawsuit and not succeed]. Remainder missing.

Notes

1': ⌜x x⌝ = 𒈦 𒈦.

K.427	No.	192		Mušēzib-Nabû
40 x 73 x 25	ADD	351	C	Sale:land
	AR	336	T,TrG	15.[ ].687 B.C.
	Aššur	2/5	Coll.	

obv 1 NA₄.KIŠIB 1.Ša-DINGIR-ta-za-⌈x⌉
2 A 1.d.PA-SUM-PAP.MEŠ
3 EN qaq-qiri pu-ṣe-e
4 SUM-an-ni

2 Stamp Seal Impressions

5 qaq-qiri 5 ina + 1 KÙŠ GÍD.DA
6 6 ina + 1 KÙŠ DAGAL
7 ⌈GAB⌉.DI É 1.Mu-še-zib-d.PA
8 GAB.DI É 1.d.PA-A-MAN-⌈PAP⌉
9 GAB.DI BÀD GAB.DI
10 É 1.Da-di-i
11 ú-piš-ma 1.Mu-še-zib-d.PA
rev 12 [ina] lìb-bi [x MA.NA KÙ.BABBAR]
13 il-q[é kas-pu gam-mur]
14 [t]a-din [x x x x]⌈x⌉-ni
15 [ITU.x] UD 15 K[AM]

16 lim-me 1.3[0-PAP.MEŠ]-⌈SU⌉
17 [IGI 1.x x]⌈x⌉-nu-PAP.MEŠ
18 [IGI 1].⌈Ri⌉-ba-15
19 [IGI 1.x]⌈x x-ru⌉
20 [IGI 1.x x x]-⌈ṭu-ba⌉
21 [x x x] ⌈LÚ*⌉.za-qip
22 ⌈IGI⌉ 1.I-ti-zu
23 ⌈IGI⌉ 1.PAP-IGI.LAL
le 24 IGI 1.d.PA-TI-⌈E IGI 1.DINGIR-še⌉-zib

Translation

Seal of Ša-ili-taza-⌈x⌉ son of Nabû-nādin-aḫḫē, owner of the building plot
being sold. /2 Stamp Seal Impressions/ A building plot 5 cubits long and
6 cubits wide adjoining the house of Mušēzib-Nabû, adjoining the house of
Nabû-aplu-šarri-uṣur, adjoining a wall, and adjoining the house of Dādî——
Mušēzib-Nabû contracted and boug[ht it f]or [x minas of silver. The money
iš] paid [completely. x x x x]⌈x⌉-ni [Month: x], the 15th d[ay]. Eponym,
8 witnesses.

Notes

1: ⌈x⌉ = ▨; Parpola collates ⌈az⌉!.

14: ⌈x⌉ = ▨.

17: ⌈x⌉ = ▨.

19: ⌈x x⌉ = ▨ ▨.

82-5-22,42	No.	193		Mutakkil-Marduk
(38) x 28 x 15	ADD	101	C	Court Order
	AR	642	T,TrG	12.III.[ ]
	Aššur	2/5	Coll.	

envelope: 1   [x x] x ITU.[SIG₄ x x x]
            2   [1.Pu-ḫ]ur-GIŠ 1.EN-GIN-[x x x]
            3   [IGI.MEŠ-šú] ú-ba-la T[A* x x x]

The envelope is still attached to the inner tablet covering lines 1-3
of the obverse.

inner tablet:

obv   1   ⌈x⌉[x x x x] ITU.S[IG₄ x x x]
      2   1.d.[MAŠ-PAP-PAP] ⌈PAP⌉[x x]
      3   1.⌈x⌉[x x x]⌈x⌉ 1.Pu-ḫur-[GIŠ x x]
      4   IGI.MEŠ-šú ú-ba-la TA* [x x x]
      5   ú-ka-nu ki-i 37 [x x x]
      6   1.d.MAŠ-PAP-PAP a-na 1.M[u-tak-kil-d.ŠÚ]
be   7   i-din-u-ni šum-[ma x x x]
      8   uk-tin-nu ma-a [x x x x]
rev   9   šu-u 1.d.MAŠ-PAP-PAP [x x]
      10   šum-ma IGI.MEŠ i-⌈tu⌉-[bi-la]
      11   KÙ.BABBAR a-di ru-bé-šú 1.d.[MAŠ-PAP-PAP]
      12   a-na 1.Mu-tak-kil-d.ŠÚ i-[dan]
      13   ITU.SIG₄ UD 12 lim-mu 1.Aš+šur-[x x x x]
      14   IGI 1.EN-DÙ IGI 1.Za-[x x x x]
te   15   [IGI 1.d].PA-MU-GAR-[u]n
le   16   IGI 1.Aš+šur-MAN-PAP

Translation

envelope:

[x x] x month of [Simanu x x x Puḫḫ]uru-lēšir, Bēl-kēnu-[x x x]. He shall
bring [his witnesses] wi[th x x x] -remainder missing.

inner-tablet

⌈x⌉[x x x x] month of Si[manu x x x, Ninurta-aḫu-uṣur?] .... Puḫḫuru-[lēšir
x x], he shall bring his witnesses. They shall testify with [x x x] that
Ninurta-aḫu-uṣur gave 37 [x x x] to M[utakkil-Marduk]. If they testified
[x x x] the following: [x x x x] himself Ninurta-aḫu-uṣur [x x]. If he
bro[ught] the witnesses, [Ninurta-aḫu-uṣur] shall p[ay] the silver including
its interest to Mutakkil-Marduk. Date, eponym, 4 witnesses.

Notes

envelope:

1: x = 𒀹𒁁.

inner tablet:

1: ⌈x⌉ = 𒀹𒁁𒌋.

3: ⌜x⌝[x x x]⌜'x⌝ = 𝔄⫻⫻⫻⫻⊢ .

12: Parpola's reading Aš+šur for d.ŠÚ in 1.6 is a mistake.

83-1-18,338	No.	194		Nabû̂'a
49 x 92 x 28	ADD	257	C	Sale:slaves
	AR	66	T,TrG	Scribe:Zēr-Ištar
	ABC	5	C,T,TrE	Kalḫu
	EA	15	Cap.	26.XII.671 B.C.
	Aššur	2/5	Coll.	
	AST	T212	Q	

obv	1	[NA₄]. KIŠIB⌝ [1.d.P]A-[EN-PAP]
		Blank Seal Space
	2	MÍ.Mar-⌜qi⌝-ḫi-ia 1.KUR-[x x x DUMU-šá]
	3	PAP 2 ⌜ZI.MEŠ ÌR.MEŠ ša⌝ 1.[d.PA-EN-PAP]
	4	ú-[p]iš-ma 1.[d.PA]-u-[a]
	5	TA* pa-an 1.⌜d.PA-EN-PAP⌝
	6	ina ŠÀ 2 MA.NA KÙ.BA[BBAR] ina 1 M[A.NA]
	7	ša URU.Gar-ga-miš [i-zi-rip]
	8	i-se-⌜qé⌝ kas-pu ⌜ga⌝-[mur]
	9	⌜ta⌝-[din UN.MEŠ šu]-a-te za-ar-p[u la-qé-u]
	10	[tu-a-ru de]-⌜e⌝-nu DUG₄.D[UG₄ la-áš-šú]
	11	[man-nu ša ina ur-kiš] ina ma-t[i-ma]
	12	[i-za-qu-p]a-a-[ni]
	13	[lu-u 1.PA-EN-P]AP 1[u-u x x x]
		remainder missing
be	14'	[x x x] r? br [x x x]
	15'	[x x x] dnrr [x x x]
rev	16'	[TA*] 1.d.PA-u-a [DUMU.MEŠ-šú]
	17'	[DUMU.DUMU.MEŠ]-šú de-e-nu DU[G₄.DUG₄]
	18'	[ub-t]a-u-ni 5 MA.NA K[Ù.BABBAR LUḪ-u]
	19'	⌜2⌝ MA.NA KÙ.GI sag-ru ina b[ur-ki d.MAŠ]
	20'	a-šib URU.Kàl-ḫi GAR-⌜an⌝
	21'	ṣib-tú be-en-nu a-na 1 me UD.[MEŠ]
	22'	sa-ar-tú a-na kàla a ⌜x⌝[x x x]
	23'	kas-pu a-na 10.MEŠ a-na EN.ME[Š-šú GUR]
	24'	ina de-ni-šú DUG₄.⌜DUG₄⌝-m[a 1]a [TI]
	25'	kas-⌜pu⌝ remainder of line erased (dittography)
	26'	ina [d]nt.mrqḫt'
	27'	IGI 1.MU-a+a DUMU 1.d.U[TU x x x]
	28'	IGI 1.ZÁLAG-a+a DUMU 1.Ḫu-[x x x]
	29'	IGI 1.SANGA-d.15 ÌR ša L[Ú*.x x x]
	30'	⌜IGI⌝ 1.Man-nu-li-im-me DUMU 1.[x x x]
	31'	[IGI 1].d.PA-ZU DUMU 1.d.PA-[x x x]
	32'	[IGI 1].ÌR-d.15 DUMU 1.⌜Ú⌝-[x x]
	33'	[IGI] 1.⌜GÌR.2⌝-[a]+a DUMU 1.Qi-[x x x]
	34'	[IGI] 1.[x x]-la-a-[x]
be	35'	[DU]MU 1.SUḪU[Š-x x x]
	36'	[IT]U.ŠE UD 26 K[ÁM]
	37'	[lim]-mu 1.ITU.AB-a+[a]
le	38'	[IGI 1].NUMUN-d.15 DIB-bit dan-né-⌜te⌝
	39'	[x] GÍN KÙ.BABBAR ša UMBIN-⌜šú⌝

Translation

[Se]al of [Na]bû-[bēlu-uṣur]. /Blank Seal Space/ Marqiḫiya and Māt-[x x x, her son], a total of 2 persons, servants of [Nabû-bēlu-uṣur]—[Nab]û'a contracted, [purchased], and bought them from Nabû-bēlu-uṣur for 2 minas of sil[ver] according to the 1 mi[na (standard)] of Gargamiš. The money is [paid] comp[letely. Th]ose [people] are purcha[sed and acquired. Any revocaiton, law]suit or litig[ation is void. Whoever, at any time] in the futu[re, lodges] a complaint, [whether Nabû-bēlu-uṣ]ur o[r his x x x] -remainder of obverse missing- aramaic letters- [(whoever) repeated]ly seeks [against] Nabû'a [(or) his sons (or)] his [grandsons] a lawsuit or liti[gation] shall place 5 minas of [refined] si[lver] (and) 2 minas of pure gold in the l[ap of Ninurta] residing in Kalḫu. (The buyer is guaranteed against) the <u>ṣibtu</u> and <u>bennu</u> diseases for 100 days (and against) fraud forever. x⌝[x x x]. [He shall return] the money tenfold to [its] owners. He shall contest in his lawsuit a[nd n]ot [succeed]. .... Caption: [De]ed of Marqiḫita'. 8 witnesses, date, eponym, scribe. [x] shekels of silver for his fingernail.

Notes

22': ⌜x⌝ = . The restoration of the line is problematic since the expected <u>MU.AN.NA.MEŠ</u> does not seem to be on the tablet.

Th.1905-4-9,44	No. 195	Nabû'a
44 x (69) x 24	ADD 1241 C	Sale:male
	=AJSL 42/259-260	Scribe:Nabû-tabni-uṣur
		6.[ ].659 B.C.

obv 1 NA₄.KIŠIB 1.SANGA-d.15
2 DUMU 1.Ḫa-an-da-ri-ṣi
3 EN LÚ SUM-a-ni

2 Cylinder Seal Impressions

4 1.Ba-al-ta-id-ri LÚ*.ÌR-šú
5 ša 1.SANGA-d.15
6 ú-piš-ma 1.d.AG-ú-a
7 [TA* IG]I 1.SANGA-d.15
8 [ina ŠÀ x]+1 MA.NA KÙ.BABBAR
9 [ina ma-né]-ˊeˋ ša <URU>.Gar-ga-miš
10 [il-qe kas-pu ga]-ˊmurˋ
11 [ta-din LÚ šu-a-tú za-rip la-qe]
rev 12 [de-nu DUG₄.DUG₄ la]-áš-šu
13 [man-nu ša ina ur]-kiš u ma-te-e-ma
14 i-zaq-qu-pa-an-ni
15 GIB-u-ni kas-pu ana 10.MEŠ-te
16 ana EN.MEŠ-šú GUR ina la de-ni-šú
17 DUG₄.DUG₄-ma la i-laq-qe
18 IGI 1.d.PA-x-PAP.MEŠ
19 IGI 1.d.ŠÚ-x[x x]-nu
20 IGI 1.Uk-ˊkaˋ-a+a
21 IGI 1.Da-ap-si-i
22 IGI 1.Ki-na-a+a
23 IGI 1.U.U-i DUMU 1.EN-rém-a-ni
24 IGI 1.d.ˊPAˋ-tab-ni-PAP
te 25 DUMU 1.DINGIR-ME-KAR
26   LÚ*.A.BA
le 27 [ITU x]x UD 6 KÁM lim-mu 1.Si-lim-Aš+šur
28   LÚ*.SUKKAL 2-i

Translation

Seal of Šangû-Ištar son of Ḫandariṣi, owner of the man being sold. /2 Stamp
Seals/ Bālta-idri, the servant of Šangû-Ištar——Šangû-Ištar contracted and
[bought him fr]om Šangû-Ištar [for x] + 1 mina of silver [according to the
min]a (standard) of Gargamiš. [The money is paid comple]tely. [That man
is purchased and acquired. Any lawsuit or lititgation is vo]id. [Whoever,
at any] time and (in) the future, lodges a complaint or breaches the contract
shall return the money tenfold to its owners. He shall contest in his lawsuit
and not succeed. 6 witnesses, scribe, (date), eponym.

Notes

18: x =

19: x[=

27:]x =

82-5-22,110	No.	196		Nabû'a
35 x (30) x 19	ADD	406	C	Sale:field
	AR	417	T,TrG	
	Aššur	2/5	Coll.	

beginning missing

obv 1' TA* IGI 1.Ṣili-Aš+[šur-DU]-ʳakʳ
2' TI-qe kas-pu gam-mur ta-din
3' A.ŠÀ šú-a-tú za-rip la-qe
4' tú-a-ru de-nu DUG₄.DUG₄
5' la-áš-šú man-nu šá ina ur-kiš
6' ina ma-te-ma i-zaq-qup-an-ni
7' lu-u 1.Ṣili-Aš+šur-DU
rev 8' lu-u DUMU.MEŠ-šú lu-u DUMU.DUMU.MEŠ-šú
9' šá TA* 1.d.PA-u-a u DUMU.MEŠ-šú
10' de-nu DUG₄.DUG₄ ub-ta-u-ni
11' [kas]-pu a-na 10.MEŠ-te a-na EN.MEŠ-šú
12' ʳGURʳ-ra ina de-ni-šú DUG₄.DUG₄-ma la TI

13' IGI 1.Du-gul-IGI-DINGIR
14' [IGI 1.Man-nu-k]i-URU.4*-ìl
remainder missing

Translation

Beginning missing— (Nabû'a contracted and) bought it (for x x x) from Ṣilli-Aš[šur-al]lak. The money is paid completely. That land is purchased and acquired. Any revocation, lawsuit, or litigation is void. Whoever, at any time in the future, lodges a complaint, whether Ṣilli-Aššur-allak or his sons or his grandsons, whoever repeatedly seeks against Nabû'a and his sons a lawsuit or litigation shall return the [mon]ey tenfold to its owners. He shall contest in his lawsuit and not succeed. 2+ witnesses.

K.345	No.	197		Nabû-aḫḫē-iddina
50 x 33 x 20	ADD	166	C	Court decision
	AR	644	T,TrG	19.III.PC
	Aššur	2/5	Coll.	
	BAB	242-243	Q	

```
obv   1   [d]e-e-nu ša 1.d.PA-PAP.MEŠ-A[Š]
      2   ina ⌜LÚ⌝.ḫa-za-nu e-mid-u-ni
      3   ina ITU.AB 1.d.IM-re-ṣu-u-a

          2 Circular Stamp Seals

      4   il-la-ka ina ku-tal
      5   MÍ.DI-mu-I GÉME-šú
be    6   iz-za-az šum-ma la il-li-k[a]
      7   GÉME ina ku-um<<dub>> GÉME
rev   8   MÍ.DI-mu-I id<<ta>>-dan
      9   1.d.PA-PAP-AŠ EN ŠU.2.MEŠ
     10   ša MÍ.DI-mu-I a-di UD 1 ITU.AB
     11   šum-ma MÍ la i-din GÉME ina ku-um<<dub>>
     12   GÉME 1.d.PA-PAP-AŠ a-na 1 ka-⌜nu⌝-ni
     13   SUM-an IGI 1.Aš+šur-DI-šú-nu
be   14   [IG]I 1.Man-nu-lu-DI-mu
     15   I[GI 1].Man-nu-ki-DINGIR IGI 1.ÌR-DÙ-tú
le   16   ITU.S[I]G₄ UD 19 KÁM*<<šá>>
     17   lim-mu 1.⌜d.ŠÚ-MAN-⌜PAP⌝
```

Translation
_____

[Ju]dgment of Nabû-aḫḫē-iddina (which) the mayor imposed. Adad-rēṣu'a
-2 Circular Stamp Seals- shall come in the month of Kanūnu and replace
Šulmu-na'id, his maid. If he does not come, he shall pay for a maid in
place of the maid Šulmu-na'id. Nabû-aḫḫē-iddina is the guarantor of Šulmu-
na'id until the first of the month of Kanūnu. If he does not pay for a
woman (or give) a maid in place of a maid, Nabû-aḫḫē-iddina shall pay on
the first of Kanūnu. 4 witnesses, date, eponym.

Notes
_____

1: The restoration A[Š is better than S[UM-na] (Parpola).

12: ka-⌜nu⌝-ni is the syllabic spelling of the tenth month AB.

Sm.957	No.	198		Nabû-durī
45 x 62 x 29	ADD	128	C	Loan:barley
	AR	322	T,TrG	Maganişi
	CISII	42	C,T,TrL	17.VIII.665 B.C.
	ABC	6	C,T,TrE	
	BAB	250	Q	

obv	1	30 ANŠE ŠE.PAD.MEŠ
	2	ina GIŠ.BÁN ša 10 qa(erasure)
	3	ša 1.d.PA-BÀD
	4	ina IGI 1.ITU.AB-a+a
		2 Circular Stamp Seals
		zy ^{c}1 nb dry
	5	LÚ.GIŠ.GIGIR DUMU 1.AD-ul-ZU
	6	TA* URU.Ma-ga-ni-şi
	7	ša ŠU.2 1.Un-za-ar-ḫi-15
be	8	LÚ.GAL ki-şir
	9	ina ITU.APIN ŠE.BÁN
rev	10	ina URU.Ma-ga-ni-şi
	11	SUM-an BE-ma NU SUM-ni
	12	ŠE.BÁN ina mit-ḫar ina Ni-nu-u
	13	SUM-an ITU.APIN UD 17 KAM
	14	lim-mu 1.Man-nu-ki-MAN SAG MAN
	15	IGI 1.Ba-la-si GAL É
	16	IGI 1.ÌR-d.NIN.LÍL 3-šú
te	17	IGI 1.d.PA-SUM-PAP.MEŠ
	18	IGI 1.Šá-d.PA-šu-u
	19	IGI 1.d.PA-PAP-AŠ	š^{c}r
	20	IGI 1.PAP-BÀD	y'
	21	IGI 1.Ak-bar	mqšrn

Translation

30 homers of barley according to the sūtu (standard) of 10 qa belonging
to Nabû-durī is at the disposal of Kannunāya -2 Circular Stamp Seals; Caption:
at the disposal of Nabû-durī- the charioteer, son of Abi-ul-īde from
the city of Maganişi, under the control of Unzarḫi-Ištar, the captain.
He shall pay the barley in the month of Araḫsamna in the city of Maganişi.
If he does not pay, he shall pay the barley with an equal amount in Ninu.
Date, eponym, 7 witnesses. Caption: The barley is tied up.

Notes

The text on this corn docket is written horizontally. The seals
are extraordinarily small. The Aramaic under the seals is upside down.
15: See LAS II 37.

K.374a   No.   199a   Nabû-iqbi
48 x 31 x 20   ADD   88   C   Loan:silver
envelope   AR   143   T,TrG   Scribe:Nabû-aplu-iddina
                       3R   47/2   C   21.VIII.PC
                       Op   155-157 T,TrL/F
                       ZDMG   68/631 Q
                       FNAD   22   T
                       AST   T185-186 Q

obv	1	NA₄.KIŠIB 1.Mu-LAL-Aš+šur
	2	[N]A₄.KIŠIB 1.d.Aš+šur-SAG-i-ši
	3	A 1.Si-lim-Aš+šur
	4	17 GÍN.MEŠ KÙ.BABBAR ša d.15 ša URU.4*-ìl
	5	ša 1.d.PA-iq-bi ina IGI-šú-nu

          2 Stamp Seals?

	6	ina pu-uḫi it-ta-ṣu
	7	ina 4-tú-šú e-rab-bi
be	8	A.ŠÀ ina a-ri-šu-ti
rev	9	e-ra-áš e-ṣi-da
	10	la LÚ.TIL.GÍD.DA la šá-ka-šú
	11	mu-tú-u-tu GU₇ TA* lìb-bi A.ŠÀ
	12	ḫa-bu-li-šú ú-sa-at-a-lam
	13	ITU.APIN UD 21 KAM
	14	lim-mu 1.U.U-I LÚ*.AGRIG
	15	IGI 1.Man-nu-ki-d.15-ZU ša kar-
	16	IGI 1.ÌR-d.Na-na-a mu-u-ni
	17	IGI 1.d.U+GUR-AD-PAP ú-šal-l[am]
	18	IGI 1.DI-mu-KUR.Aš+šur IGI 1.I-15 IGI 1.MAN-E
le	19	IGI 1.d.PA-sa-kib
	20	IGI 1.ÌR-Aš+šur
	21	IGI 1.SUḪUŠ-Aš+šur
	22	[IGI] 1.LAL-Aš+šur
	23	[IGI 1].d.PA-A-AŠ LÚ*.A.BA
re	24	ŠE.KIN≪<KU>≫.TAR
	25	is-ṣi-šu
	26	i-šá-kan-an

K.374b   No.   199b   Nabû-iqbi
45 x 24 x 13   ADD   87   C
inner tablet   AR   142   T,TrG
                       FNAD   22   T

obv	1	17 GÍN.MEŠ KÙ.BABBAR ša d.15 ša URU.4*-ìl
	2	ša 1.d.PA-E ina IGI 1.Mu-LAL-Aš+šur
	3	ina IGI 1.Aš+šur-SAG-i-ši ina pu-u-ḫi i-ta-ṣu
	4	⌈ina 4⌉-tú-šú e-ra-bi
	5	A.[ŠÀ in]a a-ri-šu-ú-te
	6	e-ra-áš e-ṣi-da la qe-e-pu
	7	⌈la⌉ šá-ka-šú mu-tu-ú-tu <GU₇>
	8	[T]A* lìb-bi A.ŠÀ [ḫa-b]u-li-šú
be	9	ú-sa-at-a-lam
rev	10	ITU.APIN UD 21 KAM
	11	lim-mu 1.U.U-I LÚ.AGRIG
	12	IGI 1.Man-nu-ki-d.15-ZU
	13	IGI 1.ÌR-d.Na-na-a
	14	IGI 1.d.U+GUR-AD-PAP
	15	IGI 1.d.15-maš-lal-la-a-te

Translation

envelope:

Seal of Mutaqqin-Aššur, [s]eal of Aššur-rēš-iši son of Silim-Aššur. 17 shekels
of silver belonging to Ištar of Arbail and belonging to Nabû-iqbi are at their
disposal. Cylinder Seal Impression They took it as a loan. It shall increase
by a fourth. He shall cultivate and harvest the land as a tenant-farmer.
Neither an agent nor his superior shall have the usufruct (of even) half
(of the land). From (the yield) of the land, he shall pay his debts fully.
Date, eponym, 10 witnesses, scribe. He shall place a harvester with him.
Reverse edge: Whoever remains shall pay.

inner-tablet:

17 shekels of silver belonging to Ištar of Arbail and belonging to Nabû-iqbi,
at the disposal of Mutaqqin-Aššur and at the disposal of Aššur-rēš-iši. They
took it as a loan. It shall increase by a fourth. He shall cultivate
and harvest the land as a tenant-farmer. Neither an agent nor his superior
<shall have the usufruct> (of even) half (of the land). From (the yield)
of the land, he shall pay his [deb]ts fully. Date, eponym, 4 witnesses.

Notes

envelope:

10: Postgate suggests reading šá KA-šú for šá-ka-šú. In CAD Q 266a
the signs are rendered GAR-ka-šú. See the notes on AST T186 95b.
11: Cf. K. Deller - W.R. Mayer, Or 53 (1984) 92-93 [311b] for
mu-tú-u-tu.
15-17: ša kar-mu-u-ni ú-šal-l[am] was added to the envelope after the
text was completed. The phrase is to be separated from the harvester
clause on the right edge. See the comments on FNAD 22.
25-26: is-ši-su is a mistake for issi-šu and i-šá-kan-an for intended
išakkan; cf. notes on FNAD 22 A.29 and A.30.

K.1435	No.	200		Nabû-nādin-aḫḫē
39 x 45 x 22	ADD	334	C	Redemption
	AR	631	T,TrG	Ninua
	AST	T202	Q	

beginning missing

obv	1'	[x x x x x x]ˈxˈ[x x]
	2'	[1.d].PA-SUM-PAP.MEŠ LÚ*.SAG ša A.MAN
	3'	[a]-na 1.Ḫal-su-ri remainder of line erased
	4'	a-na 1.30-MAN-PAP it-ti-din
	5'	É ip-ta-ṭar kas-pu gam-mur ta-din
	6'	É šu-a-te za-ár-PI
	7'	laq-qe tú-a-ru de-e-nu
	8'	DUG₄.DUG₄ la-áš-šú
be	9'	ˈman-nuˈ ša ina ur-kiš ina ma-te-ma
	10'	i-GIB-u-ni i-za-qu-pa-an-ni
	11'	lu-u 1.d.30-MAN-PAP
	12'	lu-u DUMU.MEŠ-šú lu-u DUMU.ˈDUMUˈ.M[EŠ-š]ú
rev	13'	lu-u ŠEŠ.MEŠ-šú lu-u DUMU.ŠEŠ.MEŠ-šú
	14'	TA* 1.d.PA-SUM-PAP.MEŠ
	15'	de-e-nu DUG₄.DUG₄ ub-ta-u-ni
	16'	10 MA.NA KÙ.BABBAR LUḪ-ú
	17'	[x M]A.NA KÙ.GI sag<<kan>>-ru
	18'	[ina b]ur-ki d.Iš-tar
	19'	[a-ši-bat U]RU.NINA.KI i-GAR-nu
	20'	[kas-pu a-na] 10.MEŠ
	21'	[a-na EN.MEŠ]-šú GUR
	22'	[ina de-ni-šú DU]G₄.DUG₄-ma
		remainder missing
le	23'	IGI 1.15-B[ÀD x x x x x]
	24'	ITU.GU₄ UD [x KÁM lim-mu 1.x x x]
	25'	IGI 1.d.P[A-x x x x]

Translation

Beginning missing- .... Nabû-nādin-aḫḫē, the eunuch of the prince, gave it to Ḫalsuri and to Sîn-šarru-uṣur. He has released the house. The money is paid completely. That house is purchased and acquired. Any revocation, lawsuit, or litigaiton is void. Whoever, at any time in the future, breaches the contract or lodges a complaint, whether Sîn-šarru-uṣur or his sons or his grandsons or his brothers or his nephews, (whoever) repeatedly seeks against Nabû-nādin-aḫḫē a lawsuit or litigation shall place [x m]inas of refined silver [(and) x min]as of pure gold [in the l]ap of Ištar [residing in] Ninua. He shall return [the money] tenfold [to] its [owners.. He shall con]test [in his lawsuit (and not succeed)]. Remainder missing except for le. 1+ witnesses, date, (eponym).

Notes

1': ⌜x⌝ = 𝖬𝖥 .

3': It is probable that the entire line was intended to be erased.

5': See the commentary on CTN III No. 53.

17': The ⟨⟨kan⟩⟩ sign is a mistake and perhaps was confused with the end of 1.19' where i-GAR-nu occurs for expected i-GAR or i-šá-kan.

19': nu is a scribal error. The verb is singular. See above note.

K.339		No.	201		Nabû-rēmanni
33 x 21 x 16		ADD	21	C	Loan:silver
		AR	253	T,TrG	5.VII.682 B.C.
		Aššur	2/5	Coll.	

te	1	5 GÍN KÙ.[BABBAR]
obv	2	ša 1.d.PA-rém-a-⌜ni⌝
	3	ina IGI 1.Ba-di-⌜i⌝
	4	ina 4-ut-ti-šú GAL
	5	ina ITU.GAN SUM-an erased
be	6	ITU.DUL UD 5
rev	7	lim-mu 1.d.PA-MAN-PAP
	8	IGI 1.d.PA-LAL-a-ni
	9	IGI 1.Qi-ti-bat
	10	IGI 1.ITU.AB-a+a
te	11	IGI 1.Ḫar-ma-ku

Translation

5 shekels of sil[ver] belonging to Nabû-rēmanni, at the disposal of Badî. It shall increase by a fourth. He shall pay in the month of Kislīmu. Date, eponym, 4 witnesses.

Notes

5: The entire line is erased.

9: Or Qi-ti-ÚŠ for 1.Qi?-ti-mu-te VAT 9703:3 (courtesy K. Deller).

11: ku is certain. The name is Egyptian; cf. E. Edel, Neue Deutungen keilschriftlicher Umschreibungen ägyptischer Wörter und Personennamen, Vienna, 1980 37-39.

K.426		No.	202		Nabû-šāpik-zēri
48 x (77) x 24		ADD	385	C	Redemption_
		AR	194	T,TrG	Scribe:Nūrea
		Aššur	2/5	Coll.	Ša-Ṣillāya

beginning missing

obv   1'   PAP [x x x x x x x x x x]
         2'   a-⌈na⌉ 1.[x x x x x x x x x x]

---

3 Circular Stamp Seals

       3'   ú-piš-ma 1.d.PA-DUB-NUMUN É 6 ANŠE A.ŠÀ
       4'   ina ma-zar-u-te ina URU.Šá-GIŠ.MI-a+a ina GIŠ.BÁN 9* qa URUDU
       5'   TA* IGI 1.EN-NÍG.GÁL-BÀD LÚ*.<A>.BA.MEŠ A.MAN_
       6'   TA* IGI LÚ*.MEŠ an-nu-ti ina lìb-bi
       7'   36 ANŠE ŠE.PAD.MEŠ ina GIŠ.BÁN 9* qa URUDU
       8'   il-qe man-nu ša GIL-u-⌈nu⌉
       9'   ŠE.PAD.MEŠ ina ad-ri a-na d.PA
     10'   id-dan A.ŠÀ u-še-ṣe SUḪUR
     11'   A.[ŠÀ š]a 1.d.PA-DUB-NUMUN SUḪUR
     12'   [A.ŠÀ ša 1].d.EN*-⌈DÙ⌉ SUḪUR A.ŠÀ
     13'   [ša 1].AD-[DÙG].⌈GA⌉

be   2 Circular Stamp Seals

rev   14'   SUḪUR KASKAL ša TA* URU.Kur-b[a-ìl]
     15'   ša a-na URU.Ana-tú il-lak-[u-ni]
     16'   PAP 1-en puru SAG.DU É [x x x]⌈x⌉
     17'   SUḪUR A.ŠÀ ša 1.d.PA-⌈DU[B-NUMUN]
     18'   TA* IGI 1.Am-me-ni-DINGIR ša TA* IGI 1.AD-DÙG.GA
     19'   il-qe-u-nu SUḪUR KASKAL URU.Ana-tú
     20'   SUḪUR KUR-u SUḪUR A.ŠÀ ša 1.AD-DÙG.GA

     21'   IGI 1.d.PA-rém-a-ni
     22'   IGI 1.E-ṭè-ri IGI 1.Šul-lum-a
     23'   IGI 1.d.PA-AŠ IGI 1.Am-me-ni-DINGIR
     24'   IGI 1.MU-MU IGI 1.TUK-si-DINGIR
     25'   PAP 7 IGI.MEŠ URU.Šá-Ṣil-a+a

     26'   IGI 1.ZALAG-e-a LÚ*.A.BA KUR.Ára-ma-a+a ⌈šá A.MAN⌉
     27'   IGI 1.DUMU.UŠ-PAP LÚ*.PAP-šú ša 1.E[N-NÍG.GÁ]L-BÀD
     28'   [IGI 1].M[an-n]u-ki-d.PA !
     29'   [IGI 1.x x x x 1].Ma[n-n]u-ki-ŠÀ.URU
           remainder missing

Translaton

Beginning missing— a total of .... for .... /3 Circular Stamp
Seals/ Nabû-šāpik-zēri contracted and bought an area of 6 homers of land
in cultivation in the city of Ša-Ṣillāya according to the s̄ut̄u (standard)
of 9 qa of copper from Bēl-ibašši-dūri, the <scr>ibe of the crown prince, and
from these men for 36 homers of barley according to the s̄ut̄u (standard) of 9 qa
of bronze. Whoever breaches the contract shall pay the barley on the
threshing floor for Nabû. He shall redeem the land— adjoining the la[nd o]f

Nabû-šapik-zēri, adjoining [the land of] Bēl-ibni, adjoining the land [of]
Abi-ṭāb,-2 Circular Stamp Seals- adjoining the road which leads from Kurb[ail]
to Anatu, a total of 1 plot (at) the beginning of an area [of land x x] x⌝
adjoining the land which Nabû-šap[ik-zēri] bought from Ammēni-ili and from
Abi-ṭāb adjoining the road of Anatu, adjoining a mountain, and adjoining the
land of Abi-ṭāb. 11+ witnesses, scribe.

Notes

5': The sign SAG collated by Parpola is incorrect. ba.MEŠ = ⟨cuneiform⟩ .
Perhaps the profession should be emended to LÚ*.⟨GAL A⟩.BA.MEŠ.

7': 9* = ⟨cuneiform⟩ .

13': ⌜GA⌝ = ⟨cuneiform⟩ .

14'-15': The reading URU.Ana-tú is uncertain. See K. Deller, "Ausgewählte
neuassyrische Briefe betreffend Urarṭu zur Zeit Sargons II." in:
Tra lo Zagros e l'Urmia, Incunabula Graeca 78, Rome, 1984 121.

16': puru is uncertain; BUR is also possible. Cf. CAD Q 108b. ⌜x⌝ = ⟨cuneiform⟩ .

19': KASKAL = ⟨cuneiform⟩ .

20': GA = ⟨cuneiform⟩ .

22': The signs lum-a are uncertain; just E is also possible.

26': Nūrēa may be the same person attested in CT 54 515. See M. Dietrich,
WO 4 (1967/68) 217. The text contains many Babylonianisms and Babylonian
signs.

Th.1905-4-9,48	No.	203		Nabû-šarru-ukīn
40 x 24 x 19	ADD	1245	C	Loan:Bread,silver,utensils
	=AJSL	42/263		[ ].IV.650 B.C.
	FNAD	35	T	
	AST	T193	Q	

obv	1	4 NINDA GIŠ.BANŠUR.MEŠ
	2	a-di ḫu-ḫu-ra-te-ši-na
	3	10 ḫu-ḫu-ra-a-te
	4	ˎša 1 qa-a+a
	5	ša ú-na-a-te
	6	6 GÍN.MEŠ KÙ.BABBAR ša d.IMBIN.BI
	7	ša 1.d.PA-MAN-GIN-in
be	8	ina IGI 1.Šá-la-maš-e
	9	ina IGI 1.Gi-rit-ti
rev	10	KÙ.BABBAR a-na 4-tú-šu GAL-bi
	11	NINDA.MEŠ UD-mu ša e-ri-šú-ni
	12	SUM-an ITU.ŠU U[D x KÁ]M
	13	lim-˹mu˺ 1.˹EN˺-KIR-u-a
	14	IGI 1.d.PA-TI-SU
	15	IGI 1.d.PA-TI-su-E
	16	IGI 1.SUḪUŠ-d.PA
te	17	IGI 1.d.PA-PAP-AŠ
	18	IGI 1.KÁ-DINGIR-a+a

Translation

4 bread offering-tables including their ḫuḫurtu breads: 10 (loaves) of
ḫuḫurtu bread of 1 qa (standard) with utensils, and 6 shekels of silver
belonging to the Sibitti and belonging to Nabû-šarru-ukīn are at the disposal
of Šalamašši and at the disposal of Girittu. The silver shall increase by
a fourth. He shall pay the bread on the day that (Nabû-šarru-ukīn) demands
it. Date, eponym, 5 witnesses.

Notes

1: 4 is uncertain. Postgate suggests, with some reservation, that NINDA
is possibly a determinative. See note on FNAD 35:1.

2: See note on FNAD 35:2.

5: An emendation to dan!-na-te as suggested in AST T193 130 is unlikely.
ú is certain. This line was left out in the copy.

6: See AST I 11ff.

8-9: Cf. CTN III p.1 n.2. This text is probably to be located in Kalḫu.

14-15: See above note.

Ki.1904-10-9,133   No.   204   Nabû-šarru-uṣur
64 x 105 x 28   ADD   1167   C   Sale:land
                        =AJSL 42/187-188 Scribe:Nabû-kala-nakaši
                                          Kiluḫte
                                          10.V.699 B.C.

obv   1   [ku-um] NA₄.KI[ŠIB-šú] ṣu-pur-šú iš-kun
      2   ṣu-[pur] ⌈1.d.IM⌉-I EN A.ŠÀ ⌈SUM⌉-ni

          5 Fingernail Impressions

      3   8BÁN A.ŠÀ ina [URU.ŠE] É bala-[ṭ]i
      4   SUḪUR A.ŠÀ š[a] 1.Ga-gi-i
      5   SUḪUR A.ŠÀ [ša] 1.d.UTU-BA-šá
      6   6BÁN A.ŠÀ [SUḪUR KAS]KAL URU.Kar-d.15
      7   SUḪUR A.ŠÀ [ša] 1.d.IM-I
      8   SU[ḪUR A.ŠÀ š]a 1.d.UTU-BA-šá
      9   3BÁN A.ŠÀ GIŠ.GU.ZA ina ú-sal-li
     10   SUḪUR 1.Ga-gi-i SUḪUR 1.d.UTU-BA-šá
     11   1 ANŠE ina ú-sal-li SUḪUR A.ŠÀ
     12   ša [1].IM-I SUḪUR 1.d.UTU-BA-šá
     13   3 ANŠE A.ŠÀ ina mu-⌈le-e⌉
     14   SUḪUR 1.[d].IM-I SUḪUR 1.d.UTU-BA-[šá]
     15   PAP 5 ANŠE 2BÁN A.ŠÀ É ad-ri GIŠ.KIRI₆
     16   3-su ša PÚ ina URU.ŠE Ki-luḫ-te
     17   [ú]-piš-ma 1.d.PA-MAN-PAP
     18   [TA* IGI] 1.d.IM-I ina ŠÀ 1 MA.NA [KÙ].⌈BABBAR⌉
     19   [ina ma-né]-e ša URU.Gar-ga-miš [il-q]e
rev 20   [kas-p]u ga-am-[mur] ⌈ta⌉-din
     21   A.ŠÀ É ad-ru GIŠ.[KIRI₆] PÚ šu-a-tú
     22   za-ar-pu l[a-qe-u] tu-a-ru
     23   de-e-nu da-⌈ba⌉-bu la-áš-šú
     24   man-nu [ša ina] ur-kiš ma-te-e-ma
     25   lu 1.d.I[M-I lu DUMU].MEŠ-šú mám+ma-nu-šú
     26   TA*<<ša>> 1.d.PA_MA[N-PAP] de-⌈e⌉-[nu]
     27   da-ba-bu ub-t[a-u-ni]
     28   kas-pu a-na 10.MEŠ a-[na EN-šú GUR]
     29   ina de-ni-šú DUG₄.[DUG₄-ma la T]I
     30   IGI 1.Ur-du-U[TU LÚ.GIŠ].GIGIR GÌR.2
     31   IGI 1.Ki-⌈x⌉-[x x] A [1].d.KU-APIN-eš
     32   IGI 1.d.[x x]-sa A 1.Mar-da-ni
     33   I[GI] 1.[Ga-g]i-i IGI 1.d.UTU-BA-šá
     34   IGI 1.d.⌈PA-PAP⌉-ir A 1.EN-lu-TI
     35   IGI 1.Kal-bu A 1.AD-u-lim
     36   IGI 1.E-da-a+a IGI [1.x x]⌈x-GIN⌉
     37   IGI 1.d.PA-BA-šá-ni URU.La-⌈ḫir⌉-a+a
     38   IGI 1.⌈x⌉[x]-⌈a+a⌉-bi ITU.NE UD 10 KÁM
     39   [lim]-⌈mu⌉ 1.EN-MAN-a-ni 1.d.PA-kala-na-ka-ši
     40   LÚ*.A.BA

Translation

[In place of his] sea[l] he placed his fingernail. Finger[nail] of Adad-na'id,
owner of the land being sold. /5 Fingernail Impressions/ 8 sūtus of land
in [the village of] Bīt-balā[ṭ]i adjoining the land of Gagi, adjoining the

land [of] Šamaš-iqīša; 6 <u>sūtus</u> of land [adjoining the ro]ad of the city of
Kār-Ištar, adjoining the land [of] Adad-na'id, adjo[ining the land o]f Šamaš-
iqīša; 3 <u>sūtus</u> of <u>kussû</u> land in a valley adjoining (the land) of Gagi and
adjoining (the land) of Šamaš-iqīša; 1 homer (of land) in a valley adjoining
the land of Adad-na'id and adjoining (the land) of Šamaš-iqīša; 3 homers
of land on a hill adjoining (the land) of Adad-na'id and adjoining (the land)
of Šamaš-iqī[ša], a total of 5 homers and 2 <u>sūtus</u> of land, a house, a threshing
floor, an orchard, and 1/3 of a well in the village of Kiluḫte—Nabû-šarru-
uṣur [co]ntracted and [bou]ght them [from] Adad-na'id for 1 mina of [sil]ver
[according to the mi]na ⟨standard⟩ of Gargamiš. [The mone]y is paid [comple]tely.
That land, house, threshing floor, orc[hard], and well are purchased and
ac[quired]. Any revocation, lawsuit, or litigation is void. Whoever, [at any]
time (in) the future, whether Ad[ad-na'id or] his [sons] (or) anyone belonging
to him, whoever repeatedly s[eeks] (against) Nabû-ša[rru-uṣur] a laws[uit]
or litigation [shall return] the money tenfold t[o its owner]. He shall
cont[est] in his lawsuit [and not succ]eed. 11 witnesses, date, eponym, scribe.

Notes

9: <u>GIŠ.GU.ZA</u> is a term of unknown meaning; see note on CTN III 66:3.

15: <u>2BÁN</u> is an error for <u>1 1/2BÁN</u>.

31: ⌜x⌝ = ⫯⫰⫰; For <u>d.KU</u> = <u>Kakku</u> see CTN III p.272 n.43.

36: ⌜x⌝ = ⫰⫰.

37: ⌜ḫir⌝ is uncertain.

38: ⌜x⌝ = ⫯⫰⫰.

39: <u>1.d.PA-kala-na-ka-ši</u> is an unusual name. Other possible readings
are: <u>1.d.PA-dan-na-ka-lim</u> and <u>1.d.PA-⟨at⟩-kala-na-ka-ši</u>.

K.279	No.	205		Nabû-šarru-uṣur
66 x 42 x 21	ADD	160	C	Court decision
	AR	657	T,TrG	Scribe:Nabû-taqqinanni
	Op	215-217	T,TrL/F	Ninua
	FNAD	43	T	12.VI.PC

```
obv  1   de-e-nu ša 1.d.PA-MAN-PAP LÚ.A.BA
     2   TA* ŠÀ 1.PAP-la-maš-ši DUMU 1.Di-lil-d.15
     3   TA* lìb-bi URU.Ša-bi-re-e-⸢šú⸣
     4   LÚ.ENGAR ša ŠU.2 1.PAP-ú-qur DUMU 1.Ak-kul-la-nu
     5   LÚ.GAL ḫar-bi ša LÚ.GAL KAŠ.LUL
     6   ina UGU sa-ar-te ša GU₄.NÍTA ša 1.PAP-la-maš-ši
     7   TA* É 1.d.PA-MAN-PAP iš-ri-qu-ú-ni
     8   ina IGI 1.d.PA-NUMUN-GIN-GIŠ LÚ.ḫa-za-nu
     9   LÚ.2-ú ša NINA.KI iq-tar-bu
    10   1-en GU₄.NÍTA sa-ar-tú ša GU₄.NÍTA ša iš-riq-u-ni
    11   1.PAP-la-⟨⟨la⟩⟩-maš-ši e-mid ku-um sa-ar-te-šú
    12   ṣa-bit ina ⸢UD-me⸣ ša GU₄.NÍTA ú-še-rab-a-ni
be  13                     ú-ṣa
    14   ITU.KIN UD 12 KÁM lim-mu 1.Mu-DI-d.Aš+šur
    15   IGI 1.Man-nu-ki-NINA.KI DUMU 1.IGI.LAL-d.15
rev 16   TA* ŠÀ URU.É ḫu-ra-bi-i
    17   IGI 1.d.15-I DUMU 1.Aq-ri LÚ*.la-si-mu ša NINA
    18   IGI 1.PAP-AŠ DUMU 1.EN-MU-KAM-eš LÚ*.ENGAR ša 1.La-qi-pu
    19   IGI 1.Pa-ru-ta-a-ni DUMU 1.Ar-zi-iz-zi
    20   LÚ.ENGAR ša ⟨⟨LÚ.ENGAR ša⟩⟩ LÚ.sar-tin-ni
    21   PAP 4 IGI.MEŠ TA* ŠÀ URU.É ḫu-ra-pi-i
    22   IGI 1.d.PA-LAL-a-ni DUMU 1.Tab-ni-i LÚ.A.BA
    23   IGI 1.d.15-pa-ia LÚ.DAM.QAR
    24   IGI 1.d.PA-SU DUMU 1.d.15-MU-AŠ LÚ*.ŠU.I
    25   IGI 1.Aš+šur-GIN-bal-liṭ DUMU 1.Šum-ma-DINGIR.MEŠ-ni DUMU.SIG₅
    26   IGI 1.Ab-kal-su-pi DUMU 1.Sa-mu-nu-ia-tu-ni SIMUG KÙ.GI
    27   IGI 1.Šá-la-GAŠAN*-man-nu DUMU 1.d.15-BÀD LÚ.KUR.GAR.RA
te  28   IGI 1.d.PA-MAN-PAP LÚ.da-a+a-lu
    29   IGI 1.d.PA-LAL-a-ni DUMU 1.Da-da-a+a A.BA
```

Translation

Judgment of Nabû-šarru-uṣur, the scribe, against Aḫu-lâmašši son of Dilîl-Ištar
from the city of Šabirēšu, the farmer under the control of Aḫu-uqur son of
Akkullānu, the rab-ḫarbi of the chief cup-bearer. Concerning the fine of
an ox which Aḫu-lâmašši stole from the house of Nabû-šarru-uṣur, they
came before Nabû-zēru-lēšir, the mayor and viceroy of Ninua. 1 ox, the fine
of the ox which he stole, he (Nabû-zēru-lēšir) imposed (upon) Aḫu-lâmašši.
In lieu of his fine, he is arrested. The day on which somebody brings the
ox, he shall come out. Date, eponym, 11 witnesses, scribe.

Notes

3: ⸢šú⸣ is written over an erasure. This text contains an unusual number
of erasures. For the place name see UTN 123-124.

11: Note the dittography in this line and 1.20.

14: <u>DI</u> is written over an erasure.

18: 1.La-qi-pu is written over an erasure.

19: <u>ni</u> = ⟨sign⟩; <u>mal</u> or <u>gá</u> is unlikely. Postgate notes: "an extra 'Personenkeil' wrongly inserted before <u>DUMU</u>."

21: <u>ŠÀ</u> and <u>URU</u> are written over an erasure.

22: 1.Tab-ni-i is written over an erasure.

24: 1.d.15-MU-AŠ is written over an erasure.

25: <u>GIN</u> = ⟨sign⟩

26: <u>kal</u> = ⟨sign⟩; Postgate points out that the the sign may be read <u>dir</u> and refers to the note on GPA 14:13. M. Fales suggests reading the name as <u>Ab-e+a!-su-pi</u>; see BSOAS 40 (1977) 598b.

79-7-8,275	No.	206		Nabû-šēzib
52 x (49) x (24)	ADD	411	C	Sale:land
	AR	414	T,TrG	Erudu

beginning missing

obv	1'	SU[ḪUR x x x x x x]
	2'	SUḪUR ⌜x⌝[x x x x x]
	3'	PAP 6 ANŠE 3BÁN A.ŠÀ.MEŠ
	4'	ú-piš-ma 1.d.PA-še-zib
	5'	TA* IGI 1.d.PA-MAN-PAP.MEŠ-šú
	6'	ina ŠÀ 30 GÍN.MEŠ KÙ.BABBAR TI-qe
	7'	É 2 ANŠE A.ŠÀ ina URU.E-ru-d[i]
	8'	SUḪUR 1.d.10-AD-PAP SUḪUR 1.d.[x x x]
	9'	[SU]ḪUR 1.d.AD-ul-ZU [x x x x x]
be	10'	PAP ⌜2⌝ AN[ŠE A.ŠÀ x x x x]˙
		remainder of edge missing
rev	11'	⌜x⌝[x x]⌜x x x⌝[x x]
	12'	[x x 1.d.PA-MAN]-PAP.MEŠ-šú
	13'-15'	effaced lines
	16'	[x x x]⌜x x⌝[x x x x]
	17'	[x (x)]⌜x x⌝[x x x x]
		remainder missing

Translation

Beginning missing— ad[joining x x x x x x] and adjoining ⌜x⌝[x x x x x], a total of 6 homers and 3 <u>sūtus</u> of land——Nabû-šēzib contracted and bought it from Nabû-šar-aḫḫēšu for 30 shekels of silver. / An area of 2 homers s of land in the city of Erud[i] adjoining (the land) of Adad-abu-uṣur, adjoining (the land) of [x x x, and adjoi]ning (the land) of Abi-ul-īde [x x x x x], a total of 2 home[rs of land x x x x x x] —remainder mostly destroyed.

Notes

2': ⌜x⌝ = 𒀭𒈬.

11': ⌜x⌝ [x x]⌜x x x⌝ = 𒀜𒀜𒈬𒉿𒇲𒈨𒀜.

16': ⌜x x⌝ = 𒈨𒉿𒀜.

17': ⌜x x⌝ = 𒀭𒈬𒀜.

81-2-4,155	No.	207		Nabû-šumu-ibni
53 x (35) x 20	ADD	417	C	Sale:mixed
	AR	449	T,TrG	Kalḫu
	Aššur	2/5	Coll.	
	AST	T217	Q	

---

beginning missing

obv	1'	[kas-pu ga-mur] ⌜ta-ad-din⌝
	2'	A.ŠÀ É ad-ru GIŠ.KIRI₆ UN.MEŠ šú-a-⌜tú⌝ ⟨za-ar-pu⟩
	3'	laq-qé-u tu-a-ru de-e-nu
	4'	DUG₄.DUG₄ la-áš-šú man-nu šá ina ur-kiš
	5'	ina ma-te-e-ma lu-u 1.Aš+šur-NUMUN-DÙ
	6'	lu-u DUMU.MEŠ-šú lu-u DUMU.DUMU.MEŠ-šú
	7'	lu-u ŠEŠ.MEŠ-šú TA* 1.d.PA-MU-DÙ
	8'	⌜ù⌝ DUMU.MEŠ-šú de-e-nu DUG₄.DUG₄
	9'	⌜ub⌝-ta-'u-u-ni
rev	10'	5 MA.NA KÙ.BABBAR LUḪ-u 2 MA.NA KÙ.GI
	11'	sag-ru a-na d.MAŠ SUM-an
	12'	1 GÚ.UN AN.NA a-na LÚ.NAM URU-šú SUM-an
	13'	kas-pu a-na 10.MEŠ-te a-na EN.MEŠ-šú ⌜GUR⌝-ra
	14'	ina de-⌜ni⌝-šú DUG₄.DUG₄-ma la i-laq-⌜qé⌝

	15'	[I]GI 1.Bu-la-lu LÚ.A.ZU
	16'	[IGI 1.x (x)] ⌜x x⌝ LÚ.A.BA
	17'	[IGI 1.x x x x LÚ].⌜DAM.QAR⌝
		remainder missing

Translation

Beginning missing– [The money] is paid [completely]. That field, house, orchard, and people are ⟨purchased⟩ and acquired. Any revocation, lawsuit, or litigation is void. Whoever, at any time in the future, whether Aššur-zēru-ibni or his sons or his grandsons or his brothers, (whoever) repeatedly seeks against Nabû-šumu-ibni a lawsuit or litigation shall pay 5 minas of refined silver (and) 2 minas of pure gold to Ninurta. He shall pay 1 talent of tin to the governor of his city. He shall return the money tenfold to its owners. He shall contest in his lawsuit and not succeed. 3+ witnesses.

Notes

5': NUMUN = 𒇻𒀭.

7': MU = 𒈬𒀭.

83-1-18,329	No.	208		Nabû-šumu-iddina
50 x (36) x (18)	ADD	533	C	Sale
	AR	564	T,TrG	Scribe:Aplāya
	CISII	29	Cap.	12.VII.652 B.C.
	KB4	146-147	T,TrG	
	ABC	9	C,T,TrE	
	EA	16	Cap.	

obv 1   NA₄.KIŠIB 1.Sa-pi-ku A.BA
     2   ⌈EN⌉[x x x x x x x]
         remainder missing
rev 3' [x x x x]⌈x x-DINGIR-x⌉[x (x)]
     4' [x x x]⌈x⌉-i
     5' [IGI 1.Mu-šal]-⌈lim⌉-d.U+GUR
     6' I[GI] 1.A-ia A.BA
     7' ITU.DU₆ UD 12 KAM
     8' lim-mu 1.Aš+šur-BÀD-PAP
te   9' LÚ.GAR.KUR KUR.<Bar>-ḫal-za
     10' lnbwsmdn
le   11' dnt [   ]

Translation

Seal of Sapiku, the scribe, owner [of the x x x being sold].
The text is missing. 3+ witnesses, scribe, date, eponym. Caption: For
Nabû-šumu-iddina. Deed [of   ].

Notes

1: <u>ku</u> is certain.
3': ⌈x x-DINGIR-x⌉ = 𒅅𒈾𒌋 𒀀𒄑 𒄑𒌋.
4': ⌈x⌉ = 𒐊𒋻.

82-5-22,151	No.	209		Nabû-šumu-iškun
(41) x (33) x 18	ADD	501	C	Sale
	AR	197	T,TrG	
	AST	T197	Q	

beginning missing

obv 1' [ina ŠÀ] ⌈12⌉ MA.N[A KÙ.BABBAR]
     2' ⌈i⌉-[z]i-rip i[s-se-qe kas-pu]
     3' [gam-m]ur ta-din
     4' [x x x x za-á]r-pu laq-[qe-u]
     5' [tu-a-ru de]-⌈e⌉-[nu DUG₄.DUG₄]
         remainder missing

```
rev   6'   [TA* 1].d.PA-MU-GAR-un TA* DU[MU.MEŠ-šú]
      7'   [TA*] DUMU.DUMU.MEŠ-šú ub-ta-[u-ni]
      8'   [x M]A.NA KÙ.BABBAR 5 MA.NA K[Ù.GI]
      9'   ⌈i⌉-na bur-ki d.IM a-šib URU.[x x x x]
     10'   [G]AR-an kas-pu a-na 10.MEŠ-te a-n[a EN-šú]
     11'   [G]UR-ra ina de-ni-šú DUG₄.D[UG₄-ma]
     12'   [la TI de]-en-šú [DI.KU₅ la i-še-me]

     13'   [x x x] ⌈x x⌉ [x x x x x x x]
           remainder missing
```

Translation

Beginning missing- (Nabû-šumu-iškun contracted), has purchased and has b[ought it
for] 12 mina[s of silver. The money] is paid [compl]etely. [Those x x x
are pu]rchased adn acq[uired. Any revocation, law]su[it, or litigation (is
void)]......... [(whoever)] repeatedly se[eks (a lawsuit or litigation)
against] Nabû-šumu-iškun (or) against [his] so[ns shall pl]ace [x mi]nas
of silver (and) 5 minas of go[ld] in the lap of Adad residing in [Ḫarrānu?
He shall re]turn the money tenfold to [its owner]. He shall con[test] in
his lawsuit [and not succeed. The judge shall not hear] his [ca]se.

Notes

13': ⌈x x⌉ = 𝕸𝕸.

83-1-18,359	No.	210		Nabû-šumu-iškun
(40) x (60) x 25	ADD	253	C	Sale:slaves
	AR	85	T,TrG	
	Aššur	2/5	Coll.	

beginning missing

Blank Seal Space

```
obv   1'   [x x (x)] LÚ lu šá ⌈x⌉ PAP 1 DUMU.T[UR]
      2'   [x x (x) M]Í-šú ⌈2 ÌR⌉.MEŠ-šú PAP 10 ZI.[MEŠ]
      3'   [x x x (x)]⌈x⌉ 2 MÍ.⌈MEŠ⌉-šú 3 DUMU.MEŠ-šú
      4'   [x x x (x)] ÌR.MEŠ-šú PAP 10 ZI.MEŠ
      5'   [x x (x) U]N.MEŠ ša 1.SUḪUŠ-d.PA ša
      6'   [x x (x)]⌈x⌉ ú-piš-ma 1.d.PA-MU-GAR-un
      7'   [LÚ.DIB KUŠ].PA.MEŠ šá 1.d.30-PAP.MEŠ-SU
      8'   [MAN KUR.Aš+šur] ina ŠÀ 10 MA.NA KÙ.BABBAR ina 1 MA.NA
      9'   [šá URU.Gar-g]a-⌈miš⌉ TI-qé kas-pu
     10'   [gam-mur ta-din U]N.MEŠ-šú šu-a-tú
     11'   [zar-pu laq-qé-u tu-a-r]u de-⌈e-nu⌉
     12'   [DUG₄.DUG₄ la-aš-šú man-nu] ⌈šá⌉ [ina ur-kiš]
           remainder missing
```

```
rev  13'    [IGI 1.x x x x LÚ].⌜A.BA ša⌝ DUMU.MAN
     14'    [IGI 1.x x x x L]Ú.GAL kal-lapa
     15'    [IGI 1.x x x x 1].AN.ŠÁR-EN-PAP LÚ.GAR.KUR
     16'    [IGI 1.x x x x 1].d.PA-PAP-[SUM]-na line erased
     17'              LÚ.mu-tér UMUŠ.MEŠ
     18'    [IGI 1. x (x) BÀ]D-PAP LÚ.: IGI 1.d.PA-u-a
     19'              LÚ.A.BA
     20'    [IGI 1.x x]-a LÚ.3-šú ša LÚ.2-u
     21'    [IGI 1.Z]i-zi-i LÚ.mu-tér UMUŠ.⌜MEŠ⌝
     22'    [x x U]N⌝.MEŠ la maḫ-ru-u-t[i]
     23'    [x x x x x x x x] IGI 1.⌜I⌝-[x x x x x]
              remainder missing
```

Translation

Beginning missing- Blank Seal Space/ [x x (x)] LÚ lu ša ⌜x⌝, a total of 1 boy, [x x (x)] his wi[fe], 2 of his servants, a total of 10 persons; [x x x (x)]⌜x⌝, his 2 wives, his 3 sons, [x x x (x)] his servants, a total of 10 persons; [x x (x) peo]ple of Ubru-Nabu of [x x (x)]⌜x⌝──Nabû-šumu-iškun, [the rein hol]der of Sîn-aḫḫē-erība, [the king of Aššur], contracted and bought them for 10 minas of silver according to the 1 mina (standard) [of Garg]amiš. The money [is paid completely]. Those [pe]ople [are purchased and acquired. Any revocat]ion, lawsuit, or [litigation is void. Whoe]ever, [at any time (in the future],...... 9+ witnesses. [(If) the pe]ople are not received, x x x x x x x x x].

Notes

1': ⌜x⌝ =〰🀅 ; Parpola collates ⌜lim!⌝ and reads -šú for PAP.

3': ⌜x⌝ =🀤

5': ša at the end of the line looks like:🀫. NUSKU (AR) is excluded.

6': ⌜x⌝ =〰🀅.

80-7-19,47	No.	211		Nabû-taklāk
43 x 25 x 19	ADD	33	C	Loan:silver
	AR	291	T,TrG	Scribe:Nabû-ēṭir
	TCAE	96	Q	28.VI.692 B.C.

obv	1	1 MA.NA KÙ.BABBAR ina ša MAN
	2	iš-GÀR ša MÍ.AMA MAN
	3	ša 1.d.PA-tàk-lak
	4	ina IGI 1.d.U+GUR-DINGIR-a+a
	5	ina ITU.DUL ina SAG.DU-šú
	6	SUM-an BE-ma la i-din
be	7	KÙ.BABBAR ina 1/2 MA.NA-⌐e⌐
	8	GAL-bi
rev	9	ITU.KIN UD 28 KÁM*
	10	lim-me 1.Za-za-a+a
	11	IGI 1.d.A+a-SI.⌐SÁ⌐
	12	IGI 1.4*-ìl-UMUN-A[Š]
	13	IGI 1.Si-i-ri
te	14	IGI 1.d.PA-KAR-ir
	15	LÚ*.A.BA
le	16	IGI 1.Ṣa-la-me
	17	[IG]I 1.Ka-pa-ru

Translation

1 mina of silver according to the royal (mina standard), iškāru of the
king's mother, belonging to Nabû-taklāk, is at the disposal of Nergal-ilāya.
He shall pay its capital sum in the month of Tašrītu. If he does not pay,
the silver shall increase by 1/2 of a mina. Date, eponym, 5 witnesses,
scribe.

Notes

11: On d.A+a see CTN III p.269 n.21.

14-15: Nabû-ēṭir is attested in No. 347:13 (archive: Šangû-Ištar) as the scribe
of the sukkallu.

K.1859 + 1860	No.	212		Nergal-aḫu-uṣur
70 x (60) x 32	ADD	413	C	Sale:land
	AR	342	T,TrG	
	AST	T218	Q	

beginning missing

obv	1'	É 1 AN[ŠE A.ŠÀ SUḪUR KASKAL ša a-na URU x x]
	2'	DU-u-ni PAP [x ANŠE A.ŠÀ x x]
	3'	ina lìb-bi 40 MA.NA UR[UDU.MEŠ x x x x x]
	4'	ina mu-le-e É [x ANŠE A.ŠÀ x x x x]
	5'	PAP É 7 ANŠE A.[ŠÀ x x x x x x x x]

```
         6'   ina lìb-bi 72 MA.N[A URU]DU.MEŠ PAP ma ⌜x x (x)⌝
         7'   A.ŠÀ ina ma-za-ru-t[e] ina GIŠ.BÁN ša 9* 1/2 qa URUD[DU.MEŠ]
         8'   [a]d-ru É i-se-niš ina URU.ENGAR.MEŠ
         9'   [ú-pi]š-ma 1.d.U+GUR-PAP-PAP TA* IGI 1.SUHUŠ-LUG[AL]
        10'   ina 2 me URUDU.MEŠ il-qe kas-pu ga-mur
        11'   ta-din A.ŠÀ É ad-ru šu-a-⌜tú⌝
rev     12'   za-ar-pu laq-qe-ú tu-a-ru de-nu
        13'   DUG₄.DUG₄ la-áš-šú [man]-nu ša ina ur-kiš
        14'   ina ma-ti-ma i-za-⌜qu⌝-pa-ni lu-u 1.SUHUŠ-LUGAL
        15'   lu-u DUMU.MEŠ-šú lu-[u Š]EŠ.MEŠ-šú TA* 1.d.U+GUR-PAP-⌜PAP⌝
        16'   ù ŠEŠ.MEŠ-šú ⌜de⌝-nu DUG₄.DUG₄ ub-ta-ʾu-⌜ú⌝-ni
        17'   5 MA.NA KÙ.[BABBAR] LUH-ú [x MA.NA KÙ.GI sag-ru]
        18'   ina bur-ki d.[x x x x x x x GAR]
        19'   kas-pu a-na 1[0.MEŠ-te a-na EN.MEŠ-šú GUR ina de-ni-šú]
        20'   ⌜DUG₄⌝.DU[G₄ la TI]
              remainder missing
le      21'   LÚ.GAR.KUR KUR.⌜x⌝[                    ]
```

Translation

Beginning missing— An area of 1 hom[er of land adjoining the road which] leads [to GN], a total of [x homers of land x x] for 40 minas of co[pper; x x x x x] on a hill, an area of [x homers of land x x x x], a total of 7 homers of la[nd x x x x x x x] for 72 mina[s of copp]er, a total of ? ? ?, a field in cultivation according to the s̄utu <standard> of 9 1/2 qa of cop[per, a thr]eshing floor and a house together in the farmer's city—— Nergal-aḫu-uṣur [con]tracted and bought it from Ubru-šar[ri] for 200 (minas) of copper. The money is paid completely. That land, house, and threshing floor are purchased and acquired. Any revocation, lawsuit, or litigation is void. [Who]ever, at any time in the future, lodges a complaint, whether Ubru-šarri or his sons o[r] his brothers, (whoever) repeatedly seeks against Nergal-aḫu-uṣur and (against) his brothers a lawsuit or litigation [shall place] 5 minas of refined sil[ver (and) x minas of pure gold] in the lap of [DN residing in GN. He shall return] the money ten[fold to its owners]. He shall cont[est in his lawsuit and not succeed]. Remainder missing. le: (eponym).

Notes

6': ⌜x x (x)⌝ = [cuneiform signs].

8': See CAD I/J 52a for URU.ENGAR.MEŠ.
21': ⌜x⌝ = [cuneiform sign].

K.309b	No.	213		Nergal-šarru-uṣur
44 x 25 x 18	ADD	27	C	Loan:silver
	AR	261	T,TrG	Scribe:Marduk-zēru-ibni
	3R	47/9	C	Dūr-Šarrukīn
	KB4	134-135	T,TrG	26.II.667 B.C.
	Op	193-195	T,TrL/F	

obv 1 4 MA.NA KÙ.BABBAR ina ša Gar-ga-miš
2 ša 1.U+GUR-LUGAL-PAP
3 ina IGI 1.d.PA-MU-AŠ A 1.d.PA-ÁG-ZI
4 LÚ*.A.BA ša EN.NAM ša URU.BÀD-MAN-GI.NA
5 5 GÍN.MEŠ KÙ.BABBAR ša ITU GAL-bi
be 6 ITU.GU.4 UD 26 KAM
7 lim-mu 1.Gab-ba-ru
rev 8 IGI 1.d.AG-A-AŠ
9 IGI 1.d.AG-še-zib mu-kil a-pa.MEŠ
10 IGI 1.A-ḫi-ra-mu ⫶
11 IGI 1.As+šur-KALAG-in-《in》 ⫶
12 IGI 1.Di-si-i A.BA
te 13 IGI 1.d.UTU-I qur-butu
14 IGI 1.30-MAN-DÙ LÚ*.MU
le 15 IGI 1.d.ŠÚ-NUMUN-DÙ
16 A.BA

Translation

4 minas of silver according to (the mina standard) of Gargamiš belonging
to Nergal-šarru-uṣur is at the disposal of Nabû-šumu-iddina son of Nabû-
rā'im-napišti, the scribe of the governor of Dūr-Šarrukīn. The silver shall
icrease by 5 shekels per month. Date, eponym, 7 witnesses, scribe.

Notes

11: KALAG = ⊬⫶⊤ ; See No. 59:8 and note for the problem of this name.
The second in is considered a scribal error in this line.

K.295   No.   214   MÍ.Nīḫtiešarau
39 x 74 x 20   ADD   307   C   Sale:female (marriage)
                 AR   37   T,TrG   Scribe:Nabû-nādin-aḫḫe
                 3R   49/3   C   1.VI.PC
                 Op   220-224 T,TrL/F
                 FNAD   13   T
                 BÁB   246-248 Q

obv   1   NA₄.KIŠIB 1.d.PA-⌈re-eḫ⌉-[tú-PAP]
      2   DUMU 1.A-mur-ṭi-š[e]
      3   LÚ.ḫu-sa-a+a ša ŠU.2 1.Ì[R-x x]
      4   TA* ŠÀ URU.LÚ.AZLAG.MEŠ
      5   NA₄.KIŠIB 1.ITU.AB-a+a DUMU-šú
      6   NA₄.KIŠIB 1.Si-lim-d.IM :
      7   EN DUMU.MÍ-šú-nu SUM-ni

         2 Circular Stamp Seals

      8   MÍ.d.NIN.LÍL-ḫa-ṣi-na
      9   DUMU.MÍ-su ša 1.d.PA-KÀD-PAP
     10   tu-piš-ma MÍ.Ni-iḫ-ti-e-šá-ra-u
     11   ina lìb-bi 18 GÍN.MEŠ KÙ.BABBAR
     12   a-na 1.Ṣi-ḫa-a DUMU-šá
     13   a-na MÍ-ú-ti-šu tal-qe
     14   MÍ-šú šá 1.Ṣi-ḫa-a ši-i
     15   [k]as-pu gam-mur ta-din
be   16   m[an]-nu ša ina ur-kiš ina ma-te-ma
     17   i-za-qu-pa-ni GIB-u-ni
     18   lu-u 1.d.PA-re-eḫ-tú-PAP
rev   19   l[u]-u DUMU.MEŠ-šú DUMU.DUMU.MEŠ-šú
     20   lu-u PAP.MEŠ-šú DUMU.MEŠ.PAP.MEŠ-šú
     21   lu-u LÚ.GAR-nu-šú lu-u mám+ma-nu-šú
     22   ša de-e-nu DUG₄.DUG₄
     23   TA* MÍ.Ni-iḫ-ti-e-šá-ra-u
     24   DUMU.MEŠ-šá DUMU.DUMU.MEŠ-šá ub-ta-u-ni
     25   10 MA.NA KÙ.BABBAR SUM-an
     26   ina de-e-ni-šú DUG₄.DUG₄-ma la TI
     27   1.Saḫ-pi-ma-a-ú LÚ.NI.LAḪ₄
     28   1.EN-MU-AŠ DUMU 1.DINGIR-u-KALAG-a-ni
     29   1.SUḪUŠ-d.NIN.LÍL DUMU 1.A-ti-i LÚ.AZLAG
     30   PAP 3 LÚ.ur-ki-ú.MEŠ
     31   ša MÍ TA* IGI sa-ar-te ŠU.2 ṣib-ti ḫa-bul-le
     32   šá kar-ME-u-ni šu-ú LÚ.ur-ki-u
     33   IGI 1.A-mur-ṭi-še
     34   IGI 1.Ba-ni-tú IGI 1.ÌR-d.Na-na-a
     35   IGI 1.Pu-ṭu-um-ḫe-e-še
     36   IGI 1.Ḫa-aš-ba-⌈x⌉-nu-⌈x⌉[x x]
     37   IGI 1.EN-MAN-P[AP x x x x]
     38   IGI 1.A-⌈x⌉[x x x x x x x]
te   39   IGI 1.Ḫal-l[a-x x x]
     40   IGI 1.Ab-d[i-x x x x]
     41   IGI 1.Ab-⌈x⌉[x x x x x]
     42   IGI 1.ITU.KIN-[a+a x x x]
le   43   ITU.KIN UD 1 KÁM* lim-mu 1.Aš+šur-KUR-LAL
     44   IGI 1.ZÁLAG-d.Šá-maš IGI 1.Pu-ṭu-d.Pa-i-ti
     45   IGI 1.A-te-e' IGI 1.d.PA-SUM-PAP.MEŠ A.B[A]

Translation

Seal of Nabû-reḫ[tu-uṣur] son of Amurṭiše, the Hasaean, under the control
of Ur[ad-x x] from the washermen's city, seal of Kannunāya, his son, and
the seal of Silim-Adad, "ditto" (his son), owner(s) of their daughter
being sold. /2 Circular Stamp Seals/ Mullissu-ḫaṣina, the daughter of
Nabû-reḫtu-uṣur——Niḫtiešarau contracted and bought her for 18 shekels of
silver for Ṣiḫâ, her son, for marriage. She is the wife of Ṣiḫâ. [The mo]ney
is paid completely. Wh[oe]ver, at any time in the future, lodges a complaint
or breaches the contract, whether Nabû-reḫtu-uṣur or his sons (or) his
grandsons or his brothers (or) his nephews or his superior or anyone belonging
to him, whoever repeatedly seeks a lawsuit or litigation against Niḫtiešarau
(or) her sons (or) her grandsons shall pay 10 minas of silver. He shall
contest in his lawsuit and not succeed. Saḫpimau, the sailor, Bēl-šumu-
iddina son of Ilu-da''inanni, and Ubru-Mullissu son of Atî, the washerman,
a total of 3 sureties of the woman. From (the obligation to pay) a fine,
stolen property, and debts, whoever remains he is the surety. 14 witnesses,
date, eponym.

Notes

3: Postgate restores 1.Ì[R-15-ma] following AR.   On NA₄.KIŠIB PN
GN ŠU.2 PN LÚ.GAR-ni see J.N. Postgate, AnSt 30 (1980) 71.
9: Note KÀD for reḫtu. The value is not listed in ABZ. A Nabû-reḫtu-uṣur
is attested with the same spelling in CTN III 29:18 and 40:17.
13: This phrase occurs in No. 120:8 as a-na MÍ-su-ti il-qe and in No. 133:5'
as a-na MÍ-u-te (both texts are in the archive of Kakkulānu - PC).
In CTN III 51:7 the expression is damaged: in[a? M]Í-u-ti il-q[é].
An additional text, No. 124 (archive: Kakkulānu), dealing with the
purchase of a woman for marriage with a slave does not contain the phrase.
27: NI is a scribal error for MÁ.
31: ŠU.2 ṣib-ti = qāt ṣibitti "stolen property"; see CAD Q 161b-162a
and K. Deller, Or 30 (1961) 255. ṣibi-ti instead of ṣib-ti is also possible.
32: u in ur-ki-u is certain; note ú in 1.30.
34: Ba = 𒁀, tú = 𒌅.
36: ⌜x⌝-nu-⌜x⌝ = ⸢signs⸣.
38: ⌜x⌝ = ⸢sign⸣.
41: ⌜x⌝ = ⸢sign⸣.

K.331	No.	215		Ninuāya
48 x 49 x 20	ADD	250	C	Sale:slaves
	AR	72	T,TrG	Scribe:Marduk-zēru-ibni
	2R	70/3	C	18.IX.PC
	3R	46/7	C	
	CISII	18	C,T,TrL	
	ABC	15	C,T,TrE	
	EA	9	Cap.	

obv 1   [NA₄].KIŠIB 1.Ḫu-da-a+a DUMU 1.Mu-ṣur-a+a ⌜x⌝[x]
        2   EN UN.MEŠ ta-da-a-ni

            3 Circular Stamp Seals

        3   [1.DINGIR-ḫa]-az-zi MÍ.A-ḫa-ti-ṭa-bat AMA-šú
        4   [PAP 2 LÚ.ZI.MEŠ ÌR.M]EŠ ša 1.Ḫu-da-a+a
        5   [ú-piš-ma] 1.URU.NINA.KI-a+a LÚ.SAG MAN
        6   [ina lìb-bi x MA.N]A KÙ.BABBAR TA* IGI 1.Ḫu-da-a+a
        7   [il-qe kas-pu gam-mu]r ⌜ta-din⌝ UN.[MEŠ]
              remainder missing

rev   8'   IGI 1.15-ta-SU LÚ.[x x x]
        9'   ITU.GAN UD 18 KÁM
      10'   lim-mu 1.Mu-šal-lim-Aš+šur
      11'   IGI 1.d.ŠÚ-NUMUN-DÙ A.BA

re   12'   [d]nt 'llḫz[y]

Translation

[Se]al of Ḫudāya son of Muṣurāya⌜x⌝[x], owner of the people being sold.
/3 Circular Stamp Seals/ [Ilu-ḫa]zzi and Aḫāti-ṭabat, his mother, [a total
of 2 persons, serv]ants of Ḫudāya——Ninuāya, the king's eunuch, [contracted
and bought them for x min]as of silver from Ḫudāya. [The money] is paid
[complete]ly. [(Those) people (are purchased and acquired)]. Remainder
of obverse and beginning or reverse missing. 1+ witnesses, date, eponym,
scribe. Caption: [De]ed of 'Ilu-ḫaz[zi].

Notes

1: ⌜x⌝ = ⫽⫽ ; Ḫudāya is the seller in No. 222 (archive: Ninuāya).

K.397	No.	216		Ninuāya
56 x 41 x 19	ADD	105	C	Court decision
	AR	649	T,TrG	Scribe:Ninurta-zēru-
	FNAD	42	T	uṣur
	TCAE	141	Q	13.VII.PC
	BAB	247-248		

te	1	[NA₄.KIŠIB 1.EN-MAN]-PAP ša LÚ*.GÌR.2
obv	2	[de-e-nu ša] 1.URU.NINA.KI-a+[a]
	3	[LÚ.SAG MAN ina] UGU LÚ.ÌR.MEŠ-šú
	4	[x (x) T]A* 1.[EN]-MAN-PAP ig-ru-u-ni
	5	⟨šum-ma⟩ ina SAG:DU DINGIR GIBIL ša ITU.SIG₄
	6	Stamp 1.EN-MAN-PAP a-na 1.PAP-SU
	7	Seal a-na 1.10-MU-SUM-na
	8	ur-ki-'u-ú-ti-šu la na-ṣa
	9	ina ŠU.2 1.NINA.KI-a+a LÚ.SAG MAN
	10	la iš-kun KÙ.BABBAR-šú ZÁḪ
	11	šum-ma ur-ki-'u-ti-šu na-ṣa
be	12	ina ŠU.2 1.NINA.KI-a+a i-sa-kan
	13	30 GÍN.MEŠ KÙ.BABBAR 1.NINA.KI-a+a
rev	14	a-na 1.EN-MAN-PAP ša LÚ.GÌR.2 SUM-na
	15	ú šum-ma TA* 1.La-te-gi-a-na-15
	16	i-na-mar-u-né LÚ a-di sa-ar-te-šú
	17	SUM-na ITU.DUL UD-me 13 KÁM
	18	lim-me 1.d.Aš+šur-gar-u-a-né-re LÚ*.GAL KAŠ.LUL
	19	IGI 1.NU-MAN-iq-bi ša GÌR.2
	20	[IG]I 1.Ú-qur-PAP:MEŠ ⫶
	21	[IGI] 1.d.BU-lut-bé-e ⫶
	22	[IGI 1].d.30-DINGIR-a+a LÚ*.mu-šar-kis
	23	[IGI 1].d.Ša-maš-ZÁLAG-ri ša GÌR.2
te	24	[IGI 1].d.MAŠ-[NUM]UN-PAP LÚ*.A.BA
le	25	IGI 1.d.UTU-[x x x x x]
	26	ša LÚ*.GÌR.2 [x x x x]

Translation

[Seal of Bēl-šarru]-uṣur, the bodyguard. [Judgment of] Ninuāya, [the king's eunuch, con]cerning his servants [and (for them)] he instituted a lawsuit [aga]inst [Bēl]-šarru-uṣur. Stamp Seal ⟨If⟩ at the beginning of the new moon of the month of Simanu, Bēl-šarru-uṣur has not brought his sureties Aḫu-erība (and) Adad-šumu-iddina (and) has not handed them over to Ninuāya, the king's eunuch, his silver is lost. If his sureties are brought (and) he hands them over to Ninuāya, Ninuāya shall pay 30 shekels of silver to Bēl-šarru-uṣur, the bodyguard. And if he is seen together with Lā-teggi-ana-Ištar, he shall pay (for) the man including his fine. Date, eponym, 6 witnesses, scribe.

Notes

15: ú instead of ù or u is rare. It occurs in No. 353:15 (archive: Šulmu-šarri) and CTN III 29:15. The sign TA* = ⌐⊭⫰; Postgate reads É.

16: LÚ has been omitted in all previous editions of this text.

K.408   No.   217   Ninuāya
51 x 72 x 21   ADD   214   C   Sale:female
                AR   510   T,TrG   14.II.PC
                Aššur 2/5   Coll.

---

obv	1'	[x x x x x x]˹x˺[x x x x x]

		2+[1] Stamp Seals šbn[ ]
		brx x[ ]

	2'	[MÍ.x x]-ma-˹li˺ GÉME-˹šú˺
	3'	[ú-piš]-ma 1.NINA.KI-a+a
	4'	[L]Ú.SAG LUGAL ina lìb-bi 35 GÍN.MEŠ
	5'	[KÙ].BABBAR TA* IGI 1.Ia-a-ma-ni il-qe
	6'	kas-pu ga-mur ta-din MÍ šu-a-tú
	7'	za-rip la-qe tu-a-ru de-e-nu
	8'	DUG₄.DUG₄‹‹DUG₄›› la-áš-šú
	9'	man-nu šá ina ur-kiš ina ma-te-ma
	10'	i-za-qu-‹pa›-ni GIB-u-ni
	11'	[lu 1.Ia]-a-ma-ni lu DUMU.MEŠ-šú
	12'	[lu PAP.MEŠ-šú šá d]e-e-nu DUG₄.DUG₄
		remainder missing
rev	13'	ina bur-ki ‹‹ina bur-ki›› [d.x GAR]
	14'	kas-pu a-na 10.MEŠ-te a-na EN-šú
	15'	GUR-ra a-na de-ni-šú
	16'	DUG₄.DUG₄-ma la i-laq-qe
	17'	ITU.GU₄ UD 14 KÁM
	18'	[lim-mu] 1.Ú-pa-qa-a-na-4*-ìl

	19'	[IGI 1.x x]˹x˺-IGI-DÙ LÚ.GAL É
	20'	[IGI 1.A-di]-i LÚ.mu-kil KUŠ.PA.MEŠ
	21'	[IGI 1.E]N-lik-ṣur LÚ.3-šú
	22'	[IGI 1.U]z-na-nu LÚ.mu-kil AP.MEŠ
	23'	[IGI 1.x x]-id-ri
	24'	[IGI 1.DINGIR]-im-me DAM.QAR
	25'	[IGI 1.x x]˹x˺[x x]
le	26'	[IGI 1.x (x)]˹x˺-e LÚ.[x x x]

Translation

Beginning missing- .... /2 + [1] Stamp Seals with Aramaic Caption/
[x x x]-mali, his maid——Ninuāya, the king's eunuch, [contr]acted and
bought her for 35 shekels of [sil]ver from Iāmani. The money is paid
completely. That woman is purchased and acquired. Any revocation, lawsuit,
or litigation is void. Whoever, at any time in the future, lodges a complaint
or breaches the contract, [whether Iā]mani or his sons [or his brothers,
whoever (repeatedly seeks a) la]wsuit or litigation (against Ninuāya) ....
[He shall place ...] in the lap [of DN]. He shall return the money
tenfold to its owner. He shall contest for his lawsuit and not succeed.
Date, eponym, 8 witnesses.

Notes

1': A broken vertical appears on the line. The Aramaic legend is difficult to read and looks like: 〳 〵〝𐤉𐤉𐤔 .

5': 1.Ia-a-ma-ni is probably identical with 1.Ia-man-ni in No. 324:11 (archive: Sinqi-Ištar - 654 B.C.). Note the spellings Ia-man-nu in No. 146:29, 32 and I-man-nu-u in No. 353:3. See RLA V 150a-b and E. Lipiński, OLP 16 (1985) 88.

7': The scribe has employed masculine verbal forms for the feminine subject.

8': Here and in 1.13' the scribe repeats signs.

19': ⌜x⌝ = 〳〴 .

20': Adî occurs in this archive in No. 218:25' and No. 222:27'. There is no reason to identify him with Adî/Idî in the Kakkullānu archive; see note on No. 118:44.

21'-22': These witnesses occur together in an unpublished Aššur text: IGI 1.GESTU.2-a-nu mu-kil PA.MEŠ / IGI 1.EN-lik-ṣur 3-šú VAT 15461:16-17 (courtesy K. Deller). Uznānu is attested in the next document of this archive (No. 217:26').

24': The restoration of the name is uncertain.

25': ⌜x⌝ = 〳〴––〳〴 .

26': ⌜x⌝ = 〳〴 𐤇𐤅 𐤇𐤇𐤐 .

K.430 55 x (63) x 25	No.	218		Ninuāya
	ADD	260	C	Sale:slaves
	AR	552	T,TrG	Scribe:Aššur-aḫḫēšu-
	3R	48/5	C	eres
	Op	248-250	T,TrL/F	Ninua
	AST	T202	Q	

beginning missing

obv 1' [PAP x] LÚ.ZI.MEŠ [ÌR.MEŠ-šú]
     2' [ša] 1.Ar-ba-a+a
     3' [ú-piš-m]a 1.NINA.KI-a+a LÚ.SAG MAN
     4' [ina lìb-bi x] MA.NA KÙ.BABBAR ina ma-na-⌜e⌝ ša KUR.Gar-ga-miš
     5' TA* IGI 1.Ar-ba-a+a ⌜il⌝-qe
     6' kas-pu ga-mur ta-din U[N].MEŠ
     7' šu-a-te za-ar-pu laq-[qe]-ú
     8' tu-a-ru de-enu da-[ba]-bu
     9' la-áš-šú man-nu ša ina u[r]-kiš
    10' ù ma-te-ma i-za-qu-[pa]-⌜a⌝-ni
    11' i-GIB-ú-ni lu-u 1.A[r-ba]-a+a
    12' lu-u ŠEŠ.MEŠ-šú lu-u DUMU.ŠEŠ.MEŠ-šú
    13' lu-u mám+ma-nu-šú ša de-e-nu
    14' DUG₄.DUG₄ TA* [1.NIN]A.KI-a+a TA* [ŠEŠ.MEŠ-šú]

be	15'	TA* DUMU.ŠEŠ.⌜MEŠ⌝-šú
	16'	ub-ta-ú-ni 10 MA.NA KÙ.BABBAR LUḪ
	17'	1 MA.NA KÙ.GI sag-ru
	18'	ina bur-ki d.Iš-tar a-ši-bat
rev	19'	URU.Ni-na-a i-šak-[kan]
	20'	kas-pu a-na 10.MEŠ a-na EN.MEŠ-[šú]
	21'	GUR-ra ina de-ni-šu i-DUG₄.DUG₄-ma
	22'	la i-laq-qe

	23'	IGI 1.EN-da-an LÚ.3-šú ša LÚ.šá UGU É-a-ni
	24'	IGI 1.IM-d.15 :
	25'	IGI 1.A-di-i LÚ.mu-kil KUŠ.PA.MEŠ
	26'	IGI 1.Uz-na-nu IGI 1.ITU.KIN-a+a LÚ.TÚG.KA.KEŠDA
	27'	IGI 1.Aš+šur-nat-kil LÚ.mu-kil KUŠ.PA.MEŠ ša DUMU.MAN
	28'	IGI 1.Rém-a-ni-d.IM LÚ.mu-kil KUŠ.PA.MEŠ ša du-na-na-te
	29'	IGI 1.Aš+šur-SIG₅-iq IGI 1.La-tu-ba-šá-an-ni-d.IM
	30'	IGI 1.Túr-ṣu-15 IGI 1.Di-lil-15
	31'	IGI 1.d.PA-[SU]M-PAP.MEŠ
	32'	IGI 1.[A]š+šur-P[AP.MEŠ-š]ú-⌜APIN⌝ LÚ.A.BA
	33'	[x x x x x x x x] LUGAL
		remainder missing

Translation

Beginning missing— [a total of x] persons, [servants of] Arbāya——Ninuāya, the king's eunuch, [contrac]ted and bought them [for x] mina(s) of silver according to the mina (standard) of Gargamiš from Arbāya. The money is paid completely. Those peo[ple] are purchased and acq[uir]ed. Any revocation, lawsuit, or lit[ig]ation is void. Whoever, at any time and (in) the future, lodges a com[pl]aint or breaches the contract, whether A[rb]āya or his brothers or his nephews or anyone belonging to him, whoever repeatedly seeks a lawsuit or litigation against [Nin]uāya (or) against [his brothers] (or) against his nephews shall pla[ce] 10 minas of refined silver (and) 1 mina of pure gold in the lap of Ištar residing in Ninua. He shall return the money tenfold to [its] owners. He shall contest in his lawsuit and not succeed. 12 witnesses, scribe.

Notes

23': This witness is attested again in No. 222:26 of this archive.
25'-26': See notes on No. 217:20',22'.
28': This Rēmanni-Adad is sometimes identified with the mukīl appāte dannu of Aššurbanipal (Nos. 233-285). However, this text is post-canonical whereas the Rēmanni-Adad archive can only be dated during the years 671-660 B.C. The description ša du-na-na-te is not to be confused with dannu and refers to d.GAŠAN dunani; see CAD D 183b.

K.457	No.	219		Ninuāya
49 x (51) x 27	ADD	254	C	Sale:slaves
	AR	192	T,TrG	
	Aššur	2/5	Coll.	
	RIDA 6	165		

beginning missing

2+[x] Stamp Seals

obv	1'	MÍ.d.NIN.[L]ÍL-ARḪUŠ₄ GÉME-šú
	2'	2 DUMU.MEŠ-šú PAP 3 ZI.MEŠ
	3'	ú-piš-ma 1.URU.NINA.ᶜKIˀ-a+a
	4'	LÚ.SAG MAN UN.MEŠ TA* IGI
	5'	1.Ab-di-i
	6'	ina lìb-bi 1/2 MA.ᶜNAˀ [KÙ.BABBAR]
	7'	ina 1 MA.NA-e ᶜx xˀ[x x x]
	8'	il-qe kas-pu [gam-mur]
	9'	SUM-ni UN.MEŠ su-a-tú
be	10'	zar-pu lā-TI
	11'	tu-a-ru de-nu
	12'	DUG₄.DUG₄ la-áš-šú
rev	13'	[man]-nu ša GIB-u-ni
	14'	[x] ᶜMAˀ.NA KÙ.BABBAR SUM-an
	15'	[UN.MEŠ-šú] ú-še-ṣa
	16'	[IGI] 1.Ab-di-Se-e'
	17'	IGI 1.d.UTU-ki-la-ᶜaˀ-ni
	18'	IGI 1.d.PA-šal-lim
	19'	IGI 1.ᶜx xˀ-ur-ka-zi
		remainder missing

Translation

Beginning missing— 2 + [x] Stamp Seals/ Mullissu-rēmi, his maid, and his 2 sons, a total of 3 persons——Ninuāya, the king's eunuch, contracted and bought the people from Abdi for 1/2 mina of [silver] according to the mina (standard) of x xˀ[x x x]. The money is paid [completely]. Those people are purchased and acquired. Any revocation, lawsuit, or litigation is void. [Who]ever breaches the contract shall pay [x] minas of silver. He shall redeem [his people]. 4+ witnesses.

Notes

7': ᶜx xˀ =⌂. Perhaps to be restored as URUD[DU.MEŠ].

19': ᶜx xˀ = ⌂.

K.1518			No.	220		Ninuāya
(48) x (61) x (16)			ADD	182	C	Sale:male
			AR	496	T,TrG	

obv 1   [N]A₄.KIŠIB 1.Is-bu-ṭu A 1.Mu-sa-la-mu

2   LÚ.NU.GIŠ.KIRI₆ ša É.GAL EN LÚ ta-da-ni

---

3 Stamp Seals

---

3   [1].d.UTU-DINGIR-a+a LÚ.ŠÁM ÌR-šú

4   [š]a 1.Is-bu-ṭu LÚ.NU.GIŠ.KIRI₆ šá É.GAL

5   ⌜ú⌝-piš-ma 1.NINA.KI-a+a LÚ.SAG MAN

6   [ina ŠÀ] 1 MA.NA KÙ.BABBAR ina ša URU.Gar-ga-miš

7   [il]-qe kas-pu gam-mur ta-din

8   [LÚ] ⌜šu⌝-a-tú za-rip laq-qe tu-a-ru

9   [de]-⌜e⌝-nu DUG₄.DUG₄ ⌜la⌝-áš-[šú]

10   [man-nu š]a [ina ur-kiš ina ma]-⌜te⌝-[ma]

    remainder missing

Translation

[S]eal of Isbuṭu son of Musalamu, the gardener of the palace, owner of the man being sold. /3 Stamp Seals/ Šamaš-ilāya, the purchased man, servant of Isbuṭu, the gardener of the palace——Ninuāya, the king's eunuch, contracted and [bou]ght him [for] 1 mina of silver according to (the mina [standard]) of Gargamiš. The money is paid completely. That [man] is purchased and acquired. Any revocation, [la]wsuit, or litigation is voi[d]. Whoev]er, [at any time in the fu]tu[re], -remainder missing.

83-1-18,773		No.	221		Ninuāya
		ADD	505	C	Sale:slaves,land
		AR	613	T,TrG	
		Aššur	2/5	Coll.	

beginning missing

obv 1'   [x x x] ⌜x x⌝ [x x x x x]

2'   [TA*] IGI 1.d.PA-[x x x x]

3'   [i]l-qe kas-[pu gam-mur ta-din]

4'   [A.ŠÀ] ⌜UN⌝.MEŠ [šu-a-te zar-pu]

    remainder missing

rev 5'   [lu-u 1].d.P[A-x x x x]

6'   [DUM]U.MEŠ-šu [šá de-nu DUG₄.DUG₄]

7'   [TA* 1].Ni-nu-a+[a ŠEŠ.MEŠ-šú]

8'   [ub-t]a-u-ni [x x x x x]

9'   [x x]-⌜a⌝+a ta da [x x x x]

10'   [x] MA.NA KÙ.GI ⌜a⌝-[na x x x SUM]

11'   [kas-p]u a-na [10-te a-na EN-šú GUR]

    remainder missing

Translation

Beginning missing– (Ninuāya contracted and) [bou]ght (them for x minas
of silver) [from] Nabû-[x x x x]. The mon[ey is paid completely. That
land] (and) people [are purchased (and acquired)] ... [whether] Na[bû-x x
x x or] his [so]ns, [whoever repeatedly] seeks [a lawsuit or litigation against]
Ninuā[ya (or) his brothers shall pay x x x x x]............ (and) x minas
of gold t[o DN x x. He shall return the mon]ey te[nfold to its owner].
Remainder missing.

Notes

1': Cf. Aššur 2/5 83.

Bu.91-5-9,182	No.	222		Ninuāya
53 x 66 x 28	ADD	249	C	Sale:slaves
	AR	84	T,TrG	
	ABC	21	C,T,TrE	
	PSBA	1908/115		
	EA	33	Cap.	
	AST	T205	Q	

beginning missing

obv	1'	1.d.Asar-lú-⌈ḫi⌉-ḫu-ut-nu
		2'	1.A-di-i ŠEŠ-su
		3'	PAP 2 LÚ.ZI.MEŠ ÌR.MEŠ-ni
		4'	ša 1.Ḫu-da-a+a
		5'	ú-piš-ma 1.NINA.KI-a+a
		6'	LÚ.SAG šá LUGAL
		7'	ina lìb-bi 1 MA.NA 30 GÍN KÙ.BABBAR
		8'	ina ma-né-e šá KUR.Gar-ga-⌈miš⌉
		9'	TA* IGI 1.Ḫu-da-a+a

	10'	[i]l-qe kas-pu gam-mur ta-din
	11'	[LÚ].MEŠ šu-a-te za-a[r-pu]
	12'	[la-qe]-u tu-[a-ru]
be	13'	[de-e]-nu da-[ba-bu]
	14'	[la]-áš-šu man-n[u šá ina ur-kiš]
	15'	u im-ma-te-m[a]
rev	16'	i-GIB-u-ni
	17'	lu-u 1.Ḫu-da-a+a
	18'	lu-u DUMU.MEŠ-šú DUMU.DUMU.MEŠ-šú
	19'	TA* 1.NINA.KI-a+a
	20'	de-e-nu DUG₄.DUG₄ ub-ta-u-ni
	21'	10 MA.NA KÙ.BABBAR 2 MA.NA KÙ.⌈GI⌉
	22'	ina bur-ki d.Iš-tar šá NINA.KI
	23'	i-sak-kan kas-pu a-na 10.MEŠ
	24'	a-na EN.MEŠ-šú GUR ina de-ni-šu
	25'	DUG₄.DUG₄-ma la i-laq-qe

	26'	IGI 1.EN-KALAG-an LÚ.3.U₅
	27'	IGI 1.A-di-i
	28'	IGI 1.d.⌈PA⌉-I
	29'	[IGI 1.x x] im si b[u]
	30'	[IGI 1.x x]-15
		remainder missing
re	31'	[ ]n ᶜmnk
	32'	[ ]⌈x⌉ t

Translation

Beginning missing— / Asarluḫi-ḫutnu and Adî, his brother, a total of 2 persons, servants of Ḫudāya——Ninuāya, the eunuch of the king, contracted and [bo]ught them for 1 mina and 30 shekels of silver according to the mina (standard) of the land of Gargamiš from Ḫudāya. The money is paid completely. Those [men] are pu[rchased and acquir]ed. Any re[vocation, laws]uit, or liti[gation is vo]id. Whoe[ver, at any time] and in the future, breaches the contract, whether Ḫudāya or his sons (or) his grandsons, (whoever) repeatedly seeks against Ninuāya a lawsuit or litigation shall place 10 minas of silver (and) 2 minas of gold in the lap of Ištar of Ninua. He shall return the money tenfold to its owners. He shall contest in his lawsuit and not succeed. 5+ witnesses. Caption:]n ᶜmnk [   ] x⌉ t.

Notes

4': Ḫudāya is the same person as in No. 215:1.

26': This witness is attested in No. 218:23'.

27': See note on No. 217:20'.

31'-32': The readings are uncertain. š is also possible for m.

82-3-23,25	No.	223		Ninurta-aḫu-iddina
(36) x (58) x 24	ADD	280	C	Sale:male
	AR	215	T,TrG	

beginning missing

obv	1'	[x x x x] zu za [x x x]
	2'	[x x x x x]⌜x⌝-a šá ⌜x⌝[x x x x]
	3'	[ú-piš-ma] 1.d.MAŠ-PAP-⌜AŠ⌝
	4'	[TA* IGI 1].Dan-nu-d.U+GUR
	5'	[ina ŠÀ x MA.NA] URUDU.MEŠ il-qé
	6'	[kas-pu gam]-mur ta-din-ni
	7'	[LÚ šu-a]-tu za-rip
	8'	[la-qé tu]-a-ru de-e-nu
	9'	[DUG.4.DUG.4 1]a-a-šu man-nu ša ina ur-kiš
	10'	[ina ma-te-m]a i-za-qu-pa-⌜ni⌝
	11'	[lu-u 1.D]an-nu-[d].⌜U+GUR⌝
rev	12'	[lu-u DUMU.MEŠ-šu lu-u DUMU.DUM]U.MEŠ-[šú]
	13'	[lu-u PAP.MEŠ-šu ša TA* 1.d].MAŠ-PAP-AŠ
	14'	[lu-u DUMU.MEŠ-šú de-nu DU]G₄.DUG₄ ub-tu-u-ni
	15'	[x MA.NA K]Ù.BABBAR.MEŠ SUM-an
	16'	[ṣib-tu be-nu] a-na 1 me UD.MEŠ
	17'	[sa-ar-tu] ina kala MU.AN.NA.MEŠ
	18'	[kas-pu ina] 10.MEŠ-te ina EN-šú
	19'	[GUR-ra] ⌜ina⌝ la de-ni-šú
	20'	[DUG₄.DUG₄-ma] la <i>-laq-⌜qe⌝
	21'	[IGI 1.x x x]⌜x⌝-su [x x x]
	22'	[IGI 1.x x x]⌜x⌝[x x x]

remainder missing

Translation

Beginning missing— /..............——Ninurta-aḫu-iddina [contracted and]
bought him [from] Dannu-Nergal [for x minas] of copper. [The money] is paid
[comp]letely. [Th]at [man is purchased] and [acquired. Any rev]ocation,
lawsuit, or [litigation is] void. Whoever, at any time [in the futur]e, lodges
a complaint, [whether D]annu-Nergal [or his sons or his grand]sons [or his
brothers, whoever] repeatedly seeks [against] Ninurta-aḫu-iddina [or his
sons a lawsuit or liti]gation shall pay [x minas of sil]ver. [(The buyer
is guaranteed against) the ṣibtu and bennu diseases] for 100 days [(and against)
fraud] forever. [He shall return the money] tenfold to its owner. [He shall
contest] in his non-lawsuit and not succeed. 2+ witnesses.

Notes

2': The trace before -a looks like: ⫸⟊ ; ⌜x⌝ after šá = ⟩⫻.

14': tu-u = ⟊⫽⟨ ; scribal error for ta-u.

21': ⌜x⌝ = ⫻⟋ .

22': ⌜x⌝ = ⫽⟋ .

```
K.352 + 83-1-18,291        No.    224          Ninurta-ilāya
63 x 102 x 22              ADD    391   C       Sale:land
                          AR     394   T,TrG    Scribe:Nabû'a
                          3R     48/6  C        16.XI.717 B.C.
                          KB4    108-109 T,TrG
                          Op     160-162 T,TrL/F
                          Assur  2/5   Coll.
```

obv 1 ku-ʿumʾ [NA₄.KIŠIB-šú ṣu]-pur-šú iš-ʿkunʾ
     2 ṣu-pur 1.Še-ʿer-riʾ-id-ri EN A.ŠÀ ʿSUMʾ-ni

        Blank Seal Space

     3 É 3 ʿANŠEʾ A.ŠÀ ga-ni ma-ŠÁ-qí-te
     4 SUḪUR ʿKASKALʾ [šá U]RU.ʿKàlʾ-ḫa SUḪUR 1.Za-bi-ni
     5 SUḪUR AMA šá [KUR].Ara-ma-a+a
     6 É 7BÁN A.ŠÀ SUḪUR 1.KUR.URI-a+a
     7 [SUḪ]UR KASKAL šá URU.Kàl-ḫa SUḪUR 1.Za-bi-ni
     8 [SUḪU]R 1.EN-TI.LA É 3 ANŠE A.ŠÀ
     9 [SUḪU]R 1.Kan-nun-a+a SUḪUR 1.Za-bi-ni
    10 [SUḪU]R 1.EN-TI.LA SUḪUR ʿAMAʾ šá URU.ŠE [1.Zi-zi-i]
    11 [ina U]GU <URU>.LÚ.BÁḪAR.MEŠ É 4 ANŠE [A.ŠÀ]
    12 [SUḪ]UR 1.Za-bi-ni SUḪUR 1.EN-ʿTI.LAʾ
    13 [SUḪUR AM]A šá URU.ŠE 1.Zi-ʿziʾ-[i]
    14 [x x x] ʿx É 1 ANŠEʾ A.[ŠÀ]
    15 ʿSUḪURʾ 1.Qi-bitʾ-[né]-ʿeʾ [SUḪUR KASKAL ša URU.Kal-ḫa]
    16 É 4BÁN GIŠ.GU.ZA ʿxʾ[x x x x x]
    17 [É] 1 ANŠE 1BÁN A.ŠÀ ina URU.LÚ.[BÁḪAR.MEŠ]
    18 [x x] šá É ú-piš-ma [1.d.MAŠ-DINGIR-a+a]
    19 [TA* I]GI 1.Še-er-id-ri in[a ŠÀ]
    20 [x MA.NA KÙ.BABBAR i]l-qé kas-pu gam-[mur]
be 21 [ta-din A.ŠÀ šu-a-tú za-rip laq]-qé tu-[a-ru]
    22 [de-nu DUG₄].ʿDUG₄ laʾ-[áš-šú]
        remainder missing

rev 23' lu-u ŠEŠ.MEŠ-šú lu-u DUMU.ŠEŠ.MEŠ-[šú]
    24' TA* 1.d.MAŠ-DINGIR-a+a de-e-n[u]
    25' DUG₄.DUG₄ ub-ta-'u-u-ʿniʾ
    26' kas-pu a-na 10.MEŠ-te a-na EN-š[ú GUR]
    27' ina de-ni-šú DUG₄.DUG₄-ma la i-la[q-qé]

    28' ʿIGI 1.[x x x x x] LÚ.[x x x]
    29' [IGI 1.x x x]-EN [x x x x x]
    30' [IGI 1].d.IM-[x x x x x]
    31' [IGI 1].d.U+GUR-[x x x x x]
    32' [IGI 1].KUR-a+a [x x x x x]
    33' [IGI 1.d].Aš+šur-nat-kil LÚ.GA[L x x x]
    34' [IG]I 1.Mu-né-piš-DINGIR LÚ.ʿḫa-zaʾ-a[n-nu]
    35' [IG]I 1.URI-a+a
    36' [IG]I 1.Qí-bit-né-e
    37' [IG]I 1.PAP-DÙG.GA IGI 1.TE-a+a
    38' [IG]I 1.Za-bi-ni PAP 5 DUMU URU-šú

        1 line space

    39' ITU.ZÍZ UD 16 KÁM* lim-mu 1.DÙG-IM-Aš+šur
    40' LÚ.AGRIG GAL-u IGI 1.d.PA-u-a LÚ.A.BA
    41' ṣa-bit dan-né-te IGI 1.DÙG.GA-i
    42' IGI 1.A+a-né-e IGI 1.Man-nu-ki-i-ERIM

266

Translation

In place of [his seal] he placed his [fin]gernail. Fingernail of Šēr-idri
owner of the land being sold. /Blank Seal Space/ An area of 3 homers of
land on the edge of an irrigation outlet adjoining the road [of the cit]y of
Kalḫu, adjoining (the land) of Zabinu, and adjoining the road of [the] Aramaens;
an area of 7 <u>sūtus</u> of land adjoining (the land) of Akkadāya, [adjoin]ing
the road of the city of Kalḫu, adjoining (the land) of Zabinu, and [adjoin]ing
(the land) of Bēl-lū-balaṭ; an area of 3 homers of land [adjoin]ing (the land)
of Kannunāya, adjoining (the land) of Zabinu, [adjoin]ing (the land) of
Bēl-lū-balaṭ, and adjoining the road of the village of [Zizî upo]n (which)
is the potter's <city>; an area of 4 homers [of land adjoin]ing (the land)
of Zabinu, adjoining (the land) of Bēl-lū-ʿbalaṭʾ, [adjoining the roa]d of
the village of Zizî, [x x x]ʿxʾ; an area of 1 homer [of land] adjoining
Qibīt-[n]e [and adjoining the road of the city of Kalḫu]; an area of 4 <u>sūtus</u>
of <u>kussû</u> land ʿxʾ[x x x x x; an area] of 1 homer and 1 <u>sūtu</u> of land in the
[potter's] city [and x x] of a house——[Ninurta-ilāya] contracted and bought it
[from] Šēr-idri f[or x minas of silver]. The money [is paid] compl[etely].
That land is purchased and acqui]red. Any rev[ocation, lawsuit, or liti]gation
is vo[id].... (whether Šēr-idri or his sons or his grandsons) of his brothers
or [his] nephews; (whoever) repeatedly seeks against Ninurta-ilāya a lawsu[it]
or litigation [shall return] the money tenfold to i[ts] owner. He shall
contest in his lawsuit and not succ[eed]. 14 witnesses, date, eponym, scribe.

Notes

3: qa-ni ma-ŠÁ-qí-te occurs in No. 227:3 as: ina qa-an-ni maš-qí-te.
Note the close relationship of this text with No. 225. Ninurta-ilāya
sells the land purchased here in No. 227 (710 B.C.).
6: For the interpretation of the name URI-a+a as Akkadāya see CTN III
p. 175 n.iv.1.
16: ʿxʾ = 𝌆.

83-1-18,688	No.	225		Ninurta-ilāya
(50) x (68) x 21	ADD	394	C	Sale:land
	AR	169	T,TrG	
	Aššur	2/5	Coll.	
	AST	T211	Q	

beginning missing

obv
1' [x x x x ANŠ]E A.Š[À SUḪUR 1.K]UR.URI-⌈a⌉+[a SUḪUR]
2' [KASKAL šá URU.Kàl-ḫa] SUḪUR [1.Za-b]i-ni SUḪUR 1.⌈EN⌉-T[I]
3' [É 3 ANŠE A.Š]À SUḪUR 1.[Kan]-nun-a+a SUḪUR 1.EN-T[I]
4' [x x x x] SUḪUR AMA ⌈šá⌉ URU.ŠE 1.Zi-z[i-i]
5' [ina UGU URU.LÚ.BÁḪ]AR É ⌈4⌉ ANŠE A.ŠÀ SU[ḪUR]
6' [1.Za-bi-ni SUḪUR 1.E]N-TI SUḪUR AMA šá URU.ŠE 1.[Zi-zi-i]
7' [x x x x É 1] ⌈ANŠE⌉ A.ŠÀ SUḪUR 1.Qi-[bit-né-e]
8' [x x x SUḪU]R KASKAL šá URU.Kàl-ḫa É 4BÁN [GIŠ.GU.ZA]
9' [É 1 AN]ŠE 1BÁN A.ŠÀ ⌈x x⌉ [x x x x]
10' [x x x x x]⌈x⌉ ina ma-al-gu-te [x x x x x]
11' [x x x x] É [x ANŠ]E A.ŠÀ [x x x x x]
12' [x x x x SUḪ]UR A.ŠÀ [x x x x x]
13' [x x x x x x] AMA šá UR[U.ŠE x x x x]
14' [x x x x x x x] ⌈SUḪUR⌉ [x x x x]
remainder missing

rev
15' [x x x x x x x]⌈x⌉[x x x x x x]
16' [x x, x x x x]⌈x⌉-i u DUMU.DU[MU.MEŠ-šú]
17' [de-nu DUG₄.DUG₄] ⌈ub⌉-ta-'u-u-[ni]
18' [x MA.NA KÙ.BABBAR LUḪ-u x MA.N]A KÙ.GI sag-ru ⌈ina⌉ [bur-ki]
19' [d.MAŠ a-šib URU.Kàl]-ḫi GAR-an 2 ANŠE.KUR.MEŠ BAB[BAR ina GÌR.2]
20' [d.Aš+šur i-rak-kas x ANŠ]E ḫar-bak-kan-ni ina KI.TA d.[MAŠ.MAŠ]
21' [ú-še-rab x G]Ú.UN AN.NA a-na LÚ.E[N.NAM URU-šú]
22' [SUM-an kas-pu a-na 10].MEŠ-te ana EN-šú GUR-ra
23' [ina de-ni-šú D]UG₄.DUG₄-ma la TI-qé

24' [IGI 1.x x x]-AŠ LÚ.laḫ-ḫi-nu šá É kad-mu-ri
25' [IGI 1.x x x]-⌈AŠ⌉ DUMU 1.SUḪUŠ-d.PA
26' [IGI 1.x x x x]-ni LÚ.SANGA šá d.PA šá URU.NI[NA.KI]
27' [IGI 1.x x]⌈x⌉-GIN LÚ.GAL še-lap-pa-a+[a]
28' [IGI 1.x x]⌈x⌉-A-PAP DUMU 1.Aš+šur-rém-an-⌈ni⌉
29' [IGI 1.S]e-e'-[x x x] LÚ.šá ⌈qur⌉-[butu]
30' [IGI 1.x x x x x x x]⌈x x⌉[x x x]
remainder missing

Translation

Beginning missing— [an area of x home]rs of lan[d adjoining Akk]adā[ya,
adjoining the road of the city of Kalḫu], adjoining [(the land) of Zab]inu,
and adjoining (the land) of Bēl-lū-bal[aṭ; an area of 3 homers of lan]d adjoining
(the land) of· [Kann]unāya, adjoining Bēl-lū-bal[aṭ, adjoining (the land) of
Zabinu?], and adjoining the road of the village of Ziz[î upon (which) is
the pott]er's [city]; an area of 4 homers of land adjoin[ing (the land) of
Zabinu, adjoining (the land) of Bē]l-lū-balaṭ, adjoining the road of the
village of [Zizî x x x x an area of 1] homer of land adjoining (the
land) of Qi[bīt-ne x x x and adjoin]ing the road of the city of Kalḫu; an

area of 4 sūtus of [kussû land and an area of 1 hom]er and 1 sūtu of land
.... in the malgūtu .... an area of [x home]rs of land .....
.... adjoining land.......... the road of the villa[ge of ....
adjoining .... [(whoever) repeatedly seeks [(against Ninurta-ilāya
or against) his x x x]ᵗxᵗ-i and (against) [his] grandson[s a lawsuit or
litigation] shall place [x minas of refined silver (and) x mina]s of pure
gold in the [lap of Ninurta residing in Kal]ḫu. [He shall tie] 2 white horses
[to the feet of Aššur. He shall bring x] ḫarbakkannu horses to the feet
of [Nergal. He shall pay x tal]ents of tin to the gover[nor of his city].
He shall return [the money ten]fold to its owner. He shall contest [in his
lawsuit] and not succeed. 7+ witnesses.

Notes

1': The description of land in this and the following lines is nearly
identical to that of the preceding text. The documents are not duplicates
as the witness lists differ. Compare No. 227.

9': ᵗx xᵗ = ⟦cuneiform⟧.

10': ᵗxᵗ = ⟦cuneiform⟧. malgūtu is attested in No. 226:4 and occurs only
in this archive. The meaning of the word is unknown.

15': ᵗxᵗ = ⟦cuneiform⟧.

16': ᵗxᵗ = ⟦cuneiform⟧.

27': ᵗxᵗ = ⟦cuneiform⟧.

28': ᵗxᵗ = ⟦cuneiform⟧.

30': ᵗx xᵗ = ⟦cuneiform⟧.

K.335		No.	226		Ninurta-ilāya
57 x 65 x 22		ADD	382	C	Sale:land
		AR	395	T,TrG	Scribe:Marduk-iddina
		KB4	110-111	T,TrG	[ ].715 B.C.
		Aššur	2/5	Coll.	

obv	1	[k]u-ᵗumᵗ NA₄.KIŠIB-šú ṣu-pur-šú ᵗiš-kunᵗ
	2	[ṣu]-ᵗpurᵗ 1.d.UTU-tab-ni-PAP A LÚ.ŠÁM
	3	[EN] A.ŠÀ SUM-ᵗniᵗ

Blank Seal Space

	4	É 1 ANŠE A.ŠÀ ina ma-al-gu-te
	5	SUḪUR A.ŠÀ šá LÚ.SUKKAL SUḪUR A.ŠÀ šá 1.A-i
	6	É 8BÁN A.ŠÀ i-na KASKAL qa-at-ni
	7	SUḪUR A.ŠÀ šá 1.PAP-DÙG.GA SUḪUR A.ŠÀ šá 1.ÌR-AN.GAL
	8	É 1 ANŠE A.ŠÀ ina UGU AMA šá LÚ.Kal-da-a

```
      9   SUHUR A.ŠÀ šá 1.d.PA-PAP.MEŠ-SU SUHUR A.ŠÀ
     10   šá 1.d.ŠÚ-EN÷PAP É 8BÁN A.ŠÀ SUHUR A.ŠÀ
     11   ⌜šà⌝ 1.⌜d.PA-PAP.MEŠ-SU SUHUR⌝ A.ŠÀ šá 1.AD-DÙG.GA
     12   [x x x x x x x]-ra-a-ti
     13   [x x x] ⌜É 2 ANŠE⌝ 5BÁN A.ŠÀ
     14   [x x x x x x x x x]-a÷a
          remainder missing
rev  15'  IGI 1.Suk-ka-a÷a ⌜x x x x x⌝
     16'  IGI 1.GÌR.2-d.15 IGI 1.PAP-u-a÷a
     17'  IGI 1.SUHUŠ-d.15 LÚ.⌜KAŠ.LUL⌝ šá LÚ.SUKKAL
     18'  IGI 1.d.AMAR.UTU-AŠ LÚ.A.BA
     19'  ṣa-bit dan-né-te

          5 line Spaces

     20'  lim-mu 1.Tàk-lak-a-na-[d].EN
     21'  LÚ.GAR.KUR URU.Na-ṣi-⌜bi⌝-[na]
     22'  3 MA.NA URUDU.MEŠ šá ṣ[u-pur-š]ú
```

Translation

[In pl]ace of his seal he plac[ed] his fingernail. [Fing]ernail of Šamaš-
tabni-uṣur son of the purchased man, [owner] of the land being sold.
/Blank Seal Space/ An area of 1 homer of land in the malgūtu adjoining the
land of the sukkallu and adjoining the land of Aplî; an area of 8 sūtus of
land on the narrow road adjoining the land of Aḥi-ṭāb and adjoining the land
of Urad-Angal; an area of 1 homer of land upon the road of the Kaldeans
adjoining the land of Nabû-aḥḫē-erība and adjoining the land of Marduk-
bēlu-uṣur; an area of 8 sūtus of land adjoining the land of Nabû-aḥḫē-erība
and adjoining the land of Abi-ṭāb; [x x x x x x]-rāti [x x x]; an area of
2 homers and 5 sūtus of land...........-a÷a   remainder of obverse and
beginning of reverse missing. 4+ witnesses, scribe, eponym. 3 minas of
copper for [hi]s fi[ngernail].

Notes

2: ŠÁM =⟨cuneiform⟩ Parpola collates AZU which is not correct.

4: See note on No. 225:10 for malgūtu.

6: i-na KASKAL qa-at-ni is interpreted as ina ḫuli qa-at-ni "on the
narrow road" in CAD Q 175a.

8: See CTN III p.35 on AMA ša LÚ.Kal-da-a.

12: ti is certain. Parpola collates te.

15': ⌜x x x x⌝ =⟨cuneiform⟩ Sukkāya is attested as LÚ.UŠ.[BAR]
in No. 227:10'. The traces should either be this profession or another
witness. Parpola's readings are uncertain.

82-3-23,143	No.	227		Ninurta-ilāya
55 x (32) x 20	ADD	392	C	Sale:land
	AR	31	T,TrG	[ ].710 B.C.

obv 1 [k]u-um NA₄.KIŠIB-šú ṣu-pur-šú iš-kun
2 [ṣ]u-pur 1.d.MAŠ-DINGIR-a+a EN A.ŠÀ SUM-ni

Blank Seal Space

3 [É] 3 ANŠE A.ŠÀ ina qa-an-ni maš-qí-te SUḪUR KASKAL
4 [š]á URU.Kàl-ḫi SUḪUR 1.Za-bi-ni É 7BÁN A.ŠÀ
5 [SUḪU]R 1.URI-a+a SUḪUR KASKAL.2 šá URU.Kàl-ḫi SUḪUR 1.Za-bi-ni
6 [SUḪ]UR 1.EN-lu-TI.LA É 3 ANŠE A.ŠÀ.GA
7 [SUḪUR] 1.Kan-n[un-a+a SUḪ]UR 1.EN-lu-TI.LA
8 [SUḪUR AMA šá URU.ŠE 1.Z]i-zi-i
   remainder missing

rev 9' ⌜IGI 1.SUḪUŠ⌝-d.1[5] LÚ.[KAŠ.LUL]
10' IGI 1.Suk-kà-⌜a+a LÚ.UŠ.B[AR]
11' IGI 1.Qí-bi-<it>-⌜ni⌝-i LÚ.⌜UŠBAR₅⌝ IGI 1.Iš-me-ìl
12' IGI 1.d.BU-nu-ri DUMU [1.DING]IR-šum-ki
13' ⌜IGI⌝ 1.PAP-u-a-SU ⌜IGI⌝ 1.d.Šá-m[aš]-nam-mir LÚ.DAM.QAR
14' [IGI 1.x x x x LÚ.A.BA ṣa-b]it IM
15' [ITU.x UD x] ⌜KÁM* lim-mu⌝ [1.d.U]TU-EN-PAP
16' [LÚ.GAR.KUR] URU.Ár-z[u-ḫi]-na

Translation

[In p]lace of his seal he placed his fingernail. [Fing]ernail of Ninurta-
ilāya, owner of the land being sold. /Blank Seal Space/ [An area] of 3 homers
of land on the edge of an irrigation outlet adjoining the road [o]f the
city of Kalḫu and adjoining (the land) of Zabinu; an area of 7 _sūtus_ of
land [adjoin]ing (the land) of Akkadāya, and adjoining the road of the city
of Kalḫu, adjoining (the land) of Zabinu, and [adjoin]ing (the land) of
Bēl-lū-balaṭ; an area of 3 homers of land [adjoining] (the land) of Kann[unāya,
adjoin]ing (the land) of Bēl-lū-balaṭ, [adjoining the road of the village
of Z]izi .... 7+ witnesses, (scribe), eponym.

Notes

Although Ninurta-ilāya is the seller in this document, we have included
the text in his archive. The property sold here was purchased in 717 B.C.;
see No. 224.

3: See note on No. 224:3.

11': Išme-ili is possibly attested in CTN III 99 iv.5. Note that
Akkadāya (1.5) occurs in the same text iv.1.

80-7-19,138	No.	228		Ninurta-ilāya
(41) x (35) x 17	ADD	405	C	Sale:land
	AR	418	T,TrG	

beginning missing

obv	1'	[ina lìb-bi x MA].˹NA URUDU˺.MEŠ TI-q[é kas-pu]
	2'	[gam-mur t]a-ad-din A.ŠÀ šu-a-tú
	3'	[za-rip l]aq-qé tu-a-ru de-e-n[u]
	4'	[DUG₄.DU]G₄ la-áš-šú man-nu šá ina ur-ki[š]
	5'	[ina m]a-te-ma i-zaq-qup-an-ni lu-˹u˺
	6'	[1].Ú-qu-u-a lu-u 1.PAP-u-a-S[U]
	7'	[1]u-u DUMU.MEŠ-šú-nu lu-u DUMU.DUMU.MEŠ-šú-˹nu˺
	8'	lu-u PAP.MEŠ-šú-nu lu-u DUMU.PAP.MEŠ-šú-nu
rev	9'	[1]u-u mám+ma-nu-šú-nu lu-u LÚ.GAR-nu-šú-nu
	10'	[š]a TA* 1.d.MAŠ-DINGIR-a+a PAP.MEŠ-[šú]
	11'	[DUMU].PAP.MEŠ-šú de-e-nu DUG₄.D[UG₄]
	12'	[ub-t]a-'u-u-ni kas-pu a-n[a 10.MEŠ]
	13'	[a-na E]N.MEŠ-šú GUR-ra ina d[e-ni-šú]
	14'	[DUG₄.DU]G₄-ma la i-laq-[qé]

	15'	[IGI 1.Mu-n]é-piš-DINGIR LÚ.[ḫa-za-an-nu]
	16'	[IGI 1.x x x x]-a LÚ.[x x x]
	17'	[IGI 1.x x x]-˹a˺ LÚ.[x x x x]
		remainder missing

Translation

Beginning missing- (Ninurta-ilāya contracted and) bought it [for x min]as of copper. [The money is] paid [completely]. That land [is purchased and ac]quired. Any revocation, lawsu[it, or litigat]ion is void. Whoever, at any ti[me in the fu]ture lodges a complaint, whether Uqū'a or Aḫū'a-erī[ba o]r their sons or their grandsons or their brothers or their nephews [o]r anyone belonging to them or their superior, [whoe]ver [repeatedly] seeks against Ninurta-ilāya (or) [his] brothers (or) his [neph]ews a lawsuit or litig[ation] shall return the money ten[fold to] its [own]ers. [He shall contest] in [his lawsuit] and not succe[ed]. 3+ witnesses.

83-1-18,379	No.	229		Ninurta-ilāya
32 x (46) x 23	ADD	393	C	Sale:land
	AR	424	T,TrG	

beginning missing

obv	1'	⌈SUḪUR⌉ 1.[x x x x x x x x x]
	2'	SUḪUR 1.EN-KASKAL-⌈x⌉[x x x x]
	3'	SUḪUR 1.A-i É [x x x x]
	4'	SUḪUR 1.Za-bi-ni SUḪUR ⌈x⌉[x x x x]
	5'	ku-tal DU₆<<DUL>> PAP 11 ANŠ[E A.ŠÀ x x x x]
	6'	[É x] ANŠE 8BÁN A.ŠÀ [x x x]
	7'	⌈SUḪUR⌉ A.ŠÀ ša 1.A-i [x x x x]
	8'	⌈SUḪUR⌉ A.ŠÀ ša 1.PAP-im-[me]
		remainder missing
rev	9'	ina ŠÀ 2 M[A.NA KÙ.BABBAR x x x x]
	10'	il-qe [kas-pu gam-mur ta-din A.ŠÀ]
	11'	šu-a-tu za-a[r-PI la-qe tu-a-ru de-nu]
	12'	DUG₄.DUG₄ la-áš-šú [man-nu ša ina ur-kiš GIL-u-ni]
	13'	lu-u 1.⌈Rém⌉-a-⌈ni⌉-DINGIR 1[u-u x x x x x x]
	14'	⌈lu-u⌉ mám+ma-nu-šú TA* [1.d.MAŠ-DINGIR-a+a]
	15'	[de]-e-nu DUG₄.DU[G₄ ub-ta-u-ni]
	16'	1 MA.NA KÙ.BABBAR [SUM-an kas-pu]
	17'	⌈a-na⌉ [10.MEŠ-te a-na EN-šú GUR-ra]
		remainder missing
le	18'	[x x x x x 3]-su KÙ.BABBAR ša ṣu-pur-šú

Translation

Beginning missing— adjoining (the land) of [x x x x x x x x], adjoining
(the land) of Bēl-Ḫarrānu-⌈x⌉[x x x] and adjoining (the land) of Aplî;
an area of [x x x x], adjoining Zabinu, adjoining⌈x⌉[x x x x] behind a
hill, a total of 11 hom[ers of land x x x x x x; an area of x] homers and
8 sūtus of land [x x x] adjoining the land of Aplî [x x x x], adjoining
the land of Aḫu-im[me]..........——(Ninurta-ilāya contracted and) bought it for
2 min[as of silver x x x x. The money is paid completely]. That [land]
is pur[chased and acquired. Any revocaiton, lawsuit], or litigation is
void. [Whoever, at any time, breaches the contract], whether Rēmanni-ili
o[r his x x x x x] or anyone belonging to him, (whoever) [repeatedly seeks]
against [Ninurta-ilāya a law]suit or litigat[ion shall pay] 1 mina of silver.
[He shall return the money] ten[fold to its owner]. Remainder missing except
for le. le: [x x x x x a thir]d (of a mina) of silver for his fingernail.

Notes

2': ⌈x⌉ = ⧄⫽⫽.

4': ⌈x⌉ = ⊢⫽⫽⫽.

Ki.1904-10-9,188	No.	230		Nūr-Šamaš
39 x 25 x 20	ADD	1193	C	Debt-note with pledge
	=AJSL	42/239		
	FNAD	25	T	
	AST	T187	Q	

```
obv  1   15 GÍN.MEŠ KÙ.BABBAR [SAG.DU]
     2   ša d.15 ša URU.4*-[ìl.KI]
     3   ša 1.ZÁLAG-d.Šá-maš
     4   ina IGI 1.BÀD-Aš+šur
     5   ina IGI 1.URU.4*-ìl-a+a
     6   ina IGI 1.Kur-ìl-a+a
be   7   TA* libi URU.Bu-uk-kúr-te
     8   ku-um ru-bé-e  '
rev  9   1.DI-mu-KUR.Aš+šur DUMU-šú
     10  3 MU.AN.NA.MEŠ kám-mu-ˈsuˈ
     11  ÚŠ ZÁḪ ina UGU EN.MEŠ-šú
     12  ina UD-me ˈDUMUˈ MU.AN.NA.MEŠ-šú
     13  ú-šal-lam-ú-ni
     14  KÙ.BABBAR SUM-an DUMU-šú ú-še-ṣa
     15  IGI 1.IM.4-i 1.Aš+šur-ˈxˈ[x x x]
te   16  IGI 1.d.PA-sa-li
     17  IGI 1.15-MU-AŠ
     18      IGI 1.Mar-dan-nu
le   19  ITU.[x] lim-mu
     20  1.d.Za-<ba₄>-ba₄-SU
```

Translation

15 shekels of silver, [capital], belonging to Ištar of Arba[il] and belonging
to Nūr-Šamaš, at the disposal of Dūr-Ištar, at the disposal of Arbailāya
and at the disposal of Kurrillāya from the city of Bukkurtu. In lieu of the
interest, Šulmu-Aššur, his son, is pledged for 3 years. (If) he dies or
flees it is the responsibility of his owners. On the day the son
completes his years (or) he pays the silver, he shall redeem his son.
5 witnesses, eponym.

Notes

2-3: The ša signs are written each time differently. In 1.2 at the
beginning of the line ša = ⟨sign⟩ ; after d.15 ša is written thus ⟨sign⟩ ;
ša in 1.3 = ⟨sign⟩ . 4* = ⟨sign⟩ ; NIN[A unlikely.
7: The reading of the toponym is uncertain. Postgate reads: URU.ŠE
az-ḫu-la. The signs after URU look like: ⟨signs⟩ .
15: ˈxˈ = ⟨sign⟩ .
16: li = ⟨sign⟩ .
18: dan is certain = ⟨sign⟩ .

Ki.1904-10-9,104	No. 231	Nusku-šarru-uṣur
(80) x (29) x (21)	ADD 1165 C	Account payment
	=AJSL 42/185	Arpad
		[ ].PC

beginning missing

obv	1'	[r]e-ḪE-te NÍG.KA₉.MEŠ ša ina IGI 1.GIN-i
	2'	[i]na ITU.KIN ú-bal-la ina URU.Ar-pad-da
be	3'	[a]-na EN pi-qit-te ša 1.d.NUSKU-MAN-PAP i-dan
	4'	[šum-m]a la SUM-ni 1.Bur-na-za-saḫ 1.15-BÀD-⌜qa-li⌝ LÚ.⌜x⌝[x x]
	5'	[1.x]⌜x⌝-te-d.BU DUMU 1.Lu-bur-pi-i
	6'	[E]N ŠU.2.MEŠ ša 1.d.BU-id-ri
rev	7'	[NÍG].KA₉.MEŠ an-nu-te ina URU.Ni-nu-u
	8'	[a-na 1].d.NUSKU-MAN-PAP ú-šal-lam
	9'	[ša kar-mu]-ni NÍG.KA₉.MEŠ an-nu-te ú-šal-lam
	10'	[ITU.x UD x K]AM lim-mu 1.30-MAN-PAP A.⌜BA KUR⌝
	11'	[x x x x x x] ⌜x x⌝ [x x x x x]

remainder missing

Translation

Beginning missing- [The rema]inder of the accounts which are before Kēnî,
he shall bring in the month of Ulūlu (and) shall give (them) to the trustee
of Nusku-šarru-uṣur in the city of Arpadda. [I]f he does not pay——Burnasaḫ,
Ištar-dūr-qayyāli, the ⌜x⌝[x x, and x] ⌜x⌝-te-BU son of Luburpi, [the gua]rantors
of BU-idri——(one of them) shall pay in full these [acco]unts [to] Nusku-šarru-
uṣur in Ninua. The [one who remai]ns shall pay these accounts in full. (Date),
eponym -remainder missing.

Notes

5': ⌜x⌝ = [cuneiform sign].
9': See FNAD 33:23.
11': ⌜x x⌝ = [cuneiform sign].

Ki.1904-10-9,145+293+378	No.	232	Putāya
39 x 82 x 25	ADD	1175+1212+1230	Sale:land
	=AJSL	42/197-198,253	Ninua
		257	

obv 1   [ku-um NA₄.KIŠIB-šú] ṣu-pur-šú [iš-kun]
     2   [ṣu-pur 1.x x x]-ga-na [x x]
     3   [EN A.ŠÀ t]a-da-a-ni

       [x]+2 Fingernail Impressions

     4   [x x x x x] KASKAL URU.Kal-ḫa
     5   [x x x x x x x] KUR.Šu-ṣi
     6   [x x x x x] : 1.A-pa-a+a
     7   [x x x x x] : 1.Se-e'-a-mu-ti
     8   [x x x x x x x]⌜x⌝-nu URU.Ka-LA-ḫa
     9   [x x x x x] A.ŠÀ ša 1.d.IM-DÙ
    10   [x x x x x] : : 1.d.MAŠ.MAŠ-I
    11   [x x x x x x x x] 3BÁN A.ŠÀ ina ma-za-ru-u-te-⌜e⌝
    12   [ú-piš]-ma 1.Pu-ta-[a]+a
    13   [TA* IGI 1.x x] ⌜x x⌝-u-nu
    14   [ina ŠÀ x MA.NA KÙ.BABBAR] il-qe
    15   [kas-pu gam-mur ta]-din A.ŠÀ šu-a-tú
    16   [za-rip la-qe] ⌜tu-a-ru⌝
be 17   [de-nu DUG₄.DUG₄] la-áš-šú
    18   [man-nu ša ina ur-kiš ina m]a-te-ma
rev 19   [lu-u 1.x x x x x x x] lu-u
    20   [x x x x x x x x x x 1]u-u GAL-šú
    21   [lu-u x x x x x x x] PAP.MEŠ-šú
    22   [ša TA* 1.Pu-ta]-a+a ú GÌR.2.MEŠ-šú
    23   [x x x x x]⌜x⌝.MEŠ-šú
    24   [de-nu DUG₄].DUG₄ ub-ta-u-[ni]
    25   [1 MA.NA KÙ.BABBAR LUḪ]-u 1 MA.NA KÙ.GI sag-ru
    26   [ina bur-ki] d.Iš-tar ⌜ša⌝ URU.Ni-[nu]-a
    27   [GAR-an ina de]-ni-šu DUG₄.DUG₄
    28   [la i]-laq-qe kas-pu
    29   [a-na 10.MEŠ-te a-na] EN.MEŠ-⟨šú⟩ ú-ta-ra

    30   [IGI 1.Ì]R-d.15 IGI 1.Rém-a'-d.15
    31   [IGI 1.x x x x]-a+a
    32   [IGI 1.x x x x]⌜x⌝
       remainder missing

Translation

[In place of his seal he placed] his fingernail. [Fingernail of x x x x]-ga-na [x x, owner of the land] being sold. /[x] + 2 Fingernail Impressions/ [x x x x (adjoining)] the road of Kalḫu, [x x x x x x x] the land of Ṣūṣi, [x x x x x] "ditto" Apāya, [x x x x x] "ditto" Se'-amuti, [x x x x x x x]⌜x⌝-nu of the city of Kalḫu, [x x x x (adjoining)] the land of Adad-ibni, [x x x x x] "ditto" "ditto" Ninurta-na'id, [x x x x x x an area of x x and] 3 sūtus of land in cultivation——Putāya [cont]racted and bought it [from x x] x x⌝-u-nu [for x minas of silver. The money is pa]id [completely]. That land [is

acquired and purchased]. Any revocation, [lawsuit, or litigation] is void.
[Whoever, at any time in the fu]ture, [whether, x x x x x x x] or
[his x x x x x x x x x o]r his master [or his x x x x x (or)] his [nep]hews
[whoever] repeatedly seeks [against Put]āya and (against his bodyguards
[and (against)] his [x x x]ˊxˊ [a lawsuit or litigation shall place 1 mina
of refined silv]er (and) 1 mina of pure gold [in the lap] of Ištar of Ni[nu]a.
He shall contest [in] his [law]suit [and not suc]ceed. He shall return the
money [tenfold to] the owners. 4+ witnesses.

Notes

5: KUR.Ṣu-ṣi is probably identical with Aṣūṣi; see NAT 41.

8: ˊxˊ = [cuneiform sign].

10: The reading of the name is uncertain– just d.MAŠ is also possible.

13: ˊx xˊ = [cuneiform signs].

30: Rém = [cuneiform sign]; ban is also possible (with a missing vertical).

32: ˊxˊ = [cuneiform sign].

K.364 38 x 25 x 19	No.	233		Qidrî
	ADD	16	C	Loan:silver
	AR	270	T,TrG	11.II.PC
	3R	47/4	C	
	Op	231–232	T,TrL/F	

obv	1	8 GÍN KÙ.BABBAR
	2	ša 1.Qi-id-ri-i
	3	ina IGI 1.U.U-I
	4	A 1.d.U+GUR-PAP-ir
	5	UD 1 KÁM ša ITU.SIG₄
be	6	KÙ.BABBAR SUM-an
	7	BE-ma NU SUM-ni
rev	8	a-na 1/2 GÍN-šú GAL
	10	lim-mu 1.Aš+šur-ŠU-GUR
	11	IGI 1.Rém-u-ut-DINGIR.MEŠ
	12	IGI 1.TE-a+a
	13	IGI 1.Aš+šur-MAN-PAP
te	14	IGI 1.Ḫu-ba-ša-a-te

Translation

8 shekels of silver belonging to Qidrî are at the disposal of Adad-naʾid
son of Nergal-nāṣir. He shall pay the silver on the first of the month of
Simanu. If he does not pay, it shall increase by 1/2 of a shekel. Eponym,
4 witnesses.

Notes

2: See notes on No. 1 for Qidrî and the witnesses in lines 11-12.

14: See E. Lipiński, "Les Phéniciens à Ninive au Temps des Sargonides: Ahoubasti, Portier en Chef" in: Atti del I Congresso Internazionale di Studi Fenici e Punici, (Rome 1983) 127.

K.6107		No.	234		Rēmanni-Adad
(40) x 26 x 15		ADD	121	C	Loan:mixed
		AR	226	T,TrG	1.I.671 B.C.
		Aššur	2/5	Coll.	

obv	1	[x]+5 me ⌜in-ga⌝[1-la-a-te]
	2	[x x] GU₄ 50 ANŠE.NÍ[TA.MEŠ]
	3	[ša] 1.[Ré]m-a-ni-10
	4	[ina IG]I 1.4*-ìl-a+a [L]Ú*.2-u
	5	[ina] IGI 1.SU-d.PA L[Ú*.x x x]
	6	ina IGI 1.d.[I]M-DINGIR-a+a
be	7	ina ITU.BÁRA SUM-[nu]
	8	šum-ma la SU[M-nu]
rev	9	[in-gal-la-a-te G]U₄.MEŠ ANŠ[E.NÍTA.MEŠ]
	10	[x x a-na] mit-ḫar ⌜i⌝-[GAL]
	11	ITU.B[ÁRA U]D 1 li-mu
	12	1.ITU.AB-a+a LÚ*.[sar-ten-nu]
	13	IGI 1.Sa-si-[i]
	14	IGI 1.I-sa-na-[a+a]
te	15	IGI 1.Ba-la-[si-i]
	16	IGI 1.Di-di-[i]

Translation

[x] + 500 sic[kles, x] ox(en), and 50 donk[eys belonging to. Rē]manni-Adad, [at the disposal] of Arbailāya, [the] viceroy, [at the] disposal of Erība-Nabû, the [x x x], and at the disposal of [Ad]ad-ilāya. [They] shall pay in the month of Nisannu. If [they do] not pay, [the sickles, ox]en, and don[keys shall incre]ase by an equal amount. Date, eponym, 4 witnesses.

Notes

1: The reading ⌜in-ga⌝[1-la-a-te] follows a suggestion made by K. Deller. The signs are so:╞╣╳╤▓ . See K. Deller - I.L. Finkel, ZA 74 (1984) 83-84 n.4. A mixed loan with sickles is attested in Nuzi; cf. D.I. Owen, The Loan Documents from Nuzi, 1970 p. 128 (= SMN 3104).

9: ANŠ[E.NÍTA.MEŠ] looks like: ╞╳. Parpola's traces are different and look like É.

13: Sāsî and Didî (1.16) occur in No. 242:4,6.

K.416	No.	235		Rēmanni-Adad
52 x (58) x 21	ADD	266	C	Sale:slaves
	AR	538	T,TrG	1.XII.671 B.C.
	3R	49/4	C	
	KB4	130-131	T,TrG	
	Op	191-193	T,TrL/F	

obv 1   [N]A₄.KIŠIB 1.I-da-a-te-EN-a-la-ka

obv
1 [N]A₄.KIŠIB 1.I-da-a-te-EN-a-la-ka
2 [N]A₄.KIŠIB 1.d.IM-LUGAL-PAP
3 [N]A₄.KIŠIB 1.LUGAL-MU-ki-in
4 PAP 3 LÚ.MEŠ-e DUMU.\<MEŠ\> 1.Aš+šur-šal-lim-[PAP.MEŠ]
5 EN UN.MEŠ SUM-ni

Blank Seal Space

6 1.DINGIR-GIN-PAP 1.Şili-Aš+šur [1.x x x]
7 2 MÍ.TUR.MEŠ PAP 5 Ž[I.MEŠ]
8 ⌜LÚ⌝.ÌR.MEŠ šá LÚ.[MEŠ-e an-nu-ti]
9 [ú]-⌜piš-ma⌝ 1.Rém-an-n[i-d.IM]
10 [LÚ.DIB KUŠ].PA.[MEŠ ša LUGAL]
    remainder missing

rev 11'   illegible traces
12' [IG]I 1.d.PA-KAR-[ir]   LÚ.[DIB KUŠ.PA.MEŠ]
13' IGI 1.d.PA-NUMUN-AŠ   LÚ.[DIB KUŠ.PA.MEŠ]
14' IGI 1.d.PA-MAN-PAP   LÚ.[GAL ki-şir]
15' IGI 1.Na-ḫa-ra-a-ú   LÚ.[x x x x]
16' IGI 1.d.EN-URU.KASKAL-MAN-PAP LÚ.[GUR UMUŠ]
17' IGI 1.Gal-⌜lulu⌝   LÚ.GAL ki-ş[ir]
18' [IG]I 1.DÙG-IM-[x x x]   ⌜:⌝
19' [IG]I 1.Ḫa-ba-[as]-ti   LÚ.GAL NI.[GAB]
20' [IG]I 1.Ba-su-u-a IGI 1.URU.Kal-ḫa-⌜a⌝+[a]
21' [IG]I 1.d.PA-KAR-ir IGI 1.Ši-ma-nu LÚ*.DAM.[QAR]
22' ITU.ŠE UD 1 KAM* lim-mu 1.ITU.AB-a+a
23' LÚ.sar-ten-nu IGI 1.d.Šá-maš-MAN-PAP LÚ.⌜DIB⌝ [K]UŠ.PA.MEŠ
24' šá A.M[AN] IGI 1.d.IM-bé-⌜sun⌝

Translation

[S]eal of Idāte-bēle-allaka, [s]eal of Adad-šarru-uşur, [s]eal of Šarru-šumu-ukīn, a total of 3 men, son(s) of Aššur-šallim-[aḫḫē], owner(s) of the people being sold. /Blank Seal Space/ Ilu-kēnu-uşur, Şilli-Aššur, [x x x], and 2 girls, a total of 5 per[sons], servants of [these] men— Rēmann[i-Adad, the rein hol]der [of the king, con]tracted —remainder of obverse missing. 13 witnesses, date, eponym.

Notes

4: The restoration of the name is uncertain. The proposed identification of this person with Aššur-šallim-aḫḫē of No. 272:2 is unlikely; see LAS II 258:r1 and n.460.

19': See E. Lipiński, "Les Phéniciens à Ninive au Temps des Sargonides: Ahoubasti, Portier en Chef" in Atti del I Congresso Internazionale di Studi Fenici e Punici,(Rome 1983)125-134. Note that this witness is attested in BT 118:11 (678 B.C.); Cf. ibid. 128 n.22a.

Bu.89-4-26,7	No.	236		Rēmanni-Adad
(57) x 36 x 19	ADD	60	C	Silver loan with pledge
	AR	153	T,TrG	Scribe:Bānî
	Aššur	2/5	Coll.	[ ].671 B.C.

te	1	[NA₄.KIŠIB 1.d].NU-LUGAL-ˈiqˈ-bi L[Ú.x x x]
obv.	2	[NA₄.KIŠIB 1].ˈIˈ-d.MAŠ LÚ.da-gíl a [x x x x]
	3	[LÚ.ÌR.MEŠ]-ni šá 1.d.NU-LUG[AL-iq-bi u 1.I-d.MAŠ]
	4	[ku-um 1 1/2 MA].ˈNAˈ KÙ.BABBAR a-na šá-pa[r-ti ina IGI 1.Rém-a-ni-d.IM]

Blank Seal Space

	5	LÚ.DIB KUŠ.PA.MEŠ dan-nu šá LUG[AL GAR]
	6	ˈmanˈ-nu šá 1 1/2 MA.NA KÙ.BABBAR.MEŠ a-na 1.Rém-[a-ni-d.IM]
	7	[i]d-dan-u-ni LÚ.ÌR.MEŠ-šú ˈúˈ-[še-sa]
	8	[IG]I 1.d.UTU-MAN-PAP LÚ.DIB KUŠ.P[A.MEŠ]
	9	[IG]I 1.BE-ma-DINGIR.MEŠ-ni LÚ.: [:]
	10	[IG]I 1.Bar-ruq-qu LÚ.: [:]
be	11	[IG]! 1.Sa-ˈakˈ-kan LÚ.: :
	12	IGI 1.d.PA-NUMUN-AŠ LÚ.: :
rev	13	IGI 1.d.30-MAŠ LÚ.3-šú dan-nu šá DUMU.MAN
	14	IGI 1.PAP-la-maš-ši LÚ.3-šú <DUMU>.MAN
	15	IGI 1.d.PA-SU LÚ.2-u šá LÚ*.GAL ˈúˈ-[rata]

Blank Seal Space

	16	[IG]I 1.d.PA-NUMUN-AŠ LÚ.GIŠ.GIGIR DU₈.MEŠ
	17	[IG]I 1.ˈIˈ-d.IM LÚ.ˈ:ˈ
	18	[IGI 1.x x A]Š LÚ.ˈ:ˈ
	19	[IGI 1.Ba]-ni-i ṣa-bit e-gér-[te]
	20	[ITU.x UD x]+3 KÁM* lim-me 1.ITU.AB-a+[a]
te	21	[šá É GIBI]Lˈ IGI 1.Na-di-nu LÚ.A.BA šá LU[GAL]

Translation

[Seal of] Ṣalmu-šarru-iqbi, the [x x x, seal of] Na'id-Ninurta, the dagil a [x x x x. The serv]ants of Ṣalmu-šar[ru-iqbi and Na'id-Ninurta are placed in lieu of 1 1/2 mi]nas of silver as a pled]ge before Rēmanni-Adad], the chief rein-holder of the ki[ng]. Whoever pays the 1 1/2 minas of silver to Rēm[anni-Adad], he shall [redeem] his servants. 8 witnesses /Blank Seal Space/ 4 witnesses, scribe, (date), eponym.

Notes

2: <u>a</u> = 𝍩 . <u>HU</u> is unlikely. Probably the species of bird is intended
and a suggestion is to restore LÚ.da-gil A.[HU.MEŠ].

8: Šamaš-šarru-uṣur is attested throughout the career of Rēmanni-Adad.
He appears to be the most important <u>mukīl appāte</u> besides Rēmanni-Adad.

9: Šumma-ilāni is in most cases listed under Šamaš-šarru-uṣur. He occurs
together with Barruqqu, Sakkanu, Aḫu-lâmašši, and Nabû-šēzib (all <u>mukīl</u>
<u>appātes</u>).

10: The name is written: <u>Bar-ruq-qu</u> in Nos. 277:23, 282:2', and 286:19'
(scribe: Bānî); <u>Bar-ru-qu</u> in No. 249:16' (scribe: Ištar-nādin-apli);
<u>Bar-ruqu</u> in Nos. 254:16, 256:27', 260:45' and 286:41. Note also
<u>Ba-ru-qu</u> in Tell Halaf; see M. Fales, ZA 69 (1979) 195.

11: Sakkanu occurs often with Šamaš-šarru-uṣur, Šumma-ilāni, and
Barruqqu. There are never more than five <u>mukīl appātes</u> attested in
a witness list.

18: <u>A]Š</u> is uncertain = ⫻⊢ .

83-1-18,341	No.	237		Rēmanni-Adad
52 x (83) x 27	ADD	202	C	Sale:slaves
	AR	477	T,TrG	28.I.670 B.C.

obv 1 ⌜NA₄.KIŠIB⌝ 1.Sa-a'-ú-ti
     2 ⌜NA₄.KIŠIB⌝ 1.d.EN-MAN-PAP
     3 ⌜NA₄.KIŠIB⌝ 1.Ak-bu-ru
     4 [L]Ú.EN LÚ SUM-ni

       1 1/2+[1 1/2] Circular Stamp Seals

     5 [1.x x x x x LÚ.UŠ g]am-mal.MEŠ LÚ.ÌR-šú-nu
     6 [šá LÚ.MEŠ an-nu-te] up-piš-ma
     7 [1.Rém-a-ni-d.IM LÚ.m]u-ki[1 KUŠ.PA.MEŠ]
       remainder missing

rev 8' [ina de-ni-šú DUG₄.DUG₄-ma la] i-l[aq-qé]

     9' [IGI 1.Z]a-ba₄-ba₄-SU LÚ.[3.U₅]
    10' [IGI 1.P]A-še-zib   LÚ.[⁝]
    11' [IGI 1.Man-nu]-⌜ki⌝-Aš+šur LÚ.[⁝]
    12' [IGI 1.Man-nu]-⌜ki⌝-MAN LÚ.[⁝]
    13' [IGI 1].Dan-⌜na⌝-a+a LÚ.[⁝]
    14' ·[IGI 1.d.PA]-NUMUN-AŠ LÚ.[⁝]
    15' [IG]I 1.d.PA-MAN-PAP LÚ.[⁝]

       6 line spaces

    16' ITU.BÁRA   UD 28 KAM
    17' lim-mu 1.DI-mu-EN-la-áš-me

Translation

Seal of Sa'uti, seal of Bēl-šarru-uṣur, seal of Akburu, ([the ma]n) owner(s)
of the man being sold. /1 1/2 + [1 1/2] Circular Stamp Seals/ [x x x x x,
the] camel [driver], the servant [of these men——Rēmanni-Adad, the rein]
hol[der] contracted- remainder of obverse missing- [He shall contest in
his lawsuit and not] suc[ceed]. 7 witnesses, date, eponym.

K.327	No.	238		Rēmanni-Adad
49 x 87 x 19	ADD	172	C	Sale:male
	AR	461	T,TrG	Scribe:Nabû-nādin-aḫḫē
	ADDIII	296-398	T,TrE	20.VI.670 B.C.
	Aššur	2/5	Coll.	
	AST	T217	Q	

obv	1	NA₄.KIŠIB 1.Mu-še-zib-Mar-duk
	2	LÚ.GAR-nu šá ANŠE.KUR.MEŠ šá É
	3	GIBIL EN LÚ SUM-ni

Blank Seal Space

	4	1.PAP-ši-na LÚ.⌈UŠBAR₅⌉ TÚG.ṣip-rata
	5	ÌR-šú ša 1.Mu-še-zib-Mar-duk
	6	ú-pis-ma 1.Rém-an-ni-d.IM
	7	LÚ.DIB KUŠ.PA.MEŠ ša MAN TA* IGI
	8	1.Mu-še-zib-Mar-duk ina ŠÀ 1 1/2 MA.NA <KÙ.BABBAR>
	9	ina ša MAN il-qé kas-pu gam-mur
	10	ta-ad-⌈din⌉ LÚ šu-a-tú za-rip
	11	la-qé [tu-a-r]u de-e-nu DUG₄.DUG₄
	12	la-áš-š[ú man-nu ša ina ur-kiš ina ma]-⌈te-ma⌉
	13	i-zaq-qup-a[n-ni GIB-u-ni]
	14	lu-u 1.Mu-še-zib-Mar-du[k]
	15	lu-u PAP.MEŠ-šu lu-[u] DUMU.P[AP.MEŠ-šu]
	16	ša de-e-nu DUG₄.DU[G₄ TA*]
	17	1.Rém-an-ni-d.IM DU[MU.MEŠ-šu]
	18	ù DUMU.DUMU.MEŠ-šú ⌈ub⌉-t[a-u-ni]
	19	5 MA.NA KÙ.BABBAR LUḪ [x MA.NA]
rev	20	KÙ.GI sa[g-ru ina bur-ki d.15]
	21	a-šib URU.NI[NA.KI GAR-an]
	22	ina de-ni-šu [DUG₄.DUG₄-ma la TI]
	23	kas-pu a-na 1[0.MEŠ-te a-na EN-šú]
	24	GUR-ár ṣib-t[u bé-nu ina 1 me UD-me sa-ar-tú a-na]
	25	⌈kala⌉ U[D-me]

```
26    IGI 1.d.30-rém-[an-ni]
27    IGI 1.d.Za-ba₄-b[a₄-SU]
28    IGI 1.d.IM-ˈxˈ[x x]
29    IGI 1.d.PA-SU ˈLÚ.2-úˈ
30    IGI 1.PAP-ú-a-SU
31    IGI 1.d.IM-bé-sun
32    DUMU 1.Iš-man-ni-d.10
33    IGI 1.Šum-ma-ta*-še-zib LÚ.ÌR
34                    ša d.15
35    IGI 1.d.PA-MU-PAP.MEŠ LÚ.A.BA
36    A 1.d.PA-šal-lim-šu-nu URU.Im-gúr-d.BE
37    ITU.KIN UD 20 KÁM* ˈlimˈ-me 1.DI-mu-EN-ḪAL
38    LÚ.GAR.KUR ˈBÀDˈ-DINGIR.KI
```

Translation

Seal of Mušezib-Marduk, the supervisor of the horses of the New Palace, owner of the man being sold. /Blank Seal Space/ Aḫušina, the weaver of sipratu-garments, servant of Mušezib-Marduk——Rēmanni-Adad, the rein-holder of the king, contracted and bought him from Mušezib-Marduk for 1 1/2 minas of <silver> according to the royal (standard). The money is paid completely. That man is purchased and acquired. [Any revoc]ation, lawsuit, or litigation is voi]d. Whoever, at any time in the future, lodges a compla[int or breaches the contract], whether Mušezib-Mardu[k] or his brothers o[r his] neph[ews], whoever repeatedly se[eks] a lawsuit or litig[ation against] Rēmanni-Adad (or against) [his] so[ns] and (against) his grandsons [shall place] 5 minas of refined silver (and) [x minas] of pu[re] gold [in the lap of Ištar] residing in Ni[nua. He shall contest] in his lawsuit [and not succeed]. He shall return the money te[nfold to its owner]. The buyer is guaranteed against the sibt[u and bennu diseases for 100 days and against fraud] forever. 7 witnesses, scribe, date, eponym.

Notes

2-3: See J.N. Postgate, AnSt 30 (1980) 70 and LAS II 142:6.

4: ˈUŠBAR.5ˈ =

15: DUMU.P[AP.MEŠ-šu]- Parpola collates DUMU.D[DUMU.MEŠ-šu]. This is excluded since PAP.MEŠ-šu precedes. Mušezib-Marduk is probably a eunuch and the usual clauses with sons and grandchildren are replaced with brothers and nephews; see, for example, FNAD.1. The restoration in AR and Parpola's collations [lu-u DUMU.MEŠ-šú] is unnecessary. If something on that line should be restored, it would be in all probability the profession.

K.388	No.	239		Rēmanni–Adad
(38) x (31) x 25	ADD	366	C	Sale:orchard
	AR	52	T,TrG	Scribe:Ulūlāya
	Aššur	2/5	Coll.	20+[x].I.669 B.C.

obv 1 NA₄.KIŠIB 1.Ze-e-[x x x x]
2 LÚ.NU.GIŠ.KIRI₆ ÌR L[Ú.x x x]
3 EN GIŠ.KIRI₆.MEŠ [SUM-ni]

2+[1] Stamp Seals
remainder missing

rev 4' IGI 1.[x x x x]
5' IGI 1.Mu-šal-[lim x x x]
6' IGI 1.I-DINGIR L[Ú.x x x]
7' IGI 1.NUMUN-ti-ʳiʳ [LÚ.x x x]
8' IGI 1.d.PA-KUR-u-a ʳLÚʳ.[x x x]
te 9' ITU.BÁRA UD 20+[x KAM]
10' lim-me 1.d.UTU-KUR-[a+a-bi]
11' ša URU.ʳxʳ[x x x]
12' IGI 1.ITU.KI[N-a+a LÚ.A.BA]

Translation

Seal of Ze-[x x x x], the gardener, servant of [x x x], owner of the orchard
[being sold]. /2 + [1] Stamp Seals -remainder of obverse and beginning of
reverse missing. 5+ witnesses, date, eponym, scribe.

Notes

11': ʳxʳ = ⬦.

K.1140	No.	240		Rēmanni–Adad
41 x (47) x 15	ADD	187	C	Sale:male
duplicate: No. 241	AR	465	T,TrG	[21.x].669 B.C.
	ABL	609	C	

beginning missing

obv 1' [1.d.PA-EN-PAP LÚ*.NINDA ÌR]-šú
2' [ša 1.Mu-GI.NA-Aš]+šur

	3'	[ú-piš-ma 1.Rém-a]-⌈ni⌉-d.10
	4'	[LÚ.DIB] ⌈KUŠ.PA.MEŠ dan⌉-nu ina ŠÀ
	5'	[1 MA].⌈NA⌉ KÙ.BABBAR ina <ša> URU.Gar-gar-ga-miš
	6'	i-zi-rip i-se-qe kas-pu gam-mur
	7'	ta-ad-din ÌR šu-a-tú za-rip
	8'	laq-qe tú-a-ru de-e-nu DUG₄.DUG₄
	9'	la-⌈áš⌉-šú man-nu šá ina ur-kiš ina ma-te-ma
	10'	lu-u 1.Mu-GI.NA-Aš+šur
	11'	lu-u DUMU.MEŠ-šú lu-u PAP.MEŠ-šú
	12'	TA* 1.Rém-a-ni-d.10
	13'	TA* DUMU.MEŠ-šú de-e-nu DUG₄.DUG₄
	14'	ub-ta-'u-u-ni
rev	15'	[10 MA.NA KÙ.BABBAR SUM-an] ina de-ni-šú
	16'	[DUG₄.DUG₄-ma la] ⌈TI⌉-qe
	17'	[ṣib-tú be-nu a-na 1] ⌈me⌉ UD.ME
	18'	[sa-ar-tú a-na kà]la UD.MEŠ
	19'	[IGI 1.d.U+GUR-MAN-PAP L]Ú.3-šú
	20'	[IGI 1.Ú-bar-bi]-si LÚ.!
	21'	[IGI 1.d.Ša-maš-MAN-PAP LÚ.DIB] KUŠ.PA.MEŠ
	22'	[IGI 1.d.PA-še-zib LÚ].!
	23'	[IGI 1.NUMUN-ut-ti-i LÚ.GAL ki-ṣi]r
	24'	[IGI 1.x x x-ú-pa-ḫi]r
		remainder missing

Translation

Beginning missing- [Nabû-bēlu-uṣur, the baker, ser]vant [of Mukīn-Aš]šur——
[Rēma]nni-Adad, the chief [rein]-holder, [contracted], has purchased, and has acquired
him for [1 mi]na of silver according to (the mina [standard]) of Gargamiš.
The money is paid completely. That servant is purchased and acquired.
Any revocation, lawsuit, or litigation is void. Whoever, at any time in
the future, whether Mukīn-Aššur or his sons or his brothers, (whoever)
repeatedly seeks against Rēmanni-Adad (or) against his sons a lawsuit or
litigation [shall pay 10 minas of silver. He shall contest] in his lawsuit
[and not] succeed. [The buyer is guaranteed against the ṣibtu and bennu
diseases for 1]00 days [and against fraud fo]rever. 6+ witnesses.

Notes

5': URU.Gar-gar-ga-miš appears on the duplicate also No. 240:8.
Either this is a scribal error or the signs URU.GAR have been
transposed for šá URU. The tablet has not been written by the same
scribe as the duplicate.

10': There is a space of one sign between GI.NA and Aš+šur.

17': ME = 𒈨

83-1-18,352 + Bu.91-5-9,166	No.	241		Rēmanni-Adad
48 x 88 x 25	ADD	183+188	C	Sale:male
duplicate: No. 240	AR	466+479	T,TrG	Scribe:[Nabû]-nādin-ahhē
	Aššur	2/5	Coll.	21.[ ].669 B.C.

obv 1 [NA₄.KIŠI]B 1.Mu-ki-nu-Aš+šur
2 [LÚ*.ÌR]-ʳšúʳ ša LÚ*.šá IGI É.GAL
3 [EN L]Ú SUM-ni

Cylinder Seal Impression

4 1.d.PA-EN-PAP L[Ú*].NINDA ÌR-šú
5 ša 1.Mu-GI.NA-[Aš+šur]
6 ú-pis-ma 1.Rém-a-ni-[10]
7 LÚ*.mu-kil PA.MEŠ dan-nu ina [ŠÀ]
8 1 MA.NA KÙ.BABBAR ina <ša> URU.Gar-g[a<<gar>>-miš]
9 i-zi-rip i-se-qe kas-[pu]
10 gam-mur ta-din ÌR šú-a-te [za-rip]
11 laq-qe tú-a-ru de-nu DUG₄.DU[G₄-ma]
12 la-aš-šú man-nu ša ina ur-kiš
13 ina ma-te-ma lu-u 1.Mu-GI.NA-Aš+[šur]
14 lu-u DUMU.MEŠ-šú lu ŠEŠ.MEŠ-šú
15 [šá] TA* 1.Rém-a-ni-10
rev 16 ʳùʳ DUMU.MEŠ-š[ú de-n]u DUG₄.DUG₄
17 ʳubʳ-ta-u-ni 10 MA.NA KÙ.BABBAR
18 SUM-an ina de-ni-šú DUG₄.ʳDUG₄ʳ-[ma]
19 la TI sib-tú bé-nu ina [1 me UD.MEŠ]
20 sa-ʳarʳ-tú ina kàla [UD.MEŠ]
   ⌜————⌝ ⌜——————————————⌝
21 I[GI 1.U]+GUR-MA]N-PAP LÚ*.3-šú]
22 [IGI 1.Ú-bar-bi-si LÚ*.!]
23 [IGI 1.d.Šá-maš-MAN-PAP LÚ*.mu-ki]l K[UŠ.PA.MEŠ]
24 [IGI 1.d.PA-še-z]ib [LÚ*.!]
25 [IGI 1.NUMUN-u-ti] LÚ*.GAL ki-[ṣir]
26 [IGI 1.d.x x x]-ʳuʳ-pa-ḫír

4 line spaces

27 [ITU.x UD] 21 KÁM
28 [lim-mu 1.d.UTU-K]UR-a+a-bi
29 [IGI 1.A]-ḫi-ṭa-ba
30 [IGI 1.d.PA]-SUM-PAP.MEŠ LÚ*.A.BA

Translation

[Sea]l of Mukīn-Aššur, [the ser]vant of the ša-pān-ekalli, [the owner of the ma]n being sold. /Cylinder Seal Impression/ Nabû-bēlu-uṣur, the baker, servant of Mukīn-[Aššur]——Rēmanni-[Adad], the chief rein-holder, contracted, purchased, and acquired him for 1 mina silver according to (the mina [standard]) of Garg[amiš]. The mon[ey] is paid completely. That servant [is purchased] and acquired. Any revocation, lawsuit, or litig[ation] is void. Whoever, at any time in the future, whether Mukīn-Aš[šur] or his sons or his brothers, [whoever] repeatedly seeks against Rēmanni-Adad and (against) his sons [a lawsu]it or litigation shall pay 10 minas of silver. He shall contest in his lawsuit [and] not succeed. The buyer is guaranteed against the ṣibtu and bennu diseases for [100 days] and against fraud forever. 7 witnesses, (date), eponym, scribe.

K.387	No.	242		Rēmanni-Adad
46 x 35 x 21	ADD	65	C	Pledge
	AR	141	T,TrG	10+[x].II.668 B.C.

---

obv	1	3 MA.NA KÙ.BABBAR.M[EŠ]
	2	[ina 1 MA.N]A ša URU.ᴦGar-ga-mišᴸ
	3	[ša 1.Ré]m-a-ni-d.IM LÚ*.[DIB KUŠ.PA.MEŠ]
	4	[ina IGI 1.Sa-si]-i LÚ*.2-u
	5	ᴦina IGI 1ᴸ.Ṭu-si-i LÚ*.x[x x x]
	6	1.Di-[d]i-i LÚ*.ᴦNIᴸ.[GAB 1.x x x]
	7	a-na ša-par-te GA[R-nu]
	8	KÙ.BABBAR.MEŠ la i-[rab-bi]
be	9	UD-mu ša KÙ.BABBAR [SUM-u-ni]
	10	UN.MEŠ ú-[še-ṣu-u]
rev	11	IGI 1.U.U-DING[IR-a+a]
	12	IGI 1.x[x x x x]
	13	IGI 1.Ḫa-ba-a[s-te]
	14	IGI 1.Aš+šur-KAR-i[r]
	15	IGI 1.d.[UTU-EN]-PAP
	16	IGI 1.Šum-mu-DINGIR LÚ*.[DIB KUŠ.PA.MEŠ]
	17	ITU.GU₄ UD 10+[x KÁM]
te	18	lim-mu 1.Mar-la-ar-[me]

Translation

3 minas of silver [according to the 1 mi]na (standard) of Gargamiš [belonging to Rē]manni-Adad, the [rein-holder, is at the disposal of Sās]î, the viceroy, and at the disposal of Ṭusî, the x[x x x]. Di[d]î, the door-[keeper, and x x x] are pla[ced] as a pledge. The silver shall not in[crease]. On the day that [they pay] the silver, they shall [redeem] the people. 6 witnesses, (date), eponym.

Notes

4: Sāsî and Didî (1.6) are attested as witnesses in No. 234:13,16.

5: x = 𝆑𝆑𝆑.

12: x is not clear, but looks like the DINGIR sign.

Bu.91-5-9,179	No.	243		Rēmanni-Adad
45 x (77) x 23	ADD	200	C	Sale:male
	AR	482	T,TrG	Scribe:Gula-zēru-ēreš
	Aššur	2/5	Coll.	Ninua
	AST	T207	Q	[ ].I.667 B.C.

obv 1 NA₄.KIŠIB 1.d.UTU-[AD-u-a]
  2 EN LÚ [SUM-ni]

  Cylinder Seal Impression

  3 1.PAP-la-mur LÚ*.⌜SAG⌝
  4 LÚ*.ÌR-šú ša 1.d.UTU-AD-u-a
  5 ú-piš-ma 1.⌜Rém⌝-a-na-d.IM
  6 LÚ*.mu-kil KUŠ.PA.MEŠ dan-⌜nu⌝
  7 ⌜ša⌝ 1.Aš+šur-DÙ-A MAN KUR.Aš+šur
  8 [ina ŠÀ x M]A.NA ⌜KÙ⌝.BABBAR ⌜il-qe⌝
  9 [kas-pu gam-mur] ⌜ta⌝-din L[Ú š]u-a-tu
  10 [za-rip la-qe tu]-⌜a⌝-ru [de-e-nu]
  remainder missing

rev 11' [x MA.NA KÙ.BABAR x MA.NA KÙ].⌜GI⌝
  12' [ina bur-ki d].⌜Iš⌝-tar
  13' ⌜a-ši-bat⌝ ⌜URU.NINA.KI⌝ GAR-an
  14' kas-pu ana 10.MEŠ a-na EN.MEŠ-šú GUR
  15' ina de-ni-šú DUG₄.DUG₄ NU TI

  16' IGI 1.NUMUN-u-ti-i LÚ*.DIB PA.MEŠ šá A.MAN
  17' IGI 1.d.⌜Ša-maš⌝-[šal]-⌜lim⌝ LÚ*.⌜:⌝ šá É.GAL
  18' IGI 1.⌜Ba⌝-n[i-i] LÚ*.A.ZU
  19' IGI 1.⌜Şil⌝-la-a+a LÚ*.DAM.QAR
  20' [IG]I 1.d.PA-SU LÚ*.2-u ša GAL u-rata.MEŠ
  21' IGI 1.PAP-u-a-mur LÚ*.GIŠ.GIGIR
  22' IGI 1.Ú-šá-ni-DINGIR LÚ*.GIŠ.GIGIR
  23' IGI 1.d.PA-MU-AŠ ⌜LÚ*.GIŠ.GIGIR⌝
  24' IGI 1.NU-MAN-iq-b[i LÚ*.x x x]
be 25' IGI 1.Ia-⌜da⌝-[x x x x]
  26'   ITU.BÁRA UD [x KÁM]
le 27' [1]im-mu 1.Gab-ba-ru
  28' [IGI 1.d].Gu-la-NUMUN-KAM-eš LÚ*.A.BA

Translation

Seal of Šamaš-[abū'a], owner of the man [being sold]. /Cylinder Seal
Impression/ Aḫu-lāmur, the eunuch, servant of Šamaš-abū'a——Rēmanna-Adad,
the chief rein-holder of Aššur-bāni-apli, king of the land of Aššur,
contracted and bought him [for x mi]nas of silver. [The money] is paid
[completely]. That man [is purchased and acquired. Any rev]ocation,
[lawsuit] (or litigation is void). Remainder of obverse missing.
.... shall place [x minas of silver (and) x minas of go]ld [in the lap
of] Ištar residing in Ninua. He shall return the money tenfold to its
owners. He shall contest in his lawsuit and not succeed. 10 witnesses,
(date), eponym, scribe.

Notes

18': Bānî occurs in the following texts of Rēmanni-Adad: Nos. 243:18', 252:12', 253:18', 256:31' and 286:21'. He is LÚ.A.ZU in No. 243 (667 B.C.) and otherwise attested as LÚ.2-u ša LÚ.GAL.A.ZU.

K.372	No.	244		Rēmanni-Adad
55 x (85) x 28	ADD	185	C	Sale:male
	AR	483	T,TrG	Scribe:Abi-ul-īde
	Aššur	2/5	Coll.	Ninua
				16.XII.667 B.C.

obv 1 ⌈NA₄⌉.KIŠIB 1.d.UTU-DINGIR-a+a
2 ša URU.BÀD-MAN-GIN EN LÚ [SUM-ni]

Cylinder Seal Impression

remainder missing

rev 3' [x MA.NA KÙ.G]I ⌈ina bur-ki d.15⌉ N[INA.KI]
4' [i-šak-k]an kas-pu ana 10.MEŠ-te ana EN-šú
5' [GUR]-ra

6' [IGI 1].⌈Ú⌉-a-ar-bi-is ⌈LÚ.3.U₅⌉
7' [IGI] 1.d.UTU-MAN-PAP LÚ.mu-DIB PA.MEŠ
8' IGI 1.Sa-kan LÚ.mu-DIB PA.MEŠ
9' IGI ⌈1d⌉.PA-še-zib LÚ.﹗
10' IGI 1.[d.P]A-SU LÚ.2-u ša LÚ.GAL ú-⌈rata⌉
11' IGI 1.Man-nu-ki-URU.KASKAL LÚ.GIŠ.GIGIR.DU₈
12' IGI 1.DINGIR-mu-še-zib LÚ.﹗
13' IGI 1.⌈Dà⌉-ri-MAN LÚ.﹗
14' IGI 1.AD-ul-ZU LÚ.A.B[A]
15' ṣa-bit dan-nata šu-⌈a⌉-[te]
16' ÌGI 1.15-BÀD LÚ.A.B[A]
17' IGI 1.Sa-i-ru LÚ.⌈3⌉.U₅-šú
18' IGI 1.Se-e'-da-la-a LÚ*.GIŠ.GIGIR DU₈.MEŠ
19' ITU.ŠE UD 16 ⌈KÁM⌉
20' lim-mu 1.Gab-⌈ba-ru⌉
te 21' [IGI] 1.d.AG-A-AŠ A.BA ša MÍ É.GAL

Translation

Seal of Šamaš-ilāya of the city of Dūr-Šarrukīn, owner of the man [being sold]. /Cylinder Seal Impression -text mostly destroyed- .... [shall plac]e [(x minas of silver and) x minas of gol]d in the lap of Ištar of N[inua. He shall ret]urn the money tenfold to its owner. 12 witnesses, date, eponym, scribe.

Notes

6': The name Ú-a-ar-bi-is is written Ú-ar-bi-is in No. 260:41'.
U-bar-bi-si in Nos. 256:24' and 263:30', and Ú-a-ár-me-ri in No. 254:14.
See ADD III p.190. The name occurs in the inscriptions of Esarhaddon;
cf. R. Borger, Ash., Frt. J II:10. Note also the name Up-pi-is which
may be read Ár-pi-is; see ibid. Nin. A V:70.

83-1-18,461b	No.	245		Rēmanni-Adad
48 x (68) x (21)	ADD	331	C	Sale:house
	AR	356	T,TrG	Scribe:Ištar-nādin(at)-
				apli
				Bit-1.Erība-ili
				1.XI.666 B.C.

obv 1 NA₄.KIŠIB 1.d.15-BÀD NA₄.KIŠIB 1.Lu-šá-kin
2 [D]UMU 1.ᵀAD¹-ši-e-šu LÚ.Mu-ṣur-a+a
3 EN É SUM-ni

Blank Seal Space

4 É ep-šú a-di GIŠ.ÙR.MEŠ-šú a-di
5 GIŠ.IG.MEŠ-šú ina URU.É-1.SU-DINGIR
6 qa-an-ni šá URU.ERIM.MEŠ-d.IM
7 u-piš-ma 1.Rém-an-ni-d.IM LÚ.DIB ᵀKUŠ.PA¹.MEŠ
8 ᵀdan¹-nu ša 1.Aš+šur-DÙ-A LUGAL KUR.Aš+šur.KI
9 TA* pa-an 1.d.15-BÀD TA* IGI 1.Lu-šá-kin
10 ina ŠÀ 4 MA.NA KÙ.BABBAR ina MA.NA-ᵀe¹ šá URU.Gar-ga-miš
11 TI-qé kas-pu gam-mur ta-ad-din
12 ᵀÉ¹ za-rip laq-qe tu-a-ru de-e-nu
13 [DU]G₄.DUG₄ la-áš-šú man-nu šá ina ur-kiš
14 [ina ma-t]e-e-ma i-zaq-qup-an-ni
15 [lu-u LÚ].ᵀMEŠ¹-e ᵀan-nu-te lu-u¹ DU[MU.MEŠ-šú-nu]
remainder missing

rev 16' [IGI 1.x]ᵀx¹[x x x]   LÚ.[x x x]
17' [IGI 1.x]ᵀi¹[x x]   LÚ.[x x x]
18' [IGI 1.x x]-ᵀDINGIR¹-a+ᵀa*   LÚ.⫶
19' [IGI 1.d.Mar]-ᵀduk¹-A-AŠ LÚ.⫶
20' IGI 1.d.ŠÚ-rém-a-ni ᵀLÚ¹.⫶
21' ᵀPAP¹ 6 IGI.MEŠ URU.É-1.SU-DINGIR-a+a
22' IGI 1.d.15-SUM-A LÚ.A.BA ṣa-bit dan-ᵀné¹-te
23' ITU.ZÍZ UD 1 KÁM* lim-mu 1.ᵀITU.AB¹-a+a
24' LÚ.NAM   É GIBIL

Translation

Seal of Ištar-dūrī, seal of Lū-šakin [s]on of Abišiešu, the Egyptian, owner
of the house being sold. /Blank Seal Space/ A built house including its
beams and including its doors in the city of Bīt-Erība-ili (on) the outskirts

of the city of Ṣābē-Adad——Rēmanni-Adad, the chief rein-holder of Aššur-bāni-
apli, the king of the land of Aššur, contracted and bought it from Ištar-dūrī
and from Lū-šakin for 4 minas of silver according to the mina (standard) of
Gargamiš. The money is paid completely. The house is purchased and acquired.
Any revocation, lawsuit, or [liti]gation is void. Whoever, at any time [in
the futu]re, lodges a complaint, [whether] these [men] or [their so[ns] -remainder
of obverse and beginning of reverse missing. 6+ witnesses, scribe, date,
eponym.

Notes

2: ⌈AD⌉ or ⌈Ab⌉ .

16': ⌈x⌉ = 𝍸𝍷 .

22': This is the same scribe as No. 248 = No. 249; see LAS II App.N 17a-b.

K.399 + 7357 + 10488 +13056	No.	246		Rēmanni-Adad
49 x 88 x 22	ADD	801	C	Sale:slaves
duplicate: No. 247	=ADD	192+529+550+609		Til-Barsip
	AR	65a	T.TrG	20.IV.666 B.C.
	=AR	537		

obv	1	NA₄.KIŠIB 1.[EN]-⌈A-AŠ⌉
	2	LÚ*.GAL a-⌈x⌉[x x]-ri šá URU.Tar-bu-si-⌈ba⌉
	3	EN LÚ*.UN.[ME]Š ta-da-a-ni

2 Stamp Seals

[—————————————————————————————————]

	4	1.[x x x x-e LÚ*.ka-ṣir MÍ-šú]

7 lines missing

	5'	⌈ina ŠÀ⌉ [3 MA.NA KÙ.BABBAR šá URU.Gar-g]a-miš
	6'	il-⌈qe⌉ [kas-pu gam-mur ta-ad-din]
	7'	LÚ*.⌈UN⌉.[MEŠ šu-a-tú za-ar-p]u
	8'	la-qe-[ú tu-a-ru de-e-nu]
	9'	DUG₄.DUG₄ [la-áš-šú man-nu šá ina ur-ki]š
	10'	⌈ina⌉ ma-⌈te⌉-[ma i-za-qu-pa-a-ni]
be	11'	i-GIB-u-ni lu-u 1.⌈EN⌉-A-AŠ
	12'	⌈lu⌉-u DUMU.MEŠ-šú : DUMU.DUMU.MEŠ-⌈šú⌉
	13'	⌈lu⌉-u [PAP.MEŠ-šú : DU]MU.PAP.MEŠ-e-šú
	14'	[1]u-u [x x x x x x x x x x x]
rev	15'	[1u]-u [mám+ma-nu-šú ša TA* 1.Rém-a-ni-d.IM]

2 line spaces

	16'	[1u-u DUMU.MEŠ-šú : DUMU.DUMU.MEŠ]-šú
	17'	[de-e-nu DUG₄.DUG₄ ub-ta-'u]-u-ni
	18'	[kas-pu a-na 10.MEŠ-te a-na E]N.MEŠ-šú

3 line spaces

```
         ┌──────────────────────────────┐
19'      [IGI 1.Si-lim-d.Aš+šur LÚ*.SUKKAL dan]-nu
20'      [IGI 1.NUMUN-u-ti-i LÚ*.mu-kil KU]Š.PA.MEŠ šá DUMU.[MAN]
21'      [IGI 1.NUMUN-u-ti-i LÚ*.GAL ki-ṣi]r šá <DUMU>.MAN
22'      [IGI 1.Ša-maš]-MAN-⌈PAP⌉ LÚ*.mu-kil PA.⌈MEŠ⌉
23'      [IGI 1.Sa-ka]n-nu LÚ*.mu-k[il PA.MEŠ]
24'      [IGI 1.d.P]A-SU LÚ*.⌈2⌉-[ú]
25'      ⌈ša LÚ*.⌈GAL⌉ ú-ra[ta]
26'      IGI 1.Aš+šur-DINGIR-a+a DUMU [1].MAN-DÙ
27'      IGI 1.d.U+GUR-MAN-PAP
28'      ša LÚ*.MAḪ URU [šá UR]U.Tar-bu-si-ba
29'      ITU.ŠU UD 20 ⌈KÁM⌉
te  30'  lim-mu 1.ITU.AB-a+⌈a⌉
    31'  ⌈ša⌉ É G[IBIL]
```

Translation

Seal of [Bēl]-aplu-iddina, the rab-a-⌈x⌉[x x]-ri of the city of Tarbusiba,
owner of the people being sold. /2 Stamp Seals/ [x x x x-e, the carpet-maker,
his wife] -7 lines missing- (Rēmanni-Adad contracted and) bought them
for [3 minas of silver according to (the mina [standard]) of Garg]amiš,
[Those] people [are purchas]ed and acquir[ed. Any revocation, lawsuit],
or litigation [is void. Whoever, at any ti]me in the futu[re, lodges a
complaint] or breaches the contract, whether Bēl-aplu-iddina or his sons
"ditto" (or) his grandsons or [his brothers "ditto" (or)] his [nep]hews
[o]r [x x x x x x x x x x o]r [anyone belonging to him, whoever repeatedly
se]eks [against Rēmanni-Adad or his sons "ditto" (or)] his [grandsons a
lawsuit or litigation shall return the money tenfold to] its [own]ers.....
8 witnesses, date, eponym.

Notes

2: Unfortunately, the profession can not be restored. The trace
looks like a broken vertical. The sign ri is not indicated on the
duplicate. See NAT 353 for the spellings of the place name and note
how it is written in the duplicate.

7': ⌈UN⌉ = 𒌦

13': šú is written over an erasure.

19'-21': The restorations are based on the occurance of these witnesses
with the persons in lines 22'-25'. Silim-Aššur is LÚ.SUKKAL in No. 285:17'
He is otherwise LÚ.SUKKAL dan-nu and attested once as LÚ.SUKKAL GAL in
No. 284:17'; note GAL = dannu.

K.347	No.	247		Rēmanni-Adad
39 x 68 x 21	ADD	258	C	Sale:slaves
duplicate: No. 246	AR	65b	T,TrG	Til-Barsip
	KB4	134-135	T,TrG	20.IV.666 B.C.
	Aššur	2/5	Coll.	

obv   1   [NA₄.KIŠIB 1.d.EN]-A-AŠ LÚ.GAL
       2   [a-x]⌈x⌉ ⌈šá⌉ URU.Tar-bu-si-e
       3   [EN U]N.MEŠ ta-da-a-ni

           Blank Seal Space

       4   [1.x x]⌈x⌉-e LÚ.ka-ṣir MÍ-šú
       5   [AMA]-⌈šu⌉ 2 DUMU.MEŠ-šu PAP 5 ZI.MEŠ
       6   [ÌR.M]EŠ šá 1.d.EN-A-SUM-na
       7   [ú-pi]š-ma 1.Rém-a-ni-d.IM
       8   [LÚ.mu-kil] KUŠ.PA.MEŠ šá MAN TA* IGI
       9   [1.d.EN]-A-AŠ i-⌈na⌉ ŠÀ 3 MA.NA
     10   [KÙ.BABBAR šá URU.G]ar-ga-⌈miš⌉ TI-qé
     11   [kas-pu gam-m]ur ⌈ta-ad-din⌉
     12   [UN.MEŠ s]u-a-⌈tú⌉ za-a[r-p]u
     13   [laq-qé-u tu-a]-⌈ru de⌉-e-[nu]
     14   [DUG₄.DUG₄ la-áš-šú ma]n-nu [ša ina ur-kiš]
           remainder missing

rev   15'   [LÚ.2-u ša] ⌈LÚ⌉.G[AL u-rata]
     16'   [IGI 1.Aš]+⌈šur⌉-DINGIR-a+a DUMU [1.MAN]-D[Ù]
     17'   [IGI] 1.d.U+GUR-MAN-PAP šá ⌈LÚ⌉ MAH <URU>
     18'   [š]á URU.Tar-bu-si-e ITU.ŠU
     19'   [UD 2]0 KÁM* lim-mu 1.ITU.AB-a+a
     20'   šá É GIBIL

Translation

[Seal of Bēl]-aplu-iddina, the rab- [a x]⌈x⌉ of the city of Tarbusê,
[owner of the pe]ople being sold. /Blank Seal Space/ [x x] x⌉-e, the
carpet-maker, his wife, his [mother], and his 2 sons, a total of 5 persons,
[servan]ts of Bēl-aplu-iddina——Rēmanni-Adad, the rein]-holder of the king,
[contrac]ted and bought them from [Bēl]-aplu-iddina for 3 minas of
[silver according to (the mina [standard] of G]argamiš. [The money] is paid
[complete]ly. Those [people] are purch[ased and acquired. Any rev]ocation,
lawsu[it, or litigation is void. Who]ever, [at any time]....
3+ witnesses, date, eponym.

Notes

2:    ⌈x⌉ = 𝄝.
4:    ⌈x⌉ = ⫫⊢.
20':   The sign is šá and not ša as indicated in Parpola's collations.

K.306	No.	248		Rēmanni-Adad
43 x 60 x 21	ADD	420	C	Sale:mixed
duplicate: No. 249	AR	100	T,TrG	Scribe:Īštar-nādin(at)-
	KB4	134-137	T,TrG	apli
	Aššur	2/5	Coll.	Til-naḫīri
				1.XII.666 B.C.

beginning missing

obv 1' É ⸢60 ANŠE⸣ [A.ŠÀ ina GIŠ.BÁN šá 10 qa]
2' É ri-pi-tú a-⸢na giʾ⸣-[mir-ti-šú]
3' É 2BÁN ad-ru ina URU.DU₆«DUL»-na-ḫ[i-ri]
4' 1.Qar-ḫa-a LÚ.ENGAR 1.E-ni-D[INGIR]
5' 1 TUR pír-su 1.Ab-ša-a ŠEŠ-š[ú]
6' MÍ.Pa-pa-a AMA-šú-nu PAP 5 ZI.[MEŠ]
7' É 60 ANŠE A.ŠÀ ⸢É riʾ⸣-pi-t[ú]
8' a-na gi-mir-ti-ša ú-piš-m[a]
9' 1.Rém-a-ni-d.IM LÚ.DIB KUŠ.[PA.MEŠ dan-nu]
10' [ša 1.Aš]+šur-DÙ-A LUGAL KUR.Aš+šur.K[I]
11' [TA* IG]I 1.d.Nu-uš-ḫu-sa-l[iḫ-an-ni]
12' [ina ŠÀ x M]A.NA KÙ.BABBAR ina 1 MA.NA-e
13' [ša] ⸢URU⸣.Gar-ga-miš TI-qé
14' [kas]-⸢pu⸣ gam-mur ta-ad-[di]n
15' [A.ŠÀ.MEŠ] É.MEŠ UN.MEŠ šu-⸢aʾ⸣-t[ú]
16' [zar₄-p]u ⸢laʾ⸣-q[é-u]
remainder missing

rev 17' [IGI 1].PAP-la-maš-ši L[Ú.3.U₅]
18' [IGI] 1.Se-eʾ-ḫa-ri LÚ.[:]
19' IGI 1.PA-SU LÚ.2-u LÚ.GAL [ú-rata]
20' IGI 1.Man-nu-ki-⸢i-URU⸣.KASKAL LÚ*.GIŠ.G[IGIR DU₈]
21' [IGI] 1.Se-eʾ-AŠ A AN ⸢:⸣
22' IGI 1.I-d.10 ⸢:⸣
23' IGI 1.d.15-SUM-A LÚ.A.⸢BA⸣ [ṣa-bit dan-né-te]
24' ITU.ŠE UD 1 KÁM* lim-mu 1.ITU.AB-[a+a]
25' É   GIBIL

Translation

Beginning missing— An area of 60 homers [of land according to the sūtu
(measure) of 10 qa], a barnyard in [its] enti[rety]; an area of 2 sūtus
and a threshing floor in the city of Til-naḫ[īri]; Qarḫa, the farmer,
Enni-i[li], 1 weaned boy, Abša, h[is] brother, and Papa, their mother, a total
of 5 pers[ons], an area of 60 homers of land and a barnyard in its entirety——
Rēmanni-Adad, the [chief] rein-hol[der of Aš]šur-bāni-apli, the king of the
land of Aššur, contracted and bought them [fro]m Nušḫu-sall[iḫanni for x
min]as of silver according to the 1 mina (standard) [of] Gargamiš. [The
mon]ey is paid completely. Those [fields], properties, and people [are purchas]ed
and acqu[ired]— remainder of obverse missing. 6 witnesses, scribe, date,
eponym.

Notes

20': LÚ* is on the tablet and not LÚ as indicated in Parpola's collations.
21': The signs AŠ A AN are difficult to interpret. Parpola reads
DIL.AM̐.
23': Ištar-nādin-apli is the scribe of the duplicate. However,
the tablets were written by two different persons.

81-7-27,28	No.	249		Remanni-Adad
53 x (73) x 29	ADD	421	C	Sale:mixed
duplicate: No. 248	AR	100a	T,TrG	Scribe:Ištar-
	Aššur	2/5	Coll.	nādin-apli
				Til-naḫiri
				1.XII.666 B.C.

obv	1	[NA₄.KIŠIB] 1.d.Nu-uš-ḫu-sa-liḫ-an-[ni]
	2	[LÚ.G]IŠ.GIGIR DU₈.MEŠ EN A.ŠÀ UN.MEŠ ⸢SUM-ni⸣

2 Circular Stamp Seals

	3	[É 60 ANŠE] A.ŠÀ ina GIŠ.BÁN 10 qa
	4	[É ri-pi-tú] a-na gi-mir-ti-šú
	5	[É 2BÁN ad]-⸢ru⸣ ina URU.DU₆≪DUL≫-na-ḫi-⸢ri⸣
	6	[1.E-ni-DINGIR 1.Qar-ḫ]a-a L[Ú*.ENGAR]
	7	[1.Ab-šá-a Š]EŠ-⸢šú MÍ⸣.P[a-pa-a AMA-šú-nu]
	8	[PAP 5 ZI.M]EŠ É 60 [ANŠE A.ŠÀ]
	9	[É r]i-pi≪sal≫-tu [a-na gi-mir-ti-šú]
	10	[ú-piš-m]a [1.Rém-a-ni-d.10]
		remainder missing
rev	11'	[ina de-ni]-⸢šú⸣ D[UG₄.DUG₄-ma NU TI]
	12'	[IG]I 1.Si-lim-Aš+šur [LÚ.SUKKAL dan-nu]
	13'	[IGI 1].d.Šá-maš-MAN-PAP LÚ.DIB.⸢PA.MEŠ⸣
	14'	[IGI] 1.d.PA-še-zib :
	15'	[IGI] 1.Šum-ma-DINGIR.MEŠ-ni :
	16'	[IG]I ⸢1⸣.Bar-ru-qu :
	17'	[IGI] ⸢1⸣.Sa-ak-kan :
	18'	[IGI] ⸢1⸣.PAP-la-maš-ši LÚ.3.U₅
	19'	[IGI 1].Se-e'-ḫa-ri
	20'	[IGI 1].⸢d⸣.PA-SU LÚ.2-u LÚ.GAL ú-rata
	21'	[IGI 1.Man]-⸢nu-ki⸣.URU.KASKAL LÚ*.GIŠ.GIGIR DU₈.MEŠ
	22'	[IGI 1.Se]-⸢e'⸣-AŠ A AN ⸢:⸣
	23'	[IGI 1.I].⸢d⸣.IM :
be	24'	[IGI 1.d.15-SU]M-A LÚ*.A.BA ṣa-bit dan-né-⸢te⸣
	25'	[ITU.ŠE U]D 1 KAM li-mu
	26'	[1.IT]U.AB-a+a É ⸢GIBIL⸣

Translation

[Seal] of Nušḫu-sallihan[ni], the "armor" charioteer, owner of the land
and people being sold. /2 Circular Stamp Seals/ [An area of 60 homers] of
land according to the sūtu (measure) of 10 qa, [a barnyard] in its entirety,
[and an area of 2 sūtus and a thres]hing floor in the city of Til-naḫīri;
[Enni-ili, Qarḫ]â, the [farmer, Abšâ], his brother, and P[apâ, their mother,
a total of 5 person]s, an area of 60 [homers of land, and a barn]yard [in its
entirety——Rēmanni-Adad, the chief rein-holder of Aššur-bāni-apli, the king
of the land of Aššur, contracted an]d -remainder of obverse missing.
He shall [contest in] his [lawsuit and not succeed]. 12 witnesses, scribe,
(date), eponym.

Notes

9: pi = ⟨symbol⟩ ; as noted in AR "Original augenscheinlich sal für pi".

K.365		No.	250		Rēmanni-Adad
46 x 31 x 17		ADD	35	C	Loan:silver
		AR	262	T,TrG	22.X.665 B.C.

obv	1	[N]A₄.KIŠIB 1.Man-nu-ki-i-PAP LÚ.2-u 4*-ḫa
	2	[N]A₄.KIŠIB 1.d.PA-MAŠ 10 MA.NA KÙ.BABBAR
	3	[S]AG.DU ina 1 MA.NA-e šá URU.Gar-ga-miš
	4	ša 1.Rém-an-ni-d.IM LÚ.DIB KUŠ.PA.MEŠ dan-nu

Blank Seal Space

	5	⌜ina IGI-šú-nu ina ITU⌝.BÁRA SAG.DU KÙ.BABBAR SUM-nu
	6	[šum-ma la SU]M-nu KÙ.BABBAR a-na 4-ti-šú i-rab-bi
be	7	[IGI 1.Bar-ru]-qu LÚ.DIB KUŠ.PA.MEŠ
	8	[IGI 1.Sa-k]an LÚ.:
	9	[IGI 1.d.PA-NUMUN-SU]M-na LÚ.:
rev	10	[IGI 1.x x x L]Ú.SAG

1 line space

	11	IGI 1.d.PA-ŠU.2-ṣa-bat LÚ.SAG
	12	IGI 1.SUHUŠ-Aš+šur LÚ.raka-su
	13	ITU.AB UD 22 KÁM* lim-mu 1.Man-nu-ki-MAN

Translation

[S]eal of Mannu-kī-aḫi, the viceroy of Arrapḫa, [s]eal of Nabû-ašarēd.
10 minas of silver, [ca]pital, according to the 1 mina (standard) of Gargamiš
belonging to Rēmanni-Adad, the chief rein-holder,/Blank Seal Space are at their
disposal. They shall pay the capital, the silver, in the month of Nisannu.
[If they do not pa]y, the silver shall increase by a fourth. 6 witnesses,
date, eponym.

Notes

3: <u>ina 1</u> = ⴴF.
8: There is an erasure after <u>LÚ</u>.

82-5-22,29	No.	251		Rēmanni-Adad
47 x 89 x 26	ADD	237	C	Sale:slaves
	AR	71	T,TrG	Scribe:Kēnî
	Aššur	2/5	Coll.	10.XI.665 B.C.
	AST	T216	Q	

obv 1 NA₄.KIŠIB 1.Se-na-tan
2 EN UN.MEŠ SUM-ni

3 Circular Stamp Seals

3 1.Di-na-na MÍ.Ga-bi-a MÍ-šú
4 PAP 2 ZI LÚ.ÌR.MEŠ ša 1.Se-na-tan
5 ú-piš-ma 1.Rém-an-ni-d.IM LÚ.mu-kil KUŠ.PA.MEŠ
6 ina lìb-bi 1 MA.NA KÙ.BABBAR il-qe kas-pu ga-mur
7 ta-din UN.MEŠ za-ár-pu la-qé-u
8 tu-a-ru de-e-ni DUG₄.DUG₄ la-áš-šú
9 man-nu ša ina ur-kiš ma-te-ma
10 lu-u 1.Se-na-tan lu-u mám+ma-nu-š[ú]
11 ša i-za-qu-ꜛpaꜝ-ni
12 GIŠ-u-ni de-e-ni DUG₄.DU[G₄]
13 TA* 1.Rém-an-ni-d.IM ꜛuꜝ [DUMU.MEŠ-šú]
14 ub-ta-'u-u-[ni]
rev 15 1 MA.NA KÙ.BABBAR 1 [MA.NA KÙ.GI]
16 ina bur-ki d.ꜛGAŠAN NINAꜝ.[KI GAR-an]
17 kas-pi a-na 10.MEŠ-te a-n[a EN-šú GUR-ra]
18 ina de-ni-šú DUG₄.DUG₄ la [TI]

19 IGI 1.EN-DUMU.UŠ-SUM-na LÚ.EN.N[AM]
20 IGI 1.d.30-AD-PAP LÚ.[x x]

```
      21   IGI 1.d.U+GUR-LUGAL-PAP LÚ.šá UGU URU
      22   IGI 1.Ki-ṣir-Aš+šur LÚ.ḫa-za-nu
      23   IGI 1.Al-DINGIR-mil-ki DUMU 1.EN-ZÁLAG
      24   IGI 1.EN-tak-lak
      25   IGI 1.Ri-ḫi-me-MAN LÚ.DAM.QAR
      26   IGI 1.DINGIR-de-ni-IGI.LAL DUMU 1.d.[E]N-⌈A⌉-SUM-na
      27   IGI 1.d.IM-š[al-l]im DUMU 1.A-⌈x x⌉
      28   IGI 1.Ni-nu-a+a IGI 1.Ba-ri-ki
      29   [IG]I 1.PAP-DINGIR-a+a IGI 1.d.PA-še-zib-an-ni
      30   [I]GI 1.GIN-i LÚ.A.BA
      31   ITU.ZÍZ UD 10 KÁM*
be    32   lim-mu 1.Man-nu-ki-i-LUGAL
```

Translation

Seal of Sē-natan, owner of the people being sold. /3 Circular Stamp Seals/
Dinanna and Gabbīya, his wife, a total of 2 person(s), the servants of Sē-natan⸺
Rēmanni-Adad, the rein-holder, contracted and bought them for 1 mina of silver.
The money is paid completely. The people are purchased and acquired. Any
revocation, lawsuit, or litigation is void. Whoever, at any time (in the)
future, whether Sē-natan or anyone belonging to h[im], whoever lodges a
complaint or breaches the contract (or) repeatedly seeks a lawsuit or litiga[tion]
against Rēmanni-Adad and (against) [his sons shall place 1 mina of silver
(and) 1 [mina of gold] in the the lap of the lady of Ninua. [He shall return]
the money tenfold t[o its owner]. He shall contest in his lawsuit and not
[succeed]. 13 witnesses, scribe, date, eponym.

Notes

27: ⌈x x⌉ = 𒀹𒉌𒅅 Parpola reads ⌈šir⌉-a.
28: Bariki is most likely the seller in No. 265:1,17.
30: See note on No. 174:38.

80-7-19,83	No.	252		Rēmanni-Adad
(49) x (45) x 21	ADD	377	C	Sale:land
duplicate: No. 253	AR	399	T,TrG	17.X.664 B.C.
	Aššur	2/5	Coll.	

beginning missing

obv   1'   É ⌜A⌝.[ŠÀ UN.MEŠ SU]M-ni

_____

        Blank Seal Space

_____

  2'   É 15 ANŠE A.ŠÀ SUḪUR KASKAL šá URU.ŠE 1.[x x x x]
  3'   a-[n]a URU.ŠE 1.Il-di-ši DU-⌜u⌝-[ni]
  4'   S[UḪUR x x k]a.MEŠ SUḪUR A.ŠÀ šá 1.⌜Lu⌝-[x x x]
  5'   [SUḪUR A.ŠÀ šá] ⌜1.SUM⌝-na-a É 4 ANŠE [A.ŠÀ]
  6'   [SUḪUR KASKAL šá UR]U.ŠE 1.Dan-na-a a-na U[RU.ŠE]
  7'   [1.x x x DU]-⌜u⌝-ni PAP 4 SUḪUR 1.Ḫal-a-[x x x x]
        remainder missing

rev   8'   IGI 1.d.30-MAŠ LÚ.3-šú šá D[UMU.MAN]
  9'   IGI 1.NUMUN-ut-ti-i LÚ.GAL ki-ṣir
  10'   IGI 1.d.PA-SU LÚ.2-u LÚ.GAL [ú-rata]
  11'   IGI 1.d.U+GUR-MAN-PAP LÚ.3-š[ú]
  12'   IGI 1.DÙ-i LÚ.2-u šá LÚ.GAL [A.ZU]
  13'   IGI 1.d.Za-ba₄-ba₄-SU LÚ.⌜3⌝-[šú]
  14'   IGI 1.Aš+šur-ZU LÚ.⌜3⌝-[šú]
  15'   IGI 1.Man-nu-ki-ERIM.MEŠ PAP-šú šá 1.GIN-a-n[i-d.15]
  16'   [IT]U.AB UD 17 KÁM* lim-mu 1.MAN-lu-da-r[i]
  17'   [LÚ.GA]R.KUR URU.BÀD-1.MAN-G[IN]

Translation

Beginning missing— (owner) of the house, la[nd, and people being sol]d.
/Blank Seal Space/ An area of 15 homers of land adjoining the road of the
village of [x x x x (which)] lea[ds] to the village of Ildiši, adjo[ining
x x k]a, adjoining the land of Lu-[x x x, adjoining the land of] Idināya;
an area of 4 homers of [land, adjoining the road of the vill]age of Dannāya
(which) [lea]ds to the vil[lage of x x x], a total of 4 (homers of land)
adjoining (the land) of Ḫala-[x x x x] —remainder of obverse missing.
8 witnesses, date, eponym.

Notes

1: Parpola's collation EN! is not on the tablet. The line begins
with É.
14': ZU = ⟨cuneiform sign⟩.

K.1602	No.	253		Rēmanni-Adad
(65) x (81) x (37)	ADD	439	C	Sale:mixed
duplicate: No. 252	AR	110	T,TrG	
	Aššur	2/5	Coll.	

obv 1   [NA₄.KIŠIB 1].GIN-ᵍaᵍ-ni-d.15 LÚ*.[x x x]
2   [UR]U.Qat-ta-na-a+ aᵍ EN A.ŠÀ.GA U[N.MEŠ]
3   [t]a-d[a-ni]

4 Stamp Seals

4   [É 15 ANŠE A].ŠÀ.G[A SU]ḪUR KASKAL ᵍšaᵍ URU.ŠE 1.[x x x x]
5   a-ᵍnaᵍ [URU.ŠE 1.Il-di-si il]-lak-u-ni SUḪUR [x x x x]
6   x[x x x SUḪUR A.ŠÀ šá 1.Lu-x x x] SUḪUR A.ŠÀ ša 1.SUM-ᵍniᵍ-[i]
7   [É 4 ANŠE A.ŠÀ SUḪUR KASKAL šá UR]U.ŠE 1.Dan-na-a+[a]
8   [a-na URU.ŠE 1.x x x x DU]-u-[ni PAP 5]
9   [SUḪUR 1.Ḫal-a-x x x x x x] KASKAL ša ᵍa-naᵍ [URU.ŠE]
10   [1.x x x x il-lak-u-ni] bu [x x x x]
     remainder missing

rev 11'   IGI 1.ᵍdᵍ.[x x x x x x x x x]
12'   IGI 1.d.A[MAR.UTU-MAN-PAP] A [1.Gab-bi-i]
13'   IGI 1.NUMUN-u-t[i-i L]Ú*.mu-[kil KUŠ:PA.MEŠ]
14'   ᵍIGIᵍ 1.d.30-[MAŠ L]Ú*.3-[š]ú [šá DUMU.MAN]
15'   [IGI 1.NUMUN-u]-ti-i LÚ*.GA[L ki-ṣir]
16'   [IGI 1].d.PA-SU LÚ*.2-u š[a LÚ*.GAL u-rata]
17'   [IGI 1.d].U+GUR-MAN-PAP LÚ*.[3-šú]
18'   [IGI] 1.Ba-ni-i LÚ*.ᵍ2ᵍ-[u šá LÚ*.GAL A.ZU]
19'   [IGI 1].d.Za-ᵍba₄ᵍ-[ba₄-SU LÚ*.3-šú]
     remainder missing

Translation

[Seal of] Ka''inanni-Ištar, the [x x x of] Qatna, owner of the land and peo[ple being] sol[d]. /4 Stamp Seals/ [An area of 15 homers of la]nd [adjoin]ing the road of the village of [x x x (which) l]eads to [the village of Ildiši] adjoining [x x x x] x[x x x adjoining the land of Lu-x x x], adjoining the land of Iddinî; [an area of 4 homers of land adjoining the road of the vil]lage of Dannāy[a] [(which) lea]ds [to the village of x x x x x, a total of 4 (homers of land) [adjoining (the land) of Ḫala-x x x (adjoining)] the road which [leads] to [the village of x x x x] ..... 9+ witnesses.

K.404	No.	254		Rēmanni-Adad
42 x 28 x 21	ADD	115	C	Loan:mixed
duplicate: No. 255	AR	321	T,TrG	25.X.664 B.C.
	FNAD	31	T	

```
obv   1   10 MA.NA KÙ.BABBAR ina ša URU.Gar-ga-miš
      2   75 UDU.NÍTA.MEŠ 1 GU₄.ÁB ⌈KUR₄.KUR₄⌉
      3   ša 1.Rém-a-ni-d.IM LÚ*.DIB a-pa-te
      4   ina IGI 1.URU.4*-ìl-a+a LÚ*.2-u KUR.Bar-ḫal-zi
      5   ina IGI 1.d.PA-SU-PAP.MEŠ LÚ*.A.BA
      6   ina IGI 1.Maš-qa-ru LÚ*.3-si-šú
      7   ina IGI 1.DINGIR-AŠ-A LÚ*.⸢:⸣
      8   ina pu-u-ḫi i-ta-ṣu
      9   ⌈a-na⌉ 3-si-šú i-ra-bi
be   10   UDU.MEŠ GU₄.ÁB KUR₄.KUR₄ ina ITU.ŠE SUM-an
     11   šum-ma la SUM-ni UDU.MEŠ ú-lu-du
rev  12   [IT]U.AB 25 KÁM ⌈lim⌉-mu 1.MAN-lu-dà-ri
     13   [IG]I 1.d.MAŠ.MAŠ-MAN-PAP LÚ*.3-si-šú
     14   IGI 1.Ú-a-ár-me-ri LÚ*.⸢:⸣
     15   IGI 1.d.Ša-maš-MAN-P[AP LÚ*].DIB a-pa-te
     16   IGI 1.d.PA-še-zi[b] LÚ*.⸢:⸣ IGI 1.Bar-ruqu
     17   IGI 1.Šum-ma-DINGIR.MEŠ LÚ*.⸢:⸣ IGI 1.Sa-kan-nu ⌈:⌉
     18   IGI 1.Aš+šur-DINGIR-a+a LÚ*.GAL ki-ṣir qur-butu
     19   IGI 1.NUMUN-u-ti-i LÚ*.DIB a-pa-te A.MAN
te   20   IGI 1.⌈NUMUN⌉-u-ti-i LÚ*.GAL ki-ṣir A.MAN
     21   IGI 1.PAP-ba-áš-te LÚ*.GAL NI.GAB
le   22   [IGI] 1.U+GUR-MAN-PAP 3《2》-si-šú
     23   [IGI 1.d.ŠÚ]-MAN-PAP
     24     A ⌈1⌉.Gab-bi-i
```

Translation
_____

10 minas of silver according to (the mina [standard]) of Gargamiš, 75 rams,
and 1 fat cow belonging to Rēmanni-Adad, the rein-holder, are at the disposal
of Arbailāya, the viceroy of the land of Barḫalzu, are at the disposal of
Nabû-erīb-aḫḫē, the scribe, are at the disposal of Mašqaru, the third charioteer,
and are at the disposal of Ili-nādin-apli, "ditto" (the third charioteer).
They took it as a loan. (It) shall increase by a third. He shall give back
the sheep and the fat cow in the month of Addaru. If he does not give (them
back), the sheep will give birth. Date, eponym, 13 witnesses.

Notes
_____

2: ⌈KUR₄.KUR₄⌉ = [cuneiform sign]. Postgate reads NIGIN. Note: 2 UDU 2 UDU
KUR₄.kab-buru in ADD 995 I:4.

6: See note on No. 24:14' for LÚ*.3-si-šú.

83-1-18,382	No.	255		Rēmanni-Adad
31 x (24) x 17	ADD	116	C	Loan:mixed
duplicate: No. 254	AR	320	T,TrG	25.X.664 B.C.

```
obv   1   [NA₄.KIŠIB 1.URU.4*-ìl-a+a LÚ].⌜2-u⌝ URU.Bar-ḫal-za
      2   [NA₄.KIŠIB 1.d.PA-SU-PAP.MEŠ] LÚ.A.BA
      3   [NA₄.KIŠIB 1.Maš-qa-ru] LÚ.3.U₅
      4   [NA₄.KIŠIB 1.DINGIR-AŠ-A] LÚ.:
      5   [10 MA.NA KÙ.BABBAR in]a ⌜1⌝ MA.NA-e
      6   [ša URU.Gar-ga]-miš

          1 line space

      7   [75 UDU.NÍTA.MEŠ 1 G]U₄.ÁB KUR₄.KUR₄ SIG₅-tú
      8   [ša 1.Rém-a-ni-d.IM LÚ].DIB KUŠ.PA.MEŠ
      9   [ša 1.Aš+šur-DÙ-A MAN] KUR.Aš+šur.KI
     10   [ina IGI 1.URU.4*-ìl-a+a LÚ.2-u] URU.Bar-ḫal-za
     11   [ina IGI 1.PA-SU-PAP.MEŠ L]Ú.A.BA
be   12   [ina IGI 1.Maš-qa-ru] LÚ.3-šú
     13   [ina IGI 1.DINGIR-AŠ-A] LÚ.:
rev  14   [ina pu-u-ḫi it-ta-ṣ]u a-na 3-si-šú
     15   [i-rab-bi UDU.MEŠ GU₄.Á]B KUR₄.KUR₄
     16   [ina ITU.ŠE SUM-an šum]-ma la id-din
     17   [ú-lu-du IGI 1].d.MAŠ.MAŠ-MAN-PAP LÚ.3-šú
     18   [IGI 1.d.Šá-maš-MAN-PAP L]Ú.DIB KUŠ.PA.MEŠ
     19   [IGI 1.Bar-ruqu LÚ.: IG]I 1.d.PA-še-zib LÚ.:
     20   [IGI 1.Šum-ma-DINGIR.MEŠ LÚ.: IGI] ⌜1⌝.Sak-kan LÚ.:
     21   [IGI 1.Aš+šur-DINGIR-a+a LÚ.GAL] ⌜KA.KEŠDA⌝ LÚ.qur-butu
     22   [IGI 1.NUMUN-u-ti-i LÚ.GAL K]A.KEŠDA šá DUMU.LUGAL
     23   [IGI 1.PAP-ba-áš-te LÚ.GA]L NI.GAB
le   24   [IGI 1.U+GUR-MAN-PAP LÚ.3-šú IGI] ⌜1.d⌝.ŠÚ-MAN-PAP A 1.Gab-e
```

Translation

[Seal of Arbailāya, the] viceroy of the city of Barḫalzu, [seal of Nabû-erīb-
aḫḫē], the scribe, [seal of Mašqaru], the third charioteer, [seal of Ili-
nādin-apli] the "ditto" (third charioteer). [10 minas of silver accord]ing
to the 1 mina (standard) [of Garga]miš, [75 rams, and 1] good fat cow
[belonging to Rēmanni-Adad, the] rein-holder [of Aššur-bāni-apli, king] of
the land of Aššur, [are at the disposal of Arbailāya, the viceroy] of the city of
Barḫalzu, [are at the disposal of Nabû-erīb-aḫḫē, t]he scribe, [are at the disposal
of Mašqaru], the third charioteer, [and are at the disposal of Ili-nādin-apli],
the "ditto" (third charioteer). [They to]ok it [as a loan]. (It) shall
[increase] by a third. [He shall give back the sheep and the] fat [co]w
[in the month of Addaru. I]f he does not give (them back), [they will give
birth]. 11 witnesses.

K.324		No.	256		Rēmanni-Adad
73 x 115 x 31		ADD	470	C	Sale:village
		AR	168	T,TrG	Danāya
		AST	T201	Q	25.X.663 B.C.

obv
1 NA₄.KIŠIB 1.d.MAŠ–DINGIR–a+a LÚ*.2–u ša ⸢URU.Da–na–a+a⸣
2 NA₄.KIŠIB 1.Az–gu–di LÚ*.A.BA ⸢ša AMA⸣ [MAN]
3 NA₄.KIŠIB 1.Ḫi–ri–PAP.MEŠ LÚ*.mu–kil KUŠ. PA.MEŠ⸣
4 NA₄.KIŠIB 1.d.IM–TI.LA LÚ*.3.U₅
5 NA₄.KIŠIB 1.d.PA–rém–a–ni LÚ.GAL ki–ṣ[ir]
6 NA₄.KIŠIB 1.15–DINGIR–a+a LÚ*.⸴
7 NA₄.KIŠIB 1.Mil–ki–id–ri [LÚ*.⸴]
8 NA₄.KIŠIB 1.Man–nu–ki–URU.4*–ìl LÚ*.⸢x⸣[x x x]
9 NA₄.KIŠIB 1.NUMUN–GIN ⸢LÚ*⸣.⸴
10 NA₄.KIŠIB 1.10–UMUN–DÙ LÚ*.⸴
11 PAP 10 LÚ.MEŠ–e URU.Da–⸢na⸣–a+a
12 EN URU a–⸢na⸣ gi–mir–t[e]–šú SUM–ni

2 + [2] Stamp Seal Impressions

rev
13' illegible traces
14' TA* 1.Rém–a–ni–d.⸢IM⸣ ù DUMU.MEŠ–šu
15' DUMU.⸢DUMU⸣.MEŠ–šú de–nu DUG₄.DUG₄ ub–ta–'u–u–ni
16' 2 GÚ.UN ⸢KÙ.BABBAR⸣ LUḪ–u 1 GÚ.UN KÙ.GI sag–ru
17' ina bur–ki d.Iš–tar ⸢a–šib⸣–<bat> URU.NINA.KI GAR–an
18' 2 ANŠE.KUR.RA BABBAR.MEŠ ina GÌR.2 Aš+šur i–rak–kas
19' kas–pu a–na 10.MEŠ a–na EN.MEŠ–šú GUR–⸢ra⸣
20' ina de–ni–šú DUG₄.DUG₄ la i–laq–⸢qe⸣

21' IGI 1.ITU.AB–a+a LÚ*.sar–ten–nu
22' IGI 1.Si–lim–Aš+šur ⸢LÚ*⸣.SUKKAL dan–nu
23' IGI 1.d.MAŠ.MAŠ–⸢MAN–PAP⸣ LÚ*.3.U₅
24' IGI 1.U–bar–⸢bi–si⸣ LÚ*.⸴
25' IGI 1.d.Šá–maš–MAN–PAP ⸢LÚ*⸣.mu–kil KUŠ.PA A.M[AN]
26' IGI 1.d.PA–še–zib ⸢LÚ*⸣.⸴
27' IGI 1.Bar–ruqu ⸴ IGI 1.⸢Sa⸣–kan–nu ⸴
28' IGI 1.d.Za–ba₄–ba₄–SU LÚ*.3–šú [IGI] 1.⸢PAP⸣–la–maš–ši ⸴
29' IGI 1.U+GUR–MAN–PAP ⸴ IGI 1.Ḫa–ba–as–⸢te⸣ LÚ*.GAL NI.GAB
30' IGI 1.d.PA–SU LÚ*.2–u ša LÚ.⸢GAL⸣ ú–rata
31' IGI 1.Ba–ni–i LÚ*.2–u ša LÚ*.GAL A.ZU
32' IGI 1.NUMUN–u–te–i LÚ*.GAL ⸢ki⸣–ṣir ša LÚ*.qur–⸢butu⸣ š[a A.MAN]
33' IGI 1.d.PA–MAN–PAP ⸴ ša GÌR.2 ša A.MAN
34' IGI 1.d.30–MAŠ LÚ*.3.U₅ ša A.MAN
35' IGI 1.PAP–u–a–mur LÚ*.GIŠ.GIGIR.DU₈ IGI 1.Man–nu–ki–KASKAL ⸢⸴⸣
36' ITU.AB UD 25 KAM lim–mu 1.EN–na–'i–⸢di⸣ [L]Ú*.tur–ta–[nu]

Translation

Seal of Ninurta-ilāya, the viceroy of the city of Danāya, seal of Azgudi, the
scribe of [the king's] mother, seal of Ḫiri-aḫḫē, the rein-holder, seal of
Adad-uballiṭ , the third charioteer, seal of Nabû-rēmanni, the capt[ain],
seal of Ištar-ilāya, the "ditto" (captain), seal of Milki-idri. [the "ditto"
(captain)], seal of Mannu-kī-Arbail, the x⸣[x x x]', seal of Zēru-ukīn, the
"ditto", seal of Adad-bēlu-uṣur, the "ditto", a total of 10 men of the city

of Danāya, owner(s) of the city in its entirety being sold. /4 Stamp Seal
Impressions -text mostly destroyed- (whoever) repeatedly seeks against
Rēmanni-Adad and (against) his sons (and against) his grandsons a lawsuit
or litigation shall place 2 talents of refined silver (and) 1 talent of
pure gold in the lap of Ištar resid⟨ing⟩ in Ninua. He shall tie 2 white
horses to the feet of Aššur. He shall return the money tenfold to its owners.
He shall contest in his lawsuit and not succeed. 19 witnesses, date, eponym.

Notes

2: gu = 𒅗𒍣. ⌈ša AMA⌉.[MAN] is an uncertain reading.

8: ⌈x⌉ = 𒈨𒈫.

36': The reading of the name is very uncertain. na =𒈾, ba is also
possible la unlikely. ⌈'i- di⌉ = 𒀀𒋾𒈨.

K.317	No.	257		Rēmanni-Adad
47 x 83 x 18	ADD	444	C	Sale:orchard
duplicate: No. 258	AR	445	T,TrG	Bīt-Ištar
	KB4	136-139	T,TrG	Scribe:Marduk-zēru-ibni
	AST	T216	Q	26.IV.660 B.C.
	LASII	App.N 21		

---

obv 1   NA₄.KIŠIB 1.d.IM-PAP-ir

Blank Seal Space

2   LÚ.A.BA šá É 1.AN.ŠÁR-ZU
3   EN GIŠ.KIRI₆ LÚ ta-da-a-ni GIŠ.KIRI₆
4   ina KUR.Si-in-ga-ra ina É-d.15
5   1 lim GIŠ.til-liti ina lìb-bi É 2 ANŠE
6   A.ŠÀ qab-lu šá GIŠ.al-la-an É
7   6 ANŠE A.ŠÀ ú-šal-lu É ŠE.NUMUN.MEŠ
8   É ina lìb-bi GIŠ.KIRI₆ ia-ar-ḫu
9   SUḪUR GIŠ.KIRI₆ ša LÚ.SUKKAL SUḪUR GIŠ.KIRI₆
10 šá 1.d.EN-mu-⌈sal-lim⌉ SUḪUR GIŠ.KIRI₆
11 šá 1.DUMU.UŠ-a+a SUḪUR GIŠ.KIRI₆ šá 1.PAP-APIN-eš
12 1.Lu-su-mu LÚ.NU.GIŠ.KIRI₆ ú-⌈piš-ma⌉
13 1.Rém-an-ni-d.IM LÚ.DIB [KUŠ.PA.MEŠ dan-nu]
14 ina ŠÀ 4 MA.NA ⌈KÙ.BABBAR⌉ ina 1 [MA.NA]
15 šá URU.Gar-ga-⌈miš⌉ il-[qe kas-pu gam-mu]r
16 ta-ad-din GIŠ.KIRI₆ ⌈qab-lu šu-a-tú⌉ zar-pu
17 laq-qe-u tu-a-ru de-e-nu
18 DUG₄.⌈DUG₄⌉ la-áš-šú man-nu šá ina ur-kiš ⌈ina⌉ [ma-te-ma]
19 i-zaq-qup-an-ni GIB-u-ni lu-[u]
20 1.d.IM-PAP-ir lu-u DUMU.MEŠ- šu 1[u-u]
21 DUMU.DUMU.MEŠ-⌈šú⌉ šá TA* [1.Rém-an-ni-d.IM]
rev 22 DUMU.MEŠ-šu DUMU.DU[MU.MEŠ-šu de-e-nu]
23 DUG₄.DUG₄ ub-t[a-u-ni x MA.NA]

```
24    KÙ.BABBAR LUḪ-u ⌈1⌉ [MA.NA KÙ.GI sag-ru]
25    ina bur-ki d.Iš-[tar a-ši-bat URU.NINA.KI]
26    GAR-an kas-pu a-n[a 10.MEŠ-te a-na]
27    EN.MEŠ-šú GUR-ra ina d[e-ni-šú DUG₄.DUG₄-ma]
28         la i-[laq-qe]

29    IGI 1.Si-lim-Aš+šur L[Ú.SUKKAL dan-nu]
30    IGI 1.LUGAL-DINGIR-a+a L[Ú.GAL ki-ṣi]r
31                      šá ⌈LÚ.qur⌉-bute
32    IGI 1.d.15-⌈MU⌉-KAM-eš LÚ.GAL A.BA
33    IGI 1.d.ŠÚ-GAR-MU LÚ.GAL MAŠ.MAŠ
34    IGI 1.d.AMAR.UTU-MAN-PAP LÚ.DIB KUŠ.PA.MEŠ
35                      ša MÍ É.GAL
36    IGI 1.Man-nu-ki-i-Aš+šur LÚ.! šá DUMU.MAN
37    IGI 1.Tar-di-tú-Aš+šur LÚ.3-šú šá DUMU.MAN
38    IGI 1.d.PA-NUMUN-AŠ LÚ.DIB KUŠ.PA.MEŠ
39    IGI 1.NUMUN-GIN LÚ.DIB KUŠ.PA.MEŠ
40    IGI 1.d.PA-SU LÚ.2-u ša LÚ.GAL u-rata
41    IGI 1.d.ŠÚ-NUMUN-DÙ LÚ.A.BA
42    ITU.ŠU UD 26 KÁM* lim-mu 1.Gíri-ṣa-pu-nu
```

Translation

Seal of Adad-nāṣir, /Blank Seal Space/ the scribe of the house of Aššur-lē'i, owner of the orchard and man being sold. An orchard in the land of Singāra in Bīt-Ištar, 1000 vines within it; an area of 2 homers of land, a grove of oak trees; an area of 6 homers of land, a valley (with) cultivated land and a house within it, an orchard (and) a pool adjoining the orchard of the sukkallu, adjoining the orchard of Bēl-mušallim, adjoining the orchard of Aplāya, adjoining the orchard of Aḫu-ēreš (and) Lusumu, the gardener—— Rēmanni-Adad, [the chief] rein-[holder] contracted and bou[ght it] for 4 minas of silver according to [the 1 mina (standard)] of Gargamiš. [The money] is paid [complete]ly. That orchard and grove are purchased and acquired. Any revocation, lawsuit, or litigation is void. Whoever, at any time in [the future], lodges a complaint or breaches the contract, wheth[er] Adad-nāṣir or his sons o[r] his grandsons, whoever repeatedly se[eks] against [Remanni-Adad] (or) his sons (or) [his] grand[sons a lawsuit] or litigation shall place [x minas] of refined silver (and) 1 [mina of pure gold] in the lap of Iš[tar residing in Ninua]. He shall return the money ten[fold to] its owners. [He shall contest] in [his] la[wsuit and] not suc[ceed]. 10 witnesses, scribe, date, eponym.

Notes

6:   See CAD Q 16a

34: See CTN III p.11.

Bu.91-5-9,162	No.	258		Rēmanni-Adad
(31) x (65) x 28	ADD	445	C	Sale:orchard
duplicate: No. 257	AR	446	T,TrG	Bīt-Ištar
				Scribe:Marduk-zēru-ibni
				26.IV.660 B.C.

obv 1   NA₄.[KIŠIB 1.d.10-PAP-ir]

        Cylinder Seal Impression

        {————}—{—————————————————]

```
      2    [LÚ.A.BA] ša [É 1.AN.ŠÁR-ZU]
      3    [EN GIŠ.KIR]I₆ LÚ [ta-da-a-ni]
      4    [GIŠ.KIRI₆ ina] KUR.Si-i[n-ga-ra ina É-d.15]
      5    [1 lim GI]Š.til-liti [ina lìb-bi]
      6    [É] ˹2˺ ANŠE A.ŠÀ [qab-lu šá GIŠ.al-la-an]
      7    [É] ˹6˺ ANŠE A.ŠÀ ˹u˺-[šal-lu]
      8    [É ŠE.NUMUN.ME]Š ˹É˺ [ina lìb-bi]
           remainder missing
```

rev 9'   1 KÙ.G˹I sag-ru ina bur-ki d.15 a-ši-bat URU.NINA.KI GAR]

    10'   kas-pu ˹a˺-[na 10.MEŠ a-na EN-šú GUR-ra]

    11'   ina de-ni-šú ˹DUG₄˺.[DUG₄-ma la i-laq-qé]

```
    12'   IGI 1.Si-lim-Aš+[šur LÚ.SUKKAL dan-nu]
    13'   IGI 1.LUGAL-DINGIR-a+[a LÚ.GAL ki-ṣir šá LÚ.qur-bute]
    14'   IGI 1.15-MU-APIN-e[š LÚ.GAL A.BA]
    15'   IGI 1.d.AMAR.UTU-GAR-M[U LÚ.GAL MAŠ.MAŠ]
    16'   IGI 1.d.AMAR.UTU-MAN-PAP [LÚ.DIB KUŠ.PA.MEŠ šá MÍ É.GAL]
    17'   IGI 1.Man-nu-ki-Aš+šur L[Ú.: šá DUMU.MAN]
    18'   IGI 1.Tar-di-it-Aš+šur L[Ú.3-šú šá DUMU.MAN]
    19'   IGI 1.d.PA-NUMUN-AŠ L[Ú.DIB KUŠ.PA.MEŠ]
    20'   IGI 1.NUMUN-GIN [LÚ.DIB KUŠ.PA.MEŠ]
    21'   IGI 1.d.PA-SU [LÚ.2-u šá LÚ.GAL u-rata]
```

        2 line spaces

    22'   IGI 1.d.AMAR.UTU-NUMUN-DÙ [LÚ.A.BA]

    23'   ITU.ŠU 26 KAM [lim-mu 1.Gíri-ṣa-pu-nu]

Translation

Se[al of Adad-nāṣir], -Cylinder Seal Impression- [the scribe] of [the house
of Aššur-lē'i, owner of the orch]ard and man [being sold. An orchard in]
the land of Si[ngāra in Bīt-Ištar, 1000 vi]nes [within it, an area]
of 2 homers of land, [a grove of oak trees; an area] of 6 homers of land,
a val[ley (with) cultivated land] and a house [within it, (an orchard)] -remainder
of obverse missing- [He shall place (x minas of refined silver [and] 1)]
(mina) of [pure] gold [in the lap of Ištar residing in Ninua. He shall
return] the money te[nfold to its owner]. He shall con[test] in his
lawsuit [and not succeed]. 10 witnesses, date, (eponym).

Rm.183	No.	259		Rēmanni-Adad
(43) x (52) x 22	ADD	362	C	Sale:orchard
	AR	378	T,TrG	Scribe:Marduk-zēru-ibni
				Bīt-Ištar
				3.V.660 B.C.

obv 1 NA₄.KIŠIB 1.10-PAP-ir LÚ.⌈A⌉.[BA]
2 A 1.d.PA-PAP-ir LÚ.A.BA ša É [1.AN.ŠÁR-ZU]
3 EN GIŠ.KIRI₆ ta-da-a-⌈ni⌉

ir-PAP-⌈PA⌉.1 A

Cylinder Seal Impression

[ir]-⌈PAP⌉-IM.⌈1⌉ šá [KIŠIB.NA₄]

4 GIŠ.⌈KIRI.6⌉ ina KUR.Si-in-ga-⌈ra⌉ ina ⌈É⌉-[d.15]
5 2 lim 6 me x GIŠ.til-1[iti ina ŠÀ x x]
6 É a-na gi-mir-⌈ti⌉-[šú]
7 ⌈SUHUR⌉ GIŠ.KIRI₆.MEŠ ša 1.[x x x x x]
8 [SUHUR] GIŠ.KIRI₆ šá 1.[x x x x]
remainder missing

rev 9' I[GI 1.x x x x x x x x]
10' I[GI 1.x x x]-⌈x-x⌉ [x x x x]
11' IGI [1.x x]-ri-MAN LÚ.[x x x x]
12' IGI 1.UTU-šal-lim L[Ú.DIB KUŠ.PA.MEŠ šá É.GAL]
13' IGI 1.DINGIR-mu-še-zib L[Ú.x x x x]
14' IGI 1.d.AMAR.UTU-NUMUN-DÙ L[Ú.A.BA]
15' ITU.NE UD 3 KAM
16' lim-mu 1.Gìri-ṣa-p[u-nu]

Translation

Seal of Adad-nāṣir, the sc[ribe], son of Nabû-nāṣir, the scribe of the
house [of Aššur-lē'i], owner of the orchard being sold. / Legend-(inverted):
[Seal] of Adad-nāṣ[ir] son of Nabû-nāṣir –Cylinder Seal Impression–/ An
orchard in the land of Singāra in Bīt-[Ištar], 2600 vin[es within
an area of x x], an estate in [its] entirety adjoining the orchard of
[x x x x x, adjoining] the orchard of [x x x x] –remainder of text mostly
destroyed. 5+ witnesses, scribe, date, eponym.

Notes

The legend on the cylinder seal is difficult to read. The readings
are uncertain.

5: x is an erasure.

10': ⌈x x⌉ = 𝕏 𝕏.

14': This is the same scribe as Nos. 257 and 258. No. 258 and this
text appear to have been written by the same hand. No. 257 was written
by another person.

K.446	No.	260		Rēmanni-Adad
69 x (96) x 24	ADD	471	C	Sale:land,slaves
	AR	167	T,TrG	Musinâ (Arpadda)
	Aššur	2/5	Coll.	
	AST	T201	Q	
	TCAE	178	Q	

beginning missing

Blank Seal Space

obv
1' URU.Mu-se-⌈na-a⌉[x x x x x x x]
2' a-di A.ŠÀ.GA.MEŠ-š[ú x x x x x]
3' ina GIŠ.BÁN šá 9* qa URUDU.MEŠ za-[ku-te la ŠE.ši-ib-še]
4' la ŠE.nu-sa-ḫi SUḪUR ta-⌈ḫu⌉-[me šá URU.x x x x]
5' ⌈SUḪUR⌉ ta-ḫu-me šá URU.DÙG.GA-⌈GIŠ.MI⌉-[x x x x]
6' SUḪUR URU.Ne-re-bi šá LÚ.EN.NAM UR[U.Ar-pad-da]
7' 1 GIŠ.KIRI₆ šá GIŠ.til-liti 1 lim 5 me GIŠ.til-[liti ina ŠÀ]
8' 1 GIŠ.KIRI₆ Ú.SAR 1.DI-mu-EN LÚ.EN[GAR]
9' 1.Ia-PAP.MEŠ DUMU-šú ṣu-ḫara-tú MÍ.Ú-a-r[i-x x]
10' MÍ-šú PAP 3 1.Ka-mu-su LÚ.ENGAR 1.Ḫu-ru-bi-ir-[x x]
11' DUMU-šú ṣu-ḫara-tú MÍ.Lu-bal-ṭa-at MÍ-šú PAP ⌈3 ZI.MEŠ⌉
12' PAP 6 Z[I].MEŠ URU.Mu-se-na-a-aš a-na gi-mir-ti-šú
13' ina na-ge-e šá KUR.Ar-pad-da ina ŠU.2 URU.Ne-re-bi
14' šá LÚ.NAM KUR.Ar-pad-da ú-piš-[ma]
15' 1.Rém-an-ni-d.IM LÚ.mu-kil KUŠ.PA.MEŠ d[an-nu]
16' šá 1.Aš+šur-DÙ-A MAN KUR.Aš+šur.KI ina ŠÀ 17 1/2 MA.N[A KÙ.BABBAR]
17' ina 1 MA.NA-e šá URU.Gar-ga-miš TA* I[GI]
18' 1.Man-nu-ki-i-URU.NINA TA* IGI 1.d.30-M[U-AŠ]
19' TA* IGI 1.I-ka-ri TI-qé kas-pu gam-m[ur]
20' ta-din URU.A.ŠÀ GIŠ.KIRI₆ GIŠ.til-liti GIŠ.KI[RI₆ Ú.SAR]
21' ⌈UN⌉.MEŠ šú-a-tú za-ár-pu laq-qé-u tú-a-[ru]
22' ⌈de⌉-e-nu DUG₄.DUG₄ la-aš-šú man-nu šá ina ur-kiš
23' ⌈u⌉ ma-te-ma man-nu šá i-zaq-qup-an-[ni]
be
24' lu-u 1.Man-nu-ki-URU.NINA lu-u 1.d.3[0-MU-AŠ]
25' [lu]-u 1.I-ka-ru lu-u DUMU.MEŠ-[šú-nu]
26' [lu-u DUMU.D]UMU.MEŠ-šú-nu lu-u PAP.ME[Š-šú-nu]

3 line spaces

rev
27' [lu-u DUMU.PAP].MEŠ-⌈šú-nu⌉ lu-u LÚ.GAR-n[u-šú-nu]
28' [lu-u LÚ.ḫ]a-za-na-šú-nu lu-u LÚ.NAM-[šú-nu]
29' [lu]- u mám⌉+ma-nu-šú-nu qur-bu man-nu šá e-la-a[n-ni]
30' [šá] TA* 1.Rém-an-ni-d.IM LÚ.DIB KUŠ.PA.ME[Š]
31' dan-nu šá 1.Aš+šur-DÙ-A MAN KUR.Aš+šur.KI TA* DUMU.MEŠ-šú
32' DUMU.DUMU.MEŠ-šú de-nu DUG₄.DUG₄ ub-ta-u-ni
33' 2 ANŠE.KUR.RA.MEŠ BABBAR.MEŠ ina GÌR.2 d.Aš+šur i-rak-kas
34' 4 ANŠE ḫar-ba-kan-ni ina GÌR.2 d.MAŠ.MAŠ ú-še-rab
35' 2 GÚ.UN KÙ.BABBAR LUḪ-u 1 GÚ.UN KÙ.GI sag-ru
36' ina bur-ki d.Iš-t[ar a-ṣi-bat URU.NIN]A GAR-an
37' kas-pu a-na 10.MEŠ-[te a-na EN.MEŠ-šú GU]R-ra
38' ina de-ni-šú DU[G₄.DUG₄-ma la i-laq-q]e
39' de-en-šú D[I.KU₅ la i-šá-mu]

40' IGI 1.d.MAŠ.MAŠ-MAN-P[AP LÚ.3.U₅]
41' IGI 1.Ú-ar-⌈bi-is⌉ [LÚ.:]
rev
42' IGI 1.d.Šá-maš-MAN-PAP L[Ú.mu-kil KUŠ.PA.MEŠ]
43' IGI 1.NUMUN-ut-ti-i ⌈LÚ⌉.[GAL ki-ṣir]
44' IGI 1.Aš+šur-DINGIR-a+a ⌈LÚ⌉.[GAL ki-ṣir qur-bute]

```
45'    [IGI] 1.Bar-ruqu ⌜LÚ⌝.[DIB KUŠ.PA.MEŠ]
46'    IGI 1.PAP-la-m[aš-ši LÚ.3.Uₕ]
47'    IGI 1.d.Za-[ba₄-ba₄-SU LÚ.3.Uₕ]
48'    IGI 1.Aš+šur-[x x x x x x x]
49'    IGI 1.⌜x⌝[x x x x x x x x]
       reaminder missing
```

Translation

Beginning missing— Blank Seal Space/ the city of Musena-[x x x x x x x]
including its land [x x x of x homers] according to the sūtu (standard) of
9 qa of copper, ex[empted (land) void of straw-taxes] and void of corn-taxes,
adjoining the bor[der of the city of x x x x], adjoining the border of the
city of Ṭāb-Ṣilli-[x x x x], and adjoining the city of Nērebu belonging to
the governor of the cit[y of Arpadda]; 1 orchard with vines, 1500 vin[es
within] a vegetable garden; Šulmu-Bēl, the far[mer], Ia-aḫḫē, his son, a
boy, Uar[i x x], his wife, a total of 3 (persons); Kamusu, the farmer, Ḫuru-
bir-[x x], his son, a boy, Lū-balṭat, his wife, a total of 3 persons; a total
of 6 pers[on]s and the city of Musena-x in its entirety (located) in the
province of Arpadda next to the city of Nērebu belonging to the governor of
the land of Arpadda——Rēmanni-Adad, the c[hief] rein-holder of Aššur-bāni-
apli, the king of the land of Aššur, contracted [and] bought them for 17 1/2
min[as of silver] according to the 1 mina (standard) of Gargamiš from Mannu-
kī-Ninua, from Sîn-šu[mu-iddina], and from Ikkāru. The money is paid compl[etely].
That city, land, orchard, vines, vege[table garden], and people are purchased
and acquired. Any revoca[tion], lawsuit, or litigation is void. Whoever,
at any time and (in) the future, whoever lodges a compl[aint], whether Mannu-
kī-Ninua or S[în-šumu-iddina, o]r Ikkāru or [their] sons [or] their [grand]sons
or [their] brothers [or] their [nephews] or [their] superior [or] their
mayor or [their] governor [o]r anyone related to them, whoever
raises a cl[aim], [whoever] repeatedly seeks against Rēmanni-Adad, the chief
rein-holder of Aššur-bāni-apli, the king of the land of Aššur, (or) against
his sons (or) against his grandsons a lawsuit or litigation shall tie 2 white
horses to the feet of Aššur. He shall bring 4 ḫarbakkannu horses to the feet
of Nergal. He shall place 2 talents of refined silver (and) 1 talent of
pure gold in the lap of Iš[tar residing in Ninu]a. He shall con[test] in his
lawsuit [and not succee]d. Th[e judge shall not hear] his case. 10+ witnesses.

Notes

1': Possibly to be restored: <u>URU.Mu-se-⌈na-a⌉-[aš]</u> in view of 1.12'.
<u>aš</u> is not a frequent Neo-Assyrian value. It is possible that it is
a scribal error in 1.12, the scribe having forgotten to erase it
prefering to write <u>a-na</u> instead of <u>ina</u>.

14': <u>LÚ.EN.NAM</u> in Parpola's collations is a mistake.

49': ⌈x⌉ = ▨.

K.448	No.	261		Rēmanni-Adad
57 x (57) x 19	ADD	477	C	Sale
	AR	625	T,TrG	Kalḫu
	AST	T213	Q	

beginning missing

obv	1'	ina Š[À x MA.NA KÙ.BABBAR ina MA.NA-e šá x x x]
	2'	TI-⌈qé⌉ ka[s-p]u gam-mur [ta-din x x x x]
	3'	šu-⌈a-tú⌉ [zar-p]u TI-ú [tu-a-ru]
	4'	de-⌈e⌉-nu DUG₄.DUG₄ la-áš-šú man-n[u šá ina ur-kiš]
	5'	ina ⌈ma⌉-te-ma ⌈i⌉-zaq-qup-an-ni GIB-u-[ni]
	6'	lu-u 1.⌈UTU⌉-PAP-PAP lu-u DUMU.MEŠ-šu
	7'	lu-u ⌈DUMU.DUMU⌉.MEŠ-šú lu-u PAP.MEŠ-šú lu-u DUMU.PAP.MEŠ-šú
	8'	lu-u mám+ma-nu-šú lu-u LÚ*.GAR-nu-šú ⌈lu⌉-u
	9'	EN ⌈il⌉-ki-šú šá TA* 1.⌈Rém-an⌉-[ni]-d.10
	10'	ù DUMU.MEŠ-šú ù ⌈DUMU.DUMU⌉.MEŠ-šú
	11'	de-e-nu DUG₄.DUG₄ ub-ta-'u-u-⌈ni⌉
	12'	5 MA.NA KÙ.BABBAR LUḪ-ú 2 MA.NA KÙ.[GI]
	13'	sag-ru ina bur-ki d.MAŠ a-šib URU.Kàl-ḫi GAR-an
	14'	kas-pu a-na 10.MEŠ a-na EN-šú GUR-⌈ra⌉ ina d[e-ni-šú]
	15'	DUG₄.DUG₄ la ⌈i⌉-[laq-qé]
rev	16'	IGI 1.d.UTU-MAN-PAP LÚ.DIB ⌈KUŠ⌉.PA.MEŠ šá A.MAN
	17'	IGI 1.d.Za-ba₄-⌈ba₄⌉-SU LÚ.⌈:⌉ šá A.⌈MAN⌉
	18'	IGI 1.d.PA-NUMUN-AŠ LÚ.: šá ⌈A⌉.[MAN]
	19'	IGI 1.d.PA-šal-lim LÚ.: šá : ⌈KÁ.DINGIR⌉.[KI]
	20'	IGI 1.d.PA-MAN-PAP LÚ.GAL ⌈ki⌉-ṣir [šá A.MAN]
	21'	IGI 1.d.IM-bé-sún IGI 1.Šum-ma-[DINGIR.MEŠ-ni]
	22'	IGI 1.Man-nu-ki-i-⌈4*⌉-il ⌈IGI⌉ 1.NUMUN-[u-t]i
	23'	LÚ.⌈NI⌉.G[AB šá x x]
		3 line spaces
	24'	⌈x⌉[x x x x x]⌈x⌉[x x x]⌈x⌉

Translation

Beginning missing– (Rēmanni–Adad contracted and) bought it fo[r x minas of silver according to the mina (standard) of GN]. The mo[ne]y [is paid] completely. That [x x x x are purch]ased and acquired. [Any revocation], lawsuit, or litigation is void. Whoe[ever, at any time] in the future, lodges a complaint or breaches the contract, whether Šamaš–aḫu–uṣur or his sons or his grandsons or his brothers or his nephews or anyone belonging to him or his superior or anyone responsible for his ilku–duties, whoever repeatedly seeks against Rēman[ni]–Adad and (against) his sons and (against) his grandsons a lawsuit or litigation shall place 5 minas of refined silver (and) 2 minas of pure go[ld] in the lap of Ninurta residing in Kalḫu. He shall return the money tenfold to its owner. He shall contest in [his lawsuit] and not su[cceed]. 9+ witnesses.

Notes

16': Šamaš–šarru–uṣur is well attested as an archive owner
in Kalḫu; see D. Wiseman, Iraq 15 (1958) 138ff. Many of the
witnesses in this text occur in his texts, cf. CTN III p.2 and n.4.
24': The line looks like this: 𒀭𒈾𒈨𒌍𒁹𒊬𒈠𒌍𒌍𒀭𒈨𒌍.

K.461 + 1510	No.	262		Rēmanni-Adad
(69) x (72) x 35	ADD	433+599	C	Sale:land,slaves
	AR	108+672	T,TrG	
	Aššur	2/5	Coll.	

beginning missing

obv 1' ⌈EN⌉ UN.MEŠ A.ŠÁ GIŠ.KIRI₆ [SUM-ni]

Cylinder Seal Impression

2' É 10 ANŠE A.ŠÀ ina GIŠ.BÁN ša 9 q[a]
3' 1 GIŠ.KIRI₆ til-liti SUḪUR ÍD.I-lab-b[i-a-šú]
4' SUḪUR GIŠ.KIRI₆ ša 1.MAN-lu-da-ri SUḪUR Í[D.x x x]
5' 1 GIŠ.KIRI₆ til-liti SUḪUR GIŠ.KIRI₆ ša ⌈x⌉[x x x]
6' S[UḪUR ÍD].⌈I⌉-lab-bi-a-šú SUḪUR [x x x x]
7' [É ri-pi-tú a-n]a gi-mir-t[i-šú]
8' [SUḪUR GIŠ.KIRI₆ š]a 1.A-a-⌈x⌉-[x x x x]
remainder missing

rev 9' [kas-pu a-na 10.ME]Š-⌈te a⌉-n[a EN.MEŠ-šú GUR]
10' [ina de-ni-šú] DUG₄.DUG₄-ma [la TI]

11' [IGI 1.d.MAŠ].MAŠ-MAN-PAP LÚ*.[3.U₅ dan-nu]
12' [IGI 1.d.Š]á-maš-MAN-PAP LÚ*.[DIB KUŠ.PA.MEŠ]
13' [IGI 1].d. ⌈MEŠ⌉-MAN-PAP L[Ú*.DIB KUŠ.PA.MEŠ šá MÍ.É.GAL]
14' IGI 1.Si-lim-Aš+šur LÚ*.SUKKAL dan-⌈nu⌉ IGI 1.d.PA-še-[zib]
15' IGI 1.Sa-ka-nu LÚ*.mu-kil PA.MEŠ
16' IGI 1.PAP-la-maš-ši A 1.d.MAŠ.MAŠ-MAN-PAP LÚ*.3-šú
17' IGI 1.Ḫa-ba-as-ti LÚ*.GAL NI.GAB
18' IGI 1.d.PA-SU LÚ*.2-u ša LÚ*.GAL u-ra[ta]
19' IGI 1.d.UTU-AD-u-a LÚ*.ḫa-za-[nu š]a URU.NI[NA.KI]
20' IGI 1.PAP-u-a-mur IGI 1.d.UTU-šal-[lim IG]I 1.d.P[A-MAN-PAP]
21' IGI 1.⌈Man⌉-nu-ki-URU.KASKAL IGI 1.[x x x x x x]
22' IGI 1.[x x x x x x x x x x]
remainder missing

Translation

Beginning missing- owner of the people, land, and orchard [being sold].
/Cylinder Seal Impression/ An area of 10 homers of land according to the
sūtu (standard) of 9 qa, 1 orchard (with) vines adjoining the Ilabb[iašu]
River, adjoining the orchard of Šarru-lū-dāri, adjoining the [x x x] River;
1 orchard (with) vines adjoining the orchard of ⌈x⌉[x x x], adjoining
the Ilabbiašu [River], adjoining [x x x x; a barnyard? in its] entirety
[adjoining the orchard o]f A-a-⌈x-[x x x x] -remainder of obverse missing.
[he shall return the money ten]fold to [its owners]. He shall contest
[in his lawsuit] and [not succeed]. 16+ witnesses.

K.1447 + 83-1-18,478   No.   263   Rēmanni-Adad
66 x (111) x 28   ADD   418   C   Sale:land,house,etc.
                             AR   211   T,TrG   Qatna
                             Aššur 2/5   Coll.
                             AST   T203 Q
                             UTN   227-229 Q
                             Or   47/424-425 Q

beginning missing

obv 1'   [É] 2 ANŠ[E A.ŠÀ x x x]-˹a˺+a
     2'   ina URU.Q[a-di-né-e SUḪUR x x x x]
     3'   SUḪUR ÍD.Ḫ[a-bur SUḪUR 1.x x x]-SI.SÁ
     4'   SUḪUR ma-u-te ša [1.x x x x x x n]i
     5'   É 10 ANŠE A.˹ŠÀ˺ ša URU.ŠE 1.Man-nu-ki˺-[DIN]GIR-a+a
     6'   ina URU.Qa-di-né-e SUḪUR URU.ŠE 1.Ki-i-ni
     7'   SUḪUR KÁ.GAL ša URU.Qa-di-né-e SUḪUR KASKAL MAN
     8'   ša URU.BÀD-a-du-ku-l-lim PAP 50 ANŠE A.ŠÀ
     9'   É ši-qi É ad-ru 2 GIŠ.KIRI₆.MEŠ Ú.SAR.MEŠ
    10'   ina URU.Bur-ri-im ˹ina ŠU.2˺ URU.Qa-di-né-e
    11'   ú-piš-ma 1.Rém-a-ni-d.IM LÚ*.mu-kil KUŠ.a-pa-te
    12'   dan-nu ša 1.Aš+šur-DÙ-A MAN KUR.Aš+šur.KI
be 13'   ina líb-bi 10 MA.NA KÙ.BABBAR ina ša URU.Gar-ga-miš
    14'   TA* IGI 1.EN-MAN-PAP TA* IGI 1.d.PA-u-a
    15'   TA* IGI 1.Aš+šur-si-i il-qe kas-pu
    16'   ga-mur ta-din-ni A.ŠÀ É ad-ru GIŠ.KIRI₆ <Ú.SAR.MEŠ>
rev 17'   šu-a-tú za-ar-pu laq-qe-ú tu-a-˹ru˺
    18'   de-e-nu DUG₄.DUG₄ la-aš-šu ina ur-kiš-ši
    19'   ina ma-te-ma man-nu ša i-za-qu-pa-a-ni
    20'   lu-u LÚ.MEŠ-e an-nu-te DUMU.MEŠ-šú-nu DUMU.DUMU.MEŠ-šú-nu
    21'   ŠEŠ.MEŠ-šú-nu DUMU.ŠEŠ.MEŠ-šú-<nu> LÚ*.GAR-nu-šú-nu
    22'   LÚ*.mu-mu-nu-šú-nu qur-bu man-nu ša e-la-a-ni
    23'   TA* 1.Rém-a-ni-d.IM LÚ*.mu-kil KUŠ.a-pa.MEŠ dan-nu
    24'   TA* DUMU.MEŠ-šú DUMU.DUMU.MEŠ-šú de-e-nu DUG₄.DUG₄
    25'   [ub-t]a-u-ni 1 GÚ.UN MA.NA KÙ.BABBAR LUḪ-u 10 MA.NA KÙ.GI
    26'   sag-ru ina bur-ki d.Iš-tar a-ši-bat URU.NINA.KI
    27'   i-sak-kan kas-pu a-na 10.MEŠ-te ana EN.MEŠ-šú ú-˹ta˺-r[a]
    28'   ina la de-ni-šú ˹DUG₄.DUG₄˺-ma la ˹i-laq˺-qe

    29'   [IGI 1.Si-lim-Aš+šu]r LÚ*.SUKKAL dan-nu
    30'   [IGI 1.x x x x x x L]Ú*.SUKKAL 2-u IGI 1.Ú-bar-bi-si 3-si-šú [dan]-nu
    31'   [IGI 1.d.ŠÚ-MA]N-PAP A 1.Ga-bé-e
    32'   [IGI 1.x x x x x] 3-si-šú IGI 1.Aš+šur-GIN-PAP 3-si-šú
    33'   [IGI 1.x x x x x 3-s]i-šú IGI 1.Man-nu-ki-Aš+šur
    34'   [LÚ*.mu-kil KUŠ.a-pa-te š]a DUMU.LUGAL
    35'   [IGI 1.x x x LÚ*.mu-kil KUŠ.a-pa]-te IGI 1.Bar-ruqu KIMIN
    36'   [IGI 1.x x x x x x x x x IGI 1].NUMUN-GIN KIMIN
    37'   [IGI 1.d.PA-SU LÚ*.2-u ša GAL] ú-rata.MEŠ
    38'   [IGI 1.x x x x x x x x x x x]˹x˺
    39'   [IGI 1.Man-nu-ki-URU.KASKAL LÚ*.GIŠ.GIG]IR DU₈.MEŠ
    40'   [IGI 1.x x x x x x x x x x x x]˹x˺
          remainder missing

Translation

Beginning missing- [An area] of 2 hom[ers of land x x x]-⌈a⌉+a in the
city of Q[adinê, adjoining x x x], adjoining the Ḫa[bur] River, [adjoining
(the land) of x x x]-lēšir, and adjoining the ma'uttu-field of [x x x x x x
n]i; an area of 10 homers of land of the village of Mannu-kī-[i]lāya in the
city of Qadinê, adjoining the village of Kīnî, adjoining the gate of the
city of Qadinê, and adjoining the king's road of the city of Dūr-adūklimmu,
a total of 50 homers of land, an irrigated area, a house, a threshing floor,
and 2 vegetable gardens in the city of Burrim next to the city of Qadinê——
Rēmanni-Adad, the chief rein-holder of Aššur-bāni-apli, the king of the land
of Aššur, contracted and bought it for 10 minas of silver according to
(the mina [standard]) of Gargamiš from Bēl-šarru-uṣur, from Nabû'a, and from
Aššur-ši. The money is paid completely. That field, house, threshing floor,
and vegetable <gardens> are purchased and acquired. Any revocation. lawsuit,
or litigation is void. At any time in the future, whoever lodges a complaint,
whether these men (or) their sons (or) their grandsons (or) their brothers
(or) their nephews (or) their superior (or) anyone related to them, whoever
raises a claim (or) [repeatedly] seeks against Rēmanni-Adad, the chief rein-
holder, (or) against his sons (or against) his grandsons a lawsuit or litigation
shall place 1 talent (and) a mina of refined silver (and) 10 minas of pure
gold in the lap of Ištar residing in Ninua. He shall return the money tenfold
to its owners. He shall contest in his lawsuit and not succeed. 16+ witnesses.

Notes

3': The restoration of the river follows a suggestion made by K. Deller.
4': ma-ú-te see CAD M II 321b.
7': For the geographical setting see UTN 227-229.
8': Cf. W. Röllig, Or 47 (1978) 424-425 and 429.
30': 3-si-šú occurs in this archive in No. 254 = No. 255. See note
on No. 24:14'.
38': ⌈x⌉ = ⫻— .
40': ⌈x⌉ = ⫻ .

K.1485	No.	264		Rēmanni-Adad
53 x (43) x 25	ADD	203	C	Sale:male
	AR	484	T,TrG	
	AST	T205	Q	

beginning missing

obv 1' [LÚ.m]u-kil ⌜KUŠ⌝.PA.MEŠ d[an-nu]
2' [ša] 1.Aš+šur-DÙ-A MAN KUR.Aš+š[ur.KI]
3' ⌜ina⌝ lìb-bi 1 MA.NA KÙ.BABBAR ina 1 MA.N[A ša]
4' ⌜URU⌝.Gar-ga-miš il-⌜qe⌝
5' ⌜kas⌝-pu gam-mur ta-ad-din
6' LÚ šu-a-tu za-rip laq-qe
7' ⌜tu-a⌝-ru de-e-nu ⌜DUG₄⌝.DUG₄
8' ⌜la⌝-áš-šú man-nu ša ina ur-kiš ina ma-te-⌜ma⌝
9' i-za-qu-pa-an-ni
rev 10' lu-u 1.d.PA-PAP lu-u DUMU.MEŠ-šú
11' lu-u DUMU.DUMU.MEŠ-šú ša de-e-nu
12' DUG₄.DUG₄ TA* 1.Rém-a-ni-d.IM
13' DUMU.MEŠ-šú DUMU.DUMU.MEŠ-šú ub-ta-u-ni
14' 10 MA.NA KÙ.BABBAR 1 MA.NA KÙ.GI
15' ina bur-ki d.15 ša NINA GAR-an
16' ⌜kas⌝-[pu] ⌜a-na⌝ 10.MEŠ-te [a]-⌜na⌝ EN.MEŠ-šú
17' [GUR ina de-ni-šú DUG₄.DUG₄-ma la i-laq]-⌜qe⌝
remainder missing

Translation

Beginning missing– (Rēmanni-Adad), [the chief re]in-holder [of] Aššur-bāni-apli, the king of the land of Ašš[ur], (contracted and) bought him for 1 mina of silver according to the 1 mina (standard) [of] Gargamiš. The money is paid completely. That man is purchased and acquired. Any revocation, lawsuit, or litigation is void. Whoever, at any time in the future, lodges a complaint, whether Nabû-nāṣir or his sons or his grandsons, whoever repeatedly seeks a lawsuit or litigation against Rēmanni-Adad (or against) his sons (or against) his grandsons shall place 10 minas of silver (and) 1 mina of gold in the lap of Ištar of Ninua. [He shall return] the mon[ey] tenfold to its owners. [He shall contest in his lawsuit and not suc]ceed. Remainder missing.

K.1499	No.	265		Rēmanni-Adad
(49) x (101) x 21	ADD	448	C	Sale:mixed
	AR	443	T,TrG	Scribe:Ištar-nādin-apli
	Aššur	2/5	Coll.	Ispallurê
	AST	T203	Q	10.XI.[ ]

obv 1 [NA₄].KIŠIB 1.Ba-ri-ki LÚ.GA[L x x x]
2 NA₄.KIŠIB 1.A-ba-il
3 EN UN.MEŠ GIŠ.KIRI₆.MEŠ É.MEŠ [SUM-ni]

Blank Seal Space

4 1 GIŠ.KIRI₆ 1 lim GIŠ.til-liti [x x x x]
5 SUḪUR GIŠ.KIRI₆ šá 1.⌈x⌉[x x x x]
6 2-u GIŠ.KIRI₆ ⌈2⌉ [1]i[m GIŠ.til-liti]
7 [x x x x x x x x x x x]
8 [3-su] GIŠ.KIRI₆ 3 1[im GIŠ.til-liti]
9 [1.B]a-al-su-ri L[Ú.x x x x]
10 [1.x]-⌈u⌉ DUMU-šú DUMU.MÍ-su 1.M[AN-x x x]
11 ⌈PAP⌉ 7 ZI.MEŠ 2 É.MEŠ ⌈4⌉ GIŠ.KI[RI₆.MEŠ 4 lim]
12 GIŠ.til-liti.MEŠ 4 NA₄.i-ga-[ra-te x x x]
13 ina KUR.I-ṣa-li [šá 1].Ba-ri-k[i ù 1.A-ba-il]
14 ina URU.Is-pal-lu-r[e-e x x x]
15 ú-piš-ma 1.Rém-an-ni-d[.IM LÚ.DIB KUŠ.PA.MEŠ]
16 dan-nu šá 1.Aš+šur-DÙ-A MAN KUR.Aš+šur.[KI]
17 TA* IGI 1.Ba-ri-ki TA* [IGI 1.A-ba-il]
18 TI-qé kas-pu gam-mur t[a-din UN.MEŠ GIŠ.KIRI₆.MEŠ]
19 É.MEŠ NA₄.i-ga-r[a-te šú-a-tú zar-pu]
20 laq-qe-u tú-a-ru de-[nu DUG₄.DUG₄ la-áš-šú]
21 man-nu šá ina ur-kiš ina ma-[te-ma i-za-qu-pa-ni]
22 lu-u 1.Ba-ri-ki l[u-u 1.A-ba-il]
be 23 lu-u DUMU.MEŠ-šú-⌈nu⌉ [lu-u DUMU.DUMU.MEŠ-šú-nu]
24 lu-u PAP.MEŠ-šú-nu lu-u DU[MU.PAP.MEŠ-šú-nu]
rev 25 lu-u LÚ.EN.NA[M-šú-nu x x x x x x]
26 lu-u mám+ma-nu-šú-nu š[a TA* 1.Rém-an-ni-d.IM]
27 DUMU.MEŠ-šú DUMU.DUMU.MEŠ-šú d[e-nu DUG .DUG]
28 ub-ta-u-ni 1 GÚ.UN KÙ.[BABBAR LUḪ-u x MA.NA KÙ.GI]
29 sag-ru ina bur-ki d.Is-t[ar a-ši-bat]
30 URU.NINA GAR-an kas-pu a-na ⌈10⌉.[MEŠ-te a-na EN-šú GUR]
31 ina de-ni-šú DUG₄.DUG₄-ma [NU TI]

32 ⌈IGI 1.Šum-ma⌉-Aš+šur LÚ.EN.NAM [x x x]
33 IGI 1.d.MAŠ.MAŠ-MAN-PAP LÚ.3-šú [dan-nu]
34 IGI 1.Sa-si-i LÚ.ḫa-za-nu U[RU.Is-pal-lu-re-e]
35 IGI 1.d.15-MU-KAM-eš LÚ.GAL ⌈A⌉.[BA]
36 [IGI 1].d.IM-MU-PAP LÚ.GAL [MAŠ.MAŠ]
37 [IGI 1.M]U-a+a DUMU 1.⌈d⌉.[PA-NUMUN-GIŠ]
38 [IGI 1.d.AMAR.UTU-GA]R-MU LÚ.[GAL MAŠ.MAŠ]
39 [IGI 1.x x x x x x x x x x]
40 IGI 1.Šá-ma[š-MAN-PAP LÚ.mu-kil KUŠ.PA.MEŠ]
41 IGI 1.d.PA-še-zib LÚ.[!]
rev 42 IGI 1.d.PA-SU LÚ.[2-u šá GAL u-rata]
43 IGI 1.d.15-MU-AŠ LÚ.[x x x x]
44 IGI 1.PAP-la-mur IGI 1.[x x x x x]
45 IGI 1.A-qa-ba IGI 1.B[a x x x x]
46 IGI 1.Ba-zi-ku-tú 1.B[u-x x x x]
47 IGI 1.PAP-BÀD PAP 7 IGI.M[EŠ šá URU.Is-pal-lu-re-e]

```
        48    IGI 1.d.15-MU-A LÚ.[A.BA]
        49       ITU.ZÍZ UD 10 KÁM lim-mu [1.x x x x]
te      50    [IGI 1.x x d].IM L[Ú.x x x x x]
        51    [IGI 1.d.PA-r[i-iḫ-tú-PAP
        52    [IGI 1].Aš+šur-KI-iá IGI 1.[x x x x x]
le      53    LÚ.3-šú IGI 1.PAP-[x x x LÚ.A.BA KUR].Ára-ma-a+a
```

Translation

[Se]al of Bariki, the ra[b-x x x], seal of Abail, owner(s) of the people,
orchards, and houses [being sold]. /Blank Seal Space/ 1 orchard (with)
1000 vines [x x x x], adjoining the orchard of ⌈x⌉[x x x x]; 2 orchard(s with)
200[0 vines ...]; 3] orchard(s with) 30[00 vines; B]āl-surī, the [x x x,
his wife, x]-⌈u⌉, his son, his daughter, Šar[ru-x x, and his wife], a total
of 7 persons, 2 houses, 4 orcha[rd(s with) 4000] vines, and 4 stone wal[ls
x x x] in the land of Iṣalla [belonging to] Barik[i and Abail] from the city
of Ispallu[rê-x x x]——Rēmanni-[Adad], the chief [rein-holder] of Aššur-bāni-
apli, the king of the land of Aššur, contracted and bought it from Bariki
and fr[om Abail]. The money is p[aid] completely. [Those people, orchards],
houses, and stone wal[ls are purchased] and acquired. Any revocation, law[suit,
or litigation is void]. Whoever, at any time in the futu[re, lodges a complaint],
whether Bariki o[r Abail] or their sons [or their grandsons] or their brothers
or [their] nep[hews] or [their] governor [x x x x x x] or anyone belonging
to them, who[ever] repeatedly seeks [against Rēmanni-Adad] (or against) his
sons (or against) his grandsons a la[wsuit or litigation] shall place 1
talent of [refined] sil[ver (and) 1 mina of] pure [gold] in the lap of Išt[ar
residing] in Ninua. [He shall return] the money ten[fold to its owner].
He shall contest in his lawsuit and [not succeed]. 19 witnesses, scribe, date.

Notes

1: Bariki is probably the witness attested in No. 251:28.

4: GIŠ.til-liti is written over an erasure.

5: ⌈x⌉ = ⊭⫫.

26: š[a = ⊭⫰ (not šá).

32-38: See LAS II App.N 17. Note the restoration of 1.38; Parpola
restores the line in his collations as [IGI 1.d.PA-SU]M!-MU LÚ.[x x x].
The reading here (1.38) follows LAS II App.N 17.

48: LÚ.[A.BA ṣa-bit dan-né-te] is also possible; cf. LAS II App.N 17.

49: In LAS II App.N 17 the eponym is restored [1.ITU.AB-a+a É.GIBIL].
This is uncertain and apparently based upon the texts Nos. 248 and 249
which have the same scribe (Ištar-nādin-apli).

K.1505 + 7407	No.	266		Rēmanni-Adad
(35) x (54) x (22)	ADD	322	C	Sale:slaves
	AR	200	T,TrG	
	Aššur	2/5	Coll.	

obv 1   [NA₄.KIŠIB 1.d.IM-A-SUM-na]
     2   [EN] UN.[ME]Š [SUM-ni]

———————————————————

Cylinder Seal Impression

———————————————————

     3   [1.x x]-a-DÙG.G[A] ÌR-šú
     4   [MÍ. x]-⌜DINGIR⌝-a+a MÍ-šú
     5   [MÍ.x x]-a-tú   DUMU.MÍ-su
     6   [PAP 3 Z]I.MEŠ   ú-piš-ma
     7   [1.Rém-an-ni]-d.⌜IM⌝ LÚ.mu-kil ⌜KUŠ⌝.PA.MEŠ
     8   [dan-nu ša 1.Aš+šur]-DÚ-A LUGAL
     9   [TA* IGI 1.d.I]M-A-SUM-na
    10   [ina ŠÀ x] GÍN.MEŠ KÙ.BABBAR
    11   [il-qe UN.MEŠ šú-a]-⌜tu⌝ zar-[pu la-qe-ú]
         remainder missing

rev   12'   [kas-pu a-na 10].MEŠ ⌜a⌝-[na EN-šú GUR]
    13'   [ina de-ni-šú] ⌜i⌝-da- bu⌝-u[b-ma la i-laq]-⌜qé⌝
    14'   [de-en-šú] da-a+a-ni l[a i-š]e-[m]e

———————————————————

    15'   [IGI 1.Sa]-⌜i⌝-ru LÚ.3.U₅
    16'   [IGI 1.d.P]A-IGI.LAL-an-<ni> LÚ.3.U₅
    17'   [IGI 1].EN-ú-sat LÚ.ḫa-za-nu
    18'   [IGI] 1.d.U+GUR-DINGIR-a+a LÚ.A.BA
    19'   [IGI 1.Ḫ]u-ba-šá-a-te LÚ.šá U.U
    20'   [IGI 1.K]a-kul-la-a-nu
    21'   [IGI 1.PA]P⌝-la-mur LÚ.GAL URU.MEŠ
         remainder missing

Translation

[Seal of Adad-aplu-iddina, owner] of the people [being sold]. /Cylinder
Seal Impression/ [x x]-a-ṭā[b], his servant, [x]-ilāya, his wife, [x x]-atu,
his daughter, [a total of 3 per]sons——[Rēmanni]-Adad, the chief] rein-holder
[of Aššur]-bāni-apli, the king, contracted and [bought them from Ad]ad-aplu-
iddina [for x] shekels of silver. [Tho]se [people] are purch[ased and acquired].
Remainder of obverse missing. [He shall return the money ten]fold to [its
owner]. He shall conte[st in his lawsuit and not suc]ceed. The judge
shall not [he]ar [his case]. 7+ witnesses.

Notes

4:   ⌜DINGIR⌝ = 𒀭. The sign is uncertain.

15':   Parpola's 'ḷi! is a mistake for ⌜i⌝. Note the same spelling
of the name in No. 244:17'.

17':   ú-sat = 𒌋𒊓. See AHw 1437b.

19':   For LÚ.šá U.U see GPA 31:3.

K.1507	No.	267		Rēmanni-Adad
(20) x (50) x (19)	ADD	571	C	Sale
	AR	590	T,TrG	

beginning missing

rev 1' [ina de-ni]-šú DUG₄.DU[G₄ la TI]

2' [IGI 1].d.MAŠ.MAŠ-MAN-PAP [LÚ*.3-šú dan-nu]
3' [IGI] 1.Ú-ar-bi-i[s LÚ*.3.U₅]
4' [IG]I 1.Ša-maš-MAN-PAP L[Ú*.DIB PA.MEŠ]
5' [I]GI 1.Sa-kan-[nu LÚ*.DIB PA.MEŠ]
6' [IG]I 1.Bar-ruqu L[Ú*.DIB PA.MEŠ]
7' [I]GI 1.d.UTU-ZI-[x x x x x x]
8' [I]GI 1.Ḫa-ba-as-[te LÚ*.NI.GAB]
9' IGI 1.Ki-ṣi[r-Aš+šur LÚ*.GAL ki-ṣir]
10' IGI 1.d.PA-NUMU[N-DÙ x x x x x]
11' [IG]I 1.Da-ḫa-[x x x x x x x]
    remainder missing

Translation

Beginning missing- He shall conte[st in] his [lawsuit and not succeed].
10+ witnesses.

K.1511	No.	268		Rēmanni-Adad
fragment	ADD	451	C	Sale
	AR	109	T,TrG	

beginning missing

obv 1' [x x x x PAP] ⌜3⌝ ZI.MEŠ É [x x x x]
2' [GIŠ.KIRI₆ x 1]im GIŠ.til-liti É ad-[ru x x x]
be 3' [x x x x] MURUB₄ ina KUR na-gi-⌜i⌝ [x x x x]
4' šá URU.KASKAL ú-piš-ma
5' [1.R]ém-a-ni-d.IM
6' [LÚ.mu]-⌜kil⌝ PA.MEŠ
rev 7' [ina ŠÀ x MA.N]A KÙ.BABBAR š[a]
8' [URU.Gar-ga-miš T]A* IGI
    remainder missing

Translation

Beginning missing- [x x x x a total] of 3 persons, a house [x x x x
x x an orchard (with) x + 1]000 vines, a house, a threshing [floor x x x
x x x x] in the middle of a mountain of the province [of xxxx] of the
city of Ḫarrānu——[R]ēmanni-Adad, [the re]in-holder contracted and (bought)
[for x min]as of silver acc[ording to the (mina [standard]) of Gargamiš fr]om
-remainder missing.

K.1563	No.	269		Remanni-Adad
(61) x (89) x 20	ADD	247	C	Sale:slaves
	AR	83	T,TrG	21.I.[ ]
	AST	T205	Q	

beginning missing

Blank Seal Space

obv
1' 1.Si-in-du-ši [x x x x x x]
2' MÍ-šú DUMU.MÍ-su pir-su [x x x x x x]
3' MÍ-šú DUMU.MÍ-su 1.Ú-za-[x x x x]
4' LÚ.ša SAGŠU.MEŠ-šú MÍ-šú PAP 10 [ZI.MEŠ]
5' ú-piš-ma 1.Rém-an-ni-d.IM L[Ú.mu-kil KUŠ.PA.MEŠ]
6' TA* IGI LÚ.MEŠ-e an-nu-t[e ina ŠÀ]
7' ⸢x MA.NA KÙ⸣.BABBAR ša URU⸣.Gar-ga-miš TI-q[e kas-pu]
8' [gam-mur ta]-⸢din⸣ UN.MEŠ šú-a-tú za-a[r-pu laq-qe-u]
9' [tu-a-ru d]e-e-nu DUG₄.DUG₄ la-áš-[šú]
10' [ṣib-tú be-en]-nu a-na 1 me UD.MEŠ sa-ar-[tú]
11' [a-na kala MU.A]N.NA.MEŠ man-nu ša ina ur-ki[š]
12' [ina ma-te-ma G]IB-u-ni lu-u LÚ.MEŠ-e ⸢an⸣-[nu-te]
13' [lu-u DUMU.MEŠ-š]u-nu lu-u DUMU.DUMU.MEŠ-šu-[nu]
14' [lu-u x x]⸢x⸣.MEŠ EN il-ki-šu-nu de-⸢e⸣-[nu]
15' [DUG₄.DU]G₄ TA* 1.Rém-an-ni-d.IM ù DU[MU.MEŠ-šú]
16' [ub-t]a-'u-u-ni 1 GÚ.UN KÙ.BABBAR 10 MA.NA [KÙ.GI]
17' [a-n]a ⸢d⸣.15 ša NINA.KI SUM-an kas-p[u]
rev 18' [a-na 10.MEŠ-te a-n]a ⸢EN⸣.MEŠ-šú G[UR]
19' [ina de-ni-šú] DUG₄.DUG₄-ma la [TI]

20' [IGI 1.d.MAŠ].MAŠ-MAN-PAP   LÚ.⸢U₅⸣ [dan-nu]
21' [IGI 1.x x KA]M-eš   LÚ.3.[U₅]
22' [IGI 1.Ú-a]r-bi-is   LÚ.3.[U₅]
23' [IGI 1.NUMUN-ú-t]i-i   LÚ.mu-kil KUŠ.[PA.MEŠ]
24' [IGI 1.d.Ša-maš]-LUGAL-PAP   LÚ
25' [IGI 1.d.PA-še]-zib   LÚ
26' [IGI 1.x x x x]   LÚ
27' [IGI] 1.⸢x x x⸣-[g]i-me   LÚ
28' ⸢IGI⸣ 1.EN-IGI. LAL⸣   LÚ
29' IGI 1.LUGAL-GIN-PAP IGI 1.Suk-ka-⸢a⸣+[a LÚ.ÌR]
30' ša LÚ.KAŠ.LUL IGI 1.d.IM-PAP.MEŠ-[x x x x x x]
31' IGI 1.d.PA-SU LÚ.2-e ša L[Ú.GAL ú-rata]
32' IGI 1.d.UTU-šal-lim LÚ.[DIB KUŠ.PA.MEŠ]

1 line space

33' ITU.BÁRA UD 21 KÁM* [lim-mu x x x x x]
34' [IGI] ⸢1⸣.d.3[0 x x x x x x x x x x]

Translation

Beginning missing— Blank Seal Space/ Sinduši, [x x x x x x x], his wife,
his daughter, a weaned child, [x x x x x x], his wife, and his daughter,
Uza-[x x x x], the hatter, and his daughter, a total of 10 [persons]——
Remanni-Adad, the [rein-holder] contracted and bought from these men [for]
x minas of silver according to (the mina [standard]) of Gargamiš. [The money
is pa]id [completely. Those people are purch[ased and acquired. Any revocation,

law]suit, or litigation is voi[d. (The buyer is guaranteed against) the <u>sibtu</u>
and <u>ben]nu</u> diseases for 100 days (and against) frau[d fore]ver. Whoever, at
any time [in the future, bre]aches a contract, whether th[ese] men [or th]eir
[sons] or th[eir] grandsons [or x x]ˈxˈ (or) anyone responsible for their
<u>ilku</u>-duties, (whoever) [repeatedly] seeks a lawsu[it or liti]gation against
Rēmanni-Adad and (against) [his] so[ns] shall pay 1 talent of silver (and)
10 minas of[gold t]o Ištar of Ninua. He shall re[turn] the mon[ey tenfold
t]o its owners. He shall contest [in his lawsuit] and not [succeed].
14 witnesses, date, (eponym).

Notes

14': ˈxˈ = 𝍦.

24'-28': The professions have been left blank by the scribe.

27': ˈx x xˈ = ⸢⸣ .

K.6275	No.	270		Rēmanni-Adad
fragment	ADD	515	C	Sale:land
	AR	408	T,TrG	
	Aššur	2/5	Coll.	

---

beginning missing

---

obv 1' [É x AN]ŠE A.ŠÀ.GA
     2' [x x x] URU.ŠE 1.An-da-ra-ni
     3' [x x x x].MEŠ É a-na URU.Da-ri-g[i]
     4' [x x x x r]i É 3 ANŠE É ši-[qi x x]
     5' [ú-piš-ma] 1.Rém-an-ni-[d.IM]
     6' [LÚ.mu-kil KUŠ.PA].MEŠ [dan-nu]
       remainder missing

Translation

Beginning missing– / [An area of x hom]ers of land [x x x] of the village of
Andarānu, [x x x x] ?, a house (which is on a road which leads?) to the
city of Darigu, [x x x r]i, an area of 3 homers (of land), an irrigated area
[x x]——Rēmanni-[Adad, the chief rein-holder, contracted and] (bought it) –
remainder missing.

K.9747	No.	271		Rēmanni-Adad
85 x (47) x 27	ADD	419	C	Sale: land,etc.
	AR	444	T,TrG	Arrapḫa
	Aššur	2/5	Coll.	

beginning missing

obv
1' [É ši]-qi GIŠ.[KIRI₆ GIŠ.til-liti x x x É]
2' 10 ANŠE A.ŠÀ ⌜1⌝ GIŠ.KIRI₆ ⌜GIŠ⌝.[til-liti x x x x x]
3' [x x x x x] URU.ŠE Ma-a+⌜a⌝ [x x x x x x x x x] x x⌝
4' [x x x x URU.Š]E 1.Zu-ta-bi ina ŠÀ [x x x x x] ⌜É⌝ ri-pi-tú
5' [x x x x] ina URU.⌜Pu⌝-ud-ri-SILA PAP-ma ⌜5⌝ me 80 ANŠE A.ŠÀ.MEŠ
   10 GIŠ.KIRI₆.MEŠ
6' [GIŠ].til-liti 6 GIŠ.KIRI₆.MEŠ ⌜ši⌝-qi A.MEŠ ina na-gi-i
   KUR.4*-ḫa
7' [š]a 1.d.⌜AMAR.UTU-SU ša⌝ 1.SU-PAP.MEŠ ša 1.GIN-i ina URU.⌜Pu⌝-ud-
   ri-SILA
8' ⌜ú-piš-ma 1.Rém-a-ni⌝-d.IM LÚ*.mu-kil KUŠ.[PA.MEŠ dan-nu]
9' [š]a 1.⌜Aš+šur-DÙ-DUMU.UŠ⌝ LUGAL KUR.Aš+šur.KI ina Š[À x x x x x]
10' [x x x š]a e-gér-ra.MEŠ-te ⌜TA*⌝ [LÚ.MEŠ an-nu-te]
11' [x 1.Rém]-a-ni-d.IM LÚ*.m[u-kil KUŠ.PA.MEŠ dan-nu]
rev
12' [i]l-⌜qe⌝ kas-pu ga-mur ta-din-ni A.ŠÀ.MEŠ É.[MEŠ GIŠ.KIRI₆.MEŠ ši-qi]
13' ad-ri.MEŠ ÍD.IGI.2.MEŠ šu-a-tu za-ar-pa laq-[qe-a]
14' tu-a-ru de-e-nu DUG₄.DUG₄ la-áš-šú ina ur-kis-ši i[na ma-te-ma]
15' lu-u 1.d.AMAR.UTU-SU lu-u 1.SU-PAP.MEŠ lu-u 1.GIN-i DUMU 1.SU-[x x x]
16' lu-u DUMU.MEŠ-šú-nu lu-u DUMU.DUMU.MEŠ-šú-nu lu-u ŠEŠ.MEŠ-šú-nu
   DUMU.ŠEŠ.MEŠ-šú-[nu]
17' ⌜lu⌝-u LÚ.GAR-nu-šú-nu lu-u mám+ma-šú-nu qur-bu ša e-la-a-ni
18' [TA* 1.Ré]m-a-ni-d.IM DUMU.MEŠ-šú ù DUMU.DUMU.MEŠ-šú de-e-nu
19' [DUG₄.DUG₄ ub-ta-u-ni i]-⌜gar⌝-ru-u-ni ma-a kas-pu la ga-mur
20' [la ta-din-ni A.ŠÀ.MEŠ É.MEŠ GIŠ.KIRI₆.MEŠ ši-qi] A.MEŠ ad-ri.MEŠ
21' [ÍD.IGI.2.MEŠ šu-a-tu la za-ar-pa la laq-qe-a x] GÚ.UN KÙ.BABBAR LUḪ-u
   remainder missing

Translation

Beginning missing— [An irr]igated [area], an orc[hard (with) vines x x
an area] of 10 homers of land and 1 orchard (with) [vines x x x x x x x x
x x] (in the) village of Māya [x x x x x x x x x x] x x⌝[x x x x (in the)
vill]age of Zutabi within [x x x x x x], a barnyard [x x x x] in the city of
Pudri-SILA, a total of 580 homers of land, 10 orchards (with) [vi]nes, 6
irrigated orchards (with) water, and houses in the province of Arrapḫa
[bel]onging to Marduk-erība, belonging to Erība-aḫḫē, and belonging to Kenî
in the city of Pudri-SILA——Rēmanni-Adad, the [chief] rein-hol[der o]f
Aššur-bāni-apli, the king of land of Aššur contracted and bo[ught it] fo[r
x x x x x] contracts from [these men. Rēm]anni-Adad, the [chief] re[in-holder],
(contracted and bought it). The money is paid completely. Those lands,
houses, [irrigated orchards (with) water], threshing floors and wells are
purchased and acqu[ired]. Any revocation, lawsuit, or litigation is void.
At any time i[n the future], whether Marduk-erība or Erība-aḫḫē or Kenî,

the son(s) of Erība-[x x x], or their sons or their grandsons or their brothers (or) their nephews or their superior or anyone related to them, whoever raises a claim, [repeatedly seeks], or institutes [against Rē]manni-Adad (and against) his sons and (against) his grandsons a lawsuit (or) [litigation] (and says) the following: "The money is not complete [and is not paid. Those lands, irrigated orchards (with)] water, threshing floors, [and wells are not purchased and are not acquired"], (shall pay) [x] talents of refined silver —remainder missing.

Notes

3': Parpola collates Dan! for Ma.
4': ta =𒌋; Parpola reads um.
5': The reading of the place name follows a suggestion made by K. Deller.
15': Parpola restores 1.S[U-PAP.MEŠ].

80-7-19,140	No.	272		Rēmanni-Adad
(61) x (67) x 26	ADD	271	C	Sale:slaves
duplicate: No. 273	AR	68	T,TrG	

beginning missing

obv	1'	[x x]⌜x x x⌝[MÍ-šú PAP 2]
	2'	[1.GI]G-a-da-la-li 1.d.[x x x x]
	3'	[PAP 2] ⌜LÚ⌝.su-ḫara-te MÍ.Man-nu-[ki x x]
	4'	⌜AMA⌝-šú-nu PAP 5 ZI.MEŠ LÚ*.[ÌR.MEŠ]
	5'	ša LÚ.MEŠ-e an-[nu-te]
	6'	ú-piš-ma 1.Rém-a-ni-d.IM LÚ*.m[u-kil KUŠ.PA.MEŠ]
	7'	dan-nu ša 1.Aš+šur-DÙ-A MAN KUR.[Aš+šur.KI]
	8'	⌜ina lìb⌝-bi 5 MA.NA KÙ.⌜BABBAR⌝ ša ⌜URU⌝.[Gar-ga-miš]
	9'	TA* IGI 1.KALAG-a-ni-U+GUR TA* IGI 1.Zi-[li-i]
	10'	TA* IGI 1.Kur-la-a+a TA* IGI 1. Aš+šur-šal-lim⌝-[PAP.MEŠ]
	11'	il-qe kas-⌜pu ga⌝-mur ta-din-ni
	12'	[UN.MEŠ šú-a]-tú [za]-ár-pu laq-qe-⌜u⌝
	13'	[tu-a-ru d]e-e-nu DUG₄.DUG₄ la-aš-š[ú]
	14'	[man-nu ša ina] ⌜ma⌝-te-ma ⌜man⌝-nu ša in[a]
	15'	[ur-kiš i-za]-qu-⌜pa⌝-[ni]
rev	16'	[lu-u 1.KALAG-a-n]i-⌜U+GUR lu-u⌝ [1.Zi-li-i]
	17'	[lu-u 1.Kur-la-a]+a lu-u 1.Aš+[šur-šal-lim-PAP.MEŠ]
	18'	[lu-u] DUMU.MEŠ-šú-nu DUMU.DUMU.M[EŠ-šú-nu ŠEŠ.MEŠ-šú-nu]
	19'	[lu-u] ⌜DUMU⌝.ŠEŠ.<MEŠ>-šú-nu lu-u LÚ*.GAR-nu-[šú-nu]
	20'	[lu-u LÚ*.ḫ]a-za-na-šú-nu lu-u mu-⌜mu-nu-šú⌝-[nu]
	21'	[ša] TA* 1.Rém-a-ni-d.⌜IM⌝ [LÚ*.DIB KUŠ.PA.MEŠ]
	22'	[TA*] DUMU.MEŠ-šú DUMU.DUMU.[MEŠ-šú d]e-[nu]
	23'	[DUG₄].DUG₄ [u]b-ta-⌜u⌝-[ni x x x x x x x x x]

remainder missing

Translation

Beginning missing— [x x] ⌜x x x⌝, [his wife, a total of 2 (persons), Mar]ṣiš-
adallali, [x x x x, a total of 2] youths, and Mannu-[kī-x x], their mother,
a total of 5 persons, [servants] of the[se] men——Rēmanni-Adad, the chief
r[ein-holder] of Aššur-bāni-apli, the king of the land of [Aššur] contracted
and bought them for 5 minas of silver according to (the mina [standard]) of
[Gargamiš from Da''inanni-Nergal, from Zi[li], from Kurrillāya, and from
Aššur-šallim-[aḫḫē]. The money is paid completely. [Th]ose [people are
pu]rchased and acquired. [Any revocaiton, la]wsuit, or litigation is voi[d].
[Whoever, in] the future, whoever, at any [time, lodges] a complaint,
[whether Da''inan]ni-Nergal or [Zili or Kurrillāy]a or Aš[šur-šallim-aḫḫē or]
their sons (or) [their] grandsons [(or) their brothers or] their nephews
or [their] superior [or] their mayor or anyone belonging to th[em, whoever
repeat]edly seeks against Rēmanni-Adad, [the rein-holder (or) against]
his sons (or against) [his] grandsons [a la]wsu[it] or liti[gation...
—remainder missing.

Notes

1': ⌜x x x⌝ = 〰〰〰〰〰.
10': See M.W. Stolper, AfO 26 (1979) 85 n.7' on Kurrillāya.

83-1-18,689	No.	273		Rēmanni-Adad
(36) x (61) x (16)	ADD	270	C	Sale:slaves
duplicate: No. 272	AR	67	T,TrG	

obv	1	[NA₄.KIŠIB 1.KALAG-a]-⌜ni⌝-U+GUR NA₄.KIŠIB 1.Zi-1[i-i]
	2	[NA₄.KIŠIB 1.Kur-la]-a+a NA₄.KIŠIB 1.Aš+šur-sal-lim-PAP.MEŠ
	3	[DUMU.MEŠ šá] 1.Gab-bu-DINGIR.MEŠ-APIN-eš
	4	[PAP 4 LÚ].ME EN UN.MEŠ SUM-ni

Blank Seal Space

	5	[1.x x x x] ⌜MÍ⌝-šu PAP 2 1.[GIG]-⌜a-da-la⌝-1[i]
	6	[1.x x x PAP] 2 ⌜LÚ⌝.ṣu-ḫara-te
	7	[MÍ.Man-nu-ki-x x] ⌜AMA⌝-šu-nu 5 ZI.MEŠ
	8	[ÌR.MEŠ ša L]Ú.MEŠ-e an-nu-te
	9	[ú-piš-ma 1.Rém]-⌜a⌝-ni-d.IM LÚ.DIB KUŠ.PA.[MEŠ dan-nu]
	10	[ša 1.Aš+šur-DÙ]-⌜A⌝ MAN KUR.Aš+šur.KI
	11	[ina lìb-bi 5 MA.NA KÙ.BABBAR ina ša U]RU.Gar-ga-miš
	12	[TA* IGI 1.KALAG-a-ni-U+GUR T]A* IGI [1.Zi-li-i]
		remainder missing

Translation

[Seal of Da''ina]nni-Nergal, seal of Zil[i, seal of Kurlā]ya, seal of Aššur-
šallim-aḫḫē, [sons of] Gabbu-ilāni-ēreš, [a total of 4 me]n, owners of
the people being sold. /Blank Seal Space/ [x x x x] and his wife, a total
of 2 persons, [Marṣiš]-adallal[i, x x x, a total of] 2 youths, [and Mannu-kī-
x x], their mother, a total of 5 persons, [servants of] these [m]en-
[Rēm]anni-Adad, the [chief] rein-holder, [contracted and (bought) them for 5
minas of silver according to (the mina [standard]) of] Gargamiš [from
Da''inanni-Nergal, fr]om [Zili] -remainder missing.

80-7-19,348; 83-1-18,350;	No.	274; 275; 276;		Rēmanni-Adad
83-1-18,387	ADD	429a,b,c	C	Sale:mixed
(37) x (57) x 26;	AR	105	T,TrG	
(44) x (91) x 34;	ABC	18	C,T,TrE	
(37) x (53) x 32	CISII	1	C	
	Aššur	2/5	Coll.	
	AST	T201	Q	

obv 1 [N]A₄.KIŠ[IB 1.x x x] 1.GIN-AD≪ṣi≫-u-a A-šú
     2 [PA]P 2 L[Ú.MEŠ x x x]x-a+a EN A.ŠÀ.GA
     3 ⌈É⌉ ši-q[i UN.MEŠ GIŠ.KIR]I₆ ta-da-a-ni

2+[n] Stamp Seals 1 Stamp Seal on each edge

     4 [x x x x x x] ⌈SUḪUR⌉ A.ŠÀ ša 1.GÌR.2-15
     5 [x x x x x x x x x]-ra-a-nu
     6 [x x x x x x SUḪUR A.ŠÀ] ⌈ša⌉ 1.Ga-lulu
     7 [x x x x x x x x x x x]+6 ANŠE
     8 [x x x x x x x x x x x x x]-⌈ni⌉

3 lines missing

     9' [x x x x x x x]⌈x x⌉ [x x x x]
    10' [x x x x x x x] x ṣi nu ú ⌈x⌉
    11' [x x x x x x x]-a-nu ⌈x⌉
    12' [SUḪUR KASKAL ša a-na x x x DU]-u-ni : 1.Ku-sa-ni
    13' [x x x x x x x x]⌈x⌉ ak bu
    14' [x x x x x x x] SUḪUR ⌈GIŠ⌉.KIRI₆
    15' [SUḪUR KASKAL ša a-na x]⌈x⌉-ḫi-li DU-u-ni
    16' [SUḪUR A.ŠÀ ša 1.x x x]-⌈su⌉-u-a LÚ.A.BA
    17' [x x x x x x SUḪUR A.ŠÀ šá 1].d.UTU-rém-a-ni SUḪUR A.ŠÀ
    18' [ša x x x x x x x] É 22 ANŠE A.ŠÀ.GA
    19' [x x x x x ina ma-za]-ru-ti ina GIŠ.BÁN ša 10 qa
    20' [x x x x x x x x x SUḪ]UR 1.ÌR-PAP.MEŠ-šú : 1.TE-a+a
    21' [x x x x x GIŠ.KIRI₆] ša til-liti SUḪUR GIŠ.KIRI₆
    22' [x x x x x x x] SUḪUR : ša 1.d.IM-KALAG-an
    23' [x x x x x x] : 1.Qu-a-lu-ḫa-lu-ṣu
    24' [x x x x] 1.d.PA-PAP-PAP LÚ*.ENGAR 1.PAP-pa-da

```
        25'   [x x x x] x 1.SILIM-U.U 4 DUMU.MEŠ-šú
        26'   [x x x PAP x]+5 ZI.<MEŠ> 1.Ab-du-u-ni LÚ*.ENGAR
        27'   [x x x x]x-šú PAP 2 ZI PAP-ma 8 ZI.MEŠ
        28'   [x x x É r]i-pi-ta-a-te 1 GIŠ.KIRI₆ til-liti
  rev   29'   [x x x x x x x x x x PA]P-ma [x x x x x]
        30'   [ú-piš-ma 1.Rém-an-ni-d.IM LÚ*.m]u-kil [KUŠ.PA.MEŠ]
        31'   [dan-nu šá 1.Aš+šur-DÙ-A MAN KUR].Aš+šur.[KI ina lìb-bi]
        32'   [ x MA.NA KÙ.BABBAR ina 1 MA.N]A šá URU.[Gar-ga-miš]
        33'   [TA* IGI 1.x x x 1.GIN]-AD-u-a T[I]
        34'   [kas-pu ga-mur ta-din]-ni A.ŠÀ.GA ⌈GIŠ⌉.[KIRI₆]
        35'   [É ši-qi UN.MEŠ šú]-a-tú za-ár-p[u]
        36'   [laq-qe-u tu-a-ru de-nu DU]G₄.DUG₄ la-aš-šú
        37'   [man-nu šá ina ur-kiš ina ma-te-ma] ⌈i⌉-za-qu-pa-a-ni
        38'   [GIB-u-ni lu 1.x x x lu 1.GIN-A]D-u-a DUMU.MEŠ-šú-nu
        39'   [DUMU.DUMU.MEŠ-šú-nu ŠEŠ.MEŠ-šú-nu DUMU.Š]EŠ.MEŠ-šú-nu LÚ*.GAR-nu-
                                                                      šú-[nu]
        40'   [x x x x x x x x x L]Ú*⌉.qur-bu-šú-nu
        41'   [TA* 1.Rém-an-ni-d.IM lu DUMU.MEŠ-šú 1]u DUMU.DUMU.MEŠ-šú de-e-nu
  rev   42'   [DUG₄.DUG₄ ub-ta-u-ni 2 ANŠE.KUR.RA BABB]AR ina GÌR.2 Aš+šur
                                                                      i-rak-kas
        43'   [4 ANŠE ḫur-ba-kan-ni ina GÌR.2 d.30 šá URU.K]ASKAL ú-še-rab
        44'   [x MA.NA KÙ.BABBAR x MA.NA KÙ.GI ina ḫ]ur-ki d.Iš-tar
        45'   [a-ši-bat URU.x x i-šak-kan x x]⌈x⌉ be-ni a-na 1 me UD.MEŠ
        46'   [sa-ar-tú a-na kala UD.MEŠ kas-pu] ana 10.MEŠ-te ⌈ana⌉ EN.MEŠ-šú
        47'   [GUR de-ni-šú DUG₄.D]UG₄ i-⌈laq⌉-qe

        48'   [IGI 1.d.U+GUR-MAN-PAP LÚ*.3]-šú dan-nu
        49'   [IGI 1.d.Šá-maš-MAN-PAP LÚ*.mu-kil] KUŠ.ap-pa-[te]
        50'   [IGI 1.x x x x x x]-⌈sal⌉-lim LÚ*.[x x x x x]
        51'   [IGI] ⌈1⌉.[x x x x x x LÚ*].GAL ⌈SAG⌉
        52'   [IG]I 1.PAP-1[a-maš-ši x x x⌈x⌉ LÚ*.⸬
        53'   IGI 1.d.ŠÚ-⌈x⌉[x x x x]x⌉ LÚ*.⸬
        54'   IGI 1.Am-me-⌈x⌉[x x x x]x⌉ LÚ*.⸬˙
        55'   [I]GI 1.Bi-⌈x⌉[x x x x x]x⌉ LÚ*.⸬
        56'   IGI 1.Ḫa-di-[x x x LÚ*.mu-kil ap-p]a-te
        57'   [IG]I 1.Gam-x[x x x x x x x x].MEŠ
        58'   [IGI] 1.d.P[A x x x x x x]-IM ⸬ ⸬
        59'   [IGI 1].d.[x x x x x x x x] ša A.MAN
        60'   [IGI 1.x x x x x x x LÚ*.A.B]A KUR
        61'   [IGI 1.x x x x x x x LÚ*.GIŠ.GI]GIR
  re    62'   [               ]x wḫ[q]lj˙hwpnd zy
        63'   [   ]x[        ]d bmt rb šqn
```

Translation

[S]ea[l of x x x, (seal of)] Kēn-abū'a, his son, [a tot]al of 2 m[en from
x x]⌈x⌉-āya, owner(s) of the land, irrigated area, [people, and orcha]rds
being sold. /2 + [x] Stamp Seals; Stamp Seal le; Stamp Seal re/ [x x x x x x]
adjoining the land of Šēpē-Ištar, [x x x x x x x x x x]-rānu, [x x x x x x
(adjoining the land)] of Gallulu, [x x x x x x x x x of] 6 homers ... [a road
whích le]ads [to GN] "ditto" (adjoining the land of) Kusanu, [x x x x x x x x x]⌈x⌉-
ak-bu [x x x x x x x] adjoining the orchard, [adjoining the road which] leads
[to the city of] ⌈x⌉-ḫili, [adjoining the land of x x]-sua, the scribe,

[x x x x, adjoining the land of] Šamaš-remanni, adjoining the land [of x x
x x x x x x]; an area of 22 homers of land [x x x x x in culti]vation
according to the sūtu (standard) of 9 qa, [x x x x x x x x adjo]ining (the land)
of Urad-aḫḫešu, "ditto" (adjoining the land) of Sukkaya, [x x x x x an
orchard] (with) vines, adjoining an orchard [x x x x x x x x x], adjoining
"ditto" (the orchard) of Adad-dan, [x x x x x, adjoining] "ditto" (the land/
orchard) of Qualu-ḫalusu; [x x x x], Nabû-aḫu-usur, the farmer, Aḫu-pada,
[x x x x] x, Silim-Adad, his 4 sons, x x x, a total of x] + 5 person(s);
Abdūni, the farmer, [x x x], his [x x] x, a total of 2 person(s) and a
(complete) total of 8 persons, [x x x barn]yards, 1 orchard (with) vines,
[x x x x x x x x x and a tot]al [of x x x x x——Remanni-Adad, the chief
r]ein-[holder, contracted and] bou[ght them for x minas of silver according
to the 1 mi]na (standard) of [Gargamiš from x x x and Ken]-abū'a. [The
money is pa]id [complet]ely. [Th]at land, orch[ard, irrigated area, and
people] are purch[ased and acquired. Any revocation, lawsuit, or liti]gation
is void. [Whoever, at any time in the future], lodges a complaint [or breaches
the contract, whether x x x or Ken]-abū'a (or) their sons [(or) their grandsons
(or) their brothers (or)] their [nep]hews (or) th[eir] superior [(or) their
x x x x (or)] their relative, [(whoever) repeatedly seeks against Remanni-
Adad or (against) his sons o]r (against) his grandsons a lawsuit or [litigation]
shall tie [2 white hors]es to the feet of Aššur. He shall bring [4 ḫarbakkannu
horses to the feet of Sîn of Ḫarr]ānu. [He shall place x minas of silver (and)
x minas of gold in the l]ap of Ištar [residing in Ninua. x x x] x˺. (The
buyer is guaranteed against) the bennu diseases for 100 days [(and against)
fraud forever. He shall return the money] tenfold to its owners. [He shall
con]test [in his lawsuit] and not succeed. 14 witnesses. Caption: [Deed
concerning   ]x and the la[nd] of Aḫu-na'id from [x x x x x   ]d in
the province of the rab-šāqê.

Notes

The three tablets do not physically join.
1: The sign AD is written si = ⟨sign⟩.
2: x]x =⟨sign⟩.
3: Parpola has left out an a in ta-da-a-ni.
9': ˹x x˺ =⟨sign⟩. Parpola reads the second sign as qi!.
10':]x =⟨sign⟩ . ˹x˺ = ⟨sign⟩.
11': ˹x˺ is an erasure.

13': ⌜x⌝ = 𐊀.

15': ⌜x⌝ = 𐊂.

25': x = 𐊃 . šú is written over an erasure.

45': ⌜x⌝ = 𐊄.

51': There is no trace at the beginning of the name as indicated in
Parpola's collations.

52': x]x = 𐊅 .

53': ⌜x⌝ = 𐊆. Parpola collates la! for this sign.]x⌝ = 𐊇.

54': ⌜x⌝ = 𐊈 . Parpola collates n[i!.]x⌝ = 𐊉.

55': ⌜x⌝ = 𐊊. Parpola reads bi! which is possible.]x⌝ = 𐊋.

57': x[= 𐊌.

81-2-4, 153 + 475	No.	277		Rēmanni-Adad
(51) x 83 x (24)	ADD	174	C	Sale:male
	AR	497	T,TrG	

obv 1   [N]A₄.KIŠIB 1.⌜d⌝.ŠÚ-MAN-PAP
     2   NA₄.KIŠIB 1.MAN-lu-dà-ri
     3   EN LÚ ta-da-ni

         _____

         3 Circular Stamp Seals

         _____

     4   [1].d.PA-ia-a-li ÌR-šú-n[u]
     5   [š]a 1.d.ŠÚ-MAN-PAP ⌜ša⌝ 1.MA[N-lu-dà-ri]
     6   ú-piš-ma 1.Rém-⌜a⌝-ni-⌜d⌝.[IM]
     7   LÚ.mu-kil ⌜KUŠ.PA⌝.MEŠ
     8   [ina 1]ìb-bi 1 MA.NA KÙ.BABBAR
     9   [in]a 1 MA.NA-⌜e⌝ ša URU.Gar-g[a-miš]
    10   [i]l-qé kas-pu ⌜ga⌝-mur [ta-din]
    11   [LÚ šu]-a-te za-rip 1[a-qé]
    12   [tu-a-r]u de-⌜e⌝-[nu]
rev 13   ⌜DUG₄⌝.DUG₄ la-áš-[šú]
    14   [man]-nu ša ⌜ina⌝ ur-kiš ⌜ina⌝ [ma-te-ma]
    15   i-za-⌜qu⌝-pa-a-ni
    16   man-nu GIB-u-ni
    17   ⌜5⌝ MA.NA KÙ.[BABB]AR SUM-an

         _____

    18   [I]G[I] ⌜1⌝.d.Šá-maš-MAN-PAP ⌜LÚ⌝.[m]u-k[il KUŠ.PA.MEŠ]
    19   [ša]   DUMU.[MAN]
    20   [IGI 1].d.PA-še-⌜zib⌝ ⌜LÚ⌝.[⁝]
    21   [IGI] 1.Šum-ma-[DINGIR.MEŠ-ni LÚ.⁝]
    22   [IG]I 1.Sa-[a]k-k[an-n]u [LÚ.⁝]
    23   [IG]I 1.Bar-[r]uq-qu
    24   [IGI] 1.⌜d⌝.[PA-SU] LÚ.2-⌜ú⌝ [LÚ.GAL u-rata]
    25   [IGI] 1.[PAP-u-a-m]ur LÚ.GIŠ.[GIGIR]
    26   [IGI 1.Man-nu-ki]-KASKAL LÚ.GIŠ.⌜GIGIR⌝

Translation

[S]eal of Marduk-šarru-uṣur, seal of Šarru-lū-dāri, owner(s) of the man
being sold. /3 Circular Stamp Seals/ Aḫu-iali, the slave [o]f Marduk-šarru-
uṣur and of Šarr[u-lū-dāri]——Rēmanni-[Adad], the rein-holder, contracted and
[bou]ght it [fo]r 1 mina of silver [accord]ing to the mina (standard) of
Garg[amiš]. The money [is paid] completely. [Th]at [man] is purchased and
ac[quired. Any revocati]on, lawsu[it], or litigation is voi[d. Who]ever,
at any time in [the future], lodges a complaint, whoever breaches the contract
shall pay 5 minas of sil[ve]r. 8 witnesses.

Notes

5: ⌜šǎ⌝ = ⟨drawing⟩ .

14: ⌜ina⌝ is written over an erasure: ⟨drawing⟩ .

17: ⌜6⌝ is also possible but unlikely.

26: The text ends on this line. It has no date.

83-1-18, 259 + 397	No.	278		Rēmanni-Adad
(30) x (56) x 21	ADD	297	C	Sale:slaves
	AR	547	T,TrG	

beginning missing

obv	1'	[TA* IGI 1].⌜DINGIR-ta⌝-[ba-x]
	2'	[x x x]⌜x⌝ SAG ⌜ú⌝ [x x x x]
	3'	[il]-qe kas-p[u gam-mur]
	4'	[t]a-din UN.M[EŠ šú-a-tú]
	5'	[za]-ar-pu 1[a-qe-u tu-a-ru]
	6'	[d]e-e-nu DUG₄.[DUG₄ la-áš-šú]
	7'	[man]-nu šǎ ina ⌜ur⌝-[kiš GIB-u-ni]
	8'	lu-u 1.DINGIR-ta-b[a-x lu-u DUMU.MEŠ-šú]
	9'	lu-u DUMU.DUMU.MEŠ-šú šǎ [TA* 1.Rém-an-ni-d.IM]
	10'	[de]-⌜e⌝-nu DUG₄.[DUG₄ ub-ta-'u-u-ni]
	11'	[kas-p]u a-n[a 10.MEŠ-te a-na EN-šú]
rev	12'	GUR-ra ina de-[ni-šú DUG₄.DUG₄-ma]
	13'	la i-[laq-qe]
	14'	IGI 1.NUMUN-⟨ut⟩-ti-i [LÚ*.DIB KUŠ.PA.MEŠ]
	15'	ša DUMU.[MAN]
	16'	IGI 1.Ḫa-ba-[as-te LÚ*.GAL NI.GAB]
	17'	IGI 1.d.30-I [x x x x x]
	18'	IGI 1.Ṣil-[la-a+a LÚ*.DAM.QAR]
	19'	IGI 1.d.IM-[x x x x x]
	20'	[IGI 1].⌜x⌝[x x x x x x]

Translation

Beginning missing- (Rēmanni-Adad contracted and) [bou]ght them [from Ilu-ta-[ba-x for x x] x¹ SAG ú [x x x x]. The mone[y is pa]id [completely]. [Those] people [are pur]chased and ac[quired. Any revocation, la]wsuit, or litiga[tion is void. Who]ever, at any [time, breaches the contract], whether Ilu-ta-b[a-x or his sons] or his grandsons, whoever [repeatedly seeks against Rēmanni-Adad a law]suit or liti[gation] shall return [the mon]ey ten[fold to its owner. He shall contest] in [his] law[suit] and not suc[ceed]. 6+ witnesses.

Notes

The traces at the beginning and end of the copy in ADD are not on the tablet.

2': ⌐x¬ = ⫸T.

20': ⌐x¬ = ⫸⫽.

83-1-18, 348	No.	279		Rēmanni-Adad
55 x 50 x 20	ADD	424	C	Sale:mixed
	AR	90	T,TrG	
	Aššur	2/5	Coll.	

beginning missing

```
obv   1'   1.⌐d¬.[x x x x x x x x x x]
      2'   2 Ì[R.MEŠ x x x x x x x x]
      3'   1.ZÁLAG-[x x x x x x x x x]
      4'   2 Ì[R.MEŠ x x x x x x x x x]
      5'   1.d.[x x x x x x x x x]
      6'   1.⌐Ba¬-n[i-i x x x x x x]
      7'   1.APIN-⌐x-x¬ [x x x x x x x x x]
      8'   PAP 12 ZI.[MEŠ 1.x x x x x x]
      9'   MÍ-šú DUMU.MÍ-⌐su¬ 1.⌐I¬-[x x x x x x]
      10'  PAP 5                ZI.MEŠ
rev   11'  PAP 30 ZI.MEŠ ⌐LÚ¬.ÌR.MEŠ ša É-šú ú-piš-ma
      12'  1.Rém-a-ni-10 LÚ*.mu-kil KUŠ.PA.MEŠ ša MAN KUR.Aš+šur
      13'  ina ŠÀ 30 MA.NA KÙ.BABBAR TA* IGI 1.<URU>.4*-ìl-a+a
      14'  A.ŠÀ.MEŠ ⌐É¬.MEŠ UN.⌐MEŠ il-qe¬ kas-pu
      15'  gam-[mur ta-din A.ŠÀ.MEŠ É.MEŠ U]N.MEŠ
      16'   š[ú-a-tú zar-pu la-qe-ú t]u-a-ru
      17'  [de-e-nu DUG₄.DUG₄ la-áš-šú man]-nu
      18'  [ša ina ur-kiš ina ma-te-ma i-za-qu]-pan-ni
      19'  [lu-u 1.URU.4*-ìl-a+a lu-u DUMU.MEŠ]-šú
      20'  [x x x x x x x x x x]-ni
      21'  [x x x x x x x x x x]-ru
      22'  [x x x x x x x x x]⌐x¬
le    23'  [x x x x] x [x x x x]
      24'  [x x x x] ⌐šu¬ [x x x x]
      25'  [IGI 1.x]x¬-la-a ⌐LÚ*¬.[x x x x]
      26'  [IGI 1.x x x x] IGI 1.⌐x¬[x x x x]
```

Translation

Beginning missing— ⌜x⌝[x x x x x x x x x, a total of] 2 serv[ants, x x x x x x x], Nūr-[x x x x x x x x, a total of] 2 ser[vants, x x x x x x x x x x x x x x], Ban[î, x x x x x x x], Ereš-⌜x x⌝[x x x x x x x x], a total of 12 person[s, x x x x x x], his wife, and his daughter, I-[x x x x x x], a total of 5 persons, a (complete) total of 30 persons, servants of his house——Rēmanni-Adad, the rein-holder of the king of the land of Aššur, contracted and bought them for 30 minas of silver from Arbailāya the fields, houses, and people. The money [is paid] comple[tely. Those fields, houses, and peop]le [are purchased and acquired. Any rev]ocation, [lawsuit, or litigation is void. Who]ever, [at any time in the future, lodges a com]plaint, [whether Arbailāya or] his [sons or his].... 2+ witnesses.

Notes

1': ⌜d⌝ is uncertain.
4': 2 is certain and not 1.šá (Parpola).
7': ⌜x⌝ = 𑀈
25':]x⌝ = 𑀈. la not na is on the tablet.

83-1-18, 353 + 409	No.	280		Rēmanni-Adad
60 x (54) x 31	ADD	503	C	Sale
	AR	614	T,TrG	Kalḫu
	Aššur	2/5	Coll.	
	AST	T213	Q	

beginning missing

obv
1' [za-ár]-ˈpuˈ [la-qe-u tu-a-ru]
2' de-e-nu ˈDUG₄ˈ.DUG₄ 1[a-áš-šú]
3' man-nu ša ur-ˈkišˈ aˈ-na ma-t[i-ma]
4' i-za-qu-[pa]-ˈaˈ-ni de-ˈe-nu]
5' DUG₄.DUG₄ ub-ta-ú-[ni]
6' lu-u 1.De-ˈti-EN-DUˈ-a[k]
7' lu-u DUMU-<šú> lu-u DUMU.DUMU-ˈšúˈ
8' lu-u ŠEŠ.MEŠ-šú lu-u ˈDUMUˈ.ŠEŠ-[šú]
9' ša TA* 1.Rém-a-ni-d.IM
10' DUMU-šú DUMU. DUMUˈ-šú ˈde-eˈ-nu
be
11' ˈDUG₄.DUG₄ˈ ub-ta-ú-ni
12' [x] MA.NA KÙ.ˈBABBARˈ LUḪ-ú 5 MA.ˈNAˈ
13' ˈKÙˈ.GI sa-ˈakˈ-ru ina bur-ki
rev
14' d.ˈMAŠˈ a-ši-[b]i URU.ˈKàl-ḫiˈ
15' i-šá-ka-a[n] kas-pi ina 10.MEŠ
16' ina EN.MEŠ-ˈe-šúˈ ú-ˈta-raˈ
17' a-na de-ˈeˈ-ni-šú i-ˈdaˈ-bu-bu
18' la i-ˈlaˈ-qe ˈxˈ EN de-e-nu ˈx xˈ

19' IGI 1.Ki-ṣir-Aš+šur LÚ*.mu-k[il KUŠ.PA.MEŠ]
20' IGI 1.d.Ša-maš-ˈMANˈ-PAP [LÚ*.:]
21' IGI 1.d.PA-ˈNUMUNˈ-AŠ [LÚ*.:]
22' IGI 1.d.PA-MAN-PAP [LÚ*.GAL ki-ṣir šá A.MAN]
23' [IGI 1.d].ˈPAˈ-[šal-lim LÚ*.mu-kil KUŠ.PA.MEŠ]
    remainder missing

Translation

Beginning missing– (Those ...) [are purch]ased and [acquired. Any
revocation], lawsuit, or litigation is v[oid]. Whoever, at any time in the
futu[re], lodges a complaint or repeatedly se[eks] a law[suit] or litigation,
whether Dēti-bēle-all[ak] or <his> son or his grandsons or his brothers or
[his] nephews, whoever repeatedly seeks against Rēmanni-Adad (or against)
his son (or against) his grandsons a lawsuit or litigation shall place [x]
minas of refined silver (and) 5 minas of pure gold in the lap of Ninurta
residing in Kalḫu. He shall return the money tenfold to its owners. He
shall contest in his lawsuit and not succeed. ˈxˈ (his) prosecutor shall
be ... 5+ witnesses.

Notes

6': a[k] = 𒀝. Parpola reads k[a]!. Dēti = Idāte < ina dāti; see No. 235:1.
18': ˈxˈ = 𒌑. At the end of the line ˈx xˈ = 𒀀𒌑.

83-1-18, 579	No.	281		Rēmanni-Adad
(37) x (45) x 26	ADD	596	C	Sale
	AR	579	T,TrG	
	AST	T216	Q	

beginning missing

obv 1' [x x x x] ⌐x x⌐ [x x x x]
2' [x x x x T]A IGI [LÚ.MEŠ an-nu-te]
3' [il-qe] ⌐kas⌐-pu [gam-mur ta-din]
remainder missing

rev 4' [1]u-u PAP.MEŠ-šú-nu ša de-[e-nu DUG₄.DUG₄]
5' [TA 1.Rém-a-ni]-d.IM ù DUMU.MEŠ-⌐šú⌐
6' [DUMU.DUMU.MEŠ]-⌐šú⌐ ub-ta-'u-u-ni
7' [x MA.NA KÙ.BABBAR x MA.N]A KÙ.GI a-na d.Iš-tar
8' [a-ši-bat URU.NINA.KI S]UM-an kas-pu [a]-⌐na⌐ 10.MEŠ
9' [a-na EN.MEŠ-šú ú]-tar-ra ina de-ni-šú DUG₄.DU[G₄ la TI]

10' [IGI 1.d.MAŠ].MAŠ-MAN-PAP LÚ.⌐DIB⌐ [KUŠ.PA.MEŠ]
11' [IGI 1.x x]x-a-ni LÚ.[⁈]
12' [IGI 1.Sa-kan]-nu LÚ.[⁈]
remainder missing

Translation

Beginning missing- (Rēmanni-Adad contracted and) [bought it for x x x x x fro]m [these men]. The money [is paid completely]. Remainder of obverse missing- [o]r their brothers, whoever repeatedly seeks a law[suit or litigation against Rēmanni]-Adad and (against) his sons [(and against)] his [grandsons sh]all pay [x minas of silver (and) x mi]nas of gold to Ištar [residing in Ninua. He sh]all return the money tenfold [to its owners. He shall contest in his lawsuit [and not succeed]. 3+ witnesses.

Notes

1': ⌐x x⌐ = //⋀⫟.
4': There is an erasure after -nu.
11':]x = ///⟵.

83-1-18, 723	No.	282		Rēmanni-Adad
(32) x (46) x (17)	ADD	611	C	
	AR	682	T,TrG	

beginning and obverse missing

```
rev    1'    [x x x]⌈x⌉[x x x x]
       2'    [IGI 1.Bar-r]uq-q[u LÚ*.DIB KUŠ.PA.MEŠ]
       3'    [IGI 1.Aš+šur-DING]IR-a+a [LÚ*.GAL ki-ṣir qur-bute]
       4'    [IGI 1.Sa-a]k-kan L[Ú*.DIB KUŠ.PA.MEŠ]
       5'    [IGI 1.d.ŠÚ-M]AN-PAP ⌈DUMU⌉ 1.[Gab-bé-e]
       6'    [IGI 1.d.U+GUR]-MAN-PAP LÚ*.3-[šú]
       7'    [IGI] ⌈1⌉.Za-ba₄-ba₄-SU [LÚ*.3-šú]
       8'    [IGI 1].ITU.AB-a+a IGI 1.[x x x x x]
       9'    [IT]U.AB UD 28 KÁM li[m-mu 1.x x x x]
       10'   [L]Ú*.GAR.KUR URU.x[x x x]
```

Notes

1': ⌈x⌉ = ///////.

10': x[= /////. The sign may be G[U.

Ki.1904-10-9,21	No.	283		Rēmanni-Adad
51 x (85) x 23	ADD	1153	C	Sale:house
Photo:BCAT Suppl. Pl. 2	=AJSL	42/172-173		Nēmed-Ištar
	AST	T205	Q	

beginning missing

```
obv    1'    x[x x x x x x] DINGIR ⌈x⌉
       2'    EN [É x x x x] SUM-ni
```

─────────────────────────
Cylinder Seal
─────────────────────────

```
       3'    É ep-šu ina gi-mir-ti-šu
       4'    a-di GIŠ.ÙR.MEŠ-šú a-di GIŠ.IG.[MEŠ-šú]
       5'    ina URU.Né-med-d.15 SUḪUR KASKAL [šá MAN]
       6'    SUḪUR É 1.DÙG.GA-i SUḪUR 1.Ka-⌈x⌉-[x x]
       7'    SUḪUR É 1.DI-mu-EN-la-mur
       8'    SUḪUR É 1.A-ia SUḪUR SILA
       9'    ú-piš-ma 1.Rém-a-ni-d.IM
       10'   LÚ*.mu-kil PA-a-te ša 1.Aš+šur-DÙ-A MAN KUR.Aš+šur
       11'   ina lìb-bi 5 MA.NA KÙ.BABBAR il-qe
       12'   [ka]s-pu gam-mur ta-din É za-rip
       13'   [TI tú-a]-⌈ru⌉ de-nu DUG₄.DUG₄ la-áš-šú
be     14'   [man-nu šá ina] ur-kiš u ma-te-ma
       15'   [lu-u 1].d.PA-ma-lik u 1.Šum-ma-DINGIR
       16'   [lu-u DU]MU.MEŠ-šú-nu u DUMU.DUMU.MEŠ-šú-nu u
       17'   [PAP.MEŠ-šú-nu 1]u-u LÚ*.šá-<ki>-in-šú-nu u LÚ*.ḫa-za-nu ⌈URU⌉-šú-<nu>
```

beginning of reverse missing
```
rev    18'   [LÚ*.mu-kil PA-a-te šá 1.Aš+šur-DÙ]-A u DUMU.MEŠ-šú
```

```
19'   [u DUMU.DUMU.MEŠ-šú de-nu] DUG₄.DUG₄
20'   [ub-ta-'u-u-ni x MA.NA KÙ.BAB]BAR 1 MA.NA KÙ.GI
21'   [ina bur-ki d.15 a-ši]-bat NINA GAR-an
22'   [kas-pu a-na 10.MEŠ-te a-n]a EN-šú GUR
```

```
23'   [IGI 1.x x x x x LÚ*].A.BA ša DUMU.MAN
24'   [IGI 1.x x x LÚ*.šá] IGI É.GAL 2-[ú]
25'   [IGI 1.Ḫa-ba-as]-⌈ti⌉ LÚ*.GAL NI.[DU₈]
26'   [IGI 1.x x x x LÚ*].2-u LÚ*.GA[L x x x]
27'   [IGI 1.x x x x]x-BA-šá L[Ú*.x x x x]
28'   [IGI 1.x x x LÚ*].⌈mu⌉-k[il PA.MEŠ]
29'   IGI 1.Aš+šur- MAN⌉-PAP LÚ*.mu-[kil PA.MEŠ]
30'   IGI 1.d.PA-SU LÚ*.[2-ú GAL u-rata]
31'   IGI 1.Sa-⌈x⌉-[x x x x x x]
32'   IGI 1.[x x x x x x x x x]
33'   IT[U.x UD x KAM lim-mu 1.x x x]
      remainder missing
```

Translation

Beginning missing- ⌈x⌉ [x x x x x x x]-ili-⌈x⌉, owner [of the house,
x x x x] being sold. /Cylinder Seal Impression/ A built house in its entirety
including its beams and including [its] doors in the city of Nēmed-Ištar
adjoining [the king's] road, adjoining the house of Ṭābî, adjoining Ka-⌈x⌉[x x],
adjoining Šulmu-bēl-lāmur, adjoining Aplāya, and adjoining the street——Rēmanni-
Adad, the rein-holder of Aššur-bāni-apli, the king of the land of Aššur,
contracted and bought it for 5 minas of silver. [The mon]ey is paid completely.
The house is purchased [and acquired. Any revo]cation, lawsuit, or litigation
is void. [Whoever, at] any time and (in the) future, [whether] Nabû-mālik
and Šumma-ili [or] their sons and their grandsons and [their brothers o]r
their superior and the mayor of their city, (whoever) [repeatedly seeks]
(against Rēmanni-Adad), [the rein-holder of Aššur-bāni]-apli and (against)
his sons [and (against) his grandsons a lawsuit] or litigation shall place
[x minas of sil]ver (and) 1 mina of gold [in the lap of Ištar res]iding in Ninua.
He shall return [the money tenfold t]o its owner. 10+ witnesses

Notes

1': ⌈x⌉ = ⫶⫶. ⌈x⌉ at the end of the line looks like:⫶⫶⫶. This
seems to be d.⌈IM⌉ but this reading is not supported by the names
in 1.15'.

5':   The restoration at the end of the line is inferred. However,
see UTN 142-143.

6': ⌈x⌉ = ⫶⫶⫶.

31': ⌈x⌉ =⫶⫶. A possible restoration is: 1.Sa-⌈i⌉-r[u LÚ*.DAM.QAR].

Ki.1904-10-9, 31	No. 284	Rēmanni–Adad
(51) x (59) x 30	ADD 1155 C	Sale
	=AJSL 42/175	

beginning missing

```
obv   1'   [x x x x x] ⌜x⌝ [x x x x x]
      2'   [x x]⌜x x⌝[x x x x [x x x]
      3'   [x x] kas-pu g[a-mur ta-din]
      4'   [tú-a-ru de-nu] DUG₄.DUG₄ 1[a-áš-šú]
      5'   [man-nu šá] ina ur-kiš ina [ma-te-ma GIB-u-ni]
      6'   [1]u-u 1.[x]-I lu-u DUMU.[MEŠ-šú lu-u DUMU.DUMU.MEŠ-šú]
      7'   [1]u-u ŠEŠ.MEŠ-šú lu LÚ.[x x x]
      8'   [1]u-u mám+ma-nu-šú ša de-[nu]
be    9'   [DUG₄.DUG₄] ša TA* 1.Rém-a-ni-d.IM
     10'   [DUMU.MEŠ-šú DUMU].DUMU.MEŠ-šú
     11'   [ub-t]a-u-ni
rev  12'   [1 MA.NA KÙ.BABBAR] 1 MA.NA KÙ.GI
     13'   ina bur-ki d.⌜NIN⌝.LÍL i-šá-kan
     14'   2 ANŠE KUR.RA BABBAR.MEŠ ina GÌR.2 Aš+šur i-rak-kas
     15'   kas-pu a-na 10.MEŠ a-na EN.MEŠ-šú ú-GUR
     16'   ina de-ni-šú DUG₄.DUG₄-ma la i-⌜laq⌝-qé
     _____
     17'   IGI 1.Si-lim-Aš+šur LÚ.SUKKAL GAL
     18'   IGI 1.Šum-mu-DINGIR LÚ.GAL ki-ṣir
     19'   IGI 1.Ḫab-as-ti LÚ.GAL NI.G[AB]
     20'   IGI 1.d.PA-MU-PAP LÚ.GAL NI.GAB
     21'   IGI 1.d.PA-SU LÚ.2-u ša G[AL u-rata]
     22'   IGI ⌜1.NU-MAN⌝-iq-bi LÚ.[x x x]
     23'   [IGI 1.x x n]a-⌜a+a⌝ [LÚ.x x x x]
            remainder missing
```

Translation

Beginning missing– ..... The money [is paid] com[pletely. Any revocation, lawsuit], or litigation is v[oid. Whoever], at any time in the [future, breaches the contract, whe]ther [x]-na'id or [his] sons [or his grandsons o]r his brothers or [his x x x o]r anyone belonging to him, whoever [repeatedly seeks a] law[suit or litigation] against Rēmanni-Adad [(or against) his sons (or against)] his [grand]sons shall place [1 mina of silver] (and) 1 mina of gold in the lap of Ninlil. He shall tie 2 white horses to the feet of Aššur. He shall return the money tenfold to its owners. He shall contest in his lawsuit and not succeed. 7+ witnesses.

Notes

1': ⌜x⌝ = ⫽⊨𒀹𒌍·

2': ⌜x x⌝ =⟨𒂠 𒌍·

Ki. 1904-10-9, 181   No.   285   Rēmanni-Adad
(43) x (70) x 22   ADD 1189 C   Sale:land,etc.
                        =AJSL 42/235-236

beginning missing

obv 1' [x x x x x x x x x]-15
    2' [x x x x x x x x x]-15
    3' [x x x x x x x x x]⌜x⌝
    4' [x x x x x x x x] SU[M-ni]

Blank Seal Space

    5' É 10 ANŠE A.ŠÀ KÁ ia-ar-ḫ[a x]
    6' [x x]⌜x x x x x⌝ É 1.SU-Aš+[šur]
    7' [x x x]⌜x⌝[x x x x i]l-lak-ú-n[i]
    8' [x x x x x x š]a É UŠ
    9' [x x x x x x x] ⌜x x x⌝
    remainder missing

rev 10' m[an-nu ša ina ur-kiš ina m]a-te-m[a]
   11' i-[za-qu-pa-ni i-GIB-u-ni 1]u-u LÚ.[MEŠ-e]
   12' an- nu⌝-[te lu-u DUMU.M]EŠ-šú-nu [de-e-nu]
   13' DUG₄.D[UG₄ TA* 1.Ré]m-a-ni-[d.IM]
   14' [DU]MU.MEŠ-⌜šú⌝ [DUMU.DUM]U.MEŠ-šú ub-[ta-u-ni]
   15' [kas-p]u a-na ⌜10.MEŠ⌝-te a-na [EN.MEŠ-šú]
   16' [GU]R-ra IGI 1.ITU.AB-a+a LÚ.sa[r-ten-nu]
   17' [IGI] 1.Si-lim-Aš+šur LÚ.SUKKAL IGI 1.[x x x x]⌜x⌝
   18' [L]Ú.mu-kil KUŠ.PA.MEŠ ša LU[GAL KÁ.DINGIR-a]+a
   19' [IGI 1.I]n-si-i LÚ.ḫa-za-a[n]-⌜nu⌝
   20' [IGI] 1.d.Ša-maš-LUGAL-PAP LÚ.DIB ⌜KUŠ⌝.<PA>.MEŠ
   21' [IGI] 1.Bar-ruqu : IGI 1.d.PA-KAR IGI 1.d.30-rém-a-ni
   22' [IGI 1.S]a-ak-kan LÚ.: IGI 1.d.PA-NUMUN-PAP
   23' [IGI 1.I]n-na-an-ni LÚ.šá UGU NINA.KI
   24' [IGI 1.d.PA-SU L]Ú.2-u GAL u-rata
   25' [IGI 1.PAP-u-a-mur L]Ú.GIŠ.GIGIR DU₈
   26' [IGI 1.Man-nu-ki-KASKAL] LÚ.:

Translation

Beginning missing- [x x x x x x x x x]-Ištar [x x x x x x x x x]-Ištar
]x x x x x x x x x]⌜x⌝ [owners of the land x x x] being sold. /Blank
Seal Space/ An area of 10 homers of land, a gate, a po[ol, x x] x x x x
(adjoining the) house of Erība-Aš+[šur, adjoining the road which le]ads
[to GN, (adjoining) the house/land of x x x x, the x x x o]f the bīt-redûti
... -remainder of obverse missing- Wh[oever, at any time in the fu]tur[e],
lodges [a complaint or breaches the contract, wh]ether the[se] men [or]
their [sons, (whoever)] repeatedly [seeks a lawsuit] or litiga[tion against
Rē]manni-[Adad] (or) his [so]ns (or) his [grands]ons [shall re]turn [the mon]ey
tenfold to [its owners]. 14 witnesses.

Notes

3': 「x¹ = ⫻.

6': 「x x x x x x¹ = ⫻ ⫻⫻⫻⫻).

7': 「x¹ = ⊢⫻.

9': 「x x x¹ = ⫻ ⫻⫻ ⫻⊢.

17': 「x¹ = ⫻⊢.

Bu.91-5-9, 41 + 122 + 135	No.	286		Rēmanni–Adad
52 x (60) x (23)	ADD	408	C	Sale:land
	AR	415	T,TrG	
	Aššur	2/5	Coll.	
	LASII	App.N	20	

beginning missing

obv　　1'　 [x x x x x x x x x]「x¹
　　　　2'　 [x x x x x x x x]-PAP
　　　　3'　 [x x x x x x x x]-MAN
　　　　4'　 [ú-piš-ma 1.Rém-an-ni-d.IM LÚ.DIB PA].MEŠ dan-nu
　　　　5'　 [TA* IGI] LÚ*.[MEŠ an-nu-ti il]-qé
　　　　6'　 「ina¹ lìb-「bi¹ 1/2 MA.N[A KÙ.BABBAR i]l-qe
　　　　7'　 kàs-pu ga-m[ur ta-a]d-din
　　　　8'　 A.ŠÀ za-ar-pi [laq-qe man-nu] ša ina ur-k[iš]
　　　　9'　 ina ma-te-ma i-GIB-u-[ni lu-u LÚ*.M]EŠ an-nu-[ti]
　　　10'　 lu-u DUMU.MEŠ-šú-nu ša T[A* 1.Rém-an-ni-d.IM]
　　　11'　 DUMU.MEŠ-šú D[UMU].DUMU.「MEŠ¹-šú d[e-e-nu DUG₄.DUG₄]
be　　12'　 「ub¹-ta-'u-u-ni ka[s-pu a-na 10.MEŠ-t]e
　　　13'　 [a-na E]N.[MEŠ]-šú　　　　　[GUR]-「ra¹
rev　 14'　 [ina de-ni-šú DU]G₄.DUG₄-ma la i-laq-qe

　　　15'　 [IGI 1.d.U+GUR-MAN]-PAP LÚ.3-šú dan-nu
　　　16'　 [IGI 1.Ú-ar-b]i-is LÚ.3.U₅
　　　17'　 [IGI 1.d.Ša-maš-MAN]-PAP LÚ.DIB PA.MEŠ
　　　18'　 [IGI 1.d.PA-še-zib LÚ. ⫶
　　　19'　 [IGI 1.Sa-ka-a]n ⫶ IGI 1.Bar-ruqu ⫶
　　　20'　 [IGI 1.d.AMAR.UTU-M]U-PAP LÚ.GAL ḪAL
　　　21'　 [IGI 1.Ba-ni-i] LÚ.2-u LÚ.GAL A.ZU
　　　22'　 [IGI 1.x x x]-A LÚ.DIB PA.MEŠ ša É GAŠAN*
　　　23'　 [IGI 1.d.PA-SU] LÚ.2-u 「LÚ¹.GAL ú-rata š[a A.MAN]
　　　24'　 [IGI 1.x x x x-n]i IGI 1.Pu-「ti¹-ba-al
　　　25'　 [IGI 1.x x x]x¹-di PAP 3 IGI.MEŠ [šá URU.x x.KI]
　　　26'　 [IGI 1.x x x x x] LÚ*.[x x x x]
　　　　　 remainder missing

Translation

Beginning missing- ....-uṣur, [x x x x x x x x] (of the) king?- [Rēmanni-
Adad], the chief [rein-holder contracted and bo]ught it [from these] men.
[He bo]ught it for 1/2 mi[na of silver]. The money [is pa]id compl[etely].
The land is purchased [and acquired. Whoever], at any [time] in the future,
breaches the contr[act, whether] the[se men] or their sons, whoever repeatedly
seeks agai[nst Rēmanni-Adad] (or) his sons (or) his grandsons a law[suit or
litigation shall ret]urn the mon[ey tenfol]d [to] its [owne]rs. [He shall
con]test [in his lawsuit] and not succeed. 13+ witnesses.

Notes

22': GAŠAN* = ⬛ . The sign is certain. See CTN III p.11 n.28.

K.291	No.	287		Rēmanni-ili
38 x 23 x 19	ADD	147	C	Loan:grain
	AR	324	T,TrG	Argasu
	Aššur	2/5	Coll.	22.II.650 B.C.
	BAB	239,248		

obv	1	2 ANŠE 5BÁN ŠE.šu-'i
	2	ša 1.Rém-a-ni-DINGIR
	3	ina IGI 1.EN-ku-ú
	4	ina ad-ri URU.Ar-ga-su
	5	SUM-an šum-ma la i-din
	6	a-na 1 ANŠE 5BÁN-šú-nu
be	7	i-GAL-bi
	8	ITU.GU₄ UD 22 KAM
	9	lim-mu 1.EN-KUR-u-a
rev	10	IGI 1.I-ri-su-DINGIR.MEŠ
	11	1.DI-mu-PAP.MEŠ EN ŠU.2
	12	ša ŠE.šu-'i
	13	IGI 1.IM-Aš+šur
	14	IGI 1.Ri-mu-u-a
	15	IGI 1.GÌR.2-MAN
te	16	IGI 1.⌈Ba-si⌉-i
	17	IGI 1.⌈Šá⌉-kil-ia

Translation

2 homers and 5 sūtus of grain belonging to Rēmanni-ili are at the disposal
of Bēl-ku?. He shall pay at the threshing floor of the city of Argasu. If
he does not pay, it shall increase by 5 sūtus per homer. Date, eponym.
Irisu-ilāni and Šulmu-aḫḫē are the guarantors of the grain. 5 witnesses.

Notes

17: See No. 335 where Šakilya purchases a house (651 B.C.).

K.415		No.	288		Rēm[anni-]
(51) x (35) x 25		ADD	165	C	Court decision
		AR	645	T,TrG	17.[ ].PC
		Aššur	2/5	Coll.	

obv	1	de-e-nu ša 1.Rém-a[n-ni x x x]
	2	TA* 1.Mal-ga-d[i LÚ.ÌR]
	3	ša 1.Pa-ši-i de-⌈e⌉-[nu]
		2+[1] Circular Stamp Seals
	4	e-mì-du-⟨ni⟩ ina muḫ-ḫi U[N.MEŠ x x x]
	5	UN.MEŠ ku-um U[N.MEŠ SUM]
	6	[x x x x x]⌈ti⌉[x x x x]
		remainder missing
rev	7'	[MA].NA KÙ.BABBAR i-[dan] IT[U x x]
	8'	UD 17 KÁM lim-me 1.NU-MAN-i[q-bi]
	9'	IGI 1.Rém-a-ni-DINGIR LÚ*.⌈x⌉[x x x]
	10'	IGI 1.d.ŠÚ-APIN-eš LÚ*.qur-b[utu]
	11'	IGI 1.ÌR-15 URU.Ḫu-b[a-ba-a+a]
	12'	IGI 1.d.U+GUR-šal-[lim]
	13'	IGI 1.Ia-ḫu-[tú]
be	14'	IGI 1.d.PA-NUMUN-AŠ IGI 1.[x x x]
	15'	IGI 1.Si-lim-[10 x x]
	16'	IGI 1.DI-mu-PAP.MEŠ ⟨IGI⟩ 1.IT[U.x x x]
	17'	IGI 1.Pa-ru-ṭí IGI 1.EN-KASKAL-M[AN-PAP]
	18'	IGI 1.Du-nu-zu IGI
le	19'	[IGI 1.d].MAŠ-SUM-na
	20'	[IGI 1.x x]-BÀD
	21'	[IGI 1].BE-ma-DINGIR.MEŠ-ni
	22'	[IGI 1].Mil-ki-DINGIR
	23'	IGI 1.Ḫu-zi-r[u]

Translation

A lawsuit of Rēm[anni- x x x] against Malgad[i x x x]. Judgment which
Pašî - 2 + [1] Circular Stamp Seals- imposed concerning the peo[ple x x x.
He shall give] the people in lieu of [his] peo[ple x x x x x x x x x] ⌈ti⌉
[x x x x] -remainder of obverse missing. He shall p[ay x mi]nas of silver.
(Date), eponym, 18 witnesses.

Notes

3: ⌈e⌉ = 𝊏///.

9': ⌈x⌉ = 𝊐///.

18': zu = 𝊏𝊐. The line is squeezed in at the bottom of the tablet.
The scribe did not have enough space to complete the personal name.

83-1-18, 376	No.	289		Rēmūt-Adad
(34) x (40) x (27)	ADD	409	C	Sale:land
	AR	433	T,TrG	
	Aššur	2/5	Coll.	

beginning missing

obv	1'	[x x x x x] nu [x x x x]
	2'	[GAB.DI A.Š]À 1.Si-[n]i-nu-⌈x⌉
	3'	[x x x]⌈x⌉ 1 mu-ṣu-u
	4'	[GAB].DI GIŠ.KIRI₆ ša 1.PAP-<it>-tab-ši
	5'	[x x]-⌈x⌉-te ša d.15 ša URU.4*-îl
	6'	[x x x] É du-gu-li
	7'	[x x x x] ad-ri A.ŠÀ.GA
	8'	[tab-r]i-ú ina URU.ŠE 1.Ma-ṣi-DINGIR
	9'	[ú-piš-ma] 1.Rém-ut-d.IM
be	10'	[ina ŠÀ x MA.N]A KÙ.BABBAR.MEŠ
	11'	[x x x KÙ].BABBAR ša NA₄.KIŠIB-šú
rev	12'	[TA* IGI 1].⌈Ut⌉-te-e il-qe
	13'	[kas-pu gam]-mur SUM-ni
	14'	[x x x x x] É ad-ru
	15'	[x x x x N]A₄.kan-nu ⌈tab-ri-ú⌉
	16'	[za-rip la]q-qe tú-a-ru
	17'	[DUG₄.DUG₄ la-áš-šú] man-nu ša ina ur-kiš
	18'	[ina ma-te-ma i-za]q-qu-pa-ni
	19'	[x x x x x x x x x x x x]⌈x⌉
	20'	[x x x x x x x x x x x x]⌈x⌉

remainder missing

Translation

Beginning missing— [x x x x x] nu [x x x x, adjoining the lan]d of Si[n]inu-⌈x⌉, [x x x]⌈x⌉ 1 right-of-way, [adjoin]ing the orchard of Aḫu-(it)tabši, [x x]-⌈x⌉-te of Ištar of Arbail, [x x x] a watchtower, [x x x x], threshing floor, land, [and tab]riu in the village of Maṣi-ili——Rēmūt-Adad [contracted and] bought it [for x min]as of silver/[(and) x mina of sil]ver for his seal [from] Uttê. [The money] is paid [comp]letely. [That x x x x], house, threshing floor, [land, a sto]ne structure, and tabriu [are purchased and ac]quired. Any revocation or [litigation is void]. Whoever, at any time [in the future, lodges a] complaint .... —remainder missing.

Notes

2': ⌈x⌉ = 𝄢.

3': ⌈x⌉ = 𝄢 ; possibly ⌈na⌉.

15': NA₄.kan-nu is unattested and perhaps the signs should be read: tàk /dàk-kan-nu; see AHw 151b-152a.

19': ⌈x⌉ = 𝄢.

20': ⌈x⌉ = 𝄢.

K.4692	No.	290		Remūt-ilāni
39 x 23 x 19	ADD	45	C	Loan:silver
	AR	272	T,TrG	20.IV.PC
	Aššur	2/5	Coll.	

obv	1	4 MA.NA KÙ.BABBAR ⌜SAG.DU⌝
	2	ša 1.Rem-ut-DINGIR.MEŠ-ni ina IGI 1.⌜x⌝[x x x]
	3	ina IGI 1.Su-lu-ma-a+a ina IGI 1.⌜x⌝[x x x]
	4	ina IGI 1.d.30-SU ⌜x x x x x⌝
	5	ina IGI 1.MAN-IGI-a-⌜ni⌝ [x x x x]
	6	ina ITU.SIG₄ a-na SAG.DU-šú
be	7	SUM-nu BE-ma NU SUM-nu
	8	[KÙ].BABBAR a-na 4-ut-[ti]-šú
rev	9	⌜GAL-bi⌝ ITU.ŠU UD 20 KAM
	10	lim-mu 1.d.IM-SUM-PAP
	11	IGI 1.EN-MAN-DÙ IGI 1.⌜x x x x⌝
	12	IGI 1.⌜x x x⌝ IGI 1.⌜x x x x⌝
	13	IGI 1.⌜x x x x⌝
te	14	IGI 1.d.IM-A-⌜x x⌝
	15	IGI 1.d.IM-⌜x⌝-DÙ

Translation

4 minas of silver, capital, belonging to Remūt-ilāni are at the disposal of
⌜x⌝[x x x], at the disposal of Sulumāya, at the disposal of ⌜x⌝[x x x], at the
disposal of Sîn-erība ⌜x x x x x⌝, and at the disposal of Šarru-īmuranni,
[x x x x]. They shall pay the capital in the month of Simanu. If they do
not pay, [the sil]ver shall increase by a fourth. Date, eponym, 7 witnesses.

Notes

2: ⌜x⌝ = ⧖⧘.

3: ⌜x⌝ = ⧘.

4: The signs at the end of the line are illegible.

11: ⌜x x x x⌝ = ⧖⧘⧖⧘.

12-13: The traces are unreadable.

14': ⌜x x⌝ is illegible.

15: Possibly ⌜x⌝ is NU[MUN].

Rm.2, 282	No.	291		Remūt-ili
(36) x (60) x 31	ADD	410	C	Sale:land
	AR	431	T,TrG	

beginning missing

```
obv    1'    ⌐x⌐[x x x x x x x x]
       2'    É 60 AN[ŠE x x x x]
       3'    SAG URU.Ki-⌐x⌐[x x x]
       4'    TA* pa-an 1.Kil-[x x x x x]
       5'    1.Rém-ut-DINGIR TA* ⌐x⌐[x x x x]
       6'    ina lìb-bi 3 M[A.NA KÙ.BABBAR il-qe]
      _____
       7'    [SUḪ]UR KASKAL ša a-na [x x DU-u-ni]
       8'    ⌐SUḪUR⌐ ta-ḫu-me [x x x x x]
       9'    [SUḪ]UR KASKAL ša a-na ⌐x⌐[x x DU-u-ni]
      10'    kas-pu ga-mur ta-[din A.ŠÀ šu-a-tú]
      11'    za-rip laq-qe t[u-a-ru de-nu]
      12'    [DUG₄]. DUG₄⌐ l[a-áš-šú x x x]
             remainder missing
rev   13'    [x x x x x x]⌐x⌐[x x x]
      14'    [x x x x x x]⌐x⌐-ma [x x x]
      15'    [x x x x x x]⌐x⌐ ta [x x]
      16'    [x x x x LÚ*.m]u-kil KUŠ.[PA.MEŠ]
le    17'    [x x x x x x x x x x x x x]⌐x x⌐[x x x x x]
      18'    [x x x x x x] IGI 1.Ub-ru-ti LÚ*.A.BA
      19'    [x x x x x x] IGI 1.Šal-ši-ia LÚ*.A.BA [x x x x x x]
      20'    [x x x x x IG]I 1.EN-IGI.LAL-a-ni [x x x x x x x x x x]
```

Translation

Beginning missing— ... an area of 60 home[rs of land] at the beginning of the
city of Ki-⌐x⌐[x x x] from Kil-[x x x x x]——Remūt-ili [(contracted) and
bought it] from ⌐x⌐[x x x x] for 3 mi[nas of silver. / [Adjoin]ing the road which
[leads] to [GN], adjoining the border of [x x x x x, adjoin]ing the road
which [leads] to G[N. That land] is purchased and acquired. Any re[vocation,
lawsuit, or [liti]gation is v[oid x x x] -remainder missing. 7+ witnesses.

Notes

3': ⌐x⌐ = 〰.
5': ⌐x⌐ = 〰; perhaps this is p[a-an·
9': ⌐x⌐ = 〰.
13': ⌐x⌐ 〰.
14': ⌐x⌐=〰.
15': ⌐x⌐ = 〰·.
17': ⌐x x⌐ = 〰·.

83-1-18, 342	No.	292		Rībāte
39 x 72 x 18	ADD	624	C	Lease:land
duplicate: No. 293	AR	135	T,TrG	Scribe:Nabû-bāni-apli
				Balawāt
				7.X.687 B.C.

obv 1 NA₄.⌈KIŠIB 1.Man-nu-lu⌉-s[a]-me
     2 NA₄.KIŠIB 1.d.IM-PAP-ir
     3 NA₄.KIŠIB 1.Ṭa-bu-su
     4 EN A.ŠÀ SUM-[ni]

───────────────────────────────

Blank Seal Space

───────────────────────────────

     5 É 3 ANŠE pu-u-ru dan-nu
     6 É 3BÁN ina e-nu bir-ti ḫi-ri-a-te
     7 SUḪUR ḫi-ri-te SUḪUR 1.PAP-SIG
     8 SUḪUR A.ŠÀ šá 1.ITU.AB-a+a
     9 SUḪUR 1.DINGIR-ka-bar SUḪUR ḫi-ri-te
    10 SUḪUR A.ŠÀ šá 1.PAP-ú-qur
    11 SUḪUR A.ŠÀ šá 1.Sa-a-si-i
    12 ⌈ú⌉-piš-ma 1.Ri-ba-te
    13 ina lìb-bi 20+[x] ⌈GÍN⌉.MEŠ KÙ.BABBAR <TI> A.Š[À]
    14 a-na M[U.AN.NA].MEŠ A.ŠÀ e-[kal]
    15 e-r[a-aš e-ṣi-id] ⌈ú⌉-g[a-lap]
    16 ⌈x x x x⌉[x x x x x]
rev 17 e-da-nu šá-kí[n x x KÙ.BABBAR]
    18 ina UGU ta-ra-m[e i-šá-kan-nu]
    19 ú-še-ṣu

───────────────────────────────

    20 IGI 1.Šúm-ma-[DINGIR LÚ.SANGA]
    21 IGI 1.d.ME.ME-MU-[GIŠ]
    22 IGI 1.d.ŠÚ-DÚ IGI 1.PAP-la-⌈maš⌉-[ši]
    23 IGI 1.Ma-mú-iq-⌈bi⌉
    24 IGI 1.KÁ-DINGIR-a+a 1.PAP-AŠ
    25 IGI 1.ITU.AB-a+a 1.⌈SUḪUŠ⌉-d.15
    26 IGI 1.Mu-qa-li-i
    27 IGI 1.Kan-nun-a+a 1.Ez-bu
    28 IGI 1.d.PA-šá-kín-DI-mu
    29 IGI 1.Di-na-nu
    30 IGI 1.d.PA-DÙ-A LÚ.A.BA
    31 ITU.AB UD 7 KÁM* ⌈lim-mu⌉ 1.30-PAP.MEŠ-SU
    32 ⌈LUGAL⌉ KUR.Aš+šur

Translation

Seal of Mannu-lu-s[a]me, seal of Adad-nāṣir, seal of Ṭabusu, owner(s) of the
land being sold. /Blank Seal Space/ An area of 3 homers, a large plot; an
area of 3 sūtus with a spring between the ditches adjoining a ditch, adjoining
(the land) of Aḫu-dammiq, adjoining the land of Kannunāya, adjoining (the land)
of Ilu-kabar, adjoining a ditch, adjoining the land of Aḫu-uqur, and adjoining
the land of Sāsî——Rībāte contracted and <bought> it for 20 + [x] shekels of
silver. He shall have the us[ufruct] of the land for (a number) of y[ears].

He shall cultiv[ate, harvest], and mo[w] ⌜x x x x⌝[x x x x x]. The limit
is fixe[d x x. (If) they place the silver] upon the corn-heaps, they shall
redeem ⟨their land⟩. 14 witnesses, scribe, date, eponym.

Notes

1: Man-nu-⌜lu⌝-s[a]-me is otherwise attested as Man-nu-li-sa-me
in No. 293:1 and the Balawāt texts (BT 102:12; 107:19; 113:11; 114:9;
126:19).

12: Rībāte occurs as a witness in BT 100a:16 = 100b:15, 120:15; 123:12;
125:28 (as DUMU URU.NINA). He purchases a part of the land leased here
one year later (No. 293). On the name see K. Deller, BaM 13 (1982) 151.

15: The readings are uncertain. ⌜ú⌝-g[a-lap] = 〈cuneiform signs〉.

16: ⌜x x x x⌝ = 〈cuneiform signs〉.

20: The name is restored according to No. 293:28. Šumma-ili occurs
in BT 119:2.

21: Gula-šumu-lēšir is attested together with Marduk-ibni (1.22 and
No. 293:27) in BT 116:16-17. He also appears in BT 107:17.

22: Aḫu-lâmašši occurs in No. 293:29 and BT 107:23.

23: Besides No. 293:30 and this text, Mamu-iqbi is known from his
archive in Balawāt: BT 102:2; 117:3; 124:5; 136:9; 140:5. He is a
guarantor in BT 100a:8-9 = 100b:9-10.

24: Bābilāya is attested together with Aḫu-iddina in BT 100a:14-15.
He also appears in BT 117:11; 120:13; 125:31; 140:2.

27: The signs Ez and bu are separated by a space of two signs. Ezbu
occurs in BT 100a:13 = 100b:14; 125:33; 139:11.

28: Nabû-šakin-šulmi appears together with Mannu-lisame in BT 113:12.

29: na and nu are separated by a space of two signs. Dinānu is attested
in BT 107:23; see M. Fales, OA 16 (1977) 53 n.21.

30: Nabû-bāni-apli is the scribe of No. 293, BT 126 and AR 187. He is also
attested in BT 113:8.

Bu.91-5-9, 209	No.	293		Rībāte
50 x 89 x 26	ADD	374	C	Sale:land
duplicate: No. 292	AR	397	T,TrG	Scribe:Nabû-bāni-apli
				7.X.686 B.C.

obv 1 NA₄.KIŠIB 1.Man-nu-li-s[a-me]
2 NA₄.KIŠIB 1.d.IM-PAP-ir
3 NA₄.KIŠIB 1.Ṭa-bu-su
4 NA₄.KIŠIB 1.d.IM-iq-bi EN A.ŠÀ S[UM-ni]

_____

2 Fingernail Impressions 2 Circular Stamp Seals

_____

5 É 1 ANŠE 3BÁN A.ŠÀ bir-ti ḫi-⌜ri⌝-a-te
6 SUḪUR A.ŠÀ ša 1.ITU.AB-a+a
7 SUḪUR A.ŠÀ ša 1.Mu-qa-⌜li-i⌝
8 SUḪUR A.ŠÀ ša 1.Kan-nun-a+a
9 SUḪUR A.ŠÀ ša 1.Mu-še-zib-d.[x x]
10 ú-piš-ma 1.Ri-ba-a-[te]
11 ina lìb-bi 4 GÍN.MEŠ KÙ.[BABBAR]
12 TA* IGI LÚ.MEŠ an-nu-[te]
13 A.ŠÀ i-zi-rip i-s[e-qe]
be 14 kas-pu ga-mur ta-[din]
15 A.ŠÀ šu-a-tú za-rip l[a-qe]
16 tu-a-ru de-e-nu D[UG₄.DUG₄]
17   la-a-šú
rev 18 man-nu ša <ina> ur-kiš ina ma-a-⌜te⌝-m[a]
19 i-za-qup-an-ni lu-u ⌜LÚ*⌝.[MEŠ an-nu-te]
20 lu DUMU.MEŠ-šú-nu lu PAP.MEŠ-šú-n[u]
21 lu mám+ma-nu-šú-nu TA* 1.SU.MEŠ-t[e]
22 ù DUMU.MEŠ-šú DUMU.DUMU.MEŠ-šú
23 de-e-nu DUG₄.DUG₄ ub-ta-'u-u-ni
24 kas-pu a-na 10-a-te a-na EN.MEŠ-šú
25 GUR-ra ina de-ni-šú DUG₄.DUG₄-ub
26 NU   TI

_____

27 IGI 1.d.ŠÚ-DÙ 1.⌜PAP⌝-AŠ
28 IGI 1.Šum-ma-DINGIR LÚ*.⌜SANGA⌝
29 IGI 1.PAP-la-maš-ši 1.⌜U+GUR⌝-MAŠ
30 IGI 1.Ma-mú-iq-bi
31 IGI 1.ITU.AB-a+a 1.DINGIR-ka-bar
32 IGI 1.d.UTU-rém-a-ni 1.SUḪUŠ-15
33 IGI 1.Mu-qa-li-i 1.Kan-nun-a+a
34 IGI 1.d.PA-DÙ-A LÚ*.A.BA
be 35 ITU.AB UD 7 KÁM lim-mu
36 1.EN-IGI.LAL-a-ni LÚ*.⌜tur-ta⌝-[nu]

Translation

Seal of Mannu-lis[ame], seal of Adad-nāṣir, seal of Ṭabusu, seal of Adad-iqbi,
owner(s) of the land being s[old]. /2 Fingernail Impressions 2 Circular
Stamp Seals/ An area of 1 homer and 3 sūtus of land between ditches adjoining
the land of Kannunāya, adjoining the land of Muqali, adjoining the land of
Kannunāya, and adjoining the land of Mušezib-[x x]——Rībāte contracted, purchased,
and b[ought] the field for 4 shekels of sil[ver] from the[se] men. The money

is pa[id] completely. That field is purchased and acq[uired]. Any revocation, lawsuit, or li[tigation] is void. Whoever, <at> any time in the future, lodges a complaint, whether [these] men or their sons or the[ir] brothers of anyone belonging to them, (whoever) repeatedly seeks against Rībāt[e] and (against) his sons (and against) his grandsons a lawsuit or litigation shall return the money tenfold to its owners. He shall contest in his lawsuit and not succeed. 11 witnesses, scribe, eponym.

Notes

4: Note that Adad-iqbi is not listed as one of the owners in No. 292. This purchase occurs one year to the day after the lease in the previous text.

12: See the notes on No. 292 for Rībāte and the witnesses in this document.

31: Ilu-kabar is a neighbor; cf. No. 292:9.

K.353 + 1497	No.	294	Rībāte
58 x 95 x 28	ADD	173 C	Sale:male
	AR	487 T,TrG	Scribe:Nerg[al-]
	Aššur	2/5 Coll,	22.XI.PC
	AST	T217 Q	

obv
1   NA₄.KIŠIB 1.Qi-bit-15
2   NA₄.KIŠIB 1.La-te-gi-d.Na-na-a+a
3   NA₄.KIŠIB 1.Man-nu-ki-d.IM
4   PAP 3 LÚ.MEŠ EN LÚ SUM-ni

___

3 Stamp Seal Impressions

___

5   1.Ḫa-bíl-GIN ÌR-šú-nu
6   ú-piš-ma 1.Ri-ba-a-te
7   TA* IGI LÚ.MEŠ ⌈an-nu⌉-te
8   ina ŠÀ 2 MA.NA 10 [GÍ]N.MEŠ KÙ.BABBAR
9   i-zi-rip i-se-qe
10   kas-pu ga-mur ta-din
11   LÚ šu-a-tú za-rip laq-qe
12   tu-a-ru de-nu DUG₄.DUG₄ la-šú
13   man-nu ša ina ur-kiš i[m]-<ma>-te-ma

```
        14   i-za-qu-pa-ni ⌜i⌝-GIB-u-ni
        15   lu-u LÚ.MEŠ an-nu-[t]e lu-u DUMU.MEŠ-šú-nu
        16   [l]u-u DUMU.DUMU.MEŠ-šú-nu [lu]-⌜u⌝ PAP.MEŠ-šú-⌜nu⌝
        17   [ša TA*] 1.Ri-ba-a-t[e lu-u DUMU].ME[Š-šú]
             remainder missing

rev     18'  ina bur-ki [d.x x x x x GAR-an]
        19'  kas-pu a-⌜na⌝ [10.MEŠ-te a-na EN.MEŠ-šú GUR]
        20'  ina la de-ni-šú DUG₄.[DUG₄ la TI]
        ─────────────────────────────────────────────
        21'  IGI 1.d.Š[á-ma]š-DINGIR-[a+a]
        22'  IGI 1.Ṭu-[r]i-⌜i⌝
        23'  IGI 1.10-PAP-AŠ [IGI 1].d.PA-ÁG-Z[I]
        24'  IGI 1.d.MAŠ-i
        25'  IGI 1.d.PA-⌜x⌝
        26'  IGI 1.DÙG.[G]A-GIŠ.[MI-d.1]5

             3 line spaces

        27'  IGI 1.d.U+G[UR x x x]⌜x⌝ [LÚ].A.BA
        28'  ITU.ZÍZ UD 22 [KÁM]
        29'  lim-mu 1.Mu-šal-lim-Aš+[šur]
        30'  LÚ.GAR.KUR URU.A-li-[ḫi]
te      31'  7 GÍN KÙ.BABBAR ša NA₄.KIŠIB-šú-nu
```

Translation

Seal of Qibīt-Ištar, seal of Lā-teggi-Nanâ, seal of Mannu-kī-Adad, a total
of 3 men, owner(s) of the man being sold. /3 Stamp Seal Impressions/ Ḫabil-
kēnu, their servant——Rībāte contracted, purchased, and bought him from these
men for 2 minas and 10 [she]kels of silver. The money is paid completely.
That man is purchased and acquired. Any revocation, lawsuit, or litigation
is void. Whoever, at any time in the future, lodges a complaint or breaches
the contract, whether these men or their sons or the grandsons [o]r their
brothers [whoever (repeatedly seeks) against] Rībāte [or his son]s [(or his
grandsons a lawsuit or litigation) shall place (x minas of silver (and) x minas
of gold)] in the lap of [DN residing in GN. He shall return] the money ten[fold
to its owners]. He shall con[test] in his non-lawsuit [and not succeed].
6 witnesses, scribe, date, eponym. 7 shekels of silver for their seal(s).

Notes

25': ⌜x⌝ = .

27': Parpola restores: 1.d.U+G[UR!-M]AŠ. The signs look like:
.

83-1-18, 358	No.	295		Salmān(u)-imme
(38) x (49) x 18	ADD	284	C	Sale:slaves
	AR	462	T,TrG	26.X.668 B.C.
	Aššur	2/5	Coll.	

beginning missing

```
obv    1'    [x x x x x]˹x x˺-da-˹a˺+a ˹AMA˺-šú PAP 2 ZI
       2'    [ÌR.MEŠ] šá 1.ÌR-d.15 LÚ.šá UGU É-a-ni
       3'    [ú-piš-ma 1].DI-ma-nu-im-me ina ŠÀ 1 1/2 MA.NA KÙ.BABBAR
       4'    [ina MA.N]A šá MAN TI-qé kas-pu gam-mur
       5'    [t]a-din LÚ.UN.MEŠ šu-a-tú
       6'    [za-a]r-pu laq-qé-u tu-a-ru
       7'    [de]-e-nu DUG₄.DUG₄ la-áš-šu
       8'    [ṣib-t]ú be-nu ina 1 me UD.MEŠ sa-ár-tú
       9'    [a-na k]ala MU.AN.NA.MEŠ man-nu šá ina ur-kiš
      10'    [ina ma-te]-ma i-zaq-qup-an-ni GIB-u-ni
      11'    [TA* 1].DI-ma-nu-im-me lu-u ˹DUMU.MEŠ-šú˺
      12'    [lu-u DUMU.D]UMU.MEŠ-šú lu-u PAP.ME[Š-šú]
             remainder missing
rev   13'    [IGI 1.x x]-šal-lim LÚ.GAL KA.KEŠDA šá É ˹x˺
      14'    [IGI 1.Da]n-na-a+a LÚ.mu-kil KUŠ.PA.MEŠ
      15'    [IGI 1.x x]˹x˺-DINGIR LÚ.3-šú
      16'    [IGI 1.x x]˹x˺-DINGIR-a+a LÚ.GAL ki-ṣir
      17'    [IGI 1.Ta]-ri-ba-d.15 LÚ.GAL NI.GAB
      18'    [IGI 1.D]I-KUR LÚ.GAL za-am-ma-re-e
      19'    [IGI 1.d.P]A-TI-su-DUG₄.GA LÚ.šá ḫu-si-ni-šú
      20'    [IGI 1].d.UTU-DINGIR-a+a LÚ.šá É 2-e
      21'    [IG]I 1.Ḫa-ba-as-tú LÚ.GAL NI.GAB
      22'    [I]GI 1.EN-BÀD IGI 1.d.UTU-KAM-eš
      23'    [IG]I 1.Ta-ga-li-i IGI 1.d.PA-KÀD-an-ni
      24'    [IT]U.AB UD 26 KÁM* lim-<mu> 1.Mar-la-rim
```

Translation

Beginning missing- [x x x x x] x x-dāya, his mother, a total of 2 person(s), [servants] of Urad-Ištar, the ša-muḫḫi-bitāni——Salmānu-imme [contracted and] bought them for 1 1/2 minas of silver [according to the mi]na (standard) of the king. The money [is] paid completely. Those men [are pur]chased and acquired. Any revocation, [law]suit, or litigation is void. [(The buyer is guaranteed against) the ṣib]tu and bennu diseases for 100 days (and against) fraud [for]ever. Whoever, at any time [in the fut]ure, lodges a complaint or breaches the contract, [(whoever repeatedly seeks) against] Salmānu-imme or his sons [or] his [grand]sons or [his] brothers -remainder of text missing. 13 witnesses, date, eponym.

Notes

1': ˹x x˺ = [cuneiform sign].

13': ˹x˺ = [cuneiform sign].

14': The witness list is identical with No. 296.

15': ⌈x⌉ = 𝕸.

16': ⌈x⌉ = 𝕸.

Bu.91-5-9, 146	No.	296		Salmān(u)-imme
(43) x (40) x 22	ADD	537	C	Sale
	AR	605	T,TrG	

obv 1   [NA₄.KIŠIB 1.Sa]-la-ma-na-i-me
     2   [EN x x x] ta-⌈din⌉-ni

       1 Stamp Seal Impression
       remainder missing

rev 3' [IGI 1.Dan-na-a+a LÚ*.DIB KU]Š.a-pa-te
     4' [IGI 1].d.[x x-DINGIR LÚ*].3-si
     5' [IGI 1.x x x]-DINGIR-a+a LÚ*.GAL ki-ṣir
     6' [IGI 1.Ta-r]i-ba-15 LÚ.GAL NI.GAB
     7' [IGI 1.DI-m]u-KUR LÚ*.GAL za-ma-re
     8' [IGI 1.d.PA-TI]-su-iq-bi LÚ*.šá ḫu-si-ni-šu
     9' [IGI 1.d.UTU]-DINGIR-a+a LÚ*.ša É 2-e
    10' [IGI 1.Ḫa-b]a-as-ti LÚ*.GAL NI.GAB
    11' [IGI 1.EN-B]ÀD IGI 1.Ša-maš-APIN-eš
be 12' [ITU.x UD] 11+[x] KAM
    13' [lim-mu 1.x x x IGI 1.d.PA-KÀD]-a-⌈ni⌉

Translation

[Seal of Sa]lmānu-imme, [owner of the x x x] being sold. /1 Stamp Seal
-text missing. 9 witnesses, (date), (eponym).

Notes

1: na is certain.
4': LÚ*].3-si; see note on No. 24:14'.

K.452   No. 297   Samku-[ ]
(51) x (89) x 31   ADD 397 C   Sale:land
         AR 422 T,TrG
         Aššur 2/5 Coll.
         AST T197 Q

obv 1 [ku-um NA₄.KIŠIB-šú-nu ṣu-pur-š]ú-nu [iš-ku-nu]

  2 [ṣu-pur] 1.Ma-⌜x⌝[x x x]
  3 [ṣ]u-pur 1.Aš+šur-Š[EŠ.MEŠ]
  4 [ṣu]-pur 1.Ḫa-⌜x⌝[x x x]
  5 [PA]P 3 LÚ.MEŠ-e EN [A.ŠÀ SUM-ni]

    4 Fingernail Impressions

  6 É 9 ANŠE 3BÁN ⌜A.ŠÀ⌝ tab-⌜ru⌝ GA[L-u]
  7 [SUḪ]UR A.ŠÀ ša 1.d.PA-⌜BÀD-PAP⌝
  8 ⌜SUḪUR⌝ A.ŠÀ ša 1.Na-ga-⌜a⌝
  9 ⌜SUḪUR⌝ A.ŠÀ ša 1.⌜Kur⌝-la-⌜a⌝ + [a]
  10 ⌜SUḪUR⌝ A.ŠÀ ša 1.Kab-ia-[x]
  11 [S]UḪUR A.ŠÀ ša 1.ÌR-d.[x]
  12 ú-pis-ma 1.⌜Sam-ku⌝-[x]
  13 DUMU 1.Ia-qi-r[i]
  14 [TA*] IGI 1.Ma-⌜x⌝-[x]
be 15 [TA* IGI] 1.Aš+šur-PAP.M[EŠ x x]
  16 [TA* IGI] 1.⌜Gi-mil⌝-DINGIR

rev 2 lines missing

  17' [UN.MEŠ šú-a-tu] za-⌜ar⌝-[pu la-qe-u]
  18' [tu-a-ru de]-e-nu DUG₄.[DUG₄ la-aš-šú]
  19' [man-nu ša ina u]r-kiš ina mat-[e-ma]
  20' [i-za-qup-an-ni GI]B-u-[ni]
  21' [1 MA.NA KÙ].BABBAR 1 MA.NA [KÙ.GI]
  22' [ina bur-ki] d.IM a-šib U[RU.x x GAR]
  23' [kas]-⌜pu⌝ a-na EN.MEŠ ⌜GUR⌝

  24' IGI 1.DINGIR-im-me
  25' IGI 1.Ka-ku-s[u]
  26' URU ša 1.Bir-ta-⌜a⌝+[a]
  27' [IG]I 1.Ki-s[i x x]
    remainder missing

le 28' [x x x x x x x] ku-um ⌜x⌝[x x x x]
  29' [x x x x x x]-⌜ta⌝-a ⌜LÚ*⌝.[x x x]

Translation

[In place of their seal(s) they placed t]heir [fingernail(s)]./ [Fingernail]
of Ma-⌜x⌝[x x x, fin]gernail of Aššur-aḫ[ḫē-x, se]al of Ḫa-⌜x⌝[x x x, a
tot]al of 3 men, owner(s) of the [land being sold]. /4 Fingernail Impressions/
An area of 9 homers and 3 sūtus of land (with) a large tabru [adjoin]ing the
land of Nabû-dūru-uṣur, adjoining the land of Nagâ, adjoining the land of
Kurrillāy[a], adjoining the land of Kabia-[x and adjo]ining the land of Urad-[DN]

Samku-[x] son of Iaqir[u] contracted (and bought it) [fr]om Ma-⌜x⌝[x, from]
Aššur-aḫḫē-[x x, (the sons) of] ⌜Gimil⌝-ili.... [Those people] are purchas[ed
and acquired. Any revocation, law]suit, or liti[gation is void. Whoever,
at any] time in the futur[e, lodges a complaint or breaches] the contract
[shall place 1 mina of sil]ver (and) 1 mina of [gold in the lap] of Adad
residing in [GN]. He shall return [the mon]ey to its owners. 4+ witnesses.

Notes

2: ⌜x⌝ = 𒑱.

4: ⌜x⌝ = 𒑱. Parpola reads 1.Ḫa-a-A[N!. -A[N is not on the tablet.

9: ⌜Kur⌝ is very uncertain. It looks like: 𒑱 . Parpola's
traces appear as KÁM* and aš.

14: ⌜x⌝ = 𒑱. The reading ⌜RI⌝ for this sign is incorrect (Parpola).

16: ⌜Gi⌝ = 𒑱. Parpola's readings are wrong.

28': ⌜x⌝ = 𒑱.

82-5-22,45	No.	298		Sē-iāte
(35) x (40) x (6)	ADD	282	C	Sale:slaves
				Ḫarrānu

obv 1 [NA₄.KIŠIB 1.Se]-⌜e⌝-i-me
     2 [NA₄.KIŠIB 1.D]i-ši-i
     3 [PAP 2 E]N UN.MEŠ SUM-ni

     1 Stamp Seal

     4 [x x x x x] ⌜x x x⌝[x x]
     5 [x x x x]⌜x DUMU⌝[x x x x]
        remainder No. 299

Notes

Although No. 298 is the upper portion of No. 299, it does not physically
join it.

4: ⌜x x x⌝ = 𒑱.

5: ⌜x⌝ = 𒑱.

K.10412 + 80-7-19,345	No.	299		Sē-iāte
(49) x (53) x (12)	ADD	283+802	C	
	AR	76	T,TrG	
	AST	T215	Q	

beginning No. 298

obv
1' [x x x x x]-⌜x x⌝ [x x x x x]
2' [x x x x x x x]⌜x⌝ DUMU [x x x x x]
3' [x x x x x] DUMU-šú 3 ⌜x⌝[x x x]
4' [x x x x x x]-sa-⌜a⌝ DUMU-šú
5' [x x x PAP x ZI.MEŠ] šá LÚ-e an-⌜nu-te⌝
6' [ú-p]iš-ma 1.Se-e-ia-te-⌜e⌝
7' [TA* IG]I 1.Se-e-i-me TA* IGI 1.D[i-ši-i]
8' [ina Š]À 2 MA.NA KÙ.BABBAR T[I]
9' [k]as-pu gam-mur ta-ad-din UN.[MEŠ šú-a-tú]
10' [z]ar-pu TI-u tú-a-ru de-⌜e⌝-[nu]
11' DUG₄.DUG₄ la-áš-šú man-nu šá GI[B-u-ni]
12' i-zaq-qup-an-ni 20 MA.NA [KÙ.BABBAR x MA.NA]
13' KÙ.GI a-na d.30 a-šib URU.KAS[KAL SUM-an]
14' kas-pu a-na 10.MEŠ-te ana EN.MEŠ-⌜šú⌝ [GUR]
be 15' [ina] ⌜de-ni-šú⌝ [DUG₄.DU]G₄-⌜ma⌝ [la TI]
remainder missing

Translation

[Seal of S]ē-imme, [seal of D]iši, [a total of 2 (men), own]er(s) of the
people being sold. /1 Stamp Seal Impression/ –text mostly missing continues
with No. 299 which does not physically join– .... [x x x x x], his son, 3
⌜x⌝[x x x x x x x x x x]-sa, his son, [x x x, a total of x persons] belonging
to these men——Sē-iāte [cont]racted and [bou]ght them [fro]m Sē-imme (and) from
D[iši fo]r 2 minas of silver. [The m]oney is paid completely. [Those] people
are purchased and acquired. Any revocation, lawsui[t], or litigation is void.
Whoever breaches [the contract] or lodges a complaint [shall pay] 20 minas
of [silver (and) x minas] of gold to Sîn residing in Harr[ānu. He shall
return] the money tenfold to its owners. [He shall conte]st [in] his lawsuit
[and not succeed]. Remainder missing.

Notes

1': ⌜x x⌝ = (sign drawing).

2': ⌜x⌝ = (sign drawing).

3': ⌜x⌝ = (sign drawing).

K.1856		No.	300		Se'-mādi
(42) x (58) x 20		ADD	278	C	Sale:slaves
		AR	531	T,TrG	Scribe:[ ]-aḫu-iddina
					Ninua
					7.[ ].683 B.C.

te   1   [NA₄.KIŠIB 1.Ì]R-d.15
       2   [EN UN.MEŠ] SUM-ni

Cylinder Seal Impression

---

       3   1.Mar–ia–te–e' 1.Se–e'–im–ʿmeʾ
       4   [1].Mu–ra–a PAP 3 ZI.MEŠ ÌR.MEŠ
       5   [ša 1].ʿÌRʾ–d.15 ú–piš–ʿmaʾ
       6   [1.Se–è'–ma]–ʿaʾ–di LÚ*.GAL ʿURUʾ.MEŠ
       7   [ša DUMU.MAN ina] ʿlìbʾ–bi 50 GÍN.MEŠ ʿKÙ.BABBARʾ
       8   [TA* 1.ÌR–d.1]5 il–qe
       9   [x x x x x x x]ʿxʾ–PAP
            remainder missing
rev 10'   [x x x x x x x x x]ʿxʾ
     11'   [x x x x x x x x]
     12'   [x x x x x x x x]ʿxʾ
     13'   [x x x x x x x x x x]ʿxʾ LÚ*.A.BA
     14'   [x x x x x x x] LÚ*.ENGAR
     15'   [x x x x x x]ʿxʾ URU.ŠE ra–bu–<ti>
     16'   [x x x d.Z]a–ba–ba LÚ*.ENGAR
     17'   [ITU.x UD] ʿ7ʾ KAM lim–me
     18'   [1.Man–nu–ki–d.10 šá URU].Ṣu–ba–te
     19'   [x x x]–ʿPAPʾ–AŠ LÚ*.A.BA

Translation

[Seal of U]rad-Ištar, [owner of the people] being sold. /Cylinder Seal
Impression/ Mariate', Se'-imme, and Mura, a total of 3 persons, servants
[of] Urad-Ištar——[Se'-m]ādi, the rab-ālāni [of the crown prince], contracted
and bought them for 50 shekels of silver [from Urad-Iš]tar -text mostly missing.
8+ witnesses, (date), (eponym), (scribe).

Notes

9:   ʿxʾ = ⫻⟆ .
10':   ʿxʾ = ⫻⟅.
12':   ʿxʾ = ⫻⟆ .
13':   ʿxʾ = ⫻⟆ .
15':   ʿxʾ = ⫻⟆⟆   . See AR 438:7 where URU.ŠE GAL.MEŠ occurs.

354

81-2-4, 150	No.	301		Se'-mādi
35 x 75 x 21	ADD	231	C	Sale:slaves
	AR	202	T,TrG	Ninua
	Aššur	2/5	Coll.	16.XII.681 B.C.
	AST	T204	Q	

obv   1   NA₄.KIŠIB 1.ÌR-d.15
       2   EN UN.MEŠ ta-da-ni

---

2 Circular Stamp Seals

---

       3   1.Ḫa-am-nu-nu MÍ-šú MÍ.AMA-šú
       4   1.Ad-da-a 1.DINGIR-su-ri ŠEŠ.MEŠ-šú
       5   2 NIN.MEŠ-šú PAP 7 ZI.MEŠ
       6   ÌR.MEŠ ša 1.ÌR-d.15
       7   ú-piš-ma 1.Se-e'-ma-⌜'a⌝-di
       8   LÚ*.GAL URU.MEŠ ša DUMU.MAN
       9   ina ŠÀ 2 MA.NA KÙ.BABBAR ina ša Gar-ga-miš
     10   il-qe kas-pu ga-mur ta-din
     11   UN.MEŠ šu-a-te zar₄-pu la-qe-u
     12   tu-a-ru de-nu DUG₄.DUG₄
     13   la-áš-šú man-nu ša ina ur-kiš
     14   ina ma-te-ma i-za-qu-pa-ni
be   15   de-nu DUG₄.DUG₄ ub-ta-u-[ni]
rev 16   10 MA.NA KÙ.BABBAR 1 MA.NA KÙ.GI
     17   ina bur-ki d.Iš-tar a-ši-bat
     18   URU.NINA GAR-an kas-pu a-na 10.MEŠ-te
     19   a-na EN.MEŠ-šú ú-ta-ra
     20   ina la de-⌜ni-šú⌝ DUG₄.DUG₄-ma
     21   la i-la-qe

---

     22   IGI 1.10-ta-ka-a
     23   IGI 1.DI-mu-EN LÚ*.GAL URU.MEŠ
     24   IGI 1.10-sa-na-ni LÚ*.3-šú
     25   IGI 1.Se-e'-ḫu-ut-ni LÚ*.GIŠ GIGIR
     26   IGI 1.PA-I
     27   IGI 1

3 space lines

     28   ITU.ŠE UD 16 KÁM
     29   lim-mu 1.d.PA-PAP-APIN-eš

Translation

Seal of Urad-Ištar, owner of the people being sold. /2 Circular Stamp Seals/
Ḫamnunu, his wife, and his mother, Addâ, Ilu-sūrī, his brother, and his
2 sisters, a total of 7 persons, servants belonging to Urad-Ištar— Se'-mādi,
the rab-ālāni of the crown prince, contracted and bought them for 2 minas of silv
according to (the mina [standard]) of Gargamiš. The money is paid completely.
Those people are purchased and acquired. Any revocation, lawsuit, or litigation
is void. Whoever, at any time in the future, lodges a complaint or repeatedly
se[eks] a lawsuit or litigation shall place 10 minas of silver (and) 1 mina

of gold in the lap of Ištar residing in Ninua. He shall return the money

tenfold to its owners. He shall contest in his lawsuit and not succeed.

5 witnesses, date, eponym.

Notes

10: ta = 𒋫.

19: ta = 𒋫.

27: IGI 1 is erased and the line was left blank by the scribe.

K.76	No.	302		Se'-mādi
35 x 59 x 18	ADD	229	C	Sale:slaves
	AR	64	T,TrG	[ ].VII.680 B.C.
	2R	70/2	C	
	3R	46/6	C	
	CISII	17	C,T,TrL	
	KB4	124-125	T,TrG	
	ABC	4	C,T,TrE	
	Op	182-183	T,TrL/F	
	ADDIII	447	T,TrE	
	Aššur	2/5	Coll.	

obv	1	NA₄.KIŠIB 1.ÌR-15
	2	EN UN.MEŠ SUM-ni

2 Circular Stamp Seals

	3	1.Ú-si-i' 2 MÍ.MEŠ-šú
	4	MÍ.Me-e'-sa-a MÍ.Ba-di-a
	5	1.Se-gab-a 1.EN-KASKAL-tàk-lak
	6	2 DUMU.MÍ.MEŠ pir-su
	7	PAP 7 ZI.MEŠ LÚ*.ÌR.MEŠ
	8	ša 1.ÌR-d.15
	9	ú-piš-ma 1.Se-ma-a-di
be	10	ina lìb-bi 3 MA.NA KÙ.BABBAR
	11	il-qe kas-pu
rev	12	ga-mur ta-ad-din
	13	tu-a-ru de-e-nu
	14	DUG₄.DUG₄ la-a-šú

	15	IGI 1.EN-ZÁLAG LÚ*.tam-kàr
	16	IGI 1.Am-ia-te-e'-u
	17	IGI 1.Sa-an-gi-i
	18	IGI 1.Šu-i-sa-a
	19	IGI 1.Se-BÀD
	20	IGI 1
	21	ITU.DUL lim-mu 1.Da-na-nu
te	22	dnt.hwš ᵛᶜ⌐w⌐
	23	VIg.'nš VII.zy ⌐rd 'š⌐

Translation

Seal of Urad-Ištar, owner of the people being sold. /2 Circular Stamp Seals/
Ūsi' and his 2 wives: Mē'sa and Badia, Sē-gaba, and 2 weaned daughters,
a total of 7 persons, servants of Urad-Ištar——Se'-mādi contracted and bought them
for 2 minas of silver. The money is paid completely. Any revocation, lawsuit,
or litigation is void. 5 witnesses, date, eponym. Caption: Deed (concerning)
Ḫuše[c] and 6 (others), (a total) of 7 persons belonging to Urad-Iš(tar).

Notes

9: ma in ú-piš-ma = ⌗.
14: la = ⌗.
16: See APN 21b and 22a.
18: Šu is certain.

83-1-18, 201	No.	303		Silim-Aššur
52 x 32 x 20	ADD	113	C	Loan:silver,barley
	AR	637	T,TrG	[ ].III.680 B.C.
	Aššur	2/5	Coll.	
	BAB	238,248		

obv	1	10 MA.NA KÙ.BABBAR 1 me 20 ANŠE ŠE.⌜PAD⌝.MEŠ
	2	a-du ru-bé-šú ša 1.Si-lim-Aš+šur
	3	⌜ina⌝ IGI 1.Ḫa-an-da-sa-ni
	4	[ina] IGI 1.d.MES-MU-PAP
	5	a-na ITU.KIN i-du-nu
	6	[šúm-m]u la i-din-nu
be	7	[KÙ.BABBAR ina] 1/2 MA.NA-šú i-rab-bi
	8	[1.EN]- APIN⌝ EN ŠU.MEŠ
rev	9	[IGI] 1.d.PA-la-tú-šar-a-ni
	10	IGI 1.Mil-ka-a : 1.Nu-ra-a-ni
	11	IGI 1.Man-nu-a-ki-4*-ìl
	12	IGI 1.Sa-la-ma-me LÚ*.qur-bu-tú
	13	[IGI] 1.Nu-uš-ku-DINGIR-a+a
	14	ITU.SIG₄
te	15	[lim-m]u 1.Da-na-a-nu
le	16	[EGI]R du-r[a-ri]

Translation

10 minas of silver and 120 homers of barley including its interest belonging
to Silim-Aššur are at the disposal of Ḫandasānu and [at the] disposal of
Marduk-šumu-uṣur. They shall pay in the month of Ulūlu. [I]f they do not pay,
[the silver] shall increase by 1/2 of a mina. [Bēl]-ēreš is the guarantor.
6 witnesses, date, eponym. [Af]ter the remission (of debts).

Notes

16: The restoration of the line is uncertain. The vertical trace is not broken for the sign [EGI]R. The reading [šum-m]a du-r[a-ru šá-kín] seems unlikely in view of 1.6 [šúm-m]u. See note on No. 314:29.

Bu.89-4-26, 32	No. 304		Silim-Aššur
43 x 28 x 17	ADD 119	C	Loan:animals
	AR 221	T,TrG	[ ].III.680 B.C.
	Aššur 2/5	Coll.	
	BAB 240		

obv	1	72 UDU.MEŠ ša 1.Si-lim-[Aš]+⸢šur⸣
	2	sam-maḫ-u-⸢te⸣
	3	ina IGI 1.Ḫa-an-da-sa-ni
	4	ina IGI 1.Mar-duku
		1 line space
	5	[ina IT]U.NE SUM-nu
be	6	[šum-ma 1]a i-din-nu
	7	[a-na mi]t-ḫar ina NINA.K[I SUM-nu]
rev	8	[1.E]N-APIN EN ŠU.MEŠ
	9	IGI 1.d.PA-PAP.MEŠ-AŠ
	10	IGI 1.DÙ-APIN-eš
	11	IGI 1.Bi-⸢li⸣-i
te	12	ITU.SIG$_4$
	13	lim-me 1.Da-na-ni
le	14	[IGI 1].A-PAP

Translation

72 assorted sheep belonging to Silim-[Aš]šur are at the disposal of Ḫandasānu and at the disposal of Marduk-<šumu-uṣur>. They shall pay [in the mo]nth of Abu. [If] they do not pay, [they shall pay] an equal amount in Ninua. [B]ēl-ēreš is the guarantor. 4 witnesses, date, eponym.

Notes

2: sammaḫūte is actually expected in 1.1. See CAD S 382 for the word. The value sam is not well attested in Neo-Assyrian. Note sa-ma-ḫu-te (K.16045:3') cited by S. Parpola, OLZ 74 (1979) 34 1018a.

7: The line is written over an erasure. ina = .

11: ⸢li⸣ = 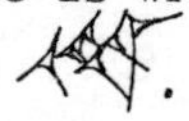.

K.400	No.	305	C	Silim-Aš̆šur
55 x 33 x 18	ADD	83	C	Pledge
duplicate: No. 306	AR	140	T,TrG	Ḫatâ
	3R	50/2	C	12.III.679 B.C.
	KB4	126-127	T,TrG	
	Op	234-236	T,TrL/F	
	FNAD	23	C	

```
obv   1   1 MA.NA KÙ.BABBAR ša URU.Gar-ga-miš
      2   ša 1.Si-lim-Aš+šur
      3   ina IGI 1.ÌR-d.15
      4   ⌜ku-um ru-bé-e ša KÙ.BABBAR⌝
      5   É 6 ANŠE A.ŠÀ ina URU.Ḫa-ta-a
      6   ina GIŠ.BÁN ša 10 qa É 1.Si-lim-Aš+šur
      7   IGI.2.MEŠ i-šak-kan-u-ni i-na-áš-si
be    8   a-na MU.AN.NA.MEŠ GU₇
      9   4 me-re-še 4 kar-ab-ḫi
rev  10   GU₇ me-re-še-šu u-sal-lim
     11   SAG.DU KÙ.BABBAR ina UGU ŠE.ta-ra-me
     12   i-šak-kan A.ŠÀ ú-še-ṣa 4 ANŠE pa-an-zi
     13   2 ANŠE kar-ab-ḫi PAP 6 ANŠE A.ŠÀ za-ku-te
     14   IGI 1.PAP-BÀD IGI 1.Se-e'-nu-ri
     15   IGI 1.d.<Kù>-bu-DINGIR-a+a IGI 1.A-PAP
     16   IGI 1.Man-nu-ki-4*-ìl LÚ*.A.SIG IGI 1.Qur-di-i
     17   IGI 1.Bi-ta-ti-i IGI 1.U+GUR-MAŠ
te   18   ITU.SIG₄ UD 12 KÁM lim-mu 1.TA*-10-né-nu
```

Translation

1 mina of silver according to (the mina [standard]) of Gargamiš belonging
to Silim-Aššur is at the disposal of Urad-Ištar. In lieu of the interest
of silver, (there is) an area of 6 homers of land in the city of Ḫatâ according
to the s̄utu (standard) of 10 qa. Wherever Silim-Aššur sets his eyes, he
shall take (the land). He shall have the usufruct (of the land) for (a number
of) years. He shall have the usufruct (of the land) for 4 crop-years and
4 fallow-years. (When) he completes his cultivation (and) places the capital
sum of silver on the corn-heaps, he shall redeem his land. 4 homers of
cultivated (land and) 2 homers of fallow (land), a total of 6 homers of
(tax) exempted land. 8 witnesses, date, eponym.

Notes

4: The line seems to have been erased.

5: No. 306 has A].ŠÀ za-ku-te which occurs in this text on 1.13.

No. 306 is not an envelope as Postgate assumes; cf. comments on FNAD 23.

6: ina GIŠ.BÁN is written over an erasure.

12: pa = ⪤ and is certain. GIŠ in 1.6 is not crossed.

15: The name is restored according to the duplicate No. 306:10'.

K.3496			No.	306	
(35) x 32 x 20			ADD	84	C
duplicate: No. 305			AR	139	T,TrG

obv	1	[1] MA.NA KÙ.BABBAR⌉ ša URU.Gar-ga-miš
	2	[ša 1.Si-lim-Aš+šur ina I]GI 1.ÌR-d.15
	3	[ina pu-u-ḫ]i it-t[i-š]i
	4	[4 ANŠE me-re-š]e 2 ANŠE A.ŠÀ ka-rab-ḫi

Blank Seal Space

	5	[PAP 6 ANŠE A].ŠÀ za-ku-te ina URU.Ḫa-ta-a
	6	[ina GIŠ.BÁN ša 10] qa A.ŠÀ É 1.Si-lim-Aš+šur
	7	[IGI.2.MEŠ i-šak-kan]-u-ni i-na-aš-ši
be	8	[a-na MU.AN.NA.MEŠ GU₇] 4 me-re-⌈še⌉

remainder missing

rev	9'	[lim-mu 1.TA*-10]-a-né-nu IGI 1.PAP-BÀD
	10'	[IGI 1.Se-e'-nu-ri IGI 1].d.Kù-bu-DINGIR-a+a
	11'	[IGI 1.A-PAP IGI 1.Man-nu-ki]-URU.4*-ìl
	12'	[LÚ*.A.SIG IGI 1.Qur-di]-i
	13'	[IGI 1.Bi-ta-ti-i IGI 1.U+GUR]-MAŠ

Translation

[1] mina of silver according to (the mina [standard]) of Gargamiš [belonging to Silim-Aššur is at the dispos]al of Urad-Ištar. He too[k it as a lo]an. [4 homers of cultivat]ed (land and) 2 homers of fallow land. /Blank Seal Space/ [a total of 6 homers of] (tax) exempted land in the city of Ḫatâ [according to the sūtu (standard) of 10] qa land. Wherever Silim-Aššur sets his eyes, he shall take (the land). [He has the usufruct (of the land) for (a number of) years]. 3 crop-years —remainder of text missing. Eponym, 8 witnesses.

Ki.1904-10-9, 46		No.	307		Silim-Aššur
40 x (70) x 17		ADD	1158	C	Sale:slaves
Photo:BCAT Suppl. Pl. 2		=AJSL	42/178		[ ].IX.675 B.C.
		AST	T200	Q	

obv	1	[NA₄.KIŠIB 1].Šum-ma-i-[ba-ši]-DINGIR.MEŠ
	2	EN [Ì]R.MEŠ SUM-ni

3 Circular Stamp Seals

	3	1.Da-an-du-si DUMU.MÍ-šú
	4	1.La-qi-pu DUMU-šú
	5	PAP 3 ZI.MEŠ ÌR.MEŠ-šú
	6	ša 1.Šum-ma-i-⌜ba⌝-ši-DINGIR.MEŠ
	7	ú-piš-ma 1.Si-lim-AŠ+šur
	8	ina ŠÀ 30 GÍN.MEŠ KÙ.BABBAR TI
	9	kas-pu gam-mur ta-din
	10	⌜LÚ.MEŠ⌝ šu-a-tú za-ar-pu
	11	[laq-qe-u] tu-a-ru
be	12	[de-nu DUG₄.DUG₄ la-áš-š]ú
	13	[x MA].⌜NA⌝ K[Ù.BABBAR x MA.NA] K[Ù.GI]
rev	14	[ina bu]r-ki d.Iš-tar a-ši-⌜bat⌝
	15	[UR]U.NINA GAR-an kas-pu ina 10-⌜x⌝.MEŠ
	16	[ina] EN.MEŠ-šú GUR-ra ina ⌜de-ni⌝-šú
	17	DUG₄.DUG₄-ma la i-laq-⌜qe⌝

18	IGI 1.d.NUSKU-DINGIR-a+a
19	IGI 1.A-PAP
20	IGI 1.d.PA-MAN-PAP
21	IGI 1.DÙG.GA-IM-d.IM
22	IGI 1.d.PA-tak-lak
23	IGI 1.d.PA-ba-ni
24	IGI 1.PAP-BÀD
25	IGI 1.Ḫu-ra-a+a

2 space lines

26	[ITU.x]⌜x⌝ UD 1 KÁM
27	[lim-mu 1].d.PA-PAP.MEŠ-AŠ

Translation

[Seal] of Šumma-ib[ašši]-ilāni, owner of the [ser]vants being sold.
/3 Circular Stamp Seals/ Dandusi, his daughter, and Lā-qīpu, his son, a
total of 3 persons, servants of Šumma-ibašši-ilāni——Silim-Aššur contracted
and bought them for 30 shekels of silver. The money is paid completely.
Those men are purchased and [acquired]. Any revocation, [lawsuit, or litigation
is voi]d. He shall place [x mi]nas of si[lver (and) x minas of] go[ld in the
l]ap of Ištar residing in Ninua. He shall return the money tenfold [to]
its owners. He shall litigate in his lawsuit and not succeed. 8 witnesses,
(date), eponym.

Notes

15: ⌜x⌝ =⫽⫽; possibly te.

26: ⌝x⌝ = ⫽⫽⊢ .

Bu.91-5-9, 94 40 x (51) x 19	No. ADD AR	308 186 476	C T,TrG	Silim-Aššur Sale:male Scribe:Marduk-šumu-uṣur 1.XII.675 B.C.

obv 1   NA₄.KIŠIB 1.DINGIR-KAM-eš EN
      2   TUR ta-da-a-ni

          Blank Seal Space

      3   1.A+a-⌜ṭu⌝-ri ÌR-šu ša
      4   1.DINGIR-KAM-eš ú-piš-ma
      5   1.Si-lim-Aš+šur ina ŠÀ 30 GÍN.MEŠ ⟪ina⟫
      6   KÙ.BABBAR TI-qé kas-pu gam-mur
      7   ta-ad-din TUR šu-a-tú za-rip
      8   TI-qé tú-a-ru de-e-nu
      9   DUG₄.DUG₄ la-áš-šú man-nu šá ina ur-[kiš]
     10   [ina] ⌜ma⌝-[te-m]a [i-z]a-⌜qu⌝-[pa-an-ni]
          remainder missing

rev 11'   IGI 1.⌜d.30-DINGIR-a+a⌝
     12'   IGI 1.SU-d.[IM]
     13'   IGI 1.Ab-di-i
     14'   IGI 1.A-tan-ḫa-d. UTU⌝
     15'   IGI 1.10-na-gi
     16'   IGI 1.Na-tú-nu
     17'   IGI 1.Ra-ḫi-mì-i
     18'   IGI 1.d.15-I
     19'   IGI 1.d.ŠÚ-MU-PAP LÚ.A.BA
     20'   ITU.ŠE UD 1 KÁM* lim-mu
     21'   1.d.PA-PAP.MEŠ-AŠ LÚ.AGRIG
     22'   ⌜x x x⌝ GAL-u

Translation

Seal of Ili-ēreš, owner of the boy being sold. /Blank Seal Space/ Aya-ṭurī, the servant of Ili-ēreš—Silim-Aššur contracted and bought him for 30 shekels of silver. The money is paid completely. That boy is purchased and acquired. Any revocation, lawsuit, or litigation is void. Whoever, at any [time in] the fut[re, lodges a com]pl[aint] -remainder of text missing. 8+ witnesses, scribe, date, eponym.

Notes

11': ⌜DINGIR-a+a⌝ is uncertain.

22': ⌜x x x⌝ have been erased and may be read <u>mu lim lim</u>.

81-2-4, 151	No.	309		Silim-Aššur
42 x 26 x 19	ADD	124	C	Loan:wine
	AR	224	T,TrG	5.XII.675 B.C.
	Or	33/261 n.1		

```
obv   1    5 ANŠE GEŠTIN.MEŠ
      2    ina 1 qa ša MAN ša 1.Si-lim-Aš+šur
      3    ina IGI 1.SUḪUŠ-URU.KASKAL
      4    ina UD 1 KAM šá ITU.BÁRA
      5    i-dan BE-ma la i-din
be    6    GEŠTIN.MEŠ a-ki ma-ḫi-ri
      7    ša URU.NINA.KI SUM-an
rev   8    IGI 1.d.NUSKU-DINGIR-a+a
      9    IGI 1.Gur-ra-a+a
     10    IGI 1.d.PA-MAN-PAP
     11    IGI 1.PAP-BÀD
     12    IGI 1.Ú-bu-⌈ru⌉-u-te
     13    ITU.ŠE UD 5 KAM
te   14    lim-mu 1.d.PA-PAP.MEŠ-AŠ
```

Translation

5 homers of wine according to the 1 qa (standard) of the king belonging
to Silim-Aššur are at the disposal of Ubru-Ḫarrānu. He shall pay on the
first day of the month of Nisannu. If he does not pay, he shall pay the
wine according to the market price of Ninua. 5 witnesses, date, eponym.

Notes

12: ⌈ru⌉ = 𒌋𒌝.

Bu.89-4-26, 10	No.	310		Silim-Aššur
40 x 27 x 16	ADD	126	C	Loan:wine
	AR	638	T,TrG	[ ].II.674 B.C.
	Aššur	2/5	Coll.	
	BAB	238,248		

```
obv   1    NA₄.KIŠ[IB 1.S]i-me-⌈si⌉-me
      2    LÚ.GAL URU.MEŠ šá ⌈KUR⌉.A-ḫu-si-te
      3    5 ANŠE 2BÁN  GEŠTIN⌉.MEŠ
      4    [ina] 1 qa šá [MA]N šá 1.Si-lim-Aš+šur
      5    ina IGI 1.Si-me-s[i-i]-me
      6    ina ITU.NE SUM-⌈an⌉
      7    1.Me-eḫ-sa-a EN Š[U.2].MEŠ
      8    ša GEŠTIN.MEŠ IGI 1.d.NUSKU-DINGIR-a+a
      9    IGI 1.A-PAP
rev  10    IGI 1.PAP-⌈BÀD⌉
     11    ITU.GU₄ lim-mu 1.LUGAL-ZÁLAG
```

Translation

Se[al of S]imesime, the rab-ālāni of the land of Aḫusitu. 5 homers and 2 sūtus of wine [according] to the 1 qa (standard) of the [ki]ng belonging to Silim-Aššur are at the disposal of Simes[i]me. He shall pay in the month of Abu. Meḫsa is the guarantor of the wine. 3 witnesses, date, eponym.

Notes

2: ⌜KUR⌝ = . The place name is perhaps identical with Aḫusutu; see NAT 6.

K.284	No.	311		Silim-Aššur
51 x 30 x 18	ADD	15	C	Loan:silver
	AR	260	T,TrG	29.III.672 B.C.

obv	1	3 MA.NA 30 GÍN.MEŠ KÙ.BABBAR.[MEŠ]
	2	ina 1 MA.NA ša URU.Gar-ga-miš
	3	ša 1.Si-lim-Aš+šur
	4	pa-an 1.d.ŠÚ-SU
	5	ITU.NE UD 1 KÁM* KÙ.BABBAR i-dan
	6	šum-ma la id-din
	7	a-na 1/2 GÍN-šú GAL-bi
rev	8	IGI 1.Ka-da-mu
	9	IGI 1.d.PA-NUMUN-DÙ
	10	IGI 1.EN-AŠ
	11	IGI 1.DUMU.UŠ-PAP
	12	IGI 1.Tab-ala-a+a
		2 space lines
	13	ina ITU.SIG₄ UD 29 KÁM*
	14	lim-me 1.d.PA-EN-PAP

Translation

3 minas and 30 shekels of silver according to the 1 mina (standard) of Gargamiš belonging to Silim-Aššur are <at> the disposal of Marduk-erība. He shall pay the silver (in) the month of Abu on the first day. If he does not pay, it shall increase by 1/2 shekel (per shekel). 5 witnesses, date, eponym.

Rm.175 45 x 29 x 18	No. ADD AR AST	312 41 294 T183	C T,TrG Q	Silim-Aššur Loan:silver Scribe:Ištar-šumu- iddina 29.VIII.671 B.C.

obv   1   NA₄.KIŠIB 1.Za-bi-na-a
      2   1 MA.NA KÙ.BABBAR ina 1 MA.NA šá KUR.Gar-gá-miš
      3   SAG.MEŠ šá d.15 šá URU.4*-ìl
      4   ša 1.Si-lim-Aš+šur ina IGI.MEŠ-šú

        Blank Seal Space

      5   ina ITU.ŠE 1 1/2 MA.NA KÙ.BABBAR i-dan
      6   BE-ma la SUM-ni 2 GÍN.MEŠ
      7   a-na 1 MA.NA šá ITU-šú i-rab-bi
      8   ITU.APIN UD 29 KÁM* lim-mu 1.ITU.AB-a+a
be   9   IGI 1.d.30-MAN-PAP LÚ.DIB KUŠ.PA.MEŠ
rev   10   IGI 1.Ab-du-nu LÚ.GIŠ.GIGIR LUGAL

        Space of 5 lines

     11   IGI 1.PAP-SU LÚ.!
     12   IGI 1.Aš+šur-[x]x-i
     13   IGI 1.d.15-MU-AŠ LÚ.A.BA

Translation

Seal of Zabina. 1 mina of silver according to the 1 mina (standard) of
Gargamiš, rešate belonging to Ištar of Arbail and belonging to Silim-Aššur,
is at his disposal. Blank Seal Space He shall pay in the month of Addāru
1 1/2 minas of silver. If he does not pay, it shall increase by 2 shekels
per mina monthly. Date, eponym, 4 witnesses, scribe.

Notes

12:   [x]x = ///— .

83-1-18, 373 48 x 30 x 15	No. ADD AR	313 99 240	C T,TrG	Silim-Aššur Loan:silver 10.II.670 B.C.

obv   1   N[A₄.KIŠIB 1].Mi-nu-⌜aḫ-ṭi⌝-a-na-DINGIR
      2   10 GÍN.[MEŠ KÙ]. BABBAR⌝ šá [1.Si-lim-AN.ŠÁR]

        Blank Seal Space

      3   ina IGI-šú šúm-mu 1.Pu-du-pi-ia-ti

	4	1.Mi-i-nu-aḫ-ṭi-ᴦaᴵ-na-DINGIR KÙ.BABBAR
	5	a-na 1.Si-lim-AN.ŠÁR ᴦSUMᴵ-an
be	6	BE-ma 1.Pu-du-pi-ia-ti
	7	KÙ.BABBAR la-a i-da-na ᴦxᴵ [x x x x]
rev	8	[IT]U.GU₄ UD 10 KÁM* lim-mu 1.DI-mu-E[N]-ᴦlaᴵ-áš-me

Blank Seal Space

	9	IGI 1.Man-nu-ki-i-ERIM.MEŠ
	10	IGI 1.SU-d.10 IGI 1.DI-mu-PAP.MEŠ
	11	IGI 1.A-i-du-ú-ri
	12	a-na UD 20 KÁM* KÙ.BABBAR SUM-an

Translation

Se[al] of Mīnu-aḫti-ana-ili. 10 shekels [of sil]ver belonging to [Silim-Aššur]
/Blank Seal Space/ are at his disposal. Pudupiati shall pay the silver
(for) Mīnu-aḫti-ana-ili to Silim-Aššur. If Pudupiati does not pay the silver,
ᴦxᴵ[x x x x]. Date, eponym. /Blank Seal Space/ 4 witnesses. He shall pay
until the 20th day.

Notes

7: The verb should be _iddin_. ᴦxᴵ = 𒍢.

83-1-18, 374		No.	314		Silim-Aššur
38 x 23 x 17		ADD	44	C	Loan:silver
		AR	295	T,TrG	[ ].670 B.C.
		Aššur	2/5	Coll.	
		AST	T183	Q	

obv	1	12 MA.NA KÙ.BABBAR
	2	SAG.MEŠ ša 15 ša 4*-ìl
	3	ša NINDA.MEŠ É DINGIR
	4	ša 1.Si-lim-Aš+šur
	5	ina IGI 1.Za-qa-ti-i
be	6	DUMU 1.Gu-gi-i
	7	a-na 4-ut-ti-šú GAL-ᴦbiᴵ
rev	8	IGI 1.Si-lim-ᴦAš+šurᴵ
	9	IGI 1.d.ME[S]-šal-lim
	10	IGI 1.d.Šá-maš-ᴦnap-lisᴵ
	11	IGI 1.Ú-bu-q[u]
	12	IGI 1.A-ḫu-nu
te	13	IGI 1.Ḫa-nu-nu
le	14	IGI 1.ᴦxᴵ[x x x]
	15	ITU.x[x UD x KÁM]
	16	lim-mu 1.DI-mu-EN-ᴦḪALᴵ

Translation

12 minas of silver, resate belonging to Ištar of Arbail (for) the foodstuff
of the temple and belonging to Silim-Aššur, are at the disposal of Zaqatî son
of Gugî. It shall increase by a fourth. 7 witnesses, (date), eponym.

Notes

5: A is also possible for Za. qa seems certain.

9-10: The readings are uncertain.

14: ⌐x⌐ = ⊢◿.

15: x[x = ◿. Parpola reads D[UL.

K.438		No.	315		Silim-Aššur
39 x 70 x 17		ADD	629	C	Lease:land
		AR	146	T,TrG	Ḫatâ
		TCAE	177	Q	12.X.[ ]

obv 1 ⌐NA₄⌐.KIŠIB 1.Ḫa-na-⌐nu⌐
     2 EN A.ŠÀ SUM-ni

        Blank Seal Space

     3 É 3 ANŠE A.ŠÀ ma-za-ru-⌐te⌐
     4 ina GIŠ.BÁN šá 10 qa A.ŠÀ za-ku-te
     5 i-na URU.Ḫa-ta-a
     6 SUḪUR AMA šá URU.Šu-r[i x x]
     7 SUḪUR KASKAL šá URU.Šu-⌐ri⌐-[x x]
     8 SUḪUR A.ŠÀ šá 1.Pu-ṭi-[x x]
     9 LÚ.GAL 50 A.ŠÀ ina ⌐ma⌐-[za-ru-te]
    10 la ŠE.nu-sa-ḫi ú-[piš-ma]
    11 1.Si-lim-Aš+šur LÚ.šá [x x x]
    12 ina ŠÀ 1/2 MA.NA 4 GÍN.[MEŠ KÙ.BABBAR]
    13 TI-qé a-na MU.AN.N[A.MEŠ]
    14 GU₇ 4 me-re-še 4 ka-[rab-ḫi GU₇]
    15 me-re-še-šu ú-š[al-lim]
    16 SAG.DU KÙ.BABBAR ina U[GU ŠE.ta-ra-me]
rev 17 i-šak-kan A.[ŠÀ-šú ú-še-ṣa]
    18 ⌐ITU.AB⌐ UD 12 KÁM [lim-mu 1.x x x]

    19 IGI 1.A-PAP [x x x x x x x]
    20 IGI 1.d.[x x x x x x x x x]
    21 IGI 1.d.P[A x x x x x x x x]
    22 IGI 1.Su-[x x x x x x x x x]
    23 IGI 1.M[an-nu x x x x x x x]
    24 IGI 1.d.PA-[x x x x x x x x x x]
    25 IGI 1.Pu-⌐x⌐[x x x x x x x x x x]
    26 IGI 1.Ḫa-me-[x x x x x x x x x x]
    27 ITU.AB UD 12 [lim-mu 1.x x x]
    28 LÚ.SUKKAL 1.d.⌐x x⌐[x x x]
    29 šum-ma du-ra-ru šá-kin 1.S[i-lim-Aš+šur]
    30 KÙ.BABBAR-šú i-da-gal

Translation

Seal of Ḫananu, owner of the land being sold. /Blank Seal Space/ An area of 3 homers of cultivated land according to the sūtu (standard) of 10 qa, (tax) exempted land in the city of Ḫatā adjoining the road of the city of Šur[i-x x], adjoining the highway of the city of Šuri-[x x], and adjoining the land of Puṭi-[x x], the captain of 50. The land is in cul[tivation] (and) void of corn-taxes——Silim-Aššur, the [x x x] con[tracted and] bought it for 1/2 of a mina and 4 shekels [of silver]. He shall have the usufruct (of the land) for (a number of) years. [He shall have the usufruct (of the land) for] 4 crop-years and 4 fallow-years. (When) he comp[letes] his cultivation (and) places the capital sum of silver on the corn-[heaps, he shall redeem his] land. Date, 8 witnesses, date, (eponym). When the remission (of debts) is set, S[ilim-Aššur] shall see his silver.

Notes

25: ⌜x⌝ = 𝕏𝔥𝔥.
28: ⌜x x⌝ = ⫻⫻.

29-30: See J. Levy, Eretz Israel 5 (1958) 21*-31*. In addition, see the commentary on GPA 10 and the note on GPA 248:13'-16'. Cf. the note on CTN III 59:11.

K.1570		No.	316		Silim-Aššur
(33) x (37) x (12)		ADD	601	C	
		AR	674	T,TrG	

beginning missing

rev 1' [IGI] 1.d.NUSKU-⌜DINGIR⌝-[a+a]
     2' [IGI] 1.A-[PAP]
     3' [IGI] 1.d.PA-MAN-[PAP]
     4' [IGI] 1.DÙG-IM-d.[IM]
     5' [IGI] 1.d.PA-tak-la[k]
     6' [IGI] 1.d.PA-ba-ni
     7' [IGI] 1.PAP-BÀ[D]
     8' [IGI 1.Ḫu-ra-a+a]
       remainder missing

Notes

This witness list is identical to that in No. 307.

83-1-18, 367	No.	317		Silim-Aššur
42 x 27 x 20	ADD	168	C	River Ordeal
	AR	651	T,TrG	Anatu
	Aššur	2/5	Coll.	

te 1 [ḫur-sa-an ša] SUKKAL sar-tene
obv 2 [a-na 1.x x x]-MAŠ
3 [x x x] ⌈e⌉-mi-du-u-ni
4 [BE-ma TA* ŠÀ DINGIR] ⌈i⌉-tu-ra
5 [x x x x ANŠ]E A.ŠÀ u-ta-me
6 ša [1.S]i-lim-Aš+šur ša 1.⌈PAP⌉-u-a+a
7 ina URU.Ana-tú ta te a ḫu u ni
8 DI-mu ina ber-ti-šu-nu mám+ma mám+ma-⌈šú⌉
9 la DUG₄.DUG₄ man-nu ša i-GIB-u-ni
10 ⌈LUGAL⌉ u DUMU.LUGAL lu-u EN de-ni-šú
be 11 [x x x x x x K]Ù.BABBAR SUM-an
12 [kas-pu a-na 10.MEŠ-te] a-na EN-šú ⌈i-din⌉
rev 13 [x x x x x]-an-ni :
14 [x x x x x x] :
15 [x x x x x x]-15 :
16 [IGI 1.Na-b]u-u-a LÚ*.qur-bu-tú
17 IGI 1.[Nu-u]š-ku-DINGIR-a+a :
18 IGI 1.PAP-BÀD-IGI 1.ZÁLAG-d.Šá-maš
19 IGI 1.d.Šá-maš-KAM-eš
20 IGI 1.E-di-⌈DINGIR⌉
21 IGI 1.ITU.⌈KIN⌉-[á]+a
te 22 [IGI 1].A-bu-nu
le 23 [IGI] 1.MAN-PAP

Translation

[The river ordeal which] the <u>sukkallu</u> (and) the <u>sartennu</u> imposed [upon x x x]-ašared, [the x x. If] he turns away [from the divine (oath)], he shall relinquish [an area of x hom]er(s) of land which [S]ilim-Aššur (and) which Aḫuaya in the city of Anatu .... Peace is between them. They shall not litigate one against the other. Whoever breaches the contract, the king and the crown prince will be his prosecutor. He shall pay [x x x x x of] silver. He shall pay [the money tenfold] to its owner. 11 witnesses.

Notes

1: The restoration follows K. Deller - A.R. Millard, AfO 32 (1985) 51b.

4: See AR 232:7-8 and FNAD 41:9.

7: The interpretation of the line is very difficult. The reading of the place name is not certain. The signs <u>ta te a ḫu u ni</u> look like:

[cuneiform signs]. Between <u>te</u> and <u>a</u> there is a space; <u>na</u> and <u>la</u> is also possible for <u>te</u>; <u>pap</u> or <u>bat</u> for <u>u</u>.

Bu.89-4-26, 22	No.	318		Silim-Aššur
35 x (55) x (15)	ADD	227	C	Sale:female
	AR	514	T,TrG	

obv 1   [NA₄.KI]ŠIB 1.d.PA-⌈BÀD⌉-ku-ṣur
    2   [LÚ*].SAG EN MÍ SUM-ni

_____

Blank Seal Space

_____

    3   [MÍ].d.NIN.LÍL-BÀD-PAP GÉME
    4   šá 1.d.PA-BÀD-ku-ṣur ú-piš-ma
    5   1.Si-lim-Aš+šur TA* IGI 1.d.PA-BÀD-ku-ṣur
    6   ina ŠÀ 1/2 MA.NA KÙ.BABBAR ⌈il-qé⌉
    7   kas-pu gam-mur ta-din MÍ šu-a-tú
    8   zar-pat la-qe-at tú-a-ru
    9   de-nu DUG₄.DUG₄ la-áš-šú
   10   man-nu ša [ina ur]-kiš ina ma-⌈te⌉-ma
   11   [GIL-u-ni lu-u] 1.d.PA-BÀD-ku-ṣur
   12   [lu-u PAP.MEŠ-šú lu-u DUMU].⌈PAP⌉.MEŠ-šú
   13   [ša de-nu DUG₄.DUG₄ ub-ta]-⌈u⌉-n[i]
        remainder missing

Translation

[Sea]l of Nabû-dūru-kuṣur, [the] eunuch, owner of the woman being sold.
/Blank Seal Space/ Ninlil-dūru-uṣur, the maid of Nabû-dūru-kuṣur——Silim-
Aššur contracted and bought her from Nabû-dūru-kuṣur for 1/2 minas of silver.
The money is paid completely. That woman is purchased and acquired. Any
revocation, lawsuit, or litigation is void. Whoever,[at any] time in the
future, [breaches the contract, whether] Nabû-dūru-kuṣur [or his brothers or]
his] neph[ews, whoever repeatedly se]ek[s a lawsuit or litigation] -remainder
missing.

Notes

6: ⌈il-qé⌉ is partly erased.

K.459 + 8783	No.	319		Sîn-aplu-iddina
(85) x 124 x 35	ADD	384+528	C	Sale:land
	AR	436+606	T,TrG	Scribe:Dūr-Ištar
	Aššur	2/5	Coll.	6.I.[ ]
	AST	T200	Q	

```
obv  1    [ku-um] NA₄.KIŠI[B-šú ṣu-pur-šú iš-kun]
     2    URU                    ⌜x⌝[x x x]

          2+[1] Fingernail Impressions

     3    1.d.IM-DÙ L[Ú.x x x x]

     4    É 15 ANŠE ŠE.NUM[UN x x x x x]
     5    ina ma-za-ru-te pu-ra-[a-ni x x x]
     6    ša 1.d.IM-DÙ DUMU 1.UD-10-KÁM-[a+a]
     7    ú-tap-piš ina lìb-bi 40 MA.[NA KÙ.BABBAR]
     8    a-na 1.d.30-A-SUM-na LÚ.⌜x⌝[x x x]
     9    i-zi-rip it-ti-d[in]
     10   kás-pu ga-mur SU[M]
     11   A.Š[À].GA za-rip la-a-qe
     12   a-pil za-a-ku tu-a-⌜ru⌝
     13   da-ba-a-bu la-a-š[u]
     14   ina ur-kiš ina lìb-bi TUR [x x lu-ú]
     15   1.d.IM-DÙ lu-ú [DUMU.MEŠ-šú]
     16   lu-ú ŠEŠ.MEŠ-[šú]
be   17   lu-ú DUMU.MEŠ.[PAP.MEŠ-šú]
     18   x x [x]x [x x]
rev  19   [šá] de-nu da-ba-a-b[u]
     20   TA* 1.d.30-A-SUM-na ⌜ù⌝ [DUMU.MEŠ-šú]
     21   ub-ta-'u-u-n[i]
     22   1 MA.NA KÙ.GI sag-ru a-na ⌜d.⌝[15]
     23   be-lat URU.4*-ìl i-da-⌜an⌝
     24   kás-pu a-na 10.MEŠ-te a-na EN.[MEŠ-šú]
     25   ú-ta-a-ra ina de-ni-[šú]
     26   i-da-bu-ub la-a i-la-[qe]

     27   IGI 1.Ba-na-ni
     28   IGI 1.ŠEŠ-DINGIR-a+a
     29   IGI 1.EN-KI.UŠ-DINGIR-a+[a]
     30   IGI 1.d.IM-MU-GAR-⌜x⌝[x x]
     31   IGI 1.Ub-ru-d.⌜x⌝[x]
     32   1.BÀD-15 ⌜LÚ⌝.[A.BA]
     33   [IT]U.BÁRA UD 6 KAM 1[im-mu]
te   34   [1].⌜x x x⌝-PAP
     35   [L]Ú*.GAL šu [x x]
```

Translation

[In place] of [his] seal [he placed his fingernail]. The city of ⌜x⌝[x x x].
/2 + [1] Fingernail Impressions/ Adad-ibni, th[e x x x x x]/ An area of 15
homers of sow[n land x x x x x] in cultivation, plo[ts x x x] belonging to
Adad-ibni son of Ešr[āya]——he has contracted, purchased, and paid the price
of 40 min[as of silver] to Sîn-aplu-iddina, the ⌜x⌝[x x x]. The money is pa[id]

completely. The land is purchased, acquired, paid-off, and cleared. Any
revocation or litigation is void. At any time in the near future?, [whether]
Adad-ibni or [his sons] or [his] brothers or [his] neph[ews] x x [x]x [x x,
whoever] repeatedly seeks a lawsuit or litigation against Sîn-aplu-iddina
and (against) [his sons] shall pay 1 mina of pure gold to Ištar, lady of
Arbail. He shall return the money tenfold to [its] owners. He shall contest
in [his] lawsuit and not succe[ed]. 5 witnesses, scribe, date.

Notes

5: a after ra is not on the tablet.

7: 40 = 〔cuneiform〕.

8: ⌜x⌝ = 〔cuneiform〕.

18: x x = 〔cuneiform〕. [x]x = 〔cuneiform〕.

29: This seems to be Bēl-kibsi-ilāya; see APN 59b.

30: ⌜x⌝[x x] = 〔cuneiform〕.

31: ⌜x⌝[x] = 〔cuneiform〕.

34: ⌜x x x⌝ = 〔cuneiform〕.

35: šu = 〔cuneiform〕.

K.4805	No.	320		Sîn-aplu-iddina
(56) x (46) x 27	ADD	514	C	Sale:land
	AR	386	T,TrG	
	Aššur	2/5	Coll.	

beginning missing

obv	1'	[x x x] ša 1.⌜x⌝[x x x x]
	2'	[x x x] ša 1.⌜x⌝[x x x x]
	3'	SUḪUR GIŠ.KIRI₆ ša 1.[x x x x x]
	4'	SUḪUR GIŠ.KIRI₆ ša 1.Ki-[ṣir-15]
	5'	[ú]-⌜piš-ma⌝ 1.d.30-A-AŠ LÚ.[x x x]
	6'	[TA*] IGI 1.Ki-⌜ṣir⌝-15 ina ⌜lìb-bi⌝
	7'	[x MA.N]A KÙ.BABBAR il-qe ⌜x⌝[x x]
	8'	[šú-a-tu z]a-rip 1[aq-qe]
	9'	[x x x x] x x [x x x]
rev	10'	[x x x x] ⌜x x x⌝ 1.d.30-[A-AŠ]
	11'	[DUMU].DUMU.MEŠ-šú u[b]-ta-u-ni 6 [MA.NA KÙ.BABBAR]
	12'	[SU]M-an kas-pu a-na 10.MEŠ-t[e ana]
	13'	[EN].MEŠ-šú GUR-ra e [x x x]
	14'	[ina de-ni-šú DUG₄.DUG₄ la i-laq]-qé
		remainder missing
le	15'	[x x x lim-m]u 1.Man-n[u-x x x x x]

Translation

Beginning missing— (adjoining the) [orchard?] of ⌈x⌉[x x (adjoining the)
orchard?]of⌈x⌉[x x x x], adjoining the orchard of [x x x x x], adjoining the
orchard of Ki[ṣir-Ištar]—Sîn-aplu-iddina, the [x x x, con]tracted and bought it
[fr]om Kiṣir-Ištar for [x mi]nas of silver. [That] l[and? is] pur[chased
and acq[uired].... (whoever) [re]peatedly seeks (a lawsuit or litigation against)
Sîn-[aplu-iddina (or against)] his [so]ns [shall] pay 6 [minas of silver].
He shall return the money tenfold [to] its [owners]. x e [x x x. He shall
contest in his lawsuit and not succ]eed. Remainder missing.1e: (eponym).

Notes

2': ⌈x⌉ = 𝕏.

7': ⌈x⌉ = 𝕏 ; the trace is uncertain.

10': ⌈x x x⌉ = 𝕏.

K.1427		No.	321		Sîn-ašarēd
46 x (39) x 28		ADD	478	C	Sale
		AR	624	T,TrG	

beginning missing

obv	1'	x[x x x x] ni [x x x]
	2'	lu-u 1.[x x x] DUMU-šú PAP.[M]EŠ-⌈šú⌉
	3'	lu-u mam+ma-⌈nu⌉-šú lu-u šá-kan- šú⌉
	4'	de-ni TA* 1.30-MAŠ
	5'	TA* DUMU.MEŠ-šú ub-ta-u-⌈ni⌉
be	6'	[KÙ].BABBAR a-na 10.MEŠ-t[e]
	7'	⌈a⌉-na EN.MEŠ-šú [GUR-ra]
	8'	[ina] de-ni-šú DUG₄.DUG₄ ⌈la⌉ T[I]
rev	9'	IGI 1.Am-ri-15 ⌈LÚ*.SIMUG⌉
	10'	IGI 1.Ib-na-a+a
	11'	LÚ*.na-si-⌈ki⌉ KÁ.DINGIR-a+a
	12'	[IG]I 1.d.NUSKU-DINGIR-a+a
	13'	[IG]I 1.E-da-si-[x]
	14'	[x x x]⌈x⌉ URU.⌈x⌉[x x x]
		remainder missing

Translation

Beginning missing— ..., whether [x x x] (or) his son (or) his brothers or
anyone belonging to him or his superior, (whoever) repeatedly seeks a lawsuit
against Sîn-ašarēd (or) against his sons [shall return the mo]ney tenfold to
its owners. He shall contest [in] his lawsuit and not succ[eed]. 5+ witnesses.

Notes

14':]⌈x⌉ = 𝖳𝖿. ⌈x⌉[x x x] = 𝖽𝗂𝗅𝗅𝗅.

K.1434		No.	322		Siniq-Ištar
46 x (27) x 21		ADD	110	C	Court decision
		AR	278	T,TrG	[ ].PC
		Aššur	2/5	Coll.	

obv 1   [NA₄].KIŠIB 1.DI-mu-KUR.Aš+šur
     2   [x G]IŠ.APIN ša 1.Ki-ṣir-Aš+šur
     3   [x x x]⌈x⌉ ša 1.Si-niq-15
     4   [BE-ma TA* ŠÀ DINGIR i]t-tu-ra 10 GÍN KÙ.BABBAR
     5   e-ṣip SUM-an

     1 Circular Stamp Seal

     remainder missing

rev 6'   [x x x x x] ḫi-bi-1[a-te]
     7'   [x x] ŠU.2 1.Si-niq-15
     8'   [iḫ-b]i-lu-u-ni e-ṣip
     9'   [a-na] 1.Si-niq-15 SUM-an
    10'   [IGI 1].KI-ṣir-Aš+šur
te 11'   [IGI 1].Kak-kul-la-nu
    12'   [lim-mu] 1.d.ŠÚ-MAN-PAP

Translations

[Se]al of Šulmu-māt-Aššur, [the pl]owman of Kiṣir-Aššur. [x x x]⌈x⌉ belonging
to Siniq-Ištar. [If he tur]ns away [from the divine (oath)], he shall pay
double the 10 shekels of silver. 1 Circular Stamp Seal .... [x x x x x]
the debts [(which) he] owes to (and are) under the control of Siniq-Ištar.
He shall pay double (the amount) [to] Siniq-Ištar. 2 witnesses, eponym.

Notes

3: ⌈x⌉ = 𝗂𝗅𝗅𝗄.

79-7-8, 32	No.	323		Sîn-na'id
(58) x (76) x 27	ADD	464	C	Sale:land
	AR	111	T,TrG	
	AST	T201	Q	

beginning missing

```
obv    1'   [x x] É [x x x x x x x x x x]
       2'   [GAB].⌈DI⌉ ḫi-ri-⌈ti⌉ [ú-piš-ma 1.30-I]
       3'   [ina] ⌈lìb⌉-bi 6 MA.⌈NA⌉ [KÙ.BABBAR il-qe]
       4'   kas-pu gam-mur t[a-ad-din]
       5'   UN.MEŠ zar₄-pu T[I-ú tú-a-ru de-nu]
       6'   DUG₄.DUG₄ la-áš-šú man-⌈nu⌉ [šá] ⌈ina ur⌉-[kiš]
       7'   [i]-za-qu-«za»-pa-ni GIB-u-ni lu-u 1.d.[x x x]
       8'   [1]u-u DUMU.MEŠ-šú lu-u <DUMU>.DUMU.MEŠ-šú de-nu DUG₄.DUG₄
       9'   [TA*] 1.30-I DUMU.MEŠ-šú DUMU.DUMU.MEŠ-šú ub-ta-'u-u-ni
      10'   [x MA.NA] KÙ.BABBAR⌉ <LUḪ-u> 1 MA.NA KÙ.GI sag-ru
      11'   [ina bur-ki d.1]5 a-šib-bat URU.NINA GAR-an
      12'   [x ANŠE KUR.RA BABBAR.ME]Š ina GÌR.2 Aš+šur i-ra-kas
      13'   [x ANŠE ḫar-ba-kan-ni] ⌈ina⌉ GÌR.2 d.MAŠ.MAŠ ú-še-rab
rev   14'   [kas-pu a-na 10].MEŠ-te a-na EN.MEŠ-šú GUR-⌈ra⌉
      15'   [ina d]e-ni-šú DUG₄.DUG₄ là-TI
      ─────────────────────────────────────────────────────────
      16'   [IGI] 1.Ba-ga-gi IGI 1.KÁ-DINGIR-a+a IGI 1.Ur-du
      17'   IGI 1.Aš+šur-be-sún PAP 4 LÚ*.ÌR.MEŠ ⌈LÚ*⌉.šá IGI É.GAL
      18'   IGI 1.Lu-ki-ma-ma IGI 1.U.U-ia-bi IGI 1.Ḫal-mu-⌈su⌉
      19'   PAP 3 LÚ*.ÌR.MEŠ-ni ša LÚ*.GAL SUM.NINDA
      20'   [IG]I 1.DINGIR-TI.LA-su-iq-bi IGI 1.GIN-a-ni-15
      21'   [PA]P 2 LÚ*.ÌR.MEŠ-ni ša LÚ*.AGRIG GAL-e
      22'   IGI 1.Ṣili-10 LÚ*.ÌR ša LÚ*.GAL ⌈kar⌉-m[a-ni]
      23'   IGI 1.Aq-ru LÚ*.K[AŠ].LUL LÚ*.URU.⌈NINA⌉
      24'   [IGI] 1.Aš+šur-PAP.MEŠ-⌈PAP⌉ IGI <1>.URU.ŠÀ.URU-a+a
      25'   [IGI] 1.ÌR-15 LÚ*.ÌR šá L[Ú*.x x x x]
      26'   [IGI 1.Š]um-ma-⌈DINGIR.MEŠ⌉ [x x x x]
            remainder missing
```

Translation

Beginning missing– [x x] an area of [x x x x x x x x x, adj]oining a ditch–
[Sîn-na'id contracted and bought it fo]r 6 minas of [silver]. The money is
[paid] completely. The people are purchased and acq[uired. Any revocation,
lawsuit] or litigation is void. Who[ever], at any [time, lo]dges a complaint
or breaches the contract, whether [x x x o]r his sons or his <grand>sons,
(whoever) repeatedly seeks a lawsuit or litigation [against] Sîn-na'id (or
against) his sons (or against) his grandsons shall place [x minas] of <refined>
silver (and) 1 mina of pure gold [in the lap of Iš]tar residing in Ninua.
He shall tie x white horses] to the feet of Aššur. He shall bring [x ḫarbakkannu horses] to the feet of Nergal. He shall return [the money ten]fold
to its owners. He shall contest [in] his lawsuit and not succeed. 15+ witnesses.

Notes

7': See note on No. 1:13.

Rm.177	No.	324		Mí.Sinqi-Ištar
39 x 28 x 20	ADD	76	C	Debt-note
	AR	654	T,TrG	14.II.654 B.C.
	KB4	146-147	T,TrG	

te	1	ku-um KÙ.BABBAR
obv	2	MÍ.GAŠAN*-KI-ia GÉME
	3	ša MÍ.šá-kín-te
	4	a-na MÍ.Sin-qi-15
	5	a-di bal-laṭ-u-ni
	6	ta-pal-làḫ-šu
be	7	ITU.GU₄ UD 14 KAM
	8	lim-mu 1.Aš+šur-PAP-ir
rev	9	IGI 1.d.PA-še-zib-a-ni
	10	IGI 1.Aš+šur-KAR-ir-⌜a-ni⌝
	11	IGI 1.Ia-man-ni
	12	IGI 1.IM-15
	13	IGI 1.I-sa-na-⌜a+a⌝

Translation

In lieu of the silver, Bēlet-issīya, the maid of the šakintu, shall serve
Sinqi-Ištar for life. Date, eponym, 5 witnesses.

Notes

5: bal-laṭ-u-ni is a scribal error for balṭatūni.

6: -šu is certain; should be ša.

11: See note on No. 217:5'.

12-13: These witnesses occur in a šakintu archive (No. 408:15',18').

The šakintu mentioned in 1.3 is probably identical with No. 408:6'-7'.

Bu.89-4-26, 131	No.	325		Sîn-rēmanni
(45) x (49) x 23	ADD	506	C	Sale
	AR	612	T,TrG	Arrapḫa
	Aššur	2/5	Coll.	
	AST	T206	Q	

beginning missing

```
obv    1'   [x x x x x x x x x t]ú
       2'   [x x x kas-pu gam-mur ta]-din
       3'   [x x šú-a-tú zar-pu la-q]é-'u-u
       4'   [tu-a-ru de-e-nu DU]G₄.DUG₄
       5'   [la-áš-šú man-nu ša ina] ⌜ur-kiš⌝
       6'   [ina EGIR UD.MEŠ e-l]a-an-ni
be     7'   [lu-u 1.x x x x] LÚ*.2-⌜e⌝
       8'   [lu-u DUMU-šú lu-u] DUMU.DUMU-šú
       9'   [lu-u L]Ú*.EN.NAM ša URU.⌜4*-ḫa⌝
rev   10'   [ša e]-la-an-ni TA* 1.d.30-re-man-ni
      11'   [DUMU.MEŠ-šú u DUMU].DUMU.MEŠ-šú de-e-nu
      12'   [DUG₄.DU]G₄ i-gar-ru-u-ni ma-a
      13'   [kas-pu] la ga-mur la-a ta-din
      14'   [x]⌜x⌝ la-a up-pu la ta-din
      15'   [x] MA.NA KÙ.BABBAR ina bur-ki d.15
      16'   [ša] URU.Ni-nu-a i-šá-kan
      17'   [x]+2 MA.NA KÙ.GI sag-ru ina bur-ki
      18'   d.MAŠ i-šá-kan

      19'   [IGI] 1.LUGAL-IGI.<LAL>-a-ni LÚ*.qur-butu
      20'   [IGI 1.D]I-mu-EN-la-mur LÚ*.3.[U₅]
      21    [IGI 1.x x x]-⌜ni⌝ [x x x x x]
            remainder missing
```

Translation

Beginning missing— ...[x x x The money is pa]id [completely. Those (people) are purchased and acqu]ired. [Any revocation, lawsuit, or liti]gation [is [void. Whoever, at] any time [in distant days, rais]es a claim, [whether x x x x x], the viceroy, [or his sons or] his grandsons [or t]he governor of the city of Arrapḫa, [whoever r]aises a claim or institutes against Sîn-rēmanni [(or against) his sons and (against)] his [grand]sons a lawsuit [or litigation] and (says) the following: "[The money] is not complete and is not paid. [The (peo]ple) are not contracted and are not sold" shall place [x] minas of silver in the lap of Ištar [of] Ninua. He shall place [x] + 2 minas of pure gold in the lap of Ninurta. 3+ witnesses.

Notes

5': kiš = . The sign is misread in Parpola's collations as u-ni.

14': ⌜x⌝ = . The collations for this line by Parpola are incorrect. See AHw 1459b for uppu laqe in Middle-Assyrian texts; cf. CAD A II 202b.

19': LAL is not on the tablet.

20': mur is correct not áš (Parpola).

K.394 40 x 27 x 16	No.	326		Sîn-rēmēni
	ADD	47	C	Loan:silver
	AR	251	T,TrG	[ ].683 B.C.
	Aššur	2/5	Coll.	

obv 1 2 MA.NA KÙ.BABBAR
2 ina 1 MA.NA šá Gar-ga-miš
3 ša 1.d.30-ré-me-ni
4 ina IGI 1.Man-nu-ki-AN.GAL
5 ⸢x x x⸣ ša SUKKAL.MEŠ
6 [x x x] MA.NA KÙ.BAB[BAR]

rev 7' [x x x x x x]⸢x⸣
8' [x x x x x x]⸢x⸣
9' [x x x x x x]⸢x⸣
10' [x x x x x x]⸢x⸣
11' ⸢lim-mu⸣ 1.Man-nu-ki-10
12' IGI 1.MAN-<x x> LÚ*.NAR

Translation

2 minas of silver according to the 1 mina (standard) of Gargamiš belonging to Sîn-rēmēni are at the disposal of Mannu-kī-Angal abarakku? of the sukkallu. [(He shall pay the 2)] minas of sil[ver (in the month of x)]. Remainder of text mostly destroyed. 1+ witnesses, wponym.

Notes

2: ina 1 is written thus: .

5: ⸢x x x⸣ = . Parpola collates [G]AL!-⸢É⸣. ⸢AGRIG⸣ seems likely, but uncertain.

7': ⸢x⸣ =  ; Parpola reads -K]AM!.

8': ⸢x⸣ = .

9': ⸢x⸣ = .

10': ⸢x⸣ = 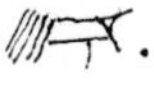.

79-7-8, 287	No.	327		Sîn-šarru-uṣur
46 x 28 x 16	ADD	32	C	Loan:silver
	AR	245	T,TrG	(Nebi Yunus)
	Aššur	2/5	Coll.	12.[ ].693 B.C.

obv 1 2 MA.NA KÙ.BABBAR SAG.DU
2 ša 1.30-MAN-PAP LÚ*.GAR-nu
3 ina IGI 1.PA-u-SU
4 4 GÍN.MEŠ KÙ.BABBAR a-na 1 MA.NA
5 ša ITU-šú GAL-bi
6 [x x]⌈x⌉ 1 MA.NA šá-ni-u la GAL-bi
7 IT[U x UD] 12 KÁM
8 lim-[mu 1].AŠ-PAP.MEŠ
rev 9 IGI 1.E[N-IG]I.LAL-a-ni
10 IGI 1.⌈x⌉[x x]⌈x⌉-URU.KASKAL
11 IGI 1.Be-[x-PA]P.MEŠ
12 IGI 1.Aš+šur-[a]-⌈lik⌉-IGI LÚ*.GAR-⌈nu⌉
13 IGI 1.⌈NUMUN⌉-u-⌈tú⌉ IGI 1.d.PA-PAP-AŠ

Translation

2 minas of silver, capital, belonging to Sîn-šarru-uṣur, the superior, are
at the disposal of Nabû-erība. It shall increase by 4 shekels of silver per
1 mina monthly. [(Concern]ing) the other 1 mina, it shall not increase.
(Date), eponym, 7 witnesses.

Notes

The tablet has the initials N.Y. (Nebi Yunus) written on it.
6: [x x]⌈x⌉ = ⫶⫶⫶.
10: ⌈x⌉[x x]⌈x⌉ = ⫶⫶⫶⫶. Parpola collates: 1.qu[r-d]i which is uncertain.

Rm.168	No.	328		Sîn-[ ]-ēreš
55 x (70) x 27	ADD	262	C	Sale:slaves
	AR	553	T,TrG	Scribe:[Bēl]-lāmur
	Aššur	2/5	Coll.	Ḫarrānu
	AST	T215	Q	

beginning missing

obv 1' ⌜x x x x⌝ ú-piš-ma 1.3[0-x-x]-APIN-eš]
2' ina lìb-bi 1 1/2 MA.NA 5 GÍN.MEŠ KÙ.BA[BBAR il-qe]
3' kas-pu gam-mur ta-din UN.MEŠ za-[ar-pu]
4' TI-ú de-ni DUG₄.DUG₄ la-áš-[šú]
5' man-nu ša ina ur-kiš ina ma-ti-ma GI[B-u-ni]
6' lu-u 1.30-SUM-PAP lu-u DUMU.MEŠ-šú lu-u [DUM]U.D[UMU.MEŠ-šú šá]
7' de-ni DUG₄.DUG₄ TA* 1.30-[x-x]-A[PIN]-eš
8' TA* DUMU.MEŠ-šú ub-ta-u-[ni]
9' 10 MA.NA KÙ.BABBAR 5 MA.NA KÙ.GI 4 [ANŠE.KUR.RA.MEŠ]
10' BABBAR.MEŠ a-na d.30 a-šib URU.[KASKAL]
11' i-dan KÙ.BABBAR a-na 10.MEŠ-t[e]
12' [a-n]a EN.MEŠ-šú GUR a-na d[e-ni-šú]
13' [DUG₄].DUG₄ la i-laq-[qe]

4 illegible lines

rev 14' IGI 1.10-[x x x x x x]
15' LÚ*.⌜x x⌝[x x x x x]
16' IGI 1.[x x x x] LÚ*.[x x x]-⌜ni⌝
17' IGI 1.[EN]-la-mur LÚ*.A.[BA]
18' IGI 1.[x x x]-ma-I LÚ*.DAM.[QAR]
19' [ša] É MÍ.É.GAL

Translation

Beginning missing- ⌜x x x x⌝- S[în-x x-ēreš] contracted and [bought them]
for 1 1/2 minas and 5 shekels of sil[ver]. The money is paid completely.
The people ar[e purchased] and acquired. Any lawsuit or litigation is vo[id].
Whoever, at any time in the future, breaches [the contract], whether Sîn-
nādin-aḫi or his sons or [his grand]so[ns, whoever] repeatedly seeks a lawsuit
or litigation against Sîn-[x x]-ē[r]eš (or) against his sons shall pay 10
minas of silver, 5 minas of gold, and 4 white [horses] to Sîn residing in
[Ḫarrānu]. He shall return the silver tenfold [t]o its owners. [He shall]
contest in [his lawsui]t and not succ[eed]. 5+ witnesses

Notes

1': ⌜x x x x⌝ = 〰〰.
14': The reverse is difficult to read.
15': ⌜x x⌝ = 〰.

80-7-19, 314	No.	329		Sîn-[ ]
(22) x (27) x 18	ADD	108	C	Loan
	AR	303	T,TrG	
	AST	T193	Q	

obv	1	bi-lat 3 MA.N[A URUDU.MEŠ]
	2	SAG.MEŠ šá d.[15 šá URU.4*-ìl]
	3	ša 1.d.30-[x x x x]
	4	ina IGI 1.Gab-[x x x x x x x]
	5	IGI 1.EN-KASKAL-[x x x x x x]
	6	IGI 1.Ba-ni-[x x x x x]
	7	IGI 1.d.U[TU x x x x x]
rev	8	IGI 1.⌈Am⌉-mar-[x x x x x]
	9	IGI 1.GÌR.2-[x x x x x]

1 line space

	10	⌈ITU⌉
	11	IGI 1.DINGIR-rém-[x x x x]

Translation

A talent and 3 min[as of copper], rešāte belonging to [Ištar of Arbail] and belonging to Sîn-[x x x x] are at the disposal of Gab-[x x x x x x x x]. 6 witnesses.

Notes

6: Ba = 𒁀.
10: The remainder of the line has been erased.

Ki.1904-10-9, 58	No.	330		Suḫaya
(55) x 71 x 22	ADD	1162	C	Sale:female
	=AJSL	42/182		Scribe:Ninurta-zēru-
	AST	T203	Q	iqîša
				Ninua

beginning missing

obv	1'	[x x x x x x x x x x š]a-i
	2'	[x x x x x x x x]-u-a+a
	3'	[x x x x x x x šа]а-i
	4'	[x x x x]⌈x x⌉.MEŠ laq-qe
	5'	[kas-pu g]a-mur ta-din
	6'	[MÍ šú]-a-tú za-ár-pa-at la-qé-at
	7'	⌈tu⌉-a-ru de-nu DUG₄.DUG₄ la-áš-šú šú
	8'	man-nu šá ina ur-kiš ina ma-ti-ma
	9'	lu 1.Bu-la-⌈lu₄⌉

```
        10'  lu DUMU.MEŠ-šú DUMU.DUMU.MEŠ-šú
        11'  šá de-nu DUG₄.DUG₄ TA* 1.˹Su˺-ha-a+a
        12'  ub-ta-u-ni 1 MA.NA qer-du ˹GU₇˺
        13'  mar DUG.a-ga-ni kur-ru NAG
        14'  2 MA.NA KÙ.BABBAR LUH 1 MA.NA KÙ.GI sag-ru
        15'  ina bur-ki d.MÙŠ a-ši-bat URU.NINA
        16'  i-šá-kan
rev     17'  GÚ.UN AN.NA a-na LÚ*.EN.NAM [URU-šú SUM]
        18'  ˹kas˺-pu a-na 10.[MEŠ]-ti a-na EN.[MEŠ-šú GUR]
        19'  ina de-ni-šú DUG₄.DUG₄-ma la i-la-qe

        20'  IGI 1.LAL-KAM-eš
        21'  IGI 1.d.MAŠ-KI-ia
        22'  IGI 1.PAP-u-a-SU IGI 1.d.MAŠ-i
        23'  IGI 1.DI-lim-d.IM
        24'  IGI 1.EN-la-u-a
        25'  [IG]I 1.DINGIR-tàk-lak
        26'  IGI 1.d.MAŠ-NUMUN-˹BA-šá˺
        27'  [L]Ú*.A.BA ṣa-[bit ṭup-p]i
        28'  [ITU.x U]D 3 [KÁM lim-mu 1.x x]-DINGIR-a+a
        29'  [                    ]˹x˺
        30'  [                    ]˹x˺
        31'  [                    ]˹x˺
             remainder missing
```

Translation

Beginning missing- ... [x x x x] ˹x x˺ is bought. [The money] is paid [compl]etely. [Th]at [(woman)] is purchased and acquired. Any revocation, lawsuit, or litgation is void. Whoever, at any time in the future, whether Bullalu or his sons (or) his grandsons, whoever repeatedly seeks a lawsuit or litigation against Suhaya shall eat 1 mina of plucked wool and drink the equivalent of an <u>agannu</u>-vessel of the tanner's paste. He shall place 2 minas of refined silver (and) 1 mina of pure gold in the lap of Ištar residing in Ninua. [He shall pay] a talent of tin to the governor [of his city. He shall return] the money tenfold to [its] owne[rs]. He shall contest in his lawsuit and not succeed. 7+ witnesses, scribe, (Date), (eponym).

Notes

4': ˹x x˺ =

5': <u>din</u> =

7': The second šú at the end of the line is an erasure.

16': The signs are separated on the tablet.

29': ˹x˺ =

30': ˹x˺ =

31': ˹x˺ =

K.293
38 x 71 x 25

No.	331		Ṣalmu-aḫḫē
ADD	373	C	Sale:land
AR	400	T,TrG	Dayyān-Adad
Op	240-242	T,TrL/F	4.II.PC
Aššur	2/5	Coll.	
AST	T204	Q	

obv 1 NA₄.KIŠIB 1.Pa-ši-i
2 DUMU 1.I-ba-áš-ši-DINGIR.MEŠ-ni
3 TA* ŠÀ URU.Da-a+a-nu-d.IM
4 EN A.ŠÀ ta-da-a-ni

Blank Seal Space

5 É 1 ANŠE 2BÁN A.ŠÀ SUḪUR AMA šá ku-da-ri
6 SUḪUR 1.IM-d.15
7 SUḪUR 1.SUḪUŠ-PAP.MEŠ-šú
8 SUḪUR na-aḫ-li
9 ú-piš-ma 1.d.NU-PAP.MEŠ
10 LÚ.šá GÌR.2
11 ina lìb-bi 10 GÍN.MEŠ KÙ.BABBAR
rev 12 il<<laq>>-qé kas-pu gam-mur
13 ta-<<ti>>-din A.ŠÀ šu-a-te
14 za-rip laq-qé tu-a-ru
15 de-e-nu DUG₄.DUG₄ la-a-šú
16 man-nu šá ina ur-kiš ù ma-ti-ma
17 i-zaq-qu-pa-an-ni i-GIB-u-ni
18 lu-u 1.Pa-ši-i lu-u DUMU.MEŠ-šú
19 lu-u DUMU.DUMU.MEŠ-šú TA* 1.d.NU-PAP.MEŠ
20 DUMU.MEŠ-šú DUMU.DUMU.MEŠ-šú de-e-nu
21 DUG₄.DUG₄ ub-ta-u-ni
22 10 MA.NA KÙ.BABBAR 1 MA.NA KÙ.GI
23 ina bur-ki d.Iš-tar a-ši-bat
24 NINA.KI i-šak-˹kan˺
25 KÙ.BABBAR a-na 10-a-˹te˺ [a-na EN]-šú
te 26 ú-ta-r[a]
27 ina de-ni-šú DUG₄.DUG₄-ma
28 la TI-qé

29 IGI 1.DINGIR-ma-le-'i
le 30 IGI 1.A-ši-ru IGI 1.EN-še-zib-a-ni IGI 1.Ab-di-i
31 IGI 1.d.ŠÚ-PAP-ir ITU.GU₄ UD 4 KÁM lim-me 1.Bul-lu-ṭu

Translation

Seal of Pašî son of Ibašši-ilāni from the city of Dayyān-Adad, owner of the
land being sold. /Blank Seal Space/ An area of 1 homer and 2 sūtus of land
adjoining the road of the kudaru, adjoining (the land) of Šar-Ištar, adjoining
(the land) of Ubru-aḫḫēšu, and adjoining a brook——Ṣalmu-aḫḫē, the bodyguard,
contracted and bought it for 10 shekels of silver. The money is paid completely.
That land is purchased and acquired. Any revocation, lawsuit, or litigation
is void. Whoever, at any time in the future, lodges a complaint or breaches
the contract, whether Pašî or his sons or his grandsons, (whoever) repeatedly

seeks against Ṣalmu-aḫḫē (or against) his sons (or against) his grandsons
a lawsuit or litigation shall place 10 minas of silver (and) 1 mina of gold
in the lap of Ištar residing in Ninua. He shall return the silver tenfold
[to] its [owner]. He shall contest in his lawsuit and not succeed. 5 witnesses,
date, eponym.

Notes

3: See note on No. 25:5.

5: For ku-da-ri see note on No. 25:6.

29: Iluma-lē'i is identical with the witness attested in No. 25:15
(1.DINGIR-ma-ZU).

30: Abdî occurs in No. 25:16.

K.1469		No.	332		Ṣalmu-aḫḫē
(47) x 63 x (11)		ADD	217	C	Sale:female
		AR	518	T,TrG	
		Aššur	2/5	Coll.	

---

beginning missing

---

3 Stamp Seals

---

obv	1'	[MÍ].⌈x⌉-di-bé-e-šá-⌈ŠÀ-bi⌉ GÉME-[šú]
	2'	⌈ša⌉ 1.d.Se-e'-a+a-li
	3'	ú-piš-ma 1.Ṣal-mu-PAP.MEŠ
	4'	ina lìb-bi 1 1/2 MA.NA KÙ.BABBAR ina šá UR[U.Gar-ga-miš]
	5'	TA* IGI 1.Se-e'-a+a-li il-q[e]
	6'	kas-pu ga-mur ta-ad-d[in]
	7'	MÍ su-a-tú zar-pat la-qe-a[t]
	8'	tu-a-ru de-e-nu da-ba-[bu la-áš-šú]
	9'	man-nu ša ina ur-kiš ina ⌈ma⌉-[te-ma]
	10'	i-za-qu-pa-ni G[IB-u-ni]
	11'	lu-u 1.Se-e'-a+a-[li lu-u DUMU.MEŠ-šú]
	12'	DUMU.DUMU.MEŠ-šú 1[u-u PAP.MEŠ-šú ša de-e-nu DUG₄.DUG₄]
	13'	TA* 1.Ṣal-mu-PAP.M[EŠ lu-u DUMU.MEŠ-šú]
	14'	[DUMU].DUMU.⌈MEŠ⌉-š[u ub-ta-u-ni]
		remainder missing

Translation

Beginning missing- /3 Stamp Seals/ ⌜x⌝-dibeša-libbi, the maid of Se'-ayali——
Ṣalmu-aḫḫē contracted and bought it for 1 1/2 minas of silver according to
(the mina [standard]) of [Gargamiš] from Se'-ayali. The money is pa[id]
completely. That woman is purchased and acquir[ed]. Any revocation, lawsuit,
or litiga[tion is void]. Whoever, at any time in the fut[ure], lodges a
complaint or br[eaches the contract], whether Se'-aya[li or his sons] (or)
his grandsons o[r his brothers, whoever repeatedly seeks a lawsuit or litigation]
against Ṣalmu-aḫḫē [or his sons (or)] his [grand]sons -remainder missing.

Notes

1': ⌜x⌝ = ⫫⌐.

K.294		No.	333		Ṣilli-Aššur
47 x 68 x 23		ADD	324	C	Sale:house
		AR	36	T,TrG	Ninua
		3R	48/3	C	16.III.692 B.C.
		KB4	116–117	T,TrG	
		Op	175–178	T,TrL/F	
		Aššur	2/5	Coll.	

obv	1	ṣu-pur 1.LUGAL-lu-dà-⌜ri⌝
	2	ṣu-pur 1.A-tar-su-ru
	3	ṣu-pur MÍ.A-mat-d.Su-u'-la
	4	MÍ-su ša 1.EN-BÀD LÚ*.3-šú ša a-riti
	5	EN É SUM-an

4 Circular Stamp Seals

	6	É ep-šú a-di GIŠ.ÙR.MEŠ-šú
	7	a-di GIŠ.IG.MEŠ-⌜šú⌝ TÙR
	8	ina URU.Ni-nu-u SUḪUR É 1.Man-nu-ki-PAP.MEŠ
	9	SUḪUR É ⟪1⟫.DINGIR-KI-ia
	10	SUḪUR su-qa-qi ú-pis-ma
	11	1.GIŠ.MI-Aš+sur LÚ*.A.BA
be	12	LÚ*.Mu-ṣu-ra-a+a
	13	ina ŠÀ 1 MA.NA KÙ.BABBAR ša LUGAL
rev	14	TA* IGI 1.LUGAL-lu-dà-ri
	15	TA* IGI 1.A-tar-su-ru
	16	TA* IGI MÍ.A-mat-Su-u'-la MÍ-šú ša 1.EN-BAD
	17	il-qe kas-pu ga-mur ta-⌜din⌝
	18	É šu-a-tú za-rip TI

```
        19   tu-a-ru de-e-ni u DUG₄.DUG₄
        20   la-áš-šu man-nu ša ina ur-kiš
        21   ina ma-te-ma lu LÚ.MEŠ-e an-nu-ti
        22   ša de-ni u DUG₄.DUG₄
        23   TA* 1.Ṣili-Aš+šur ub-ta-'u-u-ni
        24   10 MA.NA KÙ.BABBAR SUM-an

        25   IGI 1.Šu-sa-an-qu ḫa-at-na MAN
        26   IGI 1.Ḫar-ma-ṣa LÚ*.3-šú
        27   IGI 1.Ra-su-u' LÚ*.MÁ.LAḪ₅
        28   IGI 1.PA-BÀD-PAP LÚ*.mu-ri-ba-nu
   te   29   IGI 1.Ḫar-ma-ṣa LÚ*.MÁ.LAḪ₅
        30   IGI 1.30-MAN-PAP IGI 1.Zi-da-qa
   le   31   ITU.SIG₄ UD 16 KAM lim-me 1.Za-za-a
        32   LÚ*.GAR.KUR URU.Ár-pad-da IGI 1.d.UTU-GIN-PAP
        33              IGI 1.Mi-tu-ru IGI 1.d.PA-MU-AŠ
```

Translation

Fingernail of Šarru-lū-dari, fingernail of Attar-surī, fingernail of Amat-
Su'la, the wife of Bēl-durī, the shield-bearing third charioteer, owner
of the house being sold. /4 Circular Stamp Seals/ A built house including its
beams, including its doors and a yard in the city of Ninua adjoining the
house of Mannu-kī-aḫḫē, adjoining the house of Ilu-issīya, and adjoining the
street——Ṣilli-Aššur, the Egyptian scribe, contracted and bought it for
1 mina of silver according to (the mina [standard]) of the king from
Šarru-lū-dari, from Attar-surī, and from Amat-Su'la, the wife of Bēl-durī.
The money is paid completely. That house is purchased and acquired. Any
revocation, lawsuit, or litigation is void. Whoever, at any time in the
future, whether these men, whoever repeatedly seeks a lawsuit and litigation
against Ṣilli-Aššur he shall pay 10 minas of silver. 10 witnesses, date,
eponym.

Notes

On the seal, Parpola remarks: "4 small (6 x 9 mm) elliptical circles,
possibly to be taken as unusual nailmarks".

7: TÙR = ⊢⊤⊤ ⌖⌐⌐⌐.

16: BAD is an abbreviation for BÀD, the scribe not having enough room
on the line to write the sign out.

30: da = ⊯⌐ ; id unlikely.

K.289	No.	334		Ṣīrî
40 x 73 x 25	ADD	618	C	Murder Decree
	AR	660	T,TrG	Scribe:Nabû'a
	FNAD	50	T	Samānu
				3.VIII.657 B.C.

```
obv   1    NA₄.KIŠIB 1.d.UTU-tak-lak
      2    NA₄.KIŠIB 1.Ib-ta-aš-GIŠ
      3    NA₄.KIŠIB 1.Taba-la-a+a
      4    NA₄.KIŠIB 1.Eri-du₁₀-a+a
      5    NA₄.KIŠIB 1.U+GUR-PAP-PAP
      6    NA₄.KIŠIB 1.Si-lim-DINGIR
      7    NA₄.KIŠIB 1.Mu-qa-líl-IDIM
      8    NA₄.KIŠIB 1.10-PAP-AŠ
      9    NA₄.KIŠIB 1.AŠ-GIŠ
     10    NA₄.KIŠIB 1.Sa-a-ri-u-ni
     11    NA₄.KIŠIB URU≪1≫.Sa-ma-na-a+a gab-bu
```

Cylinder Seal Impression of a Fish MAN

```
be   12    1.Ṣi-ri-i : EN ÚŠ.MEŠ
     13    ša 1.Si-lim-DINGIR
     14       GAZ-u-ni
rev  15    ina IGI-šu-nu lu-u MÍ-šu
     16    lu-u ŠEŠ-šú lu-u DUMU-šú
     17    man-nu šá e-la-a-ni
     18    šu-nu ÚŠ.MEŠ ú-šal-lumu
```

```
     19    IGI 1.Tar-di-tú-Aš+šur 3-šú
     20    IGI 1.d.PA-SAG-i-ši
     21            LÚ*.NI.GAB
     22    IGI 1.d.NUSKU-PAP-AŠ
     23         LÚ*.šá UGU qa-na-te
     24    IGI 1.Man-nu-ki-d.10 LÚ*.NI.GAB
     25    IGI 1.Aš+šur-MU-AŠ LÚ*.GAL ki-ṣir
     26         ša LÚ*.GAL SUM.NINDA
     27    IGI 1.AD-ul-ZU 3-šú
te   28    IGI 1.d.PA-u-a A.B[A]
le   29    ITU.APIN UD 3 KÁM lim-me 1.NU-TÉŠ
```

Translation

Seal of Šamaš-taklāk, seal of Ibtāš-lēšir, seal of Tabalāya, seal of Eridāya,
seal of Nergal-aḫu-uṣur, seal of Silim-ili, seal of Muqallil-kabti, seal of
Adad-aḫu-iddina, seal of Ēdu-lēšir, seal of Sariuni, seal of the entire
city of Samānu. /Cylinder Seal Impression of a Fish Man/ Ṣīrî is responsible
for the blood money (of the person) who Silim-ili killed. It is their
liability: be it his (Silim-ili's) wife, be it his brother, be it his son,
(or) whoever (among them first) "arises" (i.e. shows up). They (i.e. one of
them) shall pay the blood money. 6 witnesses, scribe, date, eponym.

Notes

11: The emendation to <u>URU</u> follows the suggestion made by Postgate
in FNAD 49.

K.15265 + 20534 + 20535 +	No.	335	Šakilya
20540 + Rm.182	ADD	1269+333 C	Sale:house
(50) x (91) x 28	=AJSL	42/272–273	12.XII.651 B.C.
	AR	339	T,TrG

---

obv 1 ⌜NA₄.KIŠIB⌝ 1.EN–BÀD LÚ*.⌜EN⌝.[NAM]
    2 EN É ta–da–an–[ni]

3 Circular Stamp Seals

    3 ri–pi–tú a–na gi–mir–tú–[šá]
    4 ri–p[i]–tú ša 1.d.PA–MU–[iš–kun]
    5 ⌜x x x x x⌝ [x x]
    6 a–na 1.EN–BÀD LÚ*.⌜EN.NAM⌝
    7 i–⌜din⌝–u–ni 1.EN–BÀD
    8 a–na 1.Šá–kil–ia i–ti–[din]
    9 SUḪ[UR x x x]⌜x⌝ gab ⌜x⌝
   10 1.d.⌜PA⌝–M[U–iš–k]u[n x x x]
   11 [x]x⌝ tab–re–⌜e⌝ ⌜x⌝[x x x]
   12 [man]–nu ša ⟨ina⟩ ur–kiš ⟨ina⟩ ma–te–[ma]
   13 [GI]B–u–ni lu–u 1.⌜EN⌝–[BÀD LÚ*.EN.NAM]
   14 [lu–u Š]EŠ.MEŠ–šú [x x x]
       remainder missing

rev 15' IGI [1.x x x x x x x]
   16' IGI 1.d.[x x x x x x]
   17' IGI 1.Man–n[u–x x x x x]
   18' IGI 1.x[x x x x x x x]
   19' IGI 1.d.Aš+šur–[x]x x[x x]
   20' IGI 1.URU.[N]i–nu–a ÌR [x x x x]
   21' IGI 1.Man–[nu]–ki–PAP.MEŠ IGI 1.[x x x]
   22' IGI 1.[d].IM–sal–lim IGI 1.d.[x x x]
   23' IGI 1.ITU.AB–a+a IGI 1.x[x x x]
   24' IGI 1.Šá–kil–ia ša URU.[x x x]
   25' IGI 1.Ba–sa–su IGI [1.x x x x]
   26' ITU.ŠE UD 12 KÁM [lim–mu]
   27' 1.Sa–gab LÚ*.GAR.[KUR x x x x]
te 28' DI–mu ina bir–t[i–šú–nu]
   29' IGI 1.U+GUR–rém–a–[ni x x x]
   30' [IGI 1].Ur–du I[GI 1. x x x]
   31' [IGI 1].Dan–ni–x[x x x x]
le 32' IGI 1.Tar–d[i]–ia IGI 1.Ṣal–mu IGI 1.ḪAL–x[x x]
   33' [I]GI 1.EN–[x]–x–ZU IGI 1.Za–bi–nu L[Ú*.x x]
   34' ša [x x]–a+a IGI 1.PAP–ia KID [x x x]
   35' IGI [1.x x] IGI 1.d.BU–UMUN–ZU LÚ*.GIŠ.GIGIR [x x x]

Translation

Seal of Bēl-durī, the gover[nor], owner of the house being sold. /3 Circular
Stamp Seals/ A barnyard in [its] entirety; a barnyard which Nabû-šumu-
[iškun], ⌜x x x x x⌝ [x x], sold to Bēl-durī, the governor, Bēl-durī has so[ld]
to Šakilya, adjo[ining x x x] ... Nabû-šu[mu-išk]u[n x x x x]x⌝, tabru,
⌜x⌝[x x x. Who]ever, <at> any time <in> the future, [breaches the] contract,
whether Bēl-[durī, the governor, or] his [bro]thers —remainder of text missing.
22+ witnesses, date, eponym. le: Peace is between [them].

Notes

1: Bēl-durī: see note on No. 73:3.
5: ⌜x x x x⌝[x x] = (cuneiform signs)
8: Šakilya is probably the same person as the witness attested in No. 287:17
(archive: Rēmanni-ilī - 650 B.C.).
9: ⌜x⌝ gab ⌜x⌝ = (cuneiform signs)
11: [x]x⌝ tab-re-⌜e⌝ ⌜x⌝[x x x] = (cuneiform signs)
18': x[= (cuneiform sign)
23': x[x = (cuneiform sign)
31': x[x = (cuneiform sign); possibly to be restored Dan-ni- i⌝ [x x x x].

83-1-18, 396	No.	336		Šamaš-abū'a
46 x 21 x 17	ADD	78	C	Pledge
envelope	AR	155	T,TrG	

obv 1 ⌜12⌝ MA.[NA KÙ.BABBAR SAG.DU]
     2 ša 1.d.UTU-AD-u-a   LÚ.GIŠ.GIGIR
     3 ina pu-u-ḫi it-ti-ši 1 MA.NA
     4 12 GÍN.MEŠ KÙ.BABBAR šá ITU-šú i-rab-bi
     5 MÍ.GÉME-d.KUR.A MÍ-šú MÍ.AD-ra-ḫi-i
     6 [D]UMU.MÍ-su 1.Suk-ka-a+a DUMU-šú
     7 [x x x]⌜x⌝ lu DUMU-šú 1.DÙ-IGI.LAL 1 ÌR-⌜šú⌝
be   8 [PAP 5 ZI.MEŠ ku]-um KÙ.BABBAR kam-mu-su
        remainder missing

Translation

12 mi[nas of silver, capital], belonging to Šamaš-abū'a, the charioteer. He
took it as a loan. It shall increase 1 mina and 12 shekels per month. Bēlet-
šadu'a, his wife, Abi-raḫi, his daughter, Sukkāya, his son, [x x x]⌜x⌝-lu,
his son, and Gabbu-āmur, one servant belonging to him, [a total of 5 persons]
are place [in li]eu of the silver. Remainder missing.

83-1-18, 357	No.	337	Šamaš-abu-uṣur
42 x (51) x 19	ADD	199 C	Sale:male
duplicate: No. 338	AR	478 T,TrG	Kal(i)zi
			3.[ ].670 B.C.

obv	1	ku-um NA₄.KIŠIB-šú ṣu-⌜pur⌝-šú GAR-u[n]

Blank Seal Space

	2	ṣu-pur 1.Aš+šur-PAP-ir EN LÚ <SUM-ni> 1.PAP-li-⌜i'-ti⌝
	3	IR-šú ú-piš-ma 1.d.UTU-AD-PAP
	4	TA* IGI 1.Aš+šur-PAP-ir ina ŠÀ 50 MA.NA
	5	URUDU.MEŠ is-se-qé kas-pu gam-mur
	6	ta-ad-din LÚ šu-a-tú za-rip ⌜TI⌝-qé
	7	⌜GUR⌝ de-e-nu DUG₄.DUG₄ la-áš-šú
	8	[man-nu ša ina u]r-kiš ina ma-te-ma
	9	[lu-u 1.Aš+šur-PAP]-ir lu-u DUMU.MEŠ-šú
	10	[lu-u PAP.MEŠ-šú 1]u-u LÚ.EN.NAM-su
	11	[ša de-e-nu DUG₄.DUG₄ TA* 1].d.UTU-AD-PAP
	12	[DUMU.MEŠ-šú u DUMU.DUMU.MEŠ-šú ub-ta]- u⌝-ni
	13	[x MA.NA KÙ.BABBAR LUḪ-u x MA.NA KÙ].⌜GI⌝
		remainder missing
rev	14'	[1.DI-mu-EN-la-áš-me LÚ*.GAR.KUR UR]U.De-[e-re]
	15'	[x MA.NA URU]DU ša ṣu-pur-[šú]

Translation

In place of his seal he placed his fingernail. /Blank Seal Space/ Fingernail
of Aššur-nāṣir, owner of the man <being sold>. Aḫu-lī'ti, his servant——
Šamaš-abu-uṣur contracted and has bought him from Aššur-nāṣir for 50 minas of
copper. The money is paid completely. That man is purchased and acquired.
Any revocation, lawsuit, or litigation is void. [Whoever, at any] time in
the future, [whether Aššur-nā]ṣir or his sons [or his brothers o]r his governor,
[whoever repeat]edly seeks [a lawsuit or litigation against] Šamaš-abu-uṣur
[(and) against his sons and (against) his grandsons shall place x minas of
refined silver (and) x minas of pure g]old -remainder of text missing.
(Eponym). [x minas of cop]per for [his] fingernail.

83-1-18, 560	No.	338		Šamaš-abu-uṣur
53 x 94 x 28	ADD	181	C	Sale:male
duplicate: No. 337	AR	460	T,TrG	Scribe:Ṭāb-šar-Nabû
	AST	T196	Q	Kalzi
				3.[ ].670 B.C.

obv 1 [ku-um NA₄.KIŠ]IB-šú ṣu-pár-šú ⌈iš-kun⌉

Blank Seal Space

2 [ṣu-pár] 1.Aš+šur-PAP-ir EN LÚ <SUM-ni>
3 1.PAP-li-i'-ti : ÌR-šú
4 ú-tap-piš 1.d.UTU-AD-PAP
5 TA* IGI 1.Aš+šur-PAP-ir
6 ina lìb-bi 50 MA.NA URUDU.MEŠ
7 i-se-EQ kas-pu gam-<mur> ta-din-ni
8 LÚ šu-a-tú za-rip la-EQ
9 GUR de-nu DUG₄.DUG₄ la-šú
10 man-nu šá ina ur-kiš ina ma-te-ma
11 lu 1.Aš+šur-PAP-ir lu DUMU.MEŠ-šú
12 lu ŠEŠ.MEŠ-šú lu LÚ*.EN.NAM-su
13 man-n[u š]a de-nu DUG₄.DUG₄
14 [TA* ŠÀ 1.d.U]TU-AD-PAP
15 [lu DUMU.MEŠ-šú] ⌈ú⌉-ub-t[a]-'u-u-ni
16 [x MA.NA KÙ.BAB]BAR 1 MA.NA KÙ.GI

rev 17 [ina bur-ki] d.IM EN URU.Kal-zi ⌈GAR⌉-an
18 [kas-pu ana 10.MEŠ-te] ⌈ina⌉ EN-šú u-GUR
19 [ina de-ni-šú D]UG₄.DUG₄ la TI-qé
20 [man-nu šá i-ba]la-ka-tu-ni
21 [x x x x x]⌈x⌉ SUM-an
22 [x x x x ṣib-tú be]-nu
23 [ana 1 me UD.MEŠ sa-ar-tú ana] kala UD.MEŠ
24 [IGI 1.x x x x x LÚ*].SANGA šá d.IGI.DU
25 [IGI 1.x x x x x]⌈x⌉-a+a GAL ⌈x x⌉
26 [IGI 1.x x x x x] ÌR šá 1.DI-ma-nu-⌈x⌉
27 ⌈IGI⌉ 1.[x x x x x]-a-ni LÚ*.⌈x⌉
28 ⌈IGI⌉.[1.x x x x x]-a GAL ki-ṣir

1 line space

29 ITU.[x]x⌉ UD 3 KÁM
30 lim-mu 1. DI-mu-EN-la⌉-[áš-me]
31 LÚ*.GAR.KUR URU.D[e-e-r]e
32 [IG]I 1.DÙG.GA-IM-d.PA LÚ*.A.BA
te 33 [x MA.N]A URUDU ⌈šá⌉ ṣu-pur-šú

Translation

[In place of] his [sea]l he placed his fingernail. /Blank Seal Space/ [Fingernail] of Aššur-nāṣir, owner of the man <being sold>. Aḫu-līti "ditto" his slave——Šamaš-abu-uṣur has contracted and has bought him from Aššur-nāṣir for 50 minas of copper. The money is paid comple[tely]. That man is purchased and acquired. Any revocation, lawsuit, or litigation is void. Whoever, at any time in the future, whether Aššur-nāṣir or his sons or his brothers or

his governor, who[ever] repeatedly seeks a lawsuit or litigation [against
Šam]aš-abu-uṣur [or his sons] shall place [x minas of silv]er (and) 1 mina of
gold [in the lap] of Adad, the lord of Kalzi. He shall return [the money
tenfold] to its owner. He shall contest [in his lawsuit] and not succeed.
[Whoever app]eals shall pay [x x x x x] x⌉. [(The buyer is guaranteed against
the) ṣibtu and be]nnu diseases [for 100 days (and against) fraud for]ever.
5 witnesses, (date) eponym, scribe. [x min]as of copper for his fingernail.

Notes

2: The scribe has omitted tadāni on the duplicate as well (intentionally?).

12: Note the spelling LÚ*.EN.NAM-su (also: No. 337:10) for pāḫussu <
pāḫut-šu.

17: On Kàl-zi = Ki-li-zi see the evidence collected by S. Parpola
in the notes on LAS II 86:3.

21: ⌈x⌉ = 𝍝 ; probably to be restored [x MA.NA KÙ.BABB]AR.

25: x]⌈x⌉ = 𝍥 ;   x x⌉ = 𝍤𝍥.

26: ⌈x⌉ = 𝍦.

32: A scribe with the same name occurs in the archive of Šumma-ilāni;
cf. Nos. 360:34-35 and 361:40. Both documents are dated 688 B.C..
There is no evidence that the scribe here is identical.

83-1-18, 393	No.	339		Šamaš-dāru
38 x 23 x 15	ADD	89	C	Loan:silver
	AR	136	T,TrG	Scribe:Mušallim-Marduk
				25.VI.683 B.C.

obv   1   1/2 MA.NA KÙ.BABBAR ina ša LUGAL
      2   ša 1.d.UTU-da-ru
      3   ina IGI 1.Man-nu-⌈x x x x⌉
      4   É [x x x x x x]
      5   za [x x x x x x]-šú la-áš-šú

            2 lines missing

      6'   [šum]-ma KÙ.BABBAR 1[a SUM]
be   7'   [ina lìb]-bi UD-me ša KÙ.BABBAR GUR x x [x]
rev   8'   SUM-an-u-ni a-na É-šú e-ra-b[a]
      9'   ITU.KIN UD 25 KAM MU 22 KAM
     10'   1.d.30-PAP.MEŠ-SU MAN ŠÚ
     11'   IGI 1.15-ta-ri-bi
     12'   IGI 1.ÌR-d.15 IGI 1.Il-lu-u
     13'   IGI 1.Si-lim-Se IGI 1.Mu-šal-lim-d.ŠÚ
     14'   LÚ*.A.BA

Translation

1/2 mina of silver according (to the mina [standard]) of the king belonging
to Šamaš-dāru is at the disposal of Mannu-⌐x x x x⌐. [His] house [is placed
as a pledge?]... is void .... [I]f he does n[ot pay] the silver, [x x.
O]n the day that he returns the silver (or someone) pays (it), he shall
enter his house. Date, 4 witnesses, scribe.

Notes

ADD and AR have both an erroneous Museum Number.

3: ⌐x x x x⌐ = 𒌋𒌋𒌋𒌋. Read: 1.Man-nu-⌐ú-ki-d.U+GUR⌐ ?

7': x x = 𒌋𒌋; possibly <u>ra</u> for <u>GUR-ra</u> ?

8': -b[a]: a[b] is also possible.

Sm.475				Šamaš-ilāya
44 x 27 x 17	No.	340		Receipt of payment
	ADD	155	C	7.III.683 B.C.
	AR	237	T,TrG	
	KB4	120-121	T,TrG	

obv	1	4 MA.NA KÙ.BABBAR ḫa-bu-li
	2	ša 1.d.UTU-DINGIR-a+a
	3	ša ina UGU 1.Sa-i-li
	4	1.Sa-i-lu a-na 1.d.UTU-DINGIR-a+a
	5	ú-sa-lim it-ti-din
be	6	ú-ṭu-ru TA* IGI a-ḫe-iš
rev	7	mám+ma TA* mám+ma la i-da-bu-bu
	8	ITU.SIG₄ UD 7 KÁM
	9	lim-mu 1.Man-nu-ki-10
	10	IGI 1.Sa-e-ru
	11	IGI 1.U.U-i
te	12	IGI 1.Rém-ut-d.Ba-⌐ú⌐

Translation

4 minas of silver, debts owed to Šamaš-ilāya and which were owed by Sa'ilu,
Sa'ilu has paid in full to Šamaš-ilāya. They are mutually paid off. They shall
not litigate one against the other. Date, eponym, 3 witnesses.

83-1-18,134	No.	341		Šamaš-kēnu-uṣur
43 x (45) x 18	ADD	321	C	Court Order
	AR	659	T,TrG	(Assurbanipal)
	Aššur	2/5	Coll.	
	ZDMG	68/629		

beginning missing

Blank Seal Space
_____

obv 1' ⌈ú⌉-ma-a it-ta-a[t]-ru-UŠ
     2' [is]-sa-ḫe-iš MÍ.KUR-a-di-im-ri
     3' [DU]MU.MÍ-su šá 1.A-tar-qa-mu
     4' [L]Ú.A.BA 1.d.UTU-GIN-PAP DUMU-šú
     5' šá 1.Sa-ma-ku ku-um da-me i-dan
     6' da-me i-ma-si šum-ma MÍ
     7' la i-din ina UGU qa-bu-ri
     8' ša 1.Sa-ma-ku i-du-ku-šu
     9' man-nu šá ina UGU man-nu GIB-u-ni
    10' 10 MA.NA KÙ.BA[BBAR SU]M-⌈an⌉ AN.ŠÁR d.UTU
    11' a-[de-e šá MAN ⟨ina ŠU.2⟩ 1]u-ba-[ʾi-u]
         remainder missing
rev 12' lim-m[u 1.x x x x x x x]
    13' 1.AN.ŠÁR-DÙ-A MA[N KUR.Aš+šur IGI 1.x x x]
    14'   LÚ.GA[L x x x x]
    15' IGI 1.A-da-lal LÚ.DUMU.ŠU.2 šá [DUMU.MAN]
    16' I[GI 1.d.I]M-ba-ba-u LÚ.DUMU.ŠU.2
    17'   ša DUMU.MAN
    18' IGI 1. Aš+sur⌉-DINGIR-a+a
    19' [   ]x
    20' [   ]-ḫu
    21' [   ] x
         remainder missing

Translation

Beginning missing- Blank Seal Space/ Now they have mutually extended
(their hands). Šamaš-kēnu-uṣur, the son (of Attar-qāmu, the scribe), shall
hand over KUR-adimri, [the daug]hter of Attar-qāmu, the scribe, in lieu of
the blood money for (the murdered) Samaku and (therewith) washes the blood
away. If he does not hand over the woman, they will kill him on top of
Samaku's grave. Whoever breaches the contract with the other party, [shall
pa]y 10 minas of silver. Aššur and Šamaš ⟨are his prosecutor⟩. The oa[th
of the king] shall seek [⟨his custody⟩].... 4+ witnesses.

Notes

2.-3': Note the construction: PN˙DUMU.MÍ-su šá PN and PN DUMU-šú šá
PN in 11.4'-5'.

4': Parpola collates [L]Ú a-na! (excluded).

Rm.2, 378	No.	342		Šamaš-na'id
(35) x (70) x 30	ADD	554	C	Sale
	AR	599	T,TrG	
	AST	T216	Q	

beginning missing

obv	1'	[x x x x x]⌜x⌝[x x x x x]
	2'	[x x x x] ⌜x x⌝ [x x x x x x]
	3'	[ú-piš]-ma 1.d.[UTU-I x x x]
	4'	[TA* pa]-an 1.Ba[l-x x x x x]
	5'	[ina lìb-bi x]+1 MA.NA [KÙ.BABBAR il-qe]
	6'	[x x x x x x] ⌜a⌝ [x x x x]
	7'	[x x x x x x] ⌜x⌝ [x x x]
	8'	[x x x x x x x x] ⌜x⌝ [x x x]
		remainder missing
rev	9'	[x x x x x x] ⌜x x⌝ [x x x x]
	10'	[x x x x x x x] lu-u [x x x x]
	11'	[x x x x x TA* 1].d.UTU-I d[e-e-nu]
	12'	[DUG₄.DU]G₄ ub-ta-u-[ni]
	13'	[ina ŠÀ x MA.NA K]Ù.BABBAR 1 MA.N[A KÙ.GI]
	14'	[ina bur-ki d].15 ša URU.[x x x x]
	15'	[GAR-a]n 1 GÚ.UN A[N.NA]
	16'	[a-na LÚ*].⌜EN⌝.NAM ⌜URU⌝-[šú SUM-an]
	17'	[kas-pu a]-na 10.[MEŠ-te]
	18	[a-na EN].MEŠ-[šú GUR x x x]
		remainder missing

Translation

Beginning missing- ... [Šamaš-na'id contracted] and [bought it fr]om
B[al-x x x x x x for x] + 1 minas [of silver] ... [(whoever)] repeatedly
seeks against] Šamaš-na'id a 1[awsuit or litigat]ion [shall plac]e 1 mina
[of gold in the lap of] Ištar of [x x x x x. He shall pay a talent of
t[in to the] governor of [his] city. [He shall return the money] ten[fold
to its] owners. Remainder missing.

Notes

1': ⌜x⌝ = .

2': ⌜x x⌝ = .

7': ⌜x⌝ = .

8': ⌜x⌝ = .

9': ⌜x x⌝ = .

K.285	No.	343		Šamaš-šallim
53 x 94 x 25	ADD	383	C	Sale:land
	AR	33	T,TrG	Scribe:Nabû-šá-BAN
	3R	50/4	C	Sairi
	KB4	126-127	T,TrG	25.X.674 B.C.
	Op	188-191	T,TrL/F	
	AST	T204	Q	

obv	1	NA₄.KIŠIB 1.d.PA-ZU
	2	EN A.ŠÀ SUM-a-ni

2 Circular Stamp Seals

	3	É 35 ANŠE A.ŠÀ ina ma-za-ru-te
	4	ina GIŠ.BÁN ša 9 qa
	5	ina URU.Sa-i-ri SUḪUR 1.Sa-ṣi-ṣi
	6	SUḪUR A.ŠÀ šá 1.d.UTU-MAN-PAP
	7	SUḪUR A.ŠÀ šá 1.d.UTU-⌈šal⌉-lim
	8	SUḪUR mu-sa-kil-a-te
	9	ú-piš-ma 1.d.UTU-šal-lim
	10	ina ŠÀ·4 MA.NA KÙ.BABBAR TI
	11	kas-pu gam-mur ta-din
	12	A.ŠÀ za-rip la-qe tú-a-ru
	13	de-e-nu DUG₄.DUG₄ la-áš-šú
	14	man-nu ša ina ur-kiš ina ma-te-ma
be	15	GIB-u-ni lu-u 1.d.PA-ZU
	16	lu-u DUMU.MEŠ-šú lu-u PAP.MEŠ-šú
	17	TA* 1.d.UTU-šal-lim
rev	18	DUMU.MEŠ-šú DUMU.DUMU.MEŠ-šú
	19	de-e-nu ub-ta-u-ni
	20	10 MA.NA KÙ.BABBAR 1 MA.NA KÙ.GI
	21	ina bur-ki d.Iš-tar a-ši-bat
	22	NINA.KI GAR-an kas-pu ana 10.MEŠ
	23	a-na EN.MEŠ-šú GUR-ra ina de-ni-šú
	24	i-DUG₄.DUG₄-ma la i-laq-qe
	25	IGI 1.Mar-di-i IGI 1.10-MU-AŠ
	26	IGI 1.d.PA-MU-PAP
	27	IGI 1.Mu-še-zib-DINGIR
	28	IGI 1.Ḫa-ba-as-te
	29	IGI 1.⌈EN⌉-KASKAL-BÀD
	30	IGI 1.Sa-ṣi-ṣi
	31	IGI 1.Kan-nun-a+a
	32	IGI 1.Ba-ḫi-i
	33	IGI 1.d.PA-šá-BAN
	34	LÚ*.A.BA
	35	ITU.AB UD 25 KÁM
le	36	lim-me 1.MAN-ZÁLAG

Translation

Seal of Nabû-lē'i, owner of the land being sold. /2 Circular Stamp Seals/
An area of 35 homers of land in cultivation according to the <u>sūtu</u> (standard)
of 9 qa in the city of Sairi adjoining (the land) of Saṣiṣi, adjoining the land
of Šamaš-šarru-uṣur, adjoining the land of Šamaš-šallim, and adjoining the

musakkilate——Šamaš-šallim contracted and bought it for 4 minas of silver. The
money is paid completely. The land is purchased and acquired. Any revocation,
lawsuit, or litigation is void. Whoever, at any time in the future, breaches
the contract, whether Nabû-lēʾi or his sons or his brothers, (whoever)
repeatedly seeks against Šamaš-šallim (or against) his sons (or against) his
grandsons shall place 10 minas of silver (and) 1 mina of gold in the lap
of Ištar residing in Ninua. He shall return the money tenfold to its owners.
He shall contest in his lawsuit and not succeed. 9 witnesses, scribe, date,
eponym.

Notes

5: See No. 127:8,22,24,25,28 for AMA/KASKAL ša URU.Sa-i-ri.

8: mu-sa-kil-a-te is attested only here. The meaning of the word
is unknown and the value kil uncertain.

14: ša = ~~EKᴀ~~.

33: BAN = ~~◻~~. Perhaps this is a scribal error for gim.

K.1573	No.	344		Šamaš-zēru-iqīša
49 x (40) x 21	ADD	481	C	Sale
	AR	162	T,TrG	10.[ ]
	Aššur	2/5	Coll.	
	AST	T207	Q	

---

beginning missing

obv	1'	tu-a-r[u de-e-nu DUG₄.DUG₄ la-áš-šú]
	2'	man-nu ša ina ur-kiš ina ma-te-[ma GIB-u-ni]
	3'	lu-u 1.d.UTU-DU-IGI lu-u 1.SUḪUŠ-[x x x]
	4'	ša TA* 1.d.UTU-NUMUN-BA-šá LÚ*.šá [x x x]
	5'	[D]UMU.MEŠ-šú DUMU.DUMU.MEŠ-šú de-e-[nu]
	6'	[DU]G₄.DUG₄ ub-ta-ʾu-u-ni 1 MA.[NA SU.TAB.BA]
	7'	[GU₇] mar DUG.a-ga-ni kur-r[u NAG]
	8'	[3BÁN ZÀ].ḪI.LI.SAR a-di KÁ.GAL i-[za-ru-ni-šú]
be	9'	[ina K]A EME-šú i-laq-qut a-[di]
	10'	[G]IŠ.BÁN-šú ú-mal-lu-u-n[i]
	11'	[4 ANŠ]E.ḫar-ba-kan-ni ina GÌR.2
	12'	[d.Š]EŠ.GAL i-ʿrakʾ-kas
rev	13'	[kas]-pu a-na 10.MEŠ-te a-na EN.MEŠ-šú [GUR]
	14'	i-na de-ni-šú DUG₄.DUG₄-ma [la TI]
	15'	IGI 1.EN-KALAG-an LÚ.A.<BA> É.GAL
	16'	ša É UŠ.MEŠ-te IGI 1.[x]-SUM-ʿnaʾ

```
      17'    LÚ.ME.ME ša ina IGI 1.Aš+šur-MU-ᵗDÙ¹ [x x x]x-ni
      18'    IGI 1.EN-PAP-ir LÚ.ḪAL š[a x] MAN
      19'    IGI 1.GIŠ.PA-šu-al-di-i LÚ*.qur-[butu]
      20'    [IGI] 1.Bar-ruqu LÚ*.TIN ša É A.[MAN]
      21'    [IGI 1.d].ᵗÉ¹.A-MAN-DÙ LÚ*.ŠÀ.TAMᵗx¹
le    22'    [IGI 1.x x x -d].AG LÚ*.AG[RIG x x x]
      23'    [ITU.x] UD 10 KÁM lim-[mu 1.x x x]
      24'    [LÚ*.GAR].KUR É-Z[a-ma-ni]
```

Translation

Beginning missing- Any revoc[ation, lawsuit, or litigation is void]. Whoever, at any time in the futu[re, breaches the contract], whether Šamaš-ālik-panī or Ubru-[x x x], whoever repeatedly seeks against Šamaš-zēru-iqīša, the ša-[x x x], (or against) his sons (or against) his grandsons a lawsu[it or lit]igation [shall eat 1 mina of plucked wool and drink] an equivalent of an agannu-vessel of the tanner's pas[te. He shall [scatter 3 sūtus of cr]ess (seed) until the (city) gate (and) gather it [on the t]ip of his tongue (and) fill up (his mouth) t[o] a sūtu. He shall tie [4] ḫarbakkannu [hor]ses to the feet of [N]ergal. [He shall return the mon]ey tenfold to its owners. He shall contest in his lawsuit and not succeed. 8 witnesses, (date).

Notes

3': SUḪUŠ = ⟨sign⟩.

4': LÚ* = ⟨sign⟩.

16': na is uncertain; A (Parpola) unlikely.

17': LÚ.ME.ME is probably a doctor. Perhaps the restoration in 1.15' should be LÚ.A.⟨ZU⟩. Parpola reads [pa-qid-d]u!-ni! at the end of the line. However, d]u is uncertain = ⟨sign⟩.

21': ᵗx¹ = ⟨sign⟩.

83-1-18, 371	No.	345		Šangû-Ištar
49 x 32 x 21	ADD	26	C	Loan:silver
duplicate: No. 346	AR	255	T,TrG	21.VII.680 B.C.

obv	1	NA₄.KIŠIB 1.A-du-na-i-ZI
	2	1 MA.NA KÙ.BABBAR ina ša URU.Gar-ga-miš
	3	ša 1.SANGA d.15
	4	ina IGI 1.A-du-na-iz LÚ*.šá mut-qi-ti-šú
	5	a-na 4-ut-ti-šú i-GAL-bi
	6	ITU.DUL UD 21 KÁM
	7	lim-me 1.Da-na-nu
	8	IGI 1.URU.4*-ìl-a+a
	9	IGI 1.d.PA-DÙ-PAP.MEŠ
	10	IGI 1.Su-ra-ra-te
	11	IGI 1.PAP-a-bi
	12	IGI 1.Sa-gab
	13	IGI 1.SUḪUŠ-d.PA

Translation

Seal of Adunaiz. 1 mina of silver according to (the mina [standard]) of
Gargamiš belonging to Šangû-Ištar is at the disposal of Adunaiz, the
confectioner. It shall increase by a fourth. Date, eponym, 6 witnesses.

Notes

The tablet is not an envelope.

11-13: The names are spaced out.

82-5-22, 41	No.	346		Šangû-Ištar
34 x 24 x 17	ADD	3	C	Loan:silver
duplicate: No. 345	AR	283	T,TrG	21.VII.680 B.C.

obv	1	1 MA.NA KÙ.BABBAR ina ša Gar-ga-[miš]
	2	ša 1.SANGA-15
	3	ina IGI 1.A-du-na-iz
	4	ina pu-u-ḫi it-ti-ši
	5	a-na 4-ut-ti-šú GAL
be	6	[IT]U.DUL UD 21
	7	lim-me 1.Da-na-nu
rev	8	IGI 1.URU.4*-ìl-a+a
	9	IGI 1.d.PA-DÙ-PAP.MEŠ
	10	IGI 1.A+a-PAP.MEŠ
	11	IGI 1.SUḪUŠ-d.PA

Translation

1 mina of silver according to (the mina [standard]) of Garga[miš] belonging
to Šangû-Ištar is at the disposal of Adunaiz. He took it as a loan. It
shall increase by a fourth. Date, eponym, 4 witnesses.

Rm.165	No.	347		Šangû-Ištar
40 x 78 x 19	ADD	161	C	Court decision
	AR	51	T,TrG	Scribe:Kabtî
	FNAD	46	T	10.XII.679 B.C.
	Aššur	2/5	Coll.	
	AST	T210	Q	

obv 1 NA₄.KIŠIB 1.d.PA-LAL-iṣ
2 ÌR ša 1.Ṣa-pa-nu

Blank Seal Space

3 4 ZI.MEŠ ÌR.MEŠ šá 1.SANGA-d.15
4 is-si-riq ina IGI LÚ.SUKKAL uq-ṭar-ri-ib-šú
5 2 me 10 MA.NA URUDU.MEŠ e-te-mì-is-su
6 ku-um sa-ar-ti-šú URUDU.MEŠ x x
7 it-ti-din man-nu <šá> 2 me 10 MA.NA URUDU.MEŠ
8 a-na 1.SANGA-d.15 id-dan-u-ni
9 ÌR-šú ú-še-ṣa man-nu šá ib-bal-lak-kàt-u-ni
10 Aš+šur u d.UTU EN de-né-e-šú
11 10 MA.NA KÙ.BABBAR 10 MA.NA KÙ.GI<<ḫi>>
12 ina bur-ki d.NIN.LÍL GAR-an

13 IGI 1.d.PA-KAR_ir LÚ.A.BA šá [SU]KKAL
14 IGI 1.GÁL-ši-DINGIR LÚ.šá IGI ⌈DI⌉.KU₅.MEŠ
15   ša URU.Kàl-⌈ḫa⌉
16 [IG]I 1.
17 [IG]I 1.Mì-i-su LÚ.A.BA
18 IGI 1.PA-DA   LÚ.:
19 IGI 1.A-zi-ìl   LÚ.:
20 IGI 1.d.PA-kil-la-an-ni
21 IGI 1.Ṣa-a+a-di LÚ.GAL NAGAR
22 IGI <1>.DUGUD-i LÚ.A.BA DIB IM
23 ITU.ŠE UD 10 KÁM* lim-mu 1.TA*-d.10-an-ni
24 IGI 1.GÌR.2-Aš+šur LÚ.qur-butu
25 IGI 1.DÙ-a+a DUMU 1.d.EN-MAN-DÙ
26 IGI 1.DÙ-a+a DUMU 1.d.PA-A-AŠ LÚ.A.BA

Translation

Seal of Nabû-mutarriṣ. (Concerning) the servant (by the name) of Ṣapānu,
/Blank Seal Space/ He has stolen 4 persons, servants of Šangû-Ištar.
He (Šangû-Ištar) has brought him before the <u>sukkallu</u>. He (the <u>sukkallu</u>) has
imposed upon him 210 minas of copper. In lieu of his fine (and) the copper,
he has given his servant?. Whoever shall pay 210 minas of copper to Šangû-
Ištar shall redeem his servant. Whoever appeals Aššur and Šamaš are his
prosecutor. He shall place 10 minas of silver (and) 10 minas of gold in the
lap of Mullissu. 10 witnesses, scribe, date, eponym.

Notes

6: x x = ⟨sign⟩. Parpola interprets the signs as <u>TA*-si</u> and suggests
reading <u>issisi</u> (<u>sassû</u> Pf.). It is unlikely, however, that this is a verbal
form; see the note on FNAD 46:6.

16: The scribe did not complete the line.

K.434		No.	348		Šarru-lū-dāri
43 x (35) x 21		ADD	336	C	Sale:house
		AR	172	T,TrG	Dūr-Šarrukīn
		AST	T215	Q	

beginning missing

obv	1'	⌈PAP 11⌉ [x x x x x]
	2'	ú-piš-ma 1.M[AN-lu-da-ri]
	3'	TA* IGI 1.Za-⌈bi-ni⌉ [LÚ*.x]
	4'	ina lìb-bi 1/2 MA.NA KÙ.BABBAR
	5'	É il-qé kas-pu gam-mur ta-din
	6'	É šu-a-tú za-rip laq-qé
	7'	tu-a-ru de-e-nu DUG₄.DUG₄
	8'	la-áš-šú man-nu ša ina ur-kiš ina ma-te-ma
	9'	lu-u 1.Za-bi-ni lu-u DUMU.MEŠ-šú
	10'	lu-u DUMU.DUMU.MEŠ-šú šá TA* 1.MAN-lu-da-ri
rev	11'	DUMU-šú DUMU.DUMU-šú de-e-nu DUG₄.DUG₄
	12'	ub-ta-'u-u-ni 10 MA.NA KÙ.BABBAR LUḪ-u
	13'	1 MA.NA KÙ.GI sag-ru ina bur-ki d.30
	14'	a-šib URU.BÀD-1.MAN-GIN GAR-an 4 ANŠE.ḫar-bak-kan-ni
	15'	KI.TA d.MAŠ.MAŠ ú-še-rab
	16'	kas-pu a-na 10.MEŠ-te a-na EN.MEŠ-šú
	17'	GUR-ra ina de-ni-šú DUG₄.DUG₄-ma
	18'	la i-laq-qé
	19'	IGI 1.⌈x x x x x⌉ ša É.GAL

remainder missing

401

Translation

Beginning missing– A total of 11 [(homers of land)]——Ša[rru-lū-dāri]
contracted and bought the house from Zabini, [the x], for 1/2 mina of silver.
The money is paid completely. That house is purchased and acquired. Any
revocation, lawsuit, or litigation is void. Whoever, at any time in the
future, whether Zabini or his sons or his grandsons, whoever repeatedly seeks
against Šarru-lū-dāri (or against) his son (or against) his grandsons a lawsuit
or litigation shall place 1 mina of refined silver (and) 1 mina of pure gold
in the lap of Sîn residing in Dūr-Šarrukīn. He shall tie 4 ḫarbakkannu horses
to the feet of Nergal. He shall return the money tenfold to its owners.
He shall contest in his litigation and not succeed. 1+ witnesses.

Notes

19': ⌈x x x x x⌉ = .

K.1432	No.	349		Šarru-lū-dāri
(49) x (23) x 22	ADD	92	C	Payment of loan
	AR	239	T,TrG	
	Aššur	2/5	Coll.	

---

te	1	ina UD 1 KÁM* ša ITU.[x x]
obv	2	1.LUGAL-lu-dà-ri : [x x]
	3	MÍ.DI-mu-i-tú a-di [x x x]
	4	10 GÍN.MEŠ KÙ.BABBAR ⌈i⌉-[dan]
	5	ina lìb-bi URU.⌈x⌉-[x x]

Stamp Seal Impression

remainder missing

rev	6'	IGI 1.[x x x x x x]
	7'	IGI 1.Ab-[x x x]
	8'	IGI 1.Gab-bu-DINGIR.MEŠ-⌈ni⌉
	9'	IGI 1.URU.4*-ìl-a+a LÚ.[x x x]
	10'	IGI 1.Qur-di-i-d.IM LÚ.[x x]
te	11'	IGI 1.Ku-lu-ka-a[n-x]
le	12'	IGI 1.[x-NU]MUN-GIN-GIŠ
	13'	[IGI 1.x x x x L]Ú.ḫa-za-nu

Translation

On the first day of the month of [x x], Šarru-lū-dāri shall [pay to]
Šulmuītu including [x x x] 10 shekels of silver. [He shall pay?] in the
city of ⌜x⌝[x x]. Stamp Seal Impression —remainder of text missing.
8+ witnesses.

Notes

5: ⌜x⌝ = ⟨drawing⟩ .

K.5707	No.	350		Šarru-lū-dāri
(40) x (43) x (16)	ADD	639	C	
	AR	576	T,TrG	

beginning missing

rev 1' [ú-piš-m]a 1.MAN-lu-dà-[ri]
    2' [ina lìb-bi] 2 MA.NA KÙ.⌜BABBAR⌝ [TI]
    3' [kas-pu g]a-mur ta-din [x x x]
    4' [x x x a-n]a gi-mir-te-sú su-[x x x]
    5' [x x]⌜x⌝ di [x x x x x x x]
    remainder missing

Translation

Beginning missing— Šarru-lū-dā[ri contracted and bought it for] 2 minas of silver
[The money] is paid [com]pletely. [That x x x in] its entirety... —remainder
missing.

Notes

5': ⌜x⌝ = ⟨drawing⟩ .

```
Rm.2, 21                    No.   351   C          Šar-Nergal-allak
44 x (40) x 22              ADD   509   C          Sale:marriage
                           AR    609   T,TrG       Tarbiṣu
                           Aššur 2/5   Coll.
```

beginning missing

```
obv   1'   ú-[piš-ma 1.IM-U+GUR-DU-ak]
      2'   ina lìb-bi [x x x a-na 1.x x]
      3'   a-na MÍ-ú-[ti-šú il-qe]
      4'   kas-pu gam-mur [ta-din]
      5'   man-nu ša ina ur-k[iš]
      6'   ina ma-ti-ma GIB-u-ni
      7'   lu-u LÚ*.MEŠ-e an-nu-u-te
      8'   lu-u mám+ma-nu-šú-nu
rev   9'   lu-u LÚ*.GAL ki-ṣir-šú-nu
     10'   TA* IGI<<u>> 1.IM-U+GUR-DU-˹ak˺
     11'   de-e-nu DUG₄.DUG₄ ub-ta-u-ni
     12'   2 MA.NA KÙ.BABBAR i-dan

     13'   IGI 1.d.30-I [x x x x]
     14'   IGI 1.Ab-bu-x [x x x x]
     15'   IGI 1.DINGIR-a-a-[x x x]
     16'   IGI 1.10+[x x x x]
           remainder missing
```

Translation

Beginning missing– [Šar-Nergal-allak] co[ntracted and bought her] for [x x for PN] for marri[age]. The money [is paid] completely. Whoever, at any ti[me] in the future, breaches the contract, whether these men or anyone belonging to them or their captain, (whoever) repeatedly seeks against Šar-Nergal-allak a lawsuit or litigation shall pay 2 minas of silver. 4+ witnesses.

Notes

The tablet has "Sharif Han" written on it. See Iraq 44 (1982) 87ff.
10': The scribe has not completed the sign IGI and thus has written u.
14': x = 𒈗.

K.13007		No.	352a		Šepē-Ištar
envelope		ADD	82	C	Loan:silver
		AR	117a	T,TrG	[ ].XI.PC
		AST	T186-187	Q	

obv	1'	[NA₄.KIŠI]B 1.Ku-lu-u'-d.[15]
	2'	[A 1].Da-an-URU.Kur-ba-[ìl]
	3'	[TA*] ŠÀ URU.Il-li-[x x x]
	4'	[x x 11] GÍN.MEŠ KÙ.BABBAR š[a d.15 4*-ìl.KI]
	5'	[ša 1.GÌR].2-1[5 ina IGI 1.Ku-lu-u'-d.15]
rev	6'	[IGI 1.ÌR-d].PA IGI 1.GÌR.2-15 IGI 1.[x x x]
	7'	[IGI 1].15-ÚŠ-tú-bal-liṭ IGI 1.Ka-šu-d[u]
	8'	[IGI 1].Nar-gi-i IGI 1.Gab-bu-DINGIR.MEŠ

K.409		No.	352b		
45 x 28 x 17		ADD	81	C	
inner tablet		AR	117b	T,TrG	
		Aššur	2/5	Coll.	
		AST	T186-187	Q	
		TCAE	176	Q	

obv	1	11 GÍN.MEŠ KÙ.BABBAR ša d.15 šá 4*-ìl.KI
	2	ša 1.GÌR.2-d.15
	3	ina IGI 1.Ku-lu-u'-d.15
	4	A 1.Da-an-Kur-ba-ìl
	5	ku-um ru-bé-e É 1 ANŠE 5BÁN A.ŠÀ
	6	ina GIŠ.BÁN ša 10 qa <GU₇>
	7	tab-ri-i ḫar-bu-tú
	8	za-ku-tú-šu-nu
	9	SUḪUR A.ŠÀ ša 1.Kaš-šu-⌈du⌉
	10	SUḪUR A.ŠÀ 1.Kaš-šu-d[i]
be	11	SUḪUR KASKAL 3 MU.AN.MEŠ
rev	12	3 MU.AN.NA.MEŠ GU₇
	13	ki-ma MU.MEŠ-šú ú-sa-l[im]
	14	KÙ.BABBAR ina UGU ta-ra-me i-šá-kan
	15	A.ŠÀ ú-še-ṣa še-ib-še
	16	nu-sa-ḫi ki-i ša URU SUM-an
	17	ITU.ZÍZ lim-me 1.d.NU-MAN-E
te	18	IGI 1.ÌR-d.PA IGI 1.GÌR.2-15
	19	IGI 1.d.15-ÚŠ-TI
	20	IGI 1.Kaš-šu-du
le	21	IGI 1.NUMUN-GÍN
	22	IGI 1.U+GUR-BÀD

Translation

envelope:

[Seal o]f Kulu'u-[Ištar son of] Dan-Kurba[il fr]om the city of Illi-[x x x
x x. 11] shekels of silver bel[onging to Ištar of Arbail, belonging to
Šepē-Ištar are at the disposal of Kulu'u-Ištar]. 7 witnesses.

inner-tablet:

11 shekels of silver belonging to Ištar of Arbail, belonging to Šēpē-Ištar
are at the disposal of Kulu'u-Ištar son of Dan-Kurbail. In lieu of the
interest ⟨he shall have the usufruct⟩ of an area of 1 homer and 5 sūtus of
land according to the sūtu (standard) of 10 qa. The tabriu (and) untilled
land are (tax) exempt. (It is) adjoining the land of Kaššudu, adjoining
the land of Kaššud[u], and adjoining the road. He has the usufruct for
3 years (crops and) 3 years (fallow). When he comp[letes] his years (or)
places the silver on the corn-heaps, he shall redeem his land. He shall pay
the straw-tax and corn-tax according (to the market value) of the city.
Date, eponym, 6 witnesses.

Notes

1: ⸢4*⸣ is fairly certain.

6: This line together with 11.8 and 20 were squeezed in; they were
added to the tablet after the text was completed.

Ki.1904-10-9, 190	No.	353		Šulmu-šarri
54 x 87 x 24	ADD	1195	C	Sale:land
	=AJSL	42/242		Kalḫu
	AfO	17/161		[ ].X.713 B.C.?

pbv 1 ku-u[m NA₄.KIŠIB-šú-nu ṣu-pur-šú-nu]
2 is-kun-[nu ṣu-pur 1.x x x x]
3 ṣu-pur [1.x x x x]
4 PAP 2 LÚ.[MEŠ-e EN A.ŠÀ SUM]

2+[x] Fingernail Impressions

5 É 1BÁN tab-ri-ú [ad-ru]
6 ša 1.Al-mu-⸢x⸣[x x x x]
7 ú-piš-ma 1.DI-[mu-MAN]
8 ina ŠÀ 10 MA.NA KÙ.[BABBAR]

```
        9    il-qe kas-pu gam-m[ur ta-din tab-ri-ú]
       10    ad-ru šu-a-tú za-[ár-pat]
       11    la-qe-TA tu-a-⌜ru⌝
       12    de-nu DUG₄.DUG₄ la-šú ma-nu
       13    ša ina ur-kiš ina ma-ti-ma
       14    lu-u LÚ.MEŠ a-nu-te lu-u DUMU.MEŠ-šú-⌜nu⌝
       15    ša TA* 1.DI-mu-MAN ú DUMU.MEŠ-⌜šú⌝
be     16    de-nu ub-ta-'u-ni
rev    17    1 MA.NA KÙ.BABBAR 1 MA.NA KÙ.GI
       18    a-na d.MAŠ a-šib URU.Kal-ḫi
       19    i-dan-an 1 bi-lat AN.NA.ME
       20    a-na LÚ*.EN.NAM URU-šú i-dan-[an]
       21    kas-pu a-na 10-a-te a-na EN.[M]E[Š-šú GUR]
       ─────────────────────────────────────────────
       22    IGI 1.d.UTU-rém-a-ni [x x x x]
       23    IGI 1.d.IM-DINGIR-a+[a x x x]
       24    IGI 1.Mar-du-ku
       25    IGI 1.Ḫa-na-na URU.[x x x]
       26    IGI 1.d.AMAR.UTU-I LÚ*.[x x x]
       27    IGI 1.Ku-la-a+a LÚ*.[x x x]
       28    lim-mu 1.Aš+šur-DÙ ⌜x⌝ [x x šá]
       29    LÚ              ⌜x⌝[x x x]
       30    ITU.AB [UD x KAM]
       31    IGI 1.⌜x⌝[x x x x]
te     32    LÚ*.A.⌜BA⌝ [ṣa-bit dan-né-te]
```

Translation

In pl[ace of their seal] they pl[aced their fingernail. Fingernail of x x
x x], fingernail [of x x x x], a total of 2 me[n, owners of the land being
sold]. /2 + [x] Fingernail Impressions/ An area of 1 s̄utu, a tabriu, [and
a threshing floor] belonging to Almu- x⌝[x x x x]───Šul[mu-šarri] contracted
and bought it for 10 minas of sil[ver]. The money [is paid] complete[ly.
That tabriu] and threshing floor is pu[rchased] and acquired. Any revocation,
lawsuit, or litigation is void. Whoever, at any time in the future, whether
these men or their sons, repeatedly seeks against Šulmu-šarri and (against)
his sons a lawsuit shall pay 1 mina of silver (and) 1 mina of gold to Ninurta
residing in Kalḫu. He shall pa[y] 1 talent of tin to the governor of his
city. [He shall return] the money tenfold to [its] owners. 6 witnesses, eponym,
(scribe).

Notes

6: Al =⌝📝⌝ ; IŠ is also possible. ⌜x⌝ = ◁///.
7: Šulmu-šarri is attested in CTN I 2:iv:9 and 18:14a. Note
that Marduku occurs in the same texts.
28: ⌜x⌝ = ⩘///.

Ki.1904-10-9, 147 + 150 +	No. 354	Šumma-Addi
230 + 236 + 240 + 388 +	ADD 1176+1236	Sale:land
391 + 395	=AJSL 42/198-199+258	Scribe:Bel-šumu-iddina
58 x (66) x 27		Allî
		17.X.749 B.C.

obv 1   ṣu-⌈pur⌉ 1.Bar-⌈ruq⌉-qu EN A.ŠÀ <SUM>

_____5 Fingernail Impressions_____

     2   É 12 ANŠE A.ŠÀ ina U[RU].Al-li-i
     3   ša É LÚ.tur-t[a-ni]
     4   GAB.DI MÍ.AN.ŠÁR-[x x x x]
     5   GAB.DI 1.Mi-nu-a[ḫ-ṭi-ana-DINGIR]
     6   GAB.DI A.ŠÀ ša 1.[x x x]-DINGIR
     7   GAB.DI A.ŠÀ ša 1.Da-gan-NAM LÚ*.GAL ⌈x⌉
     8   A.ŠÀ KASKAL GIŠ.APIN.MEŠ-te
     9   ú-⌈piš⌉-ma 1.BE-ma-di-i
    10   [ina] lìb-bi 30 MA.[NA] URUDU.MEŠ il-qe
    11   [kas-p]u g[a-mur ta]-din A.ŠÀ za-rip la-qe
    12   [x x x x x x x].MEŠ-šú ⌈man⌉-nu šá ina ur-kiš
          remainder missing

rev 13'   IG[I 1.x x x x x x x x]
    14'   IGI 1.KÁ-DINGIR-[a+a x x x]
    15   IGI 1.Mi-nu-aḫ-ṭi-[a]-n[a]-⌈a⌉-DINGIR
    16'   IGI 1.Man-nu-ki-i-PAP LÚ.SAG
    17'   IGI 1.Zi-ba-a-te LÚ.ḫa-za-a-nu
    18'   IGI 1.Rém-a-ni-DINGIR IGI 1.d.30-I
    19'   IGI 1.PAP-i-tab-ši IGI 1.⌈Mal-qi-i⌉
    20'   IGI 1.Ki-nu-ú-a IGI 1.Mu-lu-bu
    21'   IGI 1.Ku-ku-lu IGI 1.K[u]-lu-lu
    22'   IGI 1.EN-MU-AŠ LÚ.A.BA
    23'   ITU.AB UD 17 KÁM
    24'   lim-mu 1.Lip-ḫur-DINGIR

Translation

Fingernail of Barruqqu, owner of the land <being sold>. /5 Fingernail
Impressions/ An area of 12 homers of land in the city of Allî of the
province of the tur[tānu] adjoining (the land) of Aššur-[x x x x],
adjoining (the land) of Mīnu-a[ḫṭi-ana-ili], adjoining the land of [x x x]-
ili, and adjoining the land of Dagan-NAM, the overseer of the land, road,
and plows——Šumma-Addi contracted and bought it [for] 30 mi[nas] of copper.
[The mon]ey [is p]aid co[mpletely]. The land is purchased and acquired.
[x x x x] his [x x x]. Whoever, at any time —remainder of text missing.
13+ witnesses, scribe, date, eponym.

Notes

7: ⌈x⌉ = [cuneiform sign].

15': n[a]-a = [cuneiform sign] ; the scribe has inserted an extra a.

19': Mal-qi-⌈i⌉ is uncertain. The signs look like: [cuneiform signs].

K.383	No.	355		Šumma-ilāni
36 x 70 x 17	ADD	234	C	Sale:slaves
	AR	523	T,TrG	Scribe:Tabnî
	3R	49/1	C	20.V.709 B.C.
	KB4	112-115	T,TrG	
	Op	164-167	T,TrL/F	

```
obv   1    ⌜NA₄⌝.KIŠIB 1.D[a-gan-mil-ki]
      2    EN UN.MEŠ t[a-da-ni]

           Blank Seal Space

      3    1.I-man-nu-u MÍ.Ú-[x x x]-⌜ni⌝
      4    1.Mil-ki-ú-ri PAP 3 ⌜ZI.MEŠ⌝
      5    ú-piš-ma 1.BE-ma-DINGIR.MEŠ
      6    LÚ.mu-kil KUŠ.PA.MEŠ
      7    ša DIŠ KA SAR IN TA* IGI
      8    1.Da-gan-mil-ki ina ŠÀ 3 MA.NA ⌜KÙ.BABBAR⌝
      9    ina 1 MA.NA-e šá URU.Gar-ga-miš TI-qé
     10    kas-pu gam-mur ta-ad-din
     11    UN.MEŠ šú-a-tú ⌜zar⌝-pu laq-qé-u
     12    tu-a-ru de-e-nu DUG₄.⌜DUG₄⌝
     13    la-áš-šú man-nu šá ina ur-kiš
     14    ina ma-te-ma ⌜i⌝-zaq-qup-an-ni
     15    GIB-u-ni lu-u 1.Da-gan-mil-⌜ki⌝
     16    lu-u PAP.MEŠ-šú lu-u DUMU.PAP.MEŠ-šú
     17    lu-u mám+ma-nu-šú lu-u dan-nu
     18    ša TA* 1.BE-ma-DINGIR.MEŠ DUMU.MEŠ-šú
     19    DUMU.DUMU.MEŠ-šú de-e-nu DUG₄.DUG₄
     20    [u]b-ta-'u-u-ni
rev  21    [x MA.N]A KÙ.BABBAR 1 MA.NA KÙ.GI
     22    [a]-na d.15 šá 4*-ìl.KI SUM-an
     23    kas-pu a-na 10.MEŠ-te a-na EN.MEŠ-šú
     24    GUR-ra ina de-ni-šú DUG₄.DUG₄-ma
     25    la i-laq-qé

     26    IGI 1.Ad-da-a LÚ.A.BA
     27    IGI 1.PAP-i-ra-me LÚ.⁝
     28    IGI 1.Pa-qa-ḫa LÚ.GAL URU.MEŠ
     29    IGI 1.Na-ad-bi-ia-a-ú LÚ.DIB KUŠ.PA.MEŠ
     30    IGI 1.EN-IGI.LAL-an-ni
     31    IGI 1.Bi-in-di-ki-ri
     32    IGI 1.DÙG-IM-d.15 IGI 1.Tab-ni-i
     33    LÚ.A.BA ṣa-bit IM ITU.NE
     34    UD 20 KÁM* lim-mu 1.Man-nu-ki-i-Aš+šur-⌜ZU⌝
```

Translation

Seal of D[agan-milki], owner of the people being [sold]. /Blank Seal
Space/ Imannu, Ú-[x x x]-ni, and Milki-ūrī, a total of 3 persons——
Šumma-ilāni, the rein-holder of the x x x x, contracted and bought them
from Dagan-milki for 3 minas of silver according to the 1 mina (standard) of
Gargamiš. The money is paid completely. Those people are purchased and
acquired. Any revocation, lawsuit, or litigation is void. Whoever, at any

time in the future, lodges a complaint or breaches the contract, whether
Dagan-milki or his brothers or his nephews or anyone belonging to him
or anyone influential, whoever repeatedly seeks against Šumma-ilāni (or
against) his sons (or against) his grandsons a lawsuit or litigation shall
pay [x min]as of silver (and) 1 mina of gold to Ištar of Arbail. He shall
return the money tenfold to its owners. He shall contest in his lawsuit and
not succeed. 7 witnesses, scribe, date, eponym.

Notes

3: See note on No. 217:5' for I-man-nu.

4: See E. Lipiński, OLP 16 (1985) 88-89.

7: DIŠ KA SAR IN = 〔cuneiform signs〕. This has been interpreted by E. Lipiński,
ibid. 85 as KA.KÉŠ LUGAL. Already in AR the suggestion was put forth that
this could also be a personal name. Since Šumma-ilāni is attested as the
LÚ.mu-kil KUŠ.PA.MEŠ ša LÚ.šá UGU É-a-ni in No. 373:8-9, it is possible that
the signs are the name of the ša muḫḫi bītāni.

8: Dagan-milki is a eunuch (see 1.16). The name is considered Phoenician
by Lipiński; cf. ibid. 87. He is a witness in No. 363:28.

28: Paqaḫa is a witness in No. 361:33. For the identification of this person
with Paqiḫi see the note on CTN III 99:1.2.

32: Tabnî is not Phoenician, but an hypocoristic name; see APN 227b.

82-5-22, 47	No.	356		Šumma-ilāni
48 x 29 x 17	ADD	112	C	Receipt
	AR	235	T,TrG	30.[ ].700 B.C.
	Aššur	2/5	Coll.	

---

obv	1	[x LÚ*.LU]L.MEŠ ša UGU É
	2	1.Šúm-ma-DINGIR.MEŠ : e-qa-bu-u-⌜ni⌝
	3	13 MA.NA KÙ.BABBAR 1.Ur-u-sú-DINGIR
	4	TA* IGI LÚ*.LUL.MEŠ : it-ta-ṣa
	5	a-na 1.Šúm-ma-DINGIR.MEŠ it-ti-din
	6	⌜šal⌝-lu-mu SUM-ni
be	7	IGI 1.Ab-da-a
	8	IGI 1.d.PA-ka-šir
rev	9	LÚ*.šá UGU qa-⟨na⟩-a-te
	10	IGI 1.4*-ìl-a+a KIMIN
	11	IGI 1.Se-'i-lu KIMIN
	12	[IGI 1.d.Š]á-maš-ÁG-ZI
	13	[IGI 1.x x]-SU LÚ*.mu-⌜tér ṭè-me⌝
	14	[IGI 1.A-n]a-Aš+šur-tak-lak
	15	[ITU.x] UD 30 KAM
le	16	lim-me 1.Me-⌜tú⌝-[nu]

Translation

[The people responsible for the] fine; concerning the household of Šumma-ilāni; they pronounced (the following): Urušu-ili took 13 minas of silver from the people responsible for the fine (and) gave it to Šumma-ilāni. He paid it in full. 7 witnesses, (date), eponym.

Notes

1: The readings in this line are somewhat uncertain. The beginning is restored according to 1.4.

2: e is indicated in Parpola's collations with a sign which looks like giš.

9: See CAD Q 91a.

13: Parpola collates LÚ*.mu-ḪAL ANŠE!. The signs are indistinct.

81-2-4, 156	No.	357		Šumma-ilāni
47 x 26 x 17	ADD	34	C	Loan:silver
	AR	264	T,TrG	12.I.695 B.C.

obv	1	30 GÍN.MEŠ KÙ.BABBAR SAG.DU
	2	ša 1.Šum-ma-DINGIR.MEŠ-ni
	3	ina IGI 1.Aš+šur-KI-ia
	4	KÙ.BABBAR.MEŠ a-na 1/2 GÍN-šú i-rab-bi
	5	IGI 1.Za-ru-ti-i
	6	LÚ*.mu-kil PA.MEŠ ša LÚ*.GAL MU
	7	IGI 1.URU.4*-il-a+a LÚ*.3<<2>>-šú
be	8	IGI 1.Ḫa-ša-na
	9	LÚ*.mu-ter ṭe-me
rev	10	ša LÚ*.GAR.<KUR>
	11	IGI 1.Pi-ša-ar-mu
	12	LÚ*.mu-šar-kis !
	13	IGI 1.DINGIR-qa-tar LÚ*.⌈qur⌉-bu-t[e]

Space of 2 lines

	14	ITU.BÁRA UD 12 KÁM
	15	lim-mu 1.Aš+šur-EN-PAP

Translation

30 shekels of silver, capital, belonging to Šumma-ilāni are at the disposal of Aššur-issīya. The silver shall increase by 1/2 shekel. 5 witnesses, date, eponym.

K.346 + 83-1-18, 355	No.	358		Šumma-ilāni
48 x 88 x 25	ADD	427	C	Sale:mixed
	AR	186	T,TrG	Scribe:Nabû-aḫu-iddina
	3R	48/4	C	Uṣḫiritu
	KB4	114-117	T,TrG	1.VII.694 B.C.
	Op	172-173	T,TrL/F	
	Assur	2/5	Coll.	

obv 1 [ku]-⸢um⸣ NA₄.KIŠIB-šú ṣu-pur-šú GAR-un
2 [ṣu]-pur 1.DINGIR-a-mara LÚ*.GAL kar-ma-ni
3 [ina] ša URU.Ma-ga-nu-ba
4 EN GIŠ.KIRI₆ A.ŠÀ UN.MEŠ SUM-an

5 Fingernail Impressions

5 2 GIŠ.KIRI₆.MEŠ ša til-liti É 3 ANŠE A.ŠÀ
6 ina URU.Uṣ-ḫi-ri-ti
7 1.Qa-ú-su 1.Aš+šur-EN-LAL-in
8 LÚ*.NU.GIŠ.KIRI₆ 1.PAP-me-e LÚ*.⸢ENGAR⸣ KUR
9 3 M[Í.MEŠ] ⸢1⸣ TUR PAP ⸢7⸣ ZI.MEŠ
10 ú-piš-m[a 1.Šum-ma-DINGIR.ME]Š-ni
11 [ina] ⸢lìb⸣-bi 25 M[A.NA KÙ.BABBAR]
12 ⸢TA*⸣ IGI 1.⸢DINGIR⸣-a-ma-[ra il-qe]
13 [ka]s-pu ⸢TIL⸣-mur ta-din GIŠ.[KIRI₆].MEŠ
14 A.ŠÀ UN.MEŠ šu-a-te za-⸢rip⸣
15 la-qe-ú tu-a-ru de-e-nu
16 ⸢DUG₄⸣.DUG₄ la-áš-šú man-nu ša ina ur-kiš
17 ina ma-te-e-me i-zaq-qu-pa-⸢ni⸣
18 [lu-u] ⸢1⸣.DINGIR-a-mara lu-u ŠEŠ.MEŠ-⸢šú⸣
rev 19 lu-u ⸢DUMU⸣.PAP.MEŠ-šú lu-u mám+ma-ni-šú
20 ša TA* 1.Šum-ma-DINGIR.MEŠ-ni
21 TA* DUMU.MEŠ-šú DUMU.DUMU.MEŠ-šú
22 ⸢de⸣-e-nu DUG₄.DUG₄ ub-ta-'u-u-ni
23 [x M]A.NA KÙ.BABBAR SUM-an GIŠ.KIRI₆.MEŠ A.ŠÀ
24 [UN.ME]Š ú-še-eṣ-ṣe

25 [IGI 1.S]a-ma-a' ⸢LÚ*.mu-rib⸣-[ba-n]u [ša] ⸢DUMU⸣.MAN
26 [IGI 1.EN]-⸢KASKAL⸣-MAN-PAP LÚ*.GUR UM[UŠ]
27 [IGI 1.x NUM]UN-DÙ LÚ*.GAL ⸢ki-ṣir⸣
28 ⸢ša GIŠ⸣.ut-tar.MEŠ
29 IGI 1.Mu-še-zib-DINGIR
30 IGI 1.d.UTU-DINGIR-a+a LÚ*.mu-kil ⸢PA.MEŠ ša É.GAL⸣
31 IGI 1.Ṭu-du-te LÚ*.A.SIG
32 ša 1.d.U+GUR-MAŠ
33 IGI 1.d.PA-PAP-AŠ LÚ*.A.BA
34 ITU.DU₆ 1 KÁM lim-me 1.DINGIR-KI-ia
35 LÚ*.GAR.KUR URU.Dim-maš-qa

Translation

[In pl]ace of his seal he placed his fingernail. [Finger]nail of Ilu-ammar,
the granary officer [in] the city of Maganūba, owner of the orchard, land,
and people being sold. /5 Fingernail Impressions/ 2 orchards with vines,
an area of 3 homers of land in the city of Uṣḫiritu; Qausu, Aššur-bēlu-taqqin,

the gardener, Aḫu-me, the plowman of the palace, 3 w[omen], and 1 boy, a total
of 7 persons——[Šumma-ilāni] contracted and [bought them fo]r 25 mi[nas of silver]
from Ilu-amma[r. The mon]ey is paid completely. Those orch[ard]s, land,
and people are purchased and acquired. Any revocation, lawsuit, or litigation
is void. Whoever, at any time in the future, lodges a complaint, [whether]
Ilu-ammar or his brothers or his nephews or anyone belonging to him, whoever
repeatedly seeks against Šumma-ilāni (or) against his sons (or) against his
grandsons a lawsuit or litigation shall pay [x mi]nas of silver. He shall
redeem the orchards, land, and [peopl]e. 6 witnesses, scribe, date, eponym.

Notes

2: Ilu-ammar occurs again in the next document of this archive
and in a barley loan of a šakintu (No. 417:3). He is a eunuch.

25: See note on CTN III 99:11.20 and No. 106:9'.

30: See note on CTN III 99:iii.23.

Bu.91-5-9, 84 + 127	No.	359		Šumma-ilāni
(45) x (45) x 26	ADD	508	C	Sale:mixed
	AR	610	T,TrG	
	AST	T217	Q	

beginning missing

obv	1'	[x x x x]⌈x x x⌉[1].⌈DINGIR⌉-a-mar-ra
	2'	[LÚ*.GA]L kar-⌈ma⌉-ni
	3'	[ú-piš-m]a 1.Šum-ma-⌈DINGIR⌉.MEŠ-ni
	4'	[ina ŠÀ] ⌈1/2⌉ MA.NA KÙ.[BABBAR ina] ma-né-⌈e⌉ ša MAN
	5'	[il-q]é kas-pu [g]a-mur SUM-ni
	6'	[x x x] šú-a-tú z[ar-p]u la-qe-u
	7'	[tu]-⌈a⌉-ru d[e]-⌈e⌉-nu DUG₄.D[UG₄] la-áš-šú
rev	8'	[man-nu š]a ina ur-[k]iš ina ma-te-ma
	9'	[i-za]-qu-pa-ni lu-u 1.DINGIR-a-ma[r]-ra
	10'	[lu-u D]UMU.MEŠ-šú lu-u DUMU.DUMU.MEŠ-šú lu-u PAP.MEŠ-šú
	11'	[lu-u DUMU.PA]P.MEŠ-šú lu-u EN il-ki-šú
	12'	[ša de-e-n]u DUG₄.DUG₄ TA* 1.Šum-ma-DINGIR.MEŠ-[n]i
	13'	[ù DUMU.M]EŠ-šú ù DUMU.DUMU.MEŠ-šú
	14'	[ù PAP.MEŠ-šú] ⌈ù⌉ DUMU.PAP.MEŠ-šú ub-ta-u-ni
	15'	[x MA.NA KÙ.BABBAR LUḪ-u x]x ⌈KÙ⌉.GI ⌈sag⌉-r[u]

remainder missing

Translation

Beginning missing- ... Ilu-ammar, [the] granary officer———Šumma-ilāni [contracted and boug]ht it [for] 1/2 mina of sil[ver according to] the mina (standard) of the king. The money is paid [co]mpletely. Those [x x x] are p[urch]ased and acquired. [Any] revoation, la[ws]uit, or litigat[ion] is void. [Whoever], at any time in the future, [lodges] a complaint, whether Ilu-ammar [or] his sons or his grandsons or his brothers [or] his [neph]ews or the person responsible for his ilku-duties, [whoever] repeatedly seeks [a lawsui]t or litigation against Šumma-ilāni [and (against)] his [sons] and (against) his grandsons [and (against) his brothers] and (against his nephews, [(shall pay) x minas of refined silver (and) x] x of pure gold -remainder missing.

Notes

1': ⌜x x x⌝ = 𝖧𝖧𝖧𝖧.
15': x]x = ⫻.

81-7-27, 27		No.	360		Šumma-ilāni
(46) x 83 x 26		ADD	240	C	Sale:slaves
		AR	59	T,TrG	Scribe:Ṭāb-šār-Nabû
		Aššur	2/5	Coll.	[ ].I.688 B.C.

obv	1	ku-um NA₄.KI[ŠIB-šú ṣu-pur-šú iš-kun]
	2	ṣu-pur 1.EN-K[ASKAL-KI-ia EN UN.MEŠ]
	3	ta-ad-[da-ni]

2+[x] Fingernail Impressions

	4	1.DINGIR-na-tan [x x x x x]
	5	1.A-du-ni-ṭu-[ri x x x x]
	6	3 DUMU.MEŠ-šú [x x x x]
	7	PAP 7 ZI.MEŠ [ÌR.MEŠ ša 1.EN-KASKAL-KI-a]
	8	ú-piš-ma [1.Šum-ma-DINGIR.MEŠ]
	9	LÚ*.mu-kil PA.MEŠ [ina ŠÀ x MA.NA KÙ.BABBAR]

	10	⌈ina⌉ MA.NA ša UR[U.Gar-ga-miš]
	11	TA* IGI 1.EN-[KASKAL-KI-a]
	12	il-qe ka[s-pu gam-mur]
	13	ta-ad-din [UN.MEŠ šu-a-te za-ar-pu]
	14	la-⌈qe⌉-[ú]
be	15	tu-a-ru [de-e-nu DUG₄.DUG₄ la-áš-šú]
rev	16	[man-nu] š[a i-za-qu-pa-an-ni]
	17	[x MA].NA K[Ù.BABBAR i-dan]
	18	k[as-pu] a-na 10.MEŠ ⌈a-na⌉ EN-šú [ú-ta-ra]
	19	ina [de-n]i-šú DUG₄.DUG₄-ma [la i-laq-qe]

	20	IGI 1.S[a-m]a-a' LÚ*.mu-r[a-ba-nu]
	21	ša 1.d.U+GUR-MU-[DÙ]
	22	IGI 1.Za-zi-i LÚ*.mu-k[il PA.MEŠ]
	23	ša LÚ*.KAŠ.LU[L]
	24	IGI 1.d.UTU-še-zib LÚ*.⌈3⌉.[U₅ x x x x]
	25	IGI 1.EN-PAP.MEŠ-šú L[Ú*.mu-kil PA.MEŠ]
	26	ša LÚ*.GAL [KA.KEŠDA]
	27	IGI 1.Man-nu-ki-[x x x]
	28	IGI 1.Pa-[q]a- ḫa⌉ [LÚ*.GAL URU.MEŠ]
	29	IGI 1.[x x]⌈x x⌉[x x x x]
	30	IGI 1.[x x x x]⌈x⌉[x x x x]
	31	ITU.BÁRA [UD x KAM]
	32	lim-mu 1.SUM-[PAP.MEŠ]
	33	LÚ*.GAR.KUR [URU.Ṣi-me-ra]
be	34	IGI 1.DÙG-IM-d.⌈AG⌉
	35	LÚ*.A.BA ṣa-bit [I]M

Translation

In place of [his] se[al he placed his fingernail]. Fingernail of Bēl-[Ḫarrān
issīya, owner of the people] being so[ld]. /2 + [x] Fingernail Impressions/
Ilu-natan.[x x x x], Aduni-ṭu[rī x x x x] his 3 sons, [x x x x], a total of
7 persons, [servants of Bēl-Ḫarrān-issīya]———[Šumma-ilāni], the rein-holder,
contracted and bought them [for x minas of silver] according to the mina
(standard) of [Gargamiš] from Bēl-[Ḫarrān-issīya]. The mo[ney] is paid [completely.
Those people are purchased] and acquired. Any revocation, [lawsuit, or litigation
is void. Whoev]er [lodges a complaint shall pay x min]as of [silver. He shall
return] the mo[ney] tenfold to its owner. He shall contest in his law[suit and
not succeed]. 8 witnesses, (date), eponym, scribe.

Notes

21: MU = 𝄃𝄂. See note on No. 106:9'.

24: Parpola collates LÚ*.⌈šá⌉-[x x x].

29: ⌈x x⌉ =

30: ⌈x⌉ =

82-3-23, 134 + 83-1-18, 336	No.	361		Šumma-ilāni
62 x 111 x 30	ADD	238	C	Sale:slaves
duplicate: No. 362	AR	201	T,TrG	Scribe:Ṭāb-šar-Nabû
	Aššur	2/5	Coll.	[　].I.688 B.C.

obv 1 [ku-um NA₄.KIŠIB-šú] ṣu-pur-šú iš-kun
2 [ṣu-pur 1.EN-KASKAL-K]I-ia EN UN.MEŠ SUM-ni

---

1 1/2+[1 1/2] Fingernail Impressions

---

3 [1.x x x x x]x-la   5 ZI.MEŠ
4 [1.x x x x]x-mu   6 ZI.MEŠ
5 [1.x x x x x]   6 ZI.MEŠ
6 ⌜PAP⌝ [15]+2 [ZI.MEŠ] ⌜ÌR⌝.MEŠ ša 1.EN-KA[SAKL-KI-i]a
7 ú-p[iš-ma] 1.Šum-ma-DIN[GIR].⌜MEŠ⌝
8 LÚ*.mu-⌜kil⌝ PA.[M]EŠ [ina ŠÀ 18 MA.NA KÙ.BABBAR]
9 ina MA.NA ša URU.[Gar-ga-miš]
10 TA* IGI 1.EN-KASKAL-KI-i[a il-qe]
11 kas-pu ga-am-mur ta-[ad-din]
12 UN.MEŠ ⟨šu-a-te⟩ za-ar-pu la-[qe-ú]
13 tu-a-ru de-e-nu DUG₄.DUG₄ [la-áš-šú]
14 man-nu ša ina ur-kiš ina KUR-⌜e-ma⌝
15 i-za-qu-pa-an-ni
16 lu-u 1.EN-KASKAL-KI-ia lu-u DUMU.MEŠ-šú
17 lu-u DUMU.DUMU.MEŠ-šú lu-u ŠEŠ.MEŠ-šú
18 lu-u mám+ma-nu-šú
19 ša de-e-nu DUG₄.DUG₄ TA* 1.Šum-ma-DINGIR.MEŠ
be 20 ⌜DUMU⌝.MEŠ-šú ù DUMU.DUMU.⌜MEŠ-šú⌝
21 [u]b-ta-'u-u-[ni]
rev 22 [20 MA.N]A KÙ.BABBAR i-dan
23 [kas-pu] ⌜a⌝-na 10.MEŠ a-na EN.MEŠ-šú ú-ta-ra
24 [ina 1]a de-ni-šú DUG₄.DUG₄-ma la i-laq-qe

---

25 [IG]I 1.Sa-ma-a' LÚ*.mu-ra-ba-nu ša DUMU.MAN
26 [IG]I 1.d.PA-ḫu-sa-an-ni LÚ*.mu-DIB PA.MEŠ
27 [IGI] 1.Ḫal-ú-a   LÚ*.A.BA
28 [IGI] 1.PAP-ZÁLAG   LÚ*.A.BA
29 [IG]I 1.Ṣu-ṣa-a   LÚ*.A.BA
30 [IG]I 1.Da-lu-u-a   LÚ*.A.BA⟨⟨ZU⟩⟩
31 [IG]I 1.A-ti-in-ni   LÚ*.A.BA
32 [IG]I 1.Ab-da-a'   LÚ*.A.BA
33 IGI 1.Pa-qa-[ḫa]   LÚ*.GAL URU.MEŠ
34 IGI 1.EN-PAP.[MEŠ-šú]   LÚ*.[mu]-⌜DIB PA.MEŠ⌝
35   [š]a LÚ*.G[AL KA].KEŠDA
36 [IGI 1.Z]a-a-zi-i [LÚ*.m]u-DIB P[A.MEŠ]
37   [ša] LÚ*.KA[Š.LUL]
38 IGI 1.EN-ZU LÚ*.ÌR [x x x x x]
39 ITU.BÁRA lim-mu 1.SUM-PAP.MEŠ LÚ*.G[AR.KUR URU.Ṣi-me-ra]
40 [IG]I 1.DÙG-IM-d.AG LÚ*.A.BA ṣa-bit [IM]

Translation

[In place of his seal] he placed his fingernail. [Fingernail of Bēl-Ḫarrān-is]sīya, owner of the people being sold. /3 Fingernail Impressions/
[x x x x x x]x-la——5 persons; [x x x x]x-mu——6 persons; [x x x x x x] –

6 persons; a total of 17 [persons], servants of Bēl-Ḫa[rrān-issīy]a——
Šumma-il[āni], the rein-holder, con[tracted and bought them for 18 minas of
silver] according to the mina (standard) of [Gargamiš] from Bēl-Ḫarrān-issīy[a].
The money is pa[id] completely. <Those> people are purchased and acq[uired].
Any revocation, lawsuit, or litigation [is void]. Whoever, at any time in
the future lodges a complaint, whether Bēl-Ḫarrān-issīya or his sons or his
grandsons or his brothers or anyone belonging to him, whoever repeatedly se[eks]
a lawsuit or litigation against Šumma-ilāni (and against) his sons and (against)
his grandsons shall pay [20 min]as of silver. He shall return <the money> tenfold
to its owners. He shall contest [in] his non-lawsuit and not succeed.
12 witnesses, date, eponym, scribe.

Notes

3: x]x = ▱

4: x]x = ▱

30: Da = ▱. The scribe has erroneously written ZU instead of BA.
He is the same man as in ND 2306:30 (687 B.C); cf. Iraq 16 (1954) 37 and
48a.

83-1-18, 343	No.	362		Šumma-ilāni
(47) x 73 x 19	ADD	239	C	Sale:slaves
duplicate: No. 361	AR	554	T,TrG	[Scribe:Ṭāb-šar-Nabû]
				[ ].I.688 B.C.

beginning missing

obv	1'	PAP [17 ZI.MEŠ ÌR.MEŠ šá 1.EN-KASKAL-KI-ia]
	2'	ú-pi[š-ma 1.BE-ma-DINGIR.MEŠ]
	3'	ina ŠÀ 18 MA.ʳNAˈ [KÙ.BABBAR ina MA.NA]
	4'	ša URU.Gar-ga-ʳmišˈ [TA* IGI 1.EN-KASKAL-KI-ia]
	5'	TI-[qé] kas-pu gam-mur ta-ad-[din UN.MEŠ šu-a-te]
	6'	zar-pu laq-ʳqéˈ-u tu-[a-ru de-nu]
	7'	DUG₄.DUG₄ la-áš-šú m[an]-ʳnuˈ šá ina u[r-kiš]
	8'	ina ma-te-ma i-zaq-qup-an-n[i lu-u 1.EN-KASKAL-KI-ia]
	9'	lu-u DUMU.MEŠ-šú lu-u DUMU.DU[MU.MEŠ-šú]
	10'	lu-u PAP.MEŠ-šú lu-u mám+ma-nu-šú [šá de-e-nu]
	11'	DUG₄.DUG₄ TA* 1.BE-ma-DINGIR.MEŠ DU[MU.MEŠ-šú]
	12'	DUMU.DUMU.MEŠ-šú ub-ta-'u-[u-ni]
	13'	ʳ20ˈ MA.NA KÙ.BABBAR SUM-an kas-pu a-[na 10.MEŠ-te]
	14'	a-na EN.MEŠ-šú GUR-ra ina de-n[i-šú]
	15'	[D]UG₄.DUG₄-ma la i-laq-ʳqéˈ
	16'	[IG]I 1.Sa-ma-a' LÚ.mu-ra-ba-nu šá A.MAN
	17'	[IG]I 1.ʳd.PA-ḫu-usˈ-sa-an-ni LÚ.mu-DIB PA.MEŠ
	18'	[I]G[I] 1.[Ḫal-ú-a] LÚ.A.BA
	19'	[IGI 1.PAP-ZÁLAG L]Ú.A.BA

```
        20'   [IGI 1.Şu-şu-a] LÚ.A.BA
        21'   [IGI 1.Da-lu-u-a LÚ.A].BA
rev     22'   IGI 1.[Ab-da-a' LÚ.A.B]A
        23'   IGI 1.A-[ti-in-ni LÚ.A.B]A
        24'   IGI 1.P[a-qa-ha LÚ.GAL UR]U
        25'   IGI 1.[EN-PAP-šú] ⌈LÚ⌉.[mu-DIB PA.MEŠ]
        26'   ša ⌈LÚ⌉.GAL KA.[KEŠDA]
        27'   IGI 1.EN-ZU LÚ.ÌR [x x x x]
        28'   IGI 1.Za-a-zi-i LÚ.[mu-DIB PA.MEŠ]
        29'   ša LÚ.[KAŠ.LUL]

              Space of 4 lines

        30'   ITU.BÁRA lim-[mu 1.SUM-PAP.MEŠ LÚ.GAR.KUR]
        31'   KUR.Ş[i-me-ra]
```

Translation

Beginning missing- a total [of 17 persons belonging to Bēl-Ḫarrān-issīya]——
[Šumma-ilāni] cont[racted and] bou[ght them] for 18 minas of [silver according to
the mina (standard) of Gargamiš [from Bēl-Ḫarrān-issīya]. The money is pa[id]
completely. [Those people] are purchased and acquired. Any rev[ocation, lawsuit],
or litigation is void. Whoever, at any [time] in the future, lodges a complai[nt,
whether Bēl-Ḫarrān-issīya] or his sons or [his] grand[sons] or his brothers
or anyone belonging to him, [whoever] repeatedly se[eks a lawsuit] or litigation
against Šumma-ilāni (or against) [his] so[ns] (or against) his grandsons
shall pay 20 minas of silver. He shall return the money [tenfold] to
its owners. He shall contest in [his] laws[uit] and not succeed. 12 witnesses,
date, (eponym).

Sm.1678 + 81-2-4,163	No.	363		Šumma-ilāni
45 x 84 x 25	ADD	212	C	Sale:
duplicate: No. 364	AR	459	T,TrG	25.[ ].687 B.C.
	Aššur	2/5	Coll.	

```
obv   1   [NA₄.KIŠI]B 1.d.PA-NUM[UN-AŠ]
      2   [EN M]Í ta-da-[a-ni]

          [2]+1 Circular Stamp Seals

      3   MÍ.AN-e-ta-[ba]-ni ⌈GÉME⌉-[šú]
      4   ša 1.d.PA-[NUM]UN-AŠ
      5   ú-piš-ma [1.Šum-ma]-DINGIR.ME[Š]
      6   [ina lìb-bi x MA.NA KÙ.BABBAR]
      7   [i]l-qe [kas-pu gam-mur ta-din]
      8   MÍ šu-a-te za-r[i-ip]
      9   laq-qe tu-a-ru d[e-e-nu]
```

	10	DUG₄.DUG₄ la-áš-[šú]
	11	[man]-nu ša ina ur-k[iš]
	12	[ina] ma-te-ma i-za-q[u]-pa-a-[ni]
	13	[ša d]e-e-nu DUG₄.DUG₄
	14	[T]A* 1.Šum-ma-DINGIR.MEŠ
	15	[T]A* DUMU.MEŠ-šú TA* DUMU.DU[MU.MEŠ-šú]
	16	[TA* PA]P.MEŠ-šú TA* DUMU.PA[P.MEŠ-šú]
rev	17	[ša d]e-e-nu DUG₄.DUG₄
	18	[ub]-ta-'u-ni
	19	[kas]-pu ina 10.MEŠ ina EN.MEŠ-š[ú]
	20	⌜ú⌝-GUR ina de-e-ni-šú
	21	[D]UG₄.DUG₄-ma la <i>-laq-qe
	22	[ṣib]-tú be-en-n[u] ⌜ina⌝ 1 me UD-[me]
	23	[s]a-ar-tú [ina] kala UD-m[e]
	24	[IGI 1].d.Za-b[a₄-b]a₄-⌜PAP⌝-[PA]P
	25	[IGI 1.x x x x x x x x x_x]
	26	IGI 1.[x]-DINGIR ⌜LÚ*.ša LÚ*.2-ú⌝
	27	IGI 1.Ḫa-ni-na-a+a
	28	IGI 1.Da-ga-na-mil-ki
	29	[IGI 1.Man]-⌜nu⌝-GIM-ERIM.MEŠ
	30	[IGI 1.La-TÉŠ]-⌜a⌝-na-DINGIR LÚ*.TIN
	31	[IGI 1.UD]-11-KÁM*-a-b[u x x]
	32	[IGI 1.x x m]u⌜x⌝ [x x x x]
		remainder missing
le	33'	[x x x x MU] 25 [KÁM*] ⌜1⌝.d.30-PAP.M[EŠ-SU]
	34'	[MAN KUR].Aš+šur.K[I]

Translation

[Sea]l of Nabû-zē[ru-iddina, owner of the wom]an being sol[d]. /[2] + 1
Circular Stamp Seals/ Šamê-ta[b]ni, the maid of Nabû-[zē]ru-iddina——
[Šumma]-ilāni, contracted and bought her [for x minas of silver. The money
is paid completely]. That woman is purc[hased] and acquired. Any revocation,
law[suit], or litigation is vo[id]. Who]ever, at any ti[me in] the future,
lodges a compla[int, whoever repeatedly] seeks a lawsuit or litigation
[aga]inst Šumma-ilāni (or) [aga]inst his sons (or) against [his] grand[sons
(or) against] his [broth]ers (or) against [his] neph[ews] shall return [the
mon]ey tenfold to its owners. He shall contest in his lawsuit and not succeed.
[(The buyer is guaranteed against) the ṣib]tu and bennu diseases for 100 da[ys (and
against) f]raud forever. 9+ witnesses, (date), eponym.

Notes

26: The copy in ADD has an extra line which is not on the tablet (rev. 11).
28: Dagan-milki is the seller in No. 355.
32: ⌜x⌝ = ⟨cuneiform sign⟩.

Bu.91-5-9, 40	No.	364		Šumma-ilāni
(21) x (35) x (17)	ADD	226	C	Sale:female
duplicate: No. 363	AR	501	T,TrG	

beginning missing

obv	1'	⌈MÍ⌉.AN-⌈e⌉-ta-b[a-ni GÉME-šú]
	2'	šá 1.d.PA-NUMUN-AŠ ú-[piš-ma]
	3'	1.Šum-ma-DINGIR.MEŠ ina 1[ìb-bi x MA.NA]
	4'	KÙ.BABBAR⌉ TI-qé kas⌉-[pu gam-mur]
	5'	[t]a-din MÍ šú-a-t[e za-ar-pat]
	6'	[l]a-qe-at ⌈tú⌉-[a-ru de-e-nu]
	7'	[DU]G₄.DUG₄ l[a-áš-šú man-nu ša]
	8'	[ina u]r-kiš ina [ma-te-ma]
	9'	[lu-u 1.d.PA-NUMUN-AŠ] ⌈lu⌉-[u DUMU.MEŠ-šú]
		remainder missing

Translation

Beginning missing- / Šamê-tab[ni, the maid] of Nabû-zēru-iddina——Šumma-ilāni con[tracted and] bought her fo[r x minas] of silver. The mon[ey is] paid [completely]. Tha[t] woman [is purchased and ac]quired. Any rev[ocation, lawsuit, or lit]igation is v[oid. Whoever, at an]y time in [the future, whether Nabû-zēru-iddina] o[r his sons] -remainder missing.

K.337	No.	365		Šumma-ilāni
32 x 49 x 19	ADD	19	C	Loan:silver
duplicate: No. 366	AR	250	T,TrG	10.I.684 B.C.
	3R	47/7	C	
	KB4	118-119	T,TrG	
	Op	181-182	T,TrF/L	

obv	1	3 MA.NA 10 GÍN KÙ.BABB[AR.MEŠ]
	2	ša 1.Šum-mu-DINGIR.MEŠ-ni
	3	ina IGI 1.EN-SAG.KAL
	4	a-na 4-tú-šú i-rab-b[i]
	5	IGI 1.d.30-NUMUN-DÙ 3-šú
	6	IGI 1.d.PA-PAP-PAP LÚ*.qur-bu-ti
	7	IGI 1.Mì-i-su LÚ*.A.BA
	8	IGI 1.Mil-ka-a+a
	9	IGI 1.d.PA-ZU-a-ni 3-šú
	10	ITU.BÁRA UD 10 KÁM
be	11	lim-me 1.Man-za-ár-né-e

Translation

3 minas and 10 shekels of sil[ver] belonging to Šumma-ilāni are at the disposal of Bēl-ašarēd. It shall increase by a fourth. 5 witnesses, date, eponym.

K.1429	No.	366		Šummu-ilāni
65 x 36 x 17	ADD	20	C	Loan:silver
duplicate: No. 365	AR	282	T,TrG	[10.I].684 B.C.
	KB4	118-121	T,TrG	
	Aššur	2/5	Coll.	

obv 1 [NA$_4$].KIŠIB 1.EN-SAG.KAL 3 MA.NA 10 GÍN KÙ.BABBAR SAG.DU
2 [š]a 1.Šum-mu-DINGIR.MEŠ-ni

Blank Seal Space

3 ina IGI 1.EN-MAŠ a-na pu-u-ḫi it-ti-ši 4-⌜tú⌝-šú
4 i-rab-bi IGI 1.d.30-NUMUN-DÙ LÚ.3.U.5
5 IGI 1.d.PA-PAP-PAP LÚ.qur-bute IGI 1.Mì-i-su LÚ.A.BA
6 IGI 1.Mil-ka-a+a IGI 1.d.PA-ZU-a-ni
7 IGI 1.Ia-a'-la-a

Space of 8 lines

rev 8' [ITU.BÁRA UD 10 KÁ]M lim-me
9' [1.Man-za-ár]-né-e

Translation

[Se]al of Bēl-ašarēd. 3 minas and 10 shekels of silver, capital, [bel]onging to Šummu-ilāni /Blank Seal Space/ are at the disposal of Bēl-ašarēd. He took it as a loan. It shall increase by a fourth. 5 witnesses, (date), (eponym).

83-1-18, 344	No.	367		Šumma-ilāni
44 x (60) x 24	ADD	222	C	Sale:female
	AR	500	T,TrG	Scribe:Nabû-dūru-uṣur
				25.I.682 B.C.

obv 1 [NA$_4$.KIŠI]B ⌜1.EN⌝-[DÙ]
2 EN MÍ SUM-[ni]

3 Stamp Seals

3 MÍ.U-qu-pu-tú GÉME-⌜šú⌝
4 ša 1.EN-DÙ ú-piš-ma
5 1.Šum-⌜ma⌝-DINGIR.MEŠ-ni
6 ina ŠÀ 1 MA.NA KÙ.BABBAR ša Gar-⌜gar⌝-miš
7 il-qe kas-pu gam-mur
8 [ta-din M]Í šu-a-t[e za-ar-pat]
remainder missing

rev 9' IGI ⌜1⌝.Ḫa-x-[x x x x]
10' IGI 1.Tak-ku-[x x x]
11' IGI 1.d.PA-KÀD-an-⌜ni⌝
12' IGI 1.d.PA-⌜BÀD⌝-PAP
13' LÚ.A.BA ⌜ITU.BÁRA⌝ UD 25 KÁM*
14' lim-mu 1.⌜d.PA⌝-MAN-PAP
15' GAR.KUR Mar-ḫa-si

Translation

[Sea]l of Bēl-[ibni], owner of the woman being sol[d]. /3 Stamp Seals/
Uqūputu, the maid of Bēl-ibni——Šumma-ilāni contracted and bought her for
1 mina of silver according to (the mina [standard]) of Gargamiš. The money
[is paid] completely. That [wom]an [is purchased (and acquired)]. Remainder of
text missing. 3+ witnesses, scribe, date, eponym.

K.288	No.	368		Šumma-ilāni
49 x 30 x 18	ADD	127	C	Loan:Oil
	AR	314	T,TrG	21.V.681 B.C.

obv	1	NA₄.KIŠIB 1.Aš+šur-EN-PAP LÚ.GAL É
	2	ša URU.Gar-ga-miš 6 ANŠE Ì.MEŠ ḫal-ṣu
	3	ina GIŠ.BÁN šá 10 qa URUDU.MEŠ šá
	4	1.Šum-ma-DINGIR.MEŠ-ni ina IGI-šú
	5	ina ITU.ZÍZ Ì.MEŠ SUM-an šum-ma la SUM-ni
	6	a-na mit-ḫar i-rab-bi
	7	ITU.NE UD 21 KÁM* lim-me 1.d.PA-PAP.MEŠ-APIN-eš
	8	ša URU.Sa-ma-al-la

Space of 1 1/2 lines

rev	9	IGI 1.d.EN-MAN-DÙ LÚ.3-šú É.GAL
	10	IGI 1.d.EN-PAP-PAP LÚ.GAL ki-ṣir
	11	IGI 1.PAP-ZÁLAG LÚ.ǃ
	12	IGI 1.NUMUN-ZI-GIŠ
	13	IGI 1.d.Kù-baba-sa-pi

Space of 3 lines

Translation

Seal of Aššur-bēl-uṣur, the rab-bīti of Gargamiš. 6 homers of pressed out
oil according to the <u>sūtu</u> (measure) of 10 qa of copper belonging to
Šumma-ilāni are at his disposal. He shall pay the oil in the month of
Šabāṭu. If he does not pay, it shall increase by an equal amount. Date,
eponym, 5 witnesses.

Notes

12: The name is to be read Zēr-ketti-lēšir (APN 248a) and not Zēr-napišti-
lēšir (AR). See No. 374:16'.

K.444	No.	369		Šummu-ilāni
40 x 71 x 23	ADD	236	C	Sale:slaves
	AR	80	T,TrG	Scribe:Nabû-bala[ssu-
	Aššur	2/5	Coll.	iqbi]
				2.IV.[ ]

obv 1 ṣu-pur 1.Ki-qi-la-ni L[Ú*.x x x]
    2 [E]N UN.MEŠ ta-d[a-ni]

---

6 Fingernail Impressions

---

    3 [IGI 1.x x]x⌉-PAP MÍ.AMA-šú
    4 [PAP 2 LÚ*].ÌR.MEŠ ša 1.Ki-qi-⌈la⌉-ni
    5 [ú-piš-m]a 1.Šum-mu-DINGIR.MEŠ-ni
    6 ina líb-bi 1 MA.NA KÙ.BABBAR.MEŠ
    7 ina 1 MA.NA-e ša URU.Gar-ga-miš
    8 TA* IGI 1.Ki-qi-la-ni il-qé
    9 kas-pu ga-mur ta-din
   10 [UN.MEŠ] za-ar-pu laq-qé-u
   11 [tu-a]-ru DUG₄.DUG₄ la-aš-šú
   12 [man-nu š]a GIB-ú-ni
   13 [x MA].NA KÙ.BABBAR 1 MA.NA KÙ.GI
   14 [ina] bur-ki d.NIN.[LÍL]
be 15 ⌈a⌉-ši-bat URU.Ni-na-a GAR-[an]
rev 16 kas-pu a-na 10.MEŠ-te
   17 a-na EN.MEŠ-šú GUR-ra
   18 ina de-ni-šú DUG₄.DUG₄-ma NU T[I]

---

   19 IGI 1.Za-zi-i LÚ*.mu-kil KUŠ.PA. MEŠ⌉
   20 ⌈IGI⌉ 1.d.UTU-še-zib LÚ*.3.U₅
   21 IGI 1.d.PA-SAG-i-ši LÚ*.mu-kil KUŠ.PA.MEŠ
   22 IGI 1.d.30-I LÚ*.GAL ki-ṣir
   23 IGI 1.d.MEŠ-MU-AŠ LÚ*.GIŠ.GIGIR GÌR.2

Space of 4 lines

   24 [IT]U.ŠU UD 2 KÁM [lim-mu 1.x x x x x]
   25 [1].d.PA-TI.L[A-su-E]
   26 [LÚ*].A.BA ṣ[a-bit dan-né-te]

Translation

Fingernail of Kiqilānu, the [x x x, own]er of the people being so[ld].
/6 Fingernail Impressions/ [x x]x⌉-uṣur and his mother, [a total of 2]
servants belonging to Kiqilānu—— Šumma-ilāni [contract]ed and bought them
for 1 mina of silver according to the 1 mina (standard) of Gargamiš. The
money is paid completely. [The people] are purchased and acquired. [Any
rev]ocation or litigation is void. [Whoeve]r breaches the contract shall
pla[ce x mi]nas of silver (and) 1 mina of gold [in] the lap of Mullissu
residing in Ninua. He shall retrun the money tenfold to its owners. He
shall contest in his lawsuit and not succ[eed]. 5 witnesses, date, scribe.

K.447	No.	370		Šummu-ilāni
50 x 74 x 24	ADD	422	C	Sale:mixed
duplicate: No. 371	AR	103	T,TrG	Ti'i
	Aššur	2/5	Coll.	

obv 1 [ṣu]-pur 1.Bar-[ḫa-te-e]
    2 ⌜EN A.⌝ŠÀ É UN.⌜MEŠ⌝ Š[UM-ni]

_____

3 Fingernail Impressions

_____

    3 [É] ⌜50⌝ ANŠE A.ŠÀ 10 lim GIŠ.⌜til-liti⌝
    4 [É e]p-šú 1.Ḫa-šá-na 4 DUMU.MEŠ-šú
    5 ⌜MÍ⌝-šú MÍ.Da-an-qi-i DUMU-šá
    6 DUM[U.MÍ-sa PA]P ⌜9⌝ ZI.MEŠ ⌜ÌR.MEŠ⌝
    7 š[a 1.Bar-ḫa]-te-e ina URU.Ti-'i-i
    8 ⌜ú⌝-[piš-ma] 1.Šum-mu-DINGIR.MEŠ-ni
    9 ⌜TA*⌝ [IGI 1.B]ar-ḫa-te-⌜e ina lìb⌝-bi
   10 6 MA.⌜NA KÙ⌝.BABBAR ina ⌜MA⌝.[NA-e šá x x x TI]
   11 kas-pu ga-[mur ta-din]
   12 A.ŠÀ É [UN.MEŠ šú-a-tú]
   13 za-a[r-pu laq-qe-u]
rev 14 tu-a-ru de-e-nu ⌜da⌝-b[a-bu la-áš-šú]
   15 man-nu ša ina ur-kiš ⌜GIB⌝-[u-ni]
   16 lu 1.Bar-ḫa-te-⌜e⌝ DUMU.MEŠ-⌜šú⌝
   17 lu qur-ub-šú lu ⌜mám+ma-nu-šú⌝
   18 ša TA* 1.Šum-mu-⌜DINGIR.MEŠ⌝-ni DUMU.MEŠ-šú
   19 ⌜de⌝-e-nu da-ba-bu ub-t[a-u]-⌜ni⌝
   20 [x MA.N]A ⌜KÙ.BABBAR⌝ 1 ⌜MA⌝.NA ⌜KÙ⌝.GI s[ag]-⌜ru⌝
   21 [ina bur-k]i d.Iš-tar a-ši-bat ⌜URU⌝.[NINA.KI GAR-a]n
   22 [kas-pu] ⌜a⌝-na 10.MEŠ a-⌜na⌝ EN-šú ⌜GUR⌝
   23 [ina de-n]i-šú DUG₄.DUG₄-ma la ⌜TI⌝
   24 [IGI 1.x DU]MU-ZÁLAG LÚ*.2-u URU.M[a-g]a-nu-ba
   25 [IGI 1.x x]- ⌜d⌝.PA LÚ*.x x ru !
   26 [IGI 1.x x]-qa-mu ⌜LÚ*.mu-kil⌝.PA.MEŠ ⌜:⌝
   27 [IGI 1.x]-⌜mu-za-x x⌝ [IGI] 1.Ra-⌜pa-ia⌝
      remainder missing
te 28 [x x x]⌜qa⌝-qa-[x x x x x]

Translation

[Se]al of Bar[ḫāte], owner of the land, house, and people being [sold].
/3 Fingernail Impressions/ [An area] of 50 homers of land, 10,000 vines,
and [a bui]lt [house]; Ḫašana, his 4 sons, and his wife, and Danqî, her son,
and [her] daugh[ter, a tot]al of 9 persons, servant o[f Barḫā]te in the
city of Ti'i——Šumma-ilāni co[ntracted and bought them] fr[om B]arḫāte for
6 minas of silver according to the mi[na (standard) of GN]. The money [is
paid] com[pletely]. That land, house, and [people] are purch[ased and acquired].
Any revocation, lawsuit, or litig[ation is void]. Whoever, at any time,
breaches the con[tract], whether Barḫāte (or) his sons or his relative
or anyone belonging to him, whoever repeatedly s[eek]s against Šumma-ilāni

(or) his sons a lawsuit or litigation [shall pla]ce [x min]as of silver
(and) 1 mina of p[ur]e gold [in ·the la]p of Ištar residing in [Ninua]. He
shall return [the money] tenfold to its owner. He shall contest [in] his
[lawsu]it and not succeed. 4+ witnesses.

Notes

16: ⌈e⌉ is uncertain and it is difficult to decide if ⌈lu⌉ is a
better reading.
25: x x = 𒁁 𒀀 𒌍.
27: ⌈x x⌉ 𒁹 𒈗.

K.10474	No.	371		Šummu-ilāni
(36) x (39) x 20	ADD	423	C	Sale:mixed
duplicate: No. 370	AR	104	T,TrG	Ti'i
	Aššur	2/5	Coll.	
	AST	T204	Q	

beginning missing

obv	1'	⌈ÌR.MEŠ 1.Bar⌉-ḫ[a-at-te-e x x x]
	2'	ina URU.Ti-'i-[i]
	3'	ú-piš-ma 1.⌈Šum⌉-[mu-DINGIR.MEŠ-ni]
	4'	TA* IGI 1.Bar-<ḫa-at>-te-[e]
	5'	ina ŠÀ 6 MA.NA KÙ.BABBAR ina [MA.NA-e šá x x x]
	6'	il-qé kas-pu gam-mur
	7'	ta-ad-⌈din⌉ A.ŠÀ É
	8'	UN.MEŠ GIŠ.KIRI.6 šu-a-[tú]
	9'	za-ár-pu laq-[qe-u]
	10'	tu-a-ru de-[e-nu]
	11'	⌈DUG₄.DUG₄⌉ 1[a-áš-šú]
be	12'	⌈man-nu⌉ šá ina ur-[kiš GIB-u-ni]
	13'	lu-u 1.Bar-ḫa-a[t-te-e]
	14'	lu-u DUMU.MEŠ-šú [lu-u DUMU.DUMU.MEŠ-šú]
	15'	lu-u qur-⌈ub⌉-[šú]
rev	16'	lu-u mám+ma-n[u-šú]
	17'	šá TA* 1.Šum-m[u-DINGIR.MEŠ-ni DUMU.MEŠ-šú]
	18'	de-e-nu DUG₄.DUG₄
	19'	ub-ta-'u-[u-ni]
	20'	10 MA.NA KÙ.BABBAR 1 MA.[NA KÙ.GI]
	21'	ina bur-ki d.Iš-[tar a-ši-bat]
	22'	NINA.KI GAR-an kas-[pu a-na 10.MEŠ]
	23'	a-na EN.MEŠ-šú GU[R-ra]
	24'	⌈ina de-ni-šú⌉ DU[G₄.DUG₄-ma NU TI]
		remainder missing

Translation

Beginning missing- servants of Barḫ[āte, the x x x], in the city of Ti'i—
Šum[mu-ilāni] contracted and bought from Bar<ḫā>te for 6 minas of silver
according to [the mina (standard) of GN]. The money is paid completely. That
field, house, people, and orchard are purchased and acqui[red]. Any revocation,
law[suit], or litigation is [void]. Whoever, at any ti[me, breaches the contract],
whether Barḫā[te] or his sons [or his grandsons] or [his] associate or
anyone belonging to [him], whoever repeatedly se[eks] against Šumm[u-ilāni
(or) his sons] a lawsuit or litigation shall place 10 minas of silver (and)
1 mi[na of gold] in the lap of Iš[tar residing] in Ninua. He shall ret[urn]
the mon[ey tenfold] to its owners. He shall con[test] in his lawsuit [and
not succeed]. Remainder missing.

K.13187		No.	372		Šumma-ilāni
(47) x (29) x 22		ADD	725	C	Sale:slaves
		AR	541	T,TrG	

beginning missing

obv 1'   [ ] ⌜x x x⌝ [   ]
       2'   DUMU MÍ.Da-ḫi-x[x x x]
       3'   MÍ.d.15-nap-šir [x x x x] x]
       4'   PAP 5 ZI.MEŠ ÌR.[MEŠ šá 1.x x x]
       5'   ú-pis-ma 1.BE-m[a-DINGIR.MEŠ-ni]
       6'   LÚ.mu-kil KUŠ.PA.[MEŠ x x x]
       7'   [x x x]⌜x⌝ ša ⌜x⌝ [x x x]
             remainder missing
rev 8'   [x x x x] ⌜x⌝ ia ⌜a⌝ [x x x x]
       9   [x x x x x] za [x x x x]
             remainder missing

Translation

Beginning missing-   ... son of Daḫi-x[x x x], Ištar-napšir [x x x x],
a total of 5 persons, servants [of x x x]—Šumm[a-ilāni], the rein-holder,
contracted and (bought them) ...... Remainder missing.

Notes

1': ⌜x x x⌝ = ⟨cuneiform signs⟩ .
2': x = ⟨cuneiform signs⟩ .
7': x]⌜x⌝ = ⟨cuneiform signs⟩ . ⌜x⌝ = ⟨cuneiform signs⟩.
8': x]⌜x⌝ = ⟨cuneiform signs⟩

Rm. 156	No.	373		Šumma-ilāni
45 x 84 x 20	ADD	326	C	Sale:house
	AR	173	T,TrG	10.II.[ ]
	FNAD	5	T	
	AST	T201	Q	

obv
1. ⌜ku⌝-um NA₄.KIŠIB-šú ṣu-pur-šú GAR-un
2. ṣu-pur⌝ 1.Du-si-i EN É SUM-ni

Blank Seal Space

3. É ep-šú a-di GIŠ.ÙR.MEŠ-šú
4. a-di GIŠ.IG.MEŠ-šú É NÁ TÙR-⌜šú⌝
5. É TU₅-šú É 2-e PÚ šá É dan-ni
6. É NIM É a-bu-sa-te É ŠU
7. KI.MAḪ ina lìb-bi ú-piš-ma
8. 1.BE-ma-DINGIR.MEŠ-ni LÚ.mu-kil KUŠ.PA.MEŠ
9. ša LÚ.šá UGU É-a-ni
10. ina ŠÀ 3 MA.NA KÙ.BABBAR ina šá LUGAL TI-qé
11. kas-pu gam-mur ta-ad-din
12. É šu-a-tú za-rip laq-qé
13. tu-a-ru de-e-nu DUG₄.DUG₄
14. [1]a-áš-šú man-nu šá ina ur-kiš
15. ⌜u⌝ ma-te-e-ma i-zaq-qup-an-ni
16. [G]IB-ú-ni lu-u 1.Du-si-i
17. [1]u-u DUMU.MEŠ-šú lu-u PAP.MEŠ-šú
18. lu-u mám+ma-nu-šú ša TA* 1.Šum-ma-DINGIR.M[EŠ]-ni
19. DUMU.MEŠ-⌜šú⌝ de-e-nu DUG₄.DUG₄
20. ub-[ta]-⌜'u⌝-u-ni 5 MA.NA KÙ.BABBAR
21. LUḪ-[u x MA.NA KÙ.G]I sag-ru
22. ina bur-[ki d.x x x x x] ⌜GAR⌝-an
rev
23. ⌜2⌝ ANŠE KUR.RA.MEŠ BABBAR.MEŠ [ina GÌR.2 d.Aš+šur]
24. i-rak-kas 4 ANŠE ḫar-bak-k[an-ni]
25. ina GÌR.2 d.MAŠ.MAŠ ú-šér-ra[b]
26. ⌜1⌝ GÚ.UN AN.NA a-na LÚ.NAM UR[U-šú]
27. [i]d-dan kas-pu a-na 10.MEŠ-te
28.   a-na EN.MEŠ-šú GUR-ra
29. ⌜ina de⌝-ni-šú DUG₄.DUG₄-ma la i-laq-qé

30. IGI 1.ÌR-a+a LÚ.UŠ.BAR GÙN
31. IGI 1.DINGIR-DÙ ŠEŠ-šú šá LÚ.ḫa-za-an-nu
32. IGI 1.GIN-u-a URU.ŠÀ.URU-a+a
33. IGI 1.EN-DÙ ÌR šá [L]Ú.šá U[G]U É-a-ni
34. IGI 1.Šum-ma-DINGIR LÚ.DAM.QAR
35. IGI 1.Bé-bé-e   LÚ.GI[Š.GIG]IR GAL
36. IGI 1.⌜SIG₅⌝-INIM.MEŠ-d.15   LÚ.:
37. [IGI] ⌜1⌝.Qa-lu-un-zu   LÚ.:
38. I[G]I 1.Aš+šur-še-zib-an-ni   LÚ.DIB KUŠ.PA.MEŠ
39. IGI 1.d.PA-EN-MU.MEŠ-te LÚ.A.BA
40. IGI 1.Kit-ti-DINGIR.MEŠ-ni LÚ.3-šú
41. IGI 1.URU.4*-ìl-a+⌜a⌝ LÚ.DIB KUŠ.PA.MEŠ

Space of 1 line

42. ITU.GU₄ UD 10 KÁM* lim-m[u 1.x x x x]
43. LÚ.GAR.KUR URU.Ár-p[ad-da]

Translation

In place of his seal he placed his fingernail. Fingernail of Dusi, owner
of the house being sold. /Blank Seal Space/ A built house including its
beams, including its doors, and its yard, a second house, a well belonging
to the main house (with) an upper story, a storehouse, a workroom with a
tomb in it——Šumma-ilāni, the rein-holder of the ša muḫḫi bīti, contracted
and bought it for 3 minas of silver according to (the mina [standard]) of the
king. The money is paid completely. Any revocation, lawsuit, or litigation is
void. Whoever, at any time in the future, lodges a complaint or [brea]ches
the contract, whether Dusi [o]r his sons or his brothers or anyone belonging
to him, whoever repeatedly s[ee]ks against Šumma-ilāni (or against) his sons
a lawsuit or litigation shall place 5 minas of refin[ed] silver [(and) x minas
of] pure [gol]d in the la[p of DN residing in GN]. He shall tie 2 white
horses [to the feet of Aššur]. He shall pay 1 talent of tin to the governor
of [his] ci[ty]. He shall return the money tenfold to its owners. He shall
contest in his lawsuit and not succeed. 12 witnesses, date.

Notes

5: PÚ = 𒑊 , not 2/3 (Postgate).

35: See the note on CTN III 99:1.11 for this witness. The reading
of the profession as LÚ.GI[Š.GIG]IR GAL follows the suggestion
made by M. Fales, BSOAS 40 (1977) 599.

42: Postgate notes: "possibly the eponym is Zazāya (692 B.C.)"; cf. FNAD p.88.

80-7-19, 150	No.	374		Šumma-ilāni
(40) x (54) x 19	ADD	196	C	Sale:male
	AR	494	T,TrG	

beginning missing

obv 1'　[EN LÚ SUM]-⌈ni⌉

────────────────

Blank Seal Space

────────────────

2'　1.d.15-ta*-SU LÚ.UŠ.⌈ANŠE⌉.[MEŠ]
3'　ÌR ša 1.d.EN-DÙ šá 1.Ki-ṣ[ir x x x]
4'　ú-piš-ma 1.Šum-ma-DINGIR.MEŠ ina Š[À]
5'　1 1/2 MA.NA KÙ.BABBAR ina ša LUGAL x[x x]
6'　TA* IGI 1.d.EN-DÙ TA* IGI 1.[Ki-ṣir-x x x]
7'　il-qé kas-pu gam-[mur] ta-[din]
8'　LÚ šu-a-⌈tú⌉ za-rip laq-q[é tu-a-ru]
9'　de-e-nu DUG₄.DUG₄ la-áš-[šú]
10'　man-nu šá ina ⌈ur⌉-kiš ina ⌈ma-te-e⌉-[ma]
11'　lu-u 1.d.EN-DÙ ⌈lu⌉-[u 1.Ki-ṣir-x x x]
12'　lu-u PAP.MEŠ-⌈šú⌉-nu l[u-u x x x x x]
　　remainder missing

rev 13'　I[GI 1.x x x x x x]
14'　IGI 1.⌈Ú⌉-[x x x x x]
15'　　　ša ⌈LÚ⌉.[x x x x]
16'　IGI 1.NUMUN-kit-ti-GIŠ [LÚ.x x x x]
17'　IGI 1.Kan-nun-a+a LÚ.[x x x x x]

Space of 2 lines

18'　⌈IGI⌉ [1.x x x x x x]x ⌈LÚ⌉.[x x x]
　　remainder missing

Translation

Beginning missing- [owner of the man being so]ld. /Blank Seal Space/
Ištar-tarība, the donkey-driver, servant of Bēl-ibni and of Kiš[ir-x x x]—
Šumma-ilāni contracted and bought him for 1 1/2 minas of silver according
to (the mina [standard]) of the king x[x x] from Bēl-ibni and from [Kiṣir-
x x x]. The money is p[aid] comple[tely]. That man is purchased and
acqui[red. Any revocation], lawsuit, or litigation is vo[id]. Whoever,
at any time in the futu[re], whether Bēl-ibni o[r Kiṣir-x x x] or their
brothers o[r x x x x x] -remainder of text missing. 5+ witnesses.

Notes

5': x[x = ⊢⫴.

16': See the note on No. 368:12.

18': x]x = ⫻.

83-1-18, 163	No.	375		Šumma-ilāni
30 x (32) x 19	ADD	319	C	Sale:male
	AR	492	T,TrG	

beginning missing

obv
1' [x x x x x Ì]R-šú-nu
2' [x x x x x]-DINGIR-šú
3' [ú-piš-ma 1.Š]um-ma-DINGIR.MEŠ-ni
4' [ina lìb-bi] 30 MA.⌈NA⌉ URUDU.MEŠ
5' [TA*] IGI LÚ.MEŠ-e an-nu-te
6' il-qe kas-pu gam-mur
7' ta-din TUR šu-u-a-te
8' za-rip la-qe tu-u-a-ru
be 9' de-nu DUG₄.DUG₄ la-áš-šú
10' man-nu ša ina ur-kiš [ina] ma-te-ma
11' i-za-qup-an-ni lu-u
rev 12' LÚ.MEŠ-e an-nu-te
13' lu-u DUMU.[MEŠ-šú-nu DUMU].DUMU.MEŠ-šú-nu
14' ša [de-e-nu DUG₄].DUG₄
15' [TA* IGI 1.Šum-ma]-DINGIR.MEŠ-ni
16' [DUMU.MEŠ-šú] DUMU.DUMU.MÉŠ-šú
17' [ub-ta-'u-u-n]i 2 MA.NA [KÙ.BABBAR]
18' [a-na d.x a-šib URU.x x].KI
19' [SUM x x x x x]x
    remainder missing
le 20' IGI 1.NUMU[N x x x x x x]
21' IGI 1.[x x x x x x]

Translation

Beginning missing— / [x x x x x the ser]vant [of x x x and x]-ilšu——
[Š]umma-ilāni[contracted and] bought him [for] 30 minas of copper [from]
these men. The money is paid completely. That boy is purchased and acquired.
Any revocation, lawsuit, or litigation is void. Whoever, at any time [in]
the future, lodges a complaint, whether these men or [their] sons [(or)] their
[grand]sons, whoever [repeatedly seek]s [a lawsuit or litiga]tion [against
Šumma]-ilāni [(or) his sons] (or) his grandson [shall pay] 2 minas of
[silver to DN residing in GN].... Remainder of text missing. 2+ witnesses.

Notes

The museum number is 83-1-18, 163 and not 83-1-18, 169 (AR).
7'-8': The sign u in šu-u-a-te and tu-u-a-ru represents "the
glide [w] pronounced between two contiguous vowels"; see the note
on LAS II 224:15. Note the Aramaic spelling Ḥdwh for Ḥa-an-du-a-te
in No. 383:5,12.

83-1-18, 339	No.	376		Šumma-ilāni
60 x (92) x 29	ADD	246	C	Sale:slaves
	AR	82	T,TrG	
	Aššur	2/5	Coll.	
	AST	T205	Q	

beginning missing

obv
1' [NA₄.KIŠIB 1.x x x] ⌜LÚ*⌝.3-šú
2' [NA₄.KIŠIB] 1.A-⌜ta-tam⌝-mu-ia LÚ*.GAL ki-ṣir
3' [1.x x PA]P A 1.EN-KASKAL-tak-lak
4' [PAP x] LÚ.MEŠ EN UN.MEŠ SUM-an

3 Circular Stamp Seals

5' 1.ŠEŠ-nu-ri ⌜DAM⌝-šú DUMU.MÍ-šú PAP 3
6' 1.Man-nu-ki-NINA.KI MI-šú 3 DUMU.MEŠ-šú PAP 5
7' 1.d.PA-KAR MÍ-šú 1.d.PA-MU MÍ-šú
8' 1.Nu-ra-a+a PAP 13 ZI.MEŠ
9' ú-⌜piš⌝-ma 1.Šum-mu-DINGIR.MEŠ
10' ina ⌜lìb⌝-bi ⌜6 1/2⌝ MA.NA KÙ.BABBAR il-qe
11' i-za-rip i-se-qe UN.MEŠ šu-a-te
12' za-ár-pu la-qe-ú kas-pu ga-mur
13' SUM-ni tu-a-ru de-ni DUG₄.DUG₄

rev
14' la-a-ši man-nu ša ina ur-kiš
15' ina ma-te-me lu-u 1.NUN-Aš+šur LÚ*.EN.NAM
16' lu-u LÚ*.MEŠ ŠU.2-šú lu-u DUMU.MEŠ-šú-nu
17' lu-u me-me-ni-šú-nu TA* 1.Šum-mu-DINGIR.MEŠ
18' i-GIB-ú-ni kas-pu a-na 10.⌜MEŠ-te⌝
19' a-na EN-šú SUM-an 1 MA.NA KÙ.G[I]
20' a-na bur-ki d.15 ša NINA.KI GAR-an

21' IGI 1.d.PA-u-a LÚ*.2-1 ša UŠ-kib-šú
22' IGI 1.I-la-a-ša LÚ*.GÌR.2
23' IGI 1.Qa-a : IGI 1.Ḫa-an-ṭu-šú
24' IGI 1.Rém-a-ni-Aš+šur
25' [I]GI 1.d.PA-MAN-PAP.MEŠ-šú
26' [IG]I 1.AD-i-qa-mu
27' [IG]I 1.30-za-qi-pi
28' [LÚ*].MUŠEN.DÙ
29' [IGI 1].DI-mu-ŠEŠ.MEŠ ša ḫu-ṭa-ru
30' [IGI 1.x x]x LÚ.ÌR ša DUMU.MAN
31' [IGI 1.x x x x] ⌜LÚ*⌝.A.BA
remainder missing

Translation

[Seal of x x x], the third charioteer, [seal] of Atta-tammuya, the captain of x x -uṣ]ur, son(s) of Bēl-Harrān-taklāk, [2] men. owner(s) of the people being sold. 3 Circular Stamp Seals Aḫu-nūrī, his wife, and his daughter, a total of 3, Mannu-kī-Ninua, his wife, and his 3 sons, a total of 5, Nabû-ēṭir and his wife, Nabû-iddina and his wife, Nurāya, a total of 13 persons——Šummu-ilāni contracted, bought, has purchased and acquired them for 6 1/2 minas of silver. Those people are purchased and acquired. The money is paid completely. Any revocation, lawsuit, or litigation is void. Whoever, at any time in the future, whether Ṣilli-Aššur, the governor, or the men in his charge, or their sons or anybody belonging to them, (whoever) breaches the contract with Šummu-ilāni shall pay the money tenfold to its owner. He shall place 1 mina of gol[d] in the lap of Ištar of Ninua. 10 witnesses.

Notes

11': i-za-rip is an error for izzirip.

16': LÚ* = 𒉌.

21': kib = 𒆖 ; šu: for expected si.

22': GÌR.2 = 𒄑.

28': MUŠEN = 𒄷. The sign is not EN (AR, Parpola).

30': x]x = 𒈦.

83-1-18, 365		No.	377		Šumma-ilāni
41 x 27 x 18		ADD	30	C	Loan:silver
		AR	254	T,TrG	4.VII.681 B.C.
		Aššur	2/5	Coll.	

obv	1	[x x x x x x x x x]
	2	ša 1.Šúm-[ma]-DINGIR.MEŠ-ni
	3	ina IGI 1.URU.NINA-a+⌈a⌉
	4	2 GÍN KÙ.BABBAR ša ITU ru-⌈bé⌉-e
	5	ITU.DUL UD 4 KAM
be	6	lim-⌈mu⌉ 1.d.PA-PAP-APIN-eš
	7	IGI 1.Ḫa-ni-na-ia
rev	8	IGI 1.Il-ku-uk-nu
	9	IGI 1.Ḫu-⌈ḫa⌉-na-šu
	10	IGI 1.Maḫ-si-ia-a-u
	11	IGI 1.⌈Am⌉-ma-a

Translation

[x x x x x x x x x x] belonging to Šum[ma]-ilāni are at the disposal of Ninuāya. The interest is 2 shekels of silver per month. Date, eponym 5 witnesses.

K.7682		No.	378		Šumma-ilāni
48 x 81 x 23		ADD	210	C	Sale:female
		AR	204	T,TrG	Scribe:Abdi-Belānu
		Aššur	2/5	Coll.	Ḫirana
		AST	T215	Q	20.V.PC

```
obv  1    [N]A₄.KIŠIB 1.Rém-[a-ni-DINGIR]
     2    [LÚ].SANGA šá d.E[N*]
     3    [E]N MÍ [SUM-an]

          Cylinder Seal Impression

     4    [MÍ].d.Na-na-a+a-da-[x x x]
     5    šá A.MÍ 1.Su-qa-a+a GÉME-[šú]
     6    šá 1.Rém-a-ni-DINGIR ú-piš-[ma]
     7    1.BE-DINGIR.MEŠ AGRIG ⌈DUMU⌉
     8    1.⌈Ka-ku⌉-la-ni ina lìb-bi
     9    [x M]A.NA KÙ.BABBAR TA* IGI 1.Rém-a-ni-DINGIR
     10   [il]-qe kas-pu gam-mur ta-⌈din⌉
     11   ⌈GÉM⌉E za-ar-pat laq-qe-at
     12   tu-a-ru de-nu DUG₄.DU[G₄]
     13   la-áš-šu man-nu šá i[na ur-kiš]
     14   ina ma-te-ma
rev  15   i-GIB-u-ni lu 1.Rém-a-ni-[DINGIR]
     16   lu DUMU.MEŠ-šú lu ŠEŠ.ME[Š-šú]
     17   ša de-nu DUG₄.DUG₄ TA* 1.BE-ma-D[INGIR.MEŠ]
     18   DUMU.MEŠ-šú ŠEŠ.MEŠ-šú ub-ta-u-ni
     19   3 MA.NA KÙ.BABBAR 1 MA.NA KÙ.GI
     20   ina bur-ki d.Be-la-nu a-šib-bi
     21   [UR]U.Ḫi-ra-na GAR-an kas-pu
     22   [a]-na 10.MEŠ-te a-na EN.MEŠ-šú
     23   [GUR]-ra ina la de-ni-šú DUG₄.DUG₄-⌈ma⌉
     24   [1]a i-laq-qe ITU.⌈NE⌉
     25   [UD] 20 KÁM lim-mu 1.U.U-i [x x x]

     26   [IG]I 1.DI-mu-MAN IGI 1.EN-K[ASKAL]-PAP-PAP
     27   IGI 1.Ba-ni-i IGI 1.GIN-NU[MUN]
     28   IGI 1.Šá-si-i : IGI 1.DÙG.GA-IGI-[x x]
     29   IGI 1.Man-nu-ki-d.I[M x x x x]
     30   PAP URU.Ḫi-ra-[na-a+a]
     31   IGI 1.Ab-da-[x x x x x]
te   32   IGI 1.Bi-la-[x x x x]
     33   IGI 1.Qi-x[x x x x]
     34   IGI 1.Ḫa-am-ma-[x x x x x x x]-i
     35   IGI 1.Ab-di-d.⌈BE⌉-a-nu [A.BA ṣa-bit da]n-né-te
     36   PAP URU.[Di]-qu-qi-na-a+[a x x x]x⌉-PAP.MEŠ
```

Translation

[Se]al of Rēm[anni-ili, the] priest of B[ēl, own]er of the woman [being
sold]. Cylinder Seal Impression Nanāya-da-[x x x], daughter of Suqāya,
maid of Rēmanni-ili——Šumma-ilāni, the <u>abarakku</u>, son of Kakkullānu contracted [and
bou]ght her for [x mi]nas of silver from Rēmanni-ili. The money is paid
completely. [The mai]d is purchased and acquired. Any revocation, lawsuit,
or litigation is void. Whoever, at [any time] in the future, breaches the

contract, whether Rēmanni-[ili] (or) his sons or [his] brothers, whoever repeatedly seeks a lawsuit or litigation against Šumma-i[lāni] (or) his sons (or) his brothers shall place 3 minas of silver (and) 1 mina of gold in the lap of Bēlānu residing in Ḫirana. [He shall ret]urn the money tenfold to its owners. He shall contest in his lawsuit and [n]ot succeed. Date, eponym, 12 witnesses, scribe.

Notes

This document does not belong to the archive of Šumma-ilāni Nos. 355-377.

2: d.E[N*] = ⟦sign⟧.

5: A in A.MÍ = ⟦sign⟧.

7: ⌈BE⌉ = ⟦sign⌉. The sign is written over an erasure and the reading EN (Parpola) is excluded since the signs BE-ma are clear in 1.17. The sign AGRIG is uncertain.

23: The ⌈ma⌉ sign is written like GIŠ; also 1.34.

33: ⌈x⌉ = ⟦sign⟧.

36: The line has only one a. ⌈x⌉ = ⟦sign⟧.

Rm.2, 19				Šumu-lēšir
68 x (74) x 24	No.	379		Sale:land
	ADD	415	C	Scribe:Ubru-Nabû
	AR	437	T,TrG	26.IX.734 B.C.
	KB4	104-107	T,TrG	
	Aššur	2/5	Coll.	
	TCAE	140	Q	

obv 1   ku-um NA₄.KIŠIB.MEŠ-šú-nu ṣu-pur-šú-nu iš-kun-nu

6 Fingernail Impressions

2   ṣu-pur 1.d.PA-MAŠ ṣu-pur 1.Mu-DI-Aš+šur
3   ṣu-pur 1.Aš+šur-KUR-LAL-in ṣu-pur 1.d.PA-I
4   PAP 4 DUMU 1.KUR.I-tú-u'-a+a EN A.ŠÀ ⟨SUM-ni⟩
5   É 14 ANŠE A.ŠÀ ina ma-az-za-ru-t[i]
6   É ad-ru GIŠ.KIRI₆ ina ŠÀ URU.SIMUG KÙ.G[I]
7   [ú]-pis-ma 1.MU-⌈GIŠ⌉ LÚ.mu-⌈šar⌉-ki-s[u]
8   [ina Š]À 20+[x MA.N]A URUDU.MEŠ TA* IGI LÚ.MEŠ-[e]
9   [an-nu-ti EN A].ŠÀ.MEŠ il-qe kás-pu gam-mu[r]

```
    10    [ta-din A.ŠÀ šú]-a-tu za-rip la-ʼaʼ-[qe]
    11    [tu-a-ru de-nu] DUG₄.DUG₄ la-á[š-šú]
    12    [man-nu šá ina ur-ki]š ina ma-ti-[ma]
    13    [lu-u LÚ.MEŠ-e an-nu]-ti lu-u DUM[U.MEŠ-šú-nu]
    14    [lu-u DUMU.DUMU.MEŠ ša de-nu DUG₄].DUG₄
          remainder missing
rev 15'   [x x x x x x x] ʼxʼ [x x x x x]
    16'   [IGI 1.x x x]ʼxʼ LÚ*.qu[r-bu-ti]
    17'   [IGI 1.x x x]-u-a DUMU 1.Ša-Aš+sur-ʼaʼ-[né-ni]
    18'   [IGI 1.x x x]-ʼxʼ-a DUMU 1.EN-Z[U]
    19'   [IGI 1.x x x]-ʼxʼ-i DUMU 1.Ḫa-nu-bu
    20'   [IGI] 1.Gi-ʼiaʼ-a DUMU 1.EN-Z[U]
    21'   [IG]I 1.d.MAŠ-i DUMU 1.KÁ-DINGIR-ʼaʼ+[a]
    22'   IGI 1.Su-si-ʼiaʼ [LÚ*].SIMUG KÙ.GI ʼšaʼ É LÚ*.[SUKK]AL
    23'   IGI 1.DINGIR-ma-ZU [DUMU] 1.Su-si-ia KIM[IN]
    24'   IGI 1.SU-PAP.MEŠ URU.SIMUG KÙ.GI.MEŠ
    25'   IGI 1.Ur-du IGI 1.La-tú-ba-šá-ni-DINGIR
    26'   LÚ*.UŠ.BAR ša É LÚ*.SUKKAL
    27'   ITU.GAN UD 26 KÁM* lim-mu 1.EN-KALAG-an
    28'   LÚ*.GAR.KUR URU.Kal-ḫi ina 2-e pu-ri-šú
be  29'   IGI 1.SUḪUŠ-d.PA ṣa-bit dan-ni-ti
```

Translation

In place of their seal they placed their fingernail. /6 Fingernail
Impressions/ Fingernail of Nabû-ašarēd, fingernail of Mušallim-Aššur,
fingernail of Aššur-mātu-taqqin, fingernail of Nabû-na'id, a total of 4,
son(s) of Itu'āya, owner(s) of the land <being sold>. An area of 14 homers
of land in cultivation, a threshing floor area, and an orchard in the city
of the goldsmi[ths].——Šumu-lēšir, the mušarkis[u], [con]tracted and bought it
[fo]r 20 + [x min]as of copper from [these] men, [the owner(s) of the la]nd.
The money [is paid] comple[tely. Th]at [land] is purchased and acqu[ired.
Any revocation, lawsuit], or litigation is vo[id. Whoever, at any ti]me
in the futu[re, whether the]se [men] or [their] son[s or their grandsons,
whoever (repeatedly seeks) a lawsuit or liti]gation (against Šumu-lēšir) -
remainder of text missing. 11+ witnesses, date, eponym, scribe.

Notes

No. 380 does not physically join with this tablet. It contains some
of the missing lines of the obverse and the beginning of the reverse.

15': ʼxʼ = 𒐕𒐊

16': ʼxʼ = 𒐏

18': ʼxʼ = 𒐏

19': ʼxʼ = 𒐏

K.7439 + 16823	No.	380		Šumu-lēšir
(54) x (25) x 23	ADD	303	C	Sale
	AR	607	T,TrG	
	AST	T217	Q	

beginning missing

```
obv   1'   [x x]ᒥxᒧ[                          ]
      2'   TA* 1.MU-GIŠ [                      ]
      3'   1 MA.NA SÍG.qe[r-du GU₇       ]
      4'   1 MA.NA KÙ.B[ABBAR              ]
      5'   [x]ᒥxᒧ[                             ]
rev   6'   2 ANŠE.KUR.RA BABBAR.MEŠ ina GÌR.2 d.[Aš+šur i-rak-kas]
      7'   4 ANŠE ḫar-bak-kan-ni ina GÌR.2 d.MAŠ.MAŠ [ú-še-rab]
      8'   bi-lat AN.NA a-na EN.NAM URU-[šú SUM-an]
      9'   kás-pu a-na [10.MEŠ-te a-na EN.MEŠ-šú GUR]
      10'  [x] ᒥx xᒧ [                                    ]
           remainder missing
```

Translation

Beginning missing— [x x]ᒥxᒧ [(whoever repeatedly seeks) a lawsuit or litigation] against Šumu-lēšir [or against his sons shall eat] 1 mina of plucked wo[ol x x x (x). He shall pay] 1 mina of silv[er] .... [He shall tie 2 white horses to the feet of [Aššur. He shall bring] 4 ḫarbakkannu horses to the feet of Nergal. [He shall pay] a talent of tin to the governor of [his] city. [He shall return] the money [tenfold to its owners]. Remainder missing.

Notes

See the notes on the previous text. The fragment K.16823 was pointed out to me by Professor R. Borger.

1': ᒥxᒧ = 𒀭𒁉.

5': ᒥxᒧ = 𒈨.

10': ᒥx xᒧ = 𒀸 𒈨.

Sm.701 + 83-1-18, 380	No.	381		Tabni-Ištar
40 x 72 x 17	ADD	213	C	Sale:female
	AR	189	T,TrG	5.II.681 B.C.
	Aššur	2/5	Coll.	
	RIDA 6 165-166			

obv	1	NA₄.KIŠIB 1.Dà-ri-AD-u-a
	2	EN MÍ SUM-ni

Blank Seal Space

	3	MÍ.d.Na-na-TUK-ši GÉME-šú
	4	ša 1.Dà-ri-AD-u-a ú-piš-ma
	5	1.Tab-ni-d.15 ina ŠÀ 1 1/2 MA.[NA]
	6	[KÙ.BABBAR x x] TI-qé ka[s-pu]
	7	[gam-m]ur ta-din MÍ šú-[a-te zar-pat]
	8	[la-q]e-at man-nu ša [ina ur-kiš GIB-u-ni]
	9	[lu-u 1.Dà-r]i-AD-[u-a lu-u DUMU.MEŠ-šú]
	10	[lu-u DUMU.DUMU.MEŠ-šú 1]u-u [PAP.MEŠ-šú]
	11	1[u-u DUMU.PAP.MEŠ-šú ša TA*]
	12	1.Tab-ni-d.15 DUM[U.MEŠ-šú DUMU.DUMU.MEŠ-šú]
	13	de-nu ub-ta-u-ni
	14	2 MA.NA KÙ.BABBAR SUM-an
rev	15	MÍ ú-še-ṣa
	16	IGI 1.Bar-r[uqu]
	17	IGI 1.Aq-[ru]
	18	IGI 1.PA-[za-kip-SIG]
	19	IGI 1.Ki-ma-[ma-a+a]
	20	IGI 1.Re-ḫa-[te]

Space of 6 lines

	21	ITU.GU₄ UD 5 KAM lim-m[u ša]
	22	ár-kat 1.d.PA-MAN-PAP
	23	LÚ.GAR.KUR Mar-qa-sa

Translation

Seal of Dāri-abū'a, owner of the woman being sold. /Blank Seal Space/ Nanâ-šabši, the maid of Dāri-abū'a——Tabni-Ištar contracted and [bou]ght her for 1 1/2 mi[nas of silver x x]. The mo[ney] is paid [comp]letely. Th[at] woman [is purchased and acq]uired. Whoever, [at any time, breaches the contract, whether Dār]i-ab[ū'a or his sons or his grandsons o]r [his brothers] o[r his nephews, whoever] repeatedly seeks [against] Tabni-Ištar (or against) [his] son[s (or against) his grandsons] a lawsuit shall pay 2 minas of silver. He shall redeem the woman. 5 witnesses, date, eponym.

Notes

3: ši looks like: ⟨drawing⟩.

K.1608a	No.	382		Tabni-Ištar
46 x (41) x 26	ADD	228	C	Sale:female
	AR	641	T,TrG	Anatu
	Aššur	2/5	Coll.	
	AST	T196	Q	
	BAB	245,248		

beginning missing

obv	1'	[x de-nu DUG₄].˹DUG₄˺
	2'	[la-áš-šú man-nu šá GI]B-u-ni
	3'	[x MA.NA KÙ.BABBAR x MA].NA KÙ.GI
	4'	ina bur-ki d.IM a-šib URU.Ana-tú<<na>> GAR
	5'	kas-pu a-na 10.MEŠ-te
	6'	a-na EN.MEŠ-šú GUR
rev	7'	1.Ku-ru-ku EN ŠU.2.MEŠ ša MÍ
	8'	IGI 1.Iš-ta-d.BU
	9'	IGI 1.Aq-ru
	10'	˹IGI˺ 1.Bar-ruqu
	11'	[IGI 1].Re-ḫa-te
	12'	[IGI 1].d.PA-[za]-qip-SIG
	13'	[IGI 1.Ki-ma-ma]-a+a
		remainder missing

Translaton

Beginning missing— [(Any revocation), lawsuit, or litg]ation [is void.
Whoever breaches the] contract shall place [x minas of silver (and) x mi]nas
of gold in the lap of Adad residing in Anatu. He shall return the money
tenfold to its owners. Kuruku is the guarantor of the woman. 6+ witnesses.

Notes

4': Ana-tú<<na>> =𒀭𒈾𒌅. Parpola reads Ana-na.

81-2-4, 147	No.	383		Taqūni
42 x 54 x 26	ADD	129	C	Loan:barley
	AR	313	T,TrG	Aššur
	CISII	38	C,T,TrL	[ ].VII.682 B.C.
	ABC	2	C,T,TrE	
	EA	21	Q	
	LASII	309/24		
	BAB	249 n.67		
	ZA	3/238-242		

te		1 Square Stamp Seal
obv	1	5 ANŠE ŠE.PAD.MEŠ
	2	ša DUMU.MAN ŠU.2
	3	1.Ta-qu-u-ni LÚ*.2-u
	4	ina IGI 1.Ḫa-ma-ṭu-ṭu
	5	ša URU.Ḫa-an-du-a-te

	6	ŠE.PAD.MEŠ a-na 1 ANŠE 5BÁN-šá
	7	tar-GAL-bi ITU.DUL
	8	lim-mu 1.d.PA-MAN-PAP
	9	5 LÚ*.ŠE.KIN.TAR.MEŠ
rev	10	š͗c͗rn.znh.zy
	11	br.mlk'.c͗1
	12	Ḥmṭṭ.mn.Ḥdwh
	13	3 2 b . [3] 3 1 ⌈zy⌉
	14	ḥṣdn 3 2
	15	1'm . rbsrs
	16	nbsrṣr

Translation

1 Square Stamp Seal 5 homers of barley belonging to the crown prince under the
control of Taqūni, the viceroy, are at the disposal of Ḫamaṭuṭu from the
city of Ḫanduate. The barley shall increase by 5 sūtus per homer. Month:
Tašritu, limmu: Nabû-šarru-uṣur. 5 harvesters. Barley ... belonging to
the crown prince is at the disposal of Ḫamaṭuṭu from Ḫaddūwāh. 5 (homers) in
7 (months)? 5 harvesters. limmu: the chief eunuch, Nabû-šarru-uṣur

K.3784	No.	384		Taqūni
(38) x (52) x 21	ADD	130	C	Loan:barley
	AR	327	T,TrG	Aššur
	ABC	25	C,T,TrE	
	CISII	40	C,T,TrL	
	Aššur	2/5	Coll.	
	BAB	249	n.67	

		1 Square Stamp Seal
obv	1	3 ANŠE ina IGI 1.[Iá-a-i-si]
	2	2 ANŠE ina IGI [1.Gab-bu-DINGIR.MEŠ]
	3	PAP 5 ANŠE 8BÁN ŠE.[PAD.MEŠ]
	4	ša DUMU.MAN ša [ŠU.2]
	5	1.Ta-qu-u-ni L[Ú*.2-u]
	6	ina IGI 1.Iá-a-i-s[i x x]
	7	ina IGI 1.Gab-bu-DINGIR.MEŠ
	8	URU.Ḫa-an-du-a-d[a]
	9	ŠE.PAD.MEŠ a-na 1 ANŠE [x x x]
	10	[5 L]Ú*.ŠE.KIN.TAR.MEŠ
	11	[x x x] x [x x x]
		Cylinder Seal Impression
rev	12	š͗c͗rn.[zy]
	13	br [mlk' x x x]
	14	wc͗[1 x x x x]
	15	ḥ[x x x x]

Translation

1 Square Stamp Seal 3 homer(s of barley) are at the disposal of [Ia-isi]
and 2 homers and 8 sūtus are at the disposal of [Gabbu-ilāni], a total of
5 homers and 8 sūtus of bar[ley] belonging to the crown prince under [the control]
of Taqūni, the [viceroy], are at the disposal of Ia-is[i x x] and are at the
the disposal of Gabbu-ilāni from Ḫanduate. The barley shall increase by
[x sūtus] per homer. [6?] harvesters. -1 line missing. Cylinder Seal
Impression   Barley [belonging to the] crown [prince is at the disposal of Ia-isi]
and is at the dis[posal of Gabbu-ilāni from] Ḫa[dduwāh .... 6? ḫṣdn... .].

82-5-22, 36	No.	385		Tarḫundapi
36 x (67) x 17	ADD	198	C	Sale:male
	AR	472	T,TrG	Scribe:Nabû-šumu-[ ]
	Aššur	2/5	Coll	30.XII.698 B.C.
	AST	T207	Q	

obv 1 NA₄.KIŠIB 1.A-si-i
     2 EN LÚ SUM-ni

        2 Stamp Seals

     3 1.A-tar-ḫa-mu ÌR-šú
     4 ša 1.A-si-i
     5 ú-piš-ma 1.Tar-ḫu-un-da-pi-ⁱⁱ¹
     6 ina ŠÀ 32 GÍN KÙ.BABBAR il-q[é]
     7 kas-pu gam-mur ta-ad-ⁱdin¹
     8 LÚ šu-a-tú za-rip ⁱla-qé¹
     9 tu-a-ru de-e-nu
    10 DUG₄.DUG₄ la-áš-šú
    11 man-n[u ša] ina u[r]-kiš
    12 ⁱina ma¹-te-e-ma GI[B]-u-ni
    13 [lu-u] 1.A-si-i
    14 [lu-u DU]MU.MEŠ-šú lu-[u]
    15 [DUMU] DUMU.MEŠ-šú¹
    16 [ša de-e-nu] DUG₄.DUG₄
    17 [TA* 1.Tar-ḫu-un-da-pi-i ub]-ⁱta¹-u-ni
        remainder missing

rev 18' [ina] ⁱbur-ki¹ [d.15 a-ši-bat]
    19' NINA.KI GAR-[an]
    20' ⁱkas-pu a-na¹ [10.MEŠ-t]e
    21' ⁱa-na EN¹.[M]EŠ-šú GUR-ra

    22' IGI 1.A-[x]-'u-ú
    23' IGI 1.[x x x]-ⁱx¹
    24' IGI 1.Na-zi-[x x]

```
25'    IGI 1.Nu-nu-a [x x]
26'    IGI 1.Na-ni-ʳiˀ
27'    IGI 1.d.PA-MU-ʳxˀ [L]Ú.A.BA

       Space of 1 line

28'    ITU.ŠE UD 30 KÁM*
29'    lim-me 1.DI-mu-MAN
```

Translation

Seal of Asî, owner of the man being sold. /2 Stamp Seals/ Attar-ḫamu,
the servant of Asî——Tarḫundapi contracted and boug[ht him] for 32 shekels of
silver. The money is paid completely. That man is purchased and acquired.
Any revocation, lawsuit, or litigation is void. Whoev[er], at any time in
the future, breaches the contract, [whether] Asî [or] his [so]ns o[r] his
[grand]sons, [whoever repeated]ly seeks [a lawsuit] or litigation
[against Tarḫundapi] .... He shall pla[ce (x minas of silver [and] x minas
of gold) in] the lap of [Ištar residing in] Ninua. He shall return the
money [tenfo]ld to its owners. 5 witnesses, scribe, date, eponym.

Notes

21': šú is omitted in Parpola's collations.

27': ʳxˀ = 𐎐.

```
Bu.91-5-9, 95 + 151        No.    386                    Tarḫundapi
44 x (87) x 19             ADD    443   C                Sale:mixed
                          AR      97   T,TrG             12.[   ].686 B.C.
                          Aššur  2/5   Coll.
                          Or    45/63
```

```
obv   1    NA₄.KIŠIB 1.Ga-di-DINGIR
      2    EN A.ŠÀ UN.MEŠ ḪU.MEŠ SUM-an
```

Blank Seal Space

```
      3    É 30 ANŠE A.ŠÀ SUḪUR KASKAL LUGAL
      4    [šá TA* U]RU.Ma-li-ia-ti
      5    [a-na UR]U.Kan-nu-u' DU-ku-u-ni
      6    [SUḪUR ḫu-1]i šá TA* URU.A-di-an
      7    [a]-na URU.Š[E] 1.[x]x ʳxˀ-ḫa DU-ku-u-ni
```

```
        8      SUḪUR KASKAL šá TA* URU.ŠE <EN>-ān
        9      a-na URU.Kan-nu-u' DU-ʿkuʾ-[u]-ni
       10      a-di UGU ÍD ina Š[À x x x x]
       11      [qa]q-qi-[ri p]u-ṣe-e ina URU.[x x x x]
       12      1.ʿTarʾ-ḫu-ʿun-dapʾ-pi-i LÚ.x[x x x]
       13      [x x x x]x šu DUMU x[x x x]
       14      [x x x x x x] MÍ [x x x]
               remainder missing
rev    15'     [kas-pu ga-m]ur ʿta-dinʾ [A.ŠÀ]
       16'     [U]N.MEŠ ḪU.MEŠ šu-a-t[e zar-pu TI-u]
       17'     [tu]-ʿaʾ-ru de-e-nu DUG₄.[DUG₄ la-áš-šú]
       18'     [man-nu šá ina ur]-kiš ina ma-te-ma G[IB-u-ni]
       19'     [kas-pu a]-na 10.MEŠ-te a-na E[N.MEŠ-šú GUR]
       20'     [ina de]-ni-šu DUG₄.DUG₄-m[a la TI]

       21'     [IGI 1.x x]ʿxʾ-i DUMU 1.[x x x x x]

               4 lines missing

       22'     [IGI 1.x x x x]ʿx xʾ[x]
       23'     [IGI 1.x x x]-aṣ-bat LÚ.NI.GAB

               Space of 3 lines

       24'     [ITU.x U]D 12 KÁM*
       25'     [lim-mu 1.EN-I]GI.LAL-an-ni LÚ*.tur-tan
```

Translation

Seal of Gaddi-ili, owner of the land, people, and fowl being sold. /Blank
Seal Space/ An area of 30 homers of land adjoining the king's road, [which]
leads [from the ci]ty of Maliatu [to the cit]y of Kannu', [adjoining the
roa]d which leads from the city of Adian to the vill[age] of [x]x-ʿxʾ-ḫa,
and adjoining the road which leads from the village of Adian? to the city of
Kannu' until the canal i[n x x x x]. [A buil]din[g pl]ot in the city [of
x x x x]. Tarḫundapi, the x[x x x]..... [The money] is paid [comp]letely.
Th[at land, peo]ple, and fowl [are purchased and acquired]. [Any revo]cation,
[law]suit or liti[gation is void. Whoever, at any] time in the future,
brea[ches the contract shall return the money] tenfold to [its] own[ers].
He shall contest [in] his [las]suit and [not succeed]. 4+ witnesses, (date),
eponym.

Notes

The join is listed falsely as "Bu.91-5-9,95 + Bu.91+5+9,122" in ADD I p.553.

7: [x]x ʿxʾ = ⟨cuneiform signs⟩.

12: x[x = ⟨cuneiform signs⟩.

22': ʿx xʾ = ⟨cuneiform signs⟩.

80-7-19, 42	No.	387		Tarība-Ištar
(25) x 56 x 20	ADD	69	C	Land lease
	AR	134	T,TrG	[ ].692 B.C.
	Aššur	2/5	Coll.	

obv 1 [NA₄.KIŠIB 1.d.MAŠ]-KAM-eš

1 Stamp Seal Impression

     2 [x x x KÙ.BABBAR š]a 1.TA*-SU-15
     3 [ina IGI 1.d.MA]Š-KAM-eš
     4 [x x x x] ina URU.Šú-ra
     5 [x x x x x š]á URU.Dan-na-a-ni
     6 [x x x x A].ŠÀ šá 1.A+a-me-tu-nu
     7 [x x x x ana šá]-par-ti šá-kín
be   8 [x x x x 3 ka-r]a-ab-ḫi 3 me-⌈re-še⌉
     9 [PAP 6 MU.AN.NA.MEŠ A].ŠÀ GU₇ KÙ.BABBAR
rev 10 [in]a UGU ŠE.ta-ra-me-sú
    11 [GAR-an] A.ŠÀ ú-še-ṣa

    12 [IG]I 1.Si-ip-ra-a-nu
    13 [IGI] 1.d.A.10-DINGIR-a+a
    14 [IGI 1].SUḪUŠ-d.15
    15 [IG]I 1.d.30-MAN-PAP
    16 [IGI 1].d.UTU-ú-pa-ḫír

    Space of 2 lines

    17 [ITU.x UD x] KÁM* lim-mu
    18 [1.Za-z]a-a

Translation

[Seal of Ninurta]-ēreš. /1 Stamp Seal Impression/ [x x x of silver belong]ing to Tarība-Ištar [are at the disposal of Ninur]ta-ēreš. [x x of land] in the city of Šūra, [x x x x x o]f the city of Dannānu, [x x adjoining the lan]d of Ayya-metunu. [x x x x] is placed [as a pl]edge. [x x x x]. He shall have the usufruct of the land [for 3 fal]low-years and 3 crop-years;[a total of 6 years. (If) he places] the silver upon his corn-heaps, he shall redeem the land. 5 witnesses, (eponym).

Notes

4: Šú = 𒑱 .

K.336	No.	388		Tuqqunu-ēreš
71 x 42 x 19	ADD	50	C	Loan:silver
	AR	301	T,TrG	Scribe:Bēl-lāmur
				20.II.PC

obv 1 ki-ṣir-ti 6 MA.NA 3-su KÙ.BABBAR SAG.MEŠ
2 ša d.15 ša URU.4*-ìl šá 1.LAL-APIN-eš LÚ*.⌈SIMUG⌉
3 ina IGI 1.Gíri-te LÚ*.NAGAR GIŠ.mu-gír-ri
4 ina pu-ú-ḫi it-ti-ši ina ITU.APIN id-dan
5 šum-ma ina ITU.APIN la i-din KÙ.BABBAR a-na 1/2 GÍN-šú i-rab-bi

6 IGI 1.La-te-ga-ana-d.15 LÚ*.3.U₅ URU.ŠÀ.URU-a+a
7 IGI 1.Da-du-su LÚ*.⌈DAM⌉.QAR URU.Kàl-zi-a+a
8 IGI 1.d.PA-KI-ia ⌈LÚ*⌉.NI.GAB ša ⌈É.GAL⌉ GIBIL
9 IGI 1.PAP-la-rim LÚ*.NI.GAB ša É.GAL
10 IGI 1.d.PA-NÍG.DU-PAP LÚ*.NI.GAB ša LÚ*.⌈tur⌉-ta-nu
11 IGI 1.d.PA-ŠU.2-DIB LÚ*.qur-butu ⌈URU⌉.KASKAL-[a]+a
rev 12 IGI 1.EN-KASKAL-KI-ia LÚ*.A.SIG ša GAŠAN* É
13 IGI 1.Kan-nun-a+a LÚ*.raka-su da-la-a-ni
14 IGI 1.Mu-qa-lil-IDIM LÚ*.NAR Aš+šur-a+a
15 IGI 1.BE-a-šu LÚ*.še-lap-⌈pa⌉-a+a
16 IGI 1.AD-NU-ZU LÚ*.NINDA URU.Kàl-zi-a+a
17 IGI 1.d.IGI.DU-PAP-ir LÚ*.šá U.U URU.Kur-ba-ìl-a+a
18 IGI 1.EN-UD-GIM LÚ*.mu-tér UMUŠ ša A.MAN
19 IGI 1.AD-ana-É.GAL-lil-bur LÚ*.A.BA
20 IGI 1.EN-la-mur LÚ*.A.BA ṣa-bit dan-né-te
21 ITU.GU₄ UD 20 KÁM lim-me 1.Man-nu-ki-PAP.MEŠ
22 LÚ*.GAR.KUR URU.Ṣi-mir

Translation

(Copy of an) envelope: 6 1/3 minas of silver, rēšāte belonging to Ištar of Arbail and belonging to Tuqqunu-ēreš, the smith, are at the disposal of Girittu, the cartwright. He took it as a loan. He shall pay in the month of Araḫsamna. If he does not pay in the month of Araḫsamna, the silver shall increase by 1/2 of a shekel. 14 witnesses, scribe, date, eponym.

Notes

1: See the note on kiṣirtu in FNAD pp.121-122.
9: GAL = ⟨sign⟩, the sign is written on the edge.
12: GAŠAN* = ⟨sign⟩.
13: raka = ⟨sign⟩.

K.356	No.	389		Ṭāb-bīt-Ištar
36 x 26 x 15	ADD	37	C	Loan
	AR	243	T,TrG	1.VII.676 B.C.
	Aššur	2/5	Coll.	

obv 1   5 MA.NA 6 GÍN LAL šá URU.Gar-[g]a-miš
     2   šá 1.DÙG-É-15
     3   ina IGI 1.GÌR.2-Aš+šur
     4   ITU.DU₆ UD 1 KÁM
     5   lim-mu 1.Ba-an-ba-a
     6   IGI 1.U+GUR-AD-PAP
     7   IGI 1.d.MES-iq-bi
be   8   IGI 1.Qí-bit-Aš+šur
rev   9   IGI 1.Du-⌜gul⌝-15
   10   IGI 1.Qí-bit-⌜DINGIR⌝
   11   IGI 1.U+[GUR]-I

Translation

5 minas minus 6 shekels (of silver) according to (the mina [standard]) of
Gargamiš belonging to Ṭāb-bīt-Ištar are at the disposal of Šēpē-Aššur.
Date, eponym, 6 witnesses.

Notes

9:   ⌜gul⌝ = .

Ki.1904-10-9, 195	No.	390		Ṭāb-šar-Aššur
37 x 23 x 20	ADD	1198	C	Loan:silver
	=AJSL	42/248		27.II.713 B.C.

te   1   [x x x x]⌜x⌝ KÙ.BAB[BAR.MEŠ]
obv   2   [ša 1].DÙG-IM-Aš+šur
     3   [x]⌜x⌝ ina 1 ma-né-e
     4   ina IGI 1.Ia-di-da-a+a
     5   ⌜ina ITU⌝.ŠU KÙ.BABBAR
be   6   [ina S]AG.DU-i-šu ⌜SUM-an⌝
     7   [BE]-ma la i-di-⌜in⌝
     8   [x KÙ].BABBAR ⟨ana⟩ 1/2 GÍN-šú GAL-bi
rev   9   [IT]U.GU₄ [UD] 27 [KAM]
   10   [lim]-mu 1.Aš+šur-[ba-n]i
   11   IGI 1.U+GUR-⌜MAN-PAP⌝.[MEŠ]-šú
   12   IGI 1.Aš+šur-ib-⌜ni⌝-PAP.MEŠ⌝
   13   [IG]I 1.d.PA-[x x x]
te   14   [IG]I 1.Aš+šur-⌜x⌝[x x x]
   15   [IGI] 1.GIŠ-DINGIR-⌜x⌝[x]

Translation

[x x min]as of silv[er belonging to] Ṭāb-šār-Aššur [(according to)] the 1 mina (standard) are at the disposal of Iadidāya. He shall pay the silver at its capital sum in the month of Du'ūzu. [I]f he does not pay, [x the sil]ver shall increase <by> 1/2 of a shekel. Date, eponym,5 witnesses.

Notes

1: ⌜x⌝ = 〔symbol〕.

3: ⌜x⌝ = 〔symbol〕.

14: ⌜x⌝ = 〔symbol〕.

15: ⌜x⌝ = 〔symbol〕. This is the last line on the tablet.

Ki.1904-10-9, 187	No.	391		Ṭāb-šār-Aššur
31 x 23 x 19	ADD	1192	C	Loan:silver
	=AJSL	42/238		11.VII.[ ]

obv	1	NA₄.KIŠIB 1.d.[x x x x x]
	2	1 MA.NA KÙ.BABBAR ina M[A.NA ša x x]
	3	ša 1.DÙG-IM-Aš+š[ur]
	4	ina IGI 1.Aš+šur-AŠ
	5	KÙ.BABBAR a-na 4-ut-ti-šú
	6	i-rab-bi
	7	IGI 1.d.PA-u-a
be	8	IGI 1.U.U-iq-bi
rev	9	IGI 1.d.PA-na-⌜x⌝-PAP.MEŠ
	10	IGI 1.Ḫa-bur-d.15
	11	IGI 1.d.30-I
	12	IGI 1.[d]. U+GUR⌝-PAP-PAP
	13	IGI 1.⌜x x⌝-PAP-[x x]
	14	ITU.DUL UD 11 K[ÁM]
	15	lim-me 1.A-⌜x⌝[x x x]
	16	IGI 1.UTU-[x x x x]
le	17	IGI 1.BÀD-10

Translation

Seal of [x x x x x]. 1 mina of silver according to the mi[na (standard) of x x] belonging to Ṭāb-šār-Ašš[ur] is at the disposal of Aššur-iddina. The silver shall increase by a fourth. 8 witnesses, date, (eponym).

Notes

9: na = 〔symbol〕. ⌜x⌝ = 〔symbol〕 . The name should be Nabû-nādin-aḫḫē.

13: ⌜x x⌝ = 〔symbol〕

15: ⌜x⌝ = 〔symbol〕.

K.323	No.	392		Ubbuku,Muškēnu-lā-aḫi
39 x 25 x 17	ADD	68	C	Pledge
	AR	112	T,TrG	13.VI.PC
	Aššur	2/5	Coll.	

```
obv   1    30 GÍN.MEŠ ⌜KÙ.BABBAR⌝
      2    ša 1.Ub-bu-ki
      3    ša 1.Muš-ke-nu-la-ŠEŠ
      4    ina IGI 1.LAL-iṣ<<kal>>-15
      5    LÚ.Ì.SUR<<Aš+šur>>
      6    1.d.PA-AŠ-PAP ÌR-⌜šú⌝
be    7    ina ša-par-ti ša-kín
      8    ṭup-⌜pu⌝-šú e-pa-ru-šú
rev   9    ki-ma a-ṭup-pi-šú ⌜ša⌝-lim
      10   ina UD-me ša KÙ.BABBAR SUM-a-ni
      11   ÌR-šú ú-še-ṣa ÚŠ ZÁH
      12   muḫ-ḫi EN-šú
      13   ITU.KIN UD 13
      14   lim-mu 1.d.PA-MAN-PAP.MEŠ-šú
      15   IGI 1.Taš-ri-ḫa IGI 1.PAP-a-bu
      16   IGI 1.IGI-15-la-mur
      17   IGI 1.Da-ia-⌜x⌝
le    18   IGI 1.Qi-te-nu
      19   IGI 1.SUḪUŠ-⌜DI.KU5⌝
      20   IGI 1.Ra-man-ra-[me]
      21   IGI 1.MAN-UMUN-I
```

Translation

30 shekels of silver belonging to Ubbuku (and) belonging to Muškēnu-lā-aḫi
are at the disposal of Mutarriṣ-Ištar, the oil-presser. Nabû-nādin-aḫi, his
servant, is placed as a pledge. They shall cancel his tablet as soon as (the
silver) is paid in full within a (limited period of) time. On the day that
he pays the silver, he shall redeem his servant. (If) he dies or flees, it is
the responsibility of his owner. Date, eponym, 8 witnesses.

Notes

5: LÚ.Ì.SUR<<Aš+šur>> = ⟨cuneiform signs⟩.

8: e-pa-ru-šú is perhaps connected with ibrû "sealed receipt";
see CAD I/J 7a/b.

9: ⌜ša⌝ = ⟨cuneiform sign⟩.

17: ⌜x⌝ = ⟨cuneiform sign⟩.

19: SUḪUŠ = ⟨cuneiform sign⟩.

Ki.1904-10-9, 139 + 238 +	No. 393	Ubru-[ ]
393 + 401 + 404	ADD 1170+1235	Sale:male
43 x 77 x 25	=AJSL 42/192-193+257	Scribe:Nabû-erība
		20.XII.685 B.C.

obv 1   NA₄.KIŠIB 1.Mu-LAL-DINGIR EN LÚ <SUM>

            Cylinder Seal Impression

```
       2    1.Ša-15-DU-ˈakˈ ÌR-šú
       3    ú-tap-piš 1.SUḪUŠ-[x x]
       4    TA* IGI 1.Mu-LAL-DINGIR
       5    ina lìb-bi 20 GÍN.MEŠ KÙ.BABBAR
       6    i-zi-rip i-se-qe
       7    kas-pu ga-mur ta-din
rev    8    LÚ šu-a-tu za-rip la-qe
       9    tu-a-ru de-nu DUG₄.DUG₄ la-šú
      10    ṣib-tú ina 1 me UD-me
      11    sa-ár-tú ina kàla UD-me
      12    ˈman-nuˈ ša ib-bala-kàt-u-n[i]
      13    kas-<pu> a-na 10.MEŠ ina EN.MEŠ-šú [GUR]
      14    ˈinaˈ de-ni-ˈšúˈ DUG₄.DUG₄ <la> T[I-q]e
```

```
      15    [IGI 1.x]-bi-si-i [x x x x]
      16    [IGI] 1.Kan-nun-a+a LÚ*.GAL ki-ṣir ša LÚ*.ˈx xˈ
      17    [IGI 1].d.30-AD-PAP LÚ*.NI.GAB
      18    IGI 1.Ku-lu-u'-15
      19    ˈIGIˈ 1.Tar-di-ia-a
      20    ˈIGIˈ 1.d.15-MU-GIŠ
      21    [IGI] 1.d.PA-TI.LA
be    22    I[GI 1].d.PA-SU LÚ*.A.BA
      23    ina MU.AN.NA 21 1.30-PAP.MEŠ-SU
      24        MAN KUR.Aš+šur.KI
le    25    ITU.ŠE UD 20 KAM 1[im-mu 1.Aš+šur-KALA]G-ni-a-ni
      26    [              ]x[x x x] x
      27        [x]+2 MA.NA [URUDU.MEŠ šá ṣu-p]ur-šú
```

Translation

Seal of Mutaqqin-ili, owner of the man <being sold>. /Cylinder Seal Impression/
Ša-Ištar-allak, his servant——Ubru-[x x] has contracted, purchased, and
bought from Mutaqqin-ili for 20 shekels of silver. The money is paid completely.
That man is purchased adn acquired. Any revocation, lawsuit, or litigation
is void. (The buyer is guaranteed against) the ṣibtu disease for 100 days
(and against) fraud forever. Whoever appeals [shall return] the mon<ey>
tenfold to its owners. He shall litigate in his lawsuit and <not> suc[ceed].
7 witnesses, scribe, date, eponym. [x] + 2 minas [of copper for] his [finger]nail.

Notes

16: ˈx xˈ = [hand-copied cuneiform signs].

Rm.167	No.	394		Ulūlāya
50 x 90 x 27	ADD	230	C	Sale:slaves
	AR	60	T,TrG	Scribe:Tatî
	KB4	120-121	T,TrG	8.II.684 B.C.
	Aššur	2/5	Coll.	

obv 1 NA₄.KIŠIB 1.d.AG-SU
2 EN UN.MEŠ SUM-ni

Cylinder Seal Impression

---

3 1.Kan-da-la-nu 3 DUMU.MEŠ-šú
4 MÍ-šú 2 DUMU.MÍ.MEŠ-šú ŠEŠ-šú 2 DUMU.MEŠ-šú
5 ú-pis-ma 1.ITU.⌈KIN⌉-a+a
6 TA* IGI 1.d.AG-SU ina lìb-bi
7 6 MA.NA KÙ.BABBAR ina 1 MA.NA-e
8 ina ša URU.Gar-ga-miš il-qe
9 kas-pu gam-mur ta-din UN.MEŠ
10 šu-a-te zar₄-pu laq-qe-u
11 man-nu ša ina ur-kiš ina ma-te-ma GIB-u-ni
12 lu-u 1.d.PA-SU lu-u LÚ.EN.NAM lu-u LÚ.2-u
13 ša de-e-nu DUG₄.<DUG₄> ub-ta-u-ni

be 14 12 MA.NA KÙ.BABBAR SUM-an
rev 15 IGI 1.d.AG-ZU-a-ni
16 LÚ. 3. U₅
17 IGI 1.DI-mu-EN-la-mur KIMIN
18 IGI 1.ZÁLAG-a-nu LÚ.GAL ki-ṣir
19 IGI 1.Man-nu-ki-d.15-ZU LÚ.KIMIN
20 IGI 1.Kan-nun-a+a LÚ.NI.GAB
21 IGI 1.U.U-DÙ LÚ.3.U₅
22 IGI 1.A.<10>-še-zib-an-ni LÚ.A.SIG
23 IGI 1.Ku-si-si-i IGI 1.d.MAŠ-i
24 IGI 1.Ri-sa-a+a
25 IGI 1.Ta-ti-i
26 LÚ.A.BA ṣa-bit e-gér-te
27 IGI 1.U+GUR-DINGIR IGI 1.Ḫu-ma-ma-⌈te⌉
28 IGI 1.d.PA-MAŠ LÚ.A.BA
29 IGI 1.Aš+šur-AD-PAP LÚ.A.BA
30 ITU.GU₄ UD 8 KAM li-mu
31 1.Man-za-ar-né-e LÚ.EN.NAM
32 KUR.Kul-la-ni-a
33 MU 22 KAM 1.d.30-PAP.MEŠ-SU
34 LUGAL KUR.Aš+šur.KI

Translation

Seal of Nabû-erība, owner of the people being sold. /Cylinder Seal Impression/ Kandalānu, his 3 sons, his wife, his 2 daughters, his brother and his 2 sons—Ulūlāya contracted and bought them from Nabû-erība for 6 minas of silver according to the 1 mina (standard) of Gargamiš. The money is paid completely. Those people are purchased and acquired. Whoever, at any time in the future, breaches the contract, whether Nabû-erība or the governor or the viceroy, whoever repeatedly seeks a lawsuit or litig[ation] shall pay 12 minas of silver. 14 witnesses, scribe, date, eponym.

Notes

5: Ululāya occurs as a witness in AR 558:19' with the profession
LÚ*.qur-bu-tú. He is probably the same person as in No. 35:16' (archive:
Aplāya).

19: Mannu-kī-Ištar-lē'i is identical with the LÚ*.GAL ki-ṣir ša MÍ.É.GAL
in AR 558:17' and the witness in AR 581:14'.

20: Kannunāya is a witness in No. 409:16.

23: Kusisi is identical with the witness in AR 558:29'. Ninurtî is the
rab dajāli of Kalḫu in AR 558:20'-21'.

27: Ḫumamate is most likely the same person attested in the archive of
Aplāya; see Nos. 30:16' and 32:18. Note that the witnesses in this line
occur among scribes and that Ḫumamate is the scribe of No. 32. See M. Fales,
OA 16 (1977) 52 n.8.

K.344	No.	395		Ululāya,Apladad-na'di
38 x 23 x 15	ADD	22	C	Loan:silver
	AR	265	T,TrG	[ ].III.[ ]
	3R	47/3	C	
	KB4	156-157	T,TrG	
	Op̮	239	T,TrL/F	
	Assur	2/5	Coll.	

---

obv	1	15 GÍN.MEŠ KÙ.BABBAR
	2	ša 1.ITU.KIN-a+a
	3	ša 1.d.A.10-na-a'-di
	4	ina IGI 1.Ṣa-an-ṣu-ri
	5	A 1.d.30-I
be	6	ina 4-tú-šú GAL-bi
	7	⌜ITU⌝.SIG₄ lim-mu
	8	[1].d.KU-rém-an-ni
rev	9	LÚ*.GAR.KUR URU.Kàl-zi
	10	IGI 1.Qi-ti-DINGIR.MEŠ
	11	IGI 1.Sa-ka-a-an
	12	IGI 1.Na-ni-i
te	13	IGI 1.BE-DINGIR-a+a

Translation

15 shekels of silver belonging to Ululāya (and) belonging to Apladad-na'di
are at the disposal of Ṣanṣuri son of Sîn-na'id. It shall increase by a
fourth. Date, eponym, 4 witnesses.

Notes

1: KÙ.BABBAR is written close together. The signs are not
"ligatured" (Parpola).

3: See E. Lipiński, Or 45 (1976) 55.

Ki.1904-10-9,167+	No.	396	Urad-Ninurta
65 x 110 x 27	ADD	1185 C	Sale:land
	=AJSL	42/231-232	Hulî
	AST	T211 Q	

obv 1 [ku-um N]A₄.KIŠIB-šú ṣu-pur-šú iš-kun-nu
2 [ṣ]u-pur 1.d.MAŠ-i EN A.ŠÀ SUM-ni

3+[x] Circular Stamp Seals

---

3 É 2 ANŠE A.Š[À] SUḪUR A.ŠÀ ša [x x x x]
4 SUḪUR KASKAL ša ina URU.IGI.2.MEŠ DU-[u-ni]
5 É 1 ANŠE 6BÁN A.ŠÀ GAB.DI 1.Man-[nu-ki-d.IM]
6 SUḪUR A.ŠÀ ša 1.DÙG-GA- d.EN* É 1 [ANŠE A.ŠÀ]
7 GAB.DI 1.Te-er-ri SU[ḪU]R 1.DINGIR-˹x˺[x x x]
8 GAB.DI ˹KASKAL˺ EDIN É 1 A[NŠE A.ŠÀ]
9 GAB.DI [x]˹x˺-zu GAB.DI [x x x x x]
10 É 5BÁN [A].ŠÀ ina na-ḫala š[a x x x x x]
11 SUḪUR 1.˹TE-a˺+a SUḪUR 1.Su-s[i-i]
12 É 5[BÁN A].ŠÀ GAB.DI 1.DÙG-GA-d.E[N*˺]
13 GAB.[DI 1].Su-si-i É 4BÁN [A.ŠÀ x x x x]
14 [GA]B.[DI 1].d.UTU-GIN-du-gul GAB.[DI x x x x]
15 [x x x x GIŠ.G]U.ZA-ú SUḪUR 1.Aš+šur-[x x x x x]
16 [x]˹x x x˺ É 4BÁN ˹x x x˺
17 ˹GAB˺.DI 1.d.PA-u-a GAB.DI 1.TE-a+a
18 É 3 ANŠE A.ŠÀ SUḪUR 1.Su-si-i
be 19 GAB.DI A.ŠÀ ša 1.Kur-il-a+a GAB.DI 1.˹KAR-x˺
20 GAB.DI 1.d.U+GUR-MAN-PAP É 2BÁN GIŠ.GU.ZA-ú
21 GAB.DI 1.d.U+GUR-MAN-PAP É 6BÁN A.ŠÀ
22 GAB.DI 1.Man-nu-ki-d.IM
rev 23 [GA]B.DI AMA ša 1.d˹EN*˺-le-i
24 [P]AP É 11 ANŠE A.ŠÀ ad-ru GIŠ.KIRI₆ GU₄
25 ina URU.Ḫu-[li]-i ša É LÚ*.tur-ta-ni
26 ú-piš-ma 1.ÌR-[d.MA]Š ina lìb-bi 2 [MA.NA KÙ.BABBAR]
27 [TA* IG]I 1.d.MAŠ-i ˹il˺-qe kas-pu ga-m[ur]
28 [ta]-˹din˺ A.Š[À] šu-a-tu za-ri-ip la-a-[qe]
29 ˹tu-a˺-[ru] de-e-nu DUG₄.DUG₄-bu la-[áš-šú]
30 man-nu ša ina˹ur˺-kiš ina ma-te-ma i-za-qu-pa-a-ni
31 lu-u 1.[d.MA]Š-i lu-u DUMU.MEŠ-[šú] ˹ú˺ DUMU.DUMU.MEŠ-šú
32 ša TA* [1.Ì]R-d.MAŠ TA* ˹DUMU˺.DUMU.MEŠ-šú
33 [de-e-nu D]UG₄.DUG₄-bu ub-˹ta˺-u-ni
34 [x MA.NA KÙ.BABBAR LUḪ]-ú 1 MA.[NA KÙ].GI sag-ru
35 [ina bur-ki d.MA]Š a-šib URU.Ka[l-ḫi i-šá]- kan˺
36 [x ANŠE.KUR.RA BABBAR.MEŠ] ina GÌR.2 Aš+šur i-[rak-kas]
37 [x ANŠE ḫar-ba-ka]-ni ina GÌR.2 d.MAŠ.MAŠ [ú-še-rab]
38 [kas]-pu ˹a-na˺ [10.MEŠ-te a]-na EN-šú GUR [ina de-ni-šú]
39 [DU]G₄.DUG₄ la [i]-laq-[qe]

---

40 [IGI] 1.Aš+šur-ZU [x x x] ˹x x˺ [x x x x]
41 [IGI] 1.˹x x x˺ [x x x x x x x x x]
remainder missing

Translation

[In place of] his seal he placed his fingernail. [Fi]ngernail of Ninurtî, owner of the land being sold. /3 + [x] Circular Stamp Seals/ An area of

2 homers of lan[d] adjoining the land of [x x x x], adjoining the road which
le[ads] to the city of Ināte; an area of 1 homer and 6 sūtus of land adjoining
(the land) of Man[nu-kī-Adad] and adjoining the land of Ṭāb-Bēl; an area of
1 [homer of land] adjoining (the land) of Terri, ad[join]ing (the land) of
Ilu-ˈxˈ[x x x], and adjoining the road of the steppeland; an area of 1
ho[mer of land] adjoining (the land) of [x]ˈxˈ-zu and adjoining [the land
of x x x]; an area of 5 sūtus of [l]and in the wadi o[f x x x x x], adjoining
(the land) of Sukkāya and adjoining (the land) of Sūs[î]; an area of 5 [sūtus
of la]nd adjoining (the land) of Ṭāb-B[ēl] and adjoin[ing (the land)] of
Sūsî; an area of 4 sūtus of [land x x x x adjoi]ni[ng (the land)] of Šamaš-
kēnu-dugul, adjoin[ing x x x x x x x x ku]ssû-land, adjoining Aššur-[x x x
x x x] ˈx x xˈ; an area of 4 sūtus of land adjoining (the land) of Nabû'a
and adjoining (the land) of Sukkāya; an area of 3 homers of land adjoining
(the land) of Susi, adjoining the land of Kurrillāya, adjoining (the land) of
Ēṭir-ˈxˈ and adjoining (the land) of Nergal-šarru-uṣur; an area of 2 sūtus
of kussû-land adjoining Nergal-šarru-uṣur; an area of 6 sūtus of land adjoining
(the land) of Mannu-kī-Adad and [adjoin]ing the road of Bēl-lē'i; [a to]tal
area of 11 homers of land, a threshing floor, an orchard, and an ox in
the city of Ḫu[l]î of the province of the turtānu——Urad-[Nin]urta
contracted and bought it for 2 [minas of silver fro]m Ninurtî. The money
[is] paid comple[tely]. That la[nd] is purchased and acquir[ed]. Any revoca[tion],
lawsuit, or litigation is v[oid]. Whoever, at any time in the future, lodges
a complaint, whether [Ninur]tî or [his] sons and his grandsons, whoever
repeatedly seeks against [Ur]ad-Ninurta (or) against his grandsons [a lawsuit
or lit]igation [shall pla]ce [x minas of refi]ned [silver (and) 1 mi[na of]
pure [go]ld [in the lap of Ninur]ta residing in Ka[lḫu]. He shall [tie x
white horse] to the feet of Aššur. [He shall bring x ḫarbakka]nnu horses
at the feet of Nergal. He shall return [the mo]ney [tenfold t]o its owner.
[He shall con]test [in his lawsuit] and not [su]cce[ed]. 2+ witnesses.

Notes

The exact museum number is Ki.1904-10-9,167+194+235+251+252+258+264+
294+309+312+394+396+398+399+400. The fragments Ki.1904-10-9,313 and
348 do not join this tablet.
4: See NAT 174 where URU.IGI.2.MEŠ is read Ināte with reference to
Anatu.

7: ⌜x⌝ = [drawing]

9: ⌜x⌝ = [drawing]

16: The signs are: [drawing]

19: ⌜x⌝ = [drawing]

40: ⌜x x⌝ = [drawing]

41: ⌜x x x⌝ = [drawing]

Ki.1904-10-9, 148	No. 397	Urdâ
(51) x (28) x 18	ADD 1177 C	Loan:copper with pledge
	=AJSL 42/200	Scribe:Nabû-šumu-lēsir
		[ ].693 B.C.

---

obv 1   [x MA].NA URUDU.MEŠ ša 1.Ur-da-a
     2   [A 1].Man-nu-ki-i-d.15 É 1 ANŠE x[BÁN]
     3   É 1 ANŠE 5BÁN ina SAG ka-pi É x[x x]
     4   É 1 ANŠE ku-ri-bi ina UGU na-[ḫal-li]

Blank Seal Space

remainder missing

rev   ———————————[———————————]

     5'   [IGI 1.x]x-PAP IGI [1.x x x x]
     6'   [IGI 1].Šum-mu-DINGIR-a+a I[G]I 1.NUMUN-[x x x]
     7'   [IGI 1].Ma-mi IGI 1.Ur-du <IGI> 1.Di-di
     8'   [IGI 1].Qu-ra-a IGI 1.Ti-ka-la
     9'   [IGI 1].⌜x⌝-SU IGI 1.d.PA-MU-GIŠ LÚ.A.[BA]
    10'   [ITU].⌜x⌝ lim-me 1.SUM-na-PAP

Translation

[x mi]nas of copper belonging to Urdâ [son] of Mannu-kī-Ištar, an area of
1 homer and x [sūtus (of land)], an area of 1 homer and 5 sūtus (of land)
on the top of an embankment, an area of x[x x], an area of 1 homer of kuribu-
land up to the can[al] /Blank Seal Space/ -remainder of text missing. 10
witnesses, scribe, eponym.

Notes

2: x = [drawing]

3: x = [drawing]

4: ku-ri-bi: note ku-ri-bi-nu (meaning unknown) in HSS 13 122:12.

5': x]x = [drawing]

9': ⌜x⌝ is a vertical.

10': ⌜x⌝ = [drawing]

K.179	No.	398		Urdāya
46 x 25 x 17	ADD	2	C	Loan:silver
	AR	286	T,TrG	2.II.PC
	Op	247-248	T,TrL/F	

obv 1 10 GÍN.MEŠ KÙ.BABBAR
2 ša 1.ÌR-a+a
3 ina IGI 1.Ke-ti-EN
4 ina pu-u-ḫi i-ti-ši
5 ina 4-ut-ti-šú GAL-bi
6 ITU.GU₄ UD 2 KÁM
be 7 lim-mu 1.30-MAN-PAP≪u≫ URU≪zu≫.NI[NA.KI]
rev 8 IGI 1.Aš+šur-PAP-PAP
9 IGI 1.15-SUM-A
10 IGI 1.Kan-nun-a+a
11 IGI 1.ZÁLAG-d.Ša-maš
12 IGI 1.Ku-sa-a+a

Translation

10 shekels of silver belonging to Urdāya are at the disposal of Ketti-Bēl. He
took it as a loan. It shall increase by a fourth. Date, eponym, 5 witnesses.

K.1608b	No.	399		Urdu
39 x 77 x 19	ADD	259	C	Sale:slaves
	AR	86	T,TrG	Scribe:Mardukāte
	Aššur	2/5	Coll.	[ ].VII.[ ]
	AST	T217	Q	

obv 1 ṣu-pur 1.d.EN*-DUG₄.G[A]
2 ṣu-pur 1.NUMUN-DÙ
3 ṣu-pur 1.d.EN-AD-⌜PAP⌝
4 ⌜EN⌝ UN.MEŠ SUM-⌜ni⌝

Blank Seal Space

5 [1.x x]-d.AMAR.UTU MÍ-šú
6 [x DUMU.MEŠ]-šú 2 DUMU.MÍ.MEŠ-šú

```
      7    [PAP x Z]I.MEŠ ÌR.MEŠ-ni
      8    [ša LÚ.ME]Š an-nu-ti
      9    [ú-piš]-ma 1.Ur-du
     10    [TA* IGI L]Ú.MEŠ ⌜an⌝-nu-ti
     11    [ina lìb-bi 1] me 80 ⌜URUDU⌝.MEŠ TI-qe
     12    [kas-pu] gam-mur ta-ad-din
     13    [UN.MEŠ šu-a-tú] za-ár-pu laq-qe-u
     14    [tu-a-r]u DUG₄.DUG₄ la-áš-šú
     15    [man-nu ša ina] ur-kiš i-zaq-qup-an-ni
     16    [de]-⌜e⌝-nu TA* 1.Ur-du
     17    ⌜u⌝ DUMU.MEŠ-šú ub-ta-'u-u-ni
     18    1 MA.NA KÙ.BABBAR 1 MA.[NA KÙ.GI]
     19    ina bur-ki šá ⌜x⌝[x x x GAR]
     20    kas-pu a-[na 10.MEŠ-te ana EN-šú GUR]
rev  21    IGI 1.NU-TÉŠ-⌜x x⌝ L[Ú.x x x]
     22    IGI 1.PA-šab-ši ÌR šá L[Ú.x x]
     23    IGI 1.Man-nu-lu-ú-DI-⌜mu⌝
     24    IGI 1.Sa-a'-mu
     25    IGI 1.d.IM-A-AŠ
     26    IGI 1.d.Za-ba₄-ba₄-KAM-eš
     27    [IG]I 1.Aq-ru IGI 1.d.10-mu-še-eṣ-ṣi
     28    [IGI] 1.Mar-duk-a-te LÚ.A.BA

           Space of 1 line

     29    [ITU].DU₆ UD [x KAM]
     30    [lim-m]u 1.D[I-mu-x x x]
```

Translation

Fingernail of Bēl-ṭā[b], fingernail of Zēru-ibni, fingernail of Bēl-abu-uṣur, owner(s) of the people being sold. /Blank Seal Space/ [x x]-Marduk, his wife, his [x sons], and his 2 daughters, [a total of x pers]ons, servants [of] these [men]——Urdu [contracted] and bought them [from] these [me]n [for 1]80 (minas) of copper. [The money] is paid completely. [Those people] are purchased and acquired. [Any revocatio]n, lawsuit, or litigation is void. [Whoever, at any] time in the future, lodges a complaint, (whoever) repeatedly seeks a [law]suit against Urdu and (against) his sons [shall place] 1 mina of silver (and) 1 mi[na of gold] in the lap of D[N residing in GN. He shall return] the money t[enfold to its owner]. 8 witnesses, (date), (eponym).

Notes

19: ⌜x⌝ = [cuneiform sign].

21: ⌜x x⌝ = [cuneiform sign], which looks like a poorly written zu. AR reads the name Nu-ur-zu; see APN 178a (note Nurzanu ibid.). Parpola interprets the traces as ba!-ana!. However, we expect with the reading NU-TÉŠ the signs a/an-ni-DINGIR.

83-1-18, 363	No.	400		MÍ.Urkittu-tašmanni
33 x (52) x 19	ADD	315	C	Sale:female
	AR	502	T,TrG	Scribe:Nabû'a
				2.XI.667 B.C.

beginning missing

		Blank Seal Space

obv 1' MÍ.d.PA-ra-mat GÉME-šú-nu
2' 3 ru-ṭu tu-piš-ma
3' MÍ.d.Ur-kit-ḪAL-a-ni i-na ŠÀ
4' 9* GÍN.MEŠ <KÙ.BABBAR> TA* IGI LÚ.MEŠ an-nu-te
5' tal-qe kas-pu gam-mur ta-din
6' MÍ.TUR šu-a-tú zar-pat la-qe-at
7' ⸢tú⸣-a-ru de-e-nu DUG₄.⸢DUG₄⸣
8' la-áš-šú man-nu šá ina u[r-kiš]
9' ⸢i-na ma-te-ma⸣ GI[B-u-ni]
10' [x x x x x] ⸢x x⸣ [x x x x x]
remainder missing

rev 11' IGI [1.x x x x x x x x x]
12' IGI 1.⸢x⸣[x x x x x x x]
13' IGI 1.⸢x⸣[x x x x] L[Ú.x x]
14' IGI 1.d.MAŠ-tàk-lak LÚ.NI.G[AB]
15' IGI 1.d.PA-u-a+a LÚ.A.BA
16' ITU.ZÍZ UD 2 KÁM*
17' lim-mu 1.Gab-ba-ru
18' GAR.<KUR> URU.BÀD 1.d.30-PAP.[MEŠ-S]U
remainder missing

Translation

Beginning missing- /Blank Seal Space/ Nabû-rāmat, their servant, <height>: 3 half-cubits——Urkittu-tašmanni contracted and bought her for 9 shekels (of silver) from these men. The money is paid completely. That girl is purchased and acquired. Any revocation, lawsuit, or litigation is void. Whoever, at an[y time] in the future, breach[es the contract].... -remainder of text missing. 4+ witnesses, scribe, date, eponym.

Notes

10': ⸢x x⸣ = 〰.
12': ⸢x⸣ = 〰.
13': ⸢x⸣ = 〰.
15': Nabû'a is also the scribe of No. 402 (archive: f.Zarpî - 668 B.C.).

K.455	No.	401		Zabdî
51 x (71) x 27	ADD	86	C	Default of payment
	AR	43	T,TrG	Ninua
	Aššur	2/5	Coll.	[ ].IV.652 B.C.
	AST	T203	Q	

beginning missing

Stamp Seal Impression

obv	1'	[M]Í.⌈NIN⌉-AD-šá DUMU.MÍ-s[u]
	2'	[ša] 1.SUḪUŠ-Aš+šur
	3'	[ú]-⌈piš⌉-ma 1.Za-ab-di-i
	4'	⌈TA*⌉ IGI 1.SUḪUŠ-Aš+šur
	5'	⌈ku-um⌉ 30 GÍN.MEŠ KÙ.BA[BBAR il-q[é]
	6'	šá 1.Za-ab-di-i šá d.[15 šá URU.4*-ìl]
	7'	ku-um ḫa-⌈bul⌉-le-e-su
	8'	⌈DUMU⌉.MÍ-su a-na 1.Zab-di-i
	9'	⌈it⌉-ti-din MÍ šu-a-tú
	10'	⌈za⌉-ar-pat [la]q-qé-at
	11'	[tu]-⌈a-ru⌉ [d]e-e-nu DUG₄.DUG₄
	12'	[la-aš-šú man-nu ša ina u]r-kiš
		remainder missing
rev	13'	[x] x ša ⌈de-e-nu⌉ DUG₄.D[UG₄]
	14'	TA* 1.Zab-di-i DUMU.MEŠ-šú
	15'	DUMU.DUMU.MEŠ-šú ub-ta-u-ni
	16'	10 MA.NA KÙ.BABBAR 1 MA.NA KÙ.GI sag-ru
	17'	ina bur-⌈ki⌉ d.Iš-tar a-ši-bat ⌈NINA.KI⌉
	18'	i-⌈šak⌉-kan kas-pu ana 10.MEŠ-[te]
	19'	ana EN.MEŠ-šú GUR ina de-ni-šú
	20'	⌈DUG₄⌉.DUG₄-ma la i-laq-q[é]
	21'	IGI 1.ÌR-d.Na-na-[a]
	22'	IGI 1.Aš+šur-mu-LAL
	23'	IGI 1.Qul-qu-[x]
	24'	⌈IGI⌉ 1.Šá-kil-[ia]
	25'	[IGI 1].10-mil-⌈ki⌉-[x x x]
		remainder missing
le	26'	[IGI 1].⌈x x x x x⌉ 1.10-IGI.LAL-in-ni
	27'	[IGI 1].NUMUN-x [x x x x x] IGI 1.d.PA-I
	28'	ITU.ŠU UD ⌈x⌉ KAM [lim-mu] 1.Aš+šur-BÀD-PAP

Translation

Beginning missing— Stamp Seal Impression/ Aḫat-abīša, the daughter [of]
Ubru-Aššur——Zabdî [con]tracted and bou[ght] her from Ubru-Aššur in lieu
of 30 shekels of silver belonging to Zabdî (and) belonging to [Ištar of Arbail].
In lieu of his debts he has given his daughter to Zabdî. That woman is purchased
and [ac]quired. [Any] revocation, [la]wsuit, or litigation [is void. Whoever,
at any] time —remainder of obverse missing— [x] x, whoever repeatedly seeks
a lawsuit or litig[ation] against Zabdî (or) against his sons (or against)

his grandsons shall place 10 minas of silver (and) 1 mina of pure gold in the lap of Ištar residing in Ninua. He shall return the money tenfold to its owners. He shall contest in his lawsuit and not succe[ed]. 9+ witnesses, (date), eponym.

Notes

2': SUḪUŠ = .

13': There is not enough space at the beginning of the line to restore [man-n]u.

23': Qul = . Parpola reads Mu!.

26': The traces are illegible.

K.321	No.	402		Mí.Zarpî
42 x 77 x 23	ADD	208	C	Sale:female
	AR	40	T,TrG	Scribe:Nabû'a
	KB4	132–135	T,TrG	Kalḫu
	Aššur	2/5	Coll.	27.V.668 B.C.
	AST	T213	Q	

obv 1 NA₄.KIŠIB 1.Man-nu-ki-URU.4*-[ìl]
2 EN NIN-šú ta- da⌉-[ni]

3 Stamp Seals

3 Mí.Bi-li-lu-tú NIN-su
4 ša 1.Man-nu-ki-URU.4*-ìl tu-piš-ma
5 ⌈Mí⌉.Za-ar-pi-i šá-kín-tú
6 ina ŠÀ 1/2 MA.NA KÙ.BABBAR URU.Gar-ga-⌈miš⌉
7 TA* IGI 1.Man-nu-ki-URU.4*-ìl ta-a[l-qe]
8 kas-pu ga-mur ta-din Mí
9 šu-a-tu zar-pat-at la-qe-at
10 tu-a-ru de-nu DUG₄.DUG₄ la-⌈áš⌉-šú
11 man-nu ša ina ur-kiš ina ma-ti-e-ma
12 i-za-qu-pa-a-ni lu-u 1.Man-nu-ki-UR[U.4*-ìl]
13 lu-u DUMU.MEŠ-šú šá TA* Mí.Zar₄-pi-i
14 de-nu DUG₄.DUG₄ ub-ta-u-ni

be	15	10 MA.NA KÙ.BABBAR 1 MA.NA KÙ.[GI]
	16	ina bur-ki d.MAŠ a-šib URU.[Kal-ḫi]
	17	x GAR-an
rev	18	kas-pu [a-na] 10.MEŠ-t[e ana EN-šú]
	19	GUR-ra [ina 1]a de-n[i-šú]
	20	DUG₄.DUG₄-ma la [TI]
	21	ṣib-tú ⸢be-en⸣-nu [a-na 1 me UD.MEŠ]
	22	sa-ar-⸢tú⸣ a-n[a kala MU.MEŠ]

	23	IGI 1.Šúm-ma-[x x x x x]
	24	IGI 1.La-[x x x x]⸢x⸣ LÚ*.⸢x⸣
	25	IGI 1.[x x x x x] LÚ*.:
	26	IGI [1.x x x x x x] LÚ*.:
	27	IGI [1.x x x x]-⸢te⸣
	28	IGI [1.x x x x x x x x]
	29	IGI 1.[x x x x-d.PA]
	30	IGI 1.d.[x x x-iq-bi]
	31	IGI 1.d.PA-⸢BÀD-qa-li⸣
	32	IGI 1.SU-10 LÚ*.2-u
	33	IGI 1.Ki-ṣir-Aš+šur
	34	IGI 1.d.PA-u-a+a LÚ*.A.BA
te	35	⸢ITU⸣.NE UD 27 KÁM* lim-mu
	36	1.Mar-la-rim LÚ*.tur-tan URU.⸢Ku⸣-[mu-ḫi]
le	37	ina LAL-iṣ 1.Aš+šur-DÙ-DUMU.UŠ MAN KUR.AŠ

Translation

Seal of Mannu-kī-Arbail, owner of his sister being so[ld]. /3 Stamp Seals/
Bililutu, the sister of Mannu-kī-Arbail——Zarpî, the šakintu, contracted and
bou[ght] her for 1/2 mina of silver (according to the mina [standard] of)
Gargamiš from Mannu-kī-Arbail. The money is paid completely. That woman
is purchased and acquired. Any revocation, lawsuit, or litigation is void.
Whoever, at any time in the future, lodges a complaint, whether Mannu-kī-
[Arbail] or his sons, whoever repeatedly seeks against Zarpî a lawsuit or
litigation shall place 10 minas of silver (and) 1 mina of go[ld] in the lap
of Ninurta residing in [Kalḫu]. x He shall return the money [te]nfold [to
its owner]. He shall litigate [in his n]on-laws[uit] and not [succeed].
(The buyer is guaranteed against) the ṣibtu and bennu diseases [for 100 days]
(and against) fraud f[orever]. 11 witnesses, date, eponym.

Notes

17: x is an erasure.

24: x]⸢x⸣ = ⫸ . The sign after LÚ* is illegible.

29-30: The signs copied at the end of these lines in ADD are no
longer on the tablet.

K.287	No.	403		Zazî
61 x 35 x 18	ADD	5	C	Loan:silver
	AR	635	T,TrG	Scribe:Nabû-zēru-
	3R	47/10	C	ketti-lēšir
	KB4	110-111	T,TrG	21.I.711 B.C.
	Op	162-164	T,TrL/F	
	Assur	2/5	Coll.	
	BAB	239		

obv	1	20 MA.NA KÙ.BABAR ina 1 MA.NA ša KUR.Gar-ga-miš
	2	ša 1.Za-zi-i
	3	ina IGI 1.DI-mu-MAN
	4	ina IGI 1.PAP-bu-u
	5	ina IGI 1.Aš+šur-mu-tak-kil-MAN
	6	ina IGI 1.Ka-ak-ki-ia
	7	ina pu-u-ḫi i-ta-ṣu
be	8	a-na 3-su-sú i-rab-bi
rev	9	IGI 1.⌜Lip⌝-[ḫu]r-DINGIR EN ŠU.2
	10	IGI 1.4*-il-a+a LÚ*.3-šú
	11	IGI 1.Kur-ri-la-a+a LÚ.3-šú
	12	IGI 1.d.MAŠ-PAP-AŠ LÚ*.2-u É.GAL SUMUN
	13	IGI 1.Se-e'-ṭu-ri LÚ.SIMUG
	14	IGI 1.Ma-an-ki-i LÚ.⁝ UD.KA.BAR
	15	ITU.BÁRA UD 21 KAM
	16	li-mu 1.d.MAŠ-DU-IGI
te	17	LÚ.GAR.KUR URU.Se-me-e
	18	IGI 1.d.PA-NUMUN-GIN-GIŠ LÚ*.A.BA

Translation

20 minas of silver according to the 1 mina (standard) of Gargamiš belonging to Zazî are at the disposal of Šulmu-šarri, at the disposal of Aḫabū, at the disposal of Aššur-mutakkil-šarri, and at the disposal of Kakkīya. They took it as a loan. It shall increase by a third. 6 witnesses, date, eponym, scribe.

Notes

1: 1 is omitted in Parpola's collations.

2: The signs after Zazî have been erased. The traces are partly readable: ina IGI 1.d.IM-⌜x⌝; ⌜x⌝ = 𒑲 (written on the edge). Parpola reads ina IGI 1.d.IM-ba-x.

K.13075 + 13133	No.	404		Zēru-[ ]
(30) x 25 x 21	ADD	96+170	C	Court decision
	AR	662+647	T,TrG	20.II.653 B.C.
	Aššur	2/5	Coll.	
	RA	71/177-179		

obv 1 de-nu ša d.I[M x x]
2 ša URU.⌜x⌝[x x]
3 e-mì-du-u-ni
4 4 GÍN.MEŠ [KÙ.BABBAR]
5 ša 1.⌜NUMUN⌝-[x x x]
be 6 ina IGI 1.d.U[TU-x x x]
7 ina UD 4 KÁM* [ša ITU.x]
8 KÙ.BABBAR ú-š[al-lam]
rev 9 i-dan šum-m[a la i-din]
10 a-na 1/2 G[ÍN-šú GAL-bi]

Stamp Seal

te 11 ITU.GU₄ UD 20 KÁM*
12 lim-mu 1.Aš+šur-DINGIR-a+a
13 IGI 1.A.10-IDIM-PAP.MEŠ
14 IGI 1.d.ŠÚ-MAN-PAP
le 15 IGI 1.d.PA-NUMUN-AŠ
16 IGI 1.Rém-a-ni-15
17 IGI 1.A.10-id-⌜ri⌝

Translation

Judgment which Ad[ad x x] of the city of x [x x] imposed. 4 shekels of [silver] belonging to Zēru-[x x x] are at the disposal of Ša[maš-x x x]. He shall give (and) pay [in full] the silver on the 4th day [of the month of x]. I[f he does not pay, it shall increase by a 1/2 of a she[kel]. Stamp Seal Date, eponym, 5 witnesses.

Notes

2: ⌜DINGIR⌝ = 𒀭 ; ba seems unlikely.

4: 4 = 𒐼.

5: ⌜NUMUN⌝ = 𒊬.

7: 4 = 𒐼.

K.3146 + 7379 + 7400 +	No.	405		Daughter of Sanherib
13192	ADD	804	C	Sale:mixed
53 x (57) x 22	AR	102	T,TrG	
	AST	T216	Q	

beginning missing

obv 1' [x x x x x] ina ŠÀ ⌈URU⌉.[x x x]
2' [x x x x SUḪ]UR ÍD SUḪ[UR x x x]
3' [x x x x] É 1.PAP-SIG₅ 1.d.⌈U+GUR⌉-ú-ba[l-liṭ]
4' [x x x x]⌈x⌉ MÍ-šú ú-piš-ma ⌈MÍ⌉.KUR-i-t[ú]
5' [DUMU].MÍ-[su šá 1.d].30-PAP.MEŠ-SU MAN KUR.Aš+šur NIN-su
6' ša 1.Aš+[šur-PA]P-AŠ MAN KUR.Aš+šur-ma ina lib-bi 8 MA.NA ⌈KÙ.BABBAR⌉
7' ina ma-ne-e ša URU.Gar-ga-miš il-qe
8' kas-pu gam-⌈mur⌉ ta-din GIŠ.KIRI₆ É A.ŠÀ UN.MEŠ šu-a-[te zar-pu]
9' laq-qe-'u ⌈tu⌉-a-ru de-[e]-nu DUG₄.DUG₄ la-aš-[šú]
10' man-nu ša ina ur-kiš im-ma-[te-ma] i-za-qu-pa-ni GI[B-u-ni]
11' lu-u LÚ.MEŠ-e ⌈an⌉-nu-ti [lu-u DU]MU.MEŠ-šu-nu
12' lu-u DUMU.DUMU.MEŠ-šú-nu lu-u PAP.[MEŠ-šú-nu] ⌈lu⌉-u DUMU.PAP.MEŠ-
šú-<nu>
13' lu-u šak-nu-šú-nu ša T[A* MÍ.KU]R-i-ti ù DUMU.MEŠ-šá
14' ù DUMU.DUMU.MEŠ-šá d[e-e-nu DUG₄.DUG₄ ub]-⌈ta⌉-'u-[u-ni]
15' 10 MA.NA KÙ.BABBAR LUḪ-u [x MA.NA KÙ.GI sag-ru]
16' ina bur-⌈ki⌉ d.Iš-tar a-[ši-bat URU.NINA.KI GAR-an]
17' 7 GI SUG.[MEŠ] ša [la ki-ṣir ina KÁ d.Aš+šur]
18' i-zaq-qá[p 2 ANŠE.KUR.RA.MEŠ BABBAR.MEŠ]
rev 19' ina GÌR.2 [d.Aš+šur i-rak-kas 4 ANŠE ḫar-ba-kan-ni]
20' ina KI.[TA d.MAŠ.MAŠ ú-še-rab]
21' ina l[a d]e-ni-šú [DUG₄.DUG₄-ma]
22' l[a] i-[laq-qe]

23' [IGI] 1.Sa-si-[i x x x x x]
24' [IG]I 1.SUḪUŠ-⌈x⌉[x x x x x x x]
25' [IG]I 1.⌈EN-ku⌉-[x x x x x x x]
26' [IG]I 1.Ṣili-[x x x x x x x x]
27' [IG]I 1.d.[x x x x x x x x]
28' [IG]I 1.[x x x x x x x x]
remainder missing

Translation

Beginning missing— [x x x x x] in the center of the city of [x x x x x x x
x x adjoin]ing a canal, adjoin[ing x x x x (adjoining)] the house of Aḫu-
damiq (and) Nergal-ubal[liṭ x x x x]x⌉ his wife——Šadīt[u, the daug]hter [of]
Sîn-aḫḫē-erība, the king of the land of Aššur, and the sister of Aš[šur-aḫ]u-
iddina, the king of the land of Aššur, contracted and bought it for 8 minas
of silver according to the mina (standard) of Gargamiš. The money is paid
completely. That house, land, people [are purchased] and acquired. Any
revocation, law[su]it, or litigation is voi[d]. Whoever, at any time in the
fut[ure] lodges a complaint or breaches the con[tract], whether these men
[or] their [so]ns or their grandsons or [their] brothe[rs] or the<ir> nephews
or their superior, whoever [repeated]ly seeks aga[inst Šad]ītu and (against)

her sons and (against) her grandsons a law[suit or litigation shall place
10 minas of refined silver (and) [x minas of pure gold] in the lap of Ištar
re[siding in Ninua]. He shall set up 7 marsh reeds which are [without nodes at the
gate of Aššur. He shall tie 2 white horses] to the feet of [Aššur. He shall
bring 4 barbakkannu horses] to the fe[et of Nergal. He shall contest] in
his no[n-law]suit and n[ot] suc[ceed]. 5+ witnesses.

Notes

4'. ⌜x⌝ = 𒀭 . The readings at the end of the line are uncertain.
The signs after ú-piš look like: 𒐊𒐊𒐊𒐊𒐊 . It is unlikely
that this is to be read: e-mu/zer-i-t[ú] (AR). See the note on
LAS II 211:9.
24': ⌜x⌝ = 𒐊 .

K.451 + Sm.1249				Šakintu
51 x 96 x 25	No.	406		Sale:male
	ADD	206	C	Scribe:Nargî
	AR	196	T,TrG	Aššur
	Aššur	2/5	Coll.	[ ].650 B.C.

obv 1   NA₄.KIŠIB 1.d.GAŠAN-ú-ṣa-⌜la⌝
     2   EN LÚ SUM-⌜an⌝-[ni]

2 Stamp Seals

   3   [1.x x x AP]IN-eš ÌR-šú
   4   [ša 1.d.GAŠAN]-⌜ú⌝-ṣal<<mal>>-la
   5   [tu-piš-ma MÍ.ERIM].KUR-tu
   6   [x x x ša U]RU.Aš+šur
   7   [ina lìb-bi x GÍN.M]EŠ KÙ. BABBAR⌝
   8   [ta-al-qe kaṣ-p]i gam-⌜mur⌝
   9   [ta-din LÚ] šu-a-⌜te⌝
  10   [za-rip la-qe t]u-a-⌜ru⌝
  11   [de-e-nu DUG₄].DUG₄ la-áš-šú
  12   [man-nu ša ina u]r-kiš ina ⌜ma-te-ma⌝
  13   [i-za-qu-pa]-ni i-⌜GIB⌝-u-ni
  14   [lu-u 1.d.GAŠAN-ú]-⌜ṣa⌝-la lu-u DUMU.MEŠ-šú
  15   [lu-u DUMU.DUMU.MEŠ-šú] lu-u PAP.MEŠ.MEŠ-<šú>
  16   [lu-u mám+ma]-⌜ni⌝-šú
  17   [ša de-e-nu DUG₄.DU]G₄
  18   [TA* MÍ.ERIM.KUR-te ub-ta-u]-⌜ni⌝

rev	19	[10 MA.NA KÙ.BABBAR 1 MA].NA KÙ.GI
	20	[ina bur-ki d.Aš+šur] a-šib-bi URU.Aš+šur
	21	[i-šá-kan kas-p]i a-na 10.MEŠ
	22	[ana EN.MEŠ-šú GU]R ina de-ni-šú
	23	[DUG₄.DUG₄-ma] la TI
	24	[de-en-šú DI.K]U₅ la i-šá-⌜mu⌝-[u]
	25	[ITU.x UD x KÁM li]m-mu 1.EN-KASKAL-KUR-u-⟨a⟩
	26	[IGI 1.x x x] IGI 1.d.MAŠ-ZU
	27	[IGI 1.x x x] x IGI 1.EN-⌜MAN⌝-PAP
	28	[IGI 1.x x x x IG]I 1.Aš+šur-AŠ-PAP
	29	[IGI 1.d.PA-SIG₅]-DINGIR.MEŠ
	30	[IGI 1.Ḫa-an-nu-u]-si-i
	31	[IGI 1.d.M]AŠ-AŠ-A IGI 1.EN-⌜lu⌝-TI
	32	[IGI 1.d.x x-NU]MUN-DÙ
	33	[IGI 1.IT]U.AB-a+a
	34	[IGI 1.x x]⌜x⌝-MAŠ
	35	IGI 1.Man-[nu]-ki-URU.NINA
	36	IGI 1.Ḫa-⌜di⌝-i' IGI 1.⌜Ú⌝-[x x]
	37	IGI 1.Za-[x x x x x x]
	38	IGI 1.⌜x⌝[x x x x x x]

Space of 1 line

	39	IGI 1.Nar-gi-⌜i⌝
te	40	LÚ.A.BA

Translation

Seal of Bēlet-uṣalla, owner of the man being sol[d]. /2 Stamp Seals/
[x x x-ēr]eš, the servant [of Bēlet]-uṣalla——[the šak]intu [x x x of the
cit]y of Aššur [contracted and bought him for x shek]els of silver. [The
mon]ey [is paid [completely]. That [man is purchased and acquired. Any re]vocation,
[lawsuit, or litig]ation is void. [Whoever, at an]y time in the future,
[lodges a compl]aint or breaches the contract, whether Bēlet-u]ṣalla or his
sons [or his grandsons] or ⟨his⟩ brothers [or anyone belong]ing to him,
[whoever repeatedly se]eks [a lawsuit or litigat]ion [against the šakintu
shall place 10 minas of silver (and) 1 mi]na of gold [in the lap of Aššur]
residing in Aššur. [He shall ret]urn [the mone]y tenfold [to its owners.
[He shall contest] in his lawsuit and not succeed. [The jud]ge shall not
hea[r his case]. Eponym, 18 witnesses, scribe.

Notes

5: The sign KUR is written over an erasure. The restoration is
according to the reading in No. 407:6.
24: Parpola restores [DI.KUD de-en-š]ú. All known attestations of
this phrase begin with de-en-šú/de-e-šú DI.KU₅/da-a+a-ni.

26: Parpola collates 1.d.ŠÚ!-ZU!. The sign is MAŠ not SÚ.

28: Aššur-nādin-aḫi is attested as LÚ.⌜SANGA⌝ in No. 407:26.

29: The restoration is according to the witness atttested in No. 407:25.
Parpola restores [IGI 1.Gab-b]u!-DINGIR.MEŠ, which is unlikely.

30: The restoration follows No. 407:29. Parpola restores [IGI !.Ba-la]!-si-i, which is incorrect.

34:]⌜x⌝ = 〰𐄂.

35: URU.NINA and not URU.NINA.KI(Parpola) is correct.

36: ⌜Ú⌝ = ⊨𐄂.

38: ⌜x⌝ = G/Z[i according to Parpola.

39: Nargî is also the scribe of No. 407.

K.1439 + Rm.159 52 x 95 x 27	No. ADD AR Aššur AST	407 209 521 2/5 T198-199	C T,TrG Coll. Q	Šakintu Sale:female Scribe:Nargî Aššur 5.II.[ ]

obv
1 [NA₄.KIŠ]IB 1.PAP-u-a-SU [LÚ šá UGU É]
2 [šá GAR.KU]R Bar-ḫa-za
3 [EN M]Í SUM-ni

le 1 Stamp Seal 3 Stamp Seals re 1 Stamp Seal

4 MÍ.AD-li-iḫ-ia GÉME-šú
5 ša 1.PAP-u-a-SU LÚ.šá UGU É
6 tu-piš-ma MÍ. ERIM⌝.KUR-tú URU.Aš+šur
7 ina lìb-bi 1/2 MA.NA 5 G[ÍN.MEŠ KÙ.BABBAR]
8 ta-⌜al⌝-qe kas-p[i gam-mur]
9 ta-din MÍ š[u-a-te]
10 za-ar-pa-at l[a-qe-at]
11 ⌜tu⌝-a-ru [d]e-⌜e⌝-[nu DUG₄.DUG₄]
12 la-áš-šu man-nu ša [ina ur-kiš]
13 ina ma-te-ma i-za-[qu-pa-ni]
14 i-GIB-u-ni l[u-u 1.PAP-u-a-SU]
15 lu-u EN-šú ⌜ša⌝ de-[e-nu]
16 DUG.4.DUG.4 T[A* MÍ.ERIM.KUR-te]
rev
17 ub-ta-u-ni 10 M[A.NA KÙ.BABBAR]
18 1 MA.NA KÙ.⌜GI⌝ ina bur-[ki d.Aš+šur]
19 a-ši-bi URU.Aš+šur i-[šá-kan]
20 kas-pi a-⌜na⌝ 10.MEŠ a-n[a EN-šú GUR]
21 ina de-ni-šú i-DUG₄.[DUG₄-ma la TI]

Space of 1 line

22 ITU.GU₄ UD 5 KÁM 1[im-mu 1.x x x]

```
23    IGI 1.d.Šá-maš-⌈da⌉-[la-a]
24    IGI 1.IM-d.1[5 x x x x x]
25    IGI 1.d.PA-SIG₅-DINGIR.[MEŠ]
26    IGI 1.Aš+šur-AŠ-PAP LÚ.⌈SANGA⌉
27    IGI 1.Ma-na-ni
28    IGI 1.Man-nu-ki-URU.NINA
29    IGI 1.Ḫa-an-⌈nu⌉-u-si
30    IGI 1.10-na-ta-an
31    IGI 1.Na-ma-ri MAN
32    [IGI 1.x]-na-Se-e'

      Space of 1 line

33    [IGI 1.Na]r-gi-i
34         LÚ.A.BA
```

Translation

[Sea]l of Aḫū'a-erība, [the ša muḫḫi bīti of the gover]nor of Barḫaza, [owner
of the wom]an being sold. /5 Stamp Seals/ Abi-liḫīya, the maid of Aḫū'a-erība,
the ša muḫḫi bīti——the šakintu of the city of Aššur contracted and bought her
for 1/2 mina and 5 shek[els of silver]. The mone[y] is paid [completely].
T[hat] woman is purchased and ac[quired]. Any revocation, [la]wsu[it, or
litigation] is void. Whoever, [at any time] in the future, lodges a com[plaint]
or breaches the contract, whe[ther Aḫū'a-erība] or his master, whoever
repeatedly seeks a law[suit] or litigation agai[nst the šakintu] shall pl[ace]
10 mi[nas of silver] (and) 1 mina of gold in the la[p of Aššur] residing in
Aššur. [He shall return] the money tenfold t[o its owner]. He shall con[test]
in his lawsuit [and not succeed]. Date, 10 witnesses, scribe.

Notes

2: Bar-ḫa-za for Barḫalza; see NAT 67-68 and ND 2386+:19' = TCAE 372.

6: MÍ.⌈ERIM⌉.KUR-tú corresponds to MÍ.ERIM É.GAL; see Nos. 12:6; 15:11.
The reading MÍ.⌈GAR⌉.KUR-tú is excluded on the grounds that it leads to
the syllabic spelling MÍ.⌈šá⌉-kìn-tú instead of MÍ.⌈šá⌉-kín-tú. The value
kìn for KUR is not well attested in Neo-Assyrian.

23: ⌈da⌉ = 𒁕. The name is restored according to a suggestion made by
E. Lipiński in SAIO p.103 n.1.

25: This witness is attested in No. 406:29.

26: The same witness occurs in No. 406:28. Cf. AST I 200 no. 11.

29: See No. 406:30 for this witness.

31: MAN is erased.

33: Nargî is the scribe of No. 406.

K.1466 (41) x (75) x 23	No. 408 ADD 267 C AR 551 T,TrG EA 34 Q		Šakintu Sale:female

beginning missing

obv 1' [x]⌜x⌝[x x x x x]
2' [EN] MÍ [SUM-ni]

Cylinder Seal Impression

3' MÍ.d.Ba-ni-tú-⌜x⌝-[x x x x]
4' PAP 2 ZI.MEŠ šá 1.[x x x x]
5' šá 1.Pa-qa-a-[na-x x x x]
6' ú-piš-ma MÍ.[x x x x x]
7' šá-kin-tú šá [x x x x x x]
8' ina lìb-bi 50 G[ÍN.MEŠ KÙ.BABBAR TI]
9' kas-p[u gam-mur ta-din]
remainder missing
rev 10' [IGI] 1.⌜x⌝[x x x x x x x x]
11' IGI 1.DI-m[u x x x x x x]
12' IGI 1.Aš+šur-ma-⌜x⌝[x x x x]
13' IGI 1.ÌR-a+a [x x x x x]
14' IGI 1.Mu-da-b[ir-a+a]
15' IGI 1.I-sa-na-[a+a]
16' IGI 1.d.PA-MAN-PAP LÚ*.[x x x x]
17' IGI 1.Mu-SIG-Aš+šur [x x x x x]
18' [IG]I 1.IM-15 LÚ*.[x x x x]
19' [IG]I 1.Ik-ṣur-DINGIR [x x x x]
20' [IG]I 1.Aš+šur-EN-DINGIR.ME[Š x x x]
21' [IG]I 1.Lu-qu LÚ*.[GAL ki-ṣir]
le 22' ⌜x x⌝ 1

Translation

Beginning missing- [x]⌜x⌝[x x x x x, owner] of the woman [being sold]. /Cylinder Seal Impression/ Banītu-x-[x x x x], a total of 2 persons belonging to [x x x x] and belonging to Pāqa-a[na-x x x x]——[x x x x x], the šakintu of [x x x x x x] contracted and [bought] her for 50 sh[ekels of silver]. The mon[ey is paid completely -remainder of text missing. 13+ witnesses.

Notes

3': ⌜x⌝ = .

6'-7': This is probably the same šakintu as in No. 324:3 (archive: Sinqi-Ištar - 654 B.C.).

12': ⌜x⌝ = 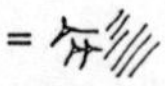.

15: The identical witness occurs in No. 324:13.

18': Šār-Ištar is attested in No. 324:12.

21': Lūqu is the archive owner of Nos. 146-147. See the notes on No.1.

22': The Aramaic caption looks like: .

Ki.1904-10-9, 180	No.	409		Šakintu
51 x 31 x 18	ADD	1188	C	Loan:animal
	=AJSL	42/234-235		Kalzi
				[ ].VIII.679 B.C.

obv 1 NA₄.KIŠIB [1.x x x x]-⌈x⌉ 1.d.PA-KALAG-in-an-ni
2 NA₄.K[IŠIB 1.x x x x x x x] x
3 ANŠE x[x x x x x x x x x x x]⌈x⌉
4 URU.ŠE⌈x⌉[x x x x x x x x x r]i

Blank Seal Space

5 šá MÍ.šá-kín-te šá URU.Kàl-zi ina IGI.MEŠ-šú-nu
6 ITU.APIN lim-mu 1.Šá-d.IM-a-né-nu
7 IGI 1.Man-nu-ki-i-URU.4*-ìl
be 8 IGI 1.d.PA-MU-iš-kun LÚ.A.BA
9 IGI 1.Ina-IM-Aš+šur-DU-ak LÚ.GAL mug-gi
rev 10 IGI 1.d.PA-de-⌈ni⌉-a-mur LÚ.2-ú
11 IGI 1.Ma-   mi-i

Blank Space

12 IGI 1.Qur-di-d.15 LÚ.GAL KA.KEŠDA
13 IGI 1.Ḫa-ba-áš-ti-i
14 IGI 1.Àr-ze-e-zu
15 IGI 1.d.PA-ù'-a LÚ.TÚG.KA.KEŠDA
16 IGI 1.Kan-nun-a+a LÚ.NI.GAB

Translation

Seal of [x x x x x]⌈x⌉ (son of) Nabû-da''inanni, se[al of x x x x x x x]-x,
a donkey x[x x x x x x x x x x x]⌈x⌉, the village of ⌈x⌉[x x x x x x x x x x x r]i
/Blank Seal Space/ belonging to the šakintu of the city of Kalzi are at
their disposal. Date, eponym, 10 witnesses.

Notes

1: ⌈x⌉ = [sign].
3: ⁻x[x = [sign] .]⌈x⌉ = [sign].
4: ⌈x⌉ = [sign].
7: Mannu-kī-Arbail is the archive holder attested in Nos. 152ff. The witness
list is almost identical with No. 410.
9: mug is certain.
11: Mami occurs in the witness list of No. 155:12 (archive: Mannu-kī-Arbail);
see No. 410:8' and the note on No. 155:11-13.
13: See the note on No. 155:11-13.
16: Kannunāya appears in No. 410:4' and the witness list of No. 394:20
(archive: Ululāya - 684 B.C.).

```
Sm.1476                          No.    410              Šakintu
(32) x (28) x 12                 ADD    602   C          (Kalzi)
                                 AR     675   T,TrG
```

beginning missing

```
rev   1'   ⌈lim-mu 1.d⌉.[x x x x x x x]
      2'   IGI 1.Man-nu-ki-4*-[ìl x x x x]
      3'   IGI 1.DINGIR-lu-[DI x x x x]
      4'   IGI 1.Kan-nun-a+[a LÚ.NI.GAB]
      5'   IGI 1.d.15-[x x x x x]
      6'   IGI 1.d.PA-u-[a LÚ.TÚG.KA.KEŠDA]
      7'   [IG]I 1.Qur-di-d.15 LÚ.[GAL KA.KEŠDA]
      8'   [IG]I 1.Ma-mì-i LÚ.GAL ka-[ṣir]
      9'   [IG]I 1.d.PA-MU-GAR-un [LÚ.A.BA]
           remainder missing
```

Notes

The witness list is almost identical with that of the preceding text.

```
K.437                            No.    411              Šakintu ša qabal āli
34 x (72) x 19                   ADD    242   C          Sale:slaves
                                 AR     457   T,TrG      Ninua
                                 Aššur  2/5   Coll.      9.X.692 B.C.
                                 AST    T205  Q
```

```
obv   1    [NA₄.KIŠIB] 1.[x x x x x]
      2    [N]A₄.KIŠIB 1.Ki-qil-l[a-nu]
      3    EN UN.MEŠ SUM-⌈ni⌉

           Blank Seal Space

      4    1.d.PA-I MÍ.Ak-ba-ra-a
      5    PAP 2 ZI.MEŠ ÌR.MEŠ-ni
      6    šá LÚ.MEŠ an-nu-u-te
      7    ú-piš-ma MÍ.GAR-tú šá MÚRU URU
      8    ina ŠÀ 1 MA KÙ.BABBAR ina 1 MA-e šá MAN
      9    TA* IGI LÚ.MEŠ an-nu-ti
      10   il-qe kas-pu gam-mur ta-ad-din
      11   UN.MEŠ šu-a-tú za-ár-pu
      12   la-qe-ú tu-a-ru
      13   ⌈de⌉-e-nu DUG₄.DUG₄ la-áš-šú
      14   [man-n]u šá ina ur-kiš ina ma-te-ma
      15   [i-za-qu-pa-n]i ⌈4⌉ MA.NA KÙ.BABBAR
      16   [LUḪ-u x MA.NA KÙ.G]I sag-ru
rev   17   ina bur-ki d.15 šá URU.NINA GAR-an
      18   kas-p[u a-na 10].MEŠ-te a-na EN-šú
      19   GUR-ra [ina de]-ni-šú DUG₄.DUG₄-ma
      20   la i-laq-qé ṣib-ti be-en
```

```
21    a-na 1 me UD-me sa-ár-tu
22    a-na kala UD.MEŠ
```

```
23    IGI 1.E-ni-DINGIR ÌR šá A.MAN
24    IGI 1.Ša-d.15-du-bu
25    IGI 1.PAP-na-ad-bi
26    IGI 1.d.UTU-SUM-na
27    IGI 1.ᵊd.PAˀ-MAŠ

      Space of 3 lines

28    ITU.AB        UD 9 ᵊKÁMˀ
29    lim-mu 1.Za-[zi]-i
```

Translation

[Seal of x x x x x, s]eal of Kiqil[ānu], owner(s) of the people being sold. /Blank Seal Space/ Nabû-na.'id and Akbara, a total of 2 persons, servants of these men——the šakintu of the inner-city contracted and bought them for 1 mina of silver according to the 1 mina (standard) of the king from these men. The money is paid completely. Those people are purchased and acquired. Any revocation, lawsuit, or litigation is void. [Whoev]er, at any time in the future, [lodges a compla]int shall place 4 minas of [refined] silver (and) [x minas] of pure [gol]d in the lap of Ištar of Ninua. He shall return the mone[y tenfol]d to its owner. He shall contest [in] his law[suit] and not succeed. (The buyer is guaranteed against) the sibtu and ben<nu> diseases for 100 days (and against) fraud forever. 5 witnesses, date, eponym.

Rm. 158	No.	412		Šakintu ša qabal Ninua
52 x (78) x 30	ADD	190	C	Sale:male
	AR	480	T,TrG	Scribe:Nabû-nammir
				Ninua
				22.I.668 B.C.

obv 1 NA₄.KIŠIB 1.Ì.GÁL–DINGIR.MEŠ
     2 EN LÚ SUM–ni

     Cylinder Seal Impression

     3 [1.L]u–šá–kín ÌR–šú
     4 [ša 1].Ì.GÁL–DINGIR.MEŠ–ni
     5 [tu–pi]š–ma MÍ.šá–kin–ti
     6 [ša MÚ]RU URU.NINA.KI
     7 [ina ŠÀ x MA.N]A KÙ.BABBAR ina 1 MA.NA
     8 [ša x x x x t]al–qe kas–pu
        remainder missing

rev 9' [IGI 1.x x x x x] IGI 1.d.[x x x x]
    10' [IGI 1.x x x x]⌈x⌉ IGI 1.d.PA–[x x x x]
    11' [IGI 1.x x x x]–x IGI 1.AD–BÀD LÚ*.[x x x]
    12' [IGI 1.x x]–a–la–a [x x]
    13' [IGI 1.x x x x]–i IGI 1.Man–nu–ki–⌈4*⌉–[ìl]
    14' [IGI 1.x x]–BÀD–EN–ia
    15' [IGI 1.x x x]–MAN–PAP IGI 1.Ra–me–t[i–i]
    16' IGI 1.d.PA–ZÁLAG–ir LÚ*.A.BA
    17' ITU.BÁRA UD 22 KÁM
    18' lim–me 1.Mar–la–rim LÚ*.[x x x]
    19' [   ] x

Translation

Seal of Ibašši-ilāni, owner of the man being sold. /Cylinder Seal Impression/
[L]ū–šakin, the servant [of] Ibašši-ilāni——the šakintu [of the in]ner-city
of Ninua [contract]ed and bought him [for x min]as of silver according to the
1 mina (standard) [of x x x x]. The money (is paid completely). Remainder of
text missing. 12 witnesses, scribe, eponym.

Notes

10': ⌈x⌉ = 𒀯.

11': x = 𒈨.

19': x = 𒀉.

K.976	No.	413		Šakintu ša qabal āli
42 x 28 x 19	ADD	67	C	Silver loan with pledge
	AR	125	T,TrG	Scribe:Sumāya
	Aššur	2/5	Coll.	Ninua
	BAB	239		PC

```
obv  1   [x MA.NA K]Ù.BABBAR ina ma-né-e URU.Gar-ga-miš
     2   [ša MÍ.š]á-ki-in-ti ša MÚRU URU
     3   ʾina UGUʾ DUMU-šú
     4   ina IGI 1.ÌR-d.15
     5   1.SUḪUŠ-PAP.MEŠ-šú DUMU-šú
     6   ša 1.ÌR-d.15
     7   a-na šá-par-ti ina IGI MÍ.šá-k[i-in-t]i
be   8   šá MÚRU URU kam-mu-ʾSUʾ
     9   ina A.MEŠ ina Ì.MEŠ ina ZÁḪ ina ÚŠ
    10   ina MUŠ ina GÍR.<TAB> ina UGU 1.ʾÌRʾ-d.[15]
    11   MÍ.šá-ki-in-tú ʾKÙ.BABBAR-šá <ta>-ʾdagʾ-g[a-al]
    12   ina UD-mu ša KÙ.BABBAR SUM-ni LÚ* ú-ʾse-saʾ
    13   šum-mu LÚ la ʾSUM-anʾ L[Ú za-rip na-ši]
    14   MÍ.šá-[ki-i]n-tú KÙ.BABBAR-šá a-na 1.Ì[R-d.15 SUM]
    15   IGI 1.Dan-na-a IGI 1.EN-PAP.MEŠ
    16   IGI 1.BE-a-ši IGI 1.DÙG-IM-15
    17   IGI 1.Tab-bal-a+a
    18   [IGI] 1.Man-nu-ki-URU.NINA
te  19   [IGI 1].Su-ma-a+a A.[BA]
    20   [IT]U.KAN UD 26 KÁM*
le  21   lim-mu 1.d.30-MU-ʾDÙʾ
```

Translation

[x minas of sil]ver according to the mina (standard) of Gargamiš [belonging
to the š]akintu of the inner-city are upon his son (and) are at the disposal
of Urad-Ištar. Ubru-aḫḫēšu, the son of Urad-Ištar, is placed as a pledge (and)
is at the disposal of the šak[intu] of the inner-city. (If something happens
to him)——by water, by oil, by fleeing, by dying, by a snake (and) by a
scorp[ion]——it is the responsibility of Urad-[Ištar]. The šakintu shall
se[e] her silver. On the day that he pays the silver, he shall redeem the man.
If he does not pay (for) the man, the ma[n is purchased and bought]. The
ša[ki]ntu [shall give] her silver to Ur[ad-Ištar]. 6 witnesses, scribe, date,
eponym.

K.8754
83 x (97) x 37

No.	414	
ADD	261	C
AR	87	T,TrG
Aššur	2/5	Coll.
TCAE	140–141	Q

Šakintu ša qabal āli
Sale:slaves

beginning missing

obv
1' MÍ.Su-u-[x x x]⌈x x⌉[x x x x x x]
2' 2 DUMU.MEŠ-šú DUMU.MÍ-su x[x x x x x x x x x]
3' 2 DUMU.MEŠ-šú-nu ša 1.Mad-a+a [x x x x x x x x x]
4' 1.Ú-ra-a+a MÍ-šú 1.Si-t[i x x x x x x x x x x]
5' 1.d.U+GUR-SUM-na PAP 20 LÚ*.Z[I.MEŠ ÌR.MEŠ]
6' ša 1.URU.4*-DINGIR-a+a tu-[pis-ma MÍ.x x x x]
7' [MÍ].⌈šá⌉-GIM-tú ša ⌈MÚRU⌉ URU⌉ [x x x x x x x x x x]
8' ina ŠÀ ⌈8 MA.NA⌉ [KÙ.BABBAR TI x x x x x x]

4–6 lines effaced

9' [x x x x] ⌈de⌉-e-[nu] ⌈DUG₄⌉.[DUG₄ TA* MÍ.šá-GIM-tú]
10' [ub-ta-'u-u-ni 2 AN]ŠE.KUR.RA.[MEŠ BABBAR.MEŠ ina GÌR.2 Aš+šur
i-rak-kas]

3 lines effaced

be
11' [ṣib-tu] be-nu a-n[a 1 me UD.MEŠ sa]-ár-[tú ina kala MU.MEŠ kas-pu]
12' a-na 10.MEŠ-te
rev
13' [a-na EN.MEŠ-šú] ú-ta-ra [ina de-ni-šú]
14' [DUG₄.DUG₄-m]a la i-[laq-qe]

15' IGI 1.d.AMAR.UTU-APIN-eš LÚ*.mu-[ša]r-k[is]
16' IGI 1.Hal-ma-nu LÚ*.mu-šar-kis
17' IGI 1.d.PA-EN-PAP LÚ*.ha-za-nu ša URU.Ni-nu-a
18' IGI 1.d.PA-AM-DINGIR.MEŠ LÚ*.ha-za-nu ša URU.Ni-nu-a
19' IGI 1.d.PA-MAN-a-[ni LÚ*].⌈šá UGU⌉ URU ša URU.Ni-nu-[a]
20' IGI 1.⌈Na-ni⌉-i LÚ*.⌈A.BA⌉ ša DUMU.⌈LUGAL⌉
21' IGI 1.Na-din-ia LÚ*.⌈DAM.QAR⌉ ANŠE.KUR.R[A.MEŠ]
22' IGI 1.d.Hal-di-rém-a-ni LÚ*.DAM.QAR
23' IGI 1.d.⌈PA⌉-[SIG.5]-iq ⌈LÚ*⌉.2-u ša LÚ*.A.BA É.GAL
24' IGI 1.[x x x x x]-⌈da-ku⌉ ša URU.Ni-nu-a
25' IGI 1.[x]-a-ni-⌈a⌉ [LÚ*.AGRI]G É.DINGIR.MEŠ šá URU.ŠÀ.URU
26' [IGI 1.x x x x x x] ša MÍ.É.GAL
27' [IGI 1.x x]-PAP-PAP LÚ*-3-[šú] ša 1.d.30-LUGAL-DINGIR.MEŠ
28' [IGI 1.x x x]-d.[x] LÚ*.[2-u] ša LÚ*.tur-ta-ni
29' [IGI 1.x x x x] x x L[Ú*].DUMU URU.Ni-nu-a
remainder missing

Translation

Beginning missing— Su-[x x x]⌈x x⌉ [x x x x x x], his 2 sons, his daughter, x[x x x x x x x x x x], the 2 sons of Madāya [(and) x x x x x x x x x], Urāya and his wife, Sit[i x x x x x x x x x x x], Nergal-iddina, a total of 20 per[sons, servants] of Arbailāya——[x x x x x], the šakintu of the [inner]-city con[tracted and bought them] for 8 minas of [silver x x x x x x x x]... [x x x (whoever) repeatedly seeks] a lawsu[it] or liti[gation against the šakintu shall tie

2 white hor]ses [to the feet of Aššur].... [(The buyer is guaranteed against) the sibtu] and bennu diseases f[or 100 days (and against) f]rau[d forever]. He shall return [the money] tenfold [to its owners. He shall contest in his lawsuit] and not suc[ceed]. 15+ witnesses.

Notes

1': ⌜x x⌝ = ///ʄʄ-///.

17'-18': These witnesses occur again in No. 415:18'-19'.

Bu.89-4-26, 122	No.	415		Šakintu ša qabal āli
48 x (47) x 21	ADD	263	C	Sale:slaves
	AR	175	T,TrG	
	Aššur	2/5	Coll.	
	AST	T201	Q	

beginning missing

obv	1'	x[x x x x x x x x x]
	2'	⌜tu-piš⌝-[ma MÍ.šá]-⌜kín-tú ša⌝ MÚ[RU URU]
	3'	ina ŠÀ 10 MA.[NA KÙ.BABBAR i]l-qe
	4'	kas-pu gam-mur ta-din UN.MEŠ šu-a-tu
	5'	za-ar-pu laq-qe-ú tu-a-ru de-e-nu
	6'	DUG₄.DUG₄ la-áš-šú man-nu ša ina ur-kiš
	7'	ina ma-te-ma i-zaq-qu-pan-ni
	8'	lu-u 1.Se-e'-gab-ba-ri lu-u DUMU.MEŠ-šú
	9'	lu-u ⌜DUMU⌝.DUMU.MEŠ-šú lu-u ŠEŠ.MEŠ-šú lu-u DUMU.MEŠ.ŠEŠ.MEŠ-šú
	10'	ša TA* MÍ.šá-kín-tú DUMU.MEŠ-šu DUMU.DUMU.MEŠ-šú
	11'	de-e-nu DUG₄.DUG₄ ub-ta-'u-u-ni
rev	12'	10 MA.NA KÙ.BABBAR LUḪ-u 1 MA.NA KÙ.GI sag-ru
	13'	ina bur-ki d.Iš-tar a-ši-bat URU.NINA i-šak-kan
	14'	2 ANŠE.KUR.RA.MEŠ BABBAR.MEŠ ina GÌR.2 Aš+šur i-rak-kas
	15'	4 ANŠE ḫar-ba-kan-ni ina KI.TA d.ŠEŠ.GAL ú-še-rab
	16'	kas-pu a-na 10.MEŠ-te a-na EN.MEŠ-šú GUR-ra
	17'	ina de-ni-šú DUG₄.DUG₄ la i-laq-qe
	18'	IGI 1.d.PA-EN-PAP LÚ*.ḫa-za-nu
	19'	IGI 1.d.PA-AM-DINGIR.ME[Š]
	20'	[I]GI 1.IM-⌜Aš+šur⌝
	21'	[IGI] 1.d.PA-MU-[x x x x]
	22'	[IGI] 1.EN-[x x x x]
		remainder missing

Translation

Beginning missing- ... [the sa]kintu of the in[ner-city] contracted [and
bou]ght them for 10 mi[nas of silver]. The money is paid completely. Those
people are purchased and acquired. Any revocation, lawsuit, or litigation
is void. Whoever, at any time in the future, lodges a complaint, whether
Se'-gabbari or his sons or his grandsons or his brothers or his nephews,
whoever repeatedly seeks against the šakintu (or) his (her) sons (or) his
(her) grandsons shall place 10 minas of refined silver (and) 1 mina of pure
gold in the lap of Ištar residing in Ninua. He shall tie 2 white horses
to the feet of Aššur. He shall bring 4 ḫarbakkannu horses to the feet of
Nergal. He shall return the money tenfold to its owners. He shall contest
in his lawsuit and not succeed. 5+ witnesses.

Notes

1': x = 𝄬.
8: Se'-gabbari: see S. Parpola, OLP 16 (1985) 273-275.
18'-19': Both witnesses are attested as LÚ*.ḫa-za-nu ša URU.Ni-nu-a in
No. 414:17'-18'.

DT.308 + Rm.555	No.	416		Šakintu
(40) x (46) x 20	ADD	339	C	Sale:house
	AR	362	T,TrG	1.II.[ ]

beginning missing

obv	1'	[SUḪUR] su-qa-[qi x x x x]
	2'	[É x ANŠE] 2BÁN GIŠ.KIRI₆ [x x x x x]
	3'	u-piš-ma MÍ.x[x x x]
	4'	LÚ.ša-kín-te ša U[RU.x x]
	5'	TA* IGI 1.Lu-te-x [x x x x]
	6'	ina ŠÀ 5 MA.NA 10 GÍ[N.MEŠ KÙ.BABBAR]
	7'	il-qe kas-pu gam-mu[r ta-din]
	8'	É šu-a-tú za-[rip laq-qe]
rev	9'	[tu]-a-ru de-nu DUG₄.D[UG₄ la-áš-šú]
	10'	[man-nu] šá GIB-u-ni lu-u 1.L[u-te-x x x]
	11'	lu-u DUMU.MEŠ-šú lu-u D[UMU.DUMU.MEŠ-šú]
	12'	[1]u PAP.MEŠ-šú lu DU[MU.PAP.MEŠ-šú]
	13'	[š]a TA* MÍ.[x x x de-nu]
	14'	DUG₄.DU[G₄ ub-ta-u-ni]
	15'	10 MA.NA [KÙ.BABBAR 5 MA.NA KÙ.GI]
	16'	[ina] bu[r-ki x x x x x x GAR]
		remainder missing
le	17'	ÌTU.GU₄ UD 1 KÁM lim-m[u 1.x x x x x]
	18'	IGI 1.URU.4*-ìl-a+a [x x x x]
	19'	IGI 1.d.UTU-[x x x x]

Translation

Beginning missing- [adjoining] the stree[t x x x x, an area of x homers]
and 2 sūtus of an orchard [x x x x x]──x[x x x], the šakintu of the ci[ty
of x x] contracted and bought it from Lute-x [x x x x] for 5 minas and 10
shek[els of silver]. The money [is paid] completel[y]. That house is pu[rchased
and acquired. Any rev]ocation, lawsuit, or litig[tion is void. Who]ever
breaches the contract, whether L[ute-x x x] or his sons or [his] gr[andsons
o]r his brothers or [his] nep[hews, who]ever [repeatedly seeks against
[x x x, a lawsuit] or litigation [shall place] 10 minas of [silver (and) 5
minas of gold [in] the la[p of DN residing in GN]. Remainder missing.
Date, 2+ witnesses.

Notes

5': ⌈x⌉ = 𝍢///.

80-7-19, 149	No.	417		Šakintu of [ ]
(49) x (55) x 30	ADD	137	C	Loan:barley
	AR	318	T,TrG	[ ].IV.[ ]
	Aššur	2/5	Coll.	

```
obv   1    2 me ŠE.PAD.MEŠ SAG.D[U]
      2    ša MÍ.šá-kín-tu ša [URU.x x x]
      3    ina IGI 1.DINGIR-a-mara LÚ*.GA[L kar-ma-ni]
      4    ina lìb-bi ITU.NE Š[AG.DU ŠE.PAD.MEŠ]
      5    ina URU.BÀD-MAN-GI[N SUM-an]

           2 Circular Stamp Seals

      6    [šum-ma] ⌈la SUM-ni⌉
           remainder missing

rev        2 Circular Stamp Seals

      7'   IGI 1.ÚNU-[a+a]
      8'   IGI 1.LUGAL-⌈DINGIR⌉-a+[a]
      9'   IGI 1.Qur-[di x x x x x]

           Space of 1 line

     10'   ITU.ŠU [UD x] KÁM
     11'   IGI 1.d.PA-NÍG.K[A₉-DÙ]

           2 Circular Stamp Seals
```

Translation

200 (homers) of barley, capi[tal], belonging to the šakintu of [the city
of GN] are at the disposal of Ilu-ammar, the gran[ary officer. He shall
pay] the capi[tal, barley], in the month of Abu in the city of Dūr-Šarrukīn.
2 Circular Stamp Seals [If] he does not pay —remainder of text missing. 2
Circular Stamp Seals 4+ witnesses, (date). 2 Circular Stamp Seals.

Notes

3: The eunuch Ilu-ammar is attested in Nos. 358:2; 359:2' (archive:
Šumma-ilāni - 694 B.C.).

11': See CAD N 2 228b sub k).

K.370		No.	418		Šakintu
44 x 26 x 15		ADD	162	C	Court decision
		AR	643	T,TrG	Scribe:Lā-tubaššani-ili
		3R	47/8	C	10.XII.694 B.C.
		KB4	116/7	T,TrG	
		Op	13	T,TrL/F	

obv	1	40 MA.NA URUDU.MEŠ SAG.˹DU˺
	2	sa-ár-tú ša LÚ*.SUKKAL
	3	˹e˺-mi-du-u-ni
	4	[ina IG]I MÍ.šá-ki-in-te
	5	IGI 1.DINGIR-im-me
	6	[IG]I 1.DINGIR-ú-KALAG-<an>-ni
be	7	IGI 1.d.PA-PAP-PAP
rev	8	IGI 1.La-TÉŠ-ni-DINGIR
		Space of 3 lines
	9	ITU.ŠE UD 10 KÁM
	10	lim-me 1.DINGIR-KI-e-a

Translation

40 minas of copper, capital, the fine which the <u>sukkallu</u> imposed, are [at
the dispos]al of the šakintu. 4 witnesses, date, eponym.

Notes

This document and No. 419 were written on the same day.

83-1-18, 330	No.	419		Šakintu
41 x 25 x 15	ADD	120	C	Loan:animals
	AR	306	T,TrG	Scribe:Lā-tubaššanni-ili
				10.XII.694 B.C.

obv	1	11 UDU.U₈.MEŠ
	2	a-di UDU.NÍTA.MEŠ-ši-na
	3	ša MÍ.šá-ki-in-tú
	4	ina IGI 1.d.PA-AŠ-PAP
	5	IGI 1.DINGIR-ú-KALAG-an-ni
be	6	IGI 1.d.PA-PAP-PAP
	7	IGI 1.Man-nu-ki-15
rev	8	IGI 1.La-TÉŠ-ni-DINGIR LÚ*.A.B[A]

Space of 2 lines

| | 9 | ITU.ŠE UD 10 KÁM |
| | 10 | lim-me 1.DINGIR-KI-e-a |

Translation

11 ewes including their rams belonging to the šakintu are at the disposal of
Nabû-nādin-aḫi. 3 witnesses, scribe, date, eponym.

80-7-9, 188	No.	420		Šakintu
(57) x (53) x 21	ADD	498	C	Sale
	AR	164	T,TrG	
	Aššur	2/5	Coll.	
	AST	T207	Q	

beginning missing

obv	1'	[lu-u LÚ.MEŠ an]-nu-te lu-u [DUMU.MEŠ-šú-nu]
	2'	[lu-u DUMU.DUMU.ME]Š-šú-nu lu-u DUMU.P[AB.MEŠ-šú-nu]
	3'	[lu-u q]ur-ub-šú-nu lu-u [x x x x x x]
	4'	[lu-u] LÚ.GAL ki-ṣir.MEŠ-[šú-nu šá de-nu DUG₄.DUG₄]
	5'	TA* MÍ.šá-kín-tú ub-ta-⌜'u⌝-[u-ni 1 MA.NA SÍG.qer-du GU₇]
	6'	1BÁN-su kur-ru NAG 2 ANŠE.[KUR.RA.MEŠ BABBAR.MEŠ ina GÌR.2
		ša d.Aš+šur i-rak-kas]
	7'	4 ANŠE ḫar-ba-kan-ni ina KI.[TA d.MAŠ.MAŠ ú-še-rab]
	8'	2 GI.MEŠ šá la ki-ṣir [ina KÁ Aš+šur i-zaq-qap]
	9'	bi-lat AN.NA a-na LÚ.EN.N[AM URU-šú SUM-an]
	10'	bi-lat ZA.GÌN ḫi-ip še šá-du-šú
	11'	⌜x x⌝ LÚ.ga-a-ru MÍ. x[x x x x]
	12'	[x x x x] x šá NINA.K[I x x x x x]
	13'	[x x x x x] x [x x x x x x]
		remainder missing
rev	14'	IGI 1.LUG[AL]-DINGIR.MEŠ IGI [1.x x x x]
	15'	IGI 1.Ni-ir-gi-i IGI 1.K[i x x x x x]
	16'	IGI 1.Mu-na-bi-ti IGI 1.[x x x x x x x]
	17'	IGI 1.Li-⌜qi⌝-pu [x x x x]
		remainder missing

Translation

Beginning missing– [or the]se [men] or [their sons or] their [grandsons]
or [their] neph[ews or their re]lative or [their x x x x x x] or [their]
captain, [whoever] repeatedly se[eks a lawsuit or litigation] against the
šakintu [shall eat 1 mina of plucked wool] and drink 1 sūtu of the tanner's
paste. [He shall tie] 2 [white] hor[ses to the feet of Aššur. He shall
bring] 4 ḫarbakkannu horses to the fe[et of Nergal. He shall set up] 2 reeds
which are without nodes [at the gate of Aššur. He shall pay] a talent of
tin to the gover[nor of his city]. A talent of lapus lazuli, hewn-off from
the quarry, ⌜x x⌝, the adversary x[x x x x x x x x]x of Ninua... –remainder
of text missing. 7+ witnesses.

Notes

10': še is an erasure. See note on No. 145:19'.
11': ⌜x x⌝ = 𝍩 𝍸. x⌝[x = 𝍸.
12': x = 𝍪.
13': x = 𝍸.

Sm.1342	No.	421		[x x z]i-i SAG LUGAL
67 x (55) x 30	ADD	434	C	Sale:house,etc.
	AR	54	T,TrG	Ḫanuru
	Aššur	2/5	Coll.	

beginning missing

obv	1'	[É] 1 ⌜ANŠE SUḪUR⌝ [x x x x x x]
	2'	SUḪUR KASKAL URU.Ṣal-li-ib-ši SUḪUR 1.⌜x⌝[x x x x]
	3'	É 2 ANŠE SUḪUR KAŠKAL MAN ša URU.É-⌜x⌝[x x x]
	4'	SUḪUR 1.ÌR-U+GUR SUḪUR URU.É-Tukul-ti-⌜i⌝[x x x]
	5'	SUḪUR LÚ*.ÌR É.GAL É 1 AN[ŠE x x x] SUḪUR
	6'	KASKAL URU.É-Tukul-ti-i [SUḪUR 1.x x b]a-ni
	7'	SUḪUR KÁ d.Sa-gi-[ìl x x x]-⌜sa⌝
	8'	É 1 ANŠE 2BÁN SUḪUR 1.d.[x x SUḪUR 1].Ḫa-na-si
	9'	[SUḪ]UR 1.ÌR-U+GUR É 3 ANŠE SU[ḪUR 1.x x]-⌜ba⌝-ni
	10'	[SUḪUR] 1.d.⌜UTU⌝-iq-bi SUḪUR AMA URU.DU₆≪ḌUL≫-LÚ*.KUR.GAR.RA
be	11'	[SUḪUR 1.x x b]a-ni É 1 ANŠE 6BÁN A.ŠÀ
	12'	[x x x x x x]-x-ku SUḪUR um-me
	13'	[x x x x x]-sa-ri SUḪUR 1.d.UTU-iq-bi

```
rev  14'  [x x x x PA]P 23 ANŠE A.ŠÀ
     15'  [x x x x x] É ep-šu 2 GIŠ.IG.MEŠ
     16'  [x x x x] ina URU.Ḫa-nu-ri
     17'  [ú-piš-ma 1.x-z]i-i LÚ*.SAG LUGAL
     18'  [TA* IGI 1.KAR]-ⸯirⸯ-d.KU ina ŠÀ 6 MA.NA KÙ<<4>>.BABBAR.ⸯMEⸯ
     19'  [ina 1 MA.N]A ša LÚ*.DAM.QAR il-ⸯqeⸯ
     20'  [kas-pu gam]-mur ta-din A.ŠÀ É qaq-qi-ⸯriⸯ
     21'  [pu-ṣe-e t]a-din tu-a-ru de-en-nu DU[G₄.DU]G₄ [1]a-šú
     22'  ⌊man-nu⌋ ⸯšáⸯ ina ur-kiš ina ma-ti-ma lu-u 1.KAR-ⸯirⸯ-[d.KU]
     23'  [x x x x]ⸯxⸯ lu-u DUMU.MEŠ-šú ša de-en-n[u DUG₄.DUG₄]
     24'  [TA* 1.x x-zi]-ⸯiⸯ ub-ta-u-ni kas-[pu ana 10.MEŠ-te ana EN-šú GUR]
           remainder missing
```

Translation

Beginning missing– [An area] of 1 homer (of land) adjoining [x x x x x x], adjoining the road of the city of Ṣalli-ibši and adjoining (the land) of ⸯxⸯ[x x x x]; an area of 2 homers (of land) adjoining the king's road of the city of Bīt-ⸯxⸯ[x x x], adjoining (the land) of Urad-Nergal, adjoining the city of Bīt-Tukultî [x x x], and adjoining (the land) of the palace servant; an area of 1 ho[mer of x x x], adjoining the road of the city of Bīt-Tukultî, [adjoining (the land) of x x ba]ni, adjoining the gate of Mard[uk x x x]-ṣa; an area of 1 homer and 2 sūtus (of land) adjoining (the land) of [x x, adjoining (the land) of] Ḫanasi, and [adjoin]ing (the land) of Urad-Nergal; an area of 3 homers (of land) adj[oining (the land) of x x]-bani, [adjoining (the land)] of Šamaš-iqbi, adjoining the road of the city of Til-Kurgarri, and [adjoining x x b]ani; an area of 1 homer and 6 sūtus of land [(adjoining) x x x x x x]-x-ku, adjoining the road [of x x x x x]-sari, adjoining (the land) of Šamaš-iqbi, [x x x x, a tot]al of 23 homers of land [x x x x x], a built house (including its) doors [x x x x] in the city of Ḫanuru——[x-z]i, the eunuch of the king, [contracted and] bought it [from Ēṭ]ir-Kakku for 6 minas of silver [according to the 1 min]a (standard) of the merchant. [The money] is paid [comp]letely. The field, house, and building [plot are so]ld. Any revocation, lawsuit, or liti[gat]ion [is vo]id. [Whoev]er, at any time in the future, whether Ēṭir-[Kakku, the x x x]ⸯxⸯ, or his sons, whoever repeatedly seeks a lawsu[it or litigation against x-z]i [(shall return)] the mon[ey tenfold to its owner]. Remainder missing.

Notes

2': ⸯxⸯ = ⟨drawing⟩.
3': ⸯxⸯ = ⟨drawing⟩.
12': x = ⟨drawing⟩.

80-7-19, 93	No.	422		Urad-Nergal,ša rēši
46 x (78) x (16)	ADD	356	C	Sale:Building plot
	AR	346	T,TrG	Naṣībina

obv
1 [NA₄.KIŠIB 1.Re-mut-ti-DINGIR]
2 DUMU 1.Ḫa-ri-LU[GAL EN qaq-qiri]
3 pu-ṣe-e SUM-[ni]

Cylinder Seal Impression

4 [qaq]-ri-ri pu-ṣe-e ina URU.Na-ṣib-b[i-na]
5 ⌈u⌉-pis-ma 1.[Ì]R-d.U+GUR
6 ⌈LÚ*⌉.SAG ša MÍ.šá-⌈kín⌉-tú
7 [ina] ŠÀ 8 MA.NA ⌈URUDU.MEŠ⌉
8 TA* IGI 1.Re-mut-ti-DINGIR il-qé
9 kas-pu ga-mur ta-din
10 [q]aq-qiri pu-ṣe-e šu-a-tu₄
11 za-ar-pu la-qé-ú
12 ⌈tu⌉-a-ru de-e-nu DUG₄.DUG₄ la-áš-šú
13 ina ur-kiš ina im-ma-te-ma
14 lu-u 1.Rém-《ut》-ti-DINGIR lu-u DUMU.MEŠ-šú
15 [l]u-u ŠEŠ.MEŠ-šú lu-u DUMU.MEŠ.ŠEŠ.M[EŠ-šú]
   remainder missing

Translation

[Seal of Rēmūti-ili] son of Ḫari-šarr[i, owner of the building] plot
being so[ld]. Cylinder Seal Impression [A build]ing plot in the city of
Naṣīb[ina]——[Ur]ad-Nergal, the eunuch of the šakintu, contracted and bought
it [for] 8 minas of copper from Rēmūti-ili. The money is paid completely.
That [bui]lding plot is purchased and acquired. Any revocation, lawsuit, or
litigation is void. (Whoever),at any time in the future, whether Rēmūti-ili
or his sons [o]r his brothers or [his] nephews –remainder missing.

Ki.1904-10-9, 43	No.	423		Ša rēši
46 x 77 x 24	ADD	1156	C	Sale:land
Photo: BCAT Suppl. Pl. 2	=AJSL	42/176-177		Scribe:Nabû-šumu-uṣur
				Mezê
				6.X.727 B.C.

obv
1 ṣu-pur 1.Se-DA L[Ú*.x x]
2 ṣu-pur 1.U.MAN-i L[Ú*.x x]
3 EN A.ŠÀ ta-da-ni

——————————————————————————————————

5 Fingernail Impressions

——————————————————————————————————

4 É 2 ANŠE ša [1].Se-e-DA ša 1.U.MAN-i
5 ina URU.Me-ze-e up-piš-ma
6 LÚ*.SAG ina ŠÀ 5 GÍN.<MEŠ> KÙ.BABBAR TI
7 kas-pu ga-mur ta-din
8 A.ŠÀ za-rip TI
9 tu-a-ru de-e-nu
10 de-e-nu DUG₄.DUG₄ la-šu
11 man-nu GAR-nu ša GIB-u-ni
12 10 MA.NA KÙ.BABBAR LUḪ-u
13 1 MA.NA KÙ.GI sag-r[u]
be 14 SUM-an
15 kas-pu a-na 10.MEŠ-⌈te⌉
rev 16 a-na EN.MEŠ-šú GUR-ra
17 ina de-ni-šú DUG₄.DUG₄ la TI

——————————————————————————————————

18 IGI 1.Se-ma-ti-i'
19 IGI 1.Za-bu-du
20 IGI 1.Qu-li-i
21 IGI 1.SUḪUŠ-U.MAN ša URU.Ṣi-ri-na
22 IGI 1.10-im-me DUMU 1.ZÁLAG-Se-e

Space of 2 lines

23 ina ITU.AB UD 6 KAM
24 lim-me 1.EN-KASKAL-UMUN-PAP
25 IGI 1.d.PA-MU-PAP
26 ṣa-bit DUB<<um>> IM

Translation

Fingernail of Sē-lē'i, th[e x x], fingernail of Adad-milki, th[e x x], owner
of the land being sold. /5 Fingernail Impressions/ An area of 2 homers
(of land) belonging to Sē-lē'i (and) belonging to Adad-milki in the city of
Mezê. The eunuch contracted and bought it for 5 shekels of silver. The
money is paid completely. The land is purchased and acquired. Any revocation,
lawsuit, or litigation is void. Whoever, at a specific (time), breaches the
contract shall pay 10 minas of refined silver (and) 1 mina of pure gold. He
shall return the money tenfold to its owners. He shall contest in his lawsuit
and not succeed. 5 witnesses, date, eponym, scribe.

K.382		No.	424		Dedication
68 x 107 x 32		ADD	640	C	Scribe:Nergal-šumu-iddina
		AR	45	T,TrG	Kalḫu
		FNAD	16	T	18.VI.PC
		AST	T173	T	

obv
1. NA₄.KIŠIB 1.[EN]-I
2. NA₄.KIŠIB 1.d.[PA]-I ŠEŠ-šú
3. NA₄.KIŠIB 1.ÌR-d.[1]5 DUMU 1.EN-I
4. NA₄.KIŠIB 1.Šum-ma-[u]s-se-zib DUMU 1.ITU.AB-a+a
5. PAP 4 LÚ.MEŠ-e EN LÚ
6. a-na d.NIN.URTA šá qé-reb URU.Kal-ḫu še-lu-'e

Cylinder Seal Impression

7. 1.BÀD-ma-k[i-d].15 DUMU MÍ.ÁG-ti
8. NIN-šú-nu ša 1.[EN]-I ša 1.d.PA-I
9. ša ina ḫa-rim-⟨u⟩-ti-šá tu-šab-šu-u-ni
10. ur-tab-bi-'u-šú a-na d.NIN.URTA EN-šú-nu
11. a-na ši-rik-ti is-sa-ar-ku
12. a-na il-ki tup-šik-ki ina É d.MAŠ id-da-gal
13. man-nu EGIR-ú šá KA dan-né-te
14. šu-a-tu₄ la tu-šam-sak₆
15. d.NIN.URTA ik-ri-bi-ka i-šem-mi
16. ù šá ú-šam-sà-ku d.MAŠ šá ina ik-ri-bi-šú
17. zak-ru li-tur li-ni-in-šú

rev
18. IGI 1.Id-din-[ia] LÚ.SANGA ša d.MAŠ
19. IGI 1.d.PA-MU-PAP LÚ.SANGA šá d.PA
20. IGI 1.d.MES-MA[N-P]AP LÚ.SANGA šá d.AG*
21. IGI 1.Mu-še-[zi]b-d.PA LÚ.⌈A⌉.BA
22. IGI 1.d.PA-[PAP]-PAP LÚ.GAL É.GAL
23. IGI 1.SUḪ[UŠ-d.P]A LÚ.GAL É.GAL
24. IGI 1.⌈Ṣili⌉-d.EN-[da-l]i LÚ.šá UGU É A LUGAL
25. IGI 1.Rém-a-ni-[d.UTU] LÚ.A.BA
26. IGI 1.Sa-[m]e-d[u] LÚ.A.BA
27. IGI 1.⌈ÌR⌉-[d.15] LÚ.SANGA šá d.15
28. IGI 1.[x x x x] LÚ.SANGA šá d.IM
29. ⌈IGI⌉ 1.[x x x LÚ] ša GIŠ.en-di-šú
30. [IGI 1.x x x LÚ.KA]Š.LUL šá d.MAŠ
31. IGI 1.DI-m[a-nu-x x x] LÚ.MU É d.MAŠ
32. PAP 5 [LÚ.TU.MEŠ] É ša ⌈DINGIR⌉
33. IGI 1.Na-n[i]-i [LÚ].laḫ-ḫi-nu šá d.PA
34. IGI 1.Ur-du L[Ú].MU É.DINGIR šá É d.PA
35. IGI 1.d.MAŠ.MAŠ*-MU-AŠ [A 1.d].MES-mu-SIG₅
36. LÚ.A.BA ṣa-[bi]t dan-né-te
37. ITU.KIN UD 18 KÁM* lim-m[e 1.As]+šur-gi-mili-ter-re
38. LÚ.AGRIG GAL-u

Translation

Seal of [Bēl]-na'id, seal of [Nabû]-na'id, his brother, seal of Urad-[Iš]tar
son of Bēl-na'id, seal of Šumma-[u]ssēzib son of Kannunāya, a total of 4
men, owner(s) of the man being dedicated to Ninurta who is in the city of Kalḫu.
/Cylinder Seal Impression/ Dūr-mak[î]-Ištar son of Ra'imtu, the sister of

[Bēl]-na'id (and) of Nabû-na'id who during her (state of) prostitution has given birth (to him and) they have reared him (and) have given him to Ninurta, their lord, as a present. As concerns the ilku-duties and corvée work, he is considered as belonging to the temple of Ninurta. Whoever (you may be), in times to come, you shall not invalidate the wording of this tablet, (then) Ninurta shall hear your prayers and whoever invalidates (the wording of this tablet), may Ninurta, who is mentioned in his prayers, turn (in anger) and punish him. 17 witnesses, date, eponym, scribe.

Notes

10: d.NIN.URTA and not É? d.MAŠ is on the tablet.

12: See the note on LAS II 289:17'.

18: Idināya is attested in ND 2307:53; 2314:21; cf. B. Parker, Iraq 16 (1954) 37-38,40. He also occurs in Nos. 425:29 and 426:6.

19: Nabû-šumu-uṣur is attested in Nos. 425:30 and 426:25'.

22: Nabû-aḫu-uṣur appears together with Ubru-Nabû in No. 427:31-32 and is probably identical with the person in CTN III 84:1. See CTN III p.6-7.

23: Ubru-Nabû occurs in Nos.425:31 and 426:32'. He is probably identical with the man mentioned in CTN III 84:1. See CTN III p.6-7.

24: LUGAL not MAN is on the tablet. The witness appears in No. 428:27'.

26: For the reading of the name Samedu and his activities as a scribe for Šamaš-šarru-uṣur see CTN III p.2 n.4.

34: See CTN III p.6-7.

```
K.418                        No.    425            Dedication
50 x 90 x 24                 ADD    641   C         Kalḫu
                             AR      44   T,TrG     14.[ ].PC
                             ABRT II 20   C,T
                             AST    T176  T
```

```
obv   1    ⌈a⌉-na d.NIN.URTA
      2    šá qé-reb URU.Kal-ḫa
      3    1.Man-nu-de-iq EN a-riti LÚ.SAG
      4    1.d.PA-RU-ZI DUMU-šú
```

4 Circular Stamp Seals

```
      5    a-na d.MAŠ geš-ru dan-dan DINGIR.MEŠ
      6    qar-du a-na TI.LA ZI.MEŠ
      7    ša 1.Aš+šur-DÙ-A MAN KUR AŠ
      8    a-⌈na d⌉.MAŠ šá qé-reb URU.Kàl-ḫa
      9    a-na ši-rik-ti is-⌈ruk⌉
     10    man-nu šá TA* IGI d.NIN.URTA
     11    ek-ki-mu-šú lu-u LÚ.GAR-n[u-š]ú
     12    lu-u LÚ*.GAL 50-šú lu-u ŠE[Š.AD-šú]
     13    lu-u DUMU.ŠEŠ.AD-šú lu-u [x x x x]
     14    ina da-na-ni u pu-[x x x]
be   15    ⌈d⌉.MAŠ ina GIŠ.TUKUL la ⌈x⌉[x x x]
     16    li-KAM-šú d.[Gu-la]
     17    [s]i-mu IR-zu i[na zu-um-ri-šú]
     18    lu tas-kun [d.IM]
rev  19    GÚ.GAL AN-e [KI.TIM]
     20    ina su-un-qi li-[qat-ti-šú]
     21    d.PA a-rat la BÚR 1[i-ru-ur-šú]
     22    d.Iš-tar a-ši-bat URU.[4*-ìl]
     23    ša-ḫar-šub-[ba-a] lu-[ḫal-lip-šú]
     24    Aš+šur d.[30 d.UTU] EN [d.U+GUR]
     25    ⌈d.MAŠ⌉ [d.G]u-la M[U]-šú [NUMUN-šú]
     26    [ina KUR.Aš+šur].KI lu-ḫal-li-qu
     27    [ITU.x] UD 11 KÁM
     28    [lim-mu] 1.Bu-luṭu-ṭu
     29    [IGI] 1.SUM-na-a+a LÚ.SANGA šá d.MAŠ
     30    IGI 1.d.PA-MU-PAP LÚ*.SANGA šá d.PA
     31    IGI 1.SUḪUŠ-d.PA [L]Ú.GAL KUR
     32    IGI 1.d.PA-PAP-PAP [LÚ].GAL KUR
     33    IGI 1.Na-šuḫ-D[A x x LÚ].ḫa-za-nu
     34    IGI 1.ÌR-15 I[GI 1.x]x-du-u
     35    IGI 1.d.MAŠ-mu-LAL IGI 1.Di-lil-15
     36    IGI 1.PAP-SU IGI 1.Ár-ṣa-bu-tú
```

Translation

For Ninurta who is in the city of Kalḫu. Mannu-de'iq, the shield-bearer of
the eunuch, gave Nabû-šārik-napišti, his son, /4 Circular Stamp Seals/ to
Ninurta, the strong one, mightiest of the gods, the heroic one, for the
well being of Aššur-bāni-apli, the king of the land of Aššur, (and) for Ninurta
who is in the city of Kalḫu as a present. Whoever takes him away from Ninurta,

whether [hi]s superior or his captain of 50 or [his] unc[le] or his cousin
or [his x x x x] with force and pu-[x x x]. May Ninurta defeat him with
the⸢x⸣[x x x] weapon. May [Gula] place a never-healing [s]ore o[n his body].
May [Adad], the canal-inspector of heaven and [earth], le[t him perish] in
a famine. May Nabû c[urse him] (with) a curse which cannot be dispelled.
May Ištar residing in [Arbail] cl[othe him] (in) leprosy. May Aššur, [Sîn,
Šamaš], Bēl, [Nergal], Ninurta, and [G]ula annihilate his s[on and his
descendant(s) in the land of Aššur]. (Date), eponym, 10 witnesses.

Notes

12: -šú is omitted by Menzel.

14: The restoration in Menzel's text is incorrect.

15: At the end of the line, Menzel restores pa-d[i-i]. There is
no pa on the tablet. ⸢x⸣ = 🔲.

16: KAM-šú = 🔲.

17: The first three signs of the line look like: 🔲.

26: lu not li (Menzel) is on the tablet.

29: For the witnesses see the note on the preceding text and
K. Deller, Or 35 (1966) 190–192.

34: Menzel restores 1.D]u-du-u. The trace looks like: 🔲.

K.296	No.	426		Dedication
62 x (100) x 29	ADD	642	C	(Idināya)
	AR	464	T,TrG	Kalḫu
	3R	49/2	C	15.IV.PC
	Op	236ff.	T,TrL/F	
	AST	T174f.	T	

obv 1 NA₄.KIŠIB 1.I-d.15
2 NA₄.KIŠIB 1.Aš+šur-KUR-ka-KALAG-in
3 DUMU.MEŠ 1.d.15-MU-SUM-na LÚ.UŠ.BAR ša MÍ.É.GAL
4 EN LÚ ta-da-a-ni

4 Circular Stamp Seals

5 1.Šum-ma-d.PA LÚ.UŠ.BAR bir-me ÌR-šú-nu
6 up-piš-ma 1.I-din-a+a LÚ.SANGA šá d.MAŠ
7 a-na d.MAŠ a-šib URU.Kàl-ḫi
8 ina ŠÀ 1 1/2 MA.NA KÙ.BABBAR TA* IGI 1.I-15
9 TA* IGI 1.Aš+šur-KUR-ka-KALAG-in
10 iz-zi-rip is-se-qe
11 GUR.RA de-e-nu DUG₄.DUG₄ la-[áš-šú]
12 man-nu ša ina ur-kiš u ma-t[i-ma]
13 i-zaq-qu-pa-an-ni G[IB-u-ni]
14 [1]u-u LÚ.MEŠ-e [an-nu-te]
remainder missing

rev 15' [x x x x x x x xᵋx x xᵋ[x x x x]
16' [x x x x x x x]x mu ᵋxᵋ[x x x x]
17' [x x x x x x]ᵋxᵋ li ᵋxᵋ[x x x x x]
18' [x x x x x]ᵋxᵋ 10 MA.NA K[Ù.BABBAR LUḪ-u]
19' [x] MA.NA KÙ.GI sag-ru ina bur-ki
20' d.MAŠ a-šib URU.Kàl-ḫi GAR-an
21' kas-pu a-na 10-a-te a-na EN.MEŠ-šú GUR.RA
22' ina de-ni-šu DUG₄.DUG₄-ma la i-laq-qé
23' ṣib-ti be-en-ni a-na 1 me UD-me sa-ar-tu
24' a-na kàla MU.AN.NA.MEŠ

25' IGI 1.d.PA-MU-PAP LÚ.SANGA ša d.PA
26' IGI 1.Aš+šur-LUGAL-PAP LÚ.mu-kil KUŠ.PA šá LÚ.GAL SAG
27' IGI 1.Ṣili-EN-dal-li LÚ.šá UGU É
28' IGI 1.ÌR-15 LÚ.SANGA ša É ᵋkit-mu-riᵋ
29' IGI 1.Sa-me-du LÚ.A.BA
30' IGI 1.Rém-a-ni-[d.UTU] ∶ ša LÚ.GAL É.GAL
31' IGI 1.ᵋDa-ni-niᵋ <A> 1.Pu-u-li
te 32' IGI 1.SUḪUŠ-d.PA LÚ.GAL É.GAL
33' IGI 1.Du-du-ᵋuᵋ LÚ.laḫᵋ-ḫi-nu ša d.[MAŠ]
34' IGI 1.Na-ni-ᵋiᵋ LÚ.∶ ša d.[PA]
35' IGI 1.d.PA-PAP.MEŠ-SU ∶ <IGI> 1.d.IM-x[x x]
le 36' ITU.ŠU UD 15 KÁM* lim-mu 1.d.Za-ba₄-ba₄-S[U]
37' I[GI] 1.Ri-ba-a-te IGI 1.ᵋNaᵋ-[a']-ᵋdiᵋ-i IGI 1.Ṭu-r[i x x]

Translation

Seal of Na'id-Ištar, seal of Aššur-mātka-da''in, the sons of Ištar-šumu-
iddina, the weaver of the queen, owner(s) of the man being sold. /4 Circular

Stamp Seals/ Šumma-Nabû, the weaver of colored cloth, their servant——Idināya,
the priest of Ninurta, contracted and has purchased and bought him for Ninurta
residing in Kalḫu for 1 1/2 minas of silver from Na'id-Ištar and from Aššur-
mātka-da''in. Any revocation, lawsuit, or litigation is vo[id]. Whoever,
at any time and (in) the fut[ure], lodges a complaint or brea[ches the contract,
wh]ether [these] men -text partly missing- [x x x x x]x He shall place 10
minas of [refined] sil[ver (and) x] minas of pure gold in the lap of Ninurta
residing in Kalḫu. He shall return the money tenfold to its owners. He shall
contest in his lawsuit and not succeed. (The buyer is guaranteed against) the
šibtu and bennu diseases for 100 days (and against) fraud forever. 15 witnesses,
date, eponym.

Notes

15':   ⌜x x x⌝ = [cuneiform].

16':   x]x = [cuneiform]. ⌜x⌝ = [cuneiform].

17':   x]⌜x⌝ = [cuneiform]. ⌜x⌝[x = [cuneiform].

18':   x]⌜x⌝ = [cuneiform].

20':   There is an erasure between -ḫi and GAR.

23':   ni not nu (Menzel) is on the tablet. 1 was written in later.

25':   For the witnesses see the note on No. 424 and K. Deller, Or 35
(1966) 190–192.

35':   x[x = [cuneiform].

37':   r[i = [cuneiform] (uncertain).

Appendix I

This tablet has most generously been presented to the British Museum by Miss L. Wilkinson of Co. Durham, England. It was acquired in Iraq by her grandfather, a naval captain, apparently between 1850 and 1870, and has remained ever since in the family. The document belongs to the archive of Kakkullānu and is directly related to Nos. 126 and 127 of his archive. I wish to express my gratitude to Dr. I. Finkel for pointing the tablet out to me.

BM 139950 (1985-7-14,1)	Appendix I	Kakkullānu
38 x 71 x 21	unpublished	Land:lease
		Scribe:Nabû-
		nādin-apli
		Bīt-Abi-ilāya
		18.V.PC

	1	NA₄.KIŠIB 1.Lu-šá-kín A 1.Sa-ri-u-ni
	2	TA* É-URU.AD-DINGIR-a+a
	3	EN A.ŠÀ a-na MU.AN.NA.MEŠ SUM-ni

2 Stamp Seals

	4	1 ANŠE 1BÁN KASKAL URU.Qu-um-ba-te
	5	GAB.DI 1.Qa-šid-a+a
	6	: KASKAL URU.Qu-um-ba-te
	7	1 ANŠE 4BÁN GAB.DI KASKAL
	8	ša URU.Ḫa-šá-a-na GAB.DI na-ḫala
	9	PAP 2 ANŠE 5BÁN A.ŠÀ ina GIŠ.BÁN 9 <qa>
	10	ina URU.É-AD-DINGIR-a+a
	11	ú-piš-ma 1.Kak-kul-la-nu
	12	Lú*.GAL ki-sir
be	13	ina ŠÀ ⌜16⌝ [GÍN.MEŠ KÙ.BABBAR]
	14	ina MU.AN.[NA.MEŠ il-qe]
	15	3 me-re-še 3 ka-[rab-ḫi]
rev	16	PAP 6 MU.AN.NA.MEŠ A.ŠÀ ⌜GU₇⌝
	17	KÙ.BABBAR ina UGU ŠE.SU₇ GAR-an
	18	A.ŠÀ u-še-ṣa A.ŠÀ za-ku-te
	19	ITU.NE UD 18 KÁM
	20	lim-mu 1.Aš+šur-KUR-LAL

	21	IGI 1.I-di-i
	22	IGI 1. line not completed by scribe
	23	IGI 1.Gír-a+a
	24	IGI 1.Tar-ḫu-un-a-kil
	25	IGI 1.ÌR-d.NIN.LÍL
	26	IGI 1.E-kal-ta-ḫa
	27	IGI 1.ITU.AB-a+a
	28	IGI 1.d.PA-SUM-A
	29	A.BA
te	30	dnt 1sgn ḫql

Translation

Seal of Lū-šakin son of Sāriuni from the city of Bīt-Abi-ilāya, owner
of the land being sold for (a number of) years. /Cylinder
Seal Impression/ (An area of) 1 homer and 1 sūtu of land (adjoining the)
road of the city of Qumbātu, adjoining (the land of) Qaṣidāya and
adjoining the road of the city of Qumbāte, (an area of) 1 homer and 4 sūtus
(of land) adjoining the road of the city of Ḥašana and adjoining
a brook, a total of 2 homers and 5 sūtus of land according to the sūtu
(standard) of 9 <qa> in the city of Bīt-Abi-ilāya——Kakkullānu, the
captain (of the crown prince), contracted and [bought it] for 16
[shekels of silver] for a (number of) years. He shall have the usufruct
of the land for 3 crop-years (and) 3 fallow-years, a total of 6 years.
(If) he places the silver upon the corn-heaps, he shall redeem the land.
The land is (tax) exempted.
Date, eponym, 6 witnesses, scribe. Caption: Deed of Lū-šakin (concerning)
land.

Notes

1: Sāriuni is written over an erasure.
2: The scribe has inverted the signs É and URU. The place name
   is attested in No. 126:3,15 and 127:42. Bīt-Abi-ilāya is
   located in the province of Raṣappa.
4: Qumbāte is probably identical with Qubbāte No. 90:5 (Archive:
   Dannāya – 672 B.C.). If this is correct Sairu and Ḥasanu are
   located in the province of Raṣappa. Interesting is the dissimilation
   bb > mb, which is unusual in Neo-Assyrian. On the related
   subject of nasalization see K. Deller, JEOL 29 (1985–6) 48.
8: Ḥašanu: see note on No. 126:11.
17: SU₇ = 𒋗 .
18: A.ŠÀ za-ku-te: the scribe has omitted the phrase concerning the
    exemption of corn and straw taxes; see No. 126:25. Usually
    in cases where the clause is abbreviated just lā šibši la nusāḫe
    is indicated. See TCAE p.189 2.4.1.
21: See note on No. 118:44.
23: Girāya is a neighbor of Kakkullānu and occurs as a witness in
    No. 126:12,33
25: Urad-Mullissu is attested as a witness in No. 126:34 and as a
    neighbor in No. 127:30,32,39.

List of Logograms

A

A 1. aplu 'son, heir'; in
      personal names.
   2. mar'u 'son'; varies with
      DUMU/DUMU.UŠ.

A.MAN/LUGAL mār šarri 'crown
      prince, prince'; varies
      with DUMU MAN/LUGAL.

A.MEŠ mê 'water'.

A.QAR ugāru 'a field'.

A.ŠÀ/A.ŠÀ.GA eqlu 'a field'.

A.TA.AN See note on Nos. 27:25',
      28:27'.

AD abu 'father'.

AD.GI māliku 'advisor'. The
      logogram is an abbreviat-
      ed form of AD.GI₄.GI₄. It
      is probably adopted from
      Nuzi; see CAD M I 164b
      and No. 94:3.

ÁG ra'āmu 'to love'.

AM rîmu 'beloved'; see AHw 986b
      s.v. rīmu II and s.v.
      rîmu.

AMA 1. ummu 'mother'.
      AMA.MAN ummi šarri
      'Queen Mother'.
   2. ummu 'road'.

AN šamê 'heaven'.

AN.BAR parzillu 'iron'.

AN.NA annuku 'tin'.

AN.ZA.KÀR a/isītu 'tower,'
      district'. In place of
      dimtu; see note on No.
      27:3.

ANŠE emāru 'homer' (area
      measurement). See FNAD
      pp.66–67.

ANŠE/ANŠE.NÍTA emāru 'donkey'.
      ANŠE.A.AB.BA gammalu
      'camel'.
      ANŠE.KUR/KUR.RA sīsû
      'horse'.

APIN erēšu 'to ask, to request'.

ARḪUŠ₄ rêmu 'to have mercy'.

AŠ 1. nadānu 'to give'; varies
      in personal names with
      SUM.
   2. ēdu/(w)ēdu 'single person,
      only child'; in personal
      names.

B

BA qâšu 'to grant (offspring,
      progeny)'.

BABBAR 1. paṣiu 'white'.
      ANŠE.KUR.RA.MEŠ
      BABBAR.MEŠ sīsê paṣiūte
      'white horses'.
   2. puṣû in: KI.MEŠ
      BABBAR.MEŠ q/kaqqerē puṣê
      'building plot'.

BAD dūru 'wall, fortress'. Ab-
  breviated logogram for
  BÀD; see note on No.
  333:16.

BAL nabalkutu 'to appeal'.
  Translated according to
  CTN III.

BÁN sūtu 'Seah'; see GIŠ.BÁN.

BE šumma/šummu 'if'. See J.J.
  Stamm, Die Akkadische
  Namengebung, MVAeG 44
  (1939) 135 for personal
  names.

D

DAGAL rapšu 'wide'.

DI/DI-mu šulmu 'health, well
  being'.

DI dēnu 'lawsuit, claim'; see
  CAD D 153f.

DIB 1. kullu 'to hold'; in:
  LÚ.DIB KUŠ.PA.MEŠ = mukīl
  appāti 'rein-holder'.
  2. ṣabātu 'to seize,
  hold'; 'to write (a
  tablet)'; see FNAD p.10.

DINGIR ilu 'god'.
  d.A.10/U.U   Apladad/
                    Apildaddi
  d.AG   Nabû
  d.AN.GAL   Angal
  d.AN.ŠÁR   Aššur
  d.BE   Bēl

d.BU   reading
                 unknown (not Šerum)
d.DUMU.UŠ-10   Apladad
d.EDIN   in:
  Bēlet/Bēlat-Ṣēri
d.EN/d.EN*   Bēl
d.EN.ZU   Sîn
d.GAŠAN*   Bēltu
d.GAŠAN*-KUR-ḫa
  Bēlet/Šarrat-nipḫa
d.IMIN.BI   Sebettu
d.IM   Adad
d.KU   Kakku; see
  CTN III p.272 n.43.
d.KUR.A   see note on
  No.20:13
d.KURNUN   Tašmētu
d.MAŠ   Ninurta
d.MAŠ.MAŠ   Nergal/
                  Nērigal
d.ME.ME   Gula
d.MES   Marduk
d.NIN.GAL   Ningal/
                  Nikkal
d.NIN.LÍL   Mullissu
d.NIN.URTA   Ninurta
d.NU   Ṣalmu
d.NUSKU   Nusku
d.PA   Nabû
d.ŠÚ   Marduk
d.U+GUR   Nergal/
                  Nērigal
d.U.MAN   Adad-milki
d.U.U   Daddi
d.URAŠ   Uraš
d.UTU   Šamaš
d.10   Adad
d.15   Ištar
d.30   Sîn

DU alāku 'to go, come'.

DÙ 1. banû 'to build, create'.
Frequently with the
compliment -ni.
2. epāšu 'to do'. Often with
the compliment -uš.

DU₆ tillu 'mound'. The sign
DU₆ is almost exclusively
employed for the month
name Tašrītu. In NA, the
sign DUL is often written
in place of DU₆.

DUG Determinative for vessels.

DÙG.GA tābu 'good'.

DUG₄.GA qabû 'to say';in
personal names: 'to
decree, command'.

DUG₄.DUG₄ dabābu 'litigation'.

DUMU mar'u 'son'.
DUMU.MAN/LUGAL mār šarri
'crown prince, prince'.
DUMU.DUMU.MEŠ 'grand-
son(s)'.

DUMU.MÍ mar'utu 'daughter'.

DUMU.UŠ aplu/mar'u 'son'.

E

E qabû 'to say'; in personal
names: 'to decree,
command'.

É 1. bītu 'house'.
É AD bīt abi 'paternal
house (inheritance
estate)'.

É AN.TA bītu eliu 'upper
storey/attic'.
É.DINGIR bīt ili
'temple'.
É.GAL ekallu 'palace'
É GIBIL bītu eššu 'new
house'.
É.GAL GIBIL ekallu eššu
'new palace'.
É MAN.MEŠ-ni/LUGAL.MEŠ
bīt šarrāni 'crypt';
see K.Deller, BaM 16
(1985) 362.
É KALAG bītu dannu 'main
building'.
É.ŠÁR.RA Aššur temple.
É ŠU.2 bīt qātē
'storehouse, wing'.
É UŠ-te bīt ridûti .
'residence of the
crown prince'.
É 2-i/e bītu šaniu
'servant quarters'.
2. 'area (a plot of land)'; in
the phrase: É x ANŠE.

EDIN sēru 'steppeland'.

EGIR/EGIR-kàt 1. urki'u 'later,
subsequent'.
2. urki 'after'.
limmu ša EGIR See note
on No.4:20'.

EN bēlu 'lord, owner'.

ERIM.MEŠ ṣābē 'men, soldiers'.

ÉŠ.QAR iškāru 'quota, tax'.

G

GAB.DI/GABA.DI reading unsure:
'alongside, next to,
adjoining'; see CCENA 62.
The sign varies with
SUḪUR.

GAL 1. rabû 'big, eldest'.
in professions: 'chief'.
2. dannu 'chief, senior'.
In professions:
LÚ.GIŠ.GIGIR
GAL/LÚ.SUKKAL GAL.
3. rabû 'to increase
(interest)'.

GAR šakānu "to put, to place".

GAŠAN/GAŠAN* 1. bēltu
'mistress'.
2. šarratu
'queen'.

GAZ duāku 'to kill'.

GE₆ mūšu 'night'.

GÉME amtu 'maid, female
slave'.

GIB napruku 'to breach a
contract'.

GIBIL eššu 'new'.

GÍBIL qalû 'to burn'.

GÍD.DA arku 'long'.

GIG marāṣu 'to be sick, to
become troublesome,
difficult'.

GIM 1. kīma 'like'.
2. kūm 'instead of, in
place of'.

GIN kuānu 'to be firm, true'.

GÍN šiqlu 'a shekel'.

GÍR.TAB zuqaqīpu 'scorpion'.

GÌR/GÌR.2 šēpu 'foot'.

GIŠ iṣu 'wood'; determinative
for trees and wood
objects.
GIŠ.BAL pilakku 'spindel'.
GIŠ.BÁN sūtu 'seah'.
GIŠ.BANŠUR paššuru
'table'.
GIŠ.ERIN erēnu 'cedar'.
GIŠ.GEŠTIN karānu 'wine'.
GIŠ.GIGIR mugirru
'chariot'.
GIŠ.GU.ZA 'kussû-land';
exact meaning unknown;
see note on CTN III No.
66:3.
GIŠ.IG dassu 'door'.
GIŠ.KIRI₆ kiriu 'orchard,
garden'
GIŠ.KIRI₆ ša GIŠ.til-liti
'orchard with vines,
vineyard'.
GIŠ.MÁ eleppu 'ship'.
GIŠ.MI ṣillu 'shadow,
protection'
GIŠ.TUKUL kakku 'weapon'.
GIŠ.ÙR gušuru 'beam'.

GIŠ ešāru 'to thrive,
prosper, be all right'

GÚ.GAL gugallu 'canal
inspector'.

GÚ.UN <u>biltu</u> 'talent'.

GÙ <u>rigmu</u> 'voice, cry'.

GU₄/GU₄.NÍTA <u>alpu</u> 'ox'.

GU₇ <u>akālu</u> 'to have/enjoy the usufruct (of a field)'.

GÙB <u>šumēlu</u> 'left side'.

GUR/GUR.RA <u>tuāru</u> 'to return'. D 'to give back'. See ŠU.

Ḫ

ḪA.LA <u>zittu</u> 'share (inheritance)'.

ḪAL <u>šemû</u> 'to hear'.

I

I <u>na'ādu</u> 'to praise, extol'.

Ì <u>šamnu</u> 'oil'.

Ì.GÁL <u>ibašši</u> 'it is (certain), certainly' < <u>bašû</u> 'to exist'.

ÍD <u>nāru</u> 'river'; determinative.

IDIM <u>kabtu</u> 'venerable, important, honored'.

IGI 1. <u>pānu</u> 'before'
    <u>ina</u> IGI <u>ina pān</u> 'at the disposal of'.
    TA IGI <u>issu pān</u> 'from'.
  2. 'witness'; reading unknown, before witness names.

3. <u>ēnu</u> 'eye'

4. <u>ēnu</u> 'spring, water source'.

IGI.LAL <u>amāru</u> 'to see'.

IM <u>šāru</u> 'wind, direction'.

IM <u>ṭuppu</u> 'a tablet'.

IM.RI.A <u>kimtu</u>, <u>nišūtu</u>, <u>salātu</u> 'family, clan etc' repeated three times with KIMIN KIMIN.

IM.4 <u>Amurru</u>.

INIM <u>abutu</u> 'word'.

ÌR <u>urdu</u> 'servant, slave'.

ITU <u>urḫu</u> 'month'; determinative.

ITU.BÁRA	<u>Nisannu</u>.
ITU.GU₄	<u>Ayyaru</u>.
ITU.SIG₄	<u>Simanu</u>.
ITU.ŠU	<u>Du'ūzu</u>.
ITU.NE	<u>Abu</u>.
ITU.KIN	<u>Ulūlu</u>.
ITU.DU₆/DUL	<u>Tašrītu</u>.
ITU.APIN	<u>Araḫsamna</u>.
ITU.GAN	<u>Kislīmu</u>.
ITU.AB	<u>Kanūnu</u>.
ITU.ZÍZ	<u>Šabaṭu</u>.
ITU.ŠE	<u>Addaru</u>.
ITU.DIRI.ŠE	<u>Addaru II</u>; leap month.

K

KA <u>pû</u> 'wording' in: KA <u>dan-né-te</u> 'wording of a tablet'.

KÁ <u>bābu</u> 'gate'.

KÀD rēḫtu 'remainder'.

KALAG danānu/da'ānu 'to be
  strong, hard'.

KAM 1. erēšu 'to request,
    demand'.
  2. post-determinative after
    dates; varies with the
    signs KÁM/KÁM*.

KAR eṭāru 'to save a person'.

KASKAL/KASKAL.2 ḫūlu/ḫarrānu
    'road'.
  KASKAL LUGAL/MAN ḫūl
    šarri/ḫarrān šarri
    'king's highway'.

KAŠ šikāru 'beer'.

KI issi 'with'.

KI.MAḪ kimaḫḫu 'grave/crypt'.

KI.TA šapal 'under, beneath'.

KI.TIM qaqquru 'earth'.

KI.UŠ kibsu 'tracks, steps';
    see note on No. 319:29
    and APN 59b.

KIMIN 'ditto'.

KÙ.BABBAR ṣarpu 'silver'.

KÙ.GI ḫurāṣu 'gold'.

KUR 1. mātu 'land'; determi-
    native.
  KUR.AN.ŠÁR.KI/KUR.AŠ māt
    Aššur 'land of Assyria'.

KUR.URI in personal names :
    Akkade; see CTN III p.4
    n.99.Otherwise: Urarṭu.
  2. šadû 'mountain'.
  3. kašādu 'to conquer'.
  4. ekallu 'palace'.

KUR₄.KUR₄ kabbaru 'fat,
    heavy'; in: GU₄.ÁB
    KUR₄.KUR₄.

KUR.NIM.MA matēma 'anytime,
    whenever'; see note on
    No.28:9'.

KÙŠ ammutu 'a cubit'.

KUŠ.TAB.BA ? 'oxhide'; see note
    on No.28:23'.

L

LAL maṭi 'less, minus (with
    numbers).
LAL 1. taqānu 'to be in order'.
  2. tarāṣu 'to be good,
    right'.

LÚ/LÚ* amēlu 'man'; deter-
    minative.
  A.BA tupšarru 'scribe';
    varies with DUB.SAR see
    K. Deller, BaM 13 (1982).
  A.BA DIB IM tupšarru ṣabit
    tuppi 'scribe who wrote
    (holds) the tablet'.
  A.BA ša AMA MAN tupšarru ša
    ummi šarri 'scribe of
    the queen mother'.
  A.BA É.DINGIR tupšar bīt ili
    'temple scribe'.
  A.BA KUR tupšar ekalli
    'palace scribe'.

A.BA MÍ.É.GAL ṭupšar ekallīti
'queen's scribe' (reading
uncertain).

A.KIN mār šipri 'messenger'.

A.SIG/SIG₅ According to
S.Parpola mār damqi
'chariot fighter'; see
ABZ pp.199-200.

A.ZU asû 'doctor'.

AGRIG abarakku 'steward'

AŠGAB aškāpu 'tanner'.

AZLAG aslāku 'fuller,
washerman'.

BÁḪAR paḫāru 'potter'.

DAM.QAR tamkāru 'merchant'
(reading uncertain).

DI.KU₅ day(y)ānu 'judge'.

DIB KUŠ.PA.MEŠ mukīl appāti
'rein-holder'.

DIŠ+U nāgiru 'herald';
varies with NIMGIR/
NÍMGIR.
DIŠ+U KUR nāgir ekalli
'palace herald'.

DUB.SAR ṭupšarru 'scribe';
varies with A.BA.

DUMU mar'a (with place name)
'resident, citizen of a
city, etc.'

DUMU.SIG/SIG₅ same as
A.SIG/SIG₅.

EGIR 'successor, guarantor'.

EN bēlu 'lord'.
EN URU bēl āli 'city
ruler'.
EN ŠU.2 bēl qatāti
'guarantor (of loans)'.

EN.NAM pāḫutu 'governor';
varies with NAM.

ENGAR ikkāru 'farmer'.

ERIM ṣābu 'soldier, man'.

GAL A.BA rab ṭupšarri 'chief
scribe'.

GAL A.ZU rab asî 'chief
doctor'.

GAL É rab bīti 'major-domo,
superintendent'.

GAL É.GAL rab ekalli 'palace
administrator'; varies
with GAL KUR.

GAL GIŠ.GAG rab sikkati
'military official'
(exact meaning unknown).

GAL GEŠTIN rab karāni 'wine
master'.

GAL ḪAL rab barî 'chief
diviner'.

GAL KA.KEŠDA rab kaṣiri
'chief carpet-maker'
(meaning uncertain).

GAL KAŠ.LUL rab šāqê 'chief
cupbearer'.

GAL KUR rab ekalli see GAL
É.GAL.

GAL MU rab nuḫatimmi 'chief
cook'.

GAL NI.GAB rab atî 'chief
door-keeper, chief gate-
guard'.

GAL SAG rab ša rēši 'chief
eunuch'.

GAL SIMUG rab nappāḫi 'chief
smith'.

GAL SUM.NINDA rab karkadinni
'chief confectioner'.

GAL URU.MEŠ rab ālāni
'village inspector'
(military rank?).

GAL UŠ.BAR rab išpari 'chief
weaver'.

GAL 50 rab ḫanša 'chief of
(a military unit of) 50'.

GAR/GAR-nu šaknu
'superior (military?)'.

GAR.KUR šakin māti 'governor
of a province'; see note
on No.19:29.

GAŠAN* É bēlet bīti 'lady of
the house'.

GÌR in: šá GÌR.2 ša šepē
'guardsman'.

GIŠ.GIGIR sūsānu '(chariot)
groom'.

GIŠ.GIGIR GAL sūsānu dannu
'chief (chariot) groom'.

GIŠ.GIGIR DU₈.MEŠ
taḫlīpāte type of
chariot (meaning
unknown).

GIŠ.GIGIR GÌR.2 ? 'driver
of the chariot.

GUR UMUŠ in: mu-GUR UMUŠ
mutēr ṭēmi 'agent'.

Ì.ŠUR ṣāḫitu 'oil-presser'.

ÌR urdu 'servant, slave'.

KA.KEŠDA kāṣiru 'carpet-
maker?'; sometimes
written with the deter-
minative TÚG.

KAŠ.LUL šaqiu 'cupbearer'.

LÚNGA/LÙNGA sirāšu 'brewer'.

LUL.MEŠ parriṣute 'people
responsible for a fine';
see No. 356.

MÁ.LAḪ₄/LAḪ₅ malāḫu
'sailor, boatman'.

MAḪ ṣīru 'emissary'.

MAŠ.MAŠ āšipu 'exorcist'.

MU nuḫatimmu 'cook'.

MUŠEN.DÙ ušandû 'bird-
catcher'.

NAGAR nagāru 'carpenter'.

NAGAR GIŠ.UMBIN.MEŠ
'wheelwright'.

NAM see EN.NAM.

NAR nâru 'musician'.

NI.GAB atû 'door-keeper,
gate-guard'.

NIMGIR/NIMGIR nāgiru
'herald'; see DIŠ+U.

NINDA āpiu? 'baker'.

NU.GIŠ.KIRI₆ nukaribbu 'a
gardener'.

QÀL qallu 'slave, servant'.

SAG ša rēsi 'eunuch'.

SANGA sangû 'priest'.

SANGA 2-u šangu šaniu
'assistant priest'.

SIMUG nappāḫu 'smith'

SIMUG AN.BAR 'ironsmith'.

SIMUG KÙ.GI 'goldsmith'.

SIMUG UD.KA.BAR 'bronze-
smith'

SIPA rā'iu 'shepherd'.

SIPA MUŠEN.MEŠ rā'i iṣṣūrē
'poulterer'.

SUKKAL sukkallu a high
administrative offiial.

šá É 2-i/e ša bīti šanî
'palace servant'.

šá SAGŠU ša kubši 'a
hatter'.

šá U.U See note on GPA No.
31:3.

šá UGU É šá muḫḫi bīti
'overseer, palace
superintendent'.

šá UGU URU ša muḫḫi āli
'city-overseer'.

ŠÀ.TAM šatammu
'administrator'.

ŠÁM šīmu 'purchased man'.

ŠE.KIN.TAR eṣidu 'a har-
vester'.

TIN etinnu 'master builder'.

TÚG KA.KEŠDA see KA.KEŠDA.

TUR ṣeḫru 'child, youth'.

UŠ rādiu 'driver (of an
animal)'.

UŠ.BAR išparu 'weaver'.

UŠ.BAR GÙN išpar birme
'weaver of colored
cloth'.

UŠBAR₅ išparu 'weaver';
varies with UŠ.BAR.

ZADIM.BAN.ME sasinnu 'bow
and arrow maker'.

ZI napšutu 'person'.

2-u šaniu 'assistant, second
in charge'.

3.U₅/3-si/3-si-šu taslīšu
'third charioteer'. Or 3-
SI, abbreviation for ḪU +
SI = U₅.

LUGAL šarru 'king'; varies with
MAN.

LUḪ mas'u 'refined/washed'.

M

MA/MA.NA manû 'mina'.

MAN šarru 'king'; varies with
LUGAL.

MAŠ ašarēd 'first in rank,
foremost'.

MÍ issutu 'woman, wife'.
MÍ.AMA LUGAL ummu šarri
'queen mother'.
MÍ.É.GAL ša ekalli 'queen'
(reading uncertain). Ac-
cording to S.Parpola
ekallītu.
MÍ.ERIM É.GAL/KUR šakintu;
see note on No. 12:6.
MÍ.GAR šakintu.
MÍ.GÉME KUR amat ekalli
'palace maid'.
MÍ.NIN aḫātu 'sister'.
MÍ.NIN.DINGIR.RA entu
'priestess' (exact
reading unknown).
MÍ.NU.KÚŠ.Ù almattu 'widow'.

MÍ.TUR seḫḫertu 'small
girl'.
MÍ-ú-ti issūtu 'marriage'.

MU/MU.AN.NA šattu ' year'.

MU šumu 'name'.

MURÚ 1. qablu 'middle, center'.
2. qabassu/qabsu 'middle,
center'.
MURÚ.URU qabassi/qabsi āli
'middle of the city'.

MUŠ ṣerru 'snake'.

MUŠEN iṣṣūru 'bird'.

N

NA₄ abnu 'stone'.
NA₄.KIŠIB kunukku 'seal'.
NA₄.RÚ narû 'boundary
stone'; a type of
kudurru.
NA₄.ZA.GÌN uqnû 'lapis
lazuli'.

NAG šatû 'to drink'.

NÍG.KA₉ nikkassī 'assets,
account'.

NIGIN paḫāru 'to bring
together, unit'. In
personal names: Upaḫḫir-
DN.

NINDA.MEŠ kusāpu 'bread'.

NIR.GÁL etellu 'prince'.

NU lā 'not'.

NU ṣalmu 'image, statue'

NUMUN zar'u/zēru 'seed'.

NUN rubû 'prince/ruler'.

NUNUZ līpu/pir'u 'offspring'.

P

PAP 1. aḫu 'brother'.
     2. gimru 'total'.

PÚ būru 'well'.

Q

QÀL qallu 'small'.

S

SAG rēšu 'head, beginning'.

SAG.MEŠ rēšāte Exact reading
        and meaning   unknown;
        according to J.N.Postgate
        'offerings of first-
        fruits'.

SAG.DU kaqqudu
        1. 'capital sum'.
        2. 'beginning' (of
        month).

SI.SÁ ešāru/ešēru 'to prosper,
        to be or become all
        right'.

SÍG šīpāte 'wool';
        determinative.

SIG₄ libittu 'brick'.

SIG₅ damāqu 'to be good'.

SILA sūqu 'street'.

SUḪUR tēḫi 'adjoining';
        interchanges with
        GAB.DI/GABA.DI.

SUḪUŠ ubru 'foreigner'; see GPA
        p.67f.

SU râbu 'to replace'.

SU₇ See ŠE.SU₇.

SUM tadānu 'to give, sell'.

Š

ŠÀ libbu 'heart, interior'.
    ina ŠÀ ina libbi 'for
        (the price)'.
    TA* ŠÀ issu libbi 'from'.

ŠE.BÁN uṭṭutu 'barley'.

ŠE.GIŠ.Ì šamaššammī 'sesame'.

ŠE.GIG kibtu 'wheat'.

ŠE.IN.NU tibnu 'straw'.

ŠE.NUMUN zar'u 'seed'.

ŠE.PAD.MEŠ ? 'barley'. See
        R.Borger, RLA 3 310.

ŠE.SU₇ tarammu 'corn heap'.

ŠEŠ aḫu 'brother'; varies with
        PAP.

ŠU/ŠU.2 qātu/qātē
        'hand/hands'.
    ša ŠU.2 'under the
        control of'.

ina ŠU.2 'next to, by';
    Aramaic influence? See
    No. 260:13'.

ŠU gimillu in: ŠU GUR gimillu
    turru 'to wreak vengeance'.

T

TA/TA* issi 'with, against'.
    issu 'from'.

TA.AN/TA.AN.NA See A.TA.AN.

TE sukku 'cheek'; see GPA p.277
    n.67. See UNU.

TÉŠ bâšu D 'to put to shame'.

TI leqû 'to take, buy'.

TI/TI.LA balāṭu 'to live;
    life'.

TIL gamāru 'to finish,
    complete'.

TÚG ṣubātu 'clothing,
    material'; determinative.

TUK 1. rašû 'to get, obtain'.
    2. bašû 'to exist'.

TÙR tarbuṣu 'barnyard, court'.

U

Ú.SAR urqu 'garden'.

UD ūmu 'day'.

UDU immeru 'sheep';
    determinative.
  UDU.NÍTA iābilu 'ram'.

UDU.U₈ (a)gurra/utu 'ewe,
    female sheep'.
UDU.ÙZ ezzu 'she-goat'.

UGU muḫḫu 'top'.
  ina muḫḫi 'on (the
    responsibility of)'.
  ina muḫḫi 'upon'.
  ina muḫḫi 'concerning'.

UMUN bēlu 'lord'.

UN.MEŠ nišī 'people'.

ÚNU (TE-UNUG) usukku 'cheek'.

ÚR sūnu 'lap'.

UR₅ šuātu 'that'.

URU ālu 'city'.
  URU.BÀD-d.BE Dūr-Bēl.
  URU.BÀD-MAN-GI.NA Dūr-
    Šarrukīn.
  URU.BÁR.SIPA.KI Barsip.
  URU.DI.KU₅-d.IM Dayyān-Adad.
  URU.DU₆<<DUL>>-LÚ*.KUR.GAR.RA
    Til-Kurgarri.
  URU.KÁ.DINGIR No.46:14
    Bābili.
  URU.KASKAL Ḫarrānu.
  URU.NIM.MA Elamtu.
  URU.NINA Ninua.
  URU.ŠÀ.URU Aššur.
  URU.TI.LA.MEŠ Balāṭu.
  URU.UNUG.KI Uruk.
  URU.4*-ḫa Arrapḫa.
  URU-4*-íl Arbail

URU.ŠE kapru 'village'; cf.
    J.N. Postgate, AfO 24
    275.

URUDU 1. ēriu 'copper'.
          2. siparru 'bronze'.

UŠ šiddu 'side'.

ÚŠ muātu 'to die'.
   ÚŠ.MEŠ damu 'blood money'.

Z

ZÁḪ halāqu 'to flee, to
       disappear'.

ZÁLAG namāru 'to shine
      brightly'.

ZU le'û 'to be able'.

List of New Joins

	No.
K.439 + 17997	28
K.459 + 8783	319
K.461 + 1510	262
K.7439 + 16823	380
K.14294 + 80-7-19,301	4
K.15265 + 20534 + 20535 + 20540 + Rm.182	335
Ki.1904-10-9,139 + 393	393
Ki.1904-10-9,145 + 293 + 378	232
Ki.1904-10-9,147 + 388 + 391 + 395	354
Ki.1904-10-9,292 + 310 + 314 + 316	56

Concordance NALK

NALK	Museum Number	ADD	AR	NALK	Museum Number	ADD	AR
1	K.3721	311	53	35	K.1488	436	163
2	81-2-4,152	245	81	36	Ki.1904-10-9,162	1180	
3	80-7-19,51	70	115	37	K.1601	425	413
4	K.14294+	499+	563+	38	Rm.2,493	496	350
		796	511	39	K.1867	140	317
5	K.8528	613	403	40a	K.342a	48	298
6	83-1-18,356	184	190	40b	K.342b	49	297
7	80-7-19,48	58	150	41	K.3610+	805	161
8	Rm.2,165	223	515	42	K.362	163	182
9	Bu.89-4-26,14	148	325	43	K.10488	487	621
10	80-7-19,350+	346	48	44	K.326	412	334
11	Bu.91-5-9,114	171	646	45	81-2-4,154	252	633
12	DT 12	317	39	46	Sm.3	625	176
13	81-2-4,149	232	458	47	K.300	179	473
14	82-5-22,34	447	61	48	K.460	296	79
15	K.333	59	123	49	K.325	141	304
16	K.1337	62	131	50	K.304+	176+	630+
17	Bu.91-5-9,197	643	448			323	469
18	K.355	63	126	51	Ki.1904-10-9,56	1159	
19	K.1604	468	439	52	K.290	31	280
20	Th.1905-4-9,356	1252		53	K.3501	29	279
21	Rm.62	520	411	54	83-1-18,407	133	307
22	83-1-18,340	175	203	55	83-1-18,408	145	331
23a	82-5-22,176b	25	268	56	Ki.1904-10-9,292+	1213+	
23b	82-5-22,176a	24	267			1215+	
24	K.458	476	185			1216	
25	K.299	628	144	57	83-1-18,406	134	308
26	K.1569	313	493	58	K.406	135	236
27	83-1-18,331+	473	96	59	K.340	131	323
28	K.439+	474	96a	60	83-1-18,405	142	310
29	Bu.89-4-26,120	201	38	61	Rm.176	149	309
30	Bu.91-5-9,59+	264	527	62	K.373	132	311
31	K.911	55	247	63	K.1858	143	332
32	Ki.1904-10-9,13	1152		64	K.338	136	312
33	K.343	28	248	65	K.13146	139	316
34	83-1-18,370	51	252	66	K.9591	720	329

NALK	Museum Number	ADD	AR	NALK	Museum Number	ADD	AR
67	K.14288	792	238	99	K.316	328	357
68	83-1-18,323	138	328	100	K.1486	354	348
69	K.386	619	47	101a	K.319b	154	227
70	83-1-18,354	61	127	101b	K.319a	153	228
71	K.429	357	345	102	K.1379	57	263
72	80-7-19,49	244	159	103	83-1-18,335	350	165
73	Rm.190	152	653	104	Rm.2,22	197	488
74	K.4774	485	177	105	K.313	622	119
75	K.9740	467	383	106	81-7-27,26	463	193
76	Rm.560+	495	617	107	K.314	329	359
77	Ki.1904-10-9,163+	1181		108	82-5-22,38	164	658
78	K.10745	407	416	109	Rm.160	294	49
79	K.1421	114	326	110	83-1-18,737	523	406
80	79-7-8,189	9	249	111	Ki.1904-10-9,189	1194	
81a	K.318b	39	299	112	K.414	66	124
81b	K.318a	38	300	113	K.454	265	75
82	Rm.127	586	566	114	K.453	428	106
83	81-7-27,68	389	170	115	Bu.91-5-9,123	507	611
84	K.1513	241	73	116	K.443	177	183
85a	Ki.1904-10-9,179	1187		117	82-5-22,35	500	615
85b	Ki.1904-10-9,178	1186		118	K.282	349	340
86	K.1397	11	256	119	K.298	446	376
87a	K.14313	800		120	K.301	308	57
87b	K.377	117	225	121	K.302	361	377
88	K.376	118	315	122	K.305	327	358
89	K.334	178	486	123	K.311	325	341
90	K.349	64	152	124	K.320	711	55
91	81-2-4,158	251	490	125	K.329	318	632
92	K.442	386	171	126.	K.330	621	118
93	K.405	335	337	127	K.420	414	210
94	Bu.91-5-9,4	17	246	128	K.421	623	120
95a	K.3789b	74	138	129	K.424+	211	217
95b	K.3789a	73	137	130	K.425	235	231
96a	K.363b	104	(241)	131	K.428	312	467
96b	K.363a	103	241	132	K.441+	400	396
97	K.977	42	296	133	K.1568	309	56
98	83-1-18,398	314	42	134	K.12952	348	367

NALK	Museum Number	ADD	AR	NALK	Museum Number	ADD	AR
135	Sm.270	401	435	170	K.419	218	188
136	K.309a	207	509	171	83-1-18,334	255	50
137	K.367	151	319	172	K.411	98	229
138	K.368	23	266	173	Rm.179	627	99
139	K.384	1	287	174	Rm.171	472	101
140	K.3503	46	302	175	Sm.653	727	92
141	Rm.2,319	80	640	176	Sm.1076	452	556
142	83-1-18,368	13	273	177	Rm.181	287	95
143a	Ki.1904-10-9,183	1191		178	Rm.553	494	618
143b	Ki.1904-10-9,182	1190		179	Rm.583	316	74
144	80-7-19,353	215	166	180	K.1378	6	289
145	K.13845	426	89	181	Rm.187	195	485
146	K.281	233	208	182	K.395	36	242
147	K.381	4	285	183	82-5-22,31	376	430
148	Th.1905-4-9,49	1246		184	K.422	75	652
149	K.1492+	310	158	185	Rm.189	248	455
150	83-1-18,364	100	636	186	Sm.649+	320	529
151	K.413	43	281	187	K.1495	480	622
152	83-1-18,460	360	373	188	K.9195	486	198
153	K.332	359	372	189	Sm.199+	180	495
154	K.341	364	374	190	Sm.1053	492	432
155	Bu.91-5-9,10	150	222	191	Rm.2,499	497	616
156	83-1-18,357	330	195	192	K.427	351	336
157	83-1-18,269	502	562	193	82-5-22,42	101	642
158	K.350	40	293	194	83-1-18,338	257	66
159	83-1-18,366	167	223	195	Th.1905-4-9,44	1241	
160	83-1-18,333	8	257	196	82-5-22,110	406	417
161	Rm.470	493	619	197	K.345	166	644
162	Ki.1904-10-9,44	1157		198	Sm.957	128	322
163	K.1361	102		199a	K.374a	88	143
164a	K.361a	123	219	199b	K.374b	87	142
164b	K.361b	122	220	200	K.1435	334	631
165	Sm.921	378	429	201	K.339	21	253
166	Rm.173	18	269	202	K.426	385	194
167	Rm.2,20	375	426	203	Th.1905-4-9,48	1245	
168	Th.1905-4-9,43	1240		204	Ki.1904-10-9,133	1167	
169	K.1420	71	147	205	K.279	160	657

NALK	Museum Number	ADD	AR	NALK	Museum Number	ADD	AR
206	79-7-8.275	411	414	241	83-1-18,352	188+ 183	479+ 466
207	81-2-4,155	417	449	242	K.387	65	141
208	83-1-18,329	533	564	243	Bu.91-5-9,179	200	482
209	82-5-22,151	501	197	244	K.372	185	483
210	83-1-18,359	253	85	245	83-1-18,461b	331	356
211	80-7-19,47	33	291	246	K.399+	801	65a
212	K.1859+	413	342	247	K.347	258	65b
213	K.309b	27	261	248	K.306	420	100
214	K.295	307	37	249	81-7-27,28	421	100a
215	K.331	250	72	250	K.365	35	262
216	K.397	105	649	251	82-5-22,29	237	71
217	K.408	214	510	252	80-7-19,83	377	399
218	K.430	260	552	253	K.1602	439	110
219	K.457	254	192	254	K.404	115	321
220	K.1518	182	496	255	83-1-18,382	116	320
221	83-1-18,773	505	613	256	K.324	470	168
222	Bu.91-5-9,182	249	84	257	K.317	444	445
223	82-3-23,25	280	215	258	Bu.91-5-9,162	445	446
224	K.352+	391	394	259	Rm.183	362	378
225	83-1-18,688	394	169	260	K.446	471	167
226	K.335	382	395	261	K.448	477	625
227	82-3-23,143	392	31	262	K.461+	433+ 599	108+ 672
228	80-7-19,138	405	418	263	K.1447	418	211
229	83-1-18,379	393	424	264	K.1485	203	484
230	Ki.1904-10-9,188	1193		265	K.1499	448	443
231	Ki.1904-10-9,104	1165		266	K.1505+	322	200
232	Ki.1904-10-9,145	1175+ 1212+ 1230		267	K.1507	571	590
233	K.364	16	270	268	K.1511	451	109
234	K.6107	121	226	269	K.1563	247	83
235	K.416	266	538	270	K.6275	515	408
236	Bu.89-4-26,7	60	153	271	K.9747	419	444
237	83-1-18,341	202	477	272	80-7-19,140	271	68
238	K.327	172	461	273	83-1-18,689	270	67
239	K.388	366	52	274	80-7-19,348	429a,b,c	105
240	K.1140	187	465	275	83-1-18,350	"	"

NALK	Museum Number	ADD	AR	NALK	Museum Number	ADD	AR
276	83-1-18,387	"	"	313	83-1-18,373	99	240
277	81-2-4,153+	174	497	314	83-1-18,374	44	295
278	83-1-18,259+	297	547	315	K.438	629	146
279	83-1-18,348	424	90	316	K.1570	601	674
280	83-1-18,353+	503	614	317	83-1-18,367	168	651
281	83-1-18,579	596	579	318	Bu.89-4-26,22	227	514
282	83-1-18,723	611	682	319	K.459+	384+ 528	436+ 606
283	Ki.1904-10-9,21	1153					
284	Ki.1904-10-9,31	1155		320	K.4805	514	386
285	Ki.1904-10-9,181	1189		321	K.1427	478	624
286	Bu.91-5-9,41	408	415	322	K.1434	110	278
287	K.291	147	324	323	79-7-8,32	464	111
288	K.415	165	645	324	Rm.177	76	654
289	83-1-18,376	409	433	325	Bu.89-4-26,131	506	612
290	K.4692	45	272	326	K.394	47	251
291	Rm.2,282	410	431	327	79-7-8,287	32	245
292	83-1-18,342	624	135	328	Rm.168	262	553
293	Bu.91-5-9,209	374	397	329	80-7-19,314	108	303
294	K.353+	173	487	330	Ki.1904-10-9,58	1162	
295	83-1-18,358	284	462	331	K.293	373	400
296	Bu.91-5-9,146	537	605	332	K.1469	217	518
297	K.452	397	422	333	K.294	324	36
298	82-5-22,45	282		334	K.289	618	660
299	K.10412+	802	76	335	K.15265+	1269+ 333	339
300	K.1856	278	531				
301	81-2-4,150	231	202	336	83-1-18,396	78	155
302	K.76	229	64	337	83-1-18,357	199	478
303	83-1-18,201	113	637	338	83-1-18,560	181	460
304	Bu.89-4-26,32	119	221	339	83-1-18,393	89	136
305	K.400	83	140	340	Sm.475	155	237
306	K.3496	84	139	341	83-1-18,134	321	659
307	Ki.1904-10-9,46	1158		342	Rm.2,378	554	599
308	Bu.91-5-9,94	186	476	343	K.285	383	33
309	81-2-4,151	124	224	344	K.1573	481	162
310	Bu.89-4-26,10	126	638	345	83-1-18,371	26	255
311	K.284	15	260	346	82-5-22,41	3	283
312	Rm.175	41	294	347	Rm.165	161	51

NALK	Museum Number	ADD	AR	NALK	Museum Number	ADD	AR
348	K.434	336	172	383	81-2-4,147	129	313
349	K.1432	92	239	384	K.3784	130	327
350	K.5707	639	576	385	82-5-22,36	198	472
351	Rm.2,21	509	609	386	Bu.91-5-9,95+	443	97
352a	K.13007	82	117a	387	80-7-19,42	69	134
352b	K.409	81	117b	388	K.336	50	301
353	Ki.1904-10-9,190+	1195		389	K.356	37	243
354	Ki.1904-10-9,147+	1176+ 1236		390	Ki.1904-10-9,195	1198	
				391	Ki.1904-10-9,187	1192	
355	K.383	234	523	392	K.323	68	112
356	82-5-22,47	112	235	393	Ki.1904-10-9,139+	1170+ 1235	
357	81-2-4,156	34	264				
358	K.346+	427	186	394	Rm.167	230	60
359	Bu.91-5-9,84+	508	610	395	K.344	22	265
360	81-7-27,27	240	59	396	Ki.1904-10-9,167+	1185	
361	82-3-23,134+	238	201	397	Ki.1904-10-9,148	1177	
362	83-1-18,343	239	554	398	K.179	2	286
363	Sm.1678	212	459	399	K.1608b	259	86
364	Bu.91-5-9,40	226	501	400	83-1-18,363	315	502
365	K.337	19	250	401	K.455	86	43
366	K.1429	20	282	402	K.321	208	40
367	83-1-18,344	222	500	403	K.287	5	635
368	K.288	127	314	404	K.13075+	96+ 170	662+ 647
369	K.444	236	80				
370	K.447	422	103	405	K.3146+	804	102
371	K.10474	423	104	406	K.451+	206	196
372	K.13187	725	541	407	K.1439+	209	521
373	Rm.156	326	173	408	K.1466	267	551
374	80-7-19,150	196	494	409	Ki.1904-10-9,180	1188	
375	83-1-18,163	319	492	410	Sm.1476	602	675
376	83-1-18,339	246	82	411	K.437	242	457
377	83-1-18,365	30	254	412	Rm.158	190	480
378	K.7682	210	204	413	K.976	67	125
379	Rm.2,19	415	437	414	K.8754	261	87
380	K.7439+	303	607	415	Bu.89-4-26,122	263	175
381	Sm.701+	213	189	416	DT 308+	339	362
382	K.1608a	228	641	417	80-7-19,149	137	318

NALK	Museum Number	ADD	AR
418	K.370	162	643
419	83-1-18,330	120	306
420	80-7-9,188	498	164
421	Sm.1342	434	54
422	80-7-19,93	356	346
423	Ki.1904-10-9,43	1156	
424	K.382	640	45
425	K.418	641	44
426	K.296	642	464

Concordance Museum Numbers

Museum Number	NALK	ADD	AR	Museum Number	NALK	ADD	AR
K 76	302	229	64	320	124	711	55
179	298	2	286	321 ·	402	208	40
279	205	160	657	323	392	68	112
281	146	233	208	324	256	470	168
282	118	349	340	325	49	141	304
284	311	15	260	326	44	412	334
285	343	383	33	327	238	172	461
287	403	5	635	329	125	318	632
288	368	127	314	330	126	621	118
289	334	618	660	331	215	250	72
290	52	31	280	332	153	359	372
291	287	147	324	333	15	59	123
293	331	373	400	334	89	178	486
294	333	324	36	335	226	382	395
295	214	307	37	336	388	50	301
296	426	642	464	337	365	19	250
298	119	446	376	338	64	136	312
299	25	628	144	339	201	21	253
300	47	179	473	340	59	131	323
301	120	308	57	341	154	364	374
302	121	361	377	342a	40a	48	298
304+	50	176+	630+	342b	40b	49	297
		323	469	343	33	28	248
305	122	327	358	344	395	22	265
306	248	420	100	345	197	166	644
309a	136	207	509	346+	358	427	186
309b	213	27	261	347	247	258	65
311	123	325	341	349	90	64	152
313	105	622	119	350	158	40	293
314	107	329	359	352+	224	391	394
316	99	328	357	353+	294	173	487
317	257	444	445	355	18	63	126
318a	81b	38	300	356	389	37	243
318b	81a	39	299	361a	164a	123	219
319b	101a	154	227	361b	164b	122	220
319a	101b	153	228	362	42	163	182

Museum Number	NALK	ADD	AR	Museum Number	NALK	ADD	AR
363a	96b	103	241	420	127	414	210
363b	96a	104	(241)	421	128	623	120
364	233	16	270	422	184	75	652
365	250	35	262	424+	129	211	217
367	137	151	319	425	130	235	231
368	138	23	266	426	202	385	194
370	418	162	643	427	192	351	336
372	244	185	483	428	131	312	467
373	62	132	311	429	71	357	345
374a	199a	88	143	430	218	260	552
374b	199b	87	142	434	348	336	172
376	88	118	315	437	411	242	457
377	87b	117	225	438	315	629	146
381	147	4	285	439+	28	474	96a
382	424	640	45	441+	132	400	396
383	355	234	523	442	92	386	171
384	139	1	287	443	116	177	183
386	69	619	47	444	369	236	80
387	242	65	141	446	260	471	167
388	239	366	52	447	370	422	103
394	326	47	251	448	261	477	625
395	182	36	242	451+	406	206	196
397	216	105	649	452	297	297	422
399+	246	801	65a	453	114	428	106
400	305	83	140	454	113	265	75
404	254	115	321	455	401	86	43
405	93	335	337	457	219	254	192
406	58	135	236	458	24	476	185
408	217	214	510	459+	319	384+	436+
409	352b	81	117	8783		528	606
411	172	98	229	460	48	296	79
413	151	43	281	461+	262	433+	108+
414	112	66	124	1510		599	672
415	288	165	645	911	31	55	247
416	235	266	538	976	413	67	125
418	425	641	44	977	97	42	296
419	170	218	188	1140	240	187	465

Museum Number	NALK	ADD	AR	Museum Number	NALK	ADD	AR
1337	16	62	131	1856	300	278	531
1361	163	102		1858	143	63	332
1378	180	6	289	1859+	212	413	342
1379	102	57	263	1867	39	140	317
1397	86	11	256	3146+	405	804	102
1420	169	71	147	3496	306	84	139
1421	79	114	326	3501	53	29	279
1427	321	478	624	3503	140	46	302
1429	366	20	282	3610+	41	805	161
1432	349	92	239	3721	1	311	53
1434	322	110	278	3784	384	130	327
1435	200	334	631	3789a	95b	73	137
1439+	407	209	521	3789b	95a	74	138
1447+	263	418	211	4692	290	45	272
1466	408	267	551	4774	74	485	177
1469	332	217	518	4805	320	514	386
1485	264	203	484	5707	350	639	576
1486	100	354	348	6107	234	121	226
1488	35	436	163	6275	270	515	408
1492+	149	310	158	7439+	380	303	607
1495	187	480	622	7682	378	210	204
1499	265	448	443	8528	5	613	403
1505+	266	322	200	8754	414	261	87
1507	267	571	590	9195	188	486	198
1511	268	451	109	9591	66	720	329
1513+	84	241	73	9740	75	467	383
1518	220	182	496	9747	271	419	444
1563	269	247	83	10412+	299	802	76
1568	133	309	56	10474	371	423	104
1569	26	313	493	10488	43	487	621
1570	316	601	674	10745	78	407	416
1573	344	481	162	12952	134	348	367
1601	37	425	413	13007	352a	82	117a
1602	253	439	110	13075+	404	96+	662+
1604	19	468	439			170	647
1608a	382	228	641	13146	65	139	316
1608b	399	259	86	13187	372	725	541

Museum Number	NALK	ADD	AR	Museum Number	NALK	ADD	AR
13845	145	426	89	181	177	287	95
14288	67	792	238	183	259	362	378
14294+	4	499+	563+	187	181	195	485
		796	511	189	185	248	455
14313	87a	800		190	73	152	653
15265+	335	1269+	339	470	161	493	619
		333		553	178	494	618
Sm 3	46	625	176	560+	76	495	617
199+	189	180	495	583	179	316	74
270	135	401	435	Rm 2			
475	340	155	237	19	379	415	437
649+	186	320	529	20	167	375	426
653	175	727	92	21	351	509	609
701+	381	213	189	22	104	197	488
921	165	378	429	165	8	223	515
957	198	128	322	282	291	410	431
1053	190	492	432	319	141	80	640
1076	176	452	556	378	342	554	599
1342	421	434	54	493	38	496	350
1476	410	602	675	499	191	497	616
1678+	363	212	459	79-7-8			
DT 12	12	317	39	32	323	464	111
308+	416	339	362	189	80	9	249
Rm 62	21	520	411	275	206	411	414
127	82	586	566	287	327	32	245
156	373	326	173	80-7-19			
158	412	190	480	42	387	69	134
160	109	294	49	47	211	33	291
165	347	161	51	48	7	58	150
167	394	230	60	49	72	244	159
168	328	262	553	51	3	70	115
171	174	472	101	83	252	377	399
173	166	18	269	93	422	356	346
175	312	41	294	138	228	405	418
176	61	149	309				
177	324	76	654	140	272	271	68
179	173	627	99	149	417	137	318

Museum Numbers	NALK	ADD	AR	Museum Number	NALK	ADD	AR
150	374	196	494	47	356	112	235
188	420	498	164	110	196	406	417
314	329	108	303	151	209	501	197
348	274	429	105	176b	23a	25	268
350+	10	346	48	176a	23b	24	267
353+	144	215	166	83-1-18			
81-2-4				134	341	321	659
147	383	129	313	163	375	319	492
149	13	232	458	201	303	113	637
150	301	231	202	259+	278	297	547
151	309	124	224	269	157	502	562
152	2	245	81	323	68	138	328
156	357	34	264	329	208	533	564
153+	277	174	497	330	419	120	306
154	45	252	633	331+	27	473	96
155	207	417	449	333	160	8	257
158	91	251	490	334	171	255	50
81-7-27				335	103	350	165
26	106	463	193	337	156	330	195
27	360	240	59	338	194	257	66
28	249	421	100a	339	376	246	82
68	83	389	170	340	22	175	203
82-3-23				341	237	202	477
25	223	280	215	342	292	624	135
134+	361	238	201	343	362	239	554
143	227	392	31	344	367	222	500
82-5-22							
29	251	237	71	348	279	424	90
31	183	376	430	350	275	429abc	105
34	14	447	61	352+	241	188+	479+
						183	466
35	117	500	615	353+	280	503	614
36	385	198	472	354	70	61	127
38	108	164	658	356	6	184	190
41	346	3	283	357	337	199	478
42	193	101	642	358	295	284	462
45	298	282		359	210	253	85

Museum Number	NALK	ADD	AR	Museum Number	NALK	ADD	AR
363	400	315	502	120	29	201	38
364	150	100	636	122	415	263	175
365	377	30	254	131	325	506	612
366	159	167	223	Bu 91-5-9			
367	317	168	651	4	94	17	246
368	142	13	273	10	155	150	222
370	34	51	252	40	364	226	501
371	345	26	255	41+	286	408	415
373	313	99	240	59+	30	264	527
374	314	44	295	84+	359	508	610
376	289	409	433	94	308	186	476
379	229	393	424	95+	386	443	97
382	255	116	320	114	11	171	646
387	276	429c	105	123	115	507	611
393	339	89	136	146	296	537	605
396	336	78	155	162	258	445	446
398	98	314	42	179	243	200	482
405	60	142	310				
406	57	134	308	182	222	249	84
407	54	133	307	197	17	643	448
408	55	145	331	209	293	374	397
460	152	360	373	Ki 1904-10-9			
				13	32	1152	
461b	245	331	356	21	283	1153	
560	338	181	460	31	284	1155	
579	281	596	579	43	423	1156	
688	225	394	169	44	162	1157	
689	273	270	67	46	307	1158	
723	282	611	682	56	51	1159	
737	110	523	406	58	330	1162	
773	221	505	613	104	231	1165	
Bu 89-4-26				133	204	1167	
7	236	60	153	139+	393	1170 + 1235	
10	310	126	638	145+	232	1175 + 1212 + 1230	
14	9	148	325	147+	354	1176 + 1236	
22	318	227	514	148	397	1177	
32	304	119	221	162	36	1180	

Museum Number	NALK	ADD	AR
163+	77	1181	
167+	396	1185	
178	85b	1186	
179	85a	1187	
180	409	1188	
181	285	1189	
182	143b	1190	
183	143a	1191	
187	391	1192	
188	230	1193	
189	111	1194	
190+	353	1195	
195	390	1198	
292+	56	1213 + 1215 + 1216	
Th 1905-4-9,			
43	168	1240	
44	195	1241	
48	203	1245	
49	148	1246	
356	20	1252	

Concordance ADD – NALK

ADD	NALK	ADD	NALK	ADD	NALK	ADD	NALK	ADD	NALK
1	139	41	312	84	306	133	54	177	116
2	398	42	97	86	401	134	57	178	89
3	346	43	151	87	199b	135	58	179	47
4	147	44	314	88	199a	136	64	180	189
5	403	45	290	89	339	137	417	181	338
6	180	46	140	92	349	138	68	182	220
8	160	47	326	96+	404	139	65	184	6
9	80	48	40a	98	172	140	39	185	244
11	86	49	40b	99	313	141	49	186	308
13	142	50	388	100	150	142	60	187	240
15	311	51	34	101	193	143	63	188+	241
16	233	57	102	102	163	145	55	190	412
17	94	55	31	103	96b	147	287	195	181
18	166	58	7	104	96a	148	9	196	374
19	365	59	15	105	216	149	61	197	104
20	366	60	236	108	329	150	155	198	385
21	201	61	70	110	322	151	137	199	337
22	395	62	16	112	356	152	73	200	243
23	138	63	18	113	303	153	101b	201	29
24	23b	64	90	114	79	154	101a	202	237
25	23a	65	242	115	254	155	340	203	264
26	345	66	112	116	255	160	205	206	406
27	213	67	413	118	88	161	347	207	136
28	33	68	392	119	304	162	418	208	402
29	53	69	387	120	419	163	42	209	407
30	30	70	3	121	234	164	108	210	378
31	52	71	169	122	164b	165	288	211	129
32	327	73	95b	123	164a	166	197	212	363
33	211	74	95a	124	309	167	159	213	381
34	357	75	184	126	310	168	317	214	217
35	250	76	324	127	368	171	11	215	144
36	182	78	336	128	198	172	238	217	332
37	389	80	141	129	383	173	294	218	170
38	81b	81	352b	130	384	174	277	222	367
39	81a	82	352a	131	59	175	22	223	8
40	158	83	305	132	62	176+	50	226	364

ADD	NALK	ADD	NALK	ADD	NALK	ADD	NALK	ADD	NALK
227	318	266	235	334	200	405	228	452	176
228	382	267	408	335	93	406	196	463	106
229	302	270	273	336	348	407	78	464	323
230	394	271	272	339	416	408	286	467	75
231	301	278	300	346	10	409	289	468	19
232	13	280	223	348	134	410	291	470	256
233	146	282	298	349	118	411	206	471	260
234	355	284	295	350	103	412	44	472	174
235	130	287	177	351	192	413	212	473	27
236	369	294	109	354	100	414	127	474	28
237	251	296	48	356	422	415	379	476	24
238	238	297	278	357	71	417	207	477	261
239	362	303	380	359	153	418	263	478	321
240	360	307	214	360	152	419	271	480	187
241	84	308	120	361	121	420	248	481	344
242	411	309	133	362	259	421	249	485	74
244	72	310	149	364	154	422	370	486	188
245	2	311	1	366	239	423	371	487	43
246	376	312	131	373	331	424	279	492	190
247	269	313	26	374	293	425	37	493	161
248	185	314	98	375	167	426	145	494	178
249	222	315	400	376	183	427	358	495	76
250	215	316	179	377	252	428	114	496	38
251	91	317	12	378	165	429a	274	497	191
252	45	318	125	382	226	429b	275	498	420
253	210	319	375	383	343	429c	276	499+	4
254	219	320	186	384+	319	433+	262	500	117
255	171	321	341	385	202	434	421	501	209
257	194	322	266	386	92	436	35	502	157
258	247	324	333	389	83	439	253	503	280
259	399	325	123	391	224	443	386	505	221
260	218	326	373	392	227	444	257	506	325
261	414	327	122	393	229	445	258	507	115
262	328	328	99	394	225	446	119	508	359
263	415	329	107	397	297	447	14	509	351
264	30	330	156	400	132	448	265	514	320
265	113	331	245	401	135	451	268	515	270

ADD	NALK	ADD	NALK
520	21	1152	32
523	110	1153	283
533	208	1155	284
537	296	1156	423
554	342	1157	162
571	267	1158	307
586	82	1159	51
596	281	1162	330
601	316	1165	231
602	410	1167	204
611	282	1170+	393
613	5	1175+	232
618	334	1176+	354
619	69	1177	397
621	126	1180	36
622	105	1181	77
623	128	1185	396
624	292	1186	85b
625	46	1187	85a
627	173	1188	409
628	25	1189	285
629	315	1190	143b
639	350	1191	143a
640	424	1192	391
641	425	1193	230
642	426	1194	111
643	17	1195	353
711	124	1198	390
720	66	1213+	56
725	372	1240	168
727	175	1241	195
792	67	1245	203
800	87a	1246	148
801	246	1252	20
802	299	1269+	335
804	405		
805	41		

Concordance AR – NALK

AR	NALK	AR	NALK	AR	NALK	AR	NALK	AR	NALK
31	392	76	802	118	126	169	225	223	159
33	343	79	48	119	105	170	83	224	309
36	333	80	369	120	128	171	92	225	87
37	214	81	2	123	15	172	348	226	234
38	29	82	376	124	112	173	373	227	101a
39	317	83	269	125	413	175	415	228	101b
40	402	84	222	126	18	176	46	229	172
42	98	85	210	127	70	177	74	231	130
43	401	86	399	131	16	182	42	235	356
44	425	87	414	134	387	183	116	236	58
45	424	89	145	135	292	185	24	237	340
47	69	90	279	136	339	186	358	238	67
48	10	92	175	137	95b	188	170	239	349
49	109	95	177	138	95a	189	381	240	313
50	171	96	27	139	306	190	6	241	96
51	347	96a	28	140	305	192	219	242	182
52	239	97	386	141	242	193	106	243	389
53	1	99	173	142	199b	194	202	245	327
54	421	100	248	143	199a	195	156	246	94
55	124	100a	249	144	25	196	406	247	31
56	133	101	174	146	315	197	209	248	33
57	120	102	405	147	169	198	188	249	80
59	360	103	370	150	7	200	266	250	365
60	394	104	371	152	90	201	361	251	326
61	14	105	274	153	236	202	301	252	34
64	302	"	275	155	336	203	22	253	201
65	247	"	276	158	149	204	378	254	377
65a	246	106	114	159	72	208	146	255	345
66	194	108+	262	161	41	210	127	256	86
67	273	109	268	162	344	211	263	257	160
68	272	110	253	163	35	215	223	260	311
71	251	111	323	164	420	217	129	261	213
72	215	112	392	165	103	219	164a	262	250
73	84	115	3	166	144	220	164b	263	102
74	179	117	352b	167	260	221	304	264	357
75	113	117a	352a	168	256	222	155	265	395

AR	NALK	AR	NALK	AR	NALK	AR	NALK	AR	NALK
266	138	313	383	373	152	445	257	502	400
267	23b	314	368	374	154	446	258	509	136
268	23a	315	88	376	119	448	17	510	217
269	166	316	65	377	121	449	207	514	318
270	233	317	39	378	259	455	185	515	8
272	290	318	417	383	75	457	411	518	332
273	142	319	137	386	320	458	13	521	407
278	322	320	255	394	224	459	363	523	355
279	53	321	254	395	226	460	338	527	30
280	52	322	198	396	132	461	238	529	186
281	151	323	59	397	293	462	295	531	300
282	366	324	287	399	252	464	426	538	235
283	346	325	9	400	331	465	240	541	372
285	147	326	79	403	5	467	131	547	278
286	398	327	384	406	110	472	385	551	408
287	139	328	68	408	270	473	47	552	218
289	180	329	66	411	21	476	308	553	328
291	211	331	55	413	37	477	237	554	362
293	158	332	63	414	206	478	337	556	176
294	312	334	44	415	286	479+	241	562	157
295	314	336	192	416	78	480	412	563+	4
296	97	337	93	417	196	482	243	564	208
297	40b	339	335	418	228	483	244	566	82
298	40a	340	118	422	297	484	264	576	350
299	81a	341	123	424	229	485	181	579	281
300	81b	342	212	426	167	486	89	590	267
301	388	345	71	429	165	487	294	599	342
302	140	346	422	430	183	488	104	605	296
303	329	348	100	431	291	490	91	607	380
304	49	350	38	432	190	492	375	609	351
306	419	356	245	433	289	493	26	610	359
307	54	357	99	435	135	494	374	611	115
308	57	358	122	436+	319	495	189	612	325
309	61	359	107	437	379	496	220	613	221
310	60	362	416	439	19	497	277	614	280
311	62	367	134	443	265	500	367	615	117
312	64	372	153	444	271	501	364	616	191

AR	NALK
617	76
618	178
619	161
621	43
622	187
624	321
625	261
630+	50
631	200
632	125
633	45
635	403
636	150
637	303
638	310
640	141
641	382
642	193
643	418
644	197
645	288
646	11
649	216
651	317
652	184
653	73
654	324
657	205
658	108
659	341
660	334
662+	404
674	316
675	410
682	282

TIPOGRAFIA POLIGLOTTA DELLA PONTIFICIA UNIVERSITÀ GREGORIANA
PIAZZA DELLA PILOTTA, 4 - ROMA